世纪
管理精品教材
子系列

Securities Investment Analysis

证券投资分析

何平林　李　涛◎编著

清华大学出版社
北京

内 容 简 介

本书系统地讲解了证券投资分析的理论框架和操作内容；基于形态分析、趋势分析、指标分析讲解了技术分析的基本知识；基于宏观分析、行业分析、战略分析、会计分析、财务分析、估值分析讲解了基本面分析的完整框架。本书立足于"实务性"这一总原则，注重通俗和生动性。通过本书学习，帮助读者了解和掌握证券投资的基本理论、方法与技能，深入理解证券市场的运行过程和运作规则，帮助读者逐步具备一定程度的证券投资理论分析与实践操作能力。

本书适合于经济与管理相关专业的本科生、研究生以及对证券市场分析感兴趣的实际工作者使用。

图书在版编目(CIP)数据

证券投资分析/何平林，李涛编著. —北京：清华大学出版社，2017（2019.8重印）
（21世纪经济管理精品教材・金融学系列）
ISBN 978-7-302-48027-3

Ⅰ.①证…　Ⅱ.①何…　②李…　Ⅲ.①证券投资－投资分析－高等学校－教材　Ⅳ.①F830.91

中国版本图书馆CIP数据核字(2017)第206977号

责任编辑：贺　岩
封面设计：李召霞
责任校对：王荣静
责任印制：沈　露

出版发行：清华大学出版社
　网　　址：http://www.tup.com.cn，http://www.wqbook.com
　地　　址：北京清华大学学研大厦A座　　**邮　　编**：100084
　社 总 机：010-62770175　　**邮　　购**：010-62786544
　投稿与读者服务：010-62776969，c-service@tup.tsinghua.edu.cn
　质量反馈：010-62772015，zhiliang@tup.tsinghua.edu.cn
印 装 者：三河市吉祥印务有限公司
经　　销：全国新华书店
开　　本：185mm×260mm　　**印　张**：31.25　　**字　　数**：718千字
版　　次：2017年9月第1版　　**印　　次**：2019年8月第2次印刷
定　　价：58.00元

产品编号：075809-01

前言

世界证券市场数百年跌宕起伏的发展历程，昭示了这是一片充满激情、梦想、风雨、挑战的热土。中国的证券市场在不平静中步入了新的历史时期，经过了近30年的建设、改革与发展，无论是从投资者、监管者，还是从上市公司本身，都在不断地走向成熟和规范。从全局来看，建设一个多层次的、高效率的资本市场，是发挥市场配置资源决定性作用的必然要求，是推动经济转型升级和可持续发展的有力引擎，有利于调动民间资本的积极性，促进生产要素自由流动，激发经济增长活力。在此背景下，系统学习、深入研究证券投资的理论与实践问题，掌握证券投资的基本方法与技能，具有十分重要的战略意义。

本书主要阐述证券投资的基本理论与操作方法，分为3篇、共12章。第1篇为基础知识篇，分别讲解了证券投资分析概述、证券的发行、证券的交易。第1章为证券投资导论，阐述了金融体系与证券的定义、功能、分类，讲解了系统风险与非系统风险，以及证券投资分析的基本要素、方法流派、信息来源等内容。第2章为证券的发行，阐述了股票发行方式、审核制度、发行程序、发行条件，以及多层次资本市场等基础知识。第3章为证券的交易，讲解了证券交易的基本要素、基本制度、竞价制度、股价指数、融资融券交易等基础知识。

第2篇为技术分析篇，分别讲解了形态分析、趋势分析、指标分析。第4章为形态分析，阐述了K线的基本原理、单根K线形态、K线组合形态。第5章为趋势分析，讲解了趋势与趋势线的基本原理、支撑线与压力线原理以及常见的趋势形态。第6章为指标分析，重点讲解了实务中经常使用的MACD指标、BOLL线指标、RSI指标、OBV指标等。

第3篇为基本分析篇，分别讲解了宏观分析、行业分析、战略分析、会计分析、财务分析、估值分析。第7章为宏观分析，阐述了宏观分析的基本逻辑框架，以及市场运行分析、经济政策分析、资金与流动性分析。第8章为行业分析，讲解了行业分析的逻辑框架以及行业竞争结构分析、行业生命周期分析、行业景气周期分析等。第9章为战略分析，在讲解公司战略的基础知识上，围绕公司外部环境、公司内部的资源和能力，给出了分析公司核心竞争力的操作方法和具体案例。第10章为会计分析，通过判断公司会计信息反映其实际经营现实的程度，对公司的“品质性”进行分析。第11章为财务分析，从盈利能力、流动能力、偿债能力、发展能力等维度分析公司。第12章为估值分析，阐述了公司估值的基本方法以及具体估值案例。

通过本书学习，力图帮助学生了解和掌握证券投资的基本理论、方法与技能，深入理解证券市场的运行过程和运作规则，帮助学生逐步具备一定程度的证券投资理论分析与实践操作能力。本书在编写过程中主要突显出以下三个特点：

1. 实务性是本书的立足点。是否做到“知行合一”，是一门学问是否具有持久生命力的重要判断标准。证券投资是一门真刀真枪的实干学问。编写过程中我们始终坚持实务操作性这一基本原则,尽量避开繁冗的数理模型和沉闷的理论说教。本书作者紧密围绕证券投资的具体实践活动,各个章节的知识点安排以实战应用的需要作为切入点。针对全书每一知识模块,作者都尽量阐述清楚其理论及应用逻辑,让读者在掌握必要的理论框架和知识点的基础上,突出能力认知、实践操作和技能训练,努力使理论与实践有机结合起来。

2. 本书力争通俗生动性。本书坚持"一图胜千言"的原则,用尽可能丰富的图表来表达专业知识。本书编写过程中配备了大量的从投资软件中直接下载的股票走势图,这些真实的图表,不但能够给读者更多的情景"带入感",帮助他们获得一些投资世界里的感性认识,而且能够帮助读者通过学习逐步具备看图、识图、解图的能力。另外,本书假定读者事先对该门课程一无所知,在涉及复杂的专业术语时,尽量用通俗的语言进行讲解,防止因为晦涩难懂而出现"不接地气"的后果。

3. 分析视角的融合性与创新性。在技术分析维度,本书将K线分析的蜡烛图理论、道氏理论、波浪理论等传统内容融入教材,从形态分析、趋势分析、指标分析三个维度阐述了技术分析的逻辑体系。在基本分析维度,传统的证券投资学教材的微观分析部分,一般都是偏重于贯穿公司财务指标分析,而本书强调整体视角上的"公司分析"。本书将公司分析的哈佛框架引入证券投资分析,教材从第9章到第12章,运用哈佛分析框架,结合我国上市公司实际,给出了完整的公司分析实操方法体系。本书将公司分析逻辑节点的内容进一步具体化,在行业分析阶段,投资者需要分析行业市场结构、行业生命周期、行业景气周期、行业财务标准值等;在战略分析阶段,投资者需要弄清楚公司的商业模式、公司在行业中的地位、公司的核心竞争优势;在会计分析阶段,投资者需要弄清楚上市公司品质,例如公司资产与利润质量、会计数据粉饰、主营业务集中度、关联方占用公司资金情况等,这些对公司"品质性"要素的考量,会告诉我们一家上市公司是否具有"伟大公司"的基因;在财务分析阶段,投资者需要弄清楚公司盈利性、成长性、流动性、安全性指标情况,该公司是否有发展潜力等;在估值分析的阶段,投资者可以通过市场法、收益法等,对标的上市公司的内在价值进行测算。

滴水穿石不是靠力,而是因为它不舍昼夜。本书的写作是作者多年以来从事证券投资学教学实践点滴心得进行的归纳,同时也是在多年来从事具体的投资活动实践积累的基础上完成的。本书可以作为经济管理类专业本科生和工商管理硕士的教学参考用书,也对有志于研究和从事证券市场投资的各类读者具有一定的借鉴价值。

本书的写作及出版得到了华北电力大学经济与管理学院以及教务处的领导、同事们的鼎力支持和帮助。在写作过程中,我们的研究生宋建威、潘哲煜、辛立柱、胡严匀、原源、邹晓因、王佳锐等多位同学在资料整理等方面做了许多工作。本书付梓之际,向他们致以诚挚的感谢!在此也恳请同行专家和广大读者朋友们提出宝贵意见,以便我们进一步对本书进行修订和完善。

何平林　李涛

2017年5月

目录

第1篇 基础知识篇

第2篇 技术分析篇

第 3 篇 基本分析篇

第 1 篇　基础知识篇

第 1 章

证券投资导论

本章学习目标

- 金融体系与证券定义
- 证券的主要经济功能
- 投资的内涵及其分类
- 系统风险与非系统风险
- 证券投资分析基本要素
- 证券投资分析方法的主要流派
- 证券投资分析的信息来源

第 1 节　证券内涵与功能

任何学科的产生，均源于特定的研究目的，均有其特定的研究对象与任务，而特定的研究对象与任务，又决定着该学科的整个研究体系、研究内容及研究方法。因此，对证券投资的内涵与功能等作深入的认识和把握，是开始本课程学习的首件大事。本节介绍了证券的概念及其分类、特征、主要功能。

一、证券概念及其分类

（一）金融体系、金融市场与证券

金融体系是一个经济体中资金流动的基本框架。现代金融体系主要包括金融调控与金融监管体系、金融组织体系和金融市场体系。美国金融学家 Levine 等将全球各国金融体系划分为两大类：一类以银行为主体，代表性的国家是德国和日本；另外一类是以资本市场为主体，代表性的国家是美国和英国。大量实证研究表明，以市场为主体的金融体系更具有弹性，对经济增长的推动作用更为显著。表 1-1 是我国的金融体系框架及其简介。

表 1-1 我国金融体系框架一览表

机构分类	机构名称	机构职能
监管机构	中国人民银行	国务院组成部门，是中华人民共和国的中央银行，是在国务院领导下制定和执行货币政策、维护金融稳定、提供金融服务的宏观调控部门。
	中国银行业监督管理委员会	简称银监会，国务院直属事业单位。根据国务院授权，统一监督管理银行、金融资产管理公司、信托投资公司及其他存款类金融机构，维护银行业的合法、稳健运行。
	中国证券监督管理委员会	简称证监会，国务院直属事业单位。依照法律、法规和国务院授权，统一监督管理全国证券期货市场，维护证券期货市场秩序，保障其合法运行。
	中国保险监督管理委员会	简称保监会，国务院直属事业单位。根据国务院授权履行管理职能，依照法律、法规统一监督管理全国保险市场，维护保险业的合法、稳健运行。
银行类金融机构	政策性银行	国家开发银行、中国进出口银行和中国农业发展银行，主要分别承担国家重点建设项目融资、支持进出口贸易融资和农业政策性贷款业务的任务。
	大型商业银行	包括中国工商银行、中国农业银行、中国银行、中国建设银行及交通银行。大型商业银行是我国银行体系的主体，以获取利润为经营目标，以经营存贷款、办理转账结算为主要业务，以多种金融资产和金融负债为经营对象，具有综合性服务功能，对我国经济金融的发展起着重要作用。
	股份制商业银行	是指大型商业银行以外的全国性股份制商业银行、区域性股份制商业银行的总称。中信银行、招商银行等属于全国性股份制商业银行。
	城市商业银行	城市商业银行是中国银行业的重要组成和特殊群体，其前身是 20 世纪 80 年代设立的城市信用社，当时的业务定位是：为中小企业提供金融支持，为地方经济搭桥铺路。从 20 世纪 90 年代中期，以城市信用社为基础，各地纷纷组建城市商业银行。
	农村金融机构	主要包括农村信用社、农村商业银行、农村合作银行、村镇银行、农村资金互助社和贷款公司，主要从事农村地区的银行金融服务业务。
	中国邮政储蓄银行	中国邮政储蓄银行是在邮政储蓄的基础上组建的。中国邮政储蓄银行主要依托和发挥网络优势，以零售业务和中间业务为主，为城市社区和广大农村地区居民提供基础金融服务。
	外资银行	外资银行指依照有关法律、法规，经批准在中华人民共和国境内设立的外商独资银行、中外合资银行、外国银行分行、外国银行代表处。

续表

机构分类	机构名称	机构职能
证券类金融机构	证券交易所	证券交易所是为证券集中交易提供场所和设施，组织和监督证券交易，实行自律管理的法人，目前包括上海证券交易所和深圳证券交易所。
	证券公司	证券公司指经批准而成立的专门经营证券业务，具有独立法人地位的有限责任公司或者股份有限公司，可以承销发行、自营买卖或自营兼代理买卖证券。普通投资人的证券投资都要通过公司来进行。
	证券服务机构	证券服务机构是从事证券投资咨询、证券资信评估服务、证券集中保管等证券服务业务的法人机构。
	期货公司	期货公司是指依法设立的、接受客户委托、按照客户的指令、以自己的名义为客户进行期货交易并收取交易手续费的中介组织，其交易结果由客户承担。期货公司是交易者与期货交易所之间的桥梁。
	基金管理公司	基金管理公司是指依据有关法律法规设立的对基金的募集、基金份额的申购和赎回、基金财产的投资、收益分配等基金运作活动进行管理的公司。证券投资基金的依法募集由基金管理人承担。基金管理人由依法设立的基金管理公司担任。担任基金管理人应当经国务院证券监督管理机构核准。
保险类金融机构	保险公司	保险公司是依照法律法规设立的经营商业保险和政策性保险的金融机构。
	保险中介机构	保险中介机构是介于保险人和被保险人之间，专门从事保险业务咨询与推销、风险管理与安排、保险价值评估、损失鉴定与理算等中间服务活动，并获取佣金或手续费的组织。
其他类金融机构	金融资产管理公司	金融资产管理公司指经国务院决定设立的收购国有银行不良贷款，管理和处置因收购国有银行不良贷款形成的资产的国有独资非银行金融机构。
	信托公司	信托公司是指依法设立的，以营业和收取报酬为目的，以受托人身份承诺信托和处理信托事务的金融机构。
	企业集团财务公司	是以加强企业集团资金集中管理和提高企业集团资金使用效率为目的，为企业集团成员单位提供财务管理服务的非银行金融机构。
	金融租赁公司	金融租赁公司是指经国务院银行业监督管理机构批准，以经营融资租赁业务为主的非银行金融机构。
	汽车金融公司	是指经国务院银行业监督管理机构批准设立的，为中国境内的汽车购买者及销售者提供金融服务的非银行金融机构。
	货币经纪公司	货币经纪公司是指经批准在中国境内设立的，通过电子技术或其他手段，专门从事促进金融机构间资金融通和外汇交易等经纪服务，并从中收取佣金的非银行金融机构。
	消费金融公司	是指经国务院银行业监督管理机构批准，在中华人民共和国境内设立的，不吸收公众存款，以小额、分散为原则，为中国境内居民个人提供以消费为目的的贷款的非银行金融机构。

续表

机构分类	机构名称	机构职能
金融行业自律组织	中国银行业协会	中国银行业协会是经中国人民银行和民政部批准成立，并在民政部登记注册的全国性非营利社会团体，是中国银行业自律组织。2003 年中国银监会成立后，中国银行业协会主管单位由中国人民银行变更为中国银监会。
	中国证券业协会	中国证券业协会是依据《中华人民共和国证券法》和《社会团体登记管理条例》的有关规定设立的证券业自律性组织，属于非营利性社会团体法人，接受中国证监会和国家民政部的业务指导和监督管理。
	中国期货业协会	中国期货业协会是依据《中华人民共和国证券法》、《期货交易管理条例》和《社会团体登记管理条例》的有关规定设立的期货行业自律性组织，属于非营利性社会团体法人，接受中国证监会和国家民政部的业务指导和监督管理。
	中国证券投资基金业协会	依据《中华人民共和国证券法》、《中华人民共和国证券投资基金法》和《社会团体登记管理条例》的有关规定设立的证券投资基金业自律性组织，属于非营利性社会团体法人，接受中国证监会和国家民政部的业务指导和监督管理。
	中国保险行业协会	中国保险行业协会是经国务院保险监督管理机构审查同意并在国家民政部登记注册的中国保险业的全国性自律组织，是自愿结成的非营利性社会团体法人。
	中国银行间市场交易商协会	是由市场参与者自愿组成的，包括银行间债券市场、同业拆借市场、外汇市场、票据市场和黄金市场在内的银行间市场的自律组织。其是经国务院、民政部批准成立的全国性非营利性社会团体法人。

金融市场的基本组成部分包括：货币市场、资本市场、外汇市场等。其中，货币市场是短期资金市场，是指融资期限在一年以下的金融市场。由于该市场所容纳的金融工具，主要是政府、银行及企业发行的短期信用工具，具有期限短、流动性强和风险小的特点，在货币供应量层次划分上被置于现金货币和存款货币之后，称之为“准货币”，所以将该市场称为“货币市场”。货币市场由同行业拆借市场、票据市场、国库券市场等构成。资本市场是指期限在一年以上各种资金借贷和证券交易的场所。资本市场上的交易对象是一年以上的长期证券，该市场是全部中长期资本(一年以上)交易活动的总和，例如股票市场、债券市场、基金市场和中长期信贷市场等，其融通的资金主要作为扩大再生产的资本使用。因为在长期金融活动中，涉及的资金期限长、风险大，具有长期较稳定收入，类似于资本投入，故称之为资本市场。外汇市场，是指在国际间从事外汇买卖，调剂外汇供求的交易场所。它的职能是经营货币商品，即不同国家的货币。

资本市场与证券市场两个概念如何区分？一般地，资本市场至少应包括：证券市场(股票市场、长期债券市场——长期国债、企业债券、金融债券等)、长期信贷市场(例如长期抵押贷款、长期项目融资等)、衍生工具市场(例如期货市场、期权市场等)。证券市场是证券发行和交易的场所。从广义上讲，证券市场是指一切以证券为对象的交易关系的总和。从经济学的角度，可以将证券市场定义为：通过自由竞争的方式，根据供需关系来决定有价证券价格的一种交易机制。证券市场是市场经济发展到一定阶段的产物，是为解决资本供求矛盾和流动性而产生的市场。证券市场以证券发行和交易的方式实现了筹资与投资的对接，有效地化解了资本的供求矛盾和资本结构调整的难题。在发达的市场经济中，证券市场是完整的市场体系的重要组成部分，它不仅反映和调节货币资金的运动，而且对整个经济的运行具有重要影响。

什么是证券？《辞海》的解释是：用以设定或证明具有一定权利或价值的凭证。它包括有价证券和无价证券。前者代表一定的财产所有权、债权或货币持有权，例如股票、国债、公司债券、栈单①等，通常可以在一定条件下流通和转让。后者往往是在市场商品供应不足的情况下，国家为保证居民生活基本需要，而发给的定量配给票证，如粮票、布票、油票等。

中国证券业协会出版的《证券市场基础知识》一书对证券的解释是：证券是指各类记载并代表一定权利的法律凭证。它用以证明持有人有权依其所持凭证记载的内容而取得应有的权益。从一般意义上来说，证券是指用以证明或设定权利所做成的书面凭证，它表明证券持有人或第三者有权取得该证券代表的特定权益，或证明其曾经发生过的行为。证券可以采取纸面形式或证券监管机构规定的其他形式。

本书所要讲解的证券，可以简要地归纳为：权利、有价、可转让凭证。这里所谓的“权利”，指的是它代表着财产求偿权（或者称之为索取权），持有人可凭它可以取得一定数量的商品、货币等收入。所谓“有价”，指的是它标有票面金额。所谓“可转让”，即它可以在市场上买卖流通，因此客观上就具有了交易价格。人们把针对证券进行交易的市场，称为证券市场。

（二）证券的分类

若要理解证券的分类，首先必须了解金融市场的分类，二者似鱼水关系不可孤立。一般地，我们把资金需求者与供给者之间资金的融通场所，称之为金融市场。金融市场的内容结构，包含货币市场、资本市场、外汇市场和衍生品市场。提供一年期以下短期金融资产交易的市场即为货币市场，其一般包括短期票券市场（例如商业本票、银行承兑汇票）与同业拆借市场等。提供一年期以上金融资产交易的市场即为资本市场，其一般包括债券市场与权益证券市场两大内容。外汇市场是外汇交易的场所。作为国际金融市场的重要组成部分，它的存在使国际间的货币支付和资本转移得以实现，保证国际经济交易顺利进行。衍生品市场是以杠杆或信用交易为特征，在传统金融资产如货币、债券、股票等的基础上派生出来的金融工具的交易市场，如期货市场、权证市场、远期合约及互换市场等。

1. 广义证券与狭义证券

根据前文对金融市场分类的简要回顾，按照持有人求偿物的不同，一般可以把证券分为商品证券、货币证券和资本证券，它们统称为广义证券。而狭义证券特指资本证券。具

① 栈单（zhàn dān）是指货栈收受托存货物时发给货主的凭证。一般载有托存货物的名称、规格、数量等。货主凭栈单可向货栈提取托存货物。栈单属于商品证券。（广义的有价证券包括：商品证券，货币证券，资本证券）

体分析，求偿物是特定商品的证券，称为商品证券。它是持有人对特定商品所有权或使用权的求偿凭证。常见的商品证券有提货单、运货单、仓库栈单等。求偿物是货币的证券，称为货币证券。它是持有人对一定数量的货币的求偿凭证。商业方面的货币证券，主要指商业汇票和商业本票；银行方面的货币证券，主要指银行承兑汇票、银行本票和支票。求偿物与企业未来收益相关的证券，称为资本证券。企业的资本包括债务资本和权益资本，资本证券是有价证券的主要形式。

2. 上市证券与非上市证券

按是否在证券交易所挂牌交易，有价证券可分为上市证券与非上市证券。上市证券是指经证券主管机关核准发行，并经证券交易所依法审核同意，允许在证券交易所内公开买卖的证券。非上市证券是指未申请上市或不符合证券交易所挂牌交易条件的证券。非上市证券不允许在证券交易所内交易，但可以在其他证券交易市场发行和交易。凭证式国债、电子式储蓄国债、普通开放式基金份额和非上市公众公司的股票属于非上市证券。

3. 公募证券与私募证券

按募集方式分类，有价证券可以分为公募证券和私募证券。公募证券是指发行人向不特定的社会公众投资者公开发行的证券，审核比较严格，并采取公示制度。私募证券是指向少数特定的投资者发行的证券，其审查条件相对宽松，投资者也较少，不采取公示制度。目前，我国信托投资公司发行的信托计划以及商业银行和证券公司发行的理财计划均属私募证券，上市公司如采取定向增发方式发行的有价证券也属私募证券。

4. 权益证券、固定收益证券与其他证券

按证券所代表的权利性质不同，有价证券可以分为权益证券(Equity Securities)、固定收益证券(Fixed Income Securities)和其他证券三大类。这里讲的权利性质不同，指的是——求偿权利是否固定？是否具有剩余索取权(Residual Claim)？即能否有资格拿到发行人根据企业盈利状况向证券持有者支付的红利。

公司资本一般划分为股权资本和债务资本。股权资本是资产扣除负债之后，由所有者享有的剩余权益，会计上称之为“所有者权益”，它包括股本、资本公积、盈余公积和未分配利润。因此，权益证券即是代表着一家公司所有权的证券。最典型的权益证券是普通股(Common Stock)。随着境外融资的蓬勃发展，公司奔赴海外，发行一种同样代表着普通股权利的证券以供境外投资者投资，我们称之为存托凭证(Depository Receipts，DR，参见本书第2章)。普通股票和债券即分别属于权益证券和固定收益证券，它们是证券市场两个最基本和最主要的品种。其他证券包括基金证券、证券衍生产品等，如金融期货、可转换证券、权证等。

值得注意的是，从表象上看，一些证券具有双重特性，比如优先股(Preferred Stock)，近年来在我国发展迅速，它也代表着一家公司的所有权，从表象上看，它属于权益证券；但是，从股东权利、股息支付等本质上分析，持有者只能得到固定的支付，因此优先股属于类似于债券的固定收益证券。再比如可转换债券，它在一定的条件下允许持有人将债券转换成为权益。但是，从本质上看，债券与优先股的求偿权在数量上都具有固定性，因此它们又称为固定收益证券。

二、证券的特征

前文已述，本书所要讲解的证券，其定义可以简要地归纳为：权利、有价、可转让凭证。有价证券的特征主要包括：

1. 产权性

有价证券记载和代表着一定的财产权利，证券持有人享有对财产的占有、使用、收益、处分的权利。例如，股权类资产是拥有某公司资产的凭证，并随着公司业绩的变化拥有收取股息及转让收益的权利。

2. 收益性

证券的收益性是指持有证券本身可以获得一定数额的收益，这是投资者转让资本所有权或使用权的回报。证券代表的是对一定数额的某种特定资产的所有权或债权，投资者持有证券也就同时拥有取得这部分资产增值收益的权利，因而证券本身具有收益性。

3. 流动性

证券的流动性是指证券变现的难易程度。证券具有极高的流动性必须满足三个条件：很容易变现、变现的交易成本极小、本金保持相对稳定。证券的流动性可通过到期兑付、承兑、贴现、转让等方式实现。不同证券的流动性是不同的。

4. 风险性

证券的风险性是指实际收益与预期收益的背离，或者说是证券收益的不确定性。从整体上说，证券的风险与其收益成正比。通常情况下，风险越大的证券，投资者要求的预期收益越高；风险越小的证券，预期收益越低。

5. 期限性

债券一般有明确的还本付息期限，以满足不同筹资者和投资者对融资期限以及与此相关的收益率的需求。债券的期限具有法律约束力，是对融资双方权益的保护。股票没有期限，可以视为无期证券。

6. 价格波动性

在有价证券交易过程中，受到发行者的经营状况及政治、资金、心理状况等各种因素的影响，导致证券价格的上下波动。对于不同股票而言，所谓“股性”，是指某只股票在运行中，价格波动所表现出一定的特性或规律。一般而言，股票的股性可以划分为两大类：

(1) 股性“活跃”的股票。这类股票通常盘子不大，要么有长庄进驻；要么业绩优良；要么有炒作题材等。每当股市有行情时它们往往率先启动，即使在大盘低迷之时也会常常有所表现。毫无疑问，股性活跃的股票总是最受投资者的追捧。

(2) 股性“呆滞”的股票。这类股票要么盘子较大；要么业绩太差；要么缺乏大资金关注等，这类股票股性僵化，每当股市有行情时它们也是慢半拍，而且昙花一现；如果大势低迷，它们更会率先下挫。

三、证券的功能

一定意义上说，股票、债券这些证券的诞生，其作用可与电灯的发明相媲美。它以资本融通实现资本集中，推动实体经济的发展。马克思在《资本论》中这样写道[①]：假如必须等待单个资本增长到能够修建铁路的程度，那么恐怕今天世界上还没有铁路。但是，集中通过股份制转瞬之间就把这件事情完成了。美国耶鲁大学教授佛兰克等人在他们的名著《金融市场与金融机构基础》中，论述了证券作为金融资产的两大经济作用[②]：**转移资金**和**转移风险**。他们这样写道：金融资产与有形资产是相联系的，有形资产的所有者通过发行一些债务证券或者权益证券等金融资产来融资。由经济实体所购买的厂房、机器设备等都是有形资产，它与金融资产有一个共同特征，即它们都被期望在未来为所有者生产现金流。金融资产具有两个主要经济功能。第一个是将部分人手中多余的资金转移到那些需要资金投资的人手中，促进有形资本形成；第二个是将有形资产所产生的风险在资金供求双方之间重新配置。

佛兰克等教授通过一个精彩的故事，来阐述证券的两大作用。乔治获得了一个生产品牌手表的执照。他估计需要 100 万美元来购买工厂与机器设备。遗憾的是他只有 20 万美元的个人积蓄可以用来投资，而且他并不想全部用它们来投资，即使他很自信地认为手表的市场潜力足够大。苏珊近期继承了 73 万美元的遗产，她的财务计划是在购买珠宝、家具、旅游中花费 3 万美元，用余下的 70 万美元进行投资。拉里则是纽约一家律师事务所颇有前途的一位律师。他得到一笔税后奖金 25 万美元，他计划花 5 万美元购买一辆宝马汽车，余下的 20 万美元用来干投资。假定在一个相当偶然的社交活动中，上述三人碰面。在他们的交谈中，他们聊到了各自的理财计划。秉烛夜谈之后，他们达成如下协议，乔治从自己的积蓄中拿出 10 万美元用来举办手表厂；苏珊用 70 万美元出资，占有公司 50%的股份；拉里同意借出 20 万美元给乔治，借期为四年，每年利息率为 18%，乔治全权负责公司运营。苏珊和拉里不参与公司经营。此时，乔治已经顺利地拿到了 100 万美元，开工生产手表。

有两个财产求偿权在这个协议中诞生。一个是乔治所发行的权益证券，由苏珊支付 70 万美元对价购买；另一个是乔治所发行的债务证券，由拉里出资 20 万美元购买。这两个金融资产，让资金从苏珊和拉里手中转移到了乔治手中，前两者均有富余的资金，而后者需要资金来投资生产手表。这种资金的转移，是金融资产的第一个经济功能。更深层次地看，乔治不愿意将其所有的 20 万美元积蓄全部用于投资手表厂，这意味着他想转移一部分风险。他向苏珊出售 50%的权益，即将企业未来一半的经济利益出让给她。当然，未来可能的损失也一起共担。另外，乔治从拉里那儿得到了所需要的资金，拉里不愿意承担除了信用风险之外的任何商业风险，拉里有权利获得固定的现金流，而不用去担忧公司未来的前景。这种风险的转移就是金融资产的第二个经济功能。

实践中，证券的发行和流通，实现了价值的交换、财产权利的交换、风险的交换。有价证券既是一定收益权利的代表，同时也是一定风险的代表。有价证券的交换在转让出一定收益权的同时，也把该有价证券所蕴含的风险转让出去。所以，从风险的角度分析，金融市场也是风险直接交换的场所。

---

① 《资本论》第一卷第 7 篇，北京，人民出版社，2004 年，第 688 页。

② 佛兰克等著：《金融市场与金融机构基础》，孔爱国等译，北京，机械工业出版社，2010 年，第 4 页。

第2节 投资及其分类

投资无处不在。比如,老百姓将钱存入银行就属于一种投资,购买股票、债券、房屋、黄金、外汇、古董、字画等各种资产,购置经营设备、厂房,等等。甚至从广义上讲,人类的许多行为都可以被理解为投资,比如,攻读MBA学位、投入时间从事身体锻炼等。本节阐述了投资的内涵、特征、分类。

一、投资及其内涵

投资具有复杂的内涵。《辞海》的解释是:投资是指货币转化为资本的过程。可分为实物投资和证券投资。前者是以货币投入企业,通过生产经营活动取得一定利润。后者是以货币购买企业发行的股票和公司债券,间接参与企业的利润分配。大不列颠百科全书中,对"投资"一词的定义是:Process of exchanging income during one period of time for an asset that is expected to produce earnings in future periods. Thus, consumption in the current period is foregone in order to obtain a greater return in the future。威廉·夏普(William F. Sharpe)教授在著作《投资学》中对投资的定义是,投资是为了获得可能的不确定的未来值而做出的现值牺牲。兹威·博迪(Zvi Bodie)在其《投资学》著作中认为,投资就是放弃当前现金或其他资产承诺以在未来获得预期收益。

二、投资的特征

从理论上看,投资具有四个重要的特征:收益性、时间性、风险性、机会成本。第一是收益性,即投资报酬的取得,期望获得收益是任何经济投资的基本目的;第二是时间性,从现在付出资源到未来获得收益,需要经过一定的时间间隔。投资从实质上看是用时间来换取空间;第三是不确定性,即风险性;第四是机会成本。投资需要提前投入货币、实物资产或者无形资产,经济主体让渡了资产现在的价值或者说牺牲了现在的消费,将资产用于此项投资而失去获得其他收益的机会。

三、投资的分类

认识投资的内涵,需要了解投资的类别。投资可以分为实物投资与金融投资、直接投资与间接投资、长期投资与短期投资。还需要理解投资与投机、赌博的区别。

1. 实物投资与金融投资

依照投资标的物的不同,投资可以划分为实物投资与金融投资。实物投资是指投资人为了获取未来收益和经营某种事业,预先垫付货币或者其他资源,以形成实物资产的经济行为。实物投资包括土地、设备、厂房、房地产、黄金、珠宝、古董等实质资产。金融投资是指投资人为了获取未来预期收益,预先垫付货币,以形成金融资产的经济行为。常见的金融资产包括股票、债券、衍生性金融工具等。金融资产是脱离实际生产过程的虚拟资本,证券持有者不必自己去购买厂房设备等生产要素,而是通过持有公司资本间接地投资于上述生产要素。企业土地、厂房、机器等有形资产的价值依赖于其物质属性;而金融资产是无形的，其利益或价值是对未来现金的要求权。你把钱送存银行，也能使你获得一定的未来预期收益，因而也属于金融投资。

2. 直接投资与间接投资

按照是否可以直接有效控制所投资金，投资分为直接投资与间接投资。直接投资是资金所有者将资金直接投入项目或者实业，拥有全部或者一定数量的企业资产及经营的所有权，能够有效控制投资资金的使用，并且能够全过程直接进行监督或者参与管理。间接投资是投资者通过购买证券，例如债券、股票等金融资产，以预期获取一定经济收益的行为。通过间接投资，投资者可以灵活地关注证券价格变化，择机规避风险赚取收益，但难以直接有效地控制所投资资金之使用。关于直接投资和间接投资，不同角度去分析，区分结果又不同。从广义上说，投资于实际资产（例如机器厂房设备等）为直接投资；而投资于金融资产，包括把钱存入银行、购买股票、债券等有价证券为间接投资。就狭义金融资产投资本身而言，投资于储蓄、购买各种投资基金为间接投资；而从资本市场上直接购买股票、企业债券等有价证券则为直接投资。

这里需要强调一下，与投资相应，融资亦被划分成直接融资和间接融资。间接融资意味着，金融中介机构（例如银行）向资金供给者（例如储户）吸收存款，然后放款给资金需求者，金融机构从中赚取存贷价差。直接融资不需通过金融机构的中介，资金需求者以发行有价证券（例如股票、债券等）的形式，直接向投资大众募集资金。在此过程中，金融机构（例如证券公司）只是扮演着协助发行有价证券的角色，并向资金需求者收取承销费或者顾问费而已。

3. 长期投资与短期投资

按照投资期限，可以将投资划分为长期（线）投资与短期（线）投资。一般而言，投资时间在 1 年以下者，为短期投资；1 年以上者为长期投资。更严格地说，1～5 年为中期投资，5 年以上才是真正意义上的长期投资。在几天内买进卖出获取差价的投资行为，即为短线投资。短线投资从本质上属于投机行为。短线投资所冒风险较大，但有时收益很可观。对做短线者来说，公司业绩好坏、市盈率高低已经不是重要的关注点，他们的着眼点是在市场价格波动中寻找规律，从而有利可图。2014 年 3 月 1 日，沃伦·巴菲特和查理·芒格旗下的伯克希尔·哈撒伟公司发布 2013 年四季报和年度报告。按照惯例，巴菲特也发表了 2014 年致股东的公开信。在信中巴菲特举了两个案例来详尽介绍了自己的投资理念，告诫投资者不要每天盯着看盘，要更重视投资资产的未来盈利能力。在长达 24 页的致股东信中，巴菲特花了 4 页和股东分享了他的五条投资原则①。巴菲特在致股

① 第 1 条，想要取得令人满意的投资回报，你并不需要一定是个专家。但如果你不是专家，那么就必须认识到你自己的局限性，并遵循一套可行的方法。保持事情的简单性，不要试图去打什么“全垒打”。别人向你承诺短期的暴利，你要学会赶紧说“不”。第 2 条，聚焦于“拟投资资产的未来生产力”。如果你对某资产的未来收入进行了粗略估算，却又感到不安，那就忘了它继续前进吧。第 3 条，如果你是聚焦于“拟投资资产的未来价格变动”，那你就是在投机，这本身没什么错。但我知道我不具备成功投机的能力；而且，对那些宣称自己总是能投机成功的人我也表示怀疑。事实上，一项既定资产最近的价格上涨，永远都不会是买入的理由。第 4 条，比赛的赢家是那些会把注意力集中在竞技场上的人，而不是只会紧盯着记分板不放的人。如果你能在周末不去看股价，那么就该试试在工作日也这样做。第 5 条，建立宏观观点或是听其他人大谈宏观或市场预期，都纯属浪费时间。事实上，这样做是危险的，因为你可能会因此模糊了视线，看不到那些真正重要的事实。

东的信开头援引了“现代证券分析之父”，同时也是他的恩师——本杰明·格雷厄姆的名言：“把有价证券当作一项生意去投资是最聪明的投资。”

事实上，许多投资者在从事股票投资时，并无投资偏好之分，更无自身的买卖纪律，认为无论什么方法，只要能赚钱就行，这本身就说明此类投资者偏重于“术”，缺乏对投资的“道”的体悟。这类投资者更多的是赢利了做短线，受套了做长线，最终赚取的是蝇头小利。短线与长线本无优劣之分，在有风险控制手段（比如“止盈”和“止损”技术）的前提下，短线的积少成多，在一轮行情中也能取得超额收益。在选对股票的前提下，长线更能取得非常稳健的高收益。有人曾经这样形象地比喻，短线交易者是艺术家，因为无论行情涨跌，他们时刻需要保持对行情的热情，并始终处于紧张和兴奋的状态。而长线交易者是工程师，他们需要对整个过程要素进行控制与修正，并且需要忍受长时间之内市场的合理调整或者异常时期的宽幅震荡，以及市场低迷时期的寂寞与孤独。因此可见，前者需要的是激情，后者需要的是理性。在一轮行情结束的时候，短线投资者往往羡慕长线投资者取得的丰厚收益，面对在底部曾经被自己买卖过，目前已经翻番，乃至翻几番的股票也往往后悔不已，或者自嘲一番。然而，投资实践如人饮水冷暖自知，短线客或许无法体悟长线投资者在长期横盘乃至调整期间付出的忍耐与艰辛。总之，磨炼心态，扩充知识，提高自身投资修为，方能在市场里存活下来。股市如战场，斗智兼斗勇；人生大股市，股市小人生；历经磨难脱凡骨，方得慧眼识多空；这些都是人们在长期的投资实践中总结出来的关于投资的谚语。

4. 实业投资、风险投资与证券投资

如图1-1，从商务模式的角度考察，投资可以分成三大类[①]。第一类是实业投资。实业投资者赚钱的商务模式是买鸡卖蛋。他们把投资购买的项目当作“鸡”，以后指望这只鸡不断地下蛋。蛋自然就是这个项目产出的产品。第二类是风险投资。风险投资者赚钱的商务模式是买蛋卖鸡。他们要投资购买的是半成品的蛋而不是成品的鸡。他们要把蛋孵出小鸡，然后再把小鸡养大后在市场上卖掉，赚取孵蛋的工钱和养鸡的升值溢价。第三类是证券投资。证券投资者赚钱的商务模式是买鸡卖鸡。他们总想在鸡的价格下降时买入，在鸡的价格升高时抛售，赚取中间的差价。可大部分人还是不可避免地陷入了高买低抛的陷阱。证券投资者属于资本家中的投机分子。投机者本身虽然不创造新增价值，但是他们是资本市场上不可或缺的要素。投机者最大的功能就是承担风险，如果不是他们前赴后继地化解风险承担亏损，真正为项目创造附加值的风险投资者就会望而却步，驻足不前了。

5. 投资、投机与赌博

传统中一谈到“投机”人们立刻想起了“倒把”。在我国传统语义中，多认为投资是正常行为，投机则是谋取不正当甚至非法利益的行为。实际上，投机是投资工具箱中的一种手段或者方式而已。在使用投资与投机概念时，人们习惯于从四个方面加以区别：首先是持有标的资产时间长短。持有时间短，在市场上频繁买入卖出证券为投机；而相对较长期持有证券，不轻易交易换手，谋取较长期收益者为投资。其次是风险大小，投机快进

---

① 房西苑：《资本的游戏》，北京，机械工业出版社，2008年9月第1版，第13页。

图 1-1 实业投资、风险投资与证券投资

快出属于高风险行为；而投资相对稳健，风险亦较低。另外，从是否重视证券实际价值角度看，投资人通常注重研究证券基本面，判断证券真实投资价值；而投机则是注重行情短期变化，频繁买卖以获取市场价差。最后，从知识集成的综合性来看，投资人需要从微观上市公司盈利性与成长性到行业景气，一直到宏观经济冷暖，皆须深入掌握；而投机则以技术分析为主，通过把握价格短期走势而获利。

事实上，投资与打仗无异，带领资金在市场搏杀，与带领将士在战场搏杀道理相通，都需要将帅熟悉各个领域的知识。比如《孙子兵法》一共 6 074 个字，出现最为频繁的是哪一个字？是"知"字。共出现了 79 次之多。在《孙子兵法》13 篇中，只有《势篇》与《行军篇》中没有"知"字。如果作为名词，"知"的意义即为知识。孙子认为：预测战争胜负的可能性要从五个方面分析，即"道、天、地、将、法"。只有对这五个方面的问题了解得清清楚楚了，才能够胜利。孙子兵法的原文是："凡此五者，将莫不闻，知之者胜，不知之者不胜。"这里，"知"虽然没有直接作为"名词"，但是从上下文的逻辑上，"知之"就是指了解上面所讲五个方面的知识，即如果你要分析出战争胜负的结果，必须对五个方面的知识有深入的了解才行。孙子在《火攻篇》里讲的"知"，更显露出知识的含义。他说："凡军必知有五火之变，以数守之①。"意思是说，打仗靠力量，但不是仅仅靠蛮力。它需要系统的知识，仅火攻就有五大要点。在敌营内部放火，下一步怎么办？需要及时派兵从外面接应。放了火之后假如敌营未见骚乱，不要着急进攻；火攻要借风势，如果白天风大，那么晚上用火攻不利。为什么？因为，白天风刮得久了，夜晚风一般会小了，甚至停止，不刮了。这就是气象知识，凡是将帅必须精通，并告诉军人都要知道。

一般而言，人们把那些期望在承担"适当风险"下，未来能够赚取长期、稳定回报的行为界定为投资。相应地，投机则注重追求短期暴利，且需承担"较高风险"。赌博则是行为结果完全取决于运气好坏的玩乐行为。从持有标的资产的时间上看，投资最长，投机次

---

① 《孙子兵法》原文这样写道："凡火攻，必因五火之变而应之。火发于内，则早应之于外。火发〔而其〕兵静者，待而勿攻；极其火力，可从而从之，不可从而止。火可发于外，无待于内，以时发之。火发上风，无攻下风。昼风久，夜风止。凡军必知有五火之变，以数守之。"

之，赌博最短。从风险上来看，赌博最大，投机次之，投资相比较小。从回报角度看，投资着眼于长期的红利及价值增值回报，投机着眼于追求短期资本利得，赌博则追求短期暴利。从修习的知识角度看，投资最多且需系统性的知识，投机相比较少且不完全，赌博则基本依靠谣言及侥幸心理。从个性角度看，投资人相对保守，投机者相比积极，赌博则胆大妄为。投资、投机与赌博的区别如表 1-2 所示。

表 1-2　投资、投机与赌博的区别①

	投　资	投　机	赌　博
持有时间长短	长	短	最短
风险的大小	小	大	最大
报酬的来源	着眼长期的回报	追求短期资本利得	追求短期暴利
分析重点	着重基本分析	着重技术分析	凭谣言或风向盲目下注
所需知识的多寡	多且系统化知识	少且碎片化	凭借谣言或侥幸心理
投资人的个性	保守	积极	胆大妄为

第 3 节　证券投资分析综述

投资者从事证券投资是为了获得预期回报，但这种预期回报是以承担风险为代价的。预期收益越大，所承担的风险就越大。预期收益越低，所需承担的风险就越小。某种证券的投资价值，受到多种因素的影响，并随着这些因素的变化而变化。因此，证券投资分析的目的是获取收益带来的正效应减去风险所带来的负效应的投资净效应最大化。本节综述了证券投资风险、证券投资分析的基本要素、证券投资分析方法的主要流派、证券投资分析的信息来源等基本问题。

一、证券投资风险

风险是指由于情况的不确定而发生损失的可能性。证券投资风险是指由于未来不确定因素的影响，使得投资者不能确定地获得预期收益，甚至有发生亏损的可能性。这就需要每一位投资者严肃地进行风险分析，在识别风险的同时努力降低风险，力求在风险和收益的对立中找到某种均衡点，实现投资收益最大化目标②。证券投资风险可以分为系统风险和非系统风险两类。

（一）系统风险

系统风险是指与整个市场波动相关联的风险。系统风险来自于宏观经济变化对市场整体的影响，又称为市场风险，也称不可分散风险（Undiversifiable Risk）。它是由于某种

① 谢剑平，《现代投资学》，智胜文化出版公司（中国台湾），2014 年 8 月第 6 版，第 8 页。

② 李国强等主编，《证券投资分析》，北京，机械工业出版社，2013 年 6 月第 2 版，第 10 页。

因素的影响和变化，导致股市上所有股票价格的下跌，从而给股票持有人带来损失的可能性。系统风险的诱因发生在企业外部，上市公司本身无法控制它，其带来的影响面一般都比较大。系统风险的主要特征包括：

1. 系统风险是由共同因素引起的

经济方面的如利率、汇率、通货膨胀、宏观经济政策与货币政策、能源与环境危机、经济周期循环等。政治方面的如政权更迭、战争冲突等。社会方面的如体制变革、所有制改造等。

2. 系统风险对市场上所有的股票持有者都有影响

绩优的、实力雄厚的蓝筹股①，在系统风险面前，往往也难逃价格的杀跌。只不过有些股票比另一些股票的敏感程度高一些而已。如基础性行业、原材料行业等，其股票的系统风险就可能更高。

3. 系统风险无法通过分散投资来加以消除

由于系统风险是个别企业或行业所不能控制的，是社会、经济政治大系统内的一些因素所造成的，影响着绝大多数企业的股票价格，因此无法通过分散投资来加以消除。

（二）非系统风险

非系统风险是指只对某个行业或者某个上市公司产生影响的风险。非系统风险又称非市场风险或可分散风险(Diversifiable Risk)。是指只对某个行业或个别公司的证券产生影响的风险。通常是由某一特殊因素所引起，与整个证券市场的价格不存在系统、全面的联系，而只对个别或少数证券的收益产生影响。是发生于个别公司或者行业的特有事件造成的风险，例如，公司的工人罢工，新产品开发失败，失去重要的销售合同，诉讼失败或宣告发现新矿藏，取得一个重要合同等。非系统风险的主要特征是：

1. 非系统风险是由特殊因素引起的

如企业的业绩或者管理问题、上市公司的劳资问题、污染问题等。

2. 非系统风险只影响某些股票的收益

它是某一企业或行业特有的那部分风险。如房地产业投资，遇到房地产业不景气时就会出现景跌。

3. 非系统风险可通过分散投资来加以消除

由于非系统风险属于个别风险，是由个别人、个别企业或个别行业等可控因素带来的。因此，投资者可以通过投资的多样化来化解非系统风险。

---

① 蓝筹股也称为绩优股、实力股，指的是经营管理良好、盈利能力稳定、连年回报股东的公司股票。这类公司在行业景气和不景气时，往往都有能力赚取利润。蓝筹一词起源于西方赌场。在赌场中，有三种颜色的筹码，其中蓝色筹码最值钱，红色筹码次之，白色筹码最差。投资者把这些术语套用到股票上。在海外股票市场上，人们把那些在所属行业内占有重要支配地位、业绩优良、成交活跃、红利丰厚的大公司股票称为蓝筹股。例如，埃克森石油公司和杜邦化学公司等，都属于蓝筹股。与蓝筹股相关的概念是红筹股。红筹股是指在中国境外注册、在中国香港上市但主要业务在中国内地或者主要股东来自中国内地的股票。早期的红筹股，主要是一些中资公司收购香港的中小型企业后重组形成的。此后出现的红筹股，主要是内地一些省市或者部委将其在香港的窗口公司改组并在香港上市后形成的。

二、证券投资分析基本要素

证券分析的目的是要回答,或者是有助于回答一些非常实际的问题[①]。这些问题一般都比较常见,比如,证券投资咨询机构的工作人员需要回答客户,应该购买哪些证券?就某一证券而言,目前是应该买入、卖出还是继续持有?在这些问题中,有四个基本要素会直接或间接地被纳入考虑范围。这些要素是:证券、价格、时机、人。

按照本杰明·格雷汉姆和大卫·多德的观点,证券投资分析的目的就是要回答一个核心问题:某证券 S(Security)是否应该在价格 P(Price)、在时间 T(Time),由 I(Investors)这个人买进、卖出、持有?笔者认为,构成证券分析的四大基本要素:证券、价格、时机、人,合起来简称为 SPTI,是一个系统性问题。倘若把它们割裂开来,会出现一些极大的误区。例如,市场上所流行的"荐股"一词,就是属于一个严重误导性的用词。许多朋友问,老师能不能推荐一只股票?这个问题本身,就属于误导性提问。因为"荐股"的结果是,通常只回答了买入哪只个股,只考虑了四大要素中的"证券"这一个要素。更为重要的问题是,在什么时间买入?以什么价格买入?这只个股是否适合这种类型的投资者持有?

三、证券投资分析方法

无论是理论研究,还是进行证券投资实战,均需要遵循"知行合一"的原则,以科学理论作为行动的指南针,以不断实践作为检验理论的试金石。欧美发达国家证券市场发展至今,已经有 400 多年的历史,西方证券投资理论与证券市场的不断发展相生相伴。证券投资分析方法,逐渐形成了界限分明的四个主要流派[②]:基本分析、技术分析、心理分析、学术分析。

(一)基本分析

基本分析是西方投资理论和实务界的主流派别。基本分析以宏观经济分析形势、行业特征、上市公司基本财务数据作为投资分析对象与投资决策基础。以价值分析理论为基础、以统计方法和现值计算方法为主要分析手段,因此价值成为测量价格合理与否的尺度。基本分析派认为价格对价值偏离的调整,是造成证券价格波动的原因。其基本假设为:"股票的价值决定其价格""股票的价格围绕价值波动"。

(二)技术分析

技术分析是指以证券的市场价格、成交量变化以及完成这些变化所经历的时间等市场行为作为投资分析对象与投资决策的基础。该流派以价格判断为基础、以正确的投资时机选择为依据。重要的技术分析理论包括道氏理论、波浪理论、随机漫步理论、空中楼

---

① 本杰明·格雷汉姆,大卫·多德著:《证券分析》,第 6 版,徐彬等译,北京,中国人民大学出版社,2014 年,第 64 页。沃伦·巴菲特在为哥伦比亚大学两位恩师这本书的序言中曾经这样写道:"两位恩师,一本著作,改变了我的一生。"

② 王燕主编:《证券投资技术分析》,北京,人民邮电出版社,2013 年,第 9 页。

阁理论、相反意见理论等。技术分析通过分析K线的形态和关键的K线指标，找到价格波动的一般性规律。技术分析派认为，“牛熊”力量对比的变化，市场供求均衡状态偏离，是造成证券价格波动的原因。

（三）心理分析

心理分析流派以个体心理分析和群体心理分析为基础，比如通常所说的“羊群效应”、逆向思维方式等。个体心理分析基于人的生存欲望、人的权力欲望和人的价值欲望三大心理分析理论进行分析，旨在解决投资者在投资决策过程中产生的心理障碍问题。群体心理分析基于群体心理理论与逆向思维理论，旨在解决投资者如何在研究市场过程中保持正确的观察视角问题。心理分析流派认为市场心理平衡状态偏离，是造成证券价格波动的原因。

（四）学术分析

学术分析的开创性人物是巴菲特的老师本杰明·格雷汉姆，他主张选择价值被市场严重低估的股票并长期持有。学术分析流派强调按投资风险水平选择投资对象，以获取平均的长期收益率作为投资目标原则。而其他流派多数以战胜市场作为投资目标。学术分析流派认为价格与所反映的“信息”内容偏离，是造成证券价格波动的原因。学术分析长期以来的哲学基础是有效市场假说。随着证券市场不断发展，一些新的学术分析方法开始活跃起来。例如，演化金融学、分形市场假说、量化投资等。

1. 演化金融学(Evolutionary Finance)

演化金融学是近年来兴起的介于生物学和金融学的一门边缘科学。它就是用生物进化理论来研究和阐释金融市场中各种价值判断和价值规律的交叉学科。剑桥大学的Bartholomew Frederick Dowling和麻省理工学院的Andrew W. Lo是演化金融学的重要学者。演化金融学的研究对象是金融市场上投资策略之间交互作用的动态过程，目的在于借鉴生物进化的思想，增进人们对金融市场动态特性的前因后果的理解，其理论基石是进化、突变和复制。

2. 分形市场假说(Fractal Market Hypothesis，FMH)

本假说是由埃德加·E.彼得斯(Edgar E. Peters)提出的。他从“非线性”的观点作为出发点，提出了更符合实际的市场基本假设——分形市场假说，它强调证券市场“信息”接受程度和投资时间尺度对投资者行为的影响，并认为所有“稳定”的市场都存在分形结构。分形市场假说认为：资本市场是由大量的不同投资起点的投资者组成的，信息对各种不同投资者的交易时间有着不同的影响，在每日、周或月时段内的交易未必是均匀分布，而且投资者的理性是有限的，未必按照理性预期的方式行事。在对信息的反应上，有些人接收到信息马上做出反应，然而大多数人会等着确认信息。

3. 量化投资

量化分析在海外的发展已有较长的历史，基于量化投资的基金业绩稳定，市场规模和份额不断扩大，逐渐得到投资者认可。量化投资区别于经验投资的鲜明特征就是使用模型。量化投资技术几乎覆盖了投资的全过程，包括量化选股、量化择时、统计套利等。具体而言，量化选股就是采用数量化的模型，判断某个上市公司是否值得买入。根据某个秘而不宣的"黑箱"模型，如果某股票满足了该模型的条件，则放入股票池；如果不满足，则从股票池中剔除。量化择时是采用数量化模型，寻找买入时机。假如按照传统的有效市场假说，股票价格已充分反映了所有相关信息，价格变化服从随机游走，股票价格的预测则毫无意义。量化择时思想认为，存在经典线性相关之外的非线性相关，从而拒绝了随机游走的假设，认为股价的波动不是完全随机的，它貌似随机、杂乱，但在其复杂表面的背后，却隐藏着确定性的机制，因此存在着可预测的成分。统计套利中最典型的方法是配对交易(Pairs Trading)，其理念最早来源于20世纪20年代华尔街传奇交易员 Jesse Livermore 的"姐妹股票对"交易策略，即首先在同一行业内选取两只业务相似、股价具备"协整关系"的股票，然后做空近期的相对强势股，同时做多相对弱势股，等两者股价又恢复协整均衡状态时，平掉所有头寸结束交易。该策略与传统股票交易的最大不同之处在于，在股票多头和空头同时建仓，它的投资标的是两只股票的价差，是一种相对价值而非绝对价值。

需要指出的是，理论是灰色的，生活之树常青。证券投资的分析方法和理论，从外表看起来大约有些曲高和寡，一般人较难理解、不接地气，许多读者感觉都是一些空洞的大道理。把证券投资的理论知识转化成实实在在的财富收益，是有一定距离的。即使懂得了做人道理，还得亲自实践，并建立自己的三观体系，或许才能较圆满地过完这一生。财富增长是一个系统工程，是天时、地利、人和众多因素合力的结果，掌握一些财经知识，不一定确保能赚到钱，但可以提高成功的概率。这里就牵涉到体、用、术的问题：所谓"体"是证券投资的理论核心，是投资学的基础知识，是亘古不变的基本原理；所谓"用"是根据"体"的理论知识发展出来的具体运用，是把理论落地，为理论找到落脚点；而"术"就是具体的操作实施了，三者之间的关系如图1-2所示。证券分析基础理论与方法就类似于"体"的范畴，要想把它转换成实实在在的财富，还得把它与"用"和"术"联动起来：即多实践，力争朝着知行合一的方向努力。掌握理论容易，实践却千变万化。我们不能把理论束之高阁，仅仅为了研究而研究，一味地空谈理论知识；而要用扎实的理论功底指导具体实践，在实践中总结升华理论，形成良性互动的正反馈循环。

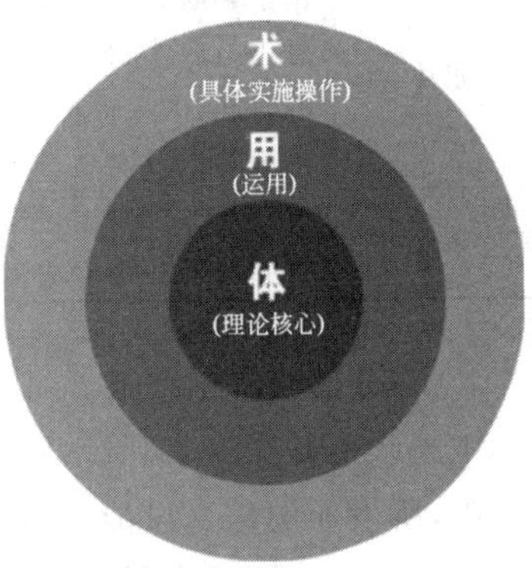

图1-2 证券投资理论、运用、操作关系

四、证券投资分析信息来源

信息作为在证券投资分析的"粮食"，居于非常重要的地位。来自各个渠道的重要信息，将不同程度地对证券的价格发生作用，导致证券价格的上升或者下跌，从而影响证券的回报率。证券投资分析实质上就是通过各种专业性的分析方法和分析手段，对来自各个渠道的、能够对证券价格产生影响的各种信息进行综合分析，判断其对证券价格产生影响的方向和力度①。因此，信息的多寡、信息质量的高低将直接影响证券投资分析的最终

① 王明涛：《证券投资分析》，第2版，上海，上海财经大学出版社，2012年，第6页。

结论和效果。实践中,投资者获取信息的来源包括:各级政府部门、证券交易所、上市公司、中介机构、新闻媒体等。证券市场上各种信息来源如表 1-3 所示。

表 1-3 证券市场各种信息的来源

来　源	信息内容
政府部门	政府部门是国家宏观经济政策的制定者,是一国证券市场上有关信息的主要来源。
证券交易所	根据我国《证券法》的规定,证券交易所是为证券集中交易提供场所和设施,组织和监督证券交易,实行自律管理的法人。其主要负责提供证券交易的场所和设施,制定证券交易所的业务规则,接受上市申请,安排证券上市,组织、监督证券交易,对会员、上市公司进行监督等事宜。
中国证券业协会	中国证券业协会是证券业的自律性组织,是社会团体法人。根据我国《证券法》的规定,证券公司应当加入中国证券业协会。
证券登记结算公司	证券登记结算公司是为证券交易提供集中登记、存管与结算服务,不以营利为日的之法人。
上市公司	上市公司作为经营主体,其经营状况的好坏直接影响投资者对其价值的判断,从而影响其股价水平的高低。
中介机构	证券中介机构是指为证券市场参与者例如发行人、投资者等提供各种服务的专职机构。按提供服务的内容不同,证券中介机构可以分为证券经营机构、证券投资咨询机构以及具有从事相关业务资质的会计师事务所、资产评估师事务所、律师事务所、信用评级机构等。
新闻媒体	由于影响证券市场的信息种类繁多,信息量极为庞大,媒体通过专门的人员对各种信息进行收集、整理、归类和汇总,并按照有关规定予以公开披露,从而节省信息使用者的时间,大大提高了工作效率。信息发布的渠道一般包括书籍、报纸、杂志、其他公开出版物以及电视、广播、互联网等媒介。
其他来源	投资者还可以通过实地调研、专家访谈、市场调查等渠道获得有关的信息,也可以通过朋友等获得有关信息。

1. 政府部门信息来源

中央政府是国家宏观经济政策的制定者,是我国证券市场上重要信息的主要来源。实践中,所发布的信息可能对证券市场产生影响的政府部门主要包括:国务院、人民银行、中国证监会、国家发展改革委员会、财政部、商务部、国家统计局等。

国务院是国家进行宏观调控的最高机构,其颁布的各项重大方针政策,会对证券市场产生全局性的影响。中央银行,是国家最高的货币金融管理组织机构,在各国金融体系中居于主导地位。国家赋予其制定和执行货币政策,对国民经济进行宏观调控,对其他金融机构乃至金融业进行监督管理权限,地位非常特殊。中国证监会是直接监督管理我国证券市场的政府部门。它所制定的有关证券市场的监管政策、规章等,以及依法对市场违法违规行为进行的查处,都会对证券市场产生重要影响。国家发展和改革委员会作为国务院的职能机构,是综合研究拟订经济和社会发展政策,进行总量平衡,指导总体经济体制改革的宏观调控部门。财政部的重要职能是拟订财税发展战略、规划、政策和改革方案并组织实施,分析预测宏观经济形势,参与制定各项宏观经济政策,提出运用财税政策实施宏观调控和综合平衡社会财力的建议,拟订中央与地方、国家与企业的分配政策,实施政府投资和税收调控的财政政策。商务部的职责是拟订国内外贸易和国际经济合作的发展战略、政策，起草国内外贸易、外商投资、对外援助、对外投资和对外经济合作的法律法规草案及制定部门规章，提出我国经济贸易法规之间及其与国际经贸条约、协定之间的衔接意见，研究经济全球化、区域经济合作、现代流通方式的发展趋势和流通体制改革并提出建议。国家统计局是国务院直属机构，主管全国统计和国民经济核算工作，拟订统计工作法规、统计改革和统计现代化建设规划以及国家统计调查计划，组织领导和监督检查各地区、各部门的统计和国民经济核算工作，监督检查统计法律法规的实施。

2. 证券交易所信息来源

作为中国两大证券交易所，上海证券交易所和深圳证券交易所职责是提供证券交易的场所和设施；制定业务规则；审核证券上市申请、安排证券上市；组织、监督证券交易；对会员进行监管；对上市公司进行监管；管理和公布市场信息。两大交易所发布的信息，是投资者进行证券分析的重要来源。

3. 中介机构信息来源

证券中介机构是指为证券市场参与者（例如发行人、投资者）提供各种服务的专职机构，主要包括证券经营机构、证券登记结算机构以及从事证券相关业务的会计师事务所、资产评估事务所、律师事务所、信用评级机构等。实践中，中介机构具有专业优势、人才优势和信息优势。例如，证券公司研究部，他们所撰写的宏观、行业、公司研究报告，往往不乏真知灼见。

4. 上市公司信息来源

上市公司是证券市场的主体要素，其经营状况的好坏，直接影响投资者的价值判断，从而影响股价波动。上市公司通过定期报告（例如年度报告和中期报告）和临时报告等，披露其经营和财务状况并与市场进行信息交流。上市公司是证券投资分析最重要的信息来源。

投资者关系互动平台，是目前我国上市公司与投资者沟通的重要桥梁，也是投资者获取投资信息的重要通道。投资者有什么疑惑、问题都可以通过投资者关系互动平台反馈给上市公司，上市公司必须予以反馈回答。一般来说，上市公司董事会是投资者关系管理的主管部门，领导公司投资者关系管理工作。通常董事长是投资者关系管理第一责任人，董事会秘书是该项工作的主要负责人。公司证券部是投资者关系管理的职能部门，在董事会秘书的领导下开展具体工作，负责公司投资者关系管理的具体事务。

5. 新闻媒体信息来源

新闻媒体主要是指报纸、杂志、图书等出版物、网络、电视、广播等。实践中，"中国证券网""东方财富网"等新闻媒体是证券投资分析非常重要的信息来源。例如，国防科工委主管的《国防科技工业》杂志，作为我国国防科技工业领域集指导性、学术性、综合性、信息性于一体的权威媒体，对于投资者了解我国军工产业这一重要产业板块的最新动态及相关数据，具有十分重要的意义。

第 2 章

证券的发行

本章学习目标

- 证券发行与公司融资
- 股票发行的方式
- 股票发行的审核制度与发行程序
- 股票发行的条件
- 关联交易与同业竞争
- 内控缺陷
- 多层次资本市场
- 短期融资券
- 中期票据
- 企业债券与公司债券

第 1 节　证券发行概述

一、证券发行与公司融资

证券发行是指发行人向投资者交付投资凭证的行为，是一种直接融资行为。证券发行市场也称为一级市场(Primary Market)，是筹集资金的公司，将其新发行的股票等证券销售给最初购买者的金融市场。通过一级市场，发行人筹措到了公司所需资金，而投资人则购买了公司的股票成为公司的股东，实现了储蓄转化为资本的过程。在西方国家，一级市场又称证券发行市场、初级金融市场或原始金融市场。在一级市场上，资金需求者可以通过发行股票、债券取得所需要的资金。在发行过程中，证券发行者一般不直接同持币购买者进行交易，需要有中间机构办理，即证券经纪人。所以一级市场又是证券经纪人市场。

证券发行的内涵包括：

(1) 证券发行的本质是融资。任何经济体系中都有资金富余者和资金短缺者，证券的发行，作为一种直接融资方式，帮助资金实现从富余者到短缺者的流动。

(2) 制作成证券。这是证券发行的前提，是指将证券所代表的权利义务以书面形式或者法律规定的其他形式加以记载的过程。证券种类不同，表现的权利义务不同，记载的内容也不同。要式证券记载事项由法律规定，如有欠缺将导致证券无效。非要式证券记载的事项则由发行人自行清晰地表示。

(3) 向相对人交付证券。股票发行的相对人是股东；公司债券的相对人是债券投资者。证券非经交付，不构成发行效力。

证券发行不同于证券承销、证券上市。所谓证券承销是指，当一家发行人通过证券市场筹集资金时，需要聘请证券经营机构来帮助它销售证券。证券经营机构借助自己在证券市场上的良好信誉和营业网点，在规定的发行有效期之内将证券销售出去，这一过程称之为证券承销。它是证券经营机构的基本职能之一。所谓证券上市是指，已经公开发行的证券到证券交易所或者场外交易市场等依法设立的场所挂牌上市交易的行为。证券发行的价格一般是事先确定的，而证券上市的价格则是通过交易场所竞价产生，由供求情况决定。

公司融资是指公司获取资金的方式。根据不同的标准，可以对公司融资方式进行不同的分类。比如，按照融资过程中资金来源的不同方式，把公司的融资方式分为内部融资和外部融资；按照融资过程中金融中介所起作用的不同，把公司的融资方式分为直接融资和间接融资；按照融资过程中公司与投资者所形成的不同的产权关系，把公司的融资方式分为股权融资和债务融资；按照融资期限的不同，把公司的融资方式分为短期融资与长期融资。

（一）内部融资与外部融资

内部融资是来源于公司内部的融资，即公司将自己的储蓄（未分配利润等）转化为投资的融资方式。外部融资是来源于公司外部的融资，即公司吸收其他经济主体的储蓄，使之转化为自己的投资的融资方式，包括发行股票、发行债券、向银行借款，公司获得的商业信用、融资租赁也属于外部融资的范围。

1. 内部融资的特点

(1) 自主性。内部融资来源于自有资金，上市公司在使用时具有很大的自主性，只要股东大会或董事会批准即可，基本不受外界的制约和影响。

(2) 有限性。内部融资受上市公司盈利能力的影响，融资规模受到较大限制。

(3) 低成本性。内部融资不需要直接向外部支付相关的资金使用费，同时也省却了发行股票和债券所花费的高昂的筹资费用。内部融资的成本主要是机会成本，而不表现为直接的财务成本。

(4) 低风险性。内部融资的低风险性，一方面与其低成本性有关，另一方面是它不存在支付危机，因而不会出现由支付危机引起的财务风险。

2. 外部融资的特点

(1) 高效率。外部融资在规模和时间上不受单个上市公司自身积累能力的限制，能够迅速地、大规模地实现资本集中，其效率远远超过内部融资。

(2) 高成本。外部融资依其产权关系，可分为债务融资和股权融资。对于债务融资，上市公司除需要向债权人支付利息外，还要支付各种各样的融资费用，成本较高；对于股权融资，由于股东比债权人承担更大的风险，因而比债权人要求的回报更高，同时，发行股票也需要支付高昂的发行费用。

(3) 高风险性。对于债务融资而言,外部融资会引起上市公司无法支付到期债务的财务风险;对于股权融资而言,证券市场上的股价下跌会引发"恶意收购"的风险。

(二) 股权融资与债务融资

股权融资是指公司以出让股份的方式向股东筹集资金,包括配股、增发新股以及股利分配中的送红股(属于内部融资的范畴)。债务融资则是公司以发行债券、银行借贷方式向债权人筹集资金。

1. 股权融资的特点

(1) 公司财务风险小。由于上市公司通过股权融资获得的是资金的所有权,公司既不用偿还本金,也不用支付固定的利息,因此这种融资方式不存在到期不能偿付从而引发破产的财务风险。

(2) 融资成本较高。首先,前面已讨论过,由于股东比债权人承担更大的风险,因而比债权人要求的回报更高;其次,由于股东的红利只能从税后利润中支付,使得股权融资不具备冲减税基的作用;最后,股权融资也不利于企业财务杠杆作用的发挥。因此,股权融资的成本一般高于债务融资的成本。

(3) 股权融资可能引起企业控制权变动。由于股权融资尤其是增发新股将引入新的股东,在股权融资数量很大的情况下,有可能导致新股东取代原有股东掌握上市公司的控制权。

2. 债务融资的特点

(1) 公司财务风险较大。债务融资获得的只是资金的使用权而不是所有权,上市公司必须按期还本付息,而不像股权融资那样,有利润则分红,无利润则不分,因而债务融资比股权融资对经营者的约束性更强,财务风险更大。

(2) 融资成本较低。债务融资能够提高上市公司的净资产收益率,具有财务杠杆的作用。当然,这要以上市公司的资产利润率超过债务融资成本为条件。同时,利息的支付具有冲减税基的作用。因此,债务融资成本一般低于股权融资成本。

(3) 与股权融资相比,债务融资一般不会产生对企业的控制权问题。

(三) 直接融资与间接融资

直接融资是指资金盈余者与短缺者相互之间直接进行协商或者在金融市场上由前者购买后者发行的有价证券,从而资金盈余者将资金的使用权让渡给资金短缺者的资金融通活动。股票融资、公司债券融资、国债融资等都属于直接融资的范畴。间接融资是指资金盈余者通过存款等形式,将资金首先提供给银行等金融机构,然后由这些金融机构再以贷款、贴现等形式将资金提供给资金短缺者使用的资金融通活动。间接融资主要指银行性融资。

1. 直接融资的特点

(1) 直接性,即资金盈余方和短缺方不经过金融中介,而是直接在金融市场上达成协议,融通资金。

(2) 流动性强，即直接融资可随时到金融市场上转让变现。

2. 间接融资的特点

与直接融资恰恰相反，间接融资的特点是间接性、流动性差。直接融资与间接融资的数量比例关系是运用最多、最广泛的融资结构表现形式。当直接融资比例大于间接融资时，我们称其融资结构以直接融资为主；反之，则以间接融资为主。

(四) 短期融资与长期融资

融资按其期限长短可分为长期融资和短期融资。长期融资是指所融资金能为企业长期占用。所有者权益类的项目主要是长期融资。对于企业负债，一般规定偿还期在 1 年以上的借款为长期负债。短期融资是指企业对资金的可占用期在 1 年内的资金筹措，如短期借款、短期融资券、短期应付和 1 年内到期的长期负债以及其他流动负债等。

二、股票的发行方式

(一) 公开发行与非公开发行

按照发行对象把股票发行方式分为公开发行和非公开发行，这是最为基本的分类方法，也是股票发行主体首先需要考虑的问题。

1. 公开发行

公开发行又称之为公募发行。它是指发行人向不特定的社会公众投资者发售股票。在公募发行的情况下，任何合法的投资人都可以认购股票。为了保障广大投资者的利益，各国对公开发行都设有相当严格的要求，例如发行人应具有较高的信用水平，经营状况良好，并且要求符合证券监管部门规定的发行条件，经过批准之后方可发行。

我国 2014 年新修订的《证券法》第十条规定，有下列情形之一的为公开发行：向不特定对象发行证券的；向特定对象发行证券累计超过 200 人的；法律、行政法规规定的其他发行行为。目前，我国股票、封闭型基金、债券等都采用公开发行的方式。

采用公开发行股票的优势在于：

(1) 融资数量优势。公开发行股票以众多的投资人为发行对象，适合于发行数量多、融资规模大的发行人。

(2) 风险分散优势。公开发行的投资人范围较大，可以避免发行的股票过度集中于少数人手中而被操纵，从而降低发行操纵风险。公开发行也具有一定程度的不足之处，例如，发行程序较为复杂、登记核准的时间较长、发行费用较高等。

2. 非公开发行

非公开发行又称为私募发行或者内部发行。它是指面对少数特定的投资人发行股票的方式。非公开发行的对象主要有两类：一类是个人投资者，例如公司管理层、老股东等；一类是机构投资者，例如大型金融机构或者关联企业等。非公开发行股票的特定对象应当符合下列规定：

(1) 特定对象符合股东大会决议规定的条件；

(2) 发行对象不超过十名。发行对象为境外战略投资者的,应当经国务院相关部门事先批准。

上市公司非公开发行股票,应当符合下列规定:

(1) 发行价格不低于定价基准日前20个交易日公司股票均价的90%;

(2) 本次发行的股份自发行结束之日起,12个月内不得转让;控股股东、实际控制人及其控制的企业认购的股份,36个月内不得转让;

(3) 募集资金使用符合《上市公司证券发行管理办法》第10条的规定;

(4) 本次发行将导致上市公司控制权发生变化的,还应当符合中国证监会的其他规定。

上市公司存在下列情形之一的,不得非公开发行股票:

(1) 本次发行申请文件有虚假记载、误导性陈述或重大遗漏;

(2) 上市公司的权益被控股股东或实际控制人严重损害且尚未消除;

(3) 上市公司及其附属公司违规对外提供担保且尚未解除;

(4) 现任董事、高级管理人员最近36个月内受到过中国证监会的行政处罚,或者最近12个月内受到过证券交易所公开谴责;

(5) 上市公司或其现任董事、高级管理人员因涉嫌犯罪正被司法机关立案侦查或涉嫌违法违规正被中国证监会立案调查;

(6) 最近1年及一期财务报表被注册会计师出具保留意见、否定意见或无法表示意见的审计报告。保留意见、否定意见或无法表示意见所涉及事项的重大影响已经消除或者本次发行涉及重大重组的除外;

(7) 严重损害投资者合法权益和社会公共利益的其他情形。

(二) 直接发行与间接发行

这是根据发行者推销出售股票的方式不同来划分的。直接发行又叫直接招股。是指股份公司自己承担股票发行的一切事务和发行风险,直接向认购者推销出售股票的方式。采用直接发行方式时,要求发行者熟悉招股手续,精通招股技术并具备一定的条件。如果当认购额达不到计划招股额时,新建股份公司的发起人或现有股份公司的董事会必须自己认购来出售的股票。因此,只适用于有既定发行对象或发行风险少、手续简单的股票。在一般情况下,不公开发行的股票或因公开发行有困难(如信誉低所致的市场竞争力差、承担不了大额的发行费用等)的股票;或是实力雄厚,有把握实现巨额私募以节省发行费用的大股份公司股票,才采用直接发行的方式。

间接发行又称间接招股,是指发行者委托证券发行中介机构出售股票的方式。这些中介机构作为股票的推销者,办理一切发行事务,承担一定的发行风险并从中提取相应的收益。股票的间接发行有三种方法:

1. 代销

代销又称为代理招股,推销者只负责按照发行者的条件推销股票,代理招股业务,而不承担任何发行风险,在约定期限内能销多少算多少,期满仍销不出去的股票退还给发行者。由于全部发行风险和责任都由发行者承担,证券发行中介机构只是受委托代为推销,因此，代销手续费较低。

2. 承销

承销又称余股承购，股票发行者与证券发行中介机构签订推销合同明确规定，在约定期限内，如果中介机构实际推销的结果未能达到合同规定的发行数额，其差额部分由中介机构自己承购下来。这种发行方法的特点是能够保证完成股票发行额度，一般较受发行者的欢迎，而中介机构因需承担一定的发行风险，故承销费高于代销的手续费。

3. 包销

包销又称包买招股，当发行新股票时，证券发行中介机构先用自己的资金一次性地把将要公开发行的股票全部买下，然后再根据市场行情逐渐卖出，中介机构从中赚取买卖差价。若有滞销股票，中介机构减价出售或自己持有。由于发行者可以快速获得全部所筹资金，而推销者则要全部承担发行风险，因此，包销费更高于代销费和承销费。股票间接发行时究竟采用哪一种方法，发行者和推销者考虑的角度是不同的，需要双方协商确定。一般说来，发行者主要考虑自己在市场上的信誉、用款时间、发行成本和对推销者的信任程度；推销者则主要考虑所承担的风险和所能获得的收益。

（三）首次发行与增资发行

1. 首次发行

首次公开发行(Initial Public Offerings，IPO)，是指股份有限公司第一次将它的股份向公众出售。首次公开发行是"公司上市"这一个行为的第一个阶段：一家企业要上市由一家券商进行保荐并通过证监会的审核，经过一系列的路演、询价等程序，首次公开发行股票成功。一旦首次公开发行股票完成，这家公司就可以申请到证券交易所或报价系统挂牌交易。

2. 增资发行

增资发行是指已发行股票的股份有限公司，在经过一定的时期后，为了扩充股本而发行新股票。增资发行分有偿增资和无偿增资。

有偿增资可分为配股与按一定价格向社会增发新股票。配股又分为向股东配股和第三者配股。向股东配股是指股份有限公司增发股票时对老股东按一定比例分配公司新股票的认购权，准许其按照一定的配股价格优先认购新股票。向第三者配股是指公司向股东以外的公司职工、公司往来客户银行及有友好关系的特定人员发售新股票。由于发售新股票的价格低于旧股票的市场价格，第三者往往可以获得较大的利益。

按一定价格向社会增发新股票目的是为了增加公司的资本金，增发股票面向社会，无特定对象。增发股票的价格往往高于面值溢价发行。增发股票要维护老股东的权益，一般在溢价发行时，要给老股东以优先认购权和价格优惠权。

无偿增资就是指所谓的送股。无偿增资可分为积累转增资和红利转增资。积累转增资是指将法定盈余公积金或资本公积金转为资本送股，按比例赠给老股东。红利转增资是指公司将当年分派给股东的红利转为增资，采用新发行股票的方式代替准备派发的股息和红利送给股东，这就是所谓的送红股。

第2节　证券发行审核制度

证券发行审核制度即上市公司遴选制度，它是各国对证券公开发行(以下简称：证券发行)这一行为进行监督管理的重要内容，是国家证券监督管理部门对发行人利用证券向社会公开募集资金的有关申报资料进行严格审查的制度。其目的在于防止不良证券进入市场，保护投资者利益，并保持证券市场运行的高质量和高效率。世界范围来看，证券发行审核制度包含两种。以美国1993年《证券法》与日本《证券交易法》等为代表的公开主义基础上的注册制和以德国、法国及我国台湾地区为代表的核准制。

一、证券发行核准制

1. 核准制的定义

核准制(Merit Regulation/Merit Review)是指证券发行申请人不仅要依法公开一切与证券发行有关的信息并确保其真实性，而且还要符合法律、法规和证券监管部门规定的实质要件，由证券监管部门决定是否准予其发行证券的一种制度。简而言之，在核准制下，监管机构除了审查企业所披露资讯之真实与完整之外，还需对其实质内容(具体包括产业地位、营业性质、发行人的财力、发行人素质、公司发展前景、发行数量以及价格等)加以审查。只对具备相应实质性条件的证券发行予以批准，目的是排除不良证券的发行，事前防止投资人蒙受无谓的损失。欧洲多个国家实行的是股票发行的核准制。相比较而言，注册制更适合于发达的证券市场；而核准制更适合于证券市场发展历史不长、投资者素质不高的国家和地区。

2. 核准制的特征

(1) 证券发行权利通过审核机构的批准而获得。核准制体现了行政权力对于证券发行的参与，是政府有形之手干预证券发行的具体体现。发行人的发行权由监管部门以法定的形式授予。发行人必须取得审批机关的授权文件，方能开展相关的证券公开发行活动，否则皆为非法发行。

(2) 核准制的重点是证券发行的实质性条件，强调实质监管原则(Substantive Regulation Philosophy)。证券监管机关除了进行信息公开要求的形式审查之外，还对证券发行条件进行实质审查，并据此给出发行人是否符合发行条件的价值判断和是否核准该次申请的决定。核准制的实质性条件一般规定在公司法中或者证监会的相关文件中。一般主要包括：①发行人的营业性质及其证券发行与上市的意义；②发行证券所募集资金的投资项目有无合理的成功机会；③发行人管理者的资格与能力；④发行人资本结构的合理性；⑤发行人盈利能力的持续性；⑥投资人将承担风险的程度、公司发展前景等；⑦发行数量以及发行价格是否公允等。只有符合了信息公开的基本要求(真实、完整、准确)和实质性条件，证券监管机关才授予发行申请人发行资格。

(3) 核准制主张事前与事后并举。审核机关依据法律规定的实质条件，做出证券发行的事前审查，并享有事后审查和撤销权。在发行申请人获得核准之后，如果证券监管机构发现所核准的事项存在虚假、隐瞒等舞弊行为，有权对已经做出的核准予以撤销，并追究发行人及其相关责任者的法律责任。

3. 核准制下的股票发行程序

核准制下，股票发行程序相对比较复杂。除了进行发行之前的咨询辅导之外，关键是发行人需要达到国家规定的实质条件并报证券监管部门核准，然后才委托中介机构公开发行股票。以我国主板市场实践为例，股票发行核准程序如下：

(1) 申报。发行人应当按照要求制作 IPO 申请文件，由保荐人保荐并向中国证监会申报。特定行业的发行人还需要提供管理部门的意见。

(2) 受理。证监会受到申报文件之后，在 5 个工作日之内作出是否受理的决定。

(3) 初审。证监会受理 IPO 申请文件之后，由相关职能部门对发行人的申请文件进行初审。在初审过程中，证监会征求发行人注册地省级人民政府是否同意发行人发行股票的意见，并就发行人的募集资金投资项目是否符合国家产业政策和投资管理的规定征求国家发展改革委的意见。

(4) 预披露。根据《证券法》第二十一条规定，发行人申请首次公开发行股票的，在提交申请文件之后，应当按照证监会的要求预先披露有关申请文件。因此，发行人的申请文件被受理后、发审委审核之前，发行人应当将招股说明书（申报稿）在中国证监会网站预先披露。

(5) 发审委审核。相关职能部门对发行人的申请文件初审完成之后，由发审委组织会议进行审核。

(6) 决定。证监会对发行人的 IPO 申请作出予以核准或者不予核准的决定，并出具相关文件。自证监会核准发行之日起，发行人应当在 6 个月之内发行股票。未获得核准的，自证监会不予核准之日起 6 个月后，发行人可以再次提出股票发行申请。

二、证券发行注册制

1. 注册制的定义

注册制（Disclosed Oriented）是指证券发行申请人依法将与证券发行有关的一切信息和资料公开，制成法律文件，送交证券主管机构审查。主管机构只负责审查发行申请人提供的信息和资料是否履行了信息披露义务的一种证券发行审核制度。注册制下，发行人在准备发行证券时，必须将依法公开的各种资料完整、准确地向证券主管机关呈报并申请注册。证券主管机关的职责是依据既定原则，对申报文件的全面性、真实性、准确性、及时性作形式审查。至于发行人的营业性质、财力、素质、发展前景及发行数量与价格等实质性条件均不作为审核要件。证券主管机关无权对证券发行行为及证券质地本身做出价值判断，申报文件提交后，经过了法定的期间，主管机关若无异议的话，申请即自动生效。在注册制下，发行人的发行权无须由国家授予。

注册制实行公开管理原则，实质上是一种发行公司的财务公开制度。它要求发行人提供关于证券发行本身以及和证券发行有关的所有信息。发行人不仅要完全公开有关信息，不得有重大遗漏，并且要对所提供信息的真实性、完整性和可靠性承担法律责任。证券监管机构不对证券发行及证券本身给出价值判断，对公开资料的审查只涉及形式，不涉及任何发行实质条件。发行人只要按规定将有关资料完全公开，监管机构就不得以发行人的财务状况未达到一定标准而拒绝其发行。证券发行相关材料报证券监管机构后，一般会有一个生效等待期，在这段时间内，由证券监管机构对相关文件进行形式审查。注册生效等待期满后，如果证券监管机构未对申报书提出任何异议，证券发行注册生效，发行人即可发行证券。但如果证券监管机构认为报送的文件存在缺陷，会指明文件缺陷，并要求补正或正式拒绝，或阻止发行生效。

2. 注册制的特征

（1）公司发行证券的权利是自然取得，并不需要获得政府的特别授权。这是注册制区别于核准制的重要特征。发行人在申报后的法定时间之内，未被证券监管机关拒绝注册，发行注册即为有效，发行证券的权利便自动取得。只要注册文件符合法定的形式要件，政府无权予以拒绝。

（2）信息披露是注册制的核心。美国法学家刘易斯·布兰迪希在《他人的金钱》一书中阐述了注册制的基本哲学思想。他认为：公开制度作为现代社会与产业弊病的矫正之策而被推崇。太阳是最有效的消毒剂，电光是最有能力的警察。依据这一思想，证券发行审核制度的理论设计是，市场经济条件下的证券市场，只要信息完全、真实、及时和公开，市场机制与法律制度健全，证券市场本身会自动做出择优选择。管理者的职责是保证信息公开与禁止信息滥用。

（3）证券发行审核机关只对注册文件进行形式审查，不进行实质判断。证券发行注册的目的是向投资者提供据以判断证券实质要件的形式资料，以便做出投资决定，证券注册不能成为投资者免受损失的保护伞。如果公开方式恰当，监管机关不能以发行证券价格或其他条件非公平，或发行者公司前景不尽合理等为理由而拒绝注册。监管机关的职责是审查信息资料的完整性、真实性、准确性、及时性，以保证信息公开制度贯彻始终。政府的责任只在监管信息质量，至于证券的实质价值，则由投资人自己判断，政府并不介入。如果投资者自愿上当，法律也不予干预或者纠偏，政府也不承担审核责任。

（4）注册制强调事后控制。注册制下的注册程序，并不能滴水不漏地保证注册文件中（注册文件一般包括注册申请书和公司招股说明书）所陈述的事实的准确性。如果投资者在投资时蒙受损失，且足以证明公开文件中有虚假或者欠缺的信息，则有损害赔偿请求权。损害赔偿由有管辖权的法院判定。如果虚假陈述得以证实，证券发行人及其董事、经理人、承销商、控股股东、证券出售者以及其他相关人员均将承担法律责任。

3. 注册制下的股票的发行程序

（1）发行前的咨询。发行公司就发行股票的种类、条件、价格、时间、市场状况等向所委托的中介机构进行咨询，以便设计发行的具体方案。

（2）申请股票发行。一般需要的工作包括：确认股份公司的股票发行资格；向证券监管部门提交有关的申请文件和资料；填写股票发行说明书；股票发行的形式审查。

(3) 申请生效之后，委托中介机构进行股票发行。中介机构按照发行公司的要求，向投资人发行股票即可。

第 3 节　我国股票发行的条件

一、主体资格

一家公司想要上市，首先必须具备符合证监会设定条件的主体资格。我国证监会 2016 年 1 月 1 日修订之后的《首次公开发行股票并上市管理办法》第八条规定：股票发行人应当是依法设立并且合法存续的股份有限公司。从公司的组织形式方面看，公司一般分为有限责任公司和股份有限公司。只有股份公司才具备上市的条件。如果你的公司是有限责任公司，而且还有上市的打算，那么首先就要进行股份制改造，将有限责任公司改成股份有限公司。关于 IPO 的主体资格问题，实际操作中，还需要从以下方面来理解。

1. 公司持续经营 3 年以上

主体资格方面，证监会对公司经营期限有严格要求，公司需要持续经营 3 年以上。如果是有限责任企业按原账面净资产金额折股，整体变更为股份有限企业的，存续期间可以从有限责任企业成立之日起计算。

2. 资产和资本真实

发行人的注册资本已足额缴纳，发起人或者股东用作出资的资产的财产权转移手续已办理完毕，发行人的主要资产不存在重大权属纠纷。

3. 生产经营合法、合规，且符合国家产业政策

股票发行人的生产经营符合法律、行政法规和公司章程的规定。2016 年，证监会否决了上海锦和商业经营管理股份有限公司的 IPO 申请，原因就是该公司的土地使用权实际使用情况与规划用途不一致，具体情况如表 2-1 所示。另外，申请 IPO 的公司的生产经营内容，必须符合国家产业政策。读者可以从产业政策的角度思考，在目前我国产业政策条件下，生产经营煤炭、钢铁、水泥的公司申请 IPO 上市的难度是很大的。

4. 公司近年来稳定，股权清晰

发行人最近 3 年内主营业务和董事、高级管理人员没有发生重大变化，实际控制人没有发生变更。发行人的股权清晰，控股股东和受控股股东、实际控制人支配的股东持有的发行人股份不存在重大权属纠纷。

5. 公司的规模

想要 IPO 上市，还要对公司的股本数额进行一定的审核，公司的注册资本应不少于 3 000 万元，公司公开发行的股份达到公司股份总数的 25%以上；公司股本总额超过人民币 4 亿元的，公开发行股份占公司股份总数的比例为 10%以上。

表 2-1 主体资格原因 IPO 被否案例

序号	公司名称	被否原因	文号	申报板块
1	上海锦和商业经营管理股份有限公司	你公司的招股说明书等申报材料显示，你公司及控股子公司目前承租运营的 18 个园区中，有越界・创意园、越界・永嘉庭等 13 个园区项目的土地使用权实际使用情况与规划用途不一致，并且存在 9 个园区的土地性质为划拨土地的情形。发审委认为，你公司将承租的划拨土地用于向第三方客户租赁经营，且部分园区项目的土地使用权实际使用情况与规划用途不一致，上述情形不符合《中华人民共和国土地管理法》第五十六条关于"改变土地建设用途的，应当经有关人民政府土地行政主管部门同意，报原批准用地的人民政府批准"和《划拨土地使用权管理暂行办法》第五条关于"未经市、县人民政府土地管理部门批准并办理土地使用权出让手续，交付土地使用权出让金的土地使用者，不得转让、出租、抵押土地使用权"的规定。你公司提出，根据《关于加快发展服务业若干政策措施的实施意见》(国办发〔2008〕11 号)、《国务院关于推进文化创意和设计服务与相关产业融合发展的若干意见》(国发〔2014〕10 号)中关于"支持以划拨方式取得土地的单位利用存量房产、原有土地兴办文化创意和设计服务，在符合城乡规划前提下土地用途和使用权人可暂不变更"的规定，其承租划拨土地用于园区经营的行为应当得到政策支持。但是，在有关申报材料和聆讯中，你公司和保荐机构均未提出充足依据证实你公司符合"以划拨方式取得土地的单位"的主体资格，以及你公司承租划拨土地向第三方出租行为符合"兴办文化创意和设计服务"的行为要件，因此你公司的上述主张不能采信。此外，《若干意见》规定，"连续经营一年以上，符合划拨用地目录的，可按划拨土地办理用地手续；不符合划拨用地目录的，可采取协议出让方式办理用地手续"，你公司承租有关划拨土地用于向第三方客户租赁经营的期限均在一年以上，但你公司未提出充分依据证明其用地手续符合上述规定。上述情形可能对你公司持续盈利能力构成重大不利影响。据此，发审委认为，你公司首次公开发行股票的申请不符合《首次公开发行股票并上市管理办法》(证监会令第 122 号)第十一条、第三十条第(六)项规定的发行条件。 **第十一条　发行人的生产经营符合法律、行政法规和公司章程的规定，符合国家产业政策。** **第三十条第(六)项规定　其他可能对发行人持续盈利能力构成重大不利影响的情形。**	证监许可〔2016〕774 号	主板
2	安徽三联交通技术股份有限公司	你公司第二届董事会由 9 人组成(包括 3 名独立董事)。第二届董事会聘任 7 名高级管理人员，由总经理、5 位副总经理和财务总监组成。截至 2015 年 6 月，你公司第二届董事会中有两名董事离任，聘任的高级管理人员中有总经理及 3 名副总经理离职。 上述公司管理层的重大变化，反映出你公司治理结构的稳定性存在不确定的实际问题，可能对你公司持续盈利能力构成重大不利影响，导致你公司不符合《首次公开发行股票并在创业板上市管理办法》(证监会令第 99 号)第十四条的规定。 **第十四条　发行人已经依法建立健全股东大会、董事会、监事会、独立董事、董事会秘书制度，相关机构和人员能够依法履行职责。**	证监许可〔2015〕3026 号	创业板

二、规范运行

公司申请 IPO 上市，除了主体资格符合要求之外，还必须是一家规范运行的公司，这就涉及它的公司治理与内部控制这一重要问题。《首次公开发行股票并上市管理办法》(2016)对于公司是否规范运行问题的具体规定包括如下几个方面：

1. 公司制度健全有效

股票发行人需要依法建立健全的股东大会、董事会、监事会、独立董事、董事会秘书制度，并且相关机构和人员能够依法履行职责。股票发行人董事、监事和高级管理人员要符合法律、行政法规和规章规定的任职资格。发行人的董事、监事和高级管理人员已经了解与股票发行上市有关的法律法规，知悉上市公司及其董事、监事和高级管理人员的法定义务和责任。2016 年，证监会否决了湖南鑫广安农牧股份有限公司的 IPO 申请，原因是独立董事与该公司之间存在利害关系，不具备担任独立董事的独立性条件以及相关任职资格和要求，具体情况如表 2-2 所示。

2. 公司内控健全有效

内部控制制度要健全且被有效执行，能够合理保证财务报告的可靠性、生产经营的合法性、营运的效率与效果。申请 IPO 公司常见的内控缺陷，通常表现在重大会计差错、业务违法违规、未遵循业务流程、关联交易和同业竞争等问题。

3. 公司领导层合法合规

发行人的董事、监事和高级管理人员符合法律、行政法规和规章规定的任职资格，且不得有下列情形：

(1) 被中国证监会采取证券市场禁入措施尚在禁入期的。

(2) 最近 36 个月内受到中国证监会行政处罚，或者最近 12 个月内受到证券交易所公开谴责。

(3) 因涉嫌犯罪被司法机关立案侦查或者涉嫌违法违规被中国证监会立案调查，尚未有明确结论意见。

4. 公司近期无违规行为

申请 IPO 的公司不得有下列情形：

(1) 最近 36 个月内未经法定机关核准，擅自公开或者变相公开发行过证券；或者有关违法行为虽然发生在 36 个月前，但目前仍处于持续状态。

(2) 最近 36 个月内违反工商、税收、土地、环保、海关以及其他法律、行政法规，受到行政处罚，且情节严重。

(3) 最近 36 个月内曾向中国证监会提出发行申请，但报送的发行申请文件虚假记载、误导性陈述或重大遗漏；或者不符合发行条件以欺骗手段骗取发行核准；或者以不正当手段干扰中国证监会及其发行审核委员会审核工作；或者伪造、变造发行人或其董事、监事、高级管理人员的签字、盖章。

(4) 本次报送的发行申请文件有虚假记载、误导性陈述或者重大遗漏。

(5) 涉嫌犯罪被司法机关立案侦查,尚未有明确结论意见。

(6) 严重损害投资者合法权益和社会公共利益的其他情形。

5. 谨慎对外担保

违规担保属于典型的内控缺陷。发行人的公司章程中已明确对外担保的审批权限和审议程序,不存在为控股股东、实际控制人及其控制的其他企业进行违规担保的情形。

6. 资金管理严格

发行人有严格的资金管理制度,不得有资金被控股股东、实际控制人及其控制的其他企业以借款、代偿债务、代垫款项或者其他方式占用的情形。在IPO被否的现实案例中,实际控制人发生的持续性的和随意性的资金占用,损害了公司和其他股东的利益,属于典型的公司治理和内部控制缺陷。具体案例情况如表2-2所示。

三、财务与会计

申请IPO上市的企业,在财务与会计方面的基本条件是应当具备良好的资产质量、合理的资产负债结构、较强的盈利能力以及正常的现金流量。

1. 内控与财务操作规范

从公司内部控制方面看,拟申请IPO的公司内部控制在所有重大方面是有效的,并由注册会计师出具了无保留结论的内部控制鉴证报告;公司会计基础工作规范,财务报表的编制符合企业会计准则和相关会计制度的规定,在所有重大方面公允地反映了发行人的财务状况、经营成果和现金流量,并由注册会计师出具了无保留意见的审计报告。

2. 财务报告具有谨慎性、会计政策具有一致性

发行人财务报表的编制,应以实际发生的交易或者事项作为依据;公司在进行会计确认、计量和报告时应当保持应有的谨慎;对相同或者相似的经济业务,应选用一致的会计政策,不得随意变更。

3. 公司应完整披露关联方交易

关联方交易所称的“关联方”具体包括:直接或间接持有公司5%以上股份的自然人、法人或者一致行动人;公司董事、监事和高级管理人员,以及其关系密切的家庭成员等。需要指出的是,公司与关联方进行的关联交易并不是完全被禁止的,但股票发行审核委员会重点关注的是某个关联交易的重要性、关联交易的公允性、关联交易的真实性、关联交易的内控程序、关联交易的必要性及未来趋势等。例如,如果关联交易价格不公允,将会带来利益输送等问题。通常的做法是,同类或近似产品或者劳务,既有关联方又有非关联方交易的,直接比对两者的价格;不存在同类或者近似交易的,发行审核委员会要求公司说明关联交易价格的生成机制,分析并论证定价方法的合理性。再例如,发行审核委员会一般会关注关联交易的真实性和必要性。因为通过关联交易,公司可以轻松地粉饰业绩。通过论证关联方生产经营与关联交易的相关性,检查内部控制中的第三方证据,合适关联方的再销售情况等,可以证实关联交易的真实性。

4. 满足相关财务条件

就申请发行股票并在主板或中小企业板上市而言,应当符合下列财务条件:

表 2-2　因公司治理原因被否决 IPO 案例

序号	公司名称	被否原因	文号	申报板块
1	湖南鑫广安农牧股份有限公司	你公司招股说明书披露，你公司租赁的猪场及自建猪场所租赁的土地共有 5 处国有划拨地，合计 579.97 亩，其中部分土地系从个人及第三方转租取得，所承租的土地已经履行了必要法律手续，租赁合法有效。 在《关于提请做好相关项目发审委会议准备工作的函》的回复中，你公司所承租白泥湖园艺场及转承租郴州农科所的 112.17 亩土地系国有划拨地，由于出租方未签订土地使用权出让合同，也未向当地市、县人民政府交付土地使用权出让金或以出租所获收益抵缴，且该项国有划拨地出租未经所在市、县人民政府土地管理部门批准，违反《中华人民共和国城镇国有土地使用权出让和转让暂行条例》(以下简称《条例》)和《划拨土地使用权管理暂行办法》(以下简称《办法》)的相关规定，你公司承租国有划拨地从事生产经营存在瑕疵。 你公司提出，此前披露为国有划拨地的磊石渔场、钱粮湖农场、黔江农场均为国有农场，土地用途均为国有农用地，不属于国有划拨地，因此，你公司以出租方式取得合法合规、真实有效。但在相关申报材料和发审会询问过程中，你公司及保荐机构未能提供变更磊石渔场、钱粮湖农场、黔江农场等 3 宗土地性质为国有农用地而非国有划拨地的事实和法律依据。 报告期各期内，你公司在租赁的上述 5 宗土地养殖生猪的销售规模分别占当年公司总销售规模的 19.89%、16.05%、14.44%。养殖规模占当年自繁自养的比例分别为 56.53%、46.47%、45.21%，对你公司的生产经营具有重要影响。 根据申报材料，你公司独立董事贺建华为你公司正在履行的《专利独占许可实施合同》涉及的专利发明人之一、合同主体之一。贺建华此前任湖南农业大学院长助理，虽已提出辞职申请但尚未履行任何法律程序，你公司及保荐机构对其与你公司是否存在利害关系未能作出充分、合理的说明。 综上，你公司租赁使用 5 宗生产经营用地均为国有划拨地，因租赁使用未履行相关法律程序而不符合《条例》、《办法》的有关规定；同时，你公司的独立董事与你公司之间存在利害关系，不具备担任独立董事的独立性条件以及相关任职资格和要求。鉴于上述情形，发审委认为，你公司首次公开发行股票的申请不符合《首次公开发行股票并上市管理办法》(证监会令第 32 号)第十五条、第二十三条规定的发行条件。 **第十五条　发行人的资产完整。生产型企业应当具备与生产经营相关的生产系统、辅助生产系统和配套设施，合法拥有与生产经营有关的土地、厂房、机器设备以及商标、专利、非专利技术的所有权或者使用权，具有独立的原料采购和产品销售系统；非生产型企业应当具备与经营有关的业务体系及相关资产。** **第二十三条　发行人的董事、监事和高级管理人员符合法律、行政法规和规章规定的任职资格，且不得有下列情形：(一)被中国证监会采取证券市场禁入措施尚在禁入期的；(二)最近 36 个月内受到中国证监会行政处罚，或者最近 12 个月内受到证券交易所公开谴责；(三)因涉嫌犯罪被司法机关立案侦查或者涉嫌违法违规被中国证监会立案调查，尚未有明确结论意见。**	证监许可〔2016〕124 号	主板

续表

序号	公司名称	被否原因	文号	申报板块
2	武汉中博生物股份有限公司	2013 年，你公司向代理商郑州市金水区正良兽药经营部销售疫苗 741 万元。你公司销售人员借款给正良合伙人 20 万元，用于支付货款。同年，你公司销售人员与长沙富道生物科技有限公司货款结算人也存在 25 万元资金借款。 你公司报告期主要客户郑州市金水区正良兽药经营部仅有兽药制剂的经营许可证，经营范围中并不包括生物制品，不符合《兽用生物制品经营管理办法》有关规定。营业执照显示该经营部 2013 年 6 月 27 日后处于注销状态。 你公司部分政府采购合同约定，发行人应设立专用账户，按合同约定的一定比例或者固定数额留存风险基金，风险基金的比例视合同主体不同有所区别。你公司未设立专用账户，而是据实进行赔付和账务处理。 发审委认为，上述情形与《首次公开发行股票并上市管理办法》（证监会令第 32 号）第二十四条的规定不符。 **第二十四条　发行人的内部控制制度健全且被有效执行，能够合理保证财务报告的可靠性、生产经营的合法性、营运的效率与效果。**	证监许可〔2015〕230 号	主板
3	北京星光影视设备科技股份有限公司	与 2011 年 11 月编制的招股说明书（申报稿）比，你公司 2010 年 3 月向中国证监会首次报送且经预披露的招股说明书存在未披露 3 家关联人的情形，同时还存在 1 家关联人的关联关系披露不一致的情形；你公司 2011 年 3 月向中国证监会第二次报送的招股说明书存在未披露 5 家关联人的情形。在未披露关联人中，嘉成设备、嘉成技术和山德视讯的业务范围与你公司的业务范围相似。报送的发行申请文件有重大遗漏情形。发审委认为，上述情形与《首次公开发行股票并上市管理办法》（证监会令第 32 号）第二十五条第三项的规定不符。 **第二十五条　（三）最近 36 个月内曾向中国证监会提出发行申请，但报送的发行申请文件有虚假记载、误导性陈述或重大遗漏；或者不符合发行条件以欺骗手段骗取发行核准；或者以不正当手段干扰中国证监会及其发行审核委员会审核工作；或者伪造、变造发行人或其董事、监事、高级管理人员的签字、盖章。**	证监许可〔2012〕107 号	中小板

续表

序号	公司名称	被否原因	文号	申报板块
4	浙江迪贝电气股份有限公司	你公司主要从事制冷压缩机、电机的生产和销售业务。根据你公司的申报材料，报告期内，你公司存在虚构与其他企业材料采购的大额资金往来，以获取银行贷款资金的违规情形，你公司的内部控制制度未能有效防范上述行为的发生。你公司和保荐机构在初审会后告知函回复以及聆讯现场均未能对你公司与财务报告相关的内部控制有效性给出充分、合理的解释。 鉴于上述情形，发审委认为你公司不符合《首次公开发行股票并上市管理办法》第二十四条的规定。 **第二十四条　发行人的内部控制制度健全且被有效执行，能够合理保证财务报告的可靠性、生产经营的合法性、营运的效率与效果。**	证监许可〔2014〕1130号	主板
5	北京龙软科技股份有限公司	2012—2014年度，你公司合作销售模式下实现的销售收入占主营业务收入的比例有所增加，分别为10.59%、26.97%和23.50%，主要合作方为北京灵图技术有限公司。你公司未对此类合作模式下的收入确认条件、增值税专用发票开具的依据、应收账款及时回收的措施等事项给予充分合理的说明。 你公司获得29个奖项中22个为与其他主体共同申报取得。其中"煤矿通风瓦斯超限预控与监管技术及系统"获国家科学技术进步奖二等奖，主要完成单位包括西山煤电（集团）有限责任公司、中国矿业大学（北京）等6家单位。你公司未在招股说明书完整披露上述22个奖项的主要完成单位、主要完成人和完成情况。 2012—2014年度，你公司净利润逐年下滑，分别为4 018.47万元、2 888.26万元和871.47万元，你公司来源于软件产品增值税退税、所得税税收优惠政策的金额占利润总额的比例逐年提高，分别为33.08%、36.21%和88.73%。你公司未在招股说明书中完整披露对持续盈利能力产生重大不利影响的所有因素。 发审委认为，上述情形与《首次公开发行股票并在创业板上市管理办法》（证监会令第99号）第十八条、第十九条、第三十三条、第三十五条的规定不符。 **第十八条　发行人会计基础工作规范，财务报表的编制和披露符合企业会计准则和相关信息披露规则的规定，在所有重大方面公允地反映了发行人的财务状况、经营成果和现金流量，并由注册会计师出具无保留意见的审计报告。** **第十九条　发行人内部控制制度健全且被有效执行，能够合理保证公司运行效率、合法合规和财务报告的可靠性，并由注册会计师出具无保留结论的内部控制鉴证报告。** **第三十三条　中国证监会制定的创业板招股说明书内容与格式准则是信息披露的最低要求。不论准则是否有明确规定，凡是对投资者作出投资决策有重大影响的信息，均应当予以披露。** **第三十五条　发行人应当在招股说明书中分析并完整披露对其持续盈利能力产生重大不利影响的所有因素，充分揭示相关风险，并披露保荐人对发行人是否具备持续盈利能力的核查结论意见。**	证监许可〔2015〕1868号	创业板

续表

序号	公司名称	被否原因	文号	申报板块
6	江西3L医用制品集团股份有限公司	由于报告期内发行人的内部控制存在缺陷，你公司未能有效控制销售人员私刻客户印章的事项及费用报销中的假发票事项。你公司《招股说明书》披露，你公司被举报后自查发现报告期有16名销售人员私刻19家客户印章用于销售订单、框架性协议、收入及应收账款询证函，你公司与19家印章不一致客户进行沟通后，截至招股说明书签署日，其中7家客户以单位公章形式出具了谅解函、5家客户以科室章形式出具了谅解函、7家客户未出具谅解函。另外发现你公司在实际发生的费用报销中存在部分虚假发票，该等发票合计总金额604.82万元，你公司针对该等虚假发票补缴税款及滞纳金合计105.90万元。这些情况说明，你公司没有健全且被有效执行的内部控制制度以合理保证公司运行效率、合法合规和财务报告的可靠性。 鉴于上述情形，发审委认为你公司不符合《首次公开发行股票并在创业板上市管理办法》(证监会令第99号)第十九条的规定。 **第十九条　发行人内部控制制度健全且被有效执行，能够合理保证公司运行效率、合法合规和财务报告的可靠性，并由注册会计师出具无保留结论的内部控制鉴证报告。**	证监许可〔2015〕1706号	创业板
7	合肥东方节能科技股份有限公司	在整体承包模式下，你公司与客户签订基于钢材生产量来计价的整体承包合同，并按客户轧钢生产线钢产量乘以合同约定单价结算后确认收入，按照客户当月实际领用的产品数量月末一次加权平均由库存商品结转销售成本。你公司未对此类业务模式下的存货等资产的核算、管理和内部控制制度相关事项予以充分说明。 发审委认为，上述情形与《首次公开发行股票并在创业板上市管理办法》(证监会令第99号)第十九条的规定不符。 **第十九条　发行人内部控制制度健全且被有效执行，能够合理保证公司运行效率、合法合规和财务报告的可靠性，并由注册会计师出具无保留结论的内部控制鉴证报告。**	证监许可〔2015〕1610号	创业板

续表

序号	公司名称	被否原因	文号	申报板块
8	上海冠华不锈钢制品股份有限公司	2007 年 10 月你公司增资入股的股东中，有 4 家股东(增资时点合计持股比例为 10.46%)当时的实际控制人及股东与你公司董事、高级管理人员存在有亲属关系。其中：凌意投资当时的实际控制人季玉芳为你公司实际控制人、董事长黄华峰的岳母；焦庆科技当时的实际控制人奚俊为你公司财务总监奚兴昌的女儿，2009 年 5 月受让焦庆科技 40%股权的焦庆龙为你公司财务总监奚兴昌的女婿；宏颂不锈钢当时的实际控制人吴江为你公司副总经理、董事会秘书吴美的堂弟，另一股东吴娟(持股 40%)为吴美的姐姐；柳飞五金当时的实际控制人仇柳飞为你公司董事、副总经理方文斌的外甥。此外，2007 年供应商宏颂不锈钢、宽裕不锈钢、柳飞五金增资入股你公司前身上海冠华不锈钢制品有限公司，持股比例分别为 1.88%、1.40%和 0.57%，其中宏颂不锈钢、柳飞五金实际控制人与你公司高管有亲属关系。你公司与上述 3 家供应商的交易在报告期内持续存在。2010 年 6 月你公司前次首次公开发行并上市申请未通过中国证监会发行审核委员会 2010 年第 96 次会议的审核。发审委在本次审核中关注到，你公司前次申报材料未按照有关规定披露上述事项，也未在前次发审会现场聆讯中如实作出说明。发审委认为，上述情形与《首次公开发行股票并上市管理办法》(证监会令第 32 号)第二十五条的规定不符。 **第二十五条　发行人不得有下列情形：(一)最近 36 个月内未经法定机关核准，擅自公开或者变相公开发行过证券；或者有关违法行为虽然发生在 36 个月前，但目前仍处于持续状态；(二)最近 36 个月内违反工商、税收、土地、环保、海关以及其他法律、行政法规，受到行政处罚，且情节严重；(三)最近 36 个月内曾向中国证监会提出发行申请，但报送的发行申请文件有虚假记载、误导性陈述或重大遗漏；或者不符合发行条件以欺骗手段骗取发行核准；或者以不正当手段干扰中国证监会及其发行审核委员会审核工作；或者伪造、变造发行人或其董事、监事、高级管理人员的签字、盖章；(四)本次报送的发行申请文件有虚假记载、误导性陈述或者重大遗漏；(五)涉嫌犯罪被司法机关立案侦查，尚未有明确结论意见；(六)严重损害投资者合法权益和社会公共利益的其他情形。**	证监许可〔2012〕262 号	中小板

(1) 最近3个会计年度净利润均为正数且累计超过人民币3 000万元,最近一期的期末,不存在未弥补亏损,净利润以扣除非经常性损益前后较低者为计算依据;

(2) 最近3个会计年度经营活动产生的现金流量净额累计超过人民币5 000万元;或者最近3个会计年度营业收入累计超过人民币3亿元;

(3) 发行前股本总额不少于人民币3 000万元,发行后,公司股本总额不少于人民币5 000万元;

(4) 最近一期末无形资产(扣除土地使用权、水面养殖权和采矿权等后)占净资产的比例不高于20%;

(5) 最近一期末不存在未弥补亏损。

5. 公司不能存在重大偿债风险

不存在影响持续经营的担保、诉讼以及仲裁等重大或有事项。

6. 公司申报文件中不得有下列情形

(1) 故意遗漏或虚构交易、事项或者其他重要信息;

(2) 滥用会计政策或者会计估计;

(3) 操纵、伪造或篡改编制财务报表所依据的会计记录或相关凭证。

7. 公司不得有下列影响持续盈利能力的情形

(1) 发行人的经营模式、产品或服务的品种结构已经或者将发生重大变化,并对发行人的持续盈利能力构成重大不利影响;

(2) 发行人的行业地位或发行人所处的经营环境已经或者将发生重大变化,并对发行人的持续盈利能力构成重大不利影响;

(3) 发行人最近1个会计年度的营业收入或净利润对关联方或者存在重大不确定性的客户存在重大依赖;

(4) 发行人最近1个会计年度的净利润主要来自合并财务报表范围以外的投资收益;

(5) 发行人在用的商标、专利、专有技术以及特许经营权等重要资产或技术的取得或者使用存在重大不利变化的风险;

(6) 其他可能对发行人持续盈利能力构成重大不利影响的情形。例如,公司应当依法纳税,各项税收优惠符合相关法律法规的规定,经营成果对税收优惠不存在严重依赖。IPO被否决的典型例子是,北京龙软科技股份有限公司在2012—2014年度净利润逐年下滑,分别为4 018.47万元、2 888.26万元和871.47万元,公司来源于软件产品增值税退税、所得税税收优惠政策的金额占利润总额的比例逐年提高,分别为33.08%、36.21%和88.73%。因违反《首次公开发行股票并在创业板上市管理办法》(证监会令第99号)第三十五条:发行人应当在招股说明书中分析并完整披露对其持续盈利能力产生重大不利影响的所有因素,充分揭示相关风险,并披露保荐人对发行人是否具备持续盈利能力的核查结论意见,被否决IPO,详情请参考表2-3因财务与会计原因被否决IPO案例。

表 2-3　因财务与会计原因被否决 IPO 案例

序号	公司名称	被否原因	文号	申报板块
1	北京龙软科技股份有限公司	2012—2014 年度，你公司合作销售模式下实现的销售收入占主营业务收入的比例有所增加，分别为 10.59%、26.97%和 23.50%，主要合作方为北京灵图技术有限公司。你公司未对此类合作模式下的收入确认条件、增值税专用发票开具的依据、应收账款及时回收的措施等事项给予充分合理的说明。 你公司获得 29 个奖项中 22 个为与其他主体共同申报取得。其中“煤矿通风瓦斯超限预控与监管技术及系统”获国家科学技术进步奖二等奖，主要完成单位包括西山煤电(集团)有限责任公司、中国矿业大学(北京)等 6 家单位。你公司未在招股说明书完整披露上述 22 个奖项的主要完成单位、主要完成人和完成情况。 2012—2014 年度，你公司净利润逐年下滑，分别为 4 018.47 万元、2 888.26 万元和 871.47 万元，你公司来源于软件产品增值税退税、所得税税收优惠政策的金额占利润总额的比例逐年提高，分别为 33.08%、36.21%和 88.73%。你公司未在招股说明书中完整披露对持续盈利能力产生重大不利影响的所有因素。 发审委认为，上述情形与《首次公开发行股票并在创业板上市管理办法》(证监会令第 99 号)第十八条、第十九条、第三十三条、第三十五条的规定不符。 **第十八条　发行人会计基础工作规范，财务报表的编制和披露符合企业会计准则和相关信息披露规则的规定，在所有重大方面公允地反映了发行人的财务状况、经营成果和现金流量，并由注册会计师出具无保留意见的审计报告。** **第十九条　发行人内部控制制度健全且被有效执行，能够合理保证公司运行效率、合法合规和财务报告的可靠性，并由注册会计师出具无保留结论的内部控制鉴证报告。** **第三十三条　中国证监会制定的创业板招股说明书内容与格式准则是信息披露的最低要求。不论准则是否有明确规定，凡是对投资者作出投资决策有重大影响的信息，均应当予以披露。** **第三十五条　发行人应当在招股说明书中分析并完整披露对其持续盈利能力产生重大不利影响的所有因素，充分揭示相关风险，并披露保荐人对发行人是否具备持续盈利能力的核查结论意见。**	证监许可〔2015〕1868 号	创业板

续表

序号	公司名称	被否原因	文号	申报板块
2	湖北永祥粮食机械股份有限公司	创业板发审委在审核中关注到，你公司未能对下列事项的合理性提供充分可靠证据：一、2011 年、2012 年和 2013 年成套设备中的单机均价分别是单独单机均价的 1.99 倍、2.71 倍和 2.66 倍，成套设备毛利率高于单机产品毛利率。二、对需要交付并投入运营的“成套设备”，在该成套设备中的各批次单机设备单独签字确认验收后，即确认该单机的营业收入。上述事项说明你公司内部控制（会计控制）制度存在缺陷，不能合理保证企业财务报告的可靠性，不符合《首次公开发行股票并在创业板上市管理办法》（证监会令第 99 号）第十九条的有关规定。 **第十九条　发行人内部控制制度健全且被有效执行，能够合理保证公司运行效率、合法合规和财务报告的可靠性，并由注册会计师出具无保留结论的内部控制鉴证报告。**	证监许可〔2014〕719 号	创业板
3	上海岱美汽车内饰件股份有限公司	发审委在审核中关注到，你公司存在以下情形：你公司主要从事汽车方向盘、遮阳板、换挡手柄、座椅总成和内饰件产品的生产和销售业务。你公司主营业务成本中原材料的占比约为 80%，其中化工原料、工程塑料等主要原材料的占比在报告期内出现一定的变化。招股说明书（申报稿）未按主要产品类别充分披露成本构成及其变动情况和具体原因。你公司和保荐机构在初审会后的告知函回复以及聆讯现场均未能对上述变动情况和具体原因作出充分、合理的解释。根据招股说明书（申报稿）披露的成本信息，无法印证你公司报告期内成本变动的合理性。发审委认为，上述情形与《首次公开发行股票并上市管理办法》（证监会令第 32 号）第三十条的规定不符。 **第三十条　发行人会计基础工作规范，财务报表的编制符合企业会计准则和相关会计制度的规定，在所有重大方面公允地反映了发行人的财务状况、经营成果和现金流量，并由注册会计师出具了无保留意见的审计报告。**	证监许可〔2014〕648 号	主板

续表

序号	公司名称	被否原因	文号	申报板块
4	深圳市崇达电路技术股份有限公司	发审委在审核中关注到，你公司存在以下情形：一、截至 2012 年 6 月，你公司聘请深圳市鹏城会计师事务所有限公司为审计机构，并由其出具了你公司近三年的审计报告。2012 年 7 月 13 日，你公司召开 2012 年第一次临时股东大会，审议通过《关于改聘 2012 年度审计机构的议案》。2012 年 8 月 1 日，改聘后的审计机构出具了你公司 2009 年 1 月至 2012 年 6 月三年及一期的审计报告。你公司申报材料和发审会现场陈述表明，你公司股东大会仅决定改聘 2012 年度的审计机构，未决定改聘后的审计机构为你公司近三年及一期申报财务报表的审计机构。你公司改聘审计机构对近三年及一期申报财务报表进行审计未经你公司股东大会决定，不符合《公司章程》的相关规定。二、你公司目前所有生产经营房产均为租赁取得，其中 87.77%租赁房产因占用农村集体用地未能办理房屋产权证书。你公司保荐机构及律师认为在农村集体土地上建造房屋出租用于非农建设不符合《土地管理法》相关规定。你公司存在租赁厂房和搬迁的法律与经营风险，但无明确、有效防范相关风险的策略和措施。发审委认为，上述情形与《首次公开发行股票并上市管理办法》(证监会令第 32 号)第二十四条的规定不符。 **第二十四条　发行人的内部控制制度健全且被有效执行，能够合理保证财务报告的可靠性、生产经营的合法性、营运的效率与效果。**	证监许可〔2012〕1397 号	中小板
5	上海昊海生物科技股份有限公司	创业板发审委在审核中关注到，你公司存在以下情形：一、你公司报告期内的经营业绩主要来源于上海其胜生物制剂有限公司(以下简称其胜生物)。你公司受让上海其胜生物材料技术研究所有限公司和彭健等 9 位自然人持有其胜生物 40%股权的单价(人民币 1.20 元)显著低于经昊海化工取得其胜生物 60%股权的单价(人民币 3.58 元)，及该等股权所对应的其胜生物转让时账面净值单价(人民币 2.14 元)。其中 3 位原其胜生物自然人股东现为你公司的股东，其余 6 位自然人股东及上海其胜生物材料技术研究所有限公司未再持有你公司的股权。你公司及保荐代表人在现场聆讯中未对你公司以不同价格受让其胜生物的股权是否存在重大权属纠纷，是否存在应披露而未披露的利益安排作出充分、可信地解释。二、你公司用于生产透明质酸钠产品的主要原材料——HA 精粉、粗粉报告期内均系向唯一供应商——山东福瑞达生物医药有限公司采购，而山东福瑞达生物医药有限公司系你公司医用透明质酸钠产品的主要竞争对手。上述情况表明，你公司未对以不同价格受让其胜生物的股权是否存在重大权属纠纷、是否存在应披露而未披露的利益安排提供充分可信的解释，且你公司向竞争对手采购主要原材料可能对你公司持续盈利能力构成重大不利影响。创业板发审委认为，上述情形与《首次公开发行股票并在创业板上市管理暂行办法》(证监会令第 61 号)第十四条第(六)项、第十七条的规定不符。 **(六) 其他可能对发行人持续盈利能力构成重大不利影响的情形。** **第十七条　发行人的股权清晰，控股股东和受控股股东、实际控制人支配的股东所持发行人的股份不存在重大权属纠纷。**	证监许可〔2012〕1382 号	创业板

续表

序号	公司名称	被否原因	文号	申报板块
6	上海麦杰科技股份有限公司	创业板发审委在审核中关注到，你公司存在以下情形：前次申请公开发行时，你公司于2009年12月25日预披露了招股说明书。该招股说明书披露，你公司2009年前三季度收入为3 169.94万元、利润为1 303.34万元；预测2009年第四季度收入为2 055.54万元、净利润为908.85万元，预测2009年全年收入为5 225.48万元、净利润为2 212.19万元。你公司本次申请公开发行过程中披露的相关信息则显示其未能实现前次申报时披露的盈利预测且数据差异较大。上述情况表明你公司报告期内会计基础工作薄弱。创业板发审委认为，上述情形与《首次公开发行股票并在创业板上市管理暂行办法》（证监会令第61号）第二十条的规定不符。 **第二十条　发行人会计基础工作规范，财务报表的编制符合企业会计准则和相关会计制度的规定，在所有重大方面公允地反映了发行人的财务状况、经营成果和现金流量，并由注册会计师出具无保留意见的审计报告。**	证监许可〔2012〕1145号	创业板
7	杭州千岛湖鲟龙科技股份有限公司	创业板发审委在审核中关注到，你公司存在以下情形：2010年12月，你公司股东资兴良美以每股3.90元增资305万股，占你公司发行前股份4.99%。你公司在2010年10月至2011年3月间向资兴良美采购7—8龄雌性西伯利亚鲟、杂交鲟和史氏鲟，该批采购鲟鱼价值共计3 660.10万元，重量共计131.49吨，计划于2010年、2011年和2012年实现加工；你公司2010年和2011年营业收入分别为7 110.28万元和10 318.90万元，扣除非经常性损益后的净利润分别为2 481.10万元和3 482.39万元，扣除与资兴良美关联交易影响后，你公司2010年和2011年营业收入分别为6 063.83万元和7 978.53万元，扣除非经常性损益后的净利润分别为2 124.85万元和2 765.00万元。上述交易对你公司2010年和2011年主营业务收入及净利润影响重大。创业板发审委认为，上述情形与《首次公开发行股票并在创业板上市管理暂行办法》（证监会令第61号）第十四条第四项的规定不符。 **十四　（四）发行人最近一年的营业收入或净利润对关联方或者有重大不确定性的客户存在重大依赖；**	证监许可〔2012〕1122号	创业板

续表

序号	公司名称	被否原因	文　号	申报板块
8	北京爱创科技股份有限公司	创业板发审委在审核中关注到，你公司存在以下情形：2009 年至 2011 年，你公司硬件产品销售收入分别为 883.74 万元、3 275.60 万元和 8 404.40 万元，占营业收入比例分别为 23.22%、39.00% 和 67.71%，销售毛利率分别为－10.83%、4.73%和 30.64%。你公司对报告期内硬件产品销售毛利率大幅上升的原因及其对财务报表的影响未能作出合理解释。创业板发审委认为，上述情形与《首次公开发行股票并在创业板上市管理暂行办法》（证监会令第 61 号）第二十条的规定不符。 **第二十条　发行人会计基础工作规范，财务报表的编制符合企业会计准则和相关会计制度的规定，在所有重大方面公允地反映了发行人的财务状况、经营成果和现金流量，并由注册会计师出具无保留意见的审计报告。**	证监许可〔2012〕922 号	创业板
9	四川英杰电气股份有限公司	创业板发审委在审核中关注到，你公司存在以下情形：2009 年至 2011 年，你公司主要业务是从事以功率控制系统装置为代表的工业自动化控制设备的研发、生产和销售。你公司功率控制系统装置的客户主要集中于光伏行业（单晶硅、多晶硅行业）。2009 年度、2010 年度、2011 年度，你公司面向光伏行业销售功率控制系统装置销售收入分别为 7 807.80 万元、13 484.21 万元、26 707.02 万元，分别占当期营业收入比例为 66.93%、73.95%、81.55%。欧洲债务危机持续、国际贸易摩擦及其他不确定因素引发国内外宏观经济波动的系统性风险，在一定时期内影响你公司下游行业的发展，进而对你公司经营和业绩产生不利影响。创业板发审委认为，上述情形对你公司的持续盈利能力可能构成重大不利影响，与《首次公开发行股票并在创业板上市管理暂行办法》（证监会令第 61 号）第十四条第二项的规定不符。 **十四　（二）发行人的行业地位或发行人所处行业的经营环境已经或者将发生重大变化，并对发行人的持续盈利能力构成重大不利影响；**	证监许可〔2012〕906 号	创业板

续表

序号	公司名称	被否原因	文号	申报板块
10	深圳市雄帝科技股份有限公司	创业板发审委在审核中关注到，你公司存在以下情形：你公司反馈意见回复中财务数据存在多处前后不一致的情形，如2011年度数据中“本期外购存货”前后反馈差异－13 100 362.22元，“应收票据余额的减少（期初余额－期末余额）”前后反馈差异－1 801 550.38元，“应收账款余额的减少（期初余额－期末余额）”前后反馈差异－1 437 062.88元。创业板发审委认为，你公司会计基础工作薄弱，与《首次公开发行股票并在创业板上市管理暂行办法》（证监会令第61号）第二十条的规定不符。 **第二十条　发行人会计基础工作规范，财务报表的编制符合企业会计准则和相关会计制度的规定，在所有重大方面公允地反映了发行人的财务状况、经营成果和现金流量，并由注册会计师出具无保留意见的审计报告。**	证监许可〔2012〕866号	创业板
11	河南思可达光伏材料股份有限公司	创业板发审委在审核中关注到，你公司存在以下情形：你公司控股股东沁阳思可达自2000年7月设立以来至2010年11月主要从事平板玻璃、玻璃制品的生产和销售，2010年6月你公司向沁阳思可达购买玻璃生产线，2010年12月沁阳思可达将其彩玻生产线、土地使用权等经营性资产出售给沁阳市华盛镜业有限公司；2011年3月之前你公司与沁阳思可达的总经理、财务负责人存在交叉任职；2009年、2010年沁阳思可达与你公司存在纯碱供应商的重合，同时你公司的重油供应商与沁阳思可达的煤炭供应商重合；你公司与关联方之间在2009年、2010年、2011年1月—3月存在较多资金拆借。你公司独立性存在缺陷。创业板发审委认为，上述情形与《首次公开发行股票并在创业板上市管理暂行办法》（证监会令第61号）第十八条的规定不符。 **第十八条　发行人资产完整，业务及人员、财务、机构独立，具有完整的业务体系和直接面向市场独立经营的能力。与控股股东、实际控制人及其控制的其他企业间不存在同业竞争，以及严重影响公司独立性或者显失公允的关联交易。**	证监许可〔2012〕852号	创业板
12	嘉兴佳利电子股份有限公司	2009年至2011年，你公司与控股股东持续存在机器设备、存货转让等关联交易，存在大额资金拆借、相互代付电费、共用商标等行为。与《首次公开发行股票并在创业板上市管理暂行办法》（证监会令第61号）第十八条的规定不符。 **第十八条　发行人资产完整，业务及人员、财务、机构独立，具有完整的业务体系和直接面向市场独立经营的能力。与控股股东、实际控制人及其控制的其他企业间不存在同业竞争，以及严重影响公司独立性或者显失公允的关联交易。**	证监许可〔2012〕764号	创业板

续表

序号	公司名称	被否原因	文号	申报板块
13	新乡日升数控轴承装备股份有限公司	实际控制人于省宽等原国有企业新乡机床厂领导、管理人员共同出资设立了新机股份等众多从事机械、机械零配件铸造及机加工业务的公司(下称“关联企业”)和你公司,多数与新乡机床厂有业务、人员上的承继关系；报告期关联企业与你公司持续存在多项关联交易,交易的必要性存疑。你公司的独立性存在瑕疵。创业板发审委认为,上述情形与《首次公开发行股票并在创业板上市管理暂行办法》(证监会令第 61 号)第十八条的规定不符。 **第十八条　发行人资产完整,业务及人员、财务、机构独立,具有完整的业务体系和直接面向市场独立经营的能力。与控股股东、实际控制人及其控制的其他企业间不存在同业竞争,以及严重影响公司独立性或者显失公允的关联交易。**	证监许可〔2012〕763 号	创业板
14	珠海亿邦制药股份有限公司	你公司业务为自产药品销售和代理药品销售,其中代理业务为你公司代理销售山西普德的银杏达莫注射液和奥硝唑注射液,2010 年之前你公司为山西普德的代理商之一,2009 年底转变为全国独家代理商,你公司代理药品由主要向山西普德经销商采购变为全部向山西普德直接采购。2009—2011 年你公司代理产品销售收入占比分别为 64.66%、69.63%和 67.46%,毛利分别为 3 503.64 万元、16 475.11 万元和 17 437.34 万元,毛利占比由 2009 年的 39.68%增长到 2011 年的 67.39%,代理产品业务成为公司主要利润来源,你公司盈利来源发生变化。本次募投项目为新药品的生产,随着募投项目逐步达产,自产药品的收入占比将逐步增加,预计 2017 年自产药品销售收入占比将达到 74.42%,你公司业务将以自产药品销售为主。你公司在申报材料和现场聆讯中未就上述经营模式、产品结构变化对持续盈利能力的影响作出充分合理的解释。发审委认为,上述情形与《首次公开发行股票并上市管理办法》(证监会令第 32 号)第三十七条的规定不符。 **第三十七条　发行人不得有下列影响持续盈利能力的情形**	证监许可〔2012〕716 号	中小板

续表

序号	公司名称	被否原因	文号	申报板块
15	广东利泰制药股份有限公司	你公司产品主要以玻瓶、塑瓶包装大输液为主。国家药监局 2010 年发布的《医药科技发展规划》和国家发改委 2011 年公布的《产业结构调整指导目录(2011)》要求尽快部分淘汰玻璃瓶输液并将二步法生产输液用塑料瓶生产装置被列为限制类。非 PVC 软袋大输液为行业发展趋势，且属于国家鼓励类产品。从行业发展趋势来看，玻瓶、塑瓶包装大输液持续受到来自非 PVC 软袋大输液的替代冲击。尽管非 PVC 软袋包装氨基酸大输液作为你公司的主要募投项目，但玻瓶、塑瓶包装大输液与非 PVC 软袋包装氨基酸大输液差异较大且你公司尚未取得非 PVC 软袋包装氨基酸大输液的 GMP 认证，你公司是否具备非 PVC 软袋包装氨基酸大输液产品的生产能力存在一定的不确定性。此外，你公司主要产品普洛氨 2009—2011 年毛利率分别为 55.75%、59.37%和 60.04%，远高于同行业可比上市公司水平；你公司 2009—2011 年销售费用率分别为 6%、5.13%和 5.3%，远低于同行业可比上市公司水平。你公司在申报材料及现场聆讯中未能对上述事项是否对你公司持续盈利能力构成重大不利影响作出充分合理的解释。发审委认为，上述情形与《首次公开发行股票并上市管理办法》(证监会令第 32 号)第三十七条的规定不符。 **第三十七条　发行人不得有下列影响持续盈利能力的情形**	证监许可〔2012〕714 号	中小板
16	汉嘉设计集团股份有限公司	你公司主要从事建筑工程设计业务。你公司招股说明书(申报稿)在披露建筑工程设计成本核算方法时称，对于项目直接费用的计提依据是每个项目的完工百分比乘以项目的预估总直接费用，减去之前会计年度累计已确认的成本。但根据反馈意见回复，你公司在实际进行成本核算时，未按照上述披露的方法对建筑工程设计成本中的项目直接费用进行核算。你公司和保荐机构在聆讯现场也未就上述差异的原因予以说明。发审委认为，上述情形与《首次公开发行股票并上市管理办法》(证监会令第 32 号)第三十条的规定不符。 **第三十条　发行人会计基础工作规范，财务报表的编制符合企业会计准则和相关会计制度的规定，在所有重大方面公允地反映了发行人的财务状况、经营成果和现金流量，并由注册会计师出具了无保留意见的审计报告。**	证监许可〔2012〕613 号	中小板

续表

序号	公司名称	被否原因	文号	申报板块
17	海诺尔环保产业股份有限公司	创业板发审委在审核中关注到，你公司存在以下情形：报告期内，你公司多次因违反环保法律法规被环保部门处罚；蒲江项目和新津项目超过试生产的最长期限仍在运营且至今未取得环保验收许可文件，2010年和2011年1—9月，前述项目垃圾直接处置收入占比较大；《环境污染治理设施运营资质证书(生活垃圾甲级)》已过期。你公司的内部控制制度不能合理保证其生产经营的合法性。创业板发审委认为，上述情形与《首次公开发行股票并在创业板上市管理暂行办法》(证监会令第61号)第二十一条的规定不符。 **第二十一条　发行人内部控制制度健全且被有效执行，能够合理保证公司财务报告的可靠性、生产经营的合法性、营运的效率与效果，并由注册会计师出具无保留结论的内部控制鉴证报告。**	证监许可〔2012〕547号	创业板
18	深圳市明源软件股份有限公司	创业板发审委在审核中关注到，你公司存在以下情形：2008年、2009年、2010年以及2011年1—9月，你公司与百强地产企业签署的商务合同占全部商务合同比例分别为37.55%、25.07%、32.82%和22.01%，中小规模房地产企业对你公司销售收入贡献较大；你公司来自老客户签署的商务合同占全部商务合同比例分别为66.60%、65.50%、70.35%和66.25%，销售收入对老客户持续采购能力存在一定程度的依赖；2010年以来我国房地产行业的宏观调控政策变化对你公司现有中小规模房地产企业客户的持续采购能力可能产生重大不利影响。创业板发审委认为，上述事项对你公司的持续盈利能力构成重大不利影响，与《首次公开发行股票并在创业板上市管理暂行办法》(证监会令第61号)第十四条第二项的规定不符。 **十四　(二)发行人的行业地位或发行人所处行业的经营环境已经或者将发生重大变化，并对发行人的持续盈利能力构成重大不利影响**	证监许可〔2012〕546号	创业板

续表

序号	公司名称	被否原因	文号	申报板块
19	无锡上机数控股份有限公司	创业板发审委在审核中关注到，你公司存在以下情形：报告期内，你公司主要业务是生产太阳能光伏设备，2009年至2011年太阳能光伏设备销售收入分别占你公司主要业务收入的56.02%、65.65%和75.23%。2011年下半年以来，受欧洲债务危机的影响，欧洲各国纷纷下调光伏发电补贴，在一定程度上抑制了行业的整体需求，你公司部分订单存在取消和延迟执行的情形，下游行业的需求波动将对你公司的经营产生不利影响。创业板发审委认为，上述情形对你公司的持续盈利能力可能构成重大不利影响，与《首次公开发行股票并在创业板上市管理暂行办法》(证监会令第61号)第十四条第二项的规定不符。 **十四　(二)发行人的行业地位或发行人所处行业的经营环境已经或者将发生重大变化，并对发行人的持续盈利能力构成重大不利影响**	证监许可〔2012〕548号	创业板
20	青海小西牛生物乳业股份有限公司	你公司2009年度、2010年度和2011年度主营业务收入分别为7 967.46万元、14 719.11万元和19 290.05万元，销售费用分别为942.19万元、779.62万元和1 452.78万元，销售费用与主营业务收入的比例分别为11.83%、5.3%和7.53%，该比例远低于同行业可比公司水平。你公司生产的乳制品属于快速消费品，其销售区域已拓展至全国大部分地区，且募集资金投资项目达产后鲜奶的日处理能力将由目前的55吨增加至300吨，为消化新增产能将加大品牌建设和市场开拓力度，你公司是否能保持较低的销售费用存在较大不确定性。发审委认为，上述情形与《首次公开发行股票并上市管理办法》(证监会令第32号)第三十七条第六项的规定不符。 **第三十七条　发行人不得有下列影响持续盈利能力的情形**	证监许可〔2012〕494号	中小板
21	临江市东锋有色金属股份有限公司	创业板发审委在审核中关注到，你公司存在以下情形：报告期内，你公司经营中在采矿许可和占用林地方面存在违法违规，无法判断你公司内部控制制度是否健全且有效执行。创业板发审委认为，上述情形与《首次公开发行股票并在创业板上市管理暂行办法》(证监会令第61号)第二十一条的规定不符。 **第二十一条　发行人内部控制制度健全且被有效执行，能够合理保证公司财务报告的可靠性、生产经营的合法性、营运的效率与效果，并由注册会计师出具无保留结论的内部控制鉴证报告。**	证监许可〔2012〕495号	创业板

续表

序号	公司名称	被否原因	文　号	申报板块
22	江苏海四达电源股份有限公司	你公司以生产镉镍电池为主，2009 年、2010 年和 2011 年镉镍电池销售收入分别为 10 931.42 万元、17 513.81 万元和 18 379.41 万元，占各期主营业务收入比例分别为 53.07%、60.65%和 52.5%。你公司部分电动工具客户在报告期内逐步转向采购锂离子和氢镍电池替代镉镍电池，其中宝时得、葵锦实业均在 2010 年度开始大幅削减镉镍电池的采购量。镉镍电池目前属于《产业结构调整指导目录(2011 年本)》中的“限制类”，从行业发展趋势来看，镉镍电池将持续受到来自氢镍和锂离子电池的替代冲击。除镉镍电池外，你公司报告期内锂离子电池销售收入虽呈增长趋势，但占比较低。你公司在申报材料及现场聆讯中未能就上述事项是否对你公司持续盈利能力构成重大不利影响作出充分合理的解释。发审委认为，上述情形与《首次公开发行股票并上市管理办法》(证监会令第 32 号)第三十七条的规定不符。 **第三十七条　发行人不得有下列影响持续盈利能力的情形**	证监许可〔2012〕395 号	中小板
23	北京星光影视设备科技股份有限公司	与 2011 年 11 月编制的招股说明书(申报稿)比，你公司 2010 年 3 月向中国证监会首次报送且经预披露的招股说明书存在未披露 3 家关联人的情形，同时还存在 1 家关联人的关联关系披露不一致的情形；你公司 2011 年 3 月向中国证监会第二次报送的招股说明书存在未披露 5 家关联人的情形。在未披露关联人中，嘉成设备、嘉成技术和山德视讯的业务范围与你公司的业务范围相似。报送的发行申请文件有重大遗漏情形。发审委认为，上述情形与《首次公开发行股票并上市管理办法》(证监会令第 32 号)第二十五条第三项的规定不符。 **二十五　(三) 最近 36 个月内曾向中国证监会提出发行申请，但报送的发行申请文件有虚假记载、误导性陈述或重大遗漏；或者不符合发行条件以欺骗手段骗取发行核准；或者以不正当手段干扰中国证监会及其发行审核委员会审核工作；或者伪造、变造发行人或其董事、监事、高级管理人员的签字、盖章**	证监许可〔2012〕107 号	中小板

续表

序号	公司名称	被否原因	文号	申报板块
24	陕西同力重工股份有限公司	2008年至2010年，你公司与关联方上海同岳、风润新能源、汇赢投资及与其有密切关系的上海众合、纵阖科贸、浙江同岳、黄工格力特之间存在大量非经营性资金往来，且未签署书面合同；2008年和2009年，你公司与关联方上海同岳存在设备融资租赁交易。你公司在股份公司成立前后均未就上述事项履行董事会、股东（大）会等决策程序，说明你公司法人治理结构不完善，内部控制存在缺陷。创业板发审委认为，上述情形与《首次公开发行股票并在创业板上市管理暂行办法》（证监会令第61号）第十九条、第二十一条的规定不符。 **第十九条　发行人具有完善的公司治理结构，依法建立健全股东大会、董事会、监事会以及独立董事、董事会秘书、审计委员会制度，相关机构和人员能够依法履行职责。** **第二十一条　发行人内部控制制度健全且被有效执行，能够合理保证公司财务报告的可靠性、生产经营的合法性、营运的效率与效果，并由注册会计师出具无保留结论的内部控制鉴证报告。**	证监许可〔2012〕78号	创业板
25	江苏东珠景观股份有限公司	你公司报告期内营业收入、利润增幅较大，而经营活动产生的现金流量净额低于同期的净利润水平，你公司存在一定的偿债风险。大型园林绿化工程项目对你公司2010年及2011年上半年业绩增长贡献较大，其中宛山湖湿地公园工程项目和镇江新区核心区湖面工程项目2010年分别确认收入10 415万元和1 650万元，占当年营业收入的34.22%和5.42%、营业毛利的42.89%和6.68%；2011年上半年分别确认收入5 770.99万元和6 156.11万元，占当期营业收入的21.08%和22.49%、营业毛利的24.08%和24.19%。客户的相对集中可能对你公司持续经营能力产生一定的不利影响。另外，你公司大部分项目属于政府投资项目，竣工决算时间较长且无明确期限，存在可能因工程款项无法及时结算和回收而对你公司资金周转和利润水平产生不利影响的风险。上述情况将可能导致你公司未来持续盈利能力的不确定性。发审委认为，上述情形与《首次公开发行股票并上市管理办法》（证监会令第32号）第三十七条的规定不符。 **第三十七条　发行人不得有下列影响持续盈利能力的情形**	证监许可〔2012〕25号	中小板

续表

序号	公司名称	被否原因	文号	申报板块
26	浙江佳力科技股份有限公司	根据国务院发布的《关于抑制部分行业产能过剩和重复建设引导产业健康发展若干意见的通知》（国发〔2009〕38 号），风电设备为产能过剩行业，国家重点支持的是自主研发 2.5 兆瓦及以上风电整机和轴承、控制系统等关键零部件。风电行业经营环境产生重大变化，而你公司目前主要产品为 1.5 兆瓦、2.0 兆瓦、2.1 兆瓦风电设备铸件，上述情形对你公司持续盈利能力构成重大不利影响。你公司本次募集资金全部用于“年产 5 万吨 2.5～6 兆瓦风电大型铸件关键部件项目”，产能较 2010 年增长 142%，而你公司 2.5 兆瓦及以上风电设备铸件报告期仅实现少量生产及销售；根据你公司披露的 2011 年 1 月 1 日后需要履行的合同及意向性订单情况，2.5 兆瓦及以上产品占比也不高。你公司募投项目与现有生产经营不相适应，且新增产能存在市场销售风险。发审委认为，上述情形与《首次公开发行股票并上市管理办法》（证监会令第 32 号）第三十七条、第三十九条和第四十一条的规定不符。 **第三十七条　发行人不得有下列影响持续盈利能力的情形** **第三十九条　募集资金数额和投资项目应当与发行人现有生产经营规模、财务状况、技术水平和管理能力等相适应。** **第四十一条　发行人董事会应当对募集资金投资项目的可行性进行认真分析，确信投资项目具有较好的市场前景和盈利能力，有效防范投资风险，提高募集资金使用效益。**	证监许可〔2012〕12 号	中小板

无论主板还是创业板，持续盈利能力问题，是近年来IPO申请被否决的第一大原因。我们需要从"根源""表象"两大维度，来分析公司的持续盈利能力。先从"根源"的角度来分析，持续盈利能力的根源是公司经营状况，而公司经营状况受到行业外部环境和内部资源与能力的共同影响。

从外部环境影响来看，公司可能受到上游或者下游行业变化的影响，行业的市场空间、主要产品或者原有的生产方式随之发生重大变化；行业中出现了新产品、新技术、新商业模式的革命性变化；行业竞争态势中出现了重大变化，潜在竞争对手进入或原有竞争优势对手的崛起，将极大地压缩行业内的其他公司的市场空间。在行业环境已经发生变化的情况下，如不能引领或者迅速适应这种变化，公司在行业内将很快被边缘化，而最终导致经营情况出现重大不利变化。

从公司内部资源与能力来看，公司的核心业务或者主要产品竞争力不足，获取利润的能力依赖于主营业务之外的投资收益、政府补助和国家税收优惠等，不具有持续稳定性；经营获取利润的能力依赖于关联方，或者过于集中于特定客户、特定供应商；受到内部管理能力的影响，呈现产品售价下降或者成本上升而导致毛利率持续下降的趋势，或者呈现应收账款周转率和存货周转率下降趋势；公司生产经营所依赖的商标、核心技术等重要资源存在较大的不确定性。

从"表象"的维度来分析，财务会计信息能够充分体现出公司的持续盈利能力。分析公司的持续盈利能力需要从盈利水平、盈利结构、盈利趋势三个方面入手，其中，盈利水平是血肉、盈利结构是骨架、盈利趋势是灵魂。首先，盈利水平高，体现为公司"扣非"(非经常性损益和非经营性损益)之后的净利润较高，表明公司未来抗风险能力较强。其次，盈利结构优，体现为收入结构中，经营模式、产品结构和客户结构都比较稳定；营业利润结构中，营业利润主要来自主营毛利，对于投资收益等不具有重大依赖；净利润结构中，净利润对于税收优惠、政府补助等非经常性损益不存在重大依赖；经营活动净现金流量占净利润的比重较高，表明盈利质量较高。再次，盈利趋势好，体现为业绩持续增长，毛利率水平稳定或者持续增长；"扣非"之后的净利润平稳或者持续增长；利润来源依赖于主营业务、收入结构和利润结构优的状态具有多个会计期间的连续性和稳定性，不具有已知或者潜在的重大风险。

IPO被发审会否决的案例中，经常出现的情况是：公司财务数据表现出盈利水平较差；盈利结构不具有稳定性；或者对投资收益、税收优惠、政府补助等存在重大依赖，盈利含金量低等，均会对持续盈利能力造成重大不利影响。此外，无法合理解释的盈利指标异常，也会对持续盈利能力的判断产生不利影响。例如，毛利率远高于行业平均水平，期间费用率远低于同行业平均水平等。所有这些关键点，都成为未来那些想要谋划IPO的公司的重要决策参考。

四、信息披露

1. 披露内容

申请IPO上市的公司应当按照证监会有关规定编制和披露招股说明书，招股说明书内容与格式是信息披露的最低要求。不论准则是否有明确规定，凡是对投资者作出投资决策有重大影响的信息，均应当予以披露，发行人及其全体董事、监事和高管应当在招股说明书上签字、盖章，保证招股说明书的内容真实、准确、完整。保荐人及其保荐代表应当对招股说明书的内容真实性、准确性、完整性进行核查，并在核查意见上签字、盖章。广州复大医疗股份有限公司在2012—2014年肿瘤治疗服务业务毛利占比分别为84.74%、69.92%和71.23%，国际肿瘤治疗客户收入占比分别为80.59%、68.25%和59.46%，其中国际肿瘤治疗客户单人次收入分别为国内患者的2.44倍、2.26倍和1.99倍，报告期内来源于不同国家和地区的国际肿瘤治疗客户数量和收入变化较大。因未充分说明并披露报告期内来源于不同国家和地区的国际肿瘤治疗客户数量和收入的变化原因，公司和保荐机构在初审会后告知函回复及发审会现场回答询问中亦未能作出充分、合理的解释和说明。违反《首次公开发行股票并上市管理办法》第五十四条而被否决IPO，详情请参考表2-4。

2. 披露时间

招股说明书中引用的财务报表在其最近一期截止日后6个月内有效。特别情况下发行人可申请适当延长，但至多不超过1个月。财务报表应当以年度末、半年度末或者季度末为截止日。招股说明书有效期为6个月，自中国证监会核准发行申请前招股说明书最后一次签署之日起计算。申请文件受理后、发行审核委员会审核前，发行人应当将招股说明书（审报告）在中国证监会网站预先披露。发行人可以将招股说明书（申报稿）刊登于其企业网站，但披露内容应当完全一致，且不得早于中国证监会网站的披露时间。

五、监管和处罚

1. 发行人违法违规的监管与处罚

企业向中国证监会报送的发行申请文件有虚假记载、误导性陈述或者重大遗漏的，发行人不符合发行条件以欺骗手段骗取发行核准的，发行人以不正当手段干扰证监会及其发行审核委员会审核工作的，发行人或其董事、监事、高管的签字，盖章系伪造或者变造的，除依照《证券法》的有关规定处罚外，证监会将采取终值审核并在36个月内不受理发行人的股票发行申请的监管措施。

2. 保荐人违法违规的监管与处罚

保荐人出具具有虚假记载、误导性陈述或者重大遗漏的发行保荐书，保荐人以不正常手段干扰证监会及其发行审核委员会审核工作的，保荐人或其相关签字人员的签章系伪造或变造的，或者不履行其他法定职责的，依照《证券法》和保荐制度的有关规定处理。

3. 证券服务机构违法违规的监管与处罚

证券服务机构未勤勉尽责，所制作、出具的文件有虚假记载、误导性陈述或者重大遗漏的，除依照《证券法》及其他相关法律、行政法规和规章的规定处罚外，中国证监会将采

表 2-4 因信息披露被否决 IPO 的案例

序号	公司名称	被否原因	文号	申报板块
1	广州复大医疗股份有限公司	你公司主要从事肿瘤治疗的专科医院运营业务。你公司 2012—2014 年肿瘤治疗服务业务毛利占比分别为 84.74%、69.92%和 71.23%，国际肿瘤治疗客户收入占比分别为 80.59%、68.25%和 59.46%，其中国际肿瘤治疗客户单人次收入分别为国内患者的 2.44 倍、2.26 倍和 1.99 倍，你公司报告期内来源于不同国家和地区的国际肿瘤治疗客户数量和收入变化较大。你公司未充分说明并披露报告期内来源于不同国家和地区的国际肿瘤治疗客户数量和收入的变化原因，你公司和保荐机构在初审会后告知函回复及发审会现场回答询问中亦未能作出充分、合理的解释和说明。 鉴于上述情形，发审委认为你公司不符合《首次公开发行股票并上市管理办法》第五十四条的规定。 **第五十四条　招股说明书内容与格式准则是信息披露的最低要求。不论准则是否有明确规定，凡是对投资者作出投资决策有重大影响的信息，均应当予以披露。**	证监许可〔2015〕1310 号	主板
2	鑫广绿环再生资源股份有限公司	你公司主要从事废旧物资收购、加工、销售和废弃电器电子产品的处理等业务。 你公司报告期内分别拆解电子废物 103.55 万台、104.91 万台和 221.68 万台，拆解后产品分别实现销售收入 3 849.25 万元、3 467.48 万元和 10 529.20 万元，2014 年电子废物拆解后产品实现销售收入的增长远大于拆解数量的增长。你公司在初审会后告知函回复中说明主要系拆解的废旧电脑数量增加和大尺寸电视机占比增加。 招股说明书披露，你公司报告期内分别拆解废旧电视机 95.91 万台、90.86 万台和 149.86 万台，拆解废旧电脑 2.15 万台、6.43 万台和 61.61 万台。你公司电子废物拆解后实现销售的产品包括钢铁类、塑料类、铜类、铝类和其他（主要系线圈、废玻璃等），其中铜类产品分别销售 1 162.25 吨、170.20 吨和 640.94 吨，线圈产品分别销售 111.02 吨、398.40 吨和 1 517.64 吨，废玻璃产品分别销售 4 584.73 吨、9 930.72 吨和 26 963.26 吨。你公司报告期内电子废物拆解后铜类、线圈和废玻璃等产品的单位重量大幅波动，且未能对相互之间的匹配关系作出充分说明。 你公司未充分说明并披露 2014 年拆解废旧电脑数量大幅增加的原因，线圈、废玻璃等其他产品的数量和金额，以及对 2014 年经营业绩的影响。你公司和保荐机构在初审会后告知函回复及发审会现场回答询问中亦未能对前述事项作出充分、合理的解释和说明。 鉴于上述情形，发审委认为你公司不符合《首次公开发行股票并上市管理办法》第五十四条的规定。 **第五十四条　招股说明书内容与格式准则是信息披露的最低要求。不论准则是否有明确规定，凡是对投资者作出投资决策有重大影响的信息，均应当予以披露。**	证监许可〔2015〕991 号	主板

续表

序号	公司名称	被否原因	文号	申报板块
3	沈阳远大压缩机股份有限公司	你公司招股说明书披露，报告期除与青岛安邦炼化有限公司、蓝星（天津）化工有限公司签署的合同未正常履行外，其余合同均处于正常生产进度执行过程中。与长春吉星车用气公司、成都蜀菱科技发展有限公司等 5 家客户的合同处于“项目暂停”状态。根据初审会后你公司和保荐机构提交的《关于请做好相关项目发审委会议准备工作的函》的回复，你公司披露截至报告期末共有 36 家客户合计 46 808.49 万元的合同处于“项目暂停”状态，占你公司报告期末在手订单总额的 28.21%。 针对招股说明书未完整披露处于“项目暂停”状态的合同情况，你公司和保荐机构告知函回复未充分说明前述项目暂停的判断依据、目前在执行合同的实际状态、主要业务是否存在重大不确定性、对你公司的经营业绩是否存在重大影响等事项。你公司代表和保荐代表人在发审会现场询问中亦未能对前述事项作出充分、合理的解释和说明。 鉴于上述情形，发审委认为你公司不符合《首次公开发行股票并上市管理办法》第五十四条的规定。 **第五十四条　招股说明书内容与格式准则是信息披露的最低要求。不论准则是否有明确规定，凡是对投资者作出投资决策有重大影响的信息，均应当予以披露。**	证监许可〔2015〕1011 号	主板
4	佳化化学股份有限公司	你公司主要从事环氧乙烷、环氧丙烷下游衍生精细品的研发、生产与销售等业务。 根据你公司的反馈意见回复材料，2011 年 7 月，你公司拟收购上海博源精细化工有限公司（以下简称上海博源），因可能构成上市障碍而放弃。你公司实际控制人曲亚明的朋友陈洪艳等现金出资 50 万元于 2011 年 8 月 26 日设立烟台华诺商贸有限公司（以下简称烟台华诺）先行收购上海博源，收购款为 1691.01 万元。烟台华诺收购和整合上海博源的资金绝大部分由陈洪艳向曲亚明筹借，且未签署书面借款协议。另外，根据反馈意见回复材料，陈洪艳于 2012 年 8 月因故无意继续经营上海博源，但 2012 年 6 月 27 日至 2013 年 9 月 17 日期间，陈洪艳向曲亚明借款共计 3 100 万元，用于与你公司主营业务相同的“年产 40 000 吨环氧乙烷深加工产品改建项目”，并于 2013 年 11 月 25 日将上海博源股权协议转让给你公司。你公司在完成对烟台华诺持有的上海博源全部股权收购并支付收购款项后，曲亚明才收到陈洪艳偿还资金共计 3 150 万元。你公司未充分披露收购上海博源的过程、上海博源 2012 年和 2013 年的财务状况及其对你公司的影响等信息。 你公司和保荐机构在初审会后告知函回复材料和现场询问中未能对前述事项作出充分、合理的解释和说明。 鉴于上述情形，发审委认为你公司不符合《首次公开发行股票并上市管理办法》第五十四条的规定。 **第五十四条　招股说明书内容与格式准则是信息披露的最低要求。不论准则是否有明确规定，凡是对投资者作出投资决策有重大影响的信息，均应当予以披露。**	证监许可〔2015〕677 号	主板

取12个月内不接受相关机构出具的证券发行专项文件,36个月内不接受相关签字人员出具的证券发行专项文件的监管措施。

4. 发行有关方涉及文件问题的

发行人、保荐人或证券服务机构制作或者出具的文件不符合要求,擅自改动已提交的文件,或者拒绝答复证监会审核中提出相关问题的,视情节轻重,对相关机构和责任人员采取监管谈话、责令改正等监管措施,计入诚信档案并公布;情节特别严重的,给予警告。

5. 发行人的盈利情况异常的

发行人披露盈利预测的,利润实现数如未达到盈利预测的80%,除因不可抗力外,其法定代表人、盈利预测审核报告签字注册会计师应当在股东大会及中国证监会制定报刊上公开作出解释并道歉;证监会可以对法定代表人处以警告。利润实现数为达到盈利预测50%的,除因不可抗力外,证监会在36个月内不受理该公司的公开发行证券申请。

第4节 多层次资本市场发行比较

一、资本市场及其分层特性

资本市场是期限在一年以上的金融工具为媒介进行长期性资金融通交易活动的场所,又称为长期资金市场。资本市场分为广义的资本市场和狭义的资本市场。广义的资本市场包括银行中长期信贷市场和有价证券市场(中长期债券市场和股票市场)。狭义的资本市场专指发行和流通股票、债券、基金等有价证券的市场,也称证券市场。本书所说的资本市场是指狭义的资本市场,即证券市场。

资本市场的功能是连接融资者与投资者的重要桥梁。投资者和融资者是资本市场最重要的两大参与主体。在资本市场上,不同的投资者与融资者都有不同的规模与主体特征,存在着对资本市场金融服务的不同需求。投资者与融资者对投融资金融服务的需求多样化,决定了资本市场应该是一个多层次的市场体系。这种多层次的资本市场能够对于不同风险特征的融资者和不同风险偏好的投资者进行分层分类管理,以满足不同性质的投资者与融资者的金融需求,最大限度地提高市场效率与风险控制能力。

国际范围来看,美国、英国、日本等国家均建立起了多层次资本市场。以美国为例,美国具有世界上规模最大、体系最复杂、最完备的资本市场。主要包括三个层次:主板市场、纳斯达克(NASDAQ)为核心的二板市场、遍布各地区的区域性市场及场外交易市场。

1. 主板市场

美国证券市场的主板市场是以纽约证券交易所为核心的全国性证券交易市场,该市场对上市公司的要求比较高,主要表现为交易全国性的上市公司的股票、债券。在该交易所上市的公司一般都是比较知名的大企业，公司的成熟度比较高，有良好的经营业绩记录和完善的公司治理，公司有较长的历史存续性和较为可观的回报。从投资者角度来看的话，该市场的投资人一般都是风险规避者或者风险中立者。

2. 纳斯达克市场

美国纳斯达克市场对上市公司的要求与纽约证券交易所截然不同，它主要注重公司的成长性与长期盈利性，在纳斯达克上市的公司普遍具有高科技含量、高风险、高回报、小规模的特征。近年来纳斯达克市场发展速度很快，从交易额来看，已经成为仅次于纽约股票市场的全球第二大市场。在上市公司数量、成交量、市场表现、股票流动性等方面，它已经超过了纽约证券交易所。

3. 区域性证券交易所

遍布美国全国各地的区域性证券交易所 11 家，它们分布于全国各大主要的工商业和金融城市，它们成为区域性企业的上市交易场所，可谓是美国的三板市场。

二、我国多层次资本市场及其证券发行

所谓的多层次资本市场体系是指针对质量、规模、风险程度不同的企业，为了满足多样化市场主体的资本要求，而建立起来的分层次资本市场体系。我国多层次资本市场体系如图 2-1 所示。具体而言，我国的多层次资本市场包含四个方面。

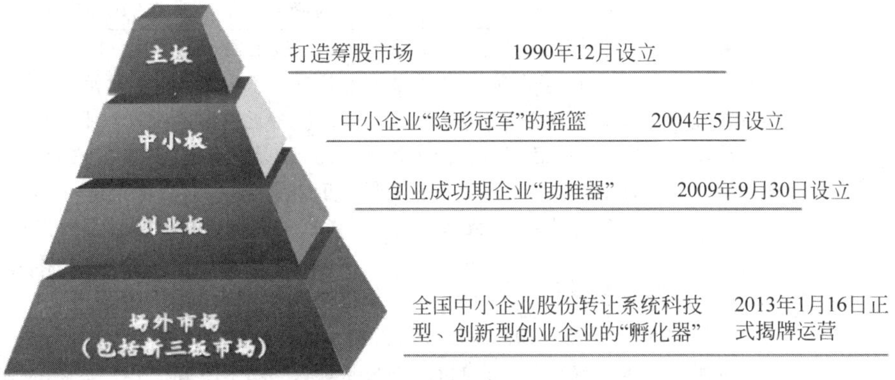

图 2-1　我国多层次资本市场体系

1. 主板和中小板市场

主板市场也称为一板市场，它是指传统意义上的股票市场，意指一个国家证券发行、上市交易的主要场所。主板市场对于发行人的营业期限、股本大小、盈利水平、最低市值等方面的要求标准较高，挂牌交易的公司多为大型成熟企业，具有较大的资本规模以及稳定的盈利能力。我国内地主板市场包括上海证券交易所和深圳证券交易所两个。主板市场是资本市场最重要的组成部分，很大程度上代表着总体经济的发展方向，某种意义上看可以称之为国民经济的晴雨表。2004 年 5 月，经国务院批准，中国证监会批复同意深圳证券交易所在主板市场内设立中小企业板块。中小板是相对于主板市场而言的，股票代码以 002 开头。

2. 二板市场

二板市场即创业板市场，它是与主板市场对应，在主板之外专门为那些处于幼稚阶段中后期的行业(产业化阶段)的中小企业及高科技企业提供资金融通的市场，是地位上仅次于主板和中小板市场的二级证券市场。它与美国的 NASDAQ 市场相对应。我国创业板市场在上市门槛、监管制度、信息披露、交易者门槛、投资风险等方面和主板市场具有极大的不同。设立该市场的目的主要是扶持中小企业，尤其是处于高成长中的科技企业，为风险投资和创业投资企业建立正常的退出机制，为自主创新国家战略提供融资平台。2009 年 9 月 17 日创业板发行审核委员会正式批准 7 家公司 IPO 申请；2009 年 10 月 23 日，创业板举行了开板仪式，创业板正式开板。总体来看，目前我国创业板与主板和中小板市场相区别的重要特点就是门槛相对较低，有助于有潜力的中小企业获得融资的机会。主板、中小板与创业板股票发行条件的区别如表 2-5 所示。

表 2-5　主板、中小板与创业板 IPO 条件的比较

条　　件	主板和中小板	创 业 板
主体资格	依法设立且合法存续的股份有限公司，持续经营 3 年以上。	依法设立且持续经营 3 年以上的股份有限公司，定位服务成长性创业企业；支持有自主创新
股本要求	发行前股本额不少于 3 000 万元，发行后不少于 5 000 万元	发行前净资产不少于 2 000 万元，发行后的股本总额不少于 3 000 万元
盈利要求	(1) 最近 3 个会计年度净利润均为正数且累计超过 3 000 万元，净利润以扣除非经常性损益前后较低者为计算依据。 (2) 最近 3 个会计年度经营活动产生的现金流量净额累计超过 5 000 万元；或者最近 3 个会计年度营业收入累计超过 3 亿元。 (3) 最近一期不存在未弥补亏损	(1) 最近两年连续盈利，最近两年净利润累计不少于 1 000 万元，且持续增长；或者最近一年营业收入不少于 5 000 万元，最近两年营业收入增长率均不低于 30%。 (2) 净利润以扣除非经常性损益前后孰低者为计算依据(注：上述要求为选择性标准，符合其中一条即可)
资产要求	最近一期期末无形资产(扣除土地使用权、水面养殖权和采矿权等后)占净资产的比例不高于 20%	最近一期末净资产不少于 2 000 万元
主营业务要求	最近 3 年内主营业务没有发生重大变化	发行人应当主营一种业务，且最近两年内未发生变更
董事、管理层和实际控制人	发行人最近 3 年内董事、高级管理人员没有发生重大变化，实际控制人未发生变更。高管不能在最近 36 个月内受到中国证监会行政处罚，或者最近 12 个月内受到证券交易所公开谴责	发行人最近 2 年内主营业务和董事、高级管理人员均未发生重大变化，实际控制人未发生变更。高管不能最近 3 年内受到中国证监会行政处罚，或者最近一年内受到证券交易所公开谴责
同业竞争	发行人的业务与控股股东、实际控制人及其控制的其他企业之间不得有同业竞争	发行人的业务与控股股东、实际控制人及其控制的其他企业之间不得有同业竞争

3. **三板市场**

三板市场起源于 2001 年的“代办股份转让系统”，2001 年 6 月 12 日，为了解决场外交易和退市公司股票流通问题，证监会批准设立代办股份转让系统，被称为老三板。2006 年，中关村科技园区的非上市股份公司进入代办转让系统进行股份报价转让，这在当时被称为新三板。正是在它的基础之上，2012 年 7 月 8 日，国务院批准建立全国股份转让系统。因此，目前我国新三板市场的全称是：全国中小企业股份转让系统。它是经国务院批准设立的全国性证券交易场所，全国中小企业股份转让系统有限公司为其运营管理机构。2012 年 9 月 20 日，全国中小企业股份转让系统有限公司在国家工商管理总局注册成立，注册资本 30 亿元。上海证券交易所、深圳证券交易所、中国证券登记结算有限公司、上海期货交易所、中国金融期货交易所、郑州商品交易所、大连商品交易所，这些单位为全国中小企业股份转让系统有限公司的股东单位。自从 2013 年 11 月三板市场在全国扩容以来，挂牌企业数量增长非常迅猛，截至 2017 年 5 月，新三板挂牌公司已经超过 10 000 家。

股份有限公司申请股票在全国股份转让系统挂牌，不受股东所有制性质的限制，不限于高新技术企业。根据《全国中小企业股份转让系统业务规则（试行）》的规定，挂牌新三板的公司，应当符合下列条件：①依法设立且存续满两年，有限责任公司按原账面净资产值折股整体变更为股份有限公司的，存续时间可以从有限责任公司成立之日起计算。②业务明确，具有持续经营能力。③公司治理机制健全，合法规范经营。④股权明晰，股票发行和转让行为合法、合规。⑤主办券商推荐并持续督导。⑥全国股份转让系统要求的其他条件。从新三板的挂牌条件可以看出，企业挂牌上市在规模、盈利、风险等方面并不存在很多硬性的门槛，甚至可以说门槛非常低，这有利于那些前景好、高增长、创新性的企业在初创期即获得资本市场的资金融通。

4. **四板市场**

四板市场即区域性股权交易市场，也称为区域股权市场，是为特定区域之内的企业提供股权、债券的转让和融资服务的私募市场。一般是由省级人民政府设立、监管。区域股权市场对于促进企业特别是中小企业股权交易和融资，支持科技创新和资本共生，具有积极的引导作用。目前我国比较著名的四板市场有北京股权交易中心、重庆股份转让系统、天津股权交易所、青海股权交易中心等。

以北京股权交易中心为例。北京四板市场的使命是全力破解“中小微企业”融资难题，培育企业发展壮大，为北京地区非上市“中小微企业”提供投融资平台。与新三板相比，北京四板市场的挂牌门槛更加低，企业在这里对股权进行挂牌交易，没有财务指标的要求。北京股权交易中心还可以帮助企业进行包括股权质押、私募股权、私募债权等多种方式的融资。2015 年 1 月，首批 10 家企业在北京股权交易中心集体挂牌。截至 2017 年 5 月，北京四板挂牌企业发展到了 3 358 家；登记托管企业 942 家；投资者 9 114 户；实现融资 133.19 亿元。

第5节 债券及其发行

债券有许多不同的分类方式，按发行主体可分为政府债券、金融债券、公司债券；按财产担保可划分为抵押债券、信用债券；按债券形态可分为实物债券、凭证式债券、记账式债券；按是否可转换分为可转换债券、不可转换债券；按付息方式可分为零息债券、固定利率债券、浮动利息债券；按偿还方式不同划分为一次到期债券、分期到期债券；按计息方式分为单利债券、复利债券、累进利率债券等。本节介绍短期融资类债券、中期票据、企业债券和公司债券。

短期融资类债券，是指具有法人资格的非金融企业在银行间债券市场发行的，约定在一年内还本付息的债务融资工具。融资券面向银行间债券市场机构投资人，最长期限不超过 365 天。短期融资券发行条件如下：在中华人民共和国境内依法设立的企业法人；具有稳定的偿债资金来源，最近一个会计年度盈利；流动性良好、具有较强的到期偿债能力；募集资金用途符合国家规定；近三年没有违法和重大违规行为；已经发行的短期融资券没有延迟支付本息的情形；具有健全的内部管理体系和募集资金的使用偿付管理制度；中国人民银行规定的其他条件。

中期票据，是银行间债券市场一项创新性债务融资工具. 企业获准发行中期票据后，可绕开商业银行直接进行融资，其效果与发行公司债类似。又因融资是在银行间市场进行，避开了公司债复杂的审批程序，故能够节省企业融资成本，提高融资效率。发行中期票据的企业主体评级原则上不受限制，制药债项评级被市场认可，交易商协会对企业性质、发行规模均不设门槛限制。

企业债券，是由中央政府部门所属机构、国有独资企业或国有控股企业发行的债券，它对发债主体的限制比公司债狭窄，主要是指从事生产、贸易、运输等经济活动的企业发行的债券。企业债发债前要求连续三年盈利，所筹资金用途符合国家产业政策；累计债券余额不超过公司净资产额的 42%；发债用于技改目的，发行总额不得超过其投资总额的 30%，用于基建项目的不超过 20%；取得公司董事会或市国资委同意申请发行债券的决定。

公司债券，是指上市公司依照法定程序发行、约定在一年以上期限内还本付息的有价证券。是由证监会监管的中长期直接融资品种。承诺于指定到期日向债权人无条件支付票面金额，并于固定期间按期依据约定利率支付利息。是股份制公司发行的一种债务契约。发行公司债要求企业是上市公司；经资信评级机构评级，债券信用级别良好；需要由金融机构或上级母公司提供担保。

短期融资券、中期票据、企业债券和公司债券的比较如表 2-6 所示。

表 2-6　短期融资券、中期票据、企业债券和公司债券的比较

	短期融资券	中期票据	企业债券	公司债券
管理部门	人民银行、中国银行间市场交易商协会		国家发展改革委	中国证券监管委员会
发行主体	具有法人资格的非金融企业		境内注册登记的具有法人资格的企业，一般中央政府部门所属机构、国有独资企业或国有控股企业	沪、深两市上市公司及发行境外上市外资股的境内股份有限公司
发行申报制度	注册发行。在中国银行间市场交易商协会注册，注册有效期为 2 年；注册有效期内，企业主体信用级别低于注册时信用级别的，发行注册自动失效。		直接审核发行。中央直接管理企业的申请材料直接申报；国务院行业管理部门所属企业的材料由行业管理部门转报；地方企业的申报材料由所在省、自治区、直辖市、计划单列市发展改革部门转报	核准发行。证监会收到申请文件后，5 日内决定是否受理，受理初审后，发行审核委员会审核申请文件，做出核准或不予核准的决定。
发行规模	待偿还余额不超过企业净资产的 40%	待偿还余额不超过企业净资产的 41%	不超过企业净资产（不包括少数股东权益）的 42%	不超过最近一期末净资产的 40%；金融类公司的累积公司债券余额按金融企业有关规定计算
募集资金投向	应用于企业生产经营活动，并在发行文件中明确披露具体资金用途。企业在短期融资券存续期内变更募集资金用途应提前披露。	应用于企业生产经营活动，并在发行文件中明确披露具体资金用途。企业在中期票据存续期内变更募集资金用途应提前披露。	符合国家产业政策和行业发展方向，所需相关手续齐全：(1)用于固定资产投资项目的，应符合固定资产投资项目资本金制度的要求，原则上累积发行额不超过该项目总投资额的 60%；(2)用于收购产权(股权)的，比照该比例执行；(3)用于调整债务结构的，不受该比例限制，但企业应提供银行同意以债还贷的证明；(4)用于补充运营资金的，不超过发债总额的 20%。	必须符合股东会或股东大会核准的用途，且符合国家产业政策。
债券利率	债务融资工具发行利率、发行价格和所涉费用以市场化方式确定		企业债券的利率由发行人与其主承销商根据信用等级、风险程度、市场供求状况等因素协商确定。但不得高于相同期限定期存款利率的 40%	发行价格由发行人与保荐人通过市场询价确定。
发行期限	不超过一年	一般 2～10 年，以 5 年为主	一般 3～20 年，以 10 年为主	一般 3～10 年，以 5 年为主

续表

	短期融资券	中期票据	企业债券	公司债券
发行时间	在注册有效期内可分期发行或一次发行。应在注册后2个月内完成首次发行。如分期发行，后续发行应提前2个工作日向中国银行间市场交易商协会报备。		须在批准文件印发之日起两个月内完成发行。	可申请一次核准，分期发行。自核准发行之日起，应在6个月内首期发行，剩余数量应在24个月内发行完毕。首期发行数量应当不少于总发行数量的50%，剩余期发行的数量由公司自行确定，每期发行完毕后5个工作日内报中国证监会备案。
担保形式	不要求担保		可发行无担保信用债券、资产抵押债券、第三方担保债券。为债券发行提供保证的保证人应当具有代为清偿的能力，保证应当是连带责任保证。	无强制性担保要求。若提供担保的，担保的范围应是本金、利息、违约金、损害赔偿金和实现债券的费用；以保证方式提供担保的，应为连带责任保证，且保证人资产质量良好。
承销	应由金融机构承销。企业可自主选择主承销商，需要组团的，由主承销商组团。		由具有证券承销资格的证券经营机构承销。	
交易场所	全国银行间债券市场		全国银行间债券市场、证券交易所	证券交易所
法律法规依据	《银行间债券市场非金融企业债务融资工具管理办法》		《企业债券管理条例》、《关于推进企业债券市场发展、简化发行核准程序有关事项的通知》、《中央企业债券发行管理暂行办法》	《公司债券发行试点办法》

第3章

证券的交易

本章学习目标

- 证券交易原则
- 证券交易基本要素
- 证券交易参与者
- 证券交易方式
- 涨跌停板制度
- 特别处理制度
- 停牌、摘牌制度
- 集合竞价与连续竞价
- 成分指数与综合指数
- 融资融券交易的风险与收益

第1节 证券交易概述

一、证券交易的概念及原则

（一）证券交易的概念及特征

证券是用来证明持有人有权取得相应权益的凭证。证券交易是指已发行的证券在证券市场上买卖的活动。证券交易市场是买卖已发行证券的场所，是证券市场的重要组成部分。证券交易市场的交易活动可以在固定场所集中进行，也可以在不固定的场所分散进行。证券交易市场是证券发行市场正常发展的重要支撑。证券发行市场与证券交易市场相辅相成、紧密联系、相互促进、相互制约，共同构成了完整的证券市场。一方面，证券发行为证券交易提供了对象，决定了证券交易的规模，是证券交易的前提；另一方面，证券交易使证券的流动性特征充分显示出来，从而有利于证券发行的顺利进行。

证券交易的特征主要表现在三个方面，分别为证券的流动性、收益性和风险性。同时，这些特征又互相联系在一起。证券需要有流动机制，因为只有通过流动，证券才具有较强的变现能力。而证券之所以能够流动，就是因为它可能为持有者带来一定收益。同时，经济发展过程中存在许多不确定因素，所以证券在流动中也存在因其价格的变化给持有者带来损失的风险。

（二）证券交易市场发展历程

证券市场是社会大生产的产物之一，也是商品经济、市场经济发展到一定阶段的产物。在资本主义发展初期，西欧就有了证券的发行与交易，但这一时期出现的证券交易主要是商业票据的买卖。16世纪的里昂、安特卫普已经产生了证券交易所，当时进行买卖的是国家债券。16世纪中叶，随着资本主义的快速发展，股份公司出现，股票和公司债券开始发展起来。1602年在荷兰阿姆斯特丹成立了世界上第一个股票交易所。1698年在英国就出现了大量的证券经纪人，1773年在伦敦因为众多经纪人而闻名的柴思胡同乔那森咖啡馆，股票商人们正式成立了英国的第一个证券交易所，这即是现在的伦敦证券交易所的前身。1790年，美国成立了第一个证券交易所——费城证券交易所；1792年5月17日，24名经纪人在华尔街的一棵梧桐树下订立协定，成立经纪人联盟；1793年，一家名为汤迪的咖啡馆在华尔街落成，于是，露天的证券市场搬进了咖啡馆；1817年，经纪人联盟通过了一项正式章程，并成立了组织，命名为纽约证券交易会，1863年改名为纽约证券交易所。

证券在我国属于舶来品，我国最早出现的股票是外商股票。从19世纪70年代开始，清政府洋务派在我国兴办工业，随着这些股份制企业的兴起，中国自己的股票、公司债券和证券市场便应运而生了。1872年设立的轮船招商局是我国第一家股份制企业。1914年北洋政府颁布的《证券交易所法》推动了证券交易所的建立。1917年，北洋政府批准上海证券交易所开设证券经营业务。1918年夏天成立的北平证券交易所是中国人自己创办的第一家证券交易所。1920年7月，上海证券物品交易所得到批准成立，是当时规模最大的证券交易所。此后，相继出现了上海华商证券交易所、青岛市物品证券交易所、天津市企业交易所等，逐渐形成了旧中国的证券市场。

新中国证券交易市场的建立始于1986年。1986年8月，沈阳开始试办企业债券转让业务；1986年9月，上海开办了股票柜台买卖业务。有一个小故事是：1986年11月14日美国纽约证券交易所董事长约翰·范尔林先生访问中国。邓小平同志会见他时提到，新中国也发行了股票。范尔林很高兴，随即向邓小平赠送了一枚纽约证券交易所的证章。按照外交礼节，中国领导人也必须回赠一件礼物。经过再三考虑，决定赠送范尔林先生一张公司的股票。当时中国人民银行行长陈慕华和副行长刘鸿儒紧急从各地调来了股票样张进行挑选，最终决定赠送一张50元面值的飞乐音响股票。

从1988年4月起，我国先后在61个大中城市开放了国库券转让市场。1990年12月19日和1991年7月3日，上海证券交易所和深圳证券交易所先后正式开业。1991年10月，郑州粮食批发市场开业并引入期货交易机制，成为新中国期货交易的实质性发端。1992年初，人民币特种股票(B股)在上海证券交易所上市。同一时期，证券投资基金的交易转让也逐步开展。1992年1—2月邓小平同志在南方视察时指出："证券、股市，这些东西究竟好不好，有没有危险，是不是资本主义独有的东西，社会主义能不能用，允许看，但要坚决地试。看对了，搞一两年，对了，放开；错了，纠正，关了就是了。关，也可以快关，也可以慢关，也可以留一点尾巴。怕什么，坚持这种态度就不要紧，就不会犯大错误。"

邓小平同志南方视察讲话后，中国确立经济体制改革的目标是建立社会主义市场经济体制，股份制成为国有企业改革的方向，更多的国有企业实行股份制改造并开始在资本市场发行上市。1993 年，股票发行试点正式由上海、深圳推广至全国，打开了资本市场进一步发展的空间。

我国证券市场发展里程碑式的事件是 1999 年 7 月 1 日，《中华人民共和国证券法》（以下简称《证券法》）正式开始实施，标志着维系证券交易市场运作的法规体系趋向完善。进入 21 世纪以后，随着我国加入 WTO，证券交易市场对外开放也稳步向前迈进。2004 年 5 月，中国证券监督管理委员会（以下简称“中国证监会”）批准了深圳证券交易所在主板市场内开设中小企业板块，并核准了中小企业板块的实施方案。2005 年 4 月底，我国开始启动股权分置改革试点工作。这是一项完善证券市场基础制度和运行机制的改革，它不仅在于解决历史问题，更在于为资本市场其他各项改革和制度创新创造条件。2005 年 10 月，重新修订的《证券法》经第十届全国人民代表大会常务委员会第十八次会议通过后颁布，并于 2006 年 1 月 1 日起正式实施。2009 年 10 月 30 日，创业板在深圳证券交易所开市。2010 年 3 月 31 日，信用交易开始实施，上海证券交易所和深圳证券交易所开始接受融资融券交易的申报。2010 年 4 月 16 日，我国股指期货开始上市交易。结合我国经济发展的历程，从以上情况可见，我国证券交易市场是随着我国市场经济体系的建立和发展而逐渐成长起来的。我国证券市场发展历程见表 3-1 所示。

表 3-1　我国证券市场发展历程

年　份	大　事　件
1986 年	沈阳开始试办企业债券转让业务；上海开办了股票柜台买卖业务
1988 年	我国先后在 61 个大中城市开放了国库券转让市场
1990—1991 年	1990 年 12 月 19 日，上交所成立；1991 年 7 月 3 日，深交所成立
1991 年	郑州粮食批发市场开业，是新中国期货交易的实质性发端
1992 年	人民币特种股票（B 股）在上交所上市。同期，基金交易也逐步开展
1999 年	1999 年 7 月 1 日，《证券法》开始实施，标志着证券法律体系开始完善
2005 年	4 月底，我国启动了股权分置改革试点工作。它不仅着眼于解决历史遗留问题，更在于为资本市场其他各项改革和制度创新创造条件。10 月，新修订的《证券法》通过并颁布。
2009 年	10 月 30 日，创业板在深交所开市
2010 年	3 月 18 日，证监会批准第一批 6 家证券公司开始融资融券业务试点。3 月 31 日，上交所和深交所开市接受融资融券交易申报。4 月 16 日，我国股指期货开始上市交易。

（三）证券交易的原则

证券交易的原则是反映证券交易宗旨的一般法则，应该贯穿于证券交易的全过程。为了保障证券交易功能的发挥，以利于证券交易的正常运行，证券交易必须遵循“公开、公平、公正”三个原则。

1. 公开原则

公开原则又称为信息公开原则，指证券交易是一种面向社会的、公开的交易活动，其核心要求是实现市场信息的公开化。根据这一原则的要求，证券交易参与各方应依法及时、真实、准确、完整地向社会发布有关信息。从国际上来看，1934 年美国《证券交易法》确定公开原则后，它就一直为许多国家的证券交易活动所借鉴。在我国，强调公开原则有许多具体的内容。例如，上市的股份公司财务报表、经营状况等资料必须依法及时向社会公开，股份公司的一些重大事项也必须及时向社会公布等。按照这个原则，投资者对于所购买的证券，能够有更充分、真实、准确、完整的了解。

2. 公平原则

公平原则是指参与交易的各方应当获得平等的机会。它要求证券交易活动中的所有参与者都有平等的法律地位，各自的合法权益都能得到公平保护。在证券交易活动中，有各种各样的交易主体，这些交易主体的资金数量、交易能力等可能各不相同，但不能因此而给予不公平的待遇或者使其受到某些方面的歧视。

3. 公正原则

公正原则是指应当公正地对待证券交易的参与各方，以及公正地处理证券交易事务。在实践中，公正原则也体现在很多方面。例如，公正地办理证券交易中的各项手续，公正地处理证券交易中的违法违规行为等。

二、证券交易的基本要素

（一）证券交易的标的物

证券交易的客体即交易的对象，其种类通常是根据交易对象来划分的。证券交易的对象就是证券买卖的标的物。在委托买卖证券的情况下，证券交易对象也就是委托合同中的标的物。按照交易对象的品种划分，证券交易种类有股票交易、债券交易、基金交易以及其他金融衍生工具的交易等。

1. 股票

股票是一种有价证券，是股份有限公司签发的证明股东所持股份的凭证。股票可以表明投资者的股东身份和权益，股东可以据以获取股息和红利。股票交易就是以股票为对象进行的流通转让活动。股票交易可以在证券交易所进行，也可以在场外交易市场进行。前者通常称为上市交易，后者的常见形式是柜台交易。在股票上市交易后，如果交易所发现不符合上市条件或其他原因，可以暂停上市交易，直至终止上市交易。暂停上市交易后，在规定时间内重新具备了条件的亦可以恢复上市交易。

2. 债券

债券也是一种有价证券，是社会各类经济主体为筹集资金而向债券投资者出具的、承诺按一定利率定期支付利息并到期偿还本金的债权债务凭证。债券交易就是以债券为对象进行的流通转让活动。根据发行主体的不同，债券主要有政府债券、金融债券和公司债券三大类。这三类债券都是债券市场上的交易品种。政府债券是国家为了筹措资金而向投资者出具的，承诺在一定时期支付利息和到期还本的债务凭证。政府债券的发行主体是中央政府和地方政府。中央政府发行的债券称为国债，地方政府发行的债券称为地方债。金融债券是指银行及非银行金融机构依照法定程序发行并约定在一定期限内还本付息的有价证券。公司债券是公司依照法定程序发行，约定在一定期限还本付息的有价证券。

3. 基金

证券投资基金是指通过公开发售基金份额募集资金，由基金托管人托管、由基金管理人管理和运用资金、为基金份额持有人的利益以资产组合方式进行证券投资活动的基金。因此，它是一种利益共享、风险共担的集合证券投资方式。基金交易是指以基金为对象进行的流通转让活动。从基金的基本类型看，一般可以分为封闭式与开放式两种。

对于封闭式基金来说，在成立后，基金管理人可以申请其基金在证券交易所上市。如果获得批准，投资者就可以在证券交易所市场上买卖基金份额。对于开放式基金来说，有非上市的开放式基金和上市的开放式基金之分。如果是非上市的开放式基金，投资者可以进行基金份额的申购和赎回。其中，一种情况是只允许通过基金管理人及其代销机构办理；另一种情况是既可以通过基金管理人及其代销机构办理，也可以通过证券交易所系统办理。如果是上市的开放式基金，则除了申购和赎回外，投资者还可以在证券交易所市场上进行买卖。开放式基金份额的申购价格和赎回价格，是通过对某一时点上基金份额实际代表的价值即基金资产净值进行估值，在基金资产净值的基础上再加一定的手续费而确定的。此外，我国证券市场上还有交易型开放式指数基金。这种基金代表的是一篮子股票的投资组合，追踪的是实际的股价指数。对于投资者而言，交易型开放式指数基金可以在证券交易所挂牌上市交易，并同时进行基金份额的申购和赎回。

4. 衍生金融工具

在现代证券市场上，除了股票、债券等基础性的金融工具交易，还存在许多衍生性的金融工具。金融衍生工具又称之为金融衍生产品，是与基础金融产品相对应的一个概念，指建立在基础产品或基础变量之上，其价格取决于后者价格(或数值)变动的派生金融产品。金融衍生工具交易包括权证交易、期货交易、期权交易、可转换债券交易等。

(1) 权证。权证是基础证券发行人或其以外的第三人发行的，约定持有人在规定期间内或特定到期日，有权按约定价格向发行人购买或出售标的证券，或以现金结算方式收取结算差价的有价证券。从内容上看，权证具有期权的性质。在证券交易市场上，因为权证代表一定的权利，故也有交易的价值。我国目前的权证都在证券交易所进行交易，它们的具体交易方式与股票交易类似。另外，在国内外证券市场上，权证根据不同的划分标准可以有不同的分类，如认股权证和备兑权证，认购权证和认沽权证，美式权证、欧式权证和百慕大式权证等。

(2) 期货。由期货交易所统一制定的、在将来某一特定时间和地点交割一定数量标的物的标准化合约。这个标的物又叫基础资产，对期货合约所对应的现货，可以是某种商品，如铜或原油，也可以是某个金融工具，如外汇、债券，还可以是某个金融指标，如三个月同业拆借利率或股票指数。期货交易是投资者交纳5%～15%的保证金后，在期货交易所内买卖各种商品标准化合约的交易方式。一般的投资者可以通过低买高卖或高卖低买的方式获取赢利。现货企业也可以利用期货做套期保值，降低企业运营风险。期货交易特有的套期保值功能、防止市场过度波动功能、节约商品流通费用功能以及促进公平竞争功能对于发展中国日益活跃的商品流通体制具有重要意义。

(3) 可转换债券。可转换债券是指其持有者可以在一定时期内按一定比例或价格将之转换成一定数量的另一种证券的债券。可转换债券交易就是以这种债券为对象进行的流通转让活动。在通常情况下,可转换债券转换成普通股票,因此它具有债权和期权的双重特性。一方面,可转换债券在发行时是一种债券,债券持有者拥有债权,持有期间可以获得利息,如果持有债券至期满还可以收回本金;另一方面,可转换债券持有者也可以在规定的转换期间内选择有利时机,要求发行公司按规定的价格和比例,将可转换债券转换为股票。此外,可转换债券持有者还可以选择在证券交易市场上将其抛售来实现收益。在我国,近年来还出现了分离交易的可转换公司债券。这种债券实际上是可分离交易的附认股权证公司债券,即该债券发行上市后,债券与其原来附带的认股权可以分开,分别独立交易。

(二) 证券交易的参与者

1. 证券投资人

证券投资人是指以获取利息、股息等资本收益为目的而买入证券的机构或者个人。证券投资者是证券交易的主体,一般包含个人投资者和机构投资者两大方面。个人投资者是指从事证券投资的社会自然人,个人投资者是证券市场上最为广泛的阵营。机构投资者一般包括政府机构、金融机构、企业和事业法人单位、各类基金、合格的境外机构投资者等。上述几类机构投资者分述如下:

1) 政府机构

政府机构参与证券投资的主要目的,是为了调剂资金余缺以及进行宏观调控等。各级政府及政府机构出现资金剩余时,可以通过购买政府债券、金融债券等投资于证券市场。中央银行以公开市场操作作为政策手段,通过买卖政府债券或者金融债券,影响货币供应量或者利率水平,进行宏观调控。我国各级国有资产管理部门或者其授权部门持有国有股份,履行国有资产的保值增值,以及通过国家控股、参股来支配更多的社会资源。

非常重要的是,从各国的具体实践来看,处于维护金融稳定的需要,政府还可以成立或者指定成立专门机构,参与证券市场交易,减少非理性的市场震荡。

2) 金融机构

参与证券投资的金融机构主要包括证券经营机构、银行业、保险经营机构、主权财富基金以及其他金融机构等。各类金融机构分述如下:

(1) 证券经营机构。证券经营机构是证券市场上最为活跃的机构投资者。券商以自有资本、营运资本和受托投资资金等进行证券投资。根据我国《证券法》规定,证券公司可以通过从事证券自营业务和证券资产管理业务,以自己的名义或者代其客户进行证券投资。证券公司从事自营业务,其投资的范围包括股票、基金、认股权证、国债、公司或者企业债券等上市证券以及证券监管机关认定的其他证券。

(2) 银行业金融机构。银行业金融机构包括商业银行、邮储银行、城市信用合作社、农村信用合作社等吸收公众存款的金融机构以及政策性银行。根据《中华人民共和国商业银行法》规定,银行业金融机构可用自有资金买卖政府债券和金融债券,除国家另有规定外,在中华人民共和国境内不得从事信托投资和证券经营业务,不得向非自用不动产投资或者向非银行金融机构和企业投资。《中华人民共和国外资银行管理条例》规定，外商独资银行、中外合资银行可买卖政府债券、金融债券，买卖股票以外的其他外币有价证券。银行业金融机构因处置贷款质押资产而被动持有的股票，只能单向卖出。《商业银行个人理财业务管理暂行办法》规定，商业银行可以向个人客户提供综合理财服务，向特定目标客户群销售理财计划，接受客户的委托和授权，按照与客户事先约定的投资计划和方式进行投资和资产管理。

(3) 保险经营机构。保险公司是全球最重要的机构投资者之一，曾一度超过投资基金成为投资规模最大的机构投资者，除大量投资于各类政府债券、高等级公司债券外，还广泛涉足基金和股票投资。《中华人民共和国保险法》规定，债券、股票、证券投资基金份额等有价证券均属保险公司资金运用范围，经国务院保险监督管理机构会同国务院证券监督管理机构批准，保险公司可以设立保险资产管理公司从事证券投资活动，还可运用受托管理的企业年金进行投资。中国保险监督管理委员会(以下简称“中国保监会”)通过《保险机构投资者股票投资管理暂行办法》、《保险资产管理公司管理暂行规定》、《保险机构投资者债券投资管理暂行办法》、《分红保险管理暂行办法》、《投资连结保险管理暂行办法》等部门规章和规范性文件对相关领域投资进行规范。

(4) 主权财富基金。随着国际经济、金融形势的变化，目前不少国家尤其是发展中国家拥有了大量的官方外汇储备，为管理好这部分资金，成立了代表国家进行投资的主权财富基金。经国务院批准，中国投资有限责任公司(简称“中投公司”)于2007年9月29日宣告成立，注册资本金为2 000亿美元，成为专门从事外汇资金投资业务的国有投资公司，以境外金融组合产品为主，开展多元投资，实现外汇资产保值增值，被视为中国主权财富基金的发端。

(5) 其他金融机构。其他金融机构包括信托投资公司、企业集团财务公司、金融租赁公司等。这些机构通常也在自身章程和监管机构许可的范围内进行证券投资。信托投资公司可以受托经营资金信托、有价证券信托和作为投资基金或者基金管理公司的发起人从事投资基金业务。企业集团财务公司达到相关监管规定的，也可申请从事对金融机构的股权投资和证券投资业务。目前尚未批准金融租赁公司从事证券投资业务。

3) 企业和事业法人

企业可以用自己的积累资金或暂时不用的闲置资金进行证券投资。企业可以通过股票投资实现对其他企业的控股或参股，也可以将暂时闲置的资金通过自营或委托专业机构进行证券投资以获取收益。我国现行的规定是，各类企业可参与股票配售，也可投资于股票二级市场；事业法人可用自有资金和有权自行支配的预算外资金进行证券投资。

4) 各类基金

(1) 证券投资基金。证券投资基金是指通过公开发售基金份额筹集资金，由基金管理人管理，基金托管人托管，为基金份额持有人的利益，以资产组合方式进行证券投资活动的基金。《中华人民共和国证券投资基金法》(以下简称《证券投资基金法》)规定我国的证券投资基金可投资于股票、债券和国务院证券监督管理机构规定的其他证券品种。

(2) 社保基金。在大多数国家，社保基金分为两个层次：一是国家以社会保障税等形式征收的全国性基金；二是由企业定期向员工支付并委托基金公司管理的企业年金。

由于资金来源不一样，且最终用途不一样，这两种形式的社保基金管理方式亦完全不同。全国性社会保障基金属于国家控制的财政收入，主要用于支付失业救济和退休金，是社会福利网的最后一道防线，对资金的安全性和流动性要求非常高。这部分资金的投资方向有严格限制，主要投向国债市场。而由企业控制的企业年金，资金运作周期长，对账户资产增值有较高要求，但对投资范围限制不多。在我国，社保基金也主要由两部分组成：一部分是社会保障基金。其运作依据是2001年年底发布的《全国社会保障基金投资管理暂行办法》，资金来源包括国有股减持划入的资金和股权资产、中央财政拨入资金、经国务院批准以其他方式筹集的资金及其投资收益；同时，确定从2001年起新增发行彩票公益金的80%上缴社保基金。全国社会保障基金理事会直接运作的社保基金的投资范围限于银行存款、在一级市场购买国债，其他投资需委托社保基金投资管理人管理和运作并委托社保基金托管人托管。社保基金的投资范围包括银行存款、国债、证券投资基金、股票、信用等级在投资级以上的企业债、金融债等有价证券，其中银行存款和国债投资的比例不低于50%，企业债、金融债不高于10%，证券投资基金、股票投资的比例不高于40%。单个投资管理人管理的社保基金资产投资于一家企业所发行的证券或单只证券投资基金，不得超过该企业所发行证券或该基金份额的5%；按成本计算，不得超过其管理的社保基金资产总值的10%。委托单个社保基金投资管理人进行管理的资产，不得超过年度社保基金委托资产总值的20%。另一部分是社会保险基金。它是指社会保险制度确定的用于支付劳动者或公民在患病、年老伤残、生育、死亡、失业等情况下所享受的各项保险待遇的基金。一般由企业等用人单位(或雇主)和劳动者(或雇员)或公民个人缴纳的社会保险费以及国家财政给予的一定补贴组成。社会保险基金一般由养老、医疗、失业、工伤、生育5项保险基金组成。在现阶段，我国社会保险基金的部分积累项目主要是养老保险基金，其运作依据是劳动部的各相关条例和地方的规章。

(3) 企业年金。企业年金是指企业及其职工在依法参加基本养老保险的基础上，自愿建立的补充养老保险基金。按照我国现行法规，企业年金可由年金受托人或受托人指定的专业投资机构进行证券投资。按照2004年2月发布的《企业年金基金管理试行办法》的规定，企业年金基金财产的投资范围，限于银行存款、国债和其他具有良好流动性的金融产品，包括短期债券回购、信用等级在投资级以上的金融债和企业债、可转换债、投资性保险产品、证券投资基金、股票等。企业年金基金财产的投资，按市场价计算应当符合下列规定：①投资银行活期存款、中央银行票据、短期债券回购等流动性产品及货币市场基金的比例，不低于基金净资产的20%。②投资银行定期存款、协议存款、国债、金融债、企业债等固定收益类产品及可转换债、债券基金的比例，不高于基金净资产的50%。其中，投资国债的比例不低于基金净资产的20%。③投资股票等权益类产品及投资性保险产品、股票基金的比例，不高于基金净资产的30%。其中，投资股票的比例不高于基金净资产的20%。同时，该办法规定根据金融市场变化和投资运作情况，人力资源和社会保障部会同中国银行业监督管理委员会(以下简称“中国银监会”)、中国证监会和中国保监会，适时对企业年金基金投资管理机构、投资产品和比例进行调整。单个投资管理人管理的企业年金基金财产，投资于一家企业所发行的证券或单只证券投资基金，按市场价计算，不得超过该企业所发行证券或该基金份额的5%；也不得超过其管理的企业年金基金财产总值的10%。企业年金基金不得用于信用交易，不得用于向他人贷款和提供担保。投资管理人不得从事使企业年金基金财产承担无限责任的投资。

(4) 社会公益基金。社会公益基金是指将收益用于指定的社会公益事业的基金，如福利基金、科技发展基金、教育发展基金、文学奖励基金等。我国有关政策规定，各种社会公益基金可用于证券投资，以求保值增值。

5) 合格境外机构投资者(QFII)

QFII制度是一国(地区)在货币没有实现完全可自由兑换、资本项目尚未完全开放的情况下，有限度地引进外资、开放资本市场的一项过渡性的制度。这种制度要求外国投资者若要进入一国证券市场，必须符合一定的条件，得到该国有关部门的审批通过后汇入一定额度的外汇资金，并转换为当地货币，通过严格监管的专门账户投资当地证券市场。

在我国，合格境外机构投资者是指符合《合格境外机构投资者境内证券投资管理办法》规定，经中国证监会批准投资于中国证券市场，并取得国家外汇管理局额度批准的中国境外基金管理机构、保险公司、证券公司以及其他资产管理机构。按照《合格境外机构投资者境内证券投资管理办法》，合格境外机构投资者在经批准的投资额度内，可以投资于中国证监会批准的人民币金融工具，具体包括在证券交易所挂牌交易的股票、在证券交易所挂牌交易的债券、证券投资基金、在证券交易所挂牌交易的权证以及中国证监会允许的其他金融工具。合格境外机构投资者可以参与新股发行、可转换债券发行、股票增发和配股的申购。

合格境外机构投资者的境内股票投资，应当遵守中国证监会规定的持股比例限制和国家其他有关规定：单个境外投资者通过合格境外机构投资者持有一家上市公司股票的，持股比例不得超过该公司股份总数的10%；所有境外投资者对单个上市公司A股的持股比例总和，不超过该上市公司股份总数的20%。同时，境外投资者根据《外国投资者对上市公司战略投资管理办法》对上市公司战略投资的，其战略投资的持股不受上述比例限制。

2. 证券市场中介机构

证券市场中介机构是指为证券的发行、交易提供服务的各类机构。在证券市场起中介作用的机构是证券公司和其他证券服务机构，通常把两者合称为证券中介机构。

(1) 证券公司。证券公司又称券商，是指依照《中华人民共和国公司法》(以下简称《公司法》)、《证券法》规定并经国务院证券监督管理机构批准经营证券业务的有限责任公司或股份有限公司。证券公司的主要业务有证券承销、经纪、自营、投资咨询以及购并、受托资产管理和基金管理等。过去，我国证券监督管理部门将证券公司分为综合类证券公司和经纪类证券公司，并施行分类监管。随着资本市场的发展，分类监管划分模式已不能适应我国证券市场的专业化细分和规模化的发展方向。2006年1月1日起施行的经修订的《证券法》将原有的分类管理的规定调整为按照证券经纪、证券投资咨询、财务顾问、证券承销和保荐、证券自营、证券资产管理、其他证券业务等业务类型进行管理，并按照审慎监管的原则，根据各项业务的风险程度，设定分类准入条件。

(2) 证券服务机构。证券服务机构是指依法设立的从事证券服务业务的法人机构，主要包括证券投资咨询机构、财务顾问机构、资信评级机构、资产评估机构、会计师事务所、律师事务所等。

3. **自律性组织**

按照《证券法》的规定，我国的证券自律管理机构包括证券交易所、证券业协会。根据《证券登记结算管理办法》，我国的证券登记结算机构实行行业自律管理。

（1）证券交易所。证券交易所是有组织的市场，又称"场内交易市场"，是指在一定的场所、一定的时间，按一定的规则集中买卖已发行证券而形成的市场。根据《证券法》的规定，证券交易所是为证券集中交易提供场所和设施，组织和监督证券交易，实行自律管理的法人。证券交易所的监管职能包括对证券交易活动进行管理，对会员进行管理，以及对上市公司进行管理。根据《证券法》的规定，证券交易所是为证券集中交易提供场所和设施，组织和监督证券交易，实行自律管理的法人。证券交易所的设立和解散，由国务院决定。证券交易所作为进行证券交易的场所，其本身不持有证券，也不进行证券的买卖，当然更不能决定证券交易的价格。证券交易所应当创造公开、公平、公正的市场环境，保证证券市场的正常运行。为此，在我国的《证券交易所管理办法》中，具体规定了证券交易所的职能和不得从事的事项。证券交易所的职能具体包括：提供证券交易的场所和设施；制定证券交易所的业务规则；接受上市申请、安排证券上市；组织、监督证券交易；对会员进行监管；对上市公司进行监管；设立证券登记结算机构；管理和公布市场信息；中国证监会许可的其他职能。

证券交易所不得直接或者间接从事的事项有：以营利为目的的业务；新闻出版业；发布对证券价格进行预测的文字和资料；为他人提供担保；未经中国证监会批准的其他业务。证券交易所的组织形式有会员制和公司制两种。我国上海证券交易所和深圳证券交易所都采用会员制，设会员大会、理事会和专门委员会。理事会是证券交易所的决策机构，理事会下面可以设立其他专门委员会。证券交易所设总经理，负责日常事务。总经理由国务院证券监督管理机构任免。

（2）证券业协会。中国证券业协会是依法注册的具有独立法人地位的、由经营证券业务的金融机构自愿组成的行业性自律组织，是社会团体法人。中国证券业协会采取会员制的组织形式，协会的权力机构为全体会员组成的会员大会。中国证券业协会的自律管理体现在保护行业共同利益、促进行业共同发展方面，具体表现为：对会员单位的自律管理、对从业人员的自律管理和对代办股份转让系统的自律管理。

（3）证券登记结算机构。我国《证券法》规定，证券登记结算机构是为证券交易提供集中登记、存管与结算服务，不以营利为目的的法人。设立证券登记结算机构必须经国务院证券监督管理机构批准。证券登记结算机构应履行下列职能：证券账户、结算账户的设立和管理；证券的存管和过户；证券持有人名册登记及权益登记；证券和资金的清算交收及相关管理；受发行人的委托派发证券权益；依法提供与证券登记结算业务有关的查询、信息、咨询和培训服务；中国证监会批准的其他业务。

证券登记结算机构具有自律管理的要求，它为证券市场提供安全、高效的证券登记结算服务，需采取以下措施保证业务的正常进行：一是要制定完善的风险防范制度和内部控制制度；二是要建立完善的技术系统，制定由结算参与人共同遵守的技术标准和规范；三是要建立完善的结算参与人准入标准和风险评估体系；四是要对结算数据和技术系统进行备份，制定业务紧急应变程序和操作流程。同时，为防范证券结算风险，我国还设立了证券结算风险基金，用于垫付或弥补因违约交收、技术故障、操作失误、不可抗力造成的证券登记结算机构的损失。

中国证券登记结算有限责任公司（以下简称“中国结算公司”）是我国的证券登记结算机构，该公司在上海和深圳两地各设一个分公司，其中上海分公司（以下简称“中国结算公司上海分公司”）主要针对上海证券交易所的上市证券，为投资者提供证券登记结算服务；深圳分公司（以下简称“中国结算公司深圳分公司”）主要针对深圳证券交易所的上市证券，为投资者提供证券登记结算服务。

4. 证券监管机构

在我国，证券监管机构是指中国证监会及其派出机构。中国证监会是国务院直属的证券监督管理机构，按照国务院授权和依照相关法律法规对证券市场进行集中、统一监管。它的主要职责是：依法制定有关证券市场监督管理的规章、规则，负责监督有关法律法规的执行，负责保护投资者的合法权益，对全国的证券发行、证券交易、中介机构的行为等依法实施全面监管，维持公平而有序的证券市场。

（三）证券交易的方式

证券交易方式可以按照不同的角度来认识。根据交易合约的签订与实际交割之间的关系，证券交易的方式有现货交易、远期交易和期货交易。在短期资金市场，结合现货交易和远期交易的特点，存在着债券的回购交易。如果投资者买卖证券时允许向经纪商融资或融券，则发生信用交易。

1. 现货交易

所谓现货交易，是指证券买卖双方在成交后就办理交收手续，买入者付出资金并得到证券，卖出者交付证券并得到资金。所以，现货交易的特征是“一手交钱，一手交货”，即以现款买现货方式进行交易。

2. 远期交易和期货交易

远期交易是双方约定在未来某一时刻（或时间段内）按照现在确定的价格进行交易。期货交易是在交易所进行的标准化的远期交易，即交易双方在集中性的市场以公开竞价方式所进行的期货合约的交易。而期货合约则是由交易双方订立的、约定在未来某日期按成交时约定的价格交割一定数量的某种商品的标准化协议。

期货交易与远期交易有类似的地方，都是现在定约成交，将来交割。但远期交易是非标准化的，在场外市场进行；期货交易则是标准化的，有规定格式的合约，一般在场内市场进行。另外，现货交易和远期交易以通过交易获取标的物为目的；而期货交易在多数情况下不进行实物交收，而是在合约到期前进行反向交易、平仓了结。

3. 回购交易

回购交易更多地具有短期融资的属性。从运作方式看，它结合了现货交易和远期交易的特点，通常在债券交易中运用。债券回购交易就是指债券买卖双方在成交的同时，约定于未来某一时间以某一价格双方再进行反向交易的行为。在债券回购交易中，当债券持有者有短期的资金需求时，就可以将持有的债券作质押或卖出而融进资金；反过来，资金供应者则因在相应的期间内让渡资金使用权而得到一定的利息回报。

4. 信用交易

信用交易是投资者通过交付保证金取得经纪商信用而进行的交易，也称为融资融券交易。这一交易的主要特征在于经纪商向投资者提供了信用，即投资者买卖证券的资金或证券有一部分是从经纪商借入的。我国过去是禁止信用交易的。2005 年 10 月重新修订后的《证券法》取消了证券公司不得为客户交易融资融券的规定。随后，中国证监会发布了《证券公司融资融券业务试点管理办法》，上海证券交易所和深圳证券交易所也公布了融资融券交易试点的实施细则。根据《证券公司融资融券业务试点管理办法》的规定，融资融券业务是指证券公司向客户出借资金供其买入上市证券或者出借上市证券供其卖出，并收取担保物的经营活动。

第 2 节　证券交易制度

一、涨跌停板制度

涨跌停板制度源于国外早期证券市场，是证券市场上为了防止交易价格的暴涨暴跌，抑制过度投机现象，对每只证券当天价格的涨跌幅度予以适当限制的一种交易制度，即规定交易价格在一个交易日中的最大波动幅度为前一交易日收盘价上下百分之几，超过后停止交易。

欧美等发达国家证券市场大多有涨跌幅限制的规定。在中国上海、深圳证券交易所曾实行过无涨跌幅限制的交易制度，但股价的暴涨暴跌很难控制。历史上也曾出现过延中实业（现在的方正科技，股票代码 600601）、申华实业（现在的华晨集团，股票代码 600653）等股票一日涨幅超过 100％的情况，也有过如西南药业（600666）等一日暴跌超过 50％的情况。

我国证券市场现行的涨跌停板制度是 1996 年 12 月 13 日发布、1996 年 12 月 16 日开始实施的。中国上海、深圳两交易所实行的是 10％的涨幅限制，其具体分别对上市交易的股票（含 A、B 股）、基金类证券的交易实行价格涨跌幅限制，即在一个交易日内，除首日上市的证券外，上述证券的交易价格相对于上一个交易日收盘价格的涨跌幅度不得超过 10％。计算公式为：上一个交易日的收盘价×（1±10％）。计算结果四舍五入至 0.01 元，超过涨跌幅限制的委托为无效委托，交易所作自动撤单处理。我国的涨跌停板制度与国外的主要区别在于股价达到涨跌停板后，不是完全停止交易，而是在涨跌停价位或涨跌停价位之内的交易仍可继续进行，直到当日收市为止。

对于上市首日的新股，上海证券交易所规定，新股上市首日开盘集合竞价阶段，有效申报价格不得高于发行价格的 120％且不得低于发行价格的 80％；连续竞价阶段，有效申报价格不得高于发行价格的 144％且不得低于发行价格的 64％。

二、特别处理制度

上市公司出现财务状况或者其他状况异常，导致其股票存在终止上市风险，或者投资者难以判断公司前景，其投资权益可能受到损害的，深交所对该公司股票交易实行风险警示处理。风险警示处理具体分为退市风险警示处理和其他风险警示处理两类，退市风险警示处理是警示存在终止上市风险的风险警示处理，而其他风险警示处理警示的是除终止上市风险以外证监会或深交所认定的其他风险的警示处理。交易所针对特别处理，设立风险警示板，上市公司股票被实施风险警示或者处于退市整理期的，进入该板进行交易。

1. 退市风险警示

2003 年 4 月 4 日，上海证券交易所和深圳证券交易所发布《关于对存在股票终止上市风险的公司加强风险警示等有关问题的通知》，开始实行"退市风险警示"制度，并于当年 5 月 12 日开始实施。所谓"退市风险警示"制度，是指由证券交易所对存在股票终止上市风险的公司股票交易实行"警示存在终止上市风险的特别处理"。特别处理的重要措施包括：在其股票简称前冠以"*ST"字样，以区别于其他股票；被实施"退市风险警示"处理的股票，其报价的日涨跌幅限制为 5%；在风险警示期间，中期财务报告必须经过会计事务所审计。

"退市风险警示"制度的警示作用主要体现在两个方面：一方面，警示投资者高度关注投资风险。由于存在退市风险的公司股票简称前均冠以"*ST"标记，投资者能非常容易地区分哪些股票存在退市风险，哪些不存在退市风险，便于投资者作出投资决策。另一方面，提醒上市公司及其主要股东充分关注公司股票面临的退市风险。公司董事会和公司主要股东此时应肩负起责任，积极采取各种措施(如资产重组等)。

出现下列情形之一的，证券交易所对上市公司实施特别处理(Special Treatment)。最近两个会计年度经审计的净利润连续为负值或者被追溯重述后连续为负值；最近一个会计年度经审计的期末净资产为负值或者被追溯重述后为负值；最近一个会计年度经审计的营业收入低于 1 000 万元或者被追溯重述后低于 1 000 万元；最近一个会计年度的财务会计报告被会计师事务所出具无法表示意见或者否定意见的审计报告；因财务会计报告存在重大会计差错或者虚假记载，被中国证监会责令改正但未在规定期限内改正，且公司股票已停牌两个月；未在法定期限内披露年度报告或者中期报告，且公司股票已停牌两个月；公司可能被解散；法院依法受理公司重整、和解或者破产清算申请；因股权分布不具备上市条件，公司在规定的 20 个工作日内向本所提交解决股权分布问题的方案，并获得本所同意；因首次公开发行股票申请或者披露文件存在虚假记载、误导性陈述或者重大遗漏，致使不符合发行条件的发行人骗取了发行核准，或者对新股发行定价产生了实质性影响，受到中国证监会行政处罚，或者因涉嫌欺诈发行罪被依法移送公安机关(以下简称"欺诈发行")；因信息披露文件存在虚假记载、误导性陈述或者重大遗漏，受到中国证监会行政处罚，并且因违法行为性质恶劣、情节严重、市场影响重大，在行政处罚决定书中被认定构成重大违法行为，或者因涉嫌违规披露、不披露重要信息罪被依法移送公安机关(以下简称"重大信息披露违法")；公司可能被依法强制解散；法院依法受理公司重整、和解或者破产清算申请。

在股票交易被实施退市风险警示的情形消除之后，上市公司应当向证券交易所申请撤销该特别处理，并应按照交易所要求在撤销退市风险警示的前一交易日做出公告，公告日其股票及衍生品种停牌一天,自复牌之日起交易所撤销其股票简称中的“*ST”。上市公司应在股票交易实行退市风险警示之前1个交易日发布公告。

中小企业板上市公司最近一个会计年度的审计结果显示公司对外担保余额(合并报表范围内的公司除外)超过1亿元且占净资产值100%以上(主营业务为担保的公司除外)的,深圳证券交易所对其股票交易实行退市风险警示。中小企业板上市公司收到深圳证券交易所公开谴责后,在24个月内再次受到深圳证券交易所公开谴责的,深圳证券交易所对其股票交易实行退市风险警示。

2. 其他风险警示

上市公司出现以下情形之一的,交易所对其股票实施其他风险警示:被暂停上市的公司股票恢复上市后或者被终止上市的公司股票重新上市后,公司尚未发布首份年度报告;生产经营活动受到严重影响且预计在三个月内不能恢复正常;主要银行账号被冻结;董事会会议无法正常召开并形成决议;公司被控股股东及其关联方非经营性占用资金或违反规定决策程序对外提供担保,情形严重的;中国证监会或本所认定的其他情形。

针对其他风险警示这种特别处理方式,其重要措施包括:在其股票简称前冠以“ST”字样,以区别于其他股票;被实施“其他风险警示”处理的股票,其报价的日涨跌幅限制为5%;在风险警示期间,中期财务报告必须经过会计事务所审计。

三、停牌、摘牌制度

(一)停牌

停牌即暂停上市公司的股票上市交易。上市公司出现下列情形之一的,交易所暂停其股票上市:

(1)因最近两个会计年度的净利润触及退市风险警示第1项规定的标准,其股票被实施退市风险警示后,公司披露的最近一个会计年度经审计的净利润继续为负值;

(2)因最近一个会计年度的净资产触及退市风险警示第2项规定的标准,其股票被实施退市风险警示后,公司披露的最近一个会计年度经审计的期末净资产继续为负值;

(3)因最近一个会计年度的营业收入触及退市风险警示第3项规定的标准,其股票被实施退市风险警示后,公司披露的最近一个会计年度经审计的营业收入继续低于1 000万元;

(4)因最近一个会计年度的审计意见类型触及退市风险警示第4项规定的标准,其股票被实施退市风险警示后,公司披露的最近一个会计年度的财务会计报告被会计师事务所出具无法表示意见或者否定意见的审计报告;

(5)因未在规定期限内改正财务会计报告中的重大差错或者虚假记载触及退市风险警示第5项规定的标准,其股票被实施退市风险警示后,公司在两个月内仍未按要求改正财务会计报告;

(6)因未在法定期限内披露年度报告或者中期报告触及退市风险警示第6项规定的标准,其股票被实施退市风险警示后,公司在两个月内仍未披露应披露的年度报告或者中期报告;

(7) 公司股本总额发生变化不具备上市条件；

(8) 因股权分布发生变化不具备上市条件，其股票被实施停牌后，未在停牌后一个月内向本所提交解决股权分布问题的方案，或者提交了方案但未获本所同意，或者因股权分布发生变化不具备上市条件触及退市风险警示第 7 项规定的标准，其股票被实施退市风险警示后，公司在六个月内其股权分布仍不具备上市条件；

(9) 因出现退市风险警示第 8 项规定的欺诈发行情形，其股票被实施退市风险警示后交易满三十个交易日；

(10) 因出现退市风险警示第 9 项规定的重大信息披露违法情形，其股票被实施退市风险警示后交易满三十个交易日；

（二）摘牌

摘牌即终止上市公司股票上市交易。上市公司出现下列情形之一的，交易所终止其股票上市：

(1) 因净利润、净资产、营业收入或者审计意见类型触及前述的停牌事项第 1 项至第 4 项规定的标准，其股票被暂停上市后，公司披露的最近一个会计年度经审计的财务会计报告存在扣除非经常性损益前后的净利润孰低者为负值、期末净资产为负值、营业收入低于 1 000 万元或者被会计师事务所出具保留意见、无法表示意见、否定意见的审计报告等四种情形之一；

(2) 因净利润、净资产、营业收入或者审计意见类型触及前述的停牌事项第 1 项至第 4 项规定的标准，其股票被暂停上市后，公司未能在法定期限内披露最近一年的年度报告；

(3) 因未在规定期限内按要求改正财务会计报告中的重大差错或者虚假记载触及前述的停牌事项第 5 项规定的标准，其股票被暂停上市后，公司在两个月内仍未按要求改正财务会计报告；

(4) 因未在规定期限内披露年度报告或者中期报告触及前述的停牌事项第 6 项规定的标准，其股票被暂停上市后，公司在两个月内仍未按要求披露相关定期报告；

(5) 仅发行 A 股股票的上市公司，通过上交所交易系统连续 120 个交易日(不包含公司股票停牌日)实现的累计股票成交量低于 500 万股，或者连续 20 个交易日(不包含公司股票停牌日)的每日股票收盘价均低于股票面值；

(6) 仅发行 B 股股票的上市公司，通过上交所交易系统连续 120 个交易日(不包含公司股票停牌日)实现的累计股票成交量低于 100 万股，或者连续 20 个交易日(不包含公司股票停牌日)的每日股票收盘价均低于股票面值；

(7) 上市公司股东数量连续 20 个交易日(不含公司首次公开发行股票上市之日起的 20 个交易日和公司股票停牌日)每日均低于 2 000 人；

(8) 公司股本总额发生变化不再具备上市条件，在本所规定的期限内仍不能达到上市条件；

(9) 因股权分布发生变化不具备上市条件触及前述的停牌事项第 8 项规定的标准，其股票被暂停上市后，公司在暂停上市六个月内股权分布仍不具备上市条件；

(10) 公司被依法强制解散；

(11) 公司被法院宣告破产；

(12) 因出现前述的停牌事项第9项规定的欺诈发行或者第10项规定的重大信息披露违法情形，其股票已被暂停上市，且未在规定期限内恢复上市。

第3节　集合竞价与连续竞价

我国股票交易日为每周一至周五。国家法定假日和交易所公告的休市日，市场休市。在上海证券交易所和深圳证券交易所，产生股票价格的方式有两种，其一是在开盘时的集合竞价，另外就是开盘后的连续竞价。集合竞价是指在规定时间内接受的买卖申报一次性集中撮合的竞价方式。连续竞价是指对买卖申报逐笔连续撮合的竞价方式。

证券交易所内的证券交易总原则是：按“价格优先、时间优先”原则竞价成交。其中，价格优先是指当竞买或者竞卖双方出价不同，谁的报单更加有诱惑力，谁就优先成交。具体而言，较高价格买入申报优先于较低价格买入申报，较低价格卖出申报优先于较高价格卖出申报。时间优先是指当竞买或者竞卖双方出价相同，即买卖方向、价格相同的，先申报者优先于后申报者。先后顺序按证券交易所交易主机接受申报的时间确定。例如，有甲、乙、丙、丁投资者四人，均申报卖出长江电力股份有限公司的股票，申报价格和申报时间分别为：甲的申报卖出价10.70元，时间13:35；乙的申报卖出价10.40元，时间13:40；丙的申报卖出价10.75元，时间13:25；丁的申报卖出价10.40元，时间13:38。在此情况下，这四位投资者交易的优先顺序为：丁、乙、甲、丙。

关于申报委托的撤单，上海证券交易所规定：每个交易日9:20—9:25的开盘集合竞价阶段，上海证券交易所交易主机不接受撤单申报；其他接受交易申报的时间内，未成交申报可以撤销。撤销指令经本所交易主机确认方为有效。深圳证券交易所规定：每个交易日9:20—9:25的开盘集合竞价阶段，以及14:57—15:00的收盘集合竞价阶段，深圳证券交易所交易主机不接受撤单申报；其他接受交易申报的时间内，未成交申报可以撤销。

我国股票市场上，每个交易日的9:15—9:25为上海、深圳所有股票开盘集合竞价时间(停牌的股票除外)；9:30—11:30、13:00—15:00为上海股市连续竞价时间。9:30—11:30、13:00—14:57为深圳股市连续竞价时间；14:57—15:00为深圳股市收盘集合竞价时间。我国股票的开盘价通过集合竞价方式产生，如果集合竞价不能产生开盘价的，以连续竞价方式产生。沪市股票的收盘价为当日该证券最后一笔交易前一分钟所有交易的成交量加权平均价(含最后一笔交易)。深市收盘价通过14:57—15:00的集合竞价方式产生。

1. 集合竞价(Call Auction)

所谓集合竞价是将数笔委托报价或一个时段内的全部委托报价集中(集合)在一起，根据不高于申买价和不低于申卖价的原则产生一个成交价格，且在这个价格下成交的股票数量最大，并将这个价格作为全部委托的交易价格。具体来说，就是在当天还没有成交价的时候，投资者可根据前一天的收盘价和对当日股市的预测来输入股票价格，而在这段时间里输入计算机主机的所有价格都是平等的，不需要按照时间优先和价格优先的原则交易，而是按最大成交量的原则来定出股票的价位，这个价位就被称为集合竞价的价位，而这个过程被称为集合竞价。

集合竞价的特点，可以用“先报单、再撮合、再成交”来概括。在每个交易日上午 9:15—9:25，由投资者按照自己所能接受的心理价格自由地进行买卖申报；交易所电脑主机对报入的单子进行自动排序，排序规则为：申买报单从高到低、申卖报单从低到高；在 9:25 分时，交易所电脑主机系统对全部有效委托进行一次集中撮合处理。在集合竞价时间内的有效委托报单未成交，则自动有效进入 9:30 开始的连续竞价。

集合竞价确定成交价的原则为：可实现最大成交量的价格；高于该价格的买入申报与低于该价格的卖出申报全部成交的价格；与该价格相同的买方或卖方至少有一方全部成交的价格。

设农业银行股票在开盘前分别有 5 笔买入委托申请和 7 笔卖出委托申请，根据价格优先的原则，按买入价格由高至低和卖出价格由低至高的顺序将其分别排列如表 3-2 所示。

表 3-2　农业银行股票的买入和卖出委托

序号	委托买入价	数量(手)	序号	委托卖出价	数量(手)
1	3.80	200	1	3.52	500
2	3.76	600	2	3.57	100
3	3.65	400	3	3.60	200
4	3.60	700	4	3.65	600
5	3.54	600	5	3.70	600
6	3.45	300	6	3.72	800
			7	3.75	1 000

按不高于申买价和不低于申卖价的原则，首先可撮合第一笔，撮合的交易量是 200 手，对应着 3.80 元买入委托和 3.52 元的卖出委托，若要同时符合申买者和申卖者的意愿，其成交价格必须是在 3.52 元与 3.80 元之间，但具体价格要视以后的成交情况而定。这对委托撮合之后其他的委托排序如表 3-3 所示。

表 3-3　农业银行股票第一笔撮合后

序号	委托买入价	数量(手)	序号	委托卖出价	数量(手)
			1	3.52	300
2	3.76	600	2	3.57	100
3	3.65	400	3	3.60	200
4	3.60	700	4	3.65	600
5	3.54	600	5	3.70	600
6	3.45	300	6	3.72	800
			7	3.75	1 000

在第一次撮合中，由于卖出委托的数量多于买入委托，按交易规则，序号 1 的买入委托 200 手全部成交，序号 1 的卖出委托还剩余 300 手。第二笔撮合情况：序号 2 的买入委托申报价格为不高于 3.76 元，数量为 600 手。在卖出委托中，序号 1～3 的委托数量正好为 600 手，其价格意愿也符合要求，正好撮合成功，其成交价格在 3.60～3.76 元的范围内，撮合数量为 600 手。应注意的是，第二笔撮合价格的范围是在第一笔成交价格的范围

之内,且区间要小一些。第二笔撮合成功之后剩下的委托情况表 3-4 所示。

表 3-4 农业银行股票第二笔撮合后

序号	委托买入价	数量(手)	序号	委托卖出价	数量(手)
3	3.65	400			
4	3.60	700	4	3.65	600
5	3.54	600	5	3.70	600
6	3.45	300	6	3.72	800
			7	3.75	1 000

接下来进行第三笔撮合情况:序号 3 的买入委托其价格要求不超过 3.65 元,而卖出委托序号 4 的委托价格符合要求,这样序号 3 的买入委托与序号 4 的卖出委托就正好配对撮合,其撮合成交价格为 3.65 元,因卖出委托数量大于买入委托,故序号 4 的卖出委托仅仅成交了 400 手,还剩余 200 手。第三笔成交后的委托情况如表 3-5 所示。

表 3-5 农业银行股票第三笔撮合后

序号	委托买入价	数量(手)	序号	委托卖出价	数量(手)
4	3.60	700	4	3.65	200
5	3.54	600	5	3.70	600
6	3.45	300	6	3.72	800
			7	3.75	1 000

完成以上三笔撮合之后,因最高买入价为 3.60 元,而最低卖出价为 3.65,买入价与卖出价之间再没有相交部分,所以这一次的集合竞价就已完成,最后一笔的成交价就为集合竞价的平均价格。剩下的其他委托将自动进入开盘后的连续竞价。

集合竞价的所有交易均以同一价格成交。集合竞价期间未成交的买卖申报,自动进入连续竞价。因此,在这次的集合竞价中,三笔委托共成交了 1 200 手,成交价格为 3.65 元,按照规定,所有这次撮合的委托,无论是买入还是卖出,其成交价都定为 3.65 元,交易所发布的农业银行股票的开盘价就为 3.65 元,成交量 1 200 手。

在以上过程中,集合竞价通过一次次配对,使得成交的价格范围逐渐缩小,成交数量逐渐增大,最终确定一个具体的成交价格以及最大成交量。在最后一笔配对中,若买入价和卖出价不等,其成交价取两者的平均值。

当股票的申买价低而申卖价高而导致没有股票成交时,上海股市的规定是将其开盘价空缺,将连续竞价后产生的第一笔价格作为开盘价。深圳股市规定:

(1) 若最高申买价高于前一交易日的收盘价,就选取该价格为开盘价;

(2) 若最低申卖价低于前一交易日的收盘价,就选取该价格为开盘价;

(3) 若最低申买价不高于前一交易日的收盘价、最高申卖价不低于前一交易日的收盘价,则选取前一交易日的收盘价为今日的开盘价。

两个以上申报价格符合上述条件的,取在该价格以上的买入申报累计数量与在该价格以下的卖出申报累计数量之差最小的价格为成交价。若买卖申报累计数量之差仍存在相等的情况，按以下方式确定成交价：一是开盘集合竞价时取最接近前收盘价的价格为成交价；无前收盘价的，取其平均价为成交价。二是收盘集合竞价时取最近成交价的价格为成交价；当日无成交的，收盘集合竞价时取最接近前收盘价的价格为成交价；无前收盘价的，取其平均价为成交价。

集合竞价是将一段时间内所有的委托在同一时间段成交，其价格不易受个别报价的影响，因而能反应绝大多数交易者的买卖意愿，产生的价格比较合理，可有效防止操纵股价行为的发生。其优点是每一次价格的产生基本不会受偶然因素的影响，即使投资者的申报价格偏离较大或错报，其成交价也不会严重偏离前一成交价，所以集合竞价产生的价格变动比较平滑。而连续竞价是一对一配对，产生的价格波动较大，特别是当股民错报委托价格时，交易系统依然会按照所报价格成交，因而往往造成股市行情的大起大落。

2. **连续竞价**(Continuous Auction)

连续竞价是指对买卖申报逐笔连续撮合的竞价方式。连续竞价阶段的特点是，每一笔买卖委托输入交易自动撮合系统后，当即判断并进行不同的处理：能成交者予以成交；不能成交者等待机会成交；部分成交者则让剩余部分继续排队等待。

按照我国证券交易所的有关规定，在无撤单的情况下，委托当日有效。另外，开盘集合竞价期间未成交的买卖申报，自动进入连续竞价。深圳证券交易所还规定，连续竞价期间未成交的买卖申报，自动进入收盘集合竞价。

连续竞价时，成交价格的确定原则为：最高买入申报与最低卖出申报价位相同，以该价格为成交价；买入申报价格高于即时揭示的最低卖出申报价格时，以即时揭示的最低卖出申报价格为成交价；卖出申报价格低于即时揭示的最高买入申报价格时，以即时揭示的最高买入申报价格为成交价。

连续竞价的特点，可以用“边报单、边撮合、边成交”来概括。每个交易日的早盘集合竞价结束后，证券交易所在9:30分开始当天的正式交易，交易系统按照价格优先、时间优先的原则，确定每笔证券交易的具体价格。随着时间的经过，交易所对随时进入交易系统的买卖申报单，马上进行逐笔、连续撮合，如能撮合则马上成交，如不能撮合则排队等待。例如，中信证券的股票即时揭示的卖出申报价格和数量及买入申报价格和数量如表3-6所示。

表3-6 连续竞价中即时揭示的交易行情A

买卖方向	价格(元)	数量(手)
卖五	15.40	8 000
卖四	15.38	2 100
卖三	15.37	1 000
卖二	15.36	800
卖一	15.35	100
买一	15.34	500
买二	15.33	1 000
买三	15.32	800
买四	15.31	2 000
买五	15.30	6 800

根据表 3-5,若此时中信证券的股票有一笔买入申报进入交易系统,申报价格为 15.37 元,买入数量为 600 手。该笔委托进入系统之后,系统当即判断能够马上成交。应以 15.35 元成交 100 手、以 15.36 元成交 500 手。成交之后,盘面将瞬间变成表 3-7。

表 3-7　连续竞价中即时揭示的交易行情 B

买卖方向	价格(元)	数量(手)
卖五	15.41	3 000
卖四	15.40	8 000
卖三	15.38	2 100
卖二	15.37	1 000
卖一	15.36	300
买一	15.34	500
买二	15.33	1 000
买三	15.32	800
买四	15.31	2 000
买五	15.30	6 800

根据表 3-5,若此时中信证券的股票有一笔买入申报进入交易系统,申买价格为 15.35 元,申买数量为 200 手。该笔委托进入系统之后,系统当即判断能够马上成交。应以 15.35 元成交 100 手,还剩余 100 手无法成交,自动进入买方等待盘。该笔成交之后,盘面将瞬间变成表 3-8。

表 3-8　连续竞价中即时揭示的交易行情 C

买卖方向	价格(元)	数量(手)
卖五	15.41	6 000
卖四	15.40	8 000
卖三	15.38	2 100
卖二	15.37	1 000
卖一	15.36	800
买一	15.35	100
买二	15.34	500
买三	15.33	1 000
买四	15.32	800
买五	15.31	2 000

根据表 3-5,若此时该股票有一笔买入申报进入交易系统,申买价格为 15.34 元,申买数量为 300 手。该笔委托进入系统之后,系统当即判断不能马上成交,自动进入买方等待盘。此时的股票盘面将瞬间变成表 3-9。

表 3-9　连续竞价中即时揭示的交易行情 D

买卖方向	价格(元)	数量(手)
卖五	15.40	8 000
卖四	15.38	2 100
卖三	15.37	1 000
卖二	15.36	800
卖一	15.35	100
买一	15.34	800
买二	15.33	1 000
买三	15.32	800
买四	15.31	2 000
买五	15.30	6 800

根据表 3-5,若此时中信证券的股票有一笔卖出申报进入交易系统,申卖价格为 15.33 元,申卖数量为 400 手。该笔委托进入系统之后,系统当即判断能够马上成交。应以 15.34 元成交 400 手。该笔成交之后,盘面将瞬间变成表 3-10。

表 3-10　连续竞价中即时揭示的交易行情 E

买卖方向	价格(元)	数量(手)
卖五	15.40	8 000
卖四	15.38	2 100
卖三	15.37	1 000
卖二	15.36	800
卖一	15.35	100
买一	15.34	100
买二	15.33	1 000
买三	15.32	800
买四	15.31	2 000
买五	15.30	6 800

根据表 3-5,若此时中信证券的股票有一笔卖出申报进入交易系统,申卖价格为 15.35 元,申卖数量为 400 手。该笔委托进入系统之后,系统当即判断不能马上成交,自动进入卖方等待盘。此时,股票盘面将瞬间变成表 3-11。

表 3-11　连续竞价中即时揭示的交易行情 F

买卖方向	价格(元)	数量(手)
卖五	15.40	8 000
卖四	15.38	2 100
卖三	15.37	1 000
卖二	15.36	800
卖一	15.35	500
买一	15.34	500

续表

买卖方向	价格(元)	数量(手)
买二	15.33	1 000
买三	15.32	800
买四	15.31	2 000
买五	15.30	6 800

根据表 3-5,若此时中信证券的股票有一笔卖出申报进入交易系统,申卖价格为 15.33 元,申卖数量为 800 手。该笔委托进入系统之后,系统当即判断能够马上成交,以 15.34 元的价格成交 500 手;以 15.33 元的价格成交 300 手。此时,股票盘面将瞬间变成表 3-12。

表 3-12 连续竞价中即时揭示的交易行情 G

买卖方向	价格(元)	数量(手)
卖五	15.40	8 000
卖四	15.38	2 100
卖三	15.37	1 000
卖二	15.36	800
卖一	15.35	100
买一	15.33	700
买二	15.32	800
买三	15.31	2 000
买四	15.30	6 800
买五	15.28	8 800

第 4 节 股票价格指数

伴随着资本市场的高速、迅猛发展,参与股票投资的人越来越多,参与的机构和组织也越来越多,更有一些以此为生的人,这样,大家对股票市场的整体涨跌表现就十分关心,于是一个衡量股票市场整体波动情况的指标——股票价格指数就此应运而生。股票价格指数描述和反映整个股票市场总体价格水平走势及其变动趋势,反映一个国家或者地区经济发展状况。投资者根据指数的升降,可以了解股票市场总体上是狂风暴雨还是艳阳高照。

股票价格指数的编制最早起源于美国,在 1884 年由道琼斯公司的创始人美国财经记者查尔斯·H. 道和爱德华·D. 琼斯[①]根据 11 种具有代表性的公司的股票,采用算术平

① 1884 年 7 月 3 日,共同创立了道琼斯公司的查尔斯·H. 道和爱德华·D. 琼斯,编制了历史上最早的股票价格指数,这也是道琼斯股票价格平均数中最古老的一只指数——道琼斯运输平均数 DJTA,由 9 只铁路股票和 2 只工业股票构成,因此在当时成为铁路股票平均数,1970 年后才改称为道琼斯运输平均数。道琼斯股票平均数共有 4 种指数:其他三种分别是道琼斯工业平均数 DJIA、道琼斯公用事业平均数 DJUA 和道琼斯综合平均数 DJAS。

均法进行计算编制而成，以每天下午收盘价格为基础数据，每天公布一次。最初发表在道琼斯公司自己出版的刊物——《每日通讯》(该刊物于 1889 年改名为《华尔街日报》)上，其计算公式为

$$股票价格平均数=\frac{入选股票的价格之和}{入选股票的数量}$$

自 1887 年起，道琼斯股票价格平均数开始分成工业与运输业两大类，其中工业股票价格平均指数报告 12 种股票，运输业平均指数则包括 20 种股票，并且开始在道琼斯公司出版的《华尔街日报》上公布。在 1929 年，道琼斯股票价格平均指数又增加了公用事业类股票，使其所包含的股票达到 65 种，并一直延续至今。

一、股票价格指数

所谓股票价格指数，是将计算期的股价与某一基期的股价相比较的相对变化指数，用以反映市场股票价格的相对水平。国际上主要股价指数包括道琼斯股票价格平均指数、标准普尔股票价格指数、金融时报股票价格指数及日经 225 股价指数等。我国主要股价指数包括上证综合指数、上证 180 指数、沪深 300 指数、深圳成指等。

股价指数的编制过程通常包括如下四个步骤：

(1) 选择样本股；

(2) 选定某基期，并以一定的方法计算基期平均股价或市值；

(3) 计算报告期平均股价或市值，并作一定的修正；

(4) 指数化。通常确定一个基础日期，亦称为基期，以这个基期的股票价格作为 100 或者 1 000，用以后各时期的股票价格和基期价格比较，计算出相对的百分比，即为该时期的股票价格指数。

一般而言，根据股价指数样本股的数量，可分为综合股价指数和成分股价指数。其中综合股价指数的编制通常包括所有上市证券，而成分股价指数的编制只包括有限的样本股。例如，我国沪深交易所发布的上证综合指数和深证综合指数均为综合股价指数，而上证 180 股价指数、沪深 300 股价指数等均为成分股价指数。国际主要股价指数如标准普尔 500、日经 225 股价指数等亦为成分股价指数。相对于综合股价指数，成分股价指数常被用作指数基金、股份指数期货等金融产品标的指数。

(一) 用算术平均法编制股价指数

1. 股价平均数

首先选取样本股；其次将样本股的每股收盘价加总，再除以样本个数，即可得到股价平均数。其公式如下：

$$股价平均数=\frac{\sum_{i=1}^{N}P_i}{N}$$

式中：P_i——样本股票收盘价；

N——采集股票数量。

由于算术平均数中未考虑样本股票发行在外数量及其变化这一至关重要的因素，因此，当其中有股票发生股份拆细、送股或公积金转增股本的时候，会导致股价平均数发生不合理的下跌。例如，假设市场只有三只股票，股票A的价格是10元，股票B的价格是16元，股票C的价格是19元。股票平均数是15，也就是市场平均股价。如果第二天股价上涨了，股票A涨到16元，股票B涨到20元，股票C涨到24元。那么当天的股价平均数为20，表示市场平均股价为20元。如果投资者持有三只股票各一股，那么他的财富值是60元，增加了15元。但是，如果股票C在第二天交易结束后被一分为四，其价格变为每股6元，那么，当天的股价指数就变成了14，尽管第二天的股价都上涨了，但是股价平均数却下跌了，而投资者的财富保持不变，依然是60元。在这种情况下，就需要对股价平均数进行调整，以反映股票分割带来的变化，调整的方法是采用新除数。

2. 除数修正法

为保证指数的连续性，当样本股名单发生变化，或样本股的股本结构发生变化，或样本股的市值出现非交易因素的变动时，指数根据样本股股本维护规则，采用"除数修正法"修正原除数。该方法是道琼斯公司1928年设计的，用以调整道琼斯股价指数。除数修正法的关键是求出新除数，来修正由于发生股票分割、有偿增资等情况下的股票价格总额的变化，以便能够更加真实地反映平均股价水平，其公式如下：

$$新除数=收市后新的股价总额\div原股价平均数$$

把上例的数字代入，可得

$$新除数=\frac{(16+20+6)}{20}=2.1$$

得出新除数以后，用新的股票价格除以新除数即可得到新的股价平均数。例如，第三天，上述三只股票继续上涨，股票A涨到18元，股票B涨到24元，股票C涨到12元，第三天的股价平均数就是(18+24+12)÷2.1=25.7(元)

3. 股价指数

股价指数是反映不同时期股价变动的相对指标，通过它，人们可以了解报告期的股价相对于基期的股价上升或下降的百分比。其计算公式如下：

$$报告期股价指数=\frac{报告期股价平均数}{基期股价平均数}\times 100(或1\,000)$$

算术平均法编制的股价指数在有偿增资(配股、增发)和无偿增资(送股、拆细、资本金转增股本)的情况下都需要用新除数进行调整，频繁的调整尽管解决了股指的连续性问题，但也会导致股价指数的可比性下降，目前只有少数指数如世界著名的道琼斯股价指数仍采用这种方法。

(二) 用市值加权平均法编制股价指数

这种方法最早由美国标准普尔公司在1923年应用于编制在纽约证券交易所上市的股票价格指数，以后世界各国在编制股价指数的时候基本上都采用了这种方法，其优点是计算公式较为合理，考虑的权重是公司的规模而不是股票的价格。具体表达式如下：

$$报告期股价指数=\frac{报告期总市值}{基期总市值}\times 100(或1\,000)$$

当出现无偿增资的情形，报告期股价指数依然能够真实地反映整体股价的变动，但是当出现有偿增资等情形，则需要对及其总市值进行调整。调整方法如下：

$$新的基期总市值 = \frac{报告期总市值}{报告期指数}$$

举例说明，假定市场上共有 3 只股票，它们基期的股价和股数分别如下：股票 A 股价＝12 元，股数＝3 亿股；股票 B 股价＝20 元，股数＝62 亿股；股票 C 股价＝4 元，股数＝2 300 万股。在报告期，这 3 只股票的股数没有发生变化，股价变化如下：股票 A 股价＝14 元，股票 B 股价＝47 元，股票 C 股价＝25 元，那么

$$\begin{aligned}报告期的股价指数 &= (14 \times 3 + 47 \times 62 + 25 \times 0.23)/(12 \times 3 + 20 \times 62 + 4 \times 0.23) \\ &= 231.94\end{aligned}$$

现在假定股票 B 发生了配股，1 配 1，配股价为每股 23 元。在配股的情况下，报告期的总市值增加了，理论上是指增加了 62 亿×23＝1 426 亿元。如果不调整，股价指数将变为 343.62 点，指数出现了跳跃，缺乏连续性。进行调整以后得到新的基期总市值＝[(2 961.75＋1 426)/231.94]×100＝1 891.76 亿元。从第二天开始，无论股价是上涨还是下跌，股价指数都是从 231.94 开始涨跌，保证了股价指数的连续性。

上证系列指数实时计算，样本股实时成交价格来自上海证券交易所交易系统。具体做法是，在每一交易日集合竞价结束后，用集合竞价产生的股票开盘价(无成交者取行情系统提供的开盘参考价)计算开盘指数，以后每秒重新计算一次指数，直至收盘。

二、中外主要股票指数

(一) 国外主要的股票价格指数

1. 道琼斯股票价格平均数

道琼斯股价平均数，是世界上影响力最大、历史最为悠久的股票价格指数。长期以来，道琼斯股价平均数被视为最具权威性的股价指数，被认为是反映美国政治、经济和社会状况最为灵敏的指标。现在的道琼斯股价平均数是以 1928 年 10 月 1 日为基期，当天收盘时的道琼斯股价平均数恰好为 100 美元，基点为 100 点，以后股票价格同基期相比计算出的百分数，就是各期的股票价格平均数，用点为单位表示，股价指数每一点的涨落就是相对于基数日的涨跌百分数。道琼斯股价平均数的构成分为以下五组：

第一组是工业股价平均数。该指数以美国埃克森石油公司、通用汽车公司、美国钢铁公司等 30 家著名的大工商业公司股票为编制对象，能灵敏反映经济发展水平和变化趋势。平时所说的道琼斯指数就是指道琼斯工业股价平均数。

第二组是运输业股价平均数。该指数以美国泛美航空公司、环球航空公司、国际联运公司等 20 家具有代表性的运输业公司股票为编制对象。

第三组是公用事业股价平均数。该指数以美国电力公司、煤气公司等 15 种具有代表性的公用事业大公司股票为编制对象。

第四组为股价综合平均数。该指数以上述 65 家公司股票为编制对象。

第五组是道琼斯公正市价指数。该指数以 700 种不同规模或实力的公司股票作为编

制对象，于1988年10月首次发布。

2. 标准普尔500指数

标准普尔500指数英文简写为S&P 500 Index，是记录美国500家上市公司的一个股票指数。这个股票指数由标准普尔公司①创建并维护。标准普尔500指数覆盖的所有公司，都是在美国主要交易所，例如纽约证券交易所、Nasdaq交易的上市公司。与道琼斯指数相比起来，标准普尔500指数包含的公司更多，因此风险更为分散，能够反映更广泛的市场变化。标准普尔500指数是由标准普尔公司1957年开始编制的。最初的成分股由425种工业股票、15种铁路股票和60种公用事业股票组成。从1976年7月1日开始，其成分股改由400种工业股票、20种运输业股票、40种公用事业股票和40种金融业股票组成。它以1941年至1942年为基期，基期指数定为10，采用加权平均法进行计算，以股票上市量为权数，按基期进行加权计算。与道琼斯工业平均股票指数相比，标准普尔500指数具有采样面广、代表性强、精确度高、连续性好等特点，被普遍认为是一种理想的股票指数期货合约的标的。

3. 纳斯达克指数

纳斯达克(NASDAQ，National Association of Securities Dealers Automated Quotations)是美国全国证券交易商协会于1968年着手创建的自动报价系统名称的英文简称。纳斯达克的特点是收集和发布场外交易非上市股票的证券商报价。它现已成为全球最大的证券交易市场之一。目前的上市公司超过5 000家。纳斯达克又是全世界第一个采用电子交易的股市，它在55个国家和地区设有26万多个计算机销售终端。纳斯达克综合指数是反映纳斯达克证券市场行情变化的股票价格平均指数，基期指数为100。纳斯达克的上市公司涵盖所有新技术行业，包括软件和计算机、电信、生物技术、零售和批发贸易等。主要由美国的数百家发展最快的先进技术、电信和生物公司组成，包括微软、英特尔、美国在线、雅虎等这些家喻户晓的高科技公司，因而成为美国"新经济"的代名词。

4. 英国《金融时报》股票价格指数

《金融时报》股票价格指数的全称是"伦敦《金融时报》工商业普通股股票价格指数"，是由英国《金融时报》公布发表的。该股票价格指数包括从英国工商业中挑选出来的具有代表性的30家公开挂牌的普通股股票。它以1935年7月1日作为基期，其基点为

① 标准普尔是世界权威金融分析机构，由普尔先生(Mr Henry Varnum Poor)于1860年创立。标准普尔由普尔出版公司和标准统计公司于1941年合并而成。标准普尔为投资者提供信用评级、独立分析研究、投资咨询等服务，其中包括反映全球股市表现的标准普尔全球1 200指数和为美国投资组合指数基准的标准普尔500指数等一系列指数。其母公司为麦格劳·希尔(McGraw-Hill)。标准普尔的服务涉及各个金融领域，主要包括：对全球数万亿债务进行评级；提供涉及1.5万亿美元投资资产的标准普尔指数；针对股票、固定收入、外汇及共同基金等市场提供客观的信息、分析报告。标准普尔的以上服务在全球均保持领先的位置。此外，标准普尔也是通过全球互联网网站提供股市报价及相关金融内容的最主要供应商之一。标准普尔通过全球18个办事处及7个分支机构来提供世界领先的信用评级服务。如今，标准普尔员工总数超过5 000人，分布在19个国家。标准普尔投资技巧的核心是其超过1 250人的分析师队伍。世界上许多最重要的经济学家都在这支经验丰富的分析师队伍中。标准普尔的分析师通过仔细制定统一的标准确保所有评论及分析的方法都是一致和可预测的。

100 点。该股票价格指数以能够及时显示伦敦股票市场情况而闻名于世。根据样本股票的种数,《金融时报》股票价格指数分为 30 种股票指数、100 种股票指数和 500 种股票指数等三种指数。目前常用的是金融时报工业普通股票指数,其成分股由 30 种代表性的工业公司的股票构成,最初以 1935 年 7 月 1 日为基期,后来调整为以 1962 年 4 月 10 日为基期,基期指数为 100,采用几何平均法计算。而作为股票指数期货合约标的的金融时报指数则是以市场上交易较频繁的 100 种股票为样本编制的指数,其基期为 1984 年 1 月 3 日,基期指数为 1 000。

5. 日经股票价格指数

经济平均指数,简称日经平均指数 Nikkei225(日语:日本平均汇率价格、日经 225 指数),是由《日本经济新闻社》推出的在东京证券交易所交易的 225 种股价指数,1979 年第一次发表。现在日经股价指数分为两组:一是日经 225 种股价指数,以在东京证券交易所第一市场上市的 225 种股票作为样本,包括 150 家制造业、15 家金融业、14 家运输业和 46 家其他企业。由于该指数从 1950 年起连续编制,具有较好的可比性,成为反映和分析日本股票市场价格长期变动趋势最常用和最可靠的指标。二是日经 500 种股价指数。该指数从 1982 年 1 月 4 日开始编制,样本股已经扩大到 500 种,约占东京证券交易所第一市场上市股票的一半,因而更具代表性。该指数的特点是采样不固定,每年根据各公司前三个结算年度的状况对样本股票进行更换,因此该指数还能如实反映日本产业结构变化和市场变化情况。

(二) 我国主要的股票价格指数

1. 香港恒生股票价格指数

恒生股票价格指数由香港恒生银行与 1969 年 11 月 24 日开始编制发布,以选定的 33 种有代表性的股票为对象,分为四大类:4 种金融业股票、6 种公共事业股票、9 种房地产股票和 14 种其他工商业及运输业股票。因为这 33 家公司的股票总值占全部在香港上市股票总值的 65%以上,所以恒生指数是目前香港股市最有权威性和代表性的股价指数。恒生股票价格指数以 1964 年 7 月 31 日为基期,基期指数为 100,将 33 种股票按每天收盘价乘以各自发行股数为计算日的股票市值,再与基期的股票市值相比较,乘以 100 就得出当日股价指数。

2. 上证综合指数

上证综合指数由上海证券交易所与 1991 年 7 月 15 日开始编制和公布,以 1990 年 12 月 19 日为基期,基期值为 100,以全部的上市股票为样本,以股票发行量为权数进行编制。

3. 深圳成分指数

深证成指是中国第一个成分股指数,它在深圳证券交易所选取 40 种股票,采取流通股市值加权的计算方法,以 1994 年 7 月 20 日为基期,基期指数为 1 000,1995 年 1 月 23 日开始正式发布。

第5节 融资融券交易

从世界范围的股票市场来看，融资融券制度是一项基本的信用交易制度。2010年03月30日，上交所、深交所分别发布公告，于2010年3月31日起正式开通融资融券交易系统，开始接受试点会员融资融券交易申报，我国融资融券业务正式启动。

一、融资融券交易概述

1. 融资融券交易的概念

融资融券交易(Securities Margin Trading)又称证券信用交易或保证金交易，是指投资者向具有融资融券业务资格的证券公司提供担保物，借入资金买入证券(融资交易)或借入证券并卖出(融券交易)的行为。融资融券交易分为融资交易和融券交易。通俗地说，融资交易就是投资者以资金或证券作为质押，向证券公司借入资金用于证券买入，并在约定的期限内偿还借款本金和利息；投资者向证券公司融资买进证券称为“买空”；融券交易是投资者以资金或证券作为质押，向证券公司借入证券卖出，在约定的期限内，买入相同数量和品种的证券归还券商并支付相应的融券费用；投资者向证券公司融券卖出称为“卖空”。

总体来说，融资融券交易关键在于一个“融”字，有“融”投资者就必须提供一定的担保和支付一定的费用，并在约定期内归还借贷的资金或证券。2008年4月23日国务院颁布的《证券公司监督管理条例》对融资融券做了如下定义：融资融券业务，是指在证券交易所或者国务院批准的其他证券交易场所进行的证券交易中，证券公司向客户出借资金供其买入证券或者出借证券供其卖出，并由客户交存相应担保物的经营活动。

2. 我国融资融券交易发展历程

随着我国资本市场迅速发展和证券市场法制建设的不断完善，证券公司开展融资融券业务试点的法制条件逐渐成熟，2005年10月27日，十届全国人大常委会十八次常委会议审定通过新修订的《证券法》，规定证券公司可以为客户融资融券服务。2006年06月30日，证监会发布《证券公司融资融券试点管理办法》。8月21日，《融资融券交易试点实施细则》公布。2008年4月23日，经国务院常务会议审议通过公布的《证券公司监督管理条例》48条至56条对证券公司的融资融券业务进行了具体的规定。2008年10月05日，证监会宣布启动融资融券试点。2008年10月31日，证监会发布《证券公司业务范围审批暂行规定》，并于12月01日开始实施。2010年01月08日，国务院原则上同意了开设融资融券业务试点，这标志着融资融券业务进入了实质性的启动阶段。2010年03月19日，证监会公布融资融券首批6家试点券商。2010年03月30日，上海、深圳证券交易所正式向6家试点券商发出通知，将于2010年3月31日起接受券商的融资融券交易申报。融资融券交易正式进入市场操作阶段。

3. 融资融券交易与普通交易的区别

融资融券交易，与普通证券交易相比，在许多方面有较大的区别，归纳起来主要表现在以下几个方面：保证金要求；法律关系；交易品种的范围；杠杆效应；交易控制等。

1）保证金要求不同

投资者从事普通证券交易须提交100%的保证金，即买入证券须事先存入足额的资金，卖出证券须事先持有足额的证券。而从事融资融券交易则不同，投资者只需交纳一定的保证金，即可进行保证金一定倍数的买卖（买多卖空），在预测证券价格将要上涨而手头没有足够的资金时，可以向证券公司借入资金买入证券，并在高位卖出证券后归还借款；预测证券价格将要下跌而手头没有证券时，则可以向证券公司借入证券卖出，并在低位买入证券归还。

2）法律关系不同

投资者从事普通证券交易时，其与证券公司之间只存在委托买卖的关系；而从事融资融券交易时，其与证券公司之间不仅存在委托买卖的关系，还存在资金或证券的借贷关系，因此还要事先以现金或证券的形式向证券公司交付一定比例的保证金，并将融资买入的证券和融券卖出所得资金交付证券公司一并作为担保物。投资者在偿还借贷的资金、证券及利息费用，并扣除自己的保证金后有剩余的，即为投资收益。

3）交易品种的范围不同

投资者从事普通证券交易时，风险完全由其自行承担，所以几乎可以买卖所有在证券交易所上市交易的证券品种（少数特殊品种对参与交易的投资者有特别要求的除外）；而从事融资融券交易时，如不能按时、足额偿还资金或证券，还会给证券公司带来风险，所以投资者只能在证券公司确定的融资融券标的证券范围内买卖证券，而证券公司确定的融资融券标的证券均在证券交易所规定的标的证券范围之内，这些证券一般流动性较大、波动性相对较小、不易被操纵。

4）杠杆效应放大了收益与风险

融资融券的杠杆效应放大了投资者的收益与风险。投资者可以通过向证券公司融资融券，扩大交易筹码，具有一定的财务杠杆效应，通过这种财务杠杆效应来获取收益。必须指出，融资融券的杠杆效应是一把“双刃剑”，在放大了收益的同时，风险也随之放大。投资者在将股票作为担保品进行融资时，既要承担原有的股票价格变化带来的风险，又得承担融入股票所带来的风险，还得支付相应的利息费用，如果交易方向判断不当，则投资者的亏损将相当严重。

5）交易控制不同

投资者从事普通证券交易时，可以随意买卖证券，可以随意转入转出资金。而从事融资融券交易时，如存在未关闭的交易合约时，需保证融资融券账户内的担保品充裕，达到与券商签订融资融券合同时要求的担保比例，如担保比例过低，券商可以停止投资者融资融券交易及担保品交易，甚至对现有的合约进行部分或全部平仓。另一方面，投资者需要从融资融券账户上转出资金或者股份时，也必须保证维持担保比例超过30%时，才可提取保证金可用余额中的现金或充抵保证金的证券部分，且提取后维持担保比例不得低于30%。

二、融资融券交易的作用和影响

对国家而言，融资融券交易可以在一定程度上放大资金和证券供求，增加市场的交易量，从而活跃证券市场，增加整个证券市场的流动性。对于个人而言，融资融券交易可以为投资者提供一种新的交易方式，可以改变证券市场单边式的方面，是投资者规避市场风险的工具。总体上来看，融资融券的作用和影响表现在如下方面，其中第1条至第3条是对投资者的作用和影响；第4条至第5条是对证券市场的作用和影响；第6条至第8条是对证券公司的作用和影响。

1. 有利于为投资者提供多样化的投资机会和风险回避手段

一直以来，我国证券市场属于典型的单边市，只能做多，不能做空。投资者要想获取价差收益，必须先买进股票，然后才能等待高价卖出。一旦市场出现危机时，往往又出现连续的"跳水"，股价下跌失去控制。因此，在没有证券信用交易制度下，投资者在熊市中，除了暂时退出市场外没有任何风险回避的手段。融资融券的推出，可以使投资者既能做多，也能做空，多了一个投资选择以盈利的机会，而且在遭遇熊市时，投资者可以融券卖出以回避风险。

2. 有利于提高投资者的资金利用率

融资融券具有财务杠杆效应，使投资者可以获得超过自有资金一定额度的资金或股票从事交易，人为地扩大投资者的交易能力，从而可以提高投资者的资金利用率。例如，投资者向证券公司融资买进证券被称为"买空"。当投资者预测证券价格将要上涨，可以通过提供一定比例担保金就可以向证券公司借入资金买入证券，投资者到期偿还本息和一定手续费。当证券价格符合预期上涨并超过所需付的利息和手续费，投资者可能获得比普通交易高得多的额外收益。但这种收益与风险是对等的，即如果该证券的价格没有像投资者预期的那样出现上涨，而是出现了下跌，则投资者既要承担证券下跌而产生的投资损失，还要承担融资的利息成本，将会加大投资者的总体损失。

3. 有利于增加反映证券价格的重要信息

信用交易中产生的融资余额（每天融资买进股票额与偿还融资额间的差额）和融券余额（每天融券卖出股票额与偿还融券间的差额）提供了一个测度投机程度及方向的重要指标：融资余额大，股市将上涨；融券余额大，股票将下跌。融资融券额越大，这种变动趋势的可信度越大。因此，在融资融券正式推出以后，公开的融资融券的市场统计数据可以为投资者的投资分析提供新的信息。

4. 增加证券市场的流动性和活跃度

融资融券可以放大证券供求，增加交易量，放大资金的使用效果，对于增加股市流通性和交易活跃性有着明显的作用，从而有效地降低了流动性风险。据统计，国外融资融券交易量在证券交易总量的比重都达到15%以上的水平，美国为16%～20%，日本为15%，我国台湾地区为20%～40%。

5. 对证券市场具有一定程度的缓冲器的作用

融资融券也有助于完善股价形成机制，对市场波动起着市场缓冲器作用。由于各种证券的供给有确定的数量，其本身没有替代品，如果证券市场仅限于现货交易，那么证券市场将呈现单方向运行，在供求失衡时，股价必然会涨跌不定，或暴涨暴跌。但是信用交易和现货交易互相配合之后，可以增加股票供求的弹性，当股价过度上涨时，"卖空者"预期股价会下跌，便提前融券卖出，增加了股票的供应，现货持有者也不致继续抬价，或趁高出手,从而使行情不致过热;当股价真的下跌之后,“卖空者”需要补进,增加了购买需求,从而又将股价拉了回来。“买空”交易同样发挥了市场的缓冲器作用。

6. 有利于提高证券公司融资渠道的有效性

从境外的融资融券制度来看,证券公司的债务融资主要来自银行、证券金融公司和货币市场。尤其在日本、韩国及中国台湾,证券金融公司担当起证券公司一个重要的融资渠道,包括证券公司业务发展所需的流动资金融资。我国证券公司当前有效的融资渠道还比较有限,回购市场融资规模比较小,也不能满足证券公司的融资需求,而股票质押贷款、短期融资券、发行债券等融资方式都很难开展起来,使得股权融资仍然是证券公司主要考虑的融资方式。这种融资结构对于金融企业来说显得并不合理。融资融券推出以后,特别是证券金融公司成立以后,可以为证券公司提供一种新的合规融资渠道,有利于改善我国证券公司的资产负债结构。

7. 有利于促进证券公司建立新的盈利模式

当前,我国证券公司经纪业务的交易手续费收入仍然始终是证券公司的主要收入来源。发展融资融券交易,这无疑可以为证券公司提供一个重要的收入来源。证券公司在融资融券业务中的盈利模式包括但不限于:融资融券业务本身的利息和手续费、由于融资融券带来的交易放大而多收取的佣金、对融资融券账户收取账户管理费等。在美国,融资融券的业务收入占比在5%～10%。同时,信用交易对交易活跃度的促进,也有利于改善证券公司经纪业务的生存状态。融资融券业务的导入将有利于我国证券业成功实现盈利模式的转变。

8. 有利于推动证券公司的产品创新

从证券市场的发展来看,各种创新都需要卖空机制。股指期货期权、股票期货期权等的条件之一就是存在卖空套利机制。与股票期货和期权相比,证券融资融券交易的杠杆放大作用较小,信用扩张度也较小,证券信用交易的风险介于现货和期货期权之间,它比期货期权更具有普适性。像在国际上已广为盛行的130/30投资策略产品正是基于融资融券制度而产生的。因此,融资融券的推出将有利于激发证券公司的产品创新能力。

三、融资融券交易的风险分析

融资融券交易作为证券市场一项具有重要意义的创新交易机制,一方面为投资者提供新的盈利方式、提升投资者交易理念、改变“单边市”的发展模式,另一方面也蕴含着相比以往普通交易更复杂的风险。除具有普通交易具有的市场风险外,融资融券交易还蕴含其特有的杠杆交易风险、强制平仓风险、监管风险,以及信用、法律等其他风险。投资者在进行融资融券交易前,必须对相关风险有清醒的认知,才能最大程度避免损失、实现收益。融资融券交易中可能面临的主要风险包括:

1. 杠杆交易风险

融资融券交易具有杠杆交易特点,投资者在从事融资融券交易时,如同普通交易一样,要面临判断失误、遭受亏损的风险。由于融资融券交易在投资者自有投资规模上提供了一定比例的交易杠杆,亏损将进一步放大。例如投资者以100万元资金买入一只股票,该股票从10元/股下跌到8元/股，投资者的损失是20万元，亏损20%；如果投资者以100万元作为保证金、以50%的保证金比例融资200万元买入同一只股票，该股票从10元/股下跌到8元/股，投资者的损失是40万元，亏损40%。投资者要清醒地认识到杠杆交易的高收益、高风险的特征。

此外，融资融券交易需要支付利息费用。投资者融资买入某只证券后，如果证券价格下跌，则投资者不仅要承担投资损失，还要支付融资利息；投资者融券卖出某只证券后，如果证券的价格上涨，则投资者既要承担证券价格上涨而产生的投资损失，还要支付融券费用。

2. 强制平仓风险

融资融券交易中，投资者与证券公司间除了普通交易的委托买卖关系外，还存在着较为复杂的债权债务关系，以及由于债权债务产生的担保关系。证券公司为保护自身债权，对投资者信用账户的资产负债情况实时监控，在一定条件下可以对投资者担保资产执行强制平仓。投资者应特别注意可能引发强制平仓的几种情况：

(1) 投资者在从事融资融券交易期间，如果不能按照合同约定的期限清偿债务，证券公司有权按照合同约定执行强制平仓，由此可能给投资者带来损失；

(2) 投资者在从事融资融券交易期间，如果证券价格波动导致维持担保比例低于最低维持担保比例，证券公司将以合同约定的通知与送达方式，向投资者发送追加担保物通知。投资者如果不能在约定的时间内足额追加担保物，证券公司有权对投资者信用账户内资产执行强制平仓，投资者可能面临损失；

(3) 投资者在从事融资融券交易期间，如果因自身原因导致其资产被司法机关采取财产保全或强制执行措施，投资者信用账户内资产可能被证券公司执行强制平仓、提前了结融资融券债务。

3. 监管风险

监管部门和证券公司在融资融券交易出现异常，或市场出现系统性风险时，都将对融资融券交易采取监管措施，以维护市场平稳运行，甚至可能暂停融资融券交易。这些监管措施将对从事融资融券交易的投资者产生影响，投资者应留意监管措施可能造成的潜在损失，密切关注市场状况、提前预防。

(1) 投资者在从事融资融券交易期间，如果发生标的证券暂停交易或终止上市等情况，投资者将可能面临被证券公司提前了结融资融券交易的风险，由此可能会给投资者造成损失；

(2) 投资者在从事融资融券交易期间，如果证券公司提高追加担保物和强制平仓的条件，造成投资者提前进入追加担保物或强制平仓状态，由此可能会给投资者造成损失；

(3) 投资者在从事融资融券交易期间，证券公司制定了一系列交易限制的措施，比如单一客户融资规模、融券规模占净资本的比例、单一担保证券占该证券总市值的比例等指标，当这些指标到达阈值时，投资者的交易将受到限制，由此可能会给投资者造成损失；

(4) 投资者从事融资融券交易的证券公司有可能因融资融券资质出现问题，而造成投资者无法进行融资融券交易，由此可能给投资者带来损失。

4. 其他风险

(1) 投资者在从事融资融券交易期间，如果中国人民银行规定的同期金融机构贷款基准利率调高，证券公司将相应调高融资利率或融券费率，投资者将面临融资融券成本增加的风险；

(2) 投资者在从事融资融券交易期间，相关信息的通知送达至关重要。《融资融券合同》中通常会约定通知送达的具体方式、内容和要求。当证券公司按照《融资融券合同》要求履行了通知义务后即视为送达，如果投资者未能关注到通知内容并采取相应措施，就可能因此承担不利后果。

(3) 投资者在从事融资融券交易期间，如果因信用证券账户卡、身份证件和交易密码等保管不善或者将信用账户出借给他人使用，可能遭受意外损失，因为任何通过密码验证后提交的交易申请，都将被视为投资者自身的行为或投资者合法授权的行为，所引起的法律后果均由该投资者承担。

(4) 投资者在从事融资融券交易期间，如果其信用资质状况降低，证券公司会相应降低对投资者的信用额度，从而造成投资者交易受到限制，投资者可能遭受损失。

投资者在参与融资融券交易前，应认真学习融资融券相关法律法规、掌握融资融券业务规则，阅读并理解证券公司融资融券合同和风险揭示条款，充分评估自身的风险承受能力、做好财务安排，合理规避各类风险。

四、融资融券交易保证金分析

(一) 融资交易

前已阐述，投资者向证券公司融入资金购买股票，这称为买空交易。在买空交易中，投资者需要开设保证金账户，按照证券公司规定的初始保证金比例存入一定数量的保证金，其余资金向证券公司贷款。用贷款买入的股票，其所有权归证券公司，证券公司有权以保证金账户中的股票为抵押品，向银行融入资金；也可以将其借出，提供给卖空者。投资者借钱买入股票之后，由于股票的价格会不断波动，为了控制风险，证券公司通常设定一个维持保证金比例，当投资者的实际保证金比例大于初始保证金比例时，投资者可以将多出的部分提现或再投资；实际保证金比例在初始保证金比例和维持保证金比例之间时，投资者不需要进行任何操作；当实际保证金比例低于维持保证金比例时，投资者需要追加保证金，补充的保证金可以是现金或国债。在我国，符合监管部门要求的股票也可以用来补充保证金。

初始保证金比例被定义为账户净值或权益与证券市值的比例。例如，某位投资者最初支付自有资金 600 000 元购买了价值为 1 000 000 元的股票，即以每股 100 元的价格买入 1 万股，其中 400 000 元则是向证券公司融资得来。该投资者的资产负债表如表 3-13 所示。

表 3-13 融资买入的资产负债表 单位：元

资产		负债和所有者权益	
股票价值(价格 100)	1 000 000	负债	400 000
		所有者权益	600 000
股票价值(价格 70)	700 000	负债	400 000
		所有者权益	300 000
股票价值(价格 40)	400 000	负债	400 000
		所有者权益	0

$$初始保证金比例 = \frac{账户净值}{股票市值} = \frac{600\ 000}{1\ 000\ 000} = 60\%$$

股票市值的大幅下跌导致账户净值下降，实际保证金比例随之降低。此时实际保证金比例为

$$实际保证金比例 = \frac{股票市值 - 贷款}{股票市值} = \frac{账户净值}{股票市值}$$

$$贷款额 = 购买时的股票市值 \times (1 - 初始保证金比例)$$

$$实际保证金比例 = \frac{账户净值}{股票市值} = \frac{300\ 000}{700\ 000} = 43\%$$

如果股票市值跌至 400 000 元以下，该位投资者账户净值就会变成负数，这也就意味着股票的价值已经不能为证券公司借款提供足额抵押。为了避免这种情况发生，证券公司通常设定一个维持保证金比例。如果保证金比例降至维持保证金比例之下，证券公司就会发出保证金催缴通知，要求投资者向保证金账户增加现金或证券资产。如果投资者不这样做，证券公司可以从账户中售出证券，偿还相应的贷款，以此将保证金比例恢复到可接受的水平。

假如维持保证金比例为 30%，那么股票的价格在投资者收到保证金催缴通知前还有多大的跌幅空间？

假设 P 代表股票价格，那么投资者购买 10 000 股的总价就是$(10\ 000 \times P)$，账户净值就是$(10\ 000 \times P - 4\ 00\ 000)$，实际保证金比例是$\frac{(10\ 000 \times P) - 400\ 000}{(10\ 000 \times P)}$。那么，要使实际保证金比例等于维持保证金比例 30%时的股票价格，可以通过以下等式计算出来：

$$\frac{(10\ 000 \times P) - 400\ 000}{(10\ 000 \times P)} = 30\%$$

$$P = 57.14(元)$$

如果股票的价格降至每股 57.14 元，投资者就会收到保证金催缴通知。由此也看出，买空的风险在于股票价格并没有如投资者所预期的那样上涨而是下跌，并且由于投资者使用了杠杆，从而会放大风险。

（二）融券交易

买空交易的盈利模式是“买低卖高”，先买后卖，而卖空交易的盈利模式则是“卖高买低”，是先卖后买。当投资者判断某股票被高估并将下跌时，可以向证券公司借入股票按

市价卖出，在股价下跌时买回来还给证券公司。在卖空交易期间，如果卖空股票派发了现金股利，卖空者需要向该股票的原持有人支付数额相等的现金。

在卖空交易中，通常由卖空投资者开户的证券公司贷出股票用于卖空，股票被借出用于卖空这个过程无须通知股票的所有者。如果该股票所有者需要卖出股票，证券公司可以从其他投资者那里借入股票。因此，卖空的期限可能是不确定的。但是，如果证券公司找不到可借的股票来填补已售的空缺，那么卖空的投资者就要立刻从市场中买入股票并将其还给证券公司以终止借贷。根据监管机构的规定，只有在近期所记录的股票价格变化值为正的前提下才能卖空。显然，这一规定是为了防止出现股票的过度投机。实质上，只有在股价上涨之后，卖空所代表的对股票“缺乏信心”的说法才能被人接受。监管机构还规定卖空的收益必须保留在证券公司的账户上，从事卖空的投资者不能动用这笔资金。卖空交易同样需要缴纳初始保证金，证券公司同样要设定维持保证金比例。

例如，投资者张三看空某只股票，该股票目前的市价为每股100元。张三向证券公司下达指令要求卖空10 000股，初始保证金比例为50%。假设张三持有价值500 000元的现金。如果股票价格上涨到110元，那么实际保证金比例将变为

$$\text{实际保证金比例}=\frac{(\text{卖空所得}+\text{初始保证金})-\text{贷款数额}}{\text{贷款数额}}=\frac{\text{账户净值}}{\text{卖空股票价值}}$$

$$\text{贷款数额}=\text{卖空股票市值}$$

$$\text{实际保证金比例}=\frac{1\,000\,000+500\,000-1\,100\,000}{1\,100\,000}=\frac{400\,000}{1\,100\,000}=0.363\,6=36.36\%$$

与前述的买空交易的投资者一样，卖空的投资者一定要关注保证金催缴。如果股票价格上涨，账户的保证金就会减少，当保证金低于维持保证金比例时，卖空投资者就会收到保证金催缴通知。由此也看出，卖空的风险在于股票价格并没有如投资者所预期的那样下跌而是上涨，并且由于投资者使用了杠杆，从而会放大风险。如果证券公司要求卖空的维持保证金比例为30%，该股票价格上涨至多高时，投资者张三会收到保证金催缴通知？

假设P为该只股票的市价，张三必须要偿还的股票的总市值就为$10\,000\times P$。此时账户净值为$(1\,500\,000-10\,000\times P)$。股票价格$P$的临界值就可以通过以下等式计算出来：

$$\begin{aligned}\text{实际保证金比例}&=\frac{(\text{卖空所得}+\text{初始保证金})-\text{贷款数额}}{\text{贷款数额}}\\&=\frac{1\,000\,000+500\,000-10\,000\times P}{10\,000\times P}\\&=0.30\end{aligned}$$

$$P=115.38(\text{元})$$

如果该股票涨至每股115.38元以上，张三就会收到证券公司的保证金催缴通知，投资者需要追加现金或购入股票，以填补空头头寸。

（三）我国融资融券交易的相关规定

证券公司开展融资融券业务需要开设下列账户：融券专用证券账户、客户信用交易

担保证券账户、信用交易证券交收账户、信用交易资金交收账户、融资专用资金账户(在银行开具)和客户信用交易担保资金账户(在银行开具),投资者应该开设客户信用账户和信用资金账户。投资者融券卖出(卖空)的申报价格不得低于该证券的最新成交价,融资融券期限最长不得超过6个月,客户交付的保证金与融资融券交易金额的比例,具体分为融资保证金比例和融券保证金比例。目前证券交易所规定,两者均不得低于50%,证券公司在不低于上述交易所规定基础上,可自行确定相关比例和融券保证金比例。经交易所认可的股票、证券投资基金和债券等,可以充抵保证金。

维持担保比例是指客户信用账户内担保物价值与其融资融券债务之间的比例。即:

维持担保比例 =(现金 + 信用证券账户内证券市值总和)/(融资买入金额 + 融券卖出市值 + 利息及费用总和)×100%

其中:融券卖出市值=融券卖出数量×市价。

当维持担保比例超过300%时,客户可提取现金、划转证券,提取现金、划转证券后维持担保比例不得低于300%。

平仓线是指维持担保比例的最低标准,约定为130%;警戒线是指维持担保比例的安全界限,约定为150%。当投资者维持担保比例低于130%时,证券公司应当通知投资者在不超"两个交易日的期限内追加担保物,且客户追加担保物后的维持担保比例不得低于150%"。投资者未能按期交足担保物或者到期不能偿还融资融券债务的,证券公司将采取强制平仓措施。证券公司可以对平仓线、警戒线的标准进行调整。

第 2 篇　技术分析篇

第 4 章

形态分析

本章学习目标

- K 线图基本原理
- 纺锤线、十字线、长实体 K 线
- 风高浪大线、流星线、上吊线、锤子线
- 长腿十字线、墓碑十字线、蜻蜓十字线
- 看涨的捉腰带线、看跌的捉腰带线
- 乌云盖顶形态、看跌吞没形态、看跌反击线
- 刺透线形态、看涨吞没形态、看涨反击线
- 早晨之星、黄昏之星、孕线形态
- 红三兵形态、三只乌鸦形态、平头线形态
- 突破缺口、持续缺口、衰竭缺口、普通缺口、除权缺口

第 1 节　K 线图基本原理

一、K 线的起源

中国大陆所称的 K 线，是蜡烛线(Candlestick)单词第一个字母的音译。K 线起源于 18 世纪日本德川幕府时代，它的发明者叫本间宗久(1724—1803)。本间宗久出生于日本出羽(今天的日本山形县酒田市)。当时酒田是日本重要的大米批发中心。封建领主将大米存放在大阪的仓库之中，然后根据市场的情况来交易合约。这样，大米市场逐渐发展成为最早的期货市场。本间宗久一生致力于研究米市行情，他关注大米市场上与基本面相关的所有细节，例如天气状况、收成情况、交易者心理等。凭借勤奋、聪慧、过人的胆识，本间宗久得以在市场上呼风唤雨，逐渐建立了他在大米市场上的霸主地位，并因此积累了惊人的财富。当时的日本社会有“富不过宗久”的谚语，人们以“出羽之天狗”称呼他。他曾经被当时的幕府聘为首席财政官。富甲一方的本间宗久，晚年彻底了悟人生、皈依佛门。他著有《本间宗久翁密录》和《三猿金泉录》，后人在他著作思想的基础上进一步精心研究，逐渐归纳演绎为较现代化的《酒田战法》。

作为酒田战法原型版本的《本间宗久翁密录》,该书中并无任何图形,仅是一百多条有关条文式的记载。经过一百多年的研究、总结和演变,终于在昭和二十四年出现第一本带有图形的书籍《证券买卖秘宝》,书中合计介绍了 78 条战法(图形为 70 条,不含图形的战法 8 条),并在每个形态标题下方标明“买”、“卖”、“暂观”或“转换”作为操作的提示性标记。如今,K 线流行于世界各国证券市场,简洁、生动、准确地反映了牛熊力量此消彼长与证券供求关系,是一切技术分析的基础。可以说,K 线是世界各国证券行业最为流行的通用符号和市场语言。

二、K 线图、条形图与分时图

证券分析师常用的技术分析图表包括 K 线图(图 4-1)、条形图(图 4-2)、分时图(图 4-3),三者如图所示。K 线图对于发现和确认早期的市场信号特别有效。如果运用得当的话,它能够提高投资交易成功的概率。K 线图堪称军事地图,比传统的条形图更能精确细致地向投资者展示市场前进的状况。原因在于,K 线图具有传统条形图所不具备的优点:首先,K 线图更具有生动形象性。它展示了牛方和熊方相比,谁控制了市场前进的方向盘,显示着市场上供给和需求的状况。它直观地表达了一段趋势背后的力量(或者力量缺乏)。其次,K 线图具有信息传递的及时性。它能够在两三个交易日就能传递出市场即将出现的反转信号,能够为交易者提供更加及时的宝贵交易机会。另外,K 线图具有兼容性,它与传统条形图均是基于相同的交易数据画出来的,即开盘价、最高价、最低价、收盘价。因此,所有传统的基于条形图的分析方法,均可以轻松地使用到 K 线图上来。可以看出,K 线图有直观、立体感强、携带信息量大等显著特点。它蕴含着丰富的东方哲学思想,能充分展示价格运动趋势背后力量的强弱变化,买卖双方力量的消长以及预测后市走向,被广泛地运用于股票、期货、外汇等证券分析领域,在证券投资的技术分析之中占据着极其重要的地位。

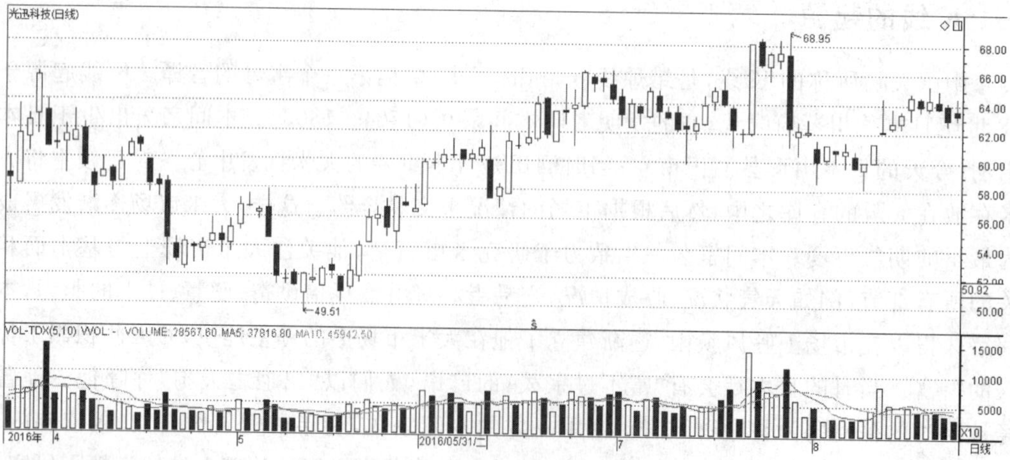

图 4-1　日本蜡烛图

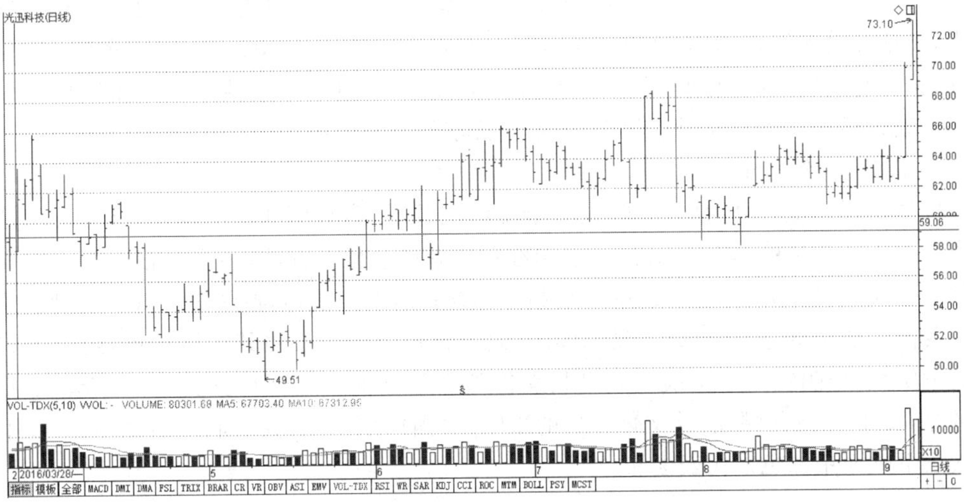

图 4-2　美国条形图

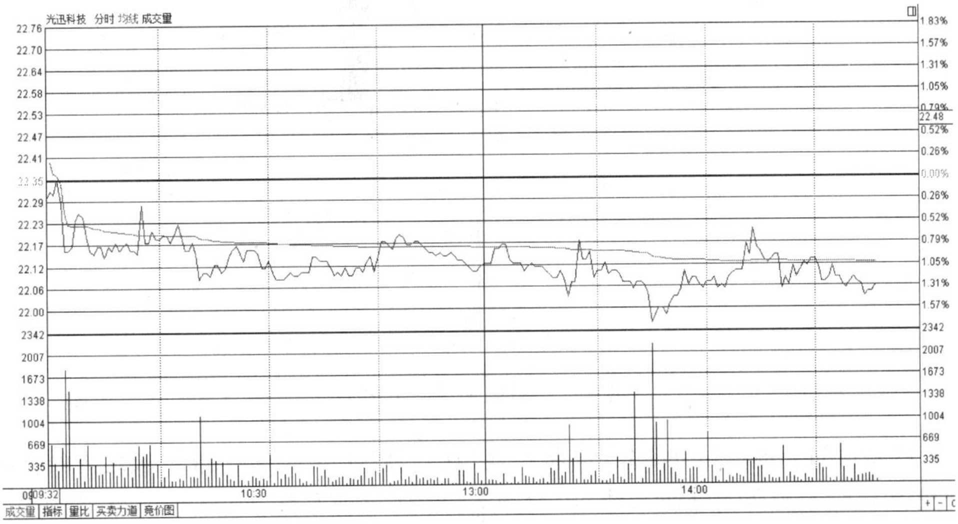

图 4-3　分时图

三、K 线基本原理

K 线图是证券投资技术分析中最基本的一种分析工具。它能够帮助投资者较为直观地把握价格波动的节奏和韵律。K 线图来源于经验，很大程度上属于投资的艺术，特别是属于东方人的投资艺术。这如同中国的太极拳，一招一式虽然看来简单，但要融会贯通、出神入化，必须要有长年累月的磨炼和极高的悟性。K 线图用一个类似蜡烛的象形图形表示投资市场多空双方为了战胜对手，激烈战斗的过程和结果。正如《孙子兵法》所说："凡战者，以正合，以奇胜。故善出奇者，无穷如天地，不竭如江海。终而复始，日月是也。死而复生，四时是也。声不过五，五音之变，不可胜听也；色不过五，五色之变，不可胜观也；味不过五，五味之变，不可胜尝也。战势不过奇正，奇正之变，不可胜穷也。奇正相生，如循环之无端，孰能穷之哉。”K线图记录着一场战争，两军对垒，形势多变：进攻与防守，相持与撤退，偷袭与埋伏，深入敌后与诱敌深入，溃败与战胜。K线图形象地描述价格运动背后的牛熊力量对比状态，预示着价格的未来走势。

1. **阳线、阴线与十字线**

K线从形态上可分为阳线、阴线与十字线三种类型，如图4-4所示。所谓阳线，是指收盘价高于开盘价的K线。我国一般用红色或者白色框图标注，表示价格上涨。按照阳线的实体长短可以分为大阳线、中阳线和小阳线。所谓阴线，是指收盘价低于开盘价的K线。我国一般用绿色、蓝色或者黑色标注，表示价格下跌。按照其实体长短，阴线也可以分为大阴线、中阴线和小阴线。如果收盘价等于开盘价，K线则变成了十字线。需要注意的是，关于K线的颜色，受文化差异的影响，美国股票市场与我国相反：他们一般用红色代表下跌而用绿色来代表上涨。

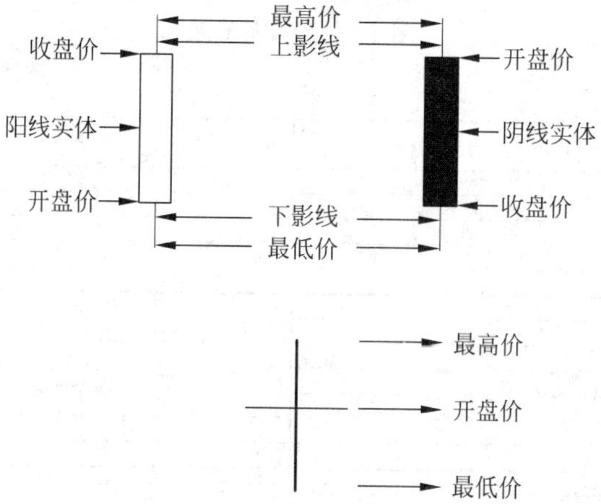

图4-4　阳线、阴线和十字线

K线从时间上可以分为日K线、周K线、月K线、年K线，以及将一天之内的交易时间分成若干等分，例如5分钟K线、15分钟K线、30分钟K线、60分钟K线等，如图4-5与图4-6所示。这些K线在实践中都有着不同的作用。例如，日K线反映的是价格的短期走势；周K线、月K线、年K线反映的是价格中长期走势。5分钟K线、15分钟K线、30分钟K线、60分钟K线等则反映的是超短期走势。这些K线的绘制原理相同，例如周K线，只要找到周一的开盘价、周五的收盘价，一周之中的最高价和最低价，我们就能把它绘制出来。现在电脑普及，虽然已经不需要人工绘制K线图，但作为投资者，必须掌握K线的绘制原理。长期的投资实践已经充分表明，一些长周期（例如周K线）级别的反转信号，其预警效果要比短周期（例如日K线）级别的反转信号更加有用。

2. **上影线、下影线与实体**

K线以每个时间周期的开盘价、最高价、最低价和收盘价绘制而成，K线的结构可分为上影线、下影线及中间实体三部分。“实体”是指连接开盘价和收盘价之间的距离，它是蜡烛线的主体部分。收盘价大于开盘价叫作阳线实体，收盘价小于开盘价叫作阴线实体。

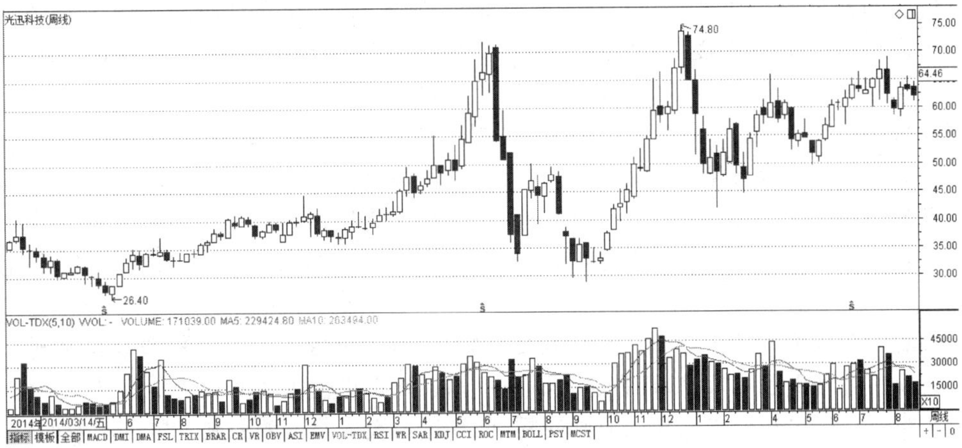

图 4-5　周 K 线图

图 4-6　60 分钟 K 线图

在实体的头尾部位引申出来的垂直线段，则称为上影线和下影线。上影线的顶端，是该交易时段中的最高价；下影线的底端，则是该交易时段中的最低价。实践中，K 线的实体在一定程度上反映了多空双方争夺的主要阵地。如果结合分时成交量和分时图加以研判，可以增加对股价未来走势预测的可靠性。上下影线的长度及最高价与最低价的价差（振幅）能反映多空双方争夺的激烈程度和股价的波动幅度。下影线的长度体现了多方狙击空方进攻的能力，上影线的长度则体现了空方狙击多方进攻的能力。

3. 开盘价、收盘价、最高价、最低价

1）开盘价

开盘价又称开市价，是指某种证券在证券交易所每个交易日开市后的第一笔每股买卖成交价格。世界上大多数证券交易所都采用成交额最大原则来确定开盘价。如果开市后一段时间内（通常为半小时）某种证券没有买卖或没有成交，则取前一日的收盘价作为

当日证券的开盘价。如果某证券连续数日未成交，则由证券交易所的场内中介经纪人根据客户对该证券买卖委托的价格走势提出指导价，促使成交后作为该证券的开盘价。在无形化交易市场中，如果某种证券连续数日未成交，以前一日的收盘价作为它的开盘价。

在股票交易中股票是根据时间优先和价格优先的原则成交的，那么，每天早晨交易所刚上班时，谁是那个“价格优先者”呢？其实，早晨交易所的计算机主机撮合的方法和平时不同，平时叫连续竞价，而早晨叫集合竞价。每天早晨从 9:15—9:25 是集合竞价时间。

所谓集合竞价就是在当天还没有成交价的时候，你可根据前一天的收盘价和对当日股市的预测来输入股票价格，而在这段时间里输入计算机主机的所有价格都是平等的，不需要按照时间优先和价格优先的原则交易，而是按最大成交量的原则来定出股票的价位，这个价位就被称为集合竞价的价位，而这个过程被称为集合竞价。直到 9:25 分以后，你就可以看到证券公司的大盘上各种股票集合竞价的成交价格和数量。有时某种股票因买入人给出的价格低于卖出人给出的价格而不能成交，那么，9:25 分后大盘上该股票的成交价一栏就是空的。当然，有时有的公司因为要发布消息或召开股东大会而停止交易一段时间，那么集合竞价时该公司股票的成交价一栏也是空的。因为集合竞价是按最大成交量来成交的，所以对于普通投资者来说，在集合竞价时间，只要打入的股票价格高于实际的成交价格就可以成交了。所以，通常可以把价格打得高一些，也并没有什么危险。因为普通投资者买入股票的数量不会很大，不会影响到该股票集合竞价的价格，只不过此时你的资金卡上必须要有足够的资金。从 9:30 分开始，就是连续竞价了，一切便又按照常规开始了。

2）收盘价

沪市收盘价为当日该证券最后一笔交易前一分钟所有交易的成交量加权平均价（含最后一笔交易）。当日无成交的，以前收盘价为当日收盘价。深市的收盘价通过集合竞价的方式产生。收盘集合竞价不能产生收盘价的，以当日该证券最后一笔交易前一分钟所有交易的成交量加权平均价（含最后一笔交易）为收盘价。当日无成交的，以前收盘价为当日收盘价。

3）最高价与最低价

最高价指某种证券在每个交易日从开市到收市的交易过程中所产生的最高价格，即上影线的最高点。如果当日该种证券成交价格没有发生变化，最高价就是即时价；若当日该种证券停牌，则最高价就是前一交易日收盘价。

最低价指某种证券在每个交易日从开市到收市的交易过程中所产生的最低价格，即下影线的最低点。如果当日该种证券成交价格没有发生变化，最低价就是即时价；若当日该种证券停牌，则最低价等于前一交易日收盘价。

4. 牛方和熊方

心理上预期希望价格上涨，并且在行动上买入股票的投资者，称之为牛方，也可以称之为多方。心理上预期希望价格下跌，并且在行动上卖出股票，等到将来市场跌到低位之后再买入的投资者，称之为熊方，也称空方。

第 2 节 单根 K 线形态

一、迷路的纺锤线(Spinning Tops)

纺锤线的实体很小,但拥有较长的上影线或下影线,而且通常情况下影线的长度比实体长。纺锤线意味着市场上牛方和熊方势均力敌,谁也无法独霸天下。对于纺锤线来说,实体的颜色和上下影线的具体长度并不重要;重要的是与影线相比,实体部分的长度较小。

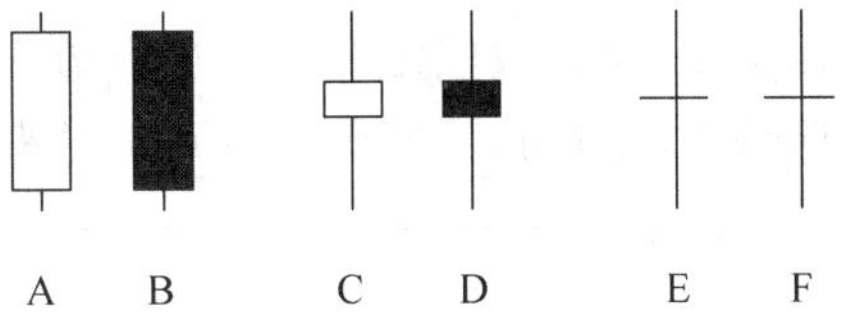

图 4-7 单根 K 线形态

如图 4-7 中的 C 和 D 图所示,每当熊方推动蜡烛线的实体向下拉长时,牛方很快向上反攻,有力地阻击了一条大阴实体的出现;每当牛方的购买意愿不断增大,推动蜡烛线实体向上拉长时,熊方马上反击,一个大阳线实体灰飞烟灭,市场收出一根纺锤线。纺锤线的上下影线较长表明牛方和熊方正处于胶着状态;纺锤线的实体较短表明熊方与牛方一时难分高下。

人们之所以称之为"迷路的"纺锤线,是因为纺锤线代表市场暂时处于一种均衡状态,与它之前明朗的趋势相比而言,市场已经陷入举棋不定的迷路状态。在一段上升趋势中出现纺锤线,昭示着牛方没有绝对能力控制市场,尽管价格在上涨。在一段下跌趋势中出现纺锤线,昭示着熊方没有绝对能力控制市场,尽管在下跌。此种情形下,市场是否就此反转,还需要价格走势进一步的证明加以确认。特别是当市场已经接近前期阻力线或者支撑线的时候,这种纺锤线能发挥重要的信号作用,趋势方向的切换正在悄然酝酿。相反,如果纺锤线出现在横盘整理格局中,它们不是一种趋势反转或者切换的信号。市场不过是暂时休息一下而已,价格是向上强力突破这一横盘区间,还是向下破位,需要时间来给出答案。可以看出,纺锤出现在横盘格局中,对交易决策的提示作用比较小。

实践中常见的纺锤线有四种类型,它们分别是:风高浪大线、流星线、上吊线和锤子线。它们分别是按照 K 线的上下影线与实体的组合关系而分类的。

1. 风高浪大线(High Wave)

风高浪大线形态,中国大陆亦称之为"螺旋桨"。作为重要反转信号的风高浪大线,其基本构成要素包括:其一,它之前有一段明显的上涨或者下跌趋势。其二,属于纺锤线的一种,因此有着身材矮小的实体,实体属于阳线还是阴线无所谓(用来表明市场胶着,收盘时牛方略微占优还是熊方略微占优已经不重要)。其三,它具有特别长的上影线和下影线。

风高浪大线意味着市场已经变得彻底骚乱。市场留下长长的上影线意味着开盘之后,牛方爆发出的强劲购买力量,曾经把股票价格推到高处;熊方抛出的卖单又把价格击落到可怜的低点。然而到了快收盘的时候,价格几乎神奇地回到开盘价附近。风高浪大线表明,市场已经在牛方和熊方之间呈现一种相互对峙的格局。当风高浪大线出现在下跌趋势或上升趋势之后,这正在暗示,市场现在已经失去了方向感。这种市场方向感的缺乏,意味着先前持续进行的市场趋势的内在主导力量,正在面临着巨大威胁。

如图 4-8 所示，这是上海电气(601727)的周 K 线图。在 2015 年 4 月份的第一个星期，股票价格是 11 元附近，到了这个月的第三个星期，价格已经飙升到 18 元以上。在 4 月份的最后一个星期，K 线图上出现了一个风高浪大线。市场的交易量开始萎缩，市场从此陷入了两个星期的向下调整。很快市场就用中阳线形态恢复了升势。到了 6 月份，股价已经摸高到 25 元一线。就在 6 月份的第一个星期，市场出现了重要的反转信号：风高浪大线。经过 5 个多月的拉升，股票价格已经从 5 元一线，进攻到 25 元附近。这里的风高浪大线意味着牛方掌握的市场方向盘，已经在发生悄然变化。获利盘和跟风盘已经足够多，赚钱效应已经充斥在市场的各种角落，新进场的人们希望涨得更高，这却意味着阶段性的行情，可能已经走到了尽头。

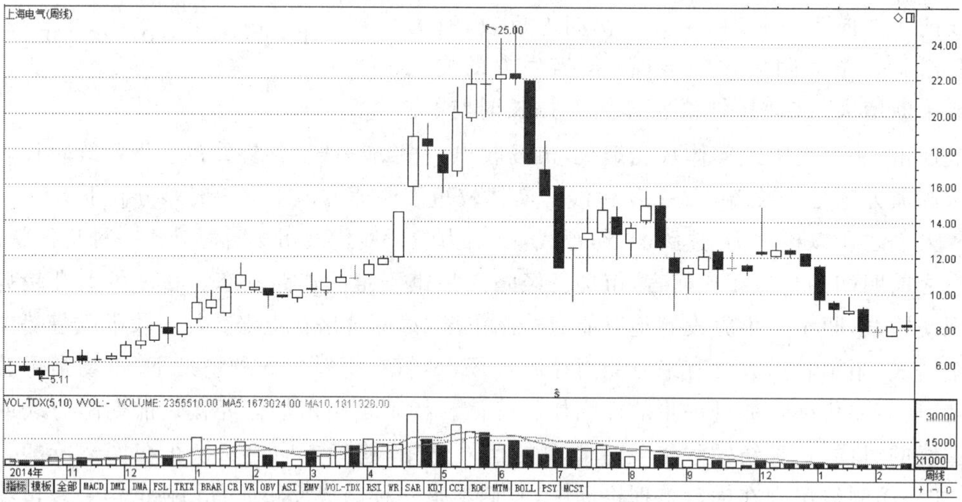

图 4-8　上海电气(601727)周 K 线图

如图 4-9 所示，这是东旭光电(000413)的日 K 线图。2016 年 7 月 1 日，该公司股价为 8.5 元一线。到了 7 月 22 日，股票价格已经被拉升到 14 元以上。短短 15 个交易日，股价就呈现翻番之势。就在 2016 年 7 月 27 日，市场出现一个明显的风高浪大线。这根重要的 K 线，开启了价格向下调整之旅。一个星期后，股价再回升势。

在一段明显的下跌之后，风高浪大线也具有止跌预警的重要信号作用。如图 4-10 所示，这是红星发展(600367)的周 K 线图。经过了四个星期的暴跌，2015 年 7 月的第二个星期，带着长下影线的那根阴线，暗示着市场做多的力量开始增多。7 月的第三个星期，市场出现了一根标准的风高浪大线，它预示着过去四个星期的暴跌很可能要结束了。

2. 上吊线(Hanging Man)

上吊线是一种重要的反转信号，它是风高浪大线的下半部分。与之相似，上吊线的基本构成要素包括：其一，它之前有一段明显的上涨趋势。其二，属于纺锤线的一种，有着身材矮小的实体，实体属于阳线还是阴线无所谓(用来表明市场胶着，收盘时牛方略微占优还是熊方略微占优已经不重要)。其三，它具有特别长的下影线，几乎没有上影线。许多教科书上要求上吊线的下影线越长越好，最好是实体长度的 2～3 倍。事实上，下影线越长，表明熊方给予牛方的当头棒喝力量越大。

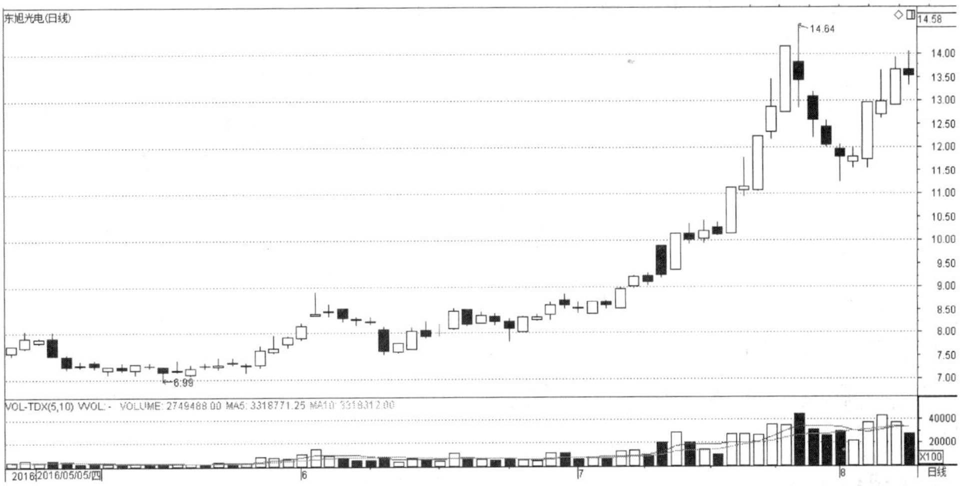

图 4-9　东旭光电(000413)日 K 线图

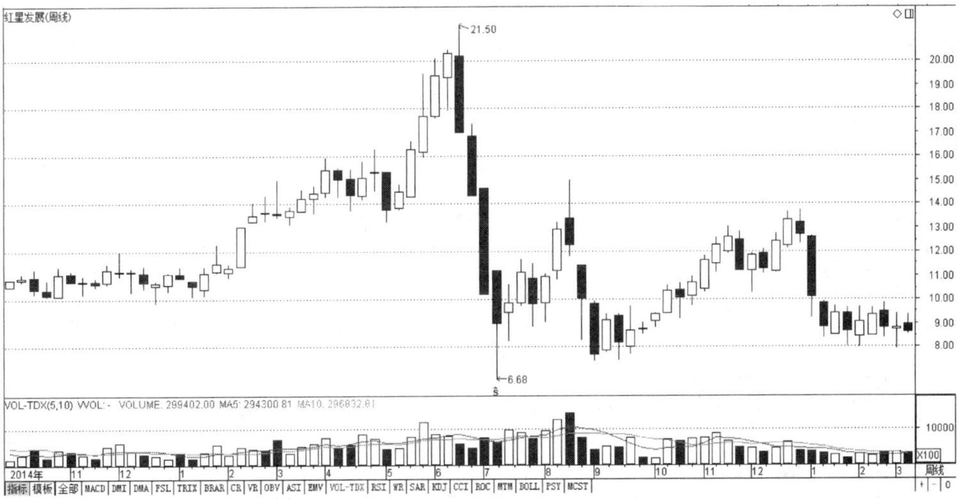

图 4-10　红星发展(600367)周 K 线图

上吊线的市场含义是,之前那一段上涨趋势,表明市场充满向上的冲动,牛方正推动价格朝着北方稳步前进。忽然,牛方主宰的市场出现了异常,盘面涌现出大量的卖盘,使得价格剧烈下挫;随后牛方疲惫地将价格拉回至开盘价附近。这暗示:之前那一段牛方主导的单边市场,内部力量正在悄然发生着变化,一些获利盘已经开始抛售筹码,牛方阵营中的一些人开始倒戈,加入了熊方的队伍。总之,牛方主宰的市场,陷入犹豫不决的疲惫状态。

如图 4-11、图 4-12 所示,上证指数在 2007 年 10 月 12 日和 2015 年 6 月 4 日,均出现了规模巨大的上吊线。巨大的上吊线暗示着先知先觉者可能已经开始从市场撤离。正如股市谚语:行情总是在绝望中诞生,在半信半疑中成长,在希望中成熟,在欢乐中结束。上证指数在短短几个月之内出现了翻倍行情,当大部分人都沉醉在“死了都不卖”、“不翻

2 倍不卖出”的欢乐中的时候，行情或许就要结束了。

图 4-11　上证指数日 K 线(6124 顶部)

图 4-12　上证指数日 K 线(5178 顶部)

需要注意的是，上吊线长长的下影线具有看涨意味，通常要等到随后的看跌 K 线，彻底地收盘在上吊线的实体之下，才能真正构成反转。并且若上吊线第二个交易日出现向下跳空缺口，缺口越大，市场信心越弱，反转可能性越大。这种“确认”(Conformation)的思想方法，是 K 线技术分析的灵魂，贯穿于技术分析的始终。可以说是掌握蜡烛图精髓最为重要的技术。华尔街有谚语云：只有傻瓜，才会匆匆进场。确认意味着，谨慎的投资者并不是“说风就是雨”，而是要明确见到反转信号真实可靠，才做出投资行为。人们可以从许多 K 线图上看到，在诸如上吊线、风高浪大线的第二天，市场以雷霆万钧之势反手拉升，将前一天卖出的投资者洗出场外，这种强力洗盘的情形，读者可以结合本书后续“归顺线”形态加以掌握。

3. **流星线**(Shooting Star)

流星线亦被称为"射击之星"形态。流星线是一种重要的反转信号,它看起来正是风高浪大线的上半部分。流星线的基本构成要素包括：其一,它之前有一段明显的上涨趋势。其二,它属于纺锤线的一种,有着身材矮小的实体,实体属于阳线还是阴线无所谓(用来表明市场胶着,收盘时牛方略微占优还是熊方略微占优已经不重要)。其三,它具有特别长的上影线,几乎没有下影线。

流星线是一个重要的顶部反转形态。开盘后,牛方爆发出强劲的购买力量,一度将价格推向高处,似乎下决心要让之前的那段上涨趋势——"将爱情进行到底"。市场拉出大阳线,这让许多观望者前赴后继地涌入市场做多。忽然,市场涌现出大量卖盘,将价格打回到开盘价附近。牛方主宰的市场遭到顽强反击,这暗示着牛方阵营中的一些先知先觉者,已经叛变了他们的队伍,加入了"灰熊"的一方。

如图 4-13 所示,这是中科曙光(603019)周 K 线图。该股从 2014 年 11 月 7 日登陆二级市场,到了 2015 年 5 月 22 日,已经从 7.62 元飙升到 160 元一线,其中没有像样的调整。从周 K 线上看,2015 年 5 月的最后两个星期里,该股连续出现两个流星线形态。这暗示着牛方主宰的单边行情,或许已经走到了阶段性的尽头。这里的头部,同时亦构成一种"长上影线"的 K 线形态,关于这种 K 线形态,本书后续 K 线组合之中会述及。

图 4-13　中科曙光(603019)周 K 线图

如图 4-14 所示,这是紫光股份(000938)周 K 线图。在短短的三个星期之中,该股价格从 30 元一线,拉升到 100 元以上。在接下来的 2015 年 6 月 19 日那一个星期,股价先是继续冲高,飙升到 139.50 的高位；随后暴跌,收盘于 117.54 元。股价在这一星期坐了一次过山车,形成了流星线形态。流星线形态之后的那个星期,周线图上出现了一根大阴线,确认了市场反转,开启了向下调整的慢慢熊市。

如图 4-15 所示,这是奇正藏药(002287)日 K 线图。2016 年 3 月 30 日,该股的价格在 30 元一线启动。短短四个交易日,股价飙升到了 40 元之上,有了超过 30%的涨幅。2016 年 4 月 6 日,该股出现了一根标准的流星线形态。早盘,市场出现猛烈拉升,股价飙

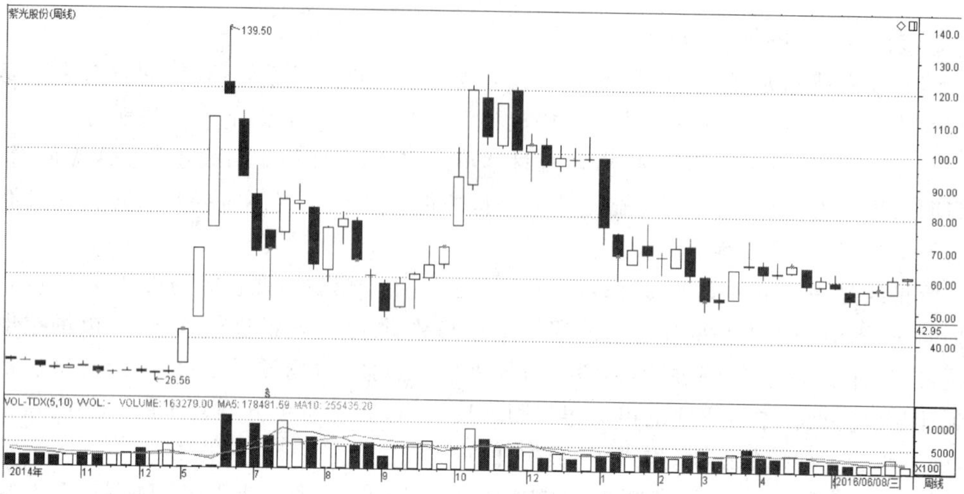

图 4-14 紫光股份(000938)周 K 线形态

升至 43 元整数关口,仿佛之前的牛市正在继续。此时,看多的人们纷纷进场买入。然而,天有不测风云,牛方在 43 元一线遭到伏击,巨大的抛盘,将价格砸落到开盘价附近,最终收于 40.50 元。流星线形态形成之后,价格开始横盘。三天之后,市场出现一次猛烈震荡,开启了下跌之旅。

图 4-15 奇正藏药(002287)日 K 线图

如图 4-16 所示,这是深天地 A(000023)的周 K 线图。该股在 2015 年 6 月 19 日那个星期收出乌云盖顶形态(参见本书后续章节)。受到股灾整体大环境的影响,该股股价迎来了四个星期的大幅下跌,股价从 38 元一线,跌到了 17 元一线。在 2015 年 7 月 31 日那个星期,股价走出一根外表与“射击之星”相同的 K 线——倒锤子线。该股从 2015 年 8 月 17 日停牌,筹划重大事项。经过长达八个月之久的停牌,在 2016 年 4 月 19 日复牌。复牌之后的周 K 线图可见,市场走出了一根流星线,这与 2015 年 6 月 19 日那个顶部(市场前期高点)构成压力线(支撑线与压力线的知识见本书趋势分析部分)。此根流星线又发出了重要的反转信号。

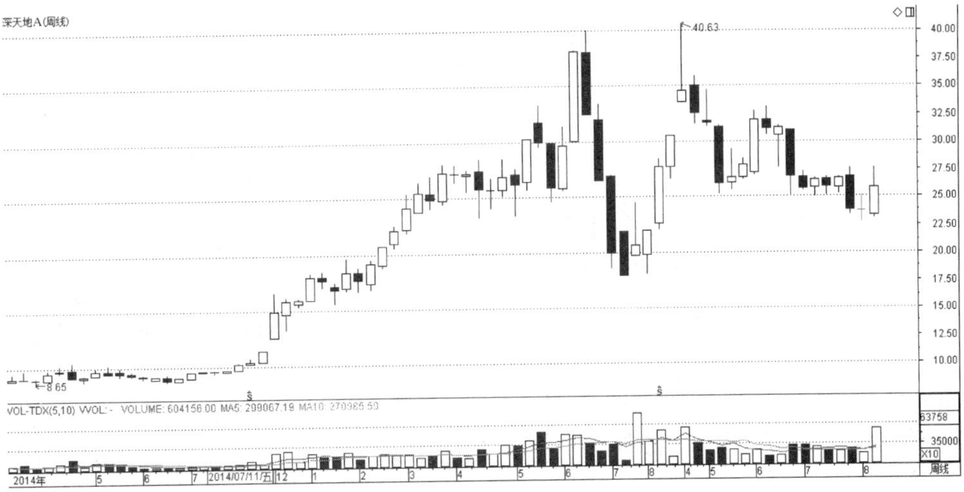

图 4-16　深天地 A(000023)周 K 线图

读者需要掌握“射击之星”与“仙人指路”的区别。二者外形相同而位置不同。射击之星是拉升至高位之后“诱多”派发筹码的方式，是一种重要的反转信号。而“仙人指路”是拉升初期或拉升至关键点位时主力为了测试上方抛压大小而试盘的方式，一般在主力盘整区间或洗盘即将结束，准备拉升前测试筹码锁定度的重要方法。“仙人指路”是一种重要的持续形态。

射击之星(如图 4-17)是价格已经有充分上涨，出现带长上影线而几乎没有下影线的纺锤线。在涨了很大幅度的时候，放量出现射击之星，暗示着市场正在引诱多头买入而有人正在派发筹码，预警下跌调整即将开始。在连续的上涨过程中，牛方力量逐渐衰竭，射击之星当日，牛方先发起凌厉进攻且攻城夺寨，但在多空的较量中，灰熊慢慢积蓄了能量，并向牛方发动猛烈反击，而牛方接盘能量不足导致节节败退，最终失去了早盘占领的大部分地盘。射击之星即是多空优势转换的重要信号。需要注意的是射击之星表明“短熊”已占据优势，但“短熊”能否变成“长熊”(灰熊之短期优势能否转化为长期优势)，还要看随后交易日的 K 线形态，若后几日的价格未能收复牛方失地，则基本可以确认空方获胜，顶部构筑完成。射击之星的高点一般是阶段性高点，一段相当长的时间之内，市场或许难以收复此价位。

“仙人指路”是在市场低位、拉升小高位出现的倒锤子线。在分时图上一般表现为开盘拉高后回落的走势。在拉升启动之前，或者有时在拉升至关键点位时，主力也可能用这种方式测试上方抛压，顺带实现洗盘，吸收更多的筹码。据此，主力可以观察到关键点位的抛盘压力大小，假如测试显示上方抛压不大，筹码锁定良好，则通常很快就会就有拉升行动。如果价格能在随后的交易日之中放量收复倒锤子线的长上影区域，即是继续拉升的重要信号。

主力在大幅拉升之前，先打一个长长的上影线，看似空头的力量很强，实则是一种震仓的行为。因为在其后不久，涨升行情仍将沿着这个上影线的方向运行，甚至其后的涨势更加凶狠。这种 K 线组合，多半发生在强势洗盘的情形之中。仙人指路 K 线形态的出

图 4-17　方大特钢(600507)周 K 线图

现,暗示主力"控盘"状态良好。实践中,"仙人指路"经常发生在以下两种情况,一种是出现连续拉升的过程之中,看似上涨力度减弱,其实是一种强势的震仓洗盘(如图 4-18 所示)。另一种是在重要的阻力位或者颈线位出现长影 K 线,看似突破受阻,其实是突破前的一种下蹲蓄势和试盘动作(如图 4-19 所示)。

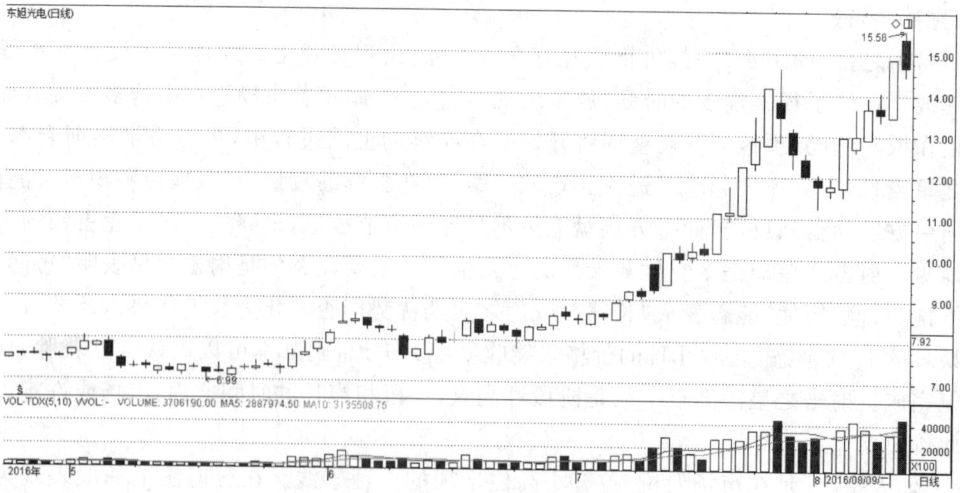

图 4-18　东旭光电(000413)日 K 线图

针对仙人指路 K 线形态实战运用,要注意以下几个关键点。第一,股价启动后涨幅不大,总体仍处低位,这一点十分重要。在低位的"仙人指路"远比在高位的"仙人指路"有效性强。第二,该股必须是强势股,走势要强于大盘,即使出现长上影的阴线,也不能破坏上升轨道。第三,如果是在重要阻力位或者底部形态的颈线处出现"仙人指路",则可以作跟踪而不用急于介入,如果后几日该股仍强于大盘,在阻力位下方横盘蓄势,则可等其突破之日介入。第四,为了防范可能把"射击之星"错认为"仙人指路"的风险,必要的止损甚为关键。止损位可设在买入价以下 3%～5%的幅度。如果该股之前是沿着 5 日或者

图 4-19　抚顺特钢(600399)日 K 线图

10 日均线拉升时，那么跌破均线应该及时平仓止损。对于大盘或个股在重要阻力关前出现“仙人指路”，应等其再次突破阻力位时再选择介入，介入后可把止损位设在这个阻力位下方不远处。

4. 锤子线(Hammer)

锤子线在我国实践中亦被称为“锤头线”形态，从外形上看与上吊线相同，它是流星线图形的倒影(Mirror Image)。锤子线与上吊线外形相同，但出现的位置不同，属于一种重要的反转信号。锤子线的基本构成要素包括：其一，它之前有一段明显的下跌趋势。其二，它属于纺锤线的一种，有着身材矮小的实体，实体属于阳线还是阴线无所谓(用来表明市场胶着，收盘时牛方略微占优还是熊方略微占优已经不重要)。其三，它具有特别长的下影线，几乎没有上影线。

锤子线形态的意义，正如它的名字一样简练又富有深意：锤子线意味着市场正在用锤子“夯砸”底部。之前的那段下跌趋势表明，熊方正掌握着市场的方向盘。市场在早盘猛烈下挫，形成大阴线，这让早已获利颇丰的空头们得意扬扬。忽然，熊方主宰的市场遭到牛方的顽强反击，价格在剧烈下跌后神奇反弹，牛方将价格逐渐推高至开盘价附近水平。锤子线出现在下降趋势之后，暗示着先知先觉的多头已经进场买入，股票会被看涨。锤子线出现后第二天 K 线形态，如果对锤子线提供明确的确认信号，则信号作用愈加明显。

如图 4-20 所示，这是广东榕泰(600589)小时 K 线图。2016 年 7 月 26 日最后一个小时，股价开始下跌。第二个交易日，价格向下跳空开盘，市场开始加速下跌。随后的两个交易日的小时 K 线图显示，价格不断跌出大阴线。在 7 月 29 日的第二个小时，市场开始出现锤子线。在接下来的三个小时之中，市场又出现了两个锤子线。可以看出，这一系列的锤子线相互确认，构成了有效的反转信号，暗示着有做多资金进场买入，实际上已经结束了之前熊方所主宰的下跌之势，市场开始进入横盘状态。

根据这个案例，需要进一步强调的是，技术分析上所谓的反转信号，指的是：“与之前

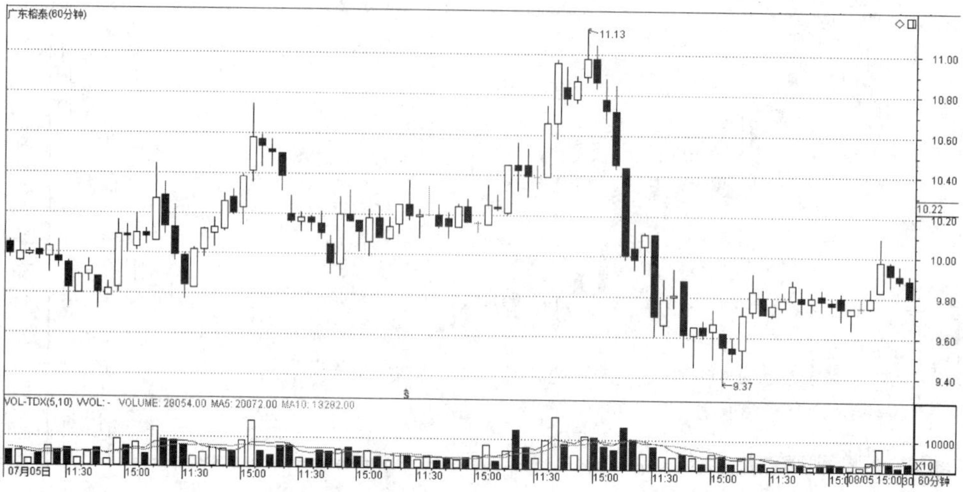

图 4-20　广东榕泰(600589)小时 K 线图

的趋势分道扬镳了”。这与中国人的语境“反转”有不同之处。在我国传统语境里，反转意味着与之前的运动趋势截然相反。技术分析认为，趋势有三种：上升、下降、横盘。趋势在这三种类型之间切换，均可称之为技术分析意义上的“反转”。

如图 4-21 所示，这是豫园商城(600655)日 K 线图。在 2016 年 5 月底的最后四个交易日里，市场先是用一根锤子线结束了两个月以来的下跌；然后在 5 月 31 日用一根“秃头光脚”的中阳线收盘(上涨 4%)。从 6 月份开始，市场开始横盘。6 月 15 日，再走出“秃头光脚”的中阳线。横盘一个月之后，迎来了 7 月的上涨行情。

图 4-21　豫园商城(600655)日 K 线图

如图 4-22 所示，这是友利控股(000584)小时 K 线图。在 2016 年 6 月 20 日第一个小时里，市场出现风高浪大线，将月初开始的下跌止住了，价格开始横盘。到 6 月 24 日的第三个小时里，市场出现了标准的锤子线。在这惊魂一小时里，价格先是猛烈下挫，走出了非常吓人的大阴线。此时，价格跌破横盘点位，诱使多头闻风丧胆，纷纷出逃。忽然，大资金进场买入，成交量再次放大，主力再将价格拉回到横盘一线。市场用一根锤子线，结束了横盘，迎来了近乎一个月的上涨行情。可以看出，锤子线与前面的风高浪大线相互确认，探明了市场底部，提供了重要的反转信号。

图 4-22　友利控股(000584)小时 K 线图

二、危险的十字线(Doji)

当开盘价等于收盘价，K 线就表现为十字线形态。十字线形态属于重要的反转信号。我们需要把十字线与纺锤线二者联系起来看。前文已经述及，纺锤线的实体很小。纺锤线意味着市场上牛方和熊方势均力敌，谁也无法独霸天下，市场处于胶着状态。十字线是一种比纺锤线更加胶着的形态。原因在于，纺锤线的收盘价要么略微高于开盘价，要么略微低于开盘价，它反映出此时的市场，牛方和熊方一时难分高下。而十字线的收盘价等于开盘价，它反映出此时的市场，牛方和熊方已经陷入寸土不让、针锋相对状态。因此，假如我们已经掌握了本书前述的纺锤线，那么现在十字线是比它们更胶着、更举棋不定状态的代名词。正是从这个意义上分析，人们给十字线前面加了个形容词——危险的十字线。

标准的十字线是无色的。十字线的收盘价和开盘价完全相同，K 线就没有实体，这是标准的十字线(如图 4-23)。读者可以在 K 线图上发现，许多十字线带有颜色(如图 4-24)，要么是阳十字线，要么是阴十字线。当开盘价和收盘价彼此之间仅仅有一点点差别，我们还是可以把这根蜡烛线看作是十字线。这也意味着，技术分析除了科学性之外，还具有一定程度的艺术性。

和纺锤线十分类似，十字线暗示市场的供给与需求近乎完全平衡。要么牛方和熊方已经寸土不让，拼的你死我活；要么牛方和熊方均已经暂时休息。总之，该形态代表市场正处在犹豫不决的十字路口上，形势已经比较危险，它通常被视为先前的趋势正在丧失其内在能量的早期预警信号。一个上升趋势中出现的十字线具有可能看跌的味道；一段下

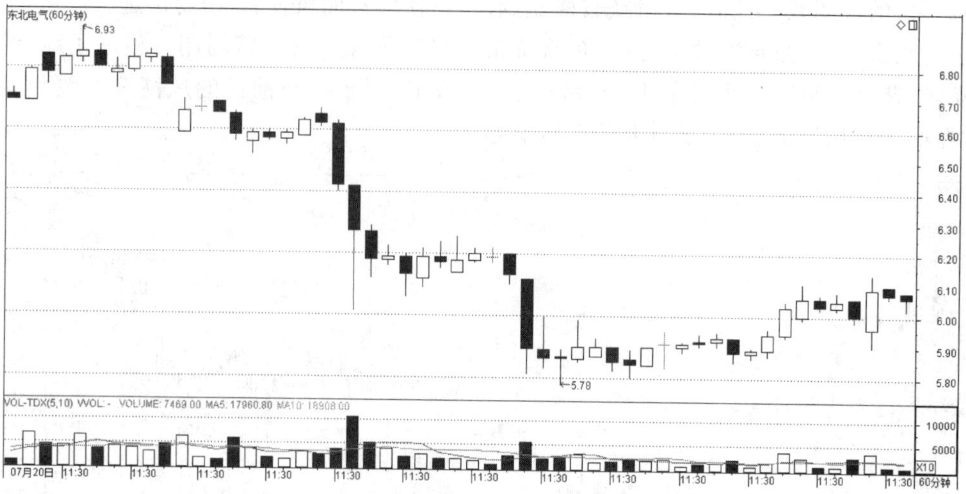

图 4-23 标准十字线

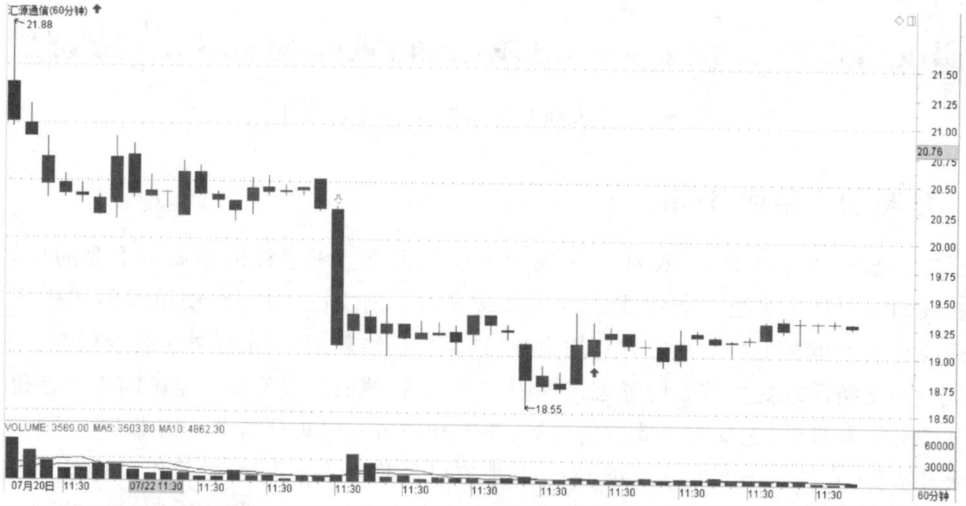

图 4-24 带有颜色的十字线

跌行情后出现十字线，暗示着牛方极有可能已经重新获得了向上进攻的立足点。

值得强调的是，尽管十字线出现在一个向上进攻的市场中，极有可能传达出市场正在陷入精疲力竭的信号。这对于判断市场顶部具有极大的参考意义。但是，它们有时也可能会失去信号的预警效力。比方说当它出现在下跌之后，对市场底部进行判别时。当十字线出现在一个下降趋势之中，这并不一定预示着市场底部已经到来。我们必须参考其他技术分析工具(例如技术指标、形态确认、趋势确认、量能确认等)，以及基本面方面可以肯定的大环境因素等，来评估市场是否已经开始构筑底部。读者要牢记的是，在一个陷入超卖的市场，犹豫不决和不确定性，极有可能成为另一波暴跌重新燃起之前的休憩之地而已。

根据上下影线以及位置的不同，十字线被人们赋予了许多生动有趣的名称。这包括

“蜻蜓十字线”、“墓碑十字线”、“长腿十字线”、“北方十字线”、“南方十字线”[①]等。

1. 长腿十字线(Long Leg Doji)

长腿十字线形态，亦可称为“黄包车夫线”。长腿十字线是风高浪大线形态的更进一步，后者意味着市场陷入胶着状态，前者意味着市场陷入了危险状态。长腿十字线基本构成要素包括：其一，它之前有一段明显的上涨或者下跌趋势。其二，开盘价等于(或者几乎等于)收盘价。其三，它具有特别长的上影线和下影线。

如图 4-25 所示，这是华茂股份(000850)周 K 线图。股价从启动开始的 4 元一线，运行到 2015 年春天的 12 元之上。在 2015 年 4 月的最后三个星期里，市场分别出现两根连续的风高浪大线和一根长腿十字线，它们之间相互确认，首次为投资者提供了重要的顶部预警信号。在接下来的 5 月的第一个星期，市场收于阴线，第二次确认了市场顶部。在接下来的一个星期，市场向下跳空开盘，直到收盘未能收复开盘时的价格，这再次确认市场已经开始向下反转。

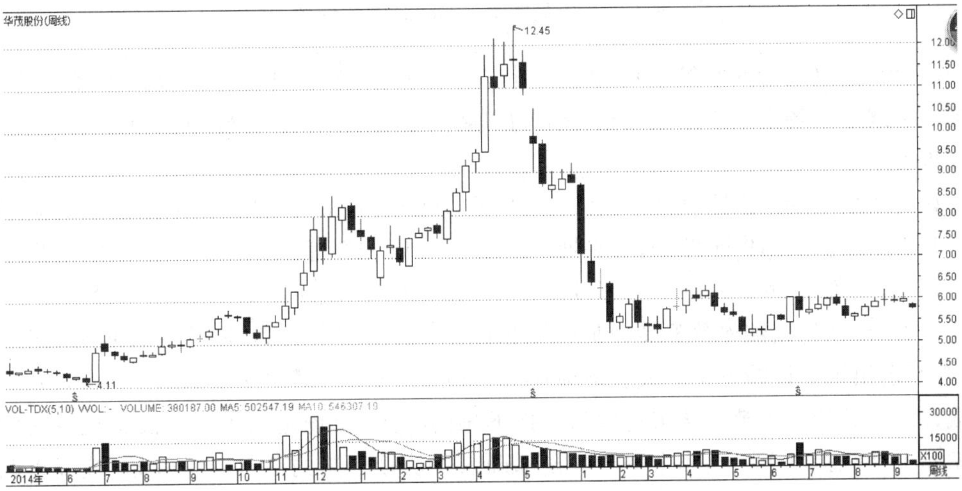

图 4-25　华茂股份(000850)周 K 线图

如图 4-26 所示，这是银星能源(000862)周 K 线图。在 2015 年 4 月的第二个星期里，市场出现一根长腿十字线。在此之前，价格已经连续上涨了 8 个星期。周 K 线级别的这一根长腿十字线，标志着市场开始陷入横盘状态。连续横盘了 7 个星期之后，终于迎来了一根超级大阴线，可以称之为“倾盆大雨”(本书后续会述及)形态，这开启了它的漫长的下跌之旅。

2. 蜻蜓十字线(Dragon Fly Doji)

蜻蜓十字线形态，是一个富有诗意的名称。蜻蜓十字线是上吊线(或者锤子线)形态的更进一步。同样道理，后者意味着市场陷入胶着状态，前者意味着市场陷入了危险状态。蜻蜓十字线基本构成要素包括：其一，它之前有一段明显的上涨或者下跌趋势。其

---

① 北方十字线是指在上涨过程中出现的十字线。南方十字线是指在下跌过程中出现的十字线。二者在技术分析中的信号意义不是十分明显。本书不再详细讲解。

图 4-26 银星能源(000862)周 K 线图

二，开盘价等于(或者几乎等于)收盘价。其三，它具有特别长的下影线，几乎没有上影线。蜻蜓十字线在市场上较少出现。也许是物以稀为贵，越是较少出现的 K 线形态，越具有重要价值。

如图 4-27 所示，这是中兴通讯(000063)在 1999 年的日 K 线图。伴随着发动于 1999 年 5 月 19 日的“5·19 行情”[1]，中兴通讯在这一天以一根锤子线开启上涨。刚刚启动上涨时，它的股价为 26 元一线。到了 6 月底，价格已经暴涨到了 57 元以上。就在 6 月 29 日这一天，市场先以涨停价开盘，随之剧烈下挫。到了收盘时刻，股价又被拉回，封住涨停，盘面走出了一根蜻蜓十字线。与前述的上吊线类似，在蜻蜓十字线这一天，先知先觉者或许已经开始大手笔地从市场撤离。接下来的一天，市场走出了风高浪大线。对昨天的蜻蜓十字线提供了一次非常重要的技术确认。从接下来的 7 月 1 日开始，该股以跌停大阴线收盘，开启了它的熊市时代。

如图 4-28 所示，这也是中兴通讯(000063)在 2008 年的日 K 线图。自 2007 年 A 股见顶 6124 点以来，2008 年持续走出了近乎一年的下跌行情。2008 年 11 月，中央政府推出了“四万亿”投资计划[2]的财政政策利好。股市开始了所谓的四万亿行情。中兴通讯股票价格随之上涨。到了 2008 年 1 月底，价格已经暴涨到了 80 元一线。就在 2008 年 1 月

---

① 1999 年 5 月在席卷中国的网络科技股热潮的带动下，中国股市走出了一波凌厉的飙升走势。在不到两个月的时间里，上证综指从 1 100 点之下开始，最高见到 1 700 点之上，涨幅超过 50%，而其中的龙头亿安科技、海虹控股、四川湖山等股价更是被炒到了一个非理性的高度；次年春节，沪深股市在充分消化 5·19 行情的获利筹码之后重拾升势，上证综指不断创出历史新高，并于 2001 年 6 月 14 日达到最高点 2 245.44 点，持续长达两年的大牛市，随后便展开了长达四年的熊市之旅。由于此轮行情的起始日为 1999 年 5 月 19 日，因此这轮行情被称为“5·19 行情”。

② 2008 年 9 月，国际金融危机全面爆发后，中国经济增速快速回落，出口出现负增长，大批农民工返乡，经济面临硬着陆的风险。为了应对这种危局，中国政府于 2008 年 11 月推出了进一步扩大内需、促进经济平稳较快增长的十项措施。经过初步测算，如果实施这十大措施，到 2010 年底约需投资 4 万亿元。随着时间的推移，中国政府不断完善和充实应对国际金融危机的政策措施，逐步形成应对国际金融危机的一揽子计划。此后，一些媒体和经济界人士将其解读为“四万亿计划”。

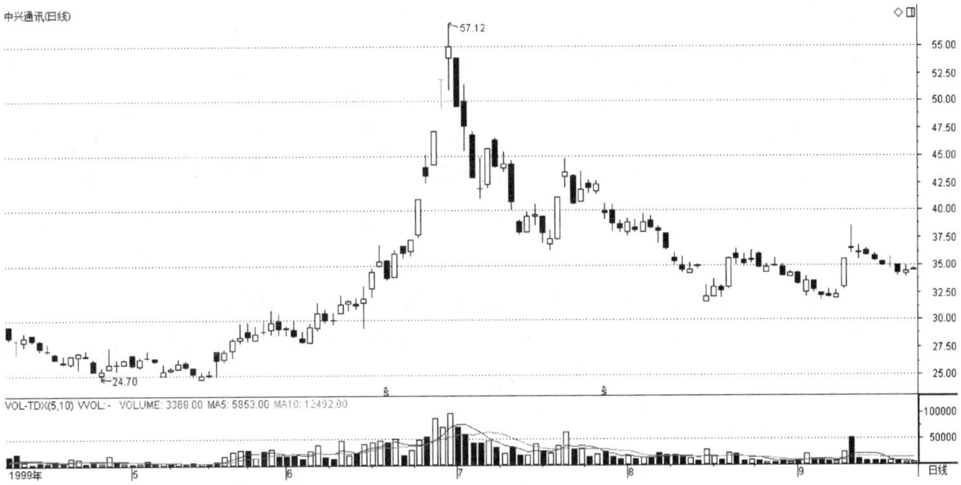

图 4-27　中兴通讯(000063)日 K 线图

25 日这一天，市场在昨天收盘价附近开盘，随之剧烈下挫。到了收盘时刻，股价又被拉回，收在开盘价的位置，盘面上走出了一根标准的蜻蜓十字线。可以看出，在蜻蜓十字线这一天，先知先觉者或许已经开始大手笔地从市场撤离。在接下来的十个交易日左右，市场走出了 M 顶①。

图 4-28　中兴通讯(000063)日 K 线图

3. 墓碑十字线(Grave Stone Doji)

墓碑十字线形态，也称为“灵位十字线”或者“墓碑线”，是一种变形了的射击之星，在一段行情的高位，突然有一天开盘后股价急剧拉升，但很快多方败下阵来，拱手交出阵地，股价跌回开盘价附近。该 K 线形态构成要素包括：之前存在一个明显的上升趋势；上影

① 关于 M 顶的知识，请读者阅读本书后续章节。

线越长，形成短期高点的概率越大；墓碑线几乎没有下影线。如果向上跳空高开形成墓碑线则更反转意义更强烈。

如图 4-29 所示，这是菲达环保(600526)的周 K 线图。该股从 8.4 元启动上涨以来，到了 2015 年 5 月 15 日那个星期股价已经摸高到 25 元一线。就在那个星期，该股出现墓碑十字线，股价先是冲高到 25.77 元，之后猛烈下挫，价格收在开盘价位置。这为市场提供了重要的风险预警信号，先知先觉者撤离市场的迹象已经有所显现，盘面开始变得危险起来。接下来，市场又继续强攻了两个星期，股价被拉升了 20%以上。到了 6 月 5 日那个星期，盘面出现一根“长腿十字线”，与之前的墓碑十字线遥相呼应。从技术分析上看，它们相互提供确认，似乎是站在市场的高处呐喊：快跑，快跑！两个星期之后，市场杀出一根大阴线，一周跌去 20%，开启了下跌之路。

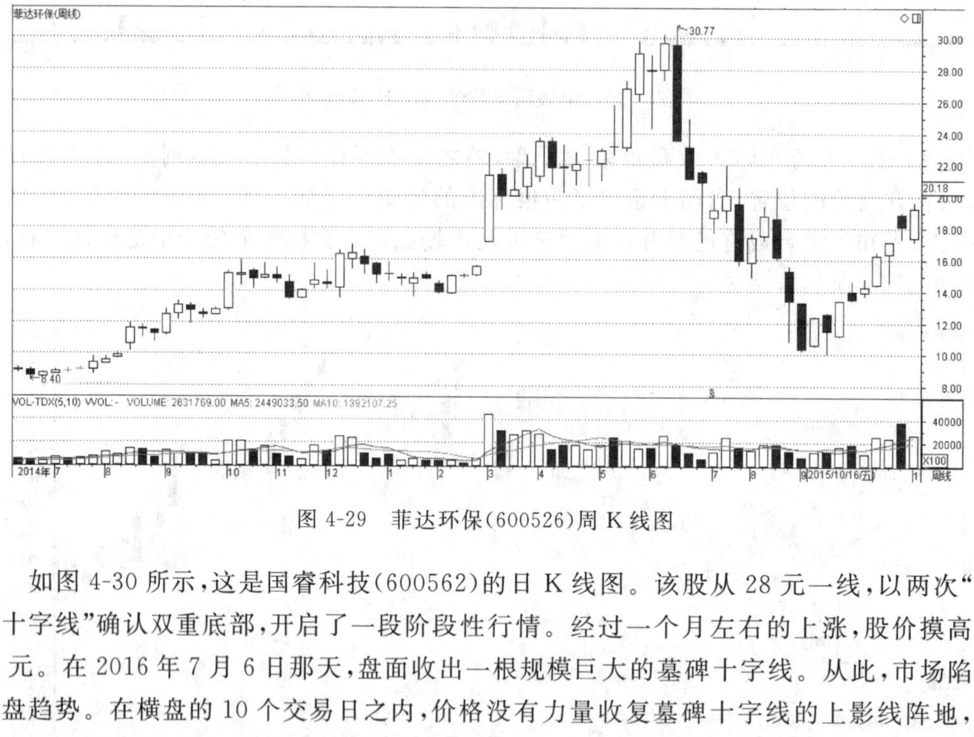

图 4-29 菲达环保(600526)周 K 线图

如图 4-30 所示，这是国睿科技(600562)的日 K 线图。该股从 28 元一线，以两次“长腿十字线”确认双重底部，开启了一段阶段性行情。经过一个月左右的上涨，股价摸高到 40 元。在 2016 年 7 月 6 日那天，盘面收出一根规模巨大的墓碑十字线。从此，市场陷入横盘趋势。在横盘的 10 个交易日之内，价格没有力量收复墓碑十字线的上影线阵地，而且不断出现“风高浪大线”“长腿十字线”等 K 线形态。可以看出，拉到高位之后，墓碑十字线的预警信号作用非常有效。

三、坚定的长实体 K 线(Belt Hold Line)

长实体 K 线，亦可以称为捉腰带线。它起源于日本古老的相扑运动。当博弈双方实力过于悬殊时，一方抓起对方腰带，将其扔出场外，战斗结束。长实体 K 线可以分为大阳线与大阴线，分别称为看涨的捉腰带线、看跌的捉腰带线。看涨捉腰带线是一根坚挺的红色实体 K 线，其开盘价位于或接近当日最低点，而其收盘价也接近或位于当日最高点。看跌捉腰带线是一根长长的绿色实体蜡烛线，它的开盘价位于或接近当天最高点，然后一路走低，最终以暴跌收盘。

图 4-30 国睿科技(600562)日 K 线图

对于捉腰带线的实体多长为好？可谓仁者见仁智者见智。如果非要定量的话，我们认为价格涨幅或者跌幅达到 5%的为捉腰带线。最好当天换手率在 5%以上。一般来说，涨幅在 5%以上的为大阳线；涨幅不足 2%的为小阳线；涨幅在 2%～5%之间的为中阳线，反之以此类推。一般来说，捉腰带线实体越长，其传递的技术信号意义就越发强大。这一点非常有意义，原因在于市场最终收盘在远远离开盘价相反的方向，这根蜡烛线昭示着牛方(或者熊方)已经彻底控制了市场局面。同时，本书反复强调的观点是，在周 K 线级别盘面上出现的反转信号，技术意义更加强大。

捉腰带线意味着，牛方和熊方有一方占据了明显优势，掌握了市场方向盘，另一方已暂时无力扭转局势。一根长实体阳线的出现就是价格上涨力量的最大表现，是牛方强大力量的充分展示；相反，一根长实体阴线的出现，暗示灰熊正占据绝对优势，牛方一败涂地。捉腰带线在投资实务中具有非常重要的信号意义。正如唐代大诗人贾岛古诗言：秋风生渭水，落叶满长安。太阳东升西落、人们春种秋收、地球天体自转公转、万事万物都有规律。一切偶然都是必然，因果定律是千万亿年永远不变的。古希腊哲学家苏格拉底也说过：种下什么样的因，就会有什么样的果，这是亘古不灭的定律。盘面在关键位置出现的标志性 K 线，是价格进攻方向最为重要的风向标。例如，看跌捉腰带线出现在一段“成熟”的上涨之中，这可能是市场正在酿成一个顶部反转的重要信号。

看涨的捉腰带线一般出现在五个位置：其一，价格从底部向上突破性上涨时，可以称之为突破大阳线(如图 4-31 所示)；其二，价格在波段性上升趋势过程中，可以称之为加速大阳线(如图 4-32 所示)；其三，价格进入阶段性头部的整理过程中，可以称之为顶部大阳线(如图 4-33 所示)；其四，价格在下降过程中出现超跌反弹时，可以称之为反弹大阳线(如图 4-34 所示)；其五，价格进入底部筑底整理过程中，可以称之为筑底大阳线(如图 4-35 所示)。大阳线在底部向上突破、波段上升趋势中具有巨大的中短线实战操作价值；在阶段性头部整理、底部筑底整理阶段中，具备短线操作价值；在价格趋势下降过程中发生的超跌反弹，其临盘操作的风险性较大，投资者须谨记此时接住的，极有可能是高速落下的“飞刀”。

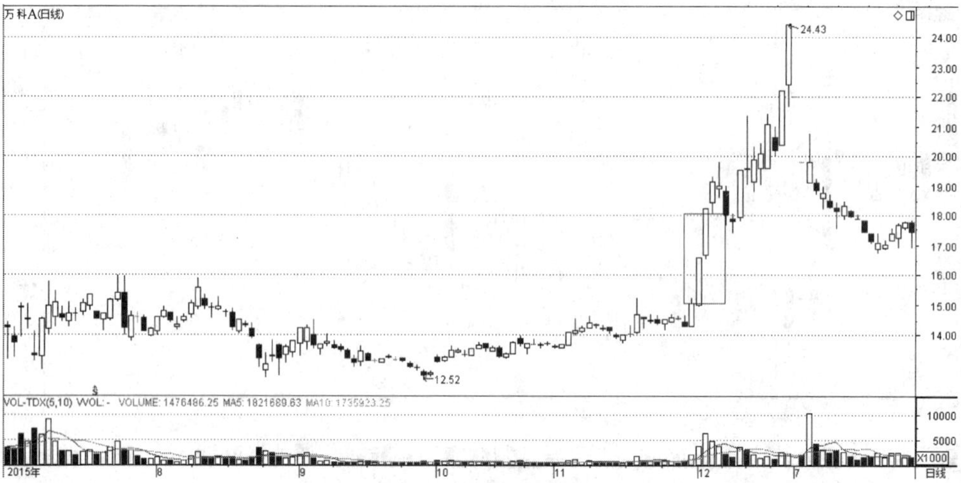

图 4-31 万科 A(000002)日 K 线图

图 4-32 国农科技(000004)日 K 线图

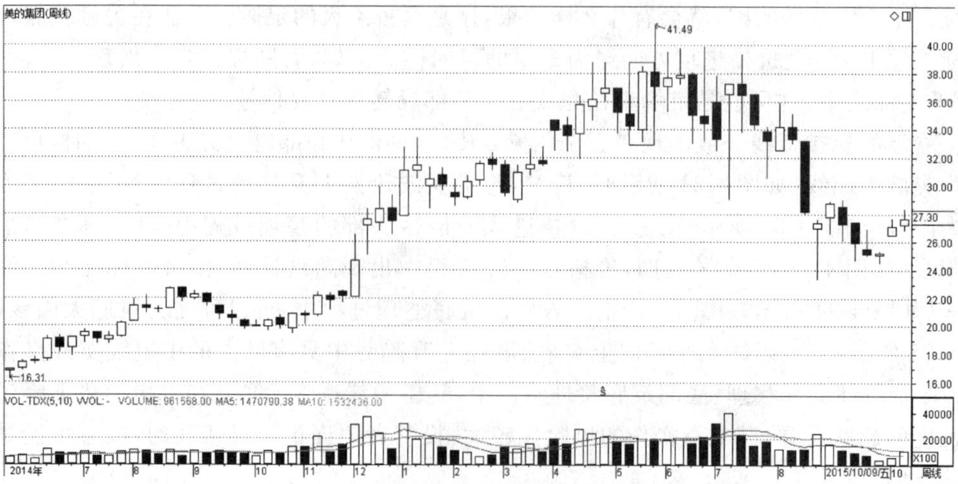

图 4-33 美的集团(000333)周 K 线图

图 4-34　山东地矿(000409)周 K 线图

图 4-35　抚顺特钢(600399)日 K 线图

捉腰带线在技术分析中,是一种价值连城的重要信号。本书认为掌握此种 K 线形态的精髓,正是观察其出现的位置。具体来说,一方面是捉腰带线在一段横盘趋势之后出现最重要(如图 4-36 和图 4-37 所示);另一方面是捉腰带线在支撑线或者压力线附近出现最重要(如图 4-38、图 4-39 和图 4-40 所示)。史蒂夫·尼森先生在《日本蜡烛图教程》(*The Candlestick Course*)中这样写道:当捉腰带线出现在支撑线或阻力线附近位置时,会更显得举足轻重。出现在阻力线附近的看跌捉腰带线,是一个强大的反转信号。这根蜡烛线开盘在阻力线或者其附近价位,开盘之后就一路下跌,最终收盘在跌去很多点的市场下方,并且伴随着巨大的交易量。相反的情况是,一根从支撑线附近升起的看涨捉腰带线,并且带着巨大的交易量,这显示它已经点燃一段强有力的上攻行情。

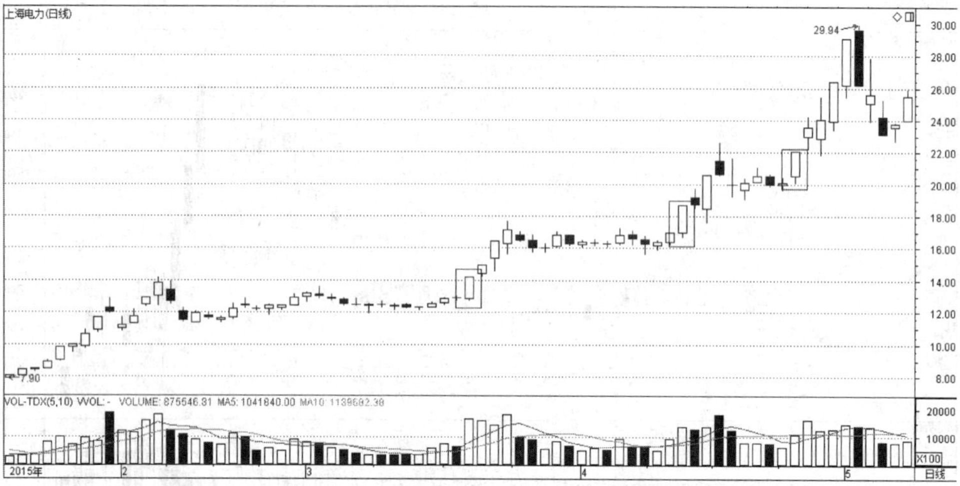

图 4-36 上海电力(600021)日 K 线图

图 4-37 凤竹纺织(600493)日 K 线图

图 4-38 法拉电子(600563)日 K 线图

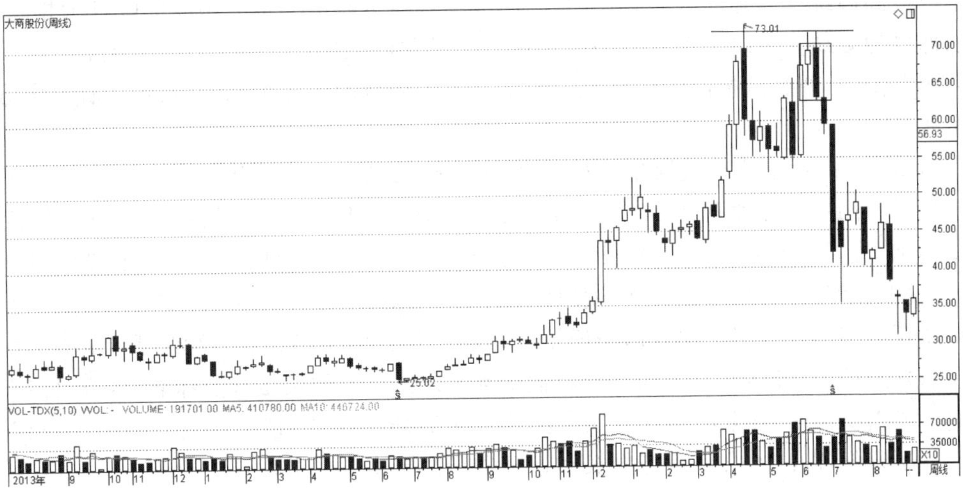

图 4-39　大商股份(600694)周 K 线图

图 4-40　迪森股份(300335)日 K 线图

第 3 节　K 线组合形态

一、反击线形态(Counterattack Line)

反击线还有一个美丽的名字——“约会线”。当两根颜色相反的蜡烛线具有相同的收盘价时，就形成了一个反击线形态。反击线的基本构成要素包括：其一，之前有一段明显的上涨(或者下跌)行情。其二，由两根 K 线构成，这两根 K 线颜色相反。其三，两根 K 线具有相同的收盘价。反击线形态既可以出现在下降趋势中，也可以出现在上升趋势中。前者称之为看涨反击线；后者称之为看跌反击线。上涨趋势中，在第一根大阳线之后，出现了一根高高跳空高开的大阴线，并且该阴线的收盘价和前一根大阳线的收盘价相同，则我们称之为看跌反击线。下降趋势中。在一根暴跌的大阴线之后一天，出现了一根大幅低开的大阳线，并且这根阳线的收盘价与上一根大阴线的收盘价相同，我们就称之为看涨反击线。

如图 4-41 所示，这是银河生物(000806)日 K 线图。价格从年初的 7 元一线开始上涨，到了 6 月底，已经冲高到 27 元一线。该股于 2015 年 6 月 29 日停牌。2015 年 11 月 18 日复牌，复牌之后拉出了三个涨停。到了 2015 年 11 月 20 日(星期五)，该股 K 线为大阳线，收于涨停价，市场看起来涨势良好；下一个交易日(2015 年 11 月 23 日，星期一)，价格跳高开盘，新多头们蜂拥买进，纷纷抢入市场。不巧的是，很快价格朝着与多头们事与愿违的方向跌落，最终收盘在昨天的收盘价水平。这个看跌反击线意味着，熊方已经对牛方进行了当头棒喝，在阴线这一天买入的绝大多数新多头，在收盘时刻已经被悉数套牢。次一日如果低位开盘，会引发老多头和近日进场的新多头们的卖压。

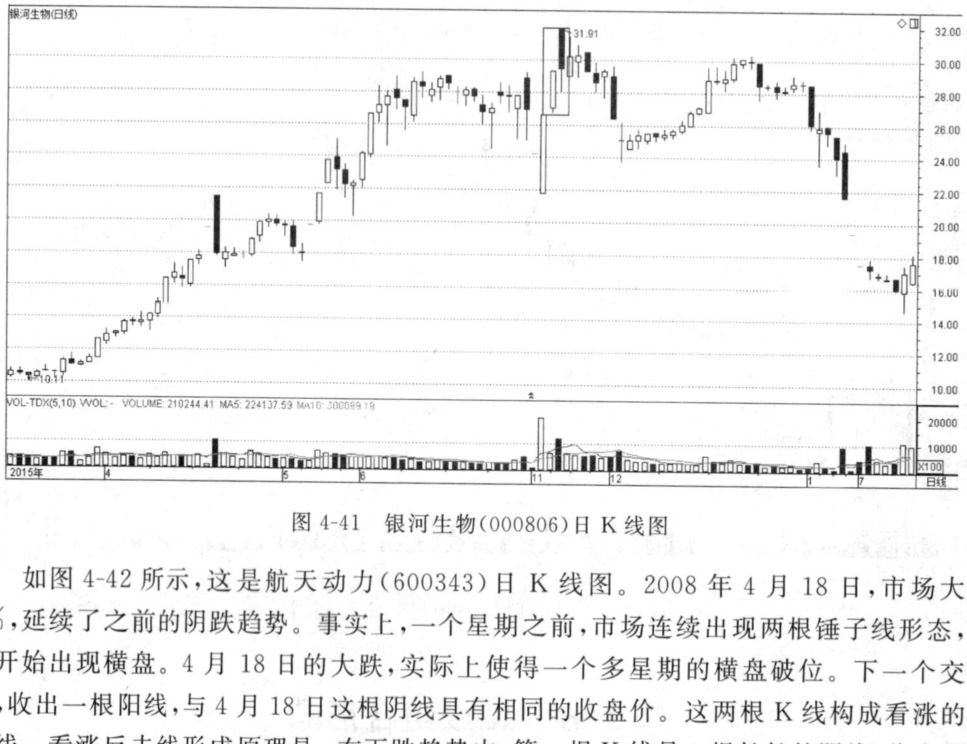

图 4-41　银河生物(000806)日 K 线图

如图 4-42 所示，这是航天动力(600343)日 K 线图。2008 年 4 月 18 日，市场大跌 5%，延续了之前的阴跌趋势。事实上，一个星期之前，市场连续出现两根锤子线形态，市场开始出现横盘。4 月 18 日的大跌，实际上使得一个多星期的横盘破位。下一个交易日，收出一根阳线，与 4 月 18 日这根阴线具有相同的收盘价。这两根 K 线构成看涨的反击线。看涨反击线形成原理是：在下跌趋势中，第一根 K 线是一根长长的阴线，代表熊方牢牢掌握着市场的方向盘。第二日市场急剧地向下跳空开盘。此时熊方觉得信心十足。忽然，牛方发动了反攻，把市场拉了起来，使价格重新回到了前一天收盘价的水平。可以看到，先前的下降趋势的马头已经被勒住了。读者需要认识到，反击线只是牛方(或者熊方)对于敌人进行了一次反击进攻。反击线本身的反转信号意义，要等待接下来的交易日 K 线形态确认、价格趋势确认、技术指标确认；或者反击线的出现，本身确认了近日的其它重要 K 线形态，则反转信号越发重要。

图 4-42　航天动力(600343)日 K 线图

二、乌云线形态(Dark Cloud Cover)

看跌反击线第二天那根阴线如果继续向下收盘的话，它将变成乌云线。乌云线亦可以称为乌云盖顶形态。乌云盖顶形态的基本构成要素包括：其一，之前有一段明显的上涨行情。其二，由两根 K 线构成，第一根 K 线为阳线；第二根 K 线为阴线。其三，第二根 K 线跳空开盘，收盘时已经覆盖住前一日那根阳线实体的大半部分。乌云盖顶形态的市场含义是：第一天那根阳线，代表之前的那一段上涨行情还很健康，牛方稳稳地掌握着市场前进的方向盘。第二天早上，市场跳高开盘。此时，牛方欢呼雀跃，观望者纷纷入场，加入牛的一方。忽然，市场开始猛烈下挫，基本收盘于今天的最低价附近，将昨天 K 线实体的大部分覆盖，仿佛一朵乌云将晴空万里遮挡。很显然，昨天进场的大部分投资者，以及今天进场的几乎所有投资者，已经被市场悉数套牢。悲观的情绪开始充斥市场，次日一旦低开，或将引发下跌。

如图 4-43 所示，这是华北制药(600812)小时 K 线图。在拉升过程中，市场在 2016 年 7 月 7 日第一个小时、第二个小时出现乌云盖顶形态，引发 2016 年 7 月 4 日第一个小时开始的那段上涨趋势结束，市场转入横盘状态。经过了两个交易日(8 个交易小时)的横盘之后，市场重拾升势。到了 7 月 14 日的第一个小时、第二个小时市场再次走出乌云盖顶形态。如图所示，这后来事实上成为一段时期内市场的阶段性高点。

如图 4-44 所示，这是厦工股份(600815)周 K 线图。从 2014 年 6 月到 2015 年 6 月，该股从 3 元一线开始起步，股价涨幅已经接近 700%，已经上涨到 23 元一线。2015 年 6 月 12 日那个星期，股价拉出大阳线，似乎上涨非常健康。在接下来的那个星期，价格跳高开盘稍微冲高之后就开始下挫，最终收出大阴线，将上个星期的大阳线实体的大部分覆盖。这显现此时市场卖压已经非常巨大，这是非常重要的反转信号。

图 4-43 华北制药(600812)小时 K 线图

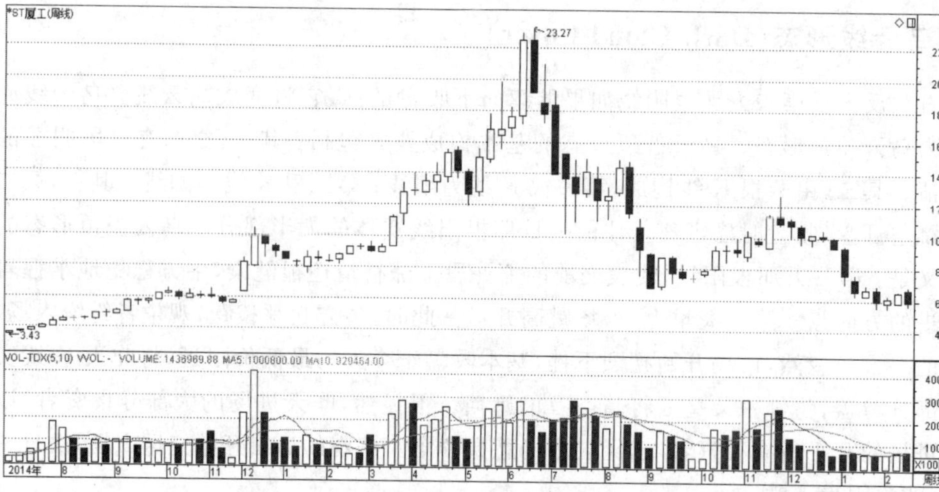

图 4-44 *ST 厦工(600815)周 K 线图

三、吞没线形态(Engulfing Pattern)

乌云盖顶形态第二天那根阴线,如果继续再向下收盘的话,它将变成吞没线形态。吞没线形态包括看跌吞没线形态和看涨吞没线形态。看跌吞没线形态基本构成要素包括:其一,之前有一段明显的上涨行情。其二,一般由两根 K 线构成,第一根 K 线为阳线;第二根 K 线为阴线。其三,第二根 K 线向上跳空开盘,但是高开低走,收盘时变成阴线,并且已经覆盖住(吃掉)前一日那根阳线实体的全部。看涨吞没线形态与看跌吞没线相反,它之前是一段下跌行情;一般由两根 K 线构成,第一根 K 线为阴线,第二根 K 线为阳线;第二根 K 线向下跳空开盘,但收盘时已经将前一根 K 线的实体全部覆盖。

如果我们已经掌握了前述反击线、乌云线形态的市场含义,现在到了吞没线形态,市场含义可谓更上一层楼,吞没线形态的反转力度要比反击线、乌云线更加强大。原因是第二根 K 线表明，到了收盘时刻，昨天和今天入场的新多头已经全部被套牢，市场具有局部的脆弱性。下一个交易日如果低开，极有可能导致较重的卖压。实践中吞没线形态的关键有两点：其一，吞没线形态属于一种非常重要的反转信号，尤其是这种图形出现在周线级别的 K 线上时。其二，实盘中的吞没线形态未必均是由两根 K 线构成，"一根阴线吞没多根阳线"或者"一根阳线吞没多根阴线"时，市场反转信号价值更加强大。

如图 4-45 至图 4-49 所示，周 K 线级别上的看跌吞没形态，出现在一段明显的上涨趋势之后，尤其是一根大阴线吃掉了数周以来的 K 线，正在提示着重大风险，它们预示着暴风骤雨即将席卷大地。如图 4-50 至图 4-53 所示，日 K 线级别上的看涨吞没形态，也预示着寒冬里若隐若现的春的气息。

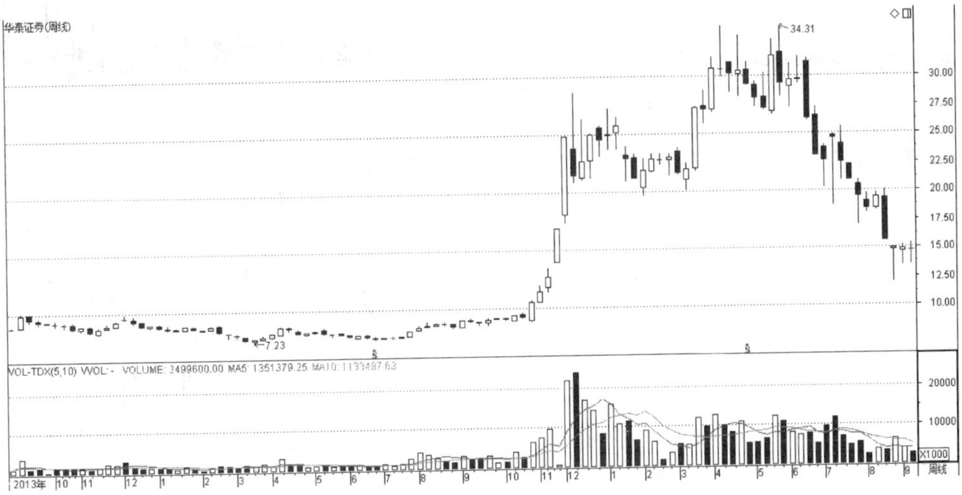

图 4-45 华泰证券(601688)周 K 线图

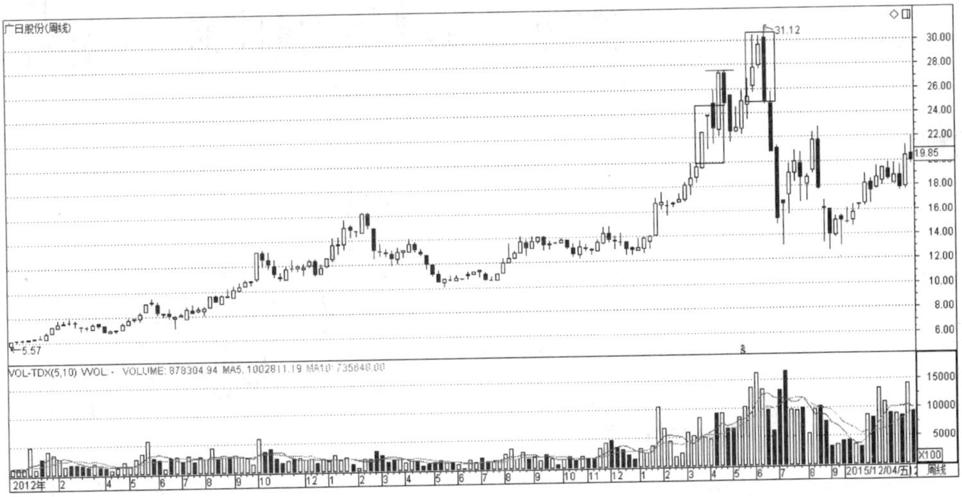

图 4-46 广日股份(600894)周 K 线图

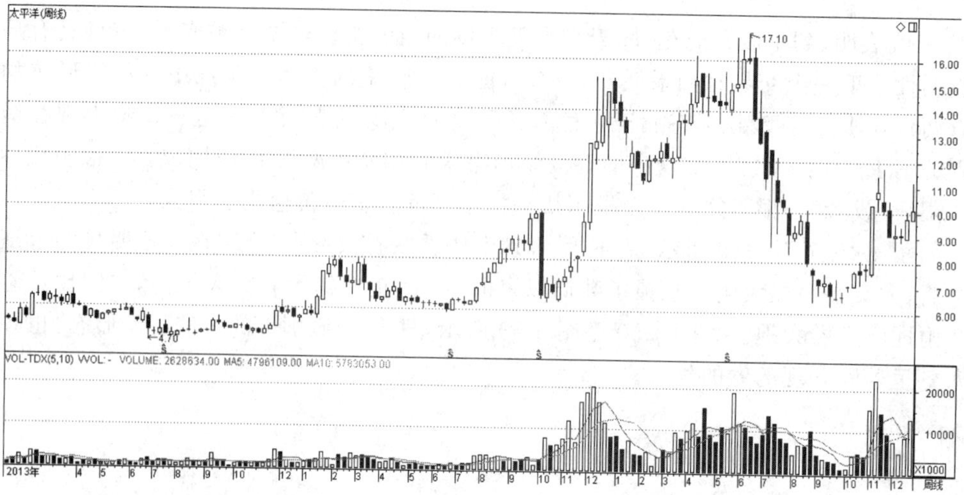

图 4-47　太平洋(601099)周 K 线图

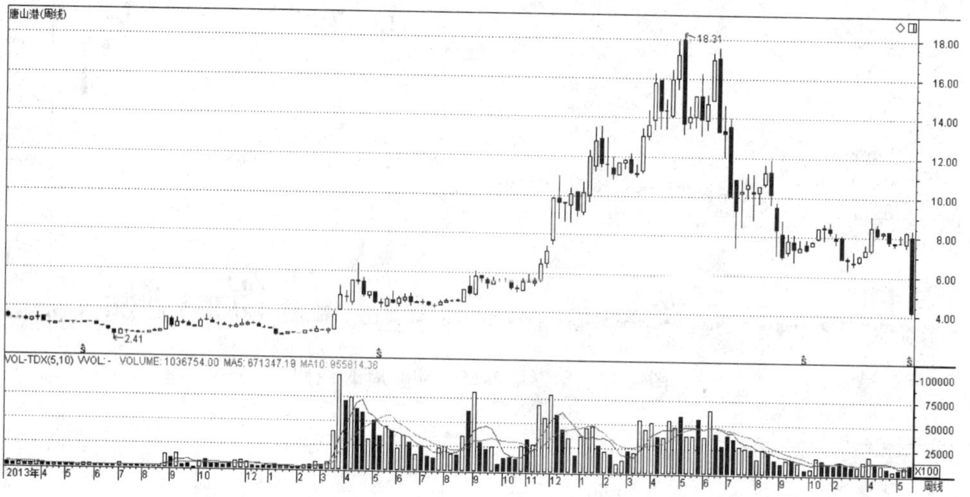

图 4-48　唐山港(601000)周 K 线图

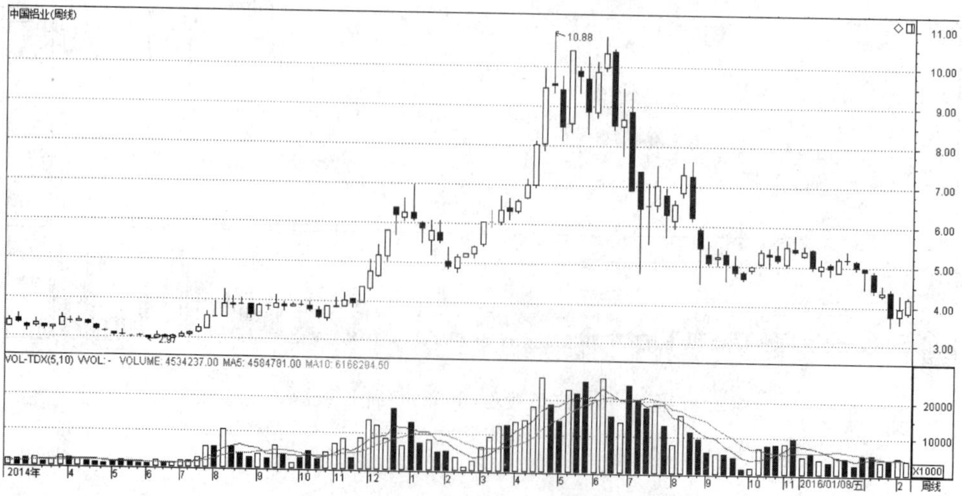

图 4-49　中国铝业(601600)周 K 线图

图 4-50　云铝股份(000807)日 K 线图

图 4-51　长城汽车(601633)日 K 线图

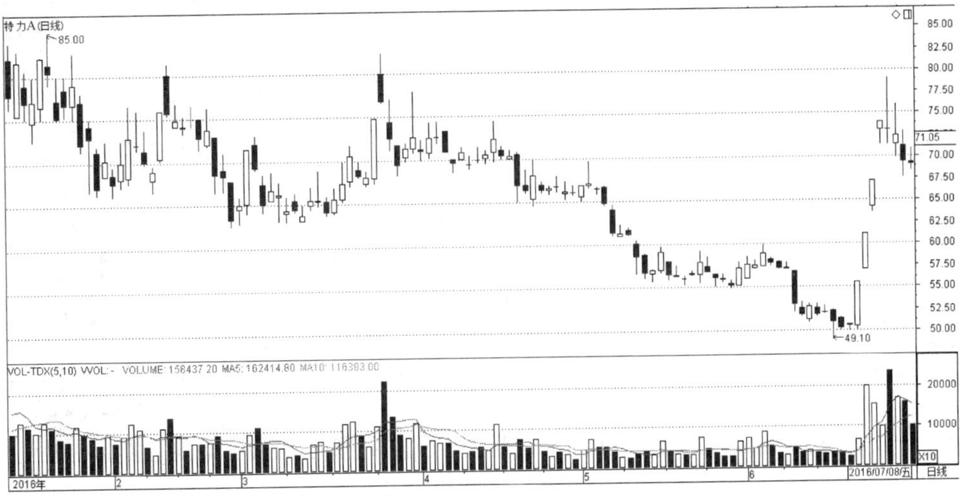

图 4-52　特力 A(000025)日 K 线图

图 4-53 深圳能源(000027)日 K 线图

四、倾盆大雨线形态(Raining Line)

看跌吞没线形态第二天那根阴线,如果没有向上跳空开盘,且收盘在低于昨日开盘价的大阴线(或中阴线),这将变成倾盆大雨线形态。倾盆大雨线形态基本构成要素包括:其一,之前有一段明显的上涨行情。其二,由两根 K 线构成,第一根 K 线为阳线;第二根 K 线为阴线。其三,第一根是一个大阳线或者中阳线,第二根 K 线是一个低开的大阴线或者中阴线,该阴线的收盘价已经低于前一根阳线的开盘价。倾盆大雨线形态一般会出现在上涨的趋势当中,它的出现向市场传达着一些非常重要的信号。它是与乌云盖顶和看跌吞没线形态相比较,见顶信号更加强烈的 K 线形态。持续的大幅下跌,如倾盆大雨一样令牛方胆战心惊、束手无策。当第二根阴线实体低于阳线实体部分越多,那么趋势反转的信号性越强烈。

如图 4-54 至图 4-57 所示,倾盆大雨线形态出现在一段明显的上涨行情之后,往往预示着牛方的好日子已经所剩不多了。

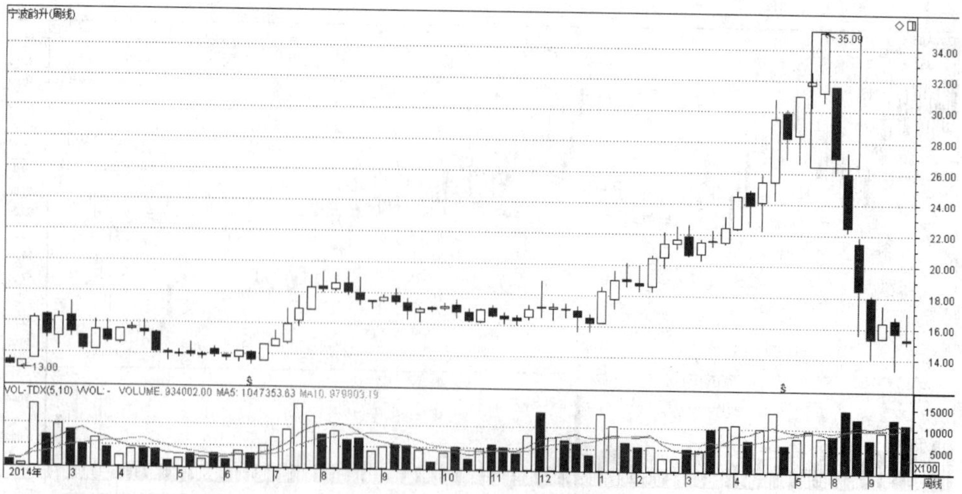

图 4-54 宁波韵升(600366)周 K 线图

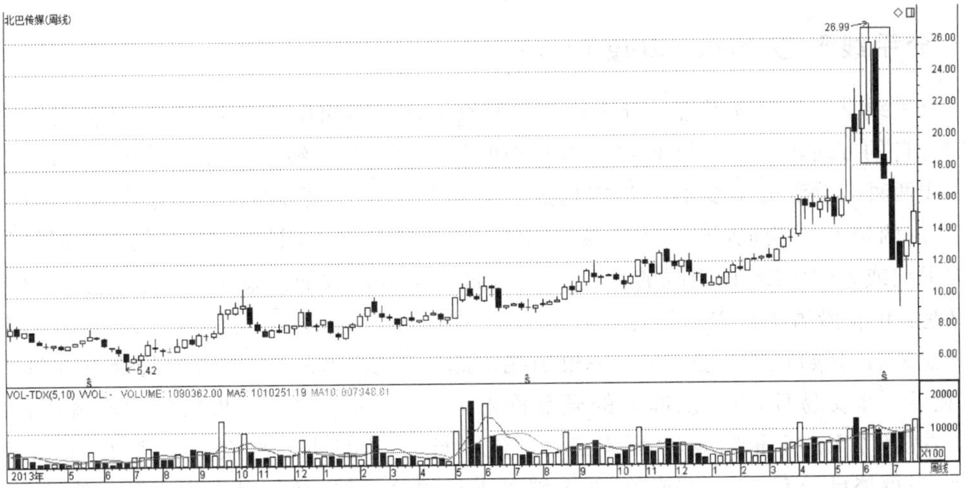

图 4-55　北巴传媒(600386)周 K 线图

图 4-56　航天动力(600343)日 K 线图

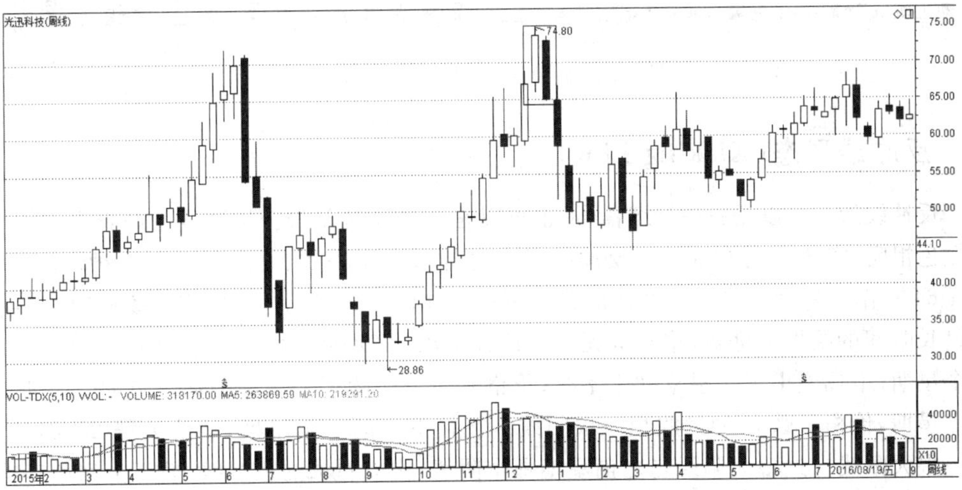

图 4-57　光迅科技(002281)周 K 线图

五、分手线形态(Separating Line)

分手线是一种持续形态。分手线是由两根运动方向相反的K线组成,如同两人分手后向各自的方向奔去。两根K线具有相同的开盘价。分手线形态分为看涨分手线、看跌分手线两种。看涨分手线形态基本构成要素包括:其一,之前有一段明显的上涨行情。其二,由两根K线构成,第一根K线为阴线;第二根K线为阳线。其三,第二根阳线是一个大阳线或者中阳线,该阳线的开盘价,等于昨天那根阴线的开盘价。看涨分手线的市场含义是:价格沿着上涨趋势运行良好,牛方正在单边控制市场。忽然有一天,价格向上跳空开盘之后,开始猛烈下挫,收出一根阴线。此时市场"恐高"心态者纷纷夺路而逃。但是,在下一个交易日,市场从昨天的开盘价附近开盘,迅速收出一根大阳线或者中阳线。可以看出,昨天的那根阴线,实际上是一次洗盘行动,市场再一次恢复了涨势。需要指出的是,当价格已经有了非常"成熟"的上涨时出现的分手线,往往是大资金的一次小规模、试探性出货。看跌分手线形态与看涨分手线市场含义相反,读者可以此类推。

如图4-58至图4-62所示,具有相同开盘价、颜色相反的两根K线,背道而驰地前进,指示着市场的运行方向。

图4-58 通鼎互联(002491)日K线图

六、反冲线形态(Kicking Line)

反冲线形态可以是一种持续信号,也可以是一种反转信号。反冲线由两根K线构成,其颜色相反,实体之间有缺口。反冲线形态分为看涨反冲线、看跌反冲线两种。图4-63、图4-64是作为持续信号的反冲线的典型案例。如图4-63所示,这是沃尔核材周K线图。经过长时间的缓慢上涨,价格从5元一线已经上涨到22元一线。到了2015年4月24日那个星期,市场走出了一根墓碑十字线,价格开始了连续三个星期的向下调整。5月8日那个星期,价格下跌5.94%收出一根阴线。在接下来的一个星期,股价大涨24.81%,收出一根大阳线。这根大阳线与之前星期那个阴线,构成看涨的反冲线,属于上涨趋势得以

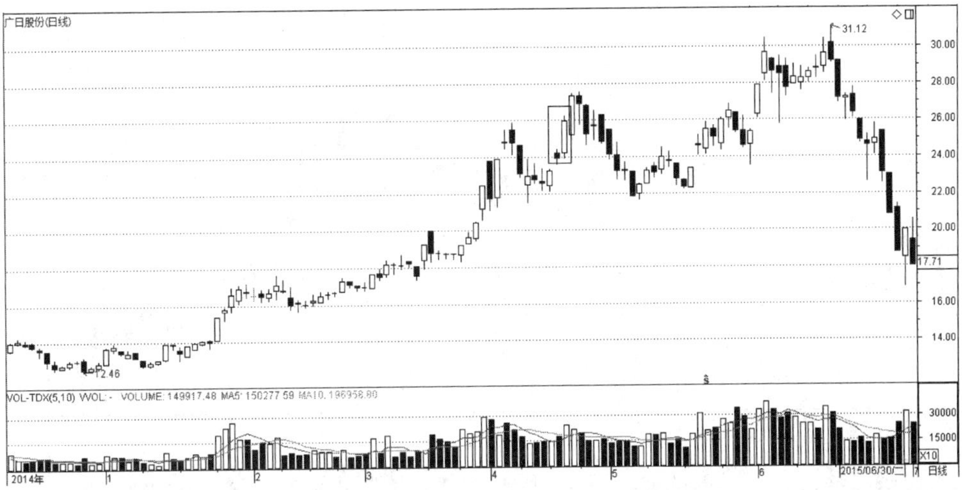

图 4-59　广日股份(600894)日 K 线图

图 4-60　新疆城建(600545)日 K 线图

图 4-61　远东传动(002406)日 K 线图

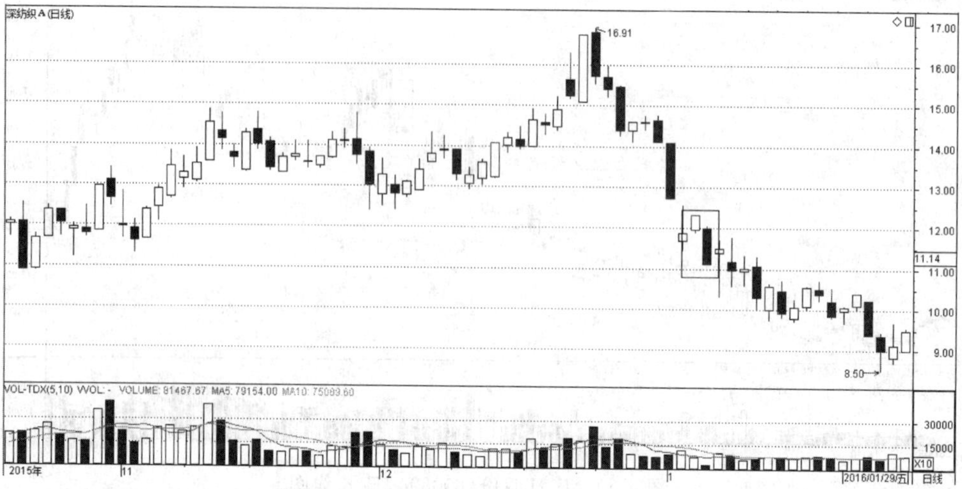

图 4-62　深纺织 A(000045)日 K 线图

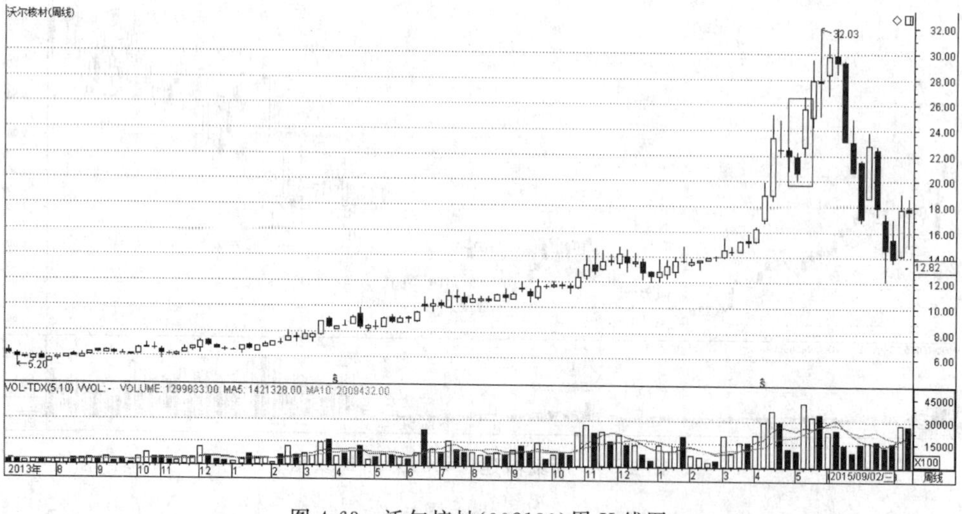

图 4-63　沃尔核材(002130)周 K 线图

持续的重要信号。如图 4-64 所示，这是中国宝安的日 K 线图。价格从 2015 年 9 月 16 日的 8.98 元一线开始上涨。到了 11 月份，价格已经摸高到 20 元以上。从 11 月 16 日到 12 月 31 日，市场已经出现头肩顶形态。2016 年 1 月 4 日，市场以跌停收盘，走出一根大阴线。这根大阴线事实上已经击穿了头肩顶形态的颈线。在 2016 年 1 月 6 日，市场上涨 3.64%，收出一根阳线。紧接着，一根向下跳空开盘的跌停大阴线再次出现，与昨天的阳线构成看跌反冲线，这昭示着猛烈的下挫已经处于持续状态。反冲线有时也是非常重要的反转信号。如图 4-65 所示，这是全新好周 K 线图。价格从 2015 年 2 月的 12 元一线开始上涨，到了 2015 年 5 月 20 日那个星期，股价已经摸高到 31.30 元。随后的一个星期，价格突然向下跳空开盘之后猛烈下挫，一周跌去 26.98%，和之前一个星期 K 线构成看跌反冲线形态。它事实上开启了熊市之旅。

图 4-64 中国宝安(000009)日 K 线图

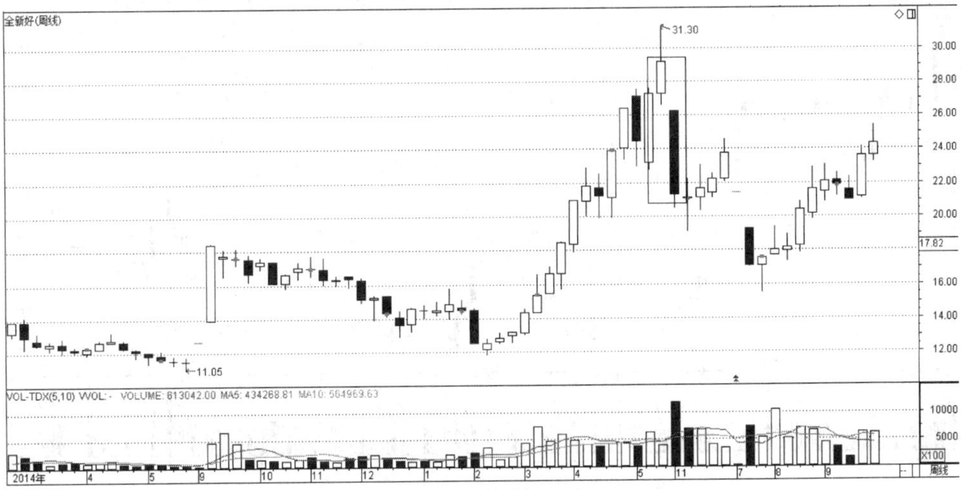

图 4-65　全新好(000007)周 K 线图

七、刺透线形态(Piercing Line)

刺透线是一种常见的反转形态,它是乌云盖顶形态的反义词。刺透线形态三个基本构成要素包括:其一,之前有一段明显的下跌趋势。其二,由两根 K 线构成,第一根 K 线为阴线;第二根 K 线为阳线。其三,第二天向下跳空开盘,到了收盘时刻已经将前一根 K 线的实体的大部分覆盖。刺透线形态的市场含义是:第一根 K 线表明熊方掌握市场方向盘,价格下降趋势运行良好;第二天向下跳空开盘时,熊方仍然欢呼雀跃,但牛方很快展开反攻,将价格收盘在昨天 K 线实体的二分之一以上。如果刺透形态与其他反转信号相互确认,将昭示着非常重要的买入机会。

如图 4-66 至图 4-68 所示,分别是航天动力、凯乐科技、凯恩股份的日 K 线图。在一段猛烈的下跌之后,一根中阳线吃掉了前一天那根阴线的大部分实体,预示着牛方正在跑步进场,他们要夺回市场前进的方向盘。

图 4-66　航天动力(600343)日 K 线图

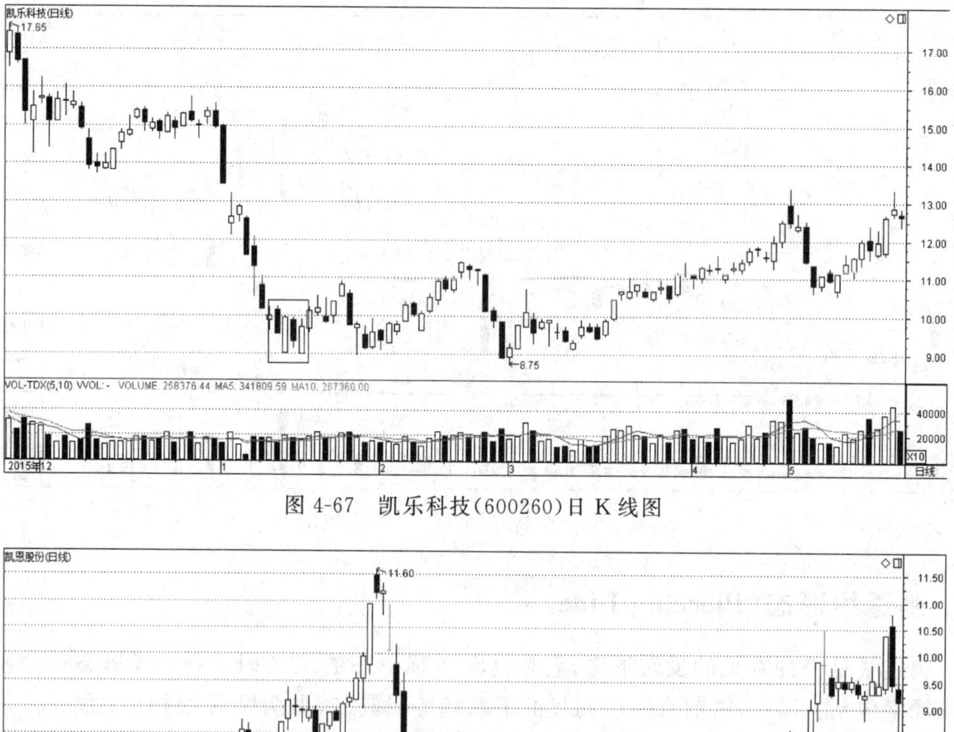

图 4-67　凯乐科技(600260)日 K 线图

图 4-68　凯恩股份(002012)日 K 线图

八、孕线形态(Harami)

孕线是一种常见的反转形态。孕线分为看涨孕线形态和看跌孕线形态。看跌孕线形态基本构成要素包括：其一，之前有一段明显的上涨趋势。其二，由两根 K 线构成，第一根 K 线为阳线。其三，第二根 K 线为小实体 K 线，其实体位于第一根 K 线实体之内，颜色是阳线或者阴线无所谓。孕线的市场含义是：第一根 K 线表明牛方正在掌握市场方向盘，价格上涨趋势运行良好；第二天市场收出一根纺锤线，这与之前趋势形成鲜明反差。实践中，这根纺锤线通常是风高浪大线、流星线、上吊线等 K 线形态时，反转意义愈加强烈。看涨孕线形态与看跌孕线形态相反，在此不再赘述。孕线形态是市场中典型的反转形态，但出现横盘整理中的孕线，技术意义并不明显。但是，孕线形态若确认了前期低点或者高点，市场出现反转的可能性就极大。

孕线形态的实战应用关键点如下：其一，当孕线形态与其他反转信号相互确认时，这是非常重要的市场预警信息。市场原本在上涨趋势中运行，第一天的大阳线显示牛方进攻愿望更加强烈。第二天市场走出一根纺锤线，显示市场已经陷入胶着状态。熊方抛出卖单，对前日牛方气势如虹的进攻给出坚决回击。牛方并不示弱，拒绝让价格下跌。市场已经由单边牛市陷入犹豫不决。其二，一般来说技术分析中把第一根 K 线称为母线；第二根 K 线称为子线。在实盘之中，我们经常看到的情况是，一根母线后面有若干根子线。此种情况的反转信号愈加强烈，因为市场出现的多根纺锤线相互确认，正在宣告一段崭新的趋势很可能快要到来。其三，本书之前已阐述，十字线比纺锤线更加危险。如果孕线的那个子线变成十字线的话，则称之为十字孕线，其暗含着更加强烈的反转信号。

如图 4-69 至图 4-71 所示，这是德赛电池、中直股份、郑煤机的周线图，在经历了数周的拉升之后，盘面出现了一根大阳线，带着一根纺锤线，构成看跌孕线形态。那根纺锤线，即是前面讲述过的风高浪大线。如图 4-72 所示，这是中航飞机的日 K 线图。在经历了多日猛烈的拉升之后，一根大阳线后面跟着一根长腿十字线，预示着熊方的强大力量已经在孕育之中。

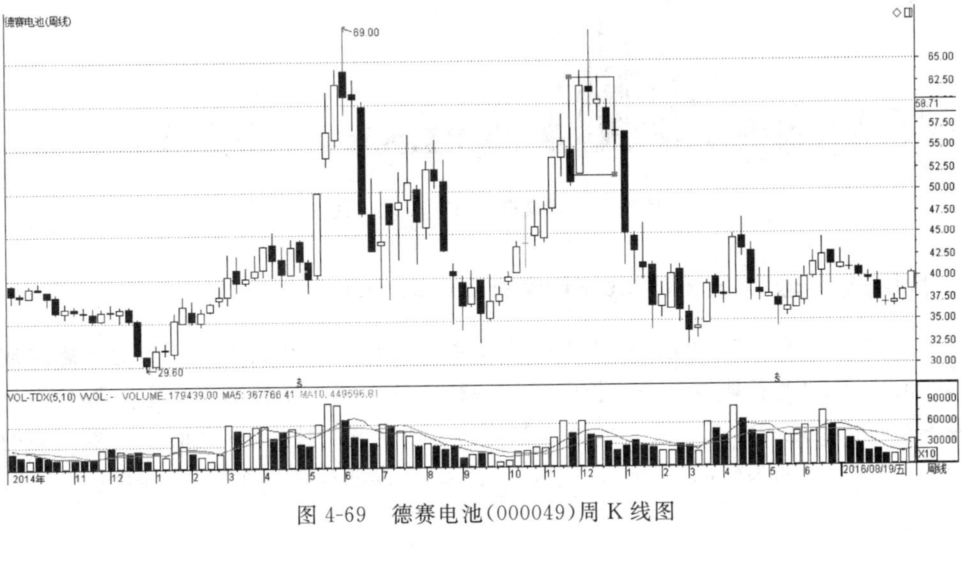

图 4-69　德赛电池(000049)周 K 线图

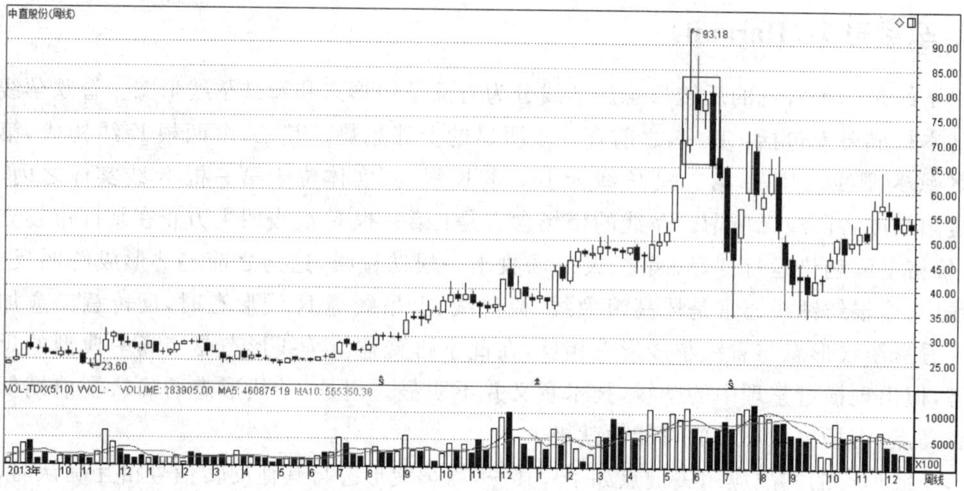

图 4-70 中直股份(600038)周 K 线图

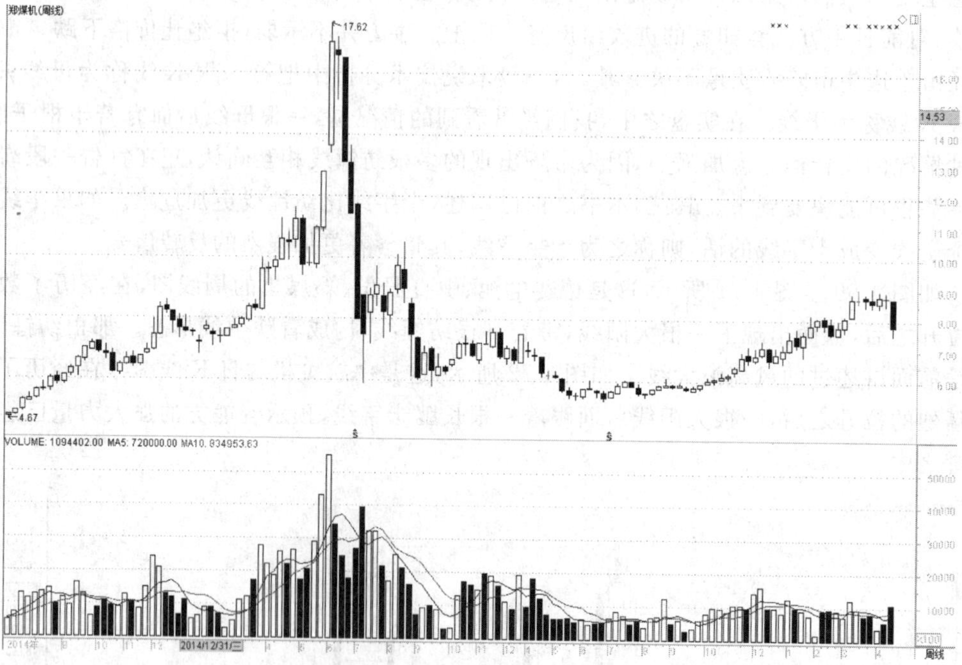

图 4-71 郑煤机(601717)周 K 线图

九、长影线形态(Long Upper/Lower Shadows)

如图 4-73 至图 4-76 所示,如果两根或者两根以上的 K 线具有特别长的上影线或者下影线的话,称之为长影线形态。长影线是一种非常重要的反转形态。它一般分为长上影线形态和长下影线形态。长上影线形态基本构成要素:其一,它之前有一段明显的上涨趋势。其二,由两根(或者多根)K 线构成,这些 K 线都具有特别长的上影线。其三,这

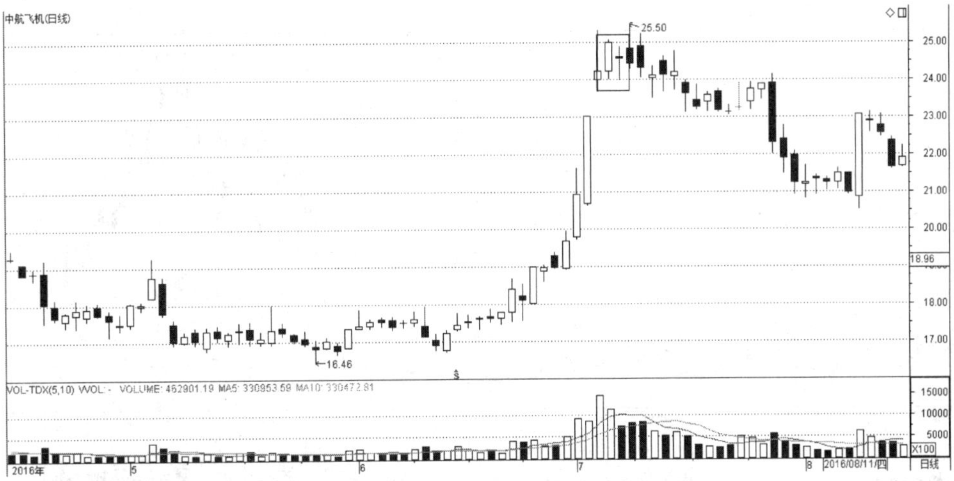

图 4-72　中航飞机(000768)日 K 线图

图 4-73　中远航运(600428)周 K 线图

图 4-74　宏发股份(600885)周 K 线图

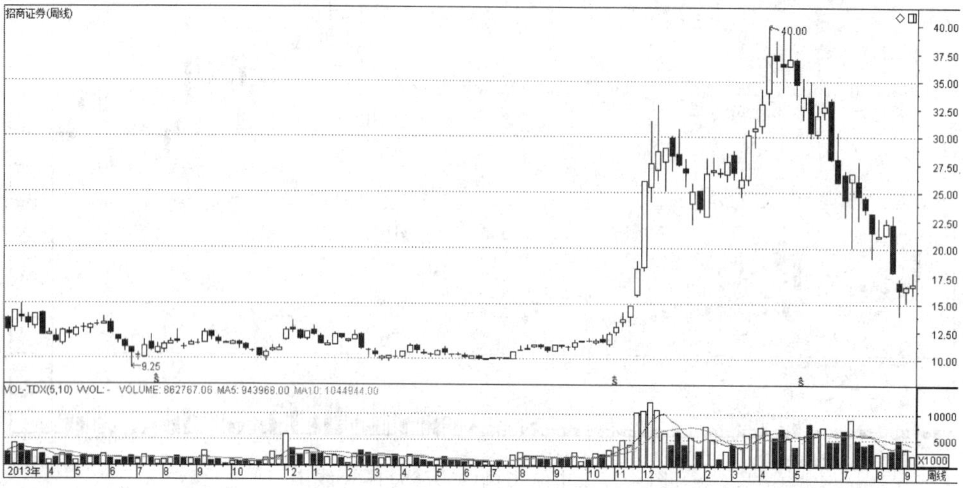

图 4-75 招商证券(600999)周 K 线图

图 4-76 中科曙光(603019)周 K 线图

些 K 线是阳线或者阴线无所谓。长下影线形态基本构成要素包括：其一，它之前有一段明显的下跌趋势。其二，由两根(或者多根)K 线构成，这些 K 线都具有特别长的下影线。其三，这些 K 线是阳线或者阴线无所谓。

长上影线形态的市场含义是：之前是牛方所主宰的单边市场；到了长上影线这几天，价格每天都是先猛烈向上拉升，给市场传递出继续强力上涨的假象，稳定老多头的人心的同时，引诱许多新多头进入市场；然后价格突然剧烈下挫，主力资金实现部分出货(或者是向下洗盘)的目的。需要的强调的是，第一，长上影线形态通常是由前文所介绍过的风高浪大线、流星线、墓碑十字线等 K 线形态时，反转意义愈加强烈。第二，长上影线形态出现在压力线附近时，反转意义愈加强烈。第三，长上影线形态出现时，若交易量明显放大，反转意义愈加强烈。第四，长上影线形态的规模较大，即由连续三天及三天以上的 K 线组成长上影线时，反转意义愈加强烈。长下影线形态与长上影线形态相反，在此不再赘述。

十、平头线形态(Tweezers Top and Bottom)

如果两根或者两根以上的 K 线具有相同的最高价(或者具有相同的最低价)，则称之为平头线形态。平头线是一种非常重要的反转形态。它一般分为平头顶部形态和平头底部形态两种。平头顶部形态的基本构成要素包括：其一，它之前有一段明显的上涨趋势。其二，它由两根(或者多根)K 线构成，这两根(或者多根)K 线具有相同的最高价。其三，这两根(或者多根)K 线通常还是其他反转形态。平头底部形态以此类推。

平头顶部线形态的市场含义是：之前是牛方所主宰的单边市场；到了平头线的第一天，价格进攻到某一价位时受挫，并且这一价格成为今日最高价；到了第二天，价格又进攻到这一价位时，再次受挫并成为今日最高价。平头顶部线形态表明，牛方所单边主宰的市场，很可能已经受到了强有力的伏击，价格没有力量创出比第一天 K 线更高的新高。平头顶部形态的这一最高价，很可能是短期之内熊方的最后一道防线。平头底部形态与平头顶部形态情况相反，读者可以以此类推，在此不再赘述。需要强调的是，第一，平头线形态通常与本书所讲到的所有 K 线形态合二为一出现，这一点非常重要。也就是说您在实践中所看到的平头线形态，同时也有可能是一个吞没线形态、刺透线形态、乌云线形态、长影线形态、孕线形态等。例如图 4-77 是平头顶部形态、看跌吞没形态合二为一；图 4-78 是平头顶部形态与看跌孕线形态合二为一；图 4-79 是平头底部形态与看涨孕线合二为一；图 4-80 是平头顶部形态与看跌吞没形态合二为一；图 4-81 是平头底部形态与早晨之星形态合二为一；图 4-82 也是平头顶部形态与看跌吞没形态合二为一。第二，平头线形态出现在压力线或者支撑线附近时，反转意义愈加强烈。第三，平头顶部线形态出现时，市场明显放量，这是重要的反转信号。第四，平头线形态如果得到关键技术指标(例如 BOLL 线、MACD 指标、RSI 指标等)的确认，则是更加强烈的反转信号。

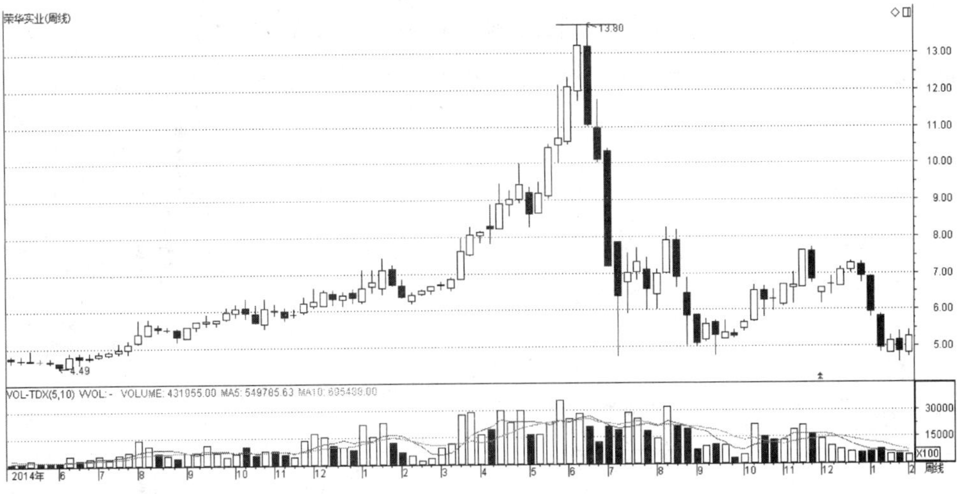

图 4-77　荣华实业(600311)周 K 线图

图 4-78 白云山(600332)日 K 线图

图 4-79 北巴传媒(600386)日 K 线图

图 4-80 天润乳业(600419)周 K 线图

图 4-81　阳泉煤业(600348)日 K 线图

图 4-82　山东金泰(600385)日 K 线图

十一、早晨之星和黄昏之星形态(Morning Star/Evening Star)

技术分析中所指的星线是指实体非常小,并且与之前的 K 线实体之间有明显跳空的 K 线。史蒂夫·尼森先生在《日本蜡烛图教程》中这样写道:星线的小实体表明了牛方和熊方之间激烈的拔河比赛。这有些像“孕线”的概念——一段淋漓尽致的上涨或者下跌趋势之后,伴随而来的是一段犹豫徘徊的行情。星线显示市场起先是一段单边压倒性的剧烈进攻,然而,一段相反的力量正在酝酿,这股力量的到来,试图要打碎之前的那个旧世界,并试图建设一个新世界。值得强调的是,标准的星线定义是要求小实体 K 线与之前 K 线有跳空缺口。在实践中往往没有跳空缺口,不影响黄昏之星和早晨之星的反转信号意义。

启明星也被称之为早晨之星,该形态一般由三根 K 线组成,它是底部反转的重要信号。在一段明显的下降行情之后，一根实体较长的阴线，表示大灰熊还在掌握着市场的方向盘，空头们“感觉”良好。突然，一个小实体K线出现了。这根小小实体K线与之前那根长实体阴线有一个明显的向下跳空缺口，此时的加速下跌之势，让空头们还是非常高兴。这根小小实体K线显示，该交易日多空双方发生了激烈的搏杀，市场已经由灰熊独舞，变成牛熊胶着状态。到了第三天的时候，情况已经发生了彻底的逆转，一根大阳线横空出世，牛方发起了超级反攻。这根大阳线，将第一天的那根大阴线的大部分覆盖，事实上已经与第一天那根K线构成了刺透形态(或者看涨吞没形态)。当出现以下情况时反转信号更加强烈：(1)早晨之星形态若是确认了前期低点，市场出现反转的可能性越大(如图4-83、图4-84所示)；(2)当早晨之星形态中间那根小实体K线已经变成十字线时，反转信号更加强烈(如图4-85所示)。(3)中间的星线不止一颗时，市场反转信号意义更加强烈(如图4-86所示)。

图4-83 烽火通信(600498)日K线图

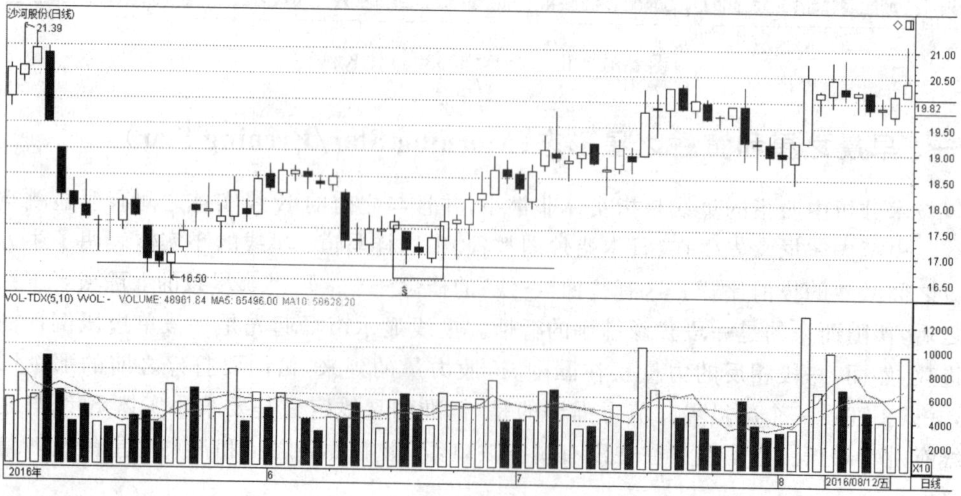

图4-84 沙河股份(000014)日K线图

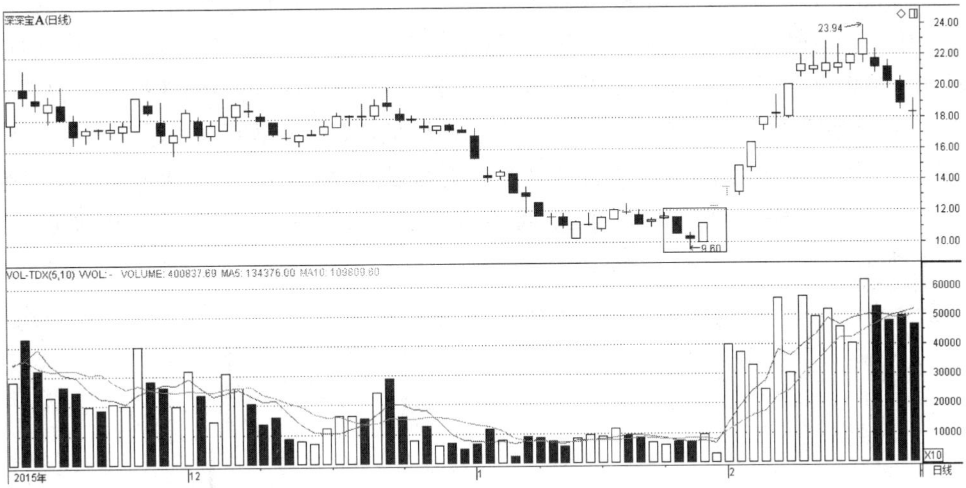

图 4-85　深深宝 A(000019)日 K 线图

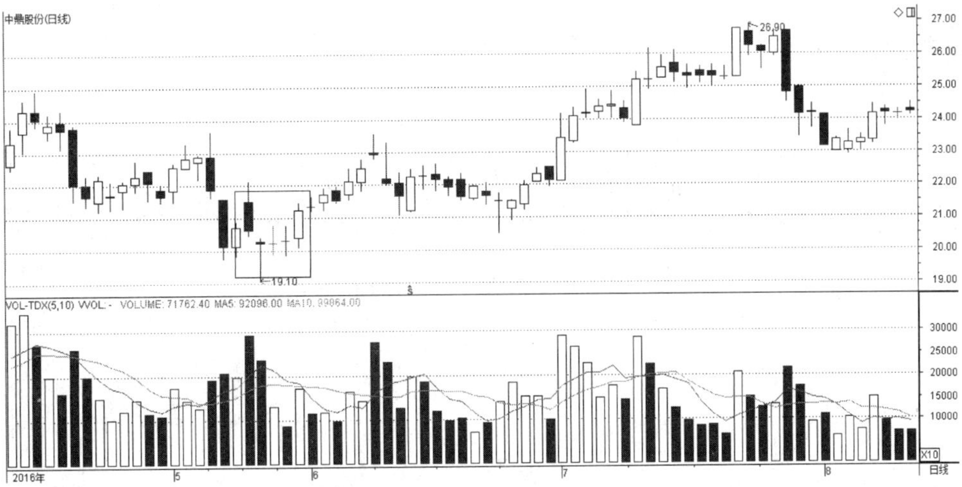

图 4-86　中鼎股份(000887)日 K 线图

黄昏之星是启明星形态的反义词，也是由三根 K 线构成，它是市场顶部反转信号。在一轮已经有了成熟上涨的行情之中，出现一根大阳线，代表牛方继续领跑整个市场。突然，一根星线出场，它与前一天那根大阳线实体之间有明显向上跳空。第三根 K 线是一个逆转的大阴线，它几乎覆盖了第一根 K 线实体的大部分，事实上它与第一根 K 线之间构成了乌云盖顶形态(或者看跌吞没形态等)。这让中间那一根星线孤零零地站在市场高处，预示着价格或许已经见顶。这根大阴线宣告牛方已经进行了最后的告别演出，熊方注定已经抓住了市场下跌的方向盘。黄昏之星形态是典型的见顶形态。当出现以下六种情况时反转信号更加强烈：(1)黄昏之星形态若确认了前期高点，市场出现反转的可能性越大(如图 4-88 所示)；(2)中间星线若是上吊线或者风高浪大线，则属于形态之间的相互确认，市场反转信号更强烈(如图 4-89 所示)。(3)当黄昏之星形态中间那根小实体 K 线已经变成十字线时，反转信号更加强烈(如图 4-92、图 4-93 所示)。(4)实践当中我们通常会看到的黄昏之星、早晨之星形态有时候是“一箭多星”，也就是说中间那根实体较小的星线不止一颗(如图 4-89、图 4-91 所示)，这“自带确认”地加强了趋势反转的信号意义。(5)周 K 线级别中出现黄昏之星，市场反转信号意义更加强烈(如图 4-87、图 4-89、图 4-90 等)。(6)第二根和第三根 K 线之间有跳空，或者第三根吞没第一根，反转信号更加强烈(如图 4-94 所示)。

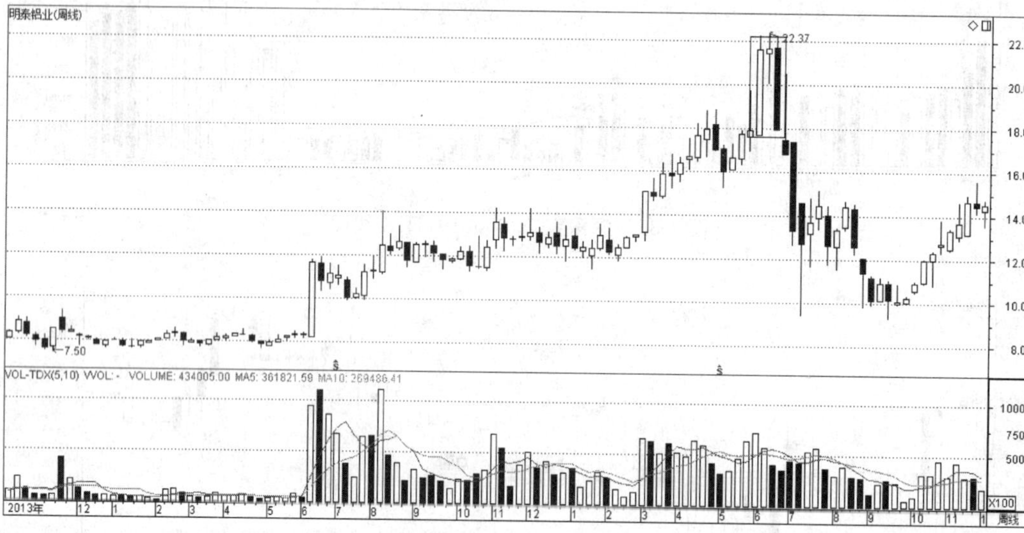

图 4-87　明泰铝业(601677)周 K 线图

图 4-88　立霸股份(603519)日 K 线图

图 4-89 纽威股份(603699)周 K 线图

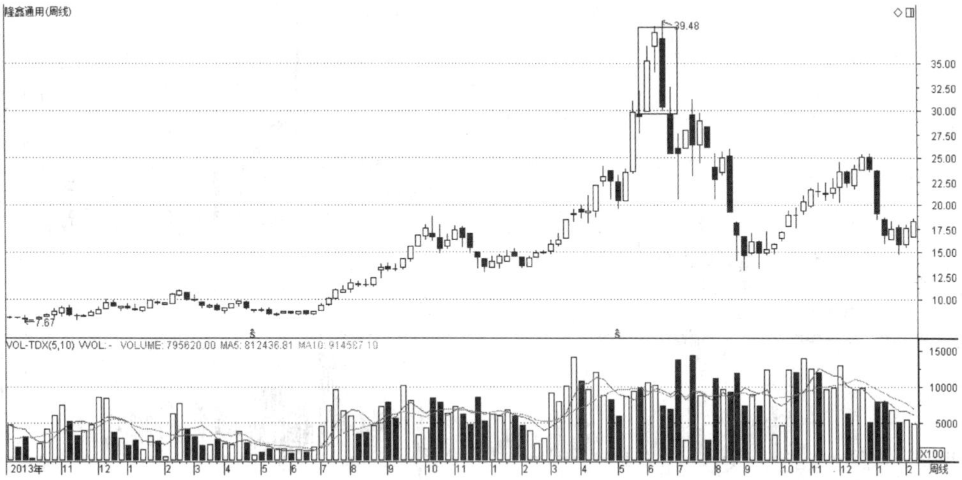

图 4-90 隆鑫通用(603766)周 K 线图

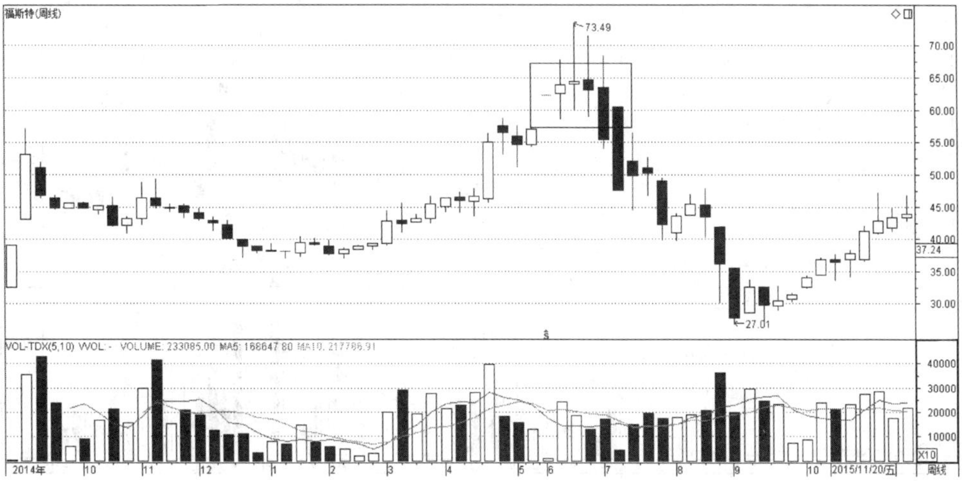

图 4-91 福斯特(603806)周 K 线图

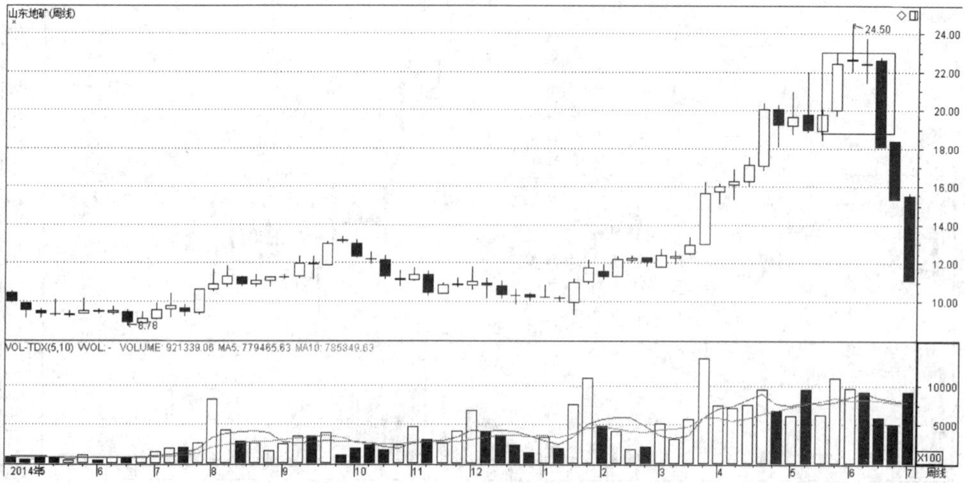

图 4-92 山东地矿(000409)周 K 线图

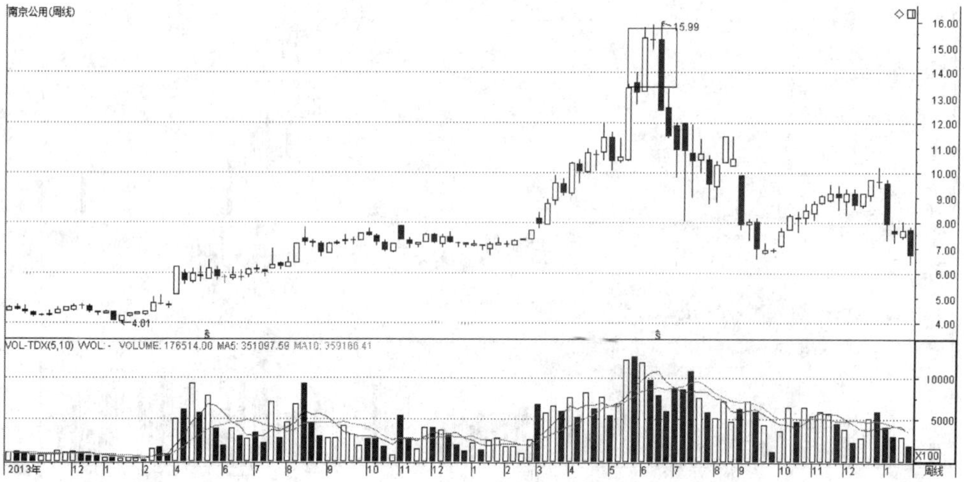

图 4-93 南京公用(000421)周 K 线图

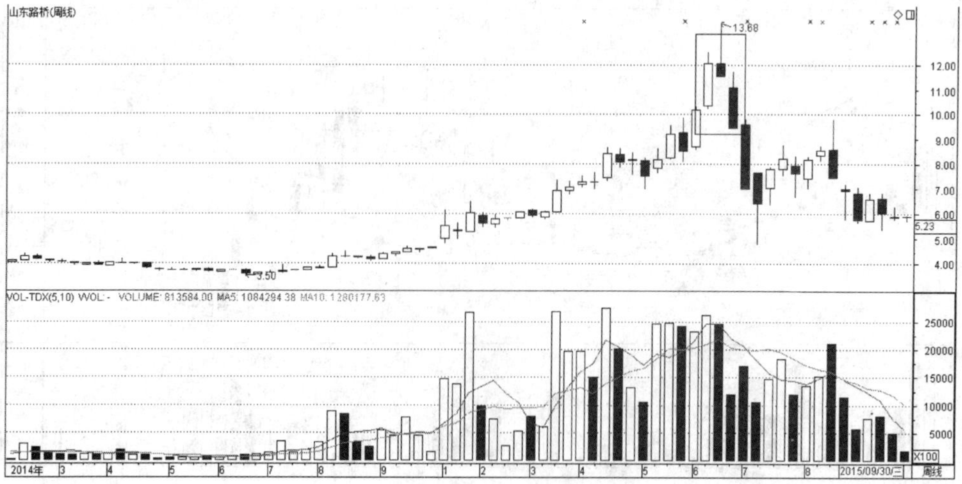

图 4-94 山东路桥(000498)周 K 线图

十二、缺口形态(Gap)

1. 缺口的概念和市场含义

缺口是华尔街的称谓,它与日本投资者所说的窗口(Windows)是同一个意思。所谓缺口,是指市场出现一个不发生任何交易活动的价格区域,也被称为价格真空。例如,某个股票昨天的最高价是 25 元,今天的最低价是 26 元,这就是一个价格缺口,在 25 元到 26 元的价格区域里面没有发生任何交易。这也被称之为上升窗口。反之,假如某个股票昨天最低价是 30 元,今天的最高价是 29 元,则称为下降窗口。

缺口意味着市场开始要加速前进了。背后的原理在于,价格产生缺口是因为买单与卖单之间的力量突然失去均衡,这通常是受到突然发生的重大消息的影响。上升缺口的市场含义是:在前一根 K 线的最高点,和后一根 K 线的最低点之间的价格真空,表明牛方正在主宰着市场,并且愿意为购买这只股票付出更高的价格。下降缺口则意味着在前一根 K 线的最低点和后一根 K 线的最高点之间缺乏任何价格运动,这表明熊方正在驱赶着价格南下,并且在该区域之内没有遭到牛方的任何抵抗。

将缺口分为上升缺口和下降缺口,这种分类方法过于简单,对于技术分析的实战价值不大。对缺口应该进行另一种更为详尽的分类研究,其包括突破缺口、持续缺口、衰竭缺口、普通缺口、除权缺口等五类。这样的分类,对于技术分析具有十分重要的实战价值。投资者需要仔细判断某个缺口属于哪一种类型,因为不同类型的缺口代表着不同的市场含义,交易的对策也不同。

2. 突破缺口(Breakaway Gap)

市场经常会出现一段明显的横盘趋势,这显示多空双方力量对比暂时未发生明显变化,任何一方均未取得决定性的优势。忽然,股价迅速向上或者向下突破,市场出现一个不发生任何交易活动的价格区域,这就是技术分析中的突破缺口。突破缺口是重要的买入或者卖出信号。所谓突破缺口,是指股价突破了横盘箱体,向上或者向下跳跃运动所形成的价格真空,是股价强力走出盘整区域的信号。当股价走出盘整区域并产生缺口以后,就表明牛方(或者熊方)已经获得压倒性优势突破横盘僵局,价格将以相当的力度沿着突破方向推进。

如图 4-95 所示,突破缺口出现时,价格往往伴随着很大的成交量,跳空离开密集交易区后开始形成一波新的趋势。突破缺口可能在数个星期、数个月之内不再被回补。突破缺口出现之前的走势期间越长,随后的新趋势也会越长。值得一提的是,突破缺口出现之后,市场往往会出现回挫的现象。突破缺口出现之后的回调,如果击穿支撑关闭缺口,则有可能这次突破是一次“假突破”,否则就是一次洗盘行为。如果价格以跳空的方式伴随着很大的交易量而离开长期的横盘区间,并且持续创新高或者新低,这就是一个典型的突破缺口。

从市场特征来看,通常情况下,出现突破缺口的 K 线是强有力的大阳线或者大阴线,这与之前的横盘趋势形成鲜明对比,表示牛方和熊方的力量对比已经发生了显著的变化。当价格发生向上的突破缺口时,随后数天之内可能连续创新高价。同理,当价格发生向下的突破缺口,随后数天之内可能连续创新低价。突破缺口当天一般会爆出巨大的成交量,

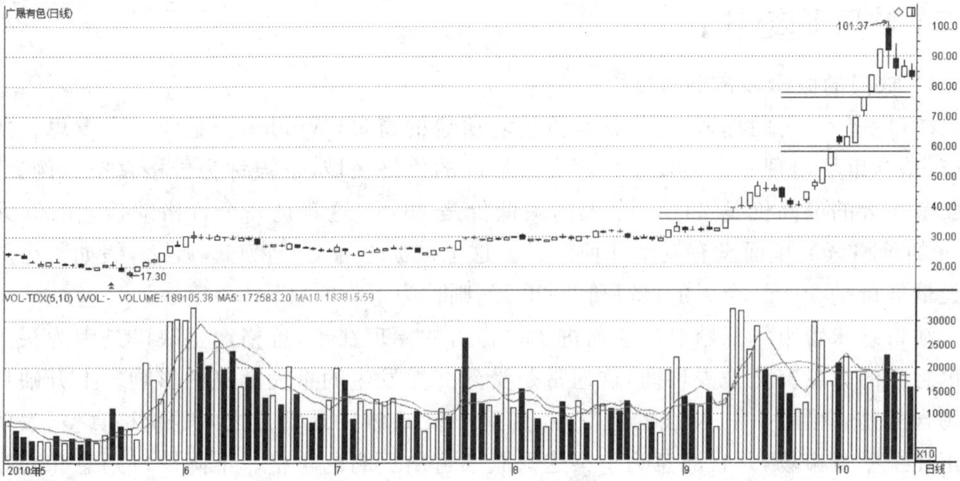

图 4-95 广晟有色(600259)日 K 线图

而且随后数天之内还会持续放大量。相对于突破缺口出现之前的市场平均交易量而言,突破当天的交易量可能会增加一倍以上。突破缺口代表着市场力量对比已经发生了重大改变,新趋势蕴含着庞大的动力。此时,掌握新趋势是一个不错的选择。总之,向上突破缺口如果伴随成交量的扩大,表明股价的被拉升的动能相当大;突破缺口一般短期内不会被回补,如果在短期内没有被封闭,缺口则形成有效支撑位,股价继续突破的有效性进一步被加强。

3. **持续缺口**(Continuation Gap)

持续缺口也称继续缺口,是指股价上涨或下跌趋势中,加速上升或加速下跌所形成的缺口。它暗示股价会维持原先的趋势运动。持续缺口与突破缺口性质类似,但它们出现的位置不同。一个在趋势的起点,一个在趋势的中间。持续缺口和衰竭缺口不太容易辨别,需要更多技巧的综合运用。许多行情看似还有一半,但由于大盘影响、宏观因素等影响,拉升很可能提前结束了。持续缺口的判断方法是,观察价格在底部建仓区域的持续时间、价格离开底部建仓区域之后运动的高度。持续缺口随后必须得到价格的确认——连续创新高或新低。否则的话,投资者很可能遇到的是衰竭缺口。如果价格没有朝着缺口方向创新高或者新低的话,立即平仓观望是一个英明的决策。

如图 4-96 至图 4-98 所示,持续缺口的重要特征是:(1)持续缺口发生在股价突破以后,但还没有远离底部建仓区域的中间位置。由于它的出现能帮助人们大约地估计股价未来可能移动的距离,所以又称为测量缺口。(2)持续缺口如果连续出现若干个,或者说跳空现象连续发生,表示距离趋势终点的位置越来越近了,即暗示着原来的趋势将要结束。

持续缺口在实践中的关键要点是:(1)持续缺口可以帮助投资者估计此波趋势的可能长度。当持续缺口出现时,观察缺口到趋势起点的垂直距离,然后以缺口为基准,顺着趋势的方向投射该距离,这就是该趋势的目标价位。当价格进入目标区,应当准备获利了结。(2)当持续缺口出现时,成交量应该较前几日的平均水准高出 50%。在缺口出现之后的几天之内,如果价格始终没有再创新高或者新低,你很可能已经碰上了衰竭缺口。

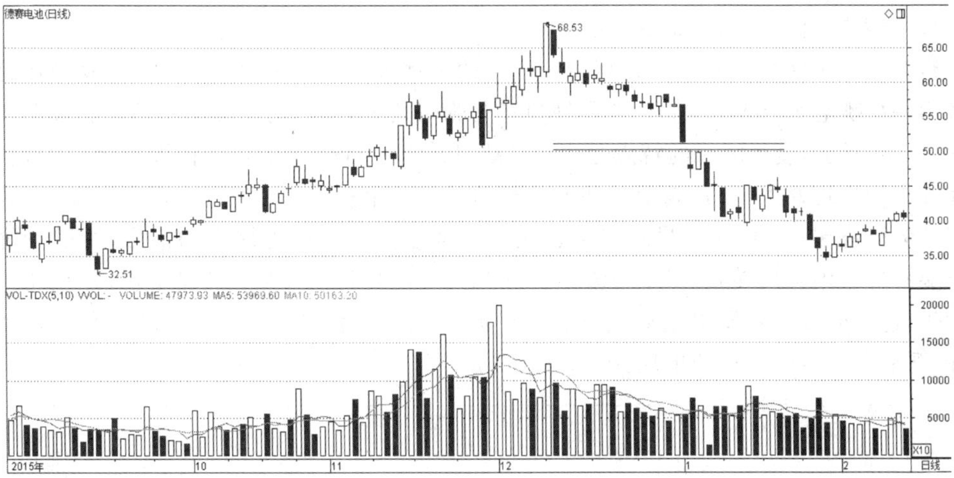

图 4-96　德赛电池(000049)日 K 线图

图 4-97　航发科技(600391)日 K 线图

图 4-98　安凯客车(000868)日 K 线图

4．衰竭缺口(Exhaustion Gap)

衰竭缺口也叫竭尽缺口。它是指一段大的上涨或者下跌趋势即将结束，股价在此价位最后一次跳空所形成的缺口。竭尽缺口已是强弩之末，原来的趋势将要终止。如图 4-99 与图 4-100 所示，衰竭缺口的特点是：竭尽缺口是上升行情或下降行情即将结束的信号，在多头市场出现衰竭缺口，表示长期上升行情即将结束；在空头市场出现竭尽缺口，表示长期跌势已近尾声；由于竭尽缺口是多头市场或空头市场已近尾声的信号，所以股价在几个交易日之内会反转，竭尽缺口多半会在几天之内被封闭；竭尽缺口出现，并在几天内被封闭，这已向投资者发出重要警告；价格向上跳空并伴随着天量的出现，说明已经见顶，向下跳空并伴随地量的出现，说明已经见底。

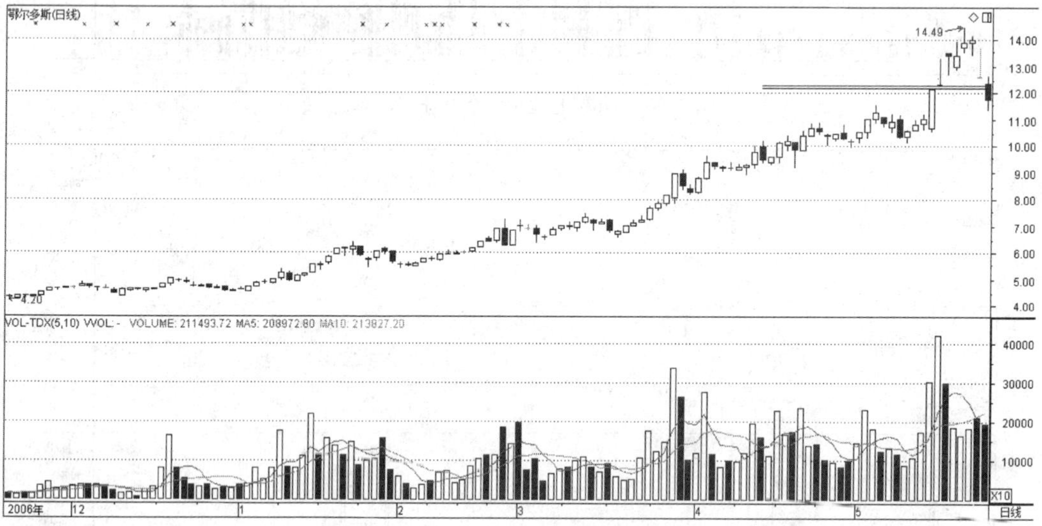

图 4-99　鄂尔多斯(600295)2006 年日 K 线图

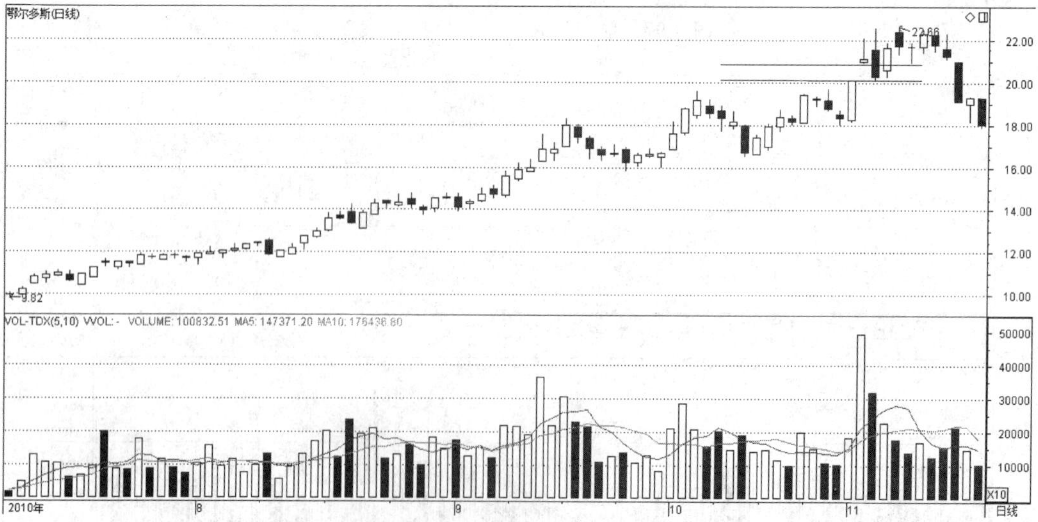

图 4-100　鄂尔多斯(600295)2010 年日 K 线图

中国古人曹刿[1]曾说："夫战，勇气也。一鼓作气，再而衰，三而竭。"衰竭缺口出现之后，价格一般不会再大尺度地再创新高或者新低，趋势通常来回震荡，然后反转将缺口关闭。衰竭缺口发生在趋势的末端，它从外表看起来像是持续缺口——价格伴随着较大的成交量朝着趋势方向跳空前进。如果价格在随后的几个交易日之内没有力量创新高或者新低，它无疑就是衰竭缺口。只有在价格反转而回补缺口时，才能够确认它是衰竭缺口。这种缺口看似于临死之前的回光返照，病情似乎颇有起色，实际上却是油灯即将枯竭的前兆。

5. **普通缺口**(Common Gap)

如图 4-101 所示，普通缺口是指出现在趋势横盘箱体状态中的缺口。其特征是股价虽然出现跳空现象，但是并未导致股价脱离横盘箱体区域，短期内股价走势仍是盘局，缺口也会在几天内被封闭。由于普通缺口很容易被关闭，在多空斗争中也不代表任何一方已经取得主动，所以几乎没有什么技术操作上的意义。可以看出，普通缺口通常出现在平静而没有趋势的行情中，它们经常出现于交投冷清的个股。普通缺口的特点是向上跳空之后不再创新高，向下跳空之后不再创新低。在普通缺口出现的当天，成交量有可能会略微放大，但随后又恢复正常(平均)的成交量水平。正如它的名字一样，普通缺口一般没有操作参考价值。

图 4-101　航天发展(000547)日 K 线图

6. **除权缺口**(Exit Right Gap)

除权是"免除得到股息的权利"的简称。上市公司发放的股息一般由两种形式[2]：现金股利、股票股利。除权是由于公司股本增加，每股股票所代表的企业实际价值(每股净

---

① 曹刿：春秋战国时期鲁国大夫，军事理论家。

② 近年来又有实物股利的形式。实物股利作为一种股利分配形式，在西方国家比较普遍。在我国实务中，企业的股利政策则多是以发放现金股利和股票股利为主。2013 年 4 月 4 日，南方食品股份有限公司发布的一则公告，却引起了多方关注。公告称，为了扩大公司新产品的宣传和影响，同时为了感谢股东，在公司股东中开展新产品赠送活动，给每持有 1 000 股的股东发放该公司新产品黑芝麻乳礼盒。这也是我国上市公司给股民发放实物福利的先例。

资产)有所减少,需要在发生该事实之后从股票市场价格中剔除这部分因素,而形成的价格自然下降的行为。在开盘前一个交易日拥有股票是含权的,而收盘后的次日其交易的股票将不再参加利润分配。股权登记日那天的收盘价,到了除权除息日已经失效,所以除权除息价实际上是将股权登记日的收盘价予以变换,变换成为不含有股息的收盘价。

在股票的除权除息日,证券交易所都要计算出股票的除权除息价,来代替昨天那个收盘价,以作为投资者在除权除息日开盘时报单的参考。比如,张三在除权除息日这一天集合竞价和连续竞价时的报单,必须在除权价对应的涨跌停板的幅度内才为有效报单。除权价的计算公式为:

$$除权价=\frac{股权登记日的收盘价\times 10-现金股利}{10+送股数+转股数} \qquad (公式 1\text{-}1)$$

以中国宝安为例,如图 4-102 所示,该公司 2015 年利润分配方案为 10 送 2.5 股转 1 股派 0.7 元。该公司确定的除权除息日为 2016 年 7 月 21 日。股权登记日(2016 年 7 月 20 日)的收盘价为 14.58 元。则除权价应为 10.75 元,除权价的计算过程见公式 1-2。在除权除息日这一天,所有投资者必须在 9.68 元~11.83 元之间报单,才是有效报单。

$$除权价=\frac{14.58\times 10-0.7}{10+2.5+1}=10.75(元) \qquad (公式 1\text{-}2)$$

2015-12-31	进展说明:实施 10送2.5股 转1股 派0.7元(含税) 股权登记日:2016-07-20 预案公布日:2016-04-29 股东大会审议日:2016-06-29 股东大会决议公告日:2016-06-30 实施公告日:2016-07-14 除权除息日:2016-07-21 红利发放日:2016-07-21 送转股上市日:2016-07-21
2015-06-30	是否分配:不分配 进展说明:决案
2014-12-31	进展说明:实施 10派0.2元(含税) 股权登记日:2015-08-05 预案公布日:2015-04-29 股东大会审议日:2015-06-26 股东大会决议公告日:2015-06-27 实施公告日:2015-07-31 除权除息日:2015-08-06 红利发放日:2015-08-06

图 4-102 中国宝安(000009)分红方案

除权缺口并不是由交易行为产生,而是由股票的分红派息等原因形成的,缺口的出现并不意味着实际股价的变动。如图 4-103 所示,除权除息缺口的幅度取决于上市公司的分红方案,而且只存在向下跳空缺口,不存在向上跳空缺口。因为除权除息缺口没有实际意义,所以在技术分析中一般不依靠这些缺口进行决策。

综上所述,突破缺口、持续缺口、衰竭缺口是技术分析中非常重要的三种缺口,具有极大的运用价值。第一,股价突破密集成交区的第一个缺口是突破缺口。确认突破缺口是

图 4-103　中国宝安(000009)日 K 线图

否有效应结合成交量。向上突破的缺口,必须伴随较大的成交量。第二,一般而言,持续缺口是第一个远离成交密集区的缺口。在第一个持续缺口以后所出现的每一个缺口都有可能成为竭尽缺口。在第一个持续缺口出现以后,每出现一个缺口都必须首先判断是持续缺口还是竭尽缺口。第三,判断竭尽缺口最好与成交量结合起来,但是在用成交量来判断竭尽缺口时,上升行情与下跌行情有所不同。在上升行情中,缺口发生的当日或者次日如果成交量显得特别大,而且预期将来一段时间内不可能出现比这个更大的成交量或者不可能维持这个成交量,那么极有可能是竭尽缺口而不是持续缺口。如果股价出现的第二波行情里有当日反转情形并且收盘价停留在缺口附近,或者缺口出现以后在短时间内即被封闭,就更加可以确认是竭尽缺口。在下跌行情中,缺口发生当日或者次日成交量极度萎缩,此缺口往往也是竭尽缺口。

第 5 章

趋势分析

本章学习目标

- 趋势线的基本原理
- 趋势线与通道线
- 支撑线与压力线
- 极性转换原理
- 移动平均线
- 多头排列与空头排列
- 黄金交叉与死亡交叉
- 头肩底形态、W 底形态、多重底形态
- 旗形洗盘、矩形洗盘、上升三角形
- 头肩顶形态、M 顶形态、圆弧顶形态、倒 V 形顶形态

第 1 节　趋势与趋势线

一、趋势及其分类

趋势就是价格运动的方向。一般来说，市场不会漫无目的，也不会直来直去，市场运动的特征就是蜿蜒曲折，其轨迹就像是前赴后继的波浪一样，具有明显的波峰和波谷。所谓趋势，就是由这些波峰和波谷依次上升或者下降运动所构成的。证券市场上有三种趋势：上升趋势（如图 5-1 所示）、下降趋势（如图 5-2 所示）和横盘趋势（如图 5-3 所示）。在上升趋势中，上涨波段的高点不断地创新高，而折返的低点也在不断地垫高。在下降趋势中，下跌波段的低点不断创新低，反弹的高点也不断地下滑。在横盘趋势中，涨势经常在几乎相同的价位出现折返，跌势也经常在几乎相同的价位得以反弹。在技术分析中，趋势的概念是非常关键的内容。技术分析师所使用的关于趋势线的工具箱，包括支撑线和压力线、移动平均线、通道线等，根本目的就是作为价格运动的辅助线，来评估市场先生的运动趋势，从而顺应趋势的方向进行交易。投资者必须明确辨认趋势的

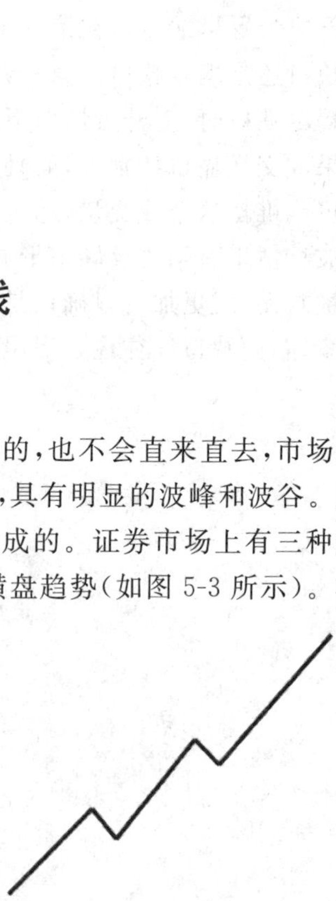

上升趋势：峰和谷依次上升

图 5-1　上升趋势

类型，在明确的上涨趋势上做多、在明确的下跌趋势上做空。横盘趋势里往往很难赚到钱，也许空仓才是最佳策略。

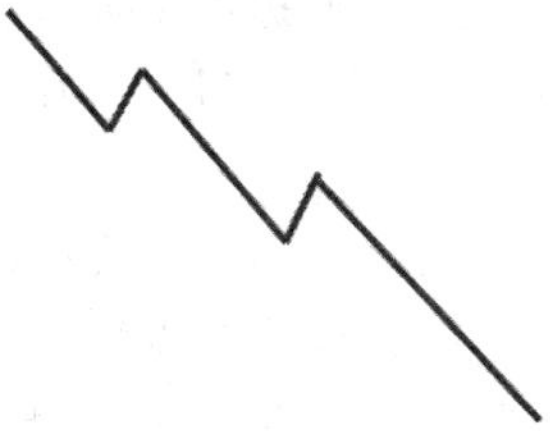

图 5-2　下降趋势

图 5-3　横盘趋势

二、趋势的构成

趋势一般由主要趋势、次级趋势和短暂趋势构成，这三种运动趋势或许会在同一时点存在。道氏理论[①]首次定义了这三种趋势运动。主要趋势，可以比喻成大潮。它代表着价格整体向下或者向上的主要方向，也就是众所周知的牛市或者熊市，其持续时间一般较久。处于第二位的是次级趋势，可以比喻成波浪。它是一种看起来更具有欺骗性的运动。这些次级趋势表现为牛市之中的回调行情，以及熊市之中的反弹行情。这些次级运动通常持续时间较短。处于第三位的是短暂趋势，可以比喻成波纹。例如价格的日间波动，通常也属于不太重要的趋势运动。这种趋势运动如同水面上出现的涟漪，短暂而微小。这三种趋势运动如影随形，就像奔涌向前的波浪一样，尽管每一浪会朝着海岸冲得更远，但其间的回调不可避免。次级运动使得势不可挡的价格主要运动稍息了片刻，尽管前进的步伐貌似受阻，但大势向前的自然规律不可逆转。三种趋势运动如图 5-4 所示。

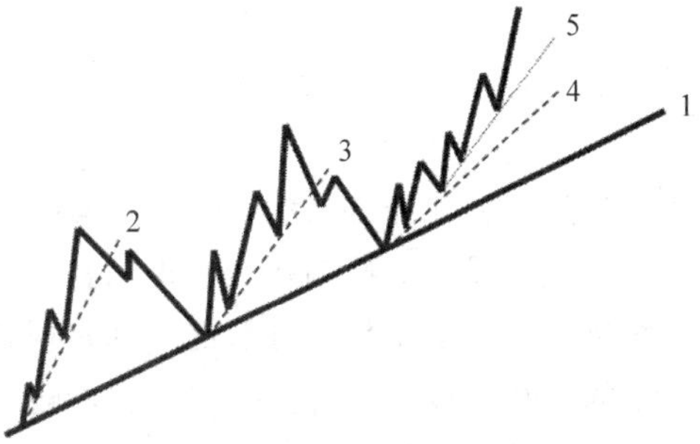

图 5-4　趋势运动的三个层次

三、趋势线的绘制方法及其效力

趋势线是传统图形分析方法中的一种，属于主观型技术分析方法，它是按照一定的方

---

① 查尔斯·道是美国最伟大的财经资讯公司——道琼斯公司的缔造者，他也是《华尔街日报》的创办者之一。直到 1902 年离开人世，查尔斯·道一直在《华尔街日报》担任编辑工作。在生命的最后几年里，他写过一些关于股票市场的评论文章，这些文章是查尔斯·道本人唯一现存的观察股市规律的记录。这些记录是以股票每日价格平均波动为基础的。查尔斯·道本人并没有将自己对股票市场的研究理念直接定义为道氏理论。首次提出道氏理论的是他的好友萨缪尔·A.尼尔森在 1902 年出版的著作《股票投机原理》中提出的。在该著作中，尼尔森第一次从实战应用的角度阐释了道氏理论。引自罗伯特·雷亚著：《道氏理论》，何平林、孙哲译，天津，天津社会科学院出版社，2012 年 1 月第 1 版，第 3 页。

法和原则，在根据股价所绘制的图表中画出一些直线，然后根据这些直线的情况来判断和预测股票价格的未来趋势，这些直线也叫作切线，所以也被称为切线理论。切线家族中包括趋势线、通道线、压力线与支撑线等不同的各类。切线理论为我们提供了很多价格移动的规律性的参考。但这些判断通常在很大程度上带有主观性，它们仅仅是一种决策参考，不能把它们当成万能钥匙。

趋势线绘制方法是将一段时间内的价格波动低点（谷）或者高点（峰）依次连接而形成的一条向上或向下的直线。趋势线可以分为上升趋势线和下降趋势线。当价格上升到某一高点时，向下回调；过了一段时间后又恢复了上涨，上升到新高之后，再度向下回调，但是这次回调并没有比上次跌的更低，而是在高处再次恢复了上涨。我们可以将这两个低点连接成直线，得到上升趋势线。反之，我们可以得到下降趋势线。如图 5-5 所示，上升趋势线是由依次上升的向下回调低点连接而成的，首先在低点 1 和 3 做出尝试性的趋势线，然后还需要第三个点 5 来确认该趋势线的有效性。下降趋势线是通过连接依次下降的反弹高点而做出的，先由两点 1 和 3 做出尝试性的下降趋势线，然后通过第三点 5 验证趋势线的有效性。投资者要记住：连接点越多，趋势线越有效。

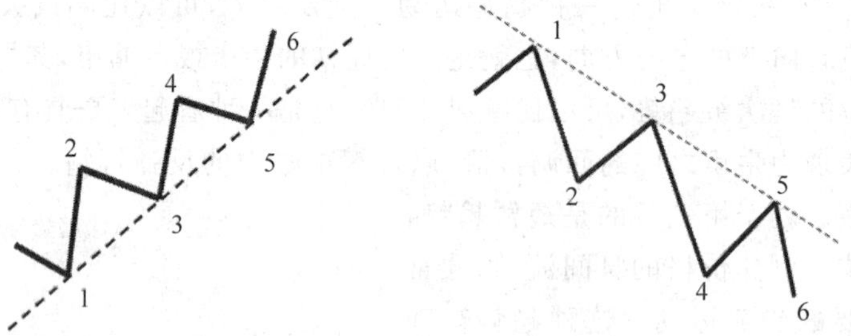

图 5-5　趋势线的绘制方法

当价格处在涨势之中，沿着底部绘制上升趋势线。当价格处在跌势之中，沿着头部绘制下降趋势线。这些趋势线向未来延伸（延长线）的部分可以帮助投资者判断买进与卖出的时机。许多从事技术分析的人都是根据极端的最高点或者最低点绘制趋势线。但是，科学的方法应该是沿着密集交易区的边缘绘制它。这些边缘区域代表大多数的交易者在此掉头。技术分析是一种民意调查，调查者希望知道大多数群众的意见，而不是少数偏激者的意见。沿着密集交易区的边缘绘制趋势线，就是让趋势线的市场代表意义大大增加。

如图 5-6 所示，我们看到价格走势中的高点与低点的形态，如果上涨波持续创新高并且下跌波的低点也持续垫高，这代表着上升趋势。如图 5-7 所示，我们看到价格走势的高点与低点都在不断地下滑，这代表下降趋势。如图 5-8 所示，我们看到价格走势的高点与低点呈现不规则的形态，这代表横盘趋势。投资者辨认趋势的良好方法是绘制趋势线。连接最近的重要低点而绘制上升趋势线；连接最近的重要高点而绘制下降趋势线。

趋势线绘制成功之后，还要确认其有效性。观察价格触及趋势线的次数，追问趋势线的效力是否得到确认。有时候某条旧的趋势线会出现失灵，此时需要加以一定的修正，这称为修正趋势线。修正趋势线意味着形势发生了悄然变化。例如，趋势线变得陡峭起来。

角度是趋势线最为重要的特征，观察角度变化，可以找到趋势"提速"或者趋势反转的

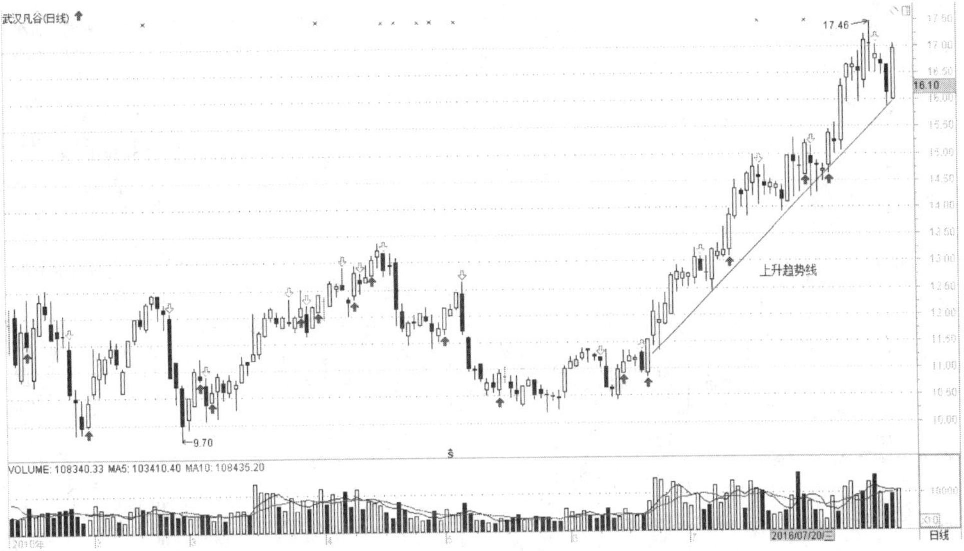

图 5-6　武汉凡谷(002194)日 K 线图

图 5-7　中国核电(601985)日 K 线图

早期信号。趋势线的角度,反映了市场主导力量的强弱。比如,60 度以上角度运行的上升趋势线,一般都是强主力快速拉升的主升浪。趋势线的角度反映了其斜率。趋势线向上倾斜显示牛方正在掌控市场,择机买进是个不错的选择。趋势线向下倾斜则显示灰熊正在主宰市场,择机做空或者持币观望是正确选择。

一般说来,投资者可以根据五个关键维度,来评估趋势线的重要性或者其支撑或压力强度:趋势线的期间长度、图表的时间级别、触线次数、趋势线的角度、交易量。具体而言:

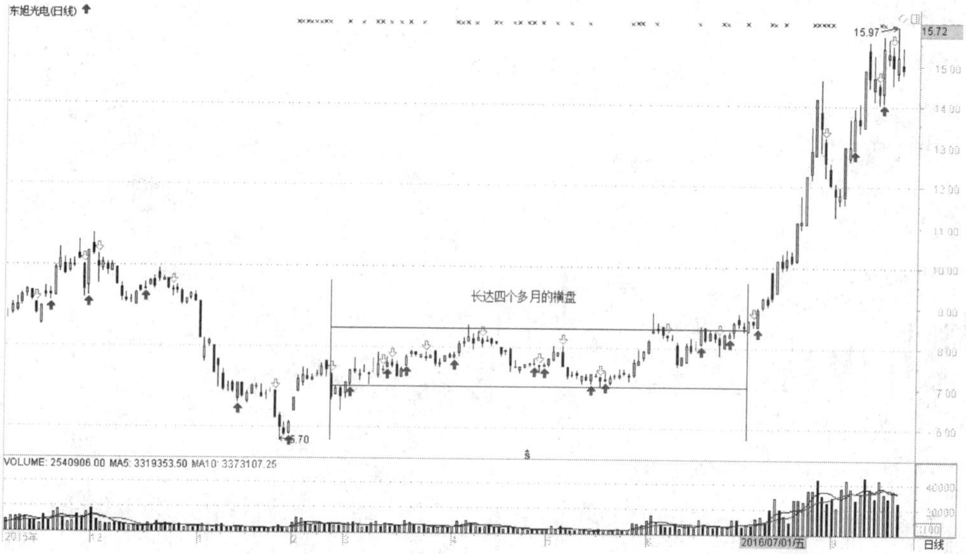

图 5-8 东旭光电(000413)日 K 线图

(1) 趋势线存在的期间越长,其效力就越强大。趋势线反映其涵盖期间之内的群众行为,它存在并持续的期间越长,趋势的惯性也就越大。

(2) K 线图表的时间级别,一般包括周线、日线、小时 K 线等。周线级别图表中的趋势线重要性强于日线级别的图表,日线级别的趋势线强于小时 K 线图表。

(3) 价格触及趋势线的次数越多,趋势线的效力越强大。在上升趋势中向下调整的小波动,代表着灰熊的反攻。在下降趋势中向上的反弹,代表着牛方的反攻。当价格触发趋势线,随后又向相反方向弹开,表明反攻结果“无功而返”,显示市场主导力量已经力挽狂澜地击溃了造反者,市场已经恢复了主要趋势。

(4) 趋势线的角度代表着目前主力的操盘心态,或者说代表着群众的情绪亢奋程度。陡峭的趋势线代表着市场主力正在赶行情,拉升到目标价位的迫切心态暴露无遗。角度平缓的趋势线,则表达了主力不温不火、缓步进攻的态度。遇上温水煮青蛙的主力,行情才会持久。中国的古人早就说过:路遥知马力、欲速则不达。角度平缓的拉升趋势就像龟兔赛跑故事中的乌龟一样后劲十足;角度陡峭的快速拉升,或许本身就意味着出货已经被提上了议事日程。投资者在实战中看到,价格有时会加速发展而脱离原来的趋势线,即拉升角度突然由平缓变得陡峭。这表明趋势正在加速发展,但它的持续能力将大大降低。当趋势线突然变得陡峭,切忌被暂时的喜悦冲昏了头脑。

(5) 在一段上升趋势中,价格与交易量的正常关系是——放量上涨、缩量回调。原因是涨势吸引了交易者入场;跌势又浇灭了他们的热情。在一段下跌趋势中,价格与交易量的正常关系是——放量下跌、缩量反弹。原因是大跌让持仓者如惊弓之鸟夺路而逃;熊市反弹悲观氛围里人们不敢买入。投资者可以在趋势线附近观察到市场力量的变化。例如下降趋势里,价格带着超大交易量向上反弹,来测试趋势线。这暗示着灰熊阵营中的叛军人数或许正在快速增加,牛方做多的力量已经小有规模了。

趋势线对价格未来变动具有约束作用。趋势线可以使价格保持在它的上方或下方,在上升趋势中价格保持在它的上方，而在下降趋势中使价格保持在它的下方。事实上，趋势线已经起到了支撑和压力的作用。因此，上升趋势线是一种特殊的支撑线，下降趋势线是一种特殊的压力线。趋势线具有反转信号的预警作用。趋势线一旦被有效突破，就意味着价格的下一步走势将出现反转，越是重要、越是有效的趋势线被击穿，其反转的信号性越强烈。如图 5-9 所示，上升的支撑线已经变成了压力线。支撑线被有效地击穿之后，在之后的反弹中起到压力的作用。下降的压力线已经变成了支撑线。压力线被有效地击穿之后，在价格回调中起到支撑的作用。

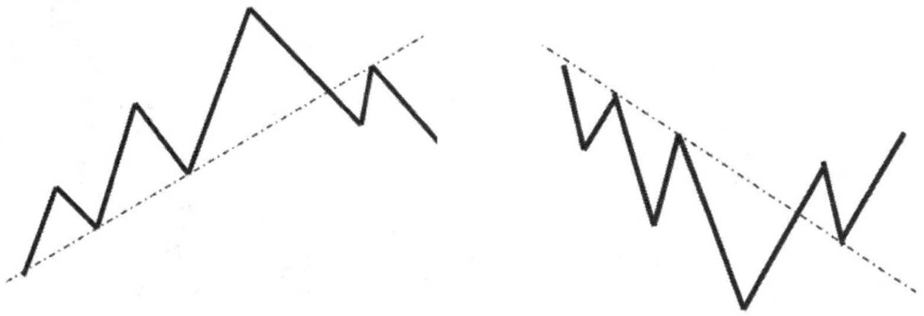

图 5-9　趋势线作为支撑和压力

四、趋势线被击穿

古人云：天下没有不散的宴席。华尔街也有这样的谚语：树木不可能长到天上去。趋势线运行一段时间之后，最终会被有效突破。当既有的趋势线被突破，显示市场主导群体的力量已经减退。但是，趋势线并不是一道“玻璃屏障”，貌似被击穿之后，并不一定意味着分崩离析。也就是说，判断趋势线是被“有效突破”还是“假突破”，对于投资者的决策起着非常重要的参考和指导作用。上升趋势中，只要上升趋势线没有被有效突破，则趋势线附近可以作为买入区域。同理，下跌趋势中，只要下跌趋势线没有被有效突破，则下跌趋势线附近可以作为卖出区域。如图 5-10 所示，点 5 和点 7 的位置是重要的操作时机。

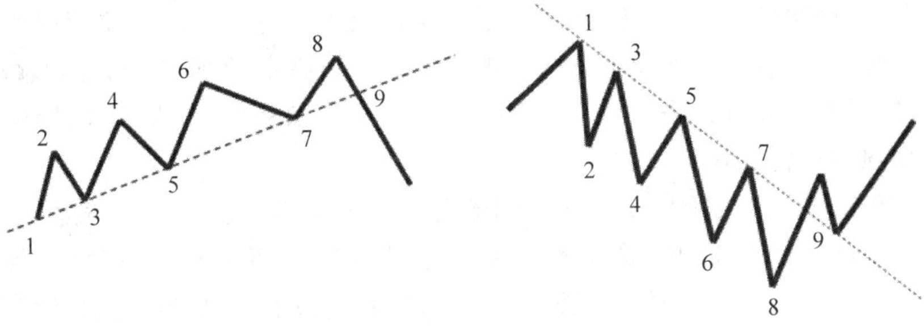

图 5-10　趋势线的突破

判断趋势线是否有效突破，一般有以下几个要点：

(1) 趋势线被击穿的程度。趋势线被击穿的程度越大，则越意味着大势可能会发生转变。亚历山大・艾德在他的名著 *Trading for a Living* 中这样写道：趋势线更像是围住兽群的栅栏，在几只公牛或者灰熊的冲撞之下，栅栏是不会倒塌的。可以想象，假如栅栏里所有野兽群起而攻之，栅栏被击破的可能性随之而增。

（2）击穿趋势线之后在“国外”停留的天数。击穿趋势线之后，价格在趋势线的另一侧滞留的时间越长，此次突破越有效。如图 5-11 所示，价格三次击穿趋势线。击穿趋势线之后，价格在趋势线的另一侧滞留的时间分别是 4 天、3 天、11 天以上。

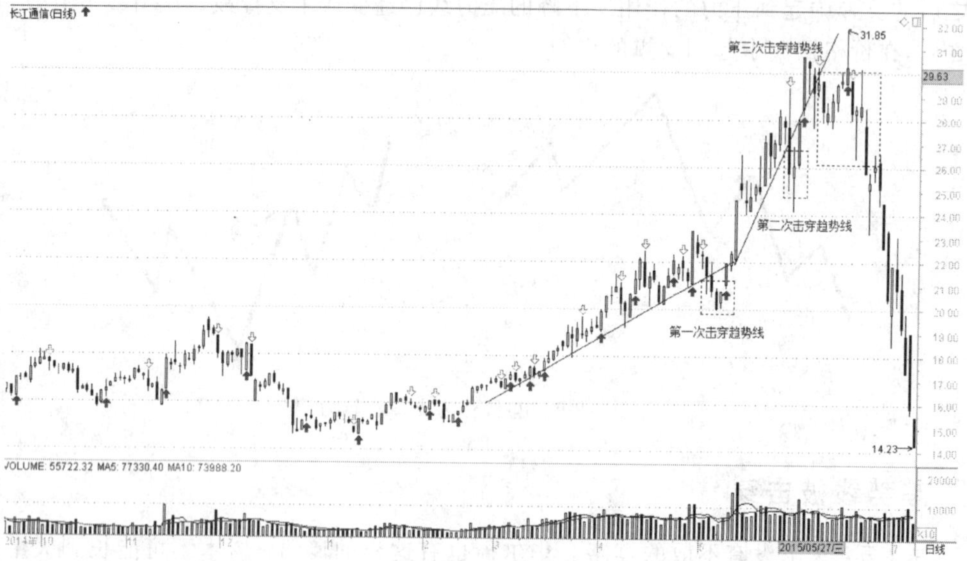

图 5-11　长江通信(600345)日 K 线图

（3）击穿趋势线之后是否连续三天创出新价格。例如，上升趋势线被击穿之后，价格连续三天及三天以上创出新低，这一般可以被视为有效突破。反之，下降趋势线被击穿之后，如果连续三天及三天以上创出新高，一般可以视为有效突破。

（4）是否是用收盘价来击穿趋势线。投资者在判断突破有效与否时，观察市场是用收盘价突破趋势线，还是用最高价（或者最低价）突破趋势线。用最高价（或者最低价）击穿趋势线，有可能只是一次盘中诱多（或者洗盘）行为。

（5）击穿趋势线附近交易量的变化，以及 K 线技术指标信号。价格要强力向上突破一条下降趋势线，或者价格在向下强力突破一条上升趋势线，须有成交量的大幅放大予以配合。另外，需要观察价格击穿趋势线附近，BOLL 线、RSI 指标、MACD 指标等技术指标是否出现强烈反转信号。

（6）击穿趋势线之后价格反弹或回调的力度。价格跌破上升趋势线之后，在距离趋势线不远的位置停留较少的交易日之后，带着小量回升，但是反弹力度较弱，触及趋势线附近成交量放大并出现价格再度下跌，投资者可以判断该上升趋势已经被破坏，趋势线已经被有效突破，这通常是价格反转时的重要特征。

（7）击穿趋势线附近是否出现重要的 K 线反转形态。例如，在上升趋势线被击穿的附近交易日，市场已经出现黄昏之星形态、墓碑十字线形态、看跌的捉腰带线形态等，则是重要的确认信号。

五、通道线

通道线(Channel Line)也被称为轨道线,它是由沿着密集交易区域两侧边缘所绘制的两条互相平行的直线所构成。和趋势线道理相同,我们应该沿着密集交易区域的边缘来绘制通道线,而不是那些极端的高点或者低点。如果通道线清晰可见,这就强化了趋势线本身的效力。

通道线的绘制方法,如图 5-12 所示。在一轮上升趋势之中,沿着各个最低点画出基本趋势线,然后从第一显著高峰引出一条线,平行于基本上升趋势线,这条线就是通道线,它与上升趋势构成上升通道。在一轮下跌趋势之中,沿着各个最高点画出基本趋势线,然后在第一显著的低点引出一条线,平行于基本下跌趋势线,这条线就是通道线,它与下跌趋势线构成下跌通道。

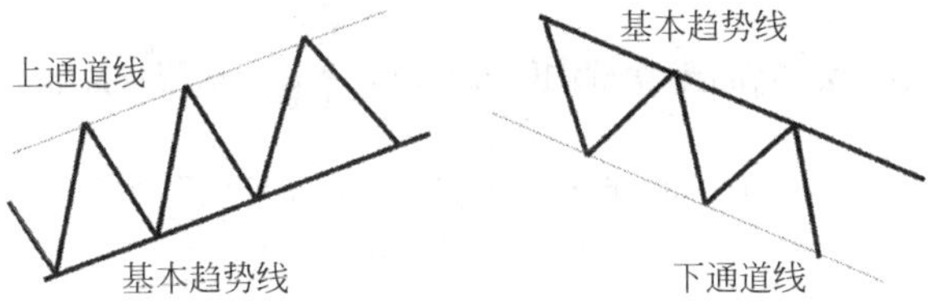

图 5-12　通道线的绘制方法

与趋势线相似,通道线的效力强弱要取决于它被价格运动触及的次数。通道线能够限制股价变动的范围。通道线一旦形成,价格将在这个通道里变动。如果上面或下面的趋势线被突破(击穿),就意味着趋势可能将有一个新的变化。上升通道的轨道线实际上是一种特殊的压力线,而下降通道的轨道线实际上是一种特殊的支撑线。价格如果得到了下轨支撑或受到上轨压力而掉头,并一直走在趋势通道里面,那么这条通道线就可以被确认。通道线被触及的次数越多,延续的时间越长,其效力被确认的程度和重要性就越高。

通道线代表着牛方在上升趋势中的能量轨迹,或者灰熊在下降趋势中的力量轨迹。通道越宽,趋势就越强劲。投资者可以在上升通道下侧的四分之一位置附近寻找买入机会,在通道的另外一端寻找获利了结的机会。如图 5-13 所示,这是航天动力日 K 线图。从 2016 年 3 月份开始,该股呈现上升趋势,其上升通道如图所示。从图中可以清晰地看出,从 2016 年 3 月份到 2016 年 8 月份,该股基本上呈现的特征是拉升 2 个月左右,休息 1 个月左右。如图 5-14 所示,这是华夏幸福日 K 线图。该股从 2015 年 12 月中旬见顶,在顶部出现了上吊线形态、流星线形态、长腿十字线形态、风高浪大线形态,随即开始了为期一个半月的下降通道。

通道线能够向投资者提供趋势是否加速的信号。与前面阐述的突破趋势线不同,上升通道线的向上突破,并不是趋势即将要反转的开始,而是趋势加速的开始,即原来的趋势线的斜率将会增加,趋势线的方向将会变得更加陡峭(如图 5-15 所示)。对于通道线的击穿,也会发出趋势是否转向的早期预警信号(如图 5-16 所示)。例如,在一个十分陡峭

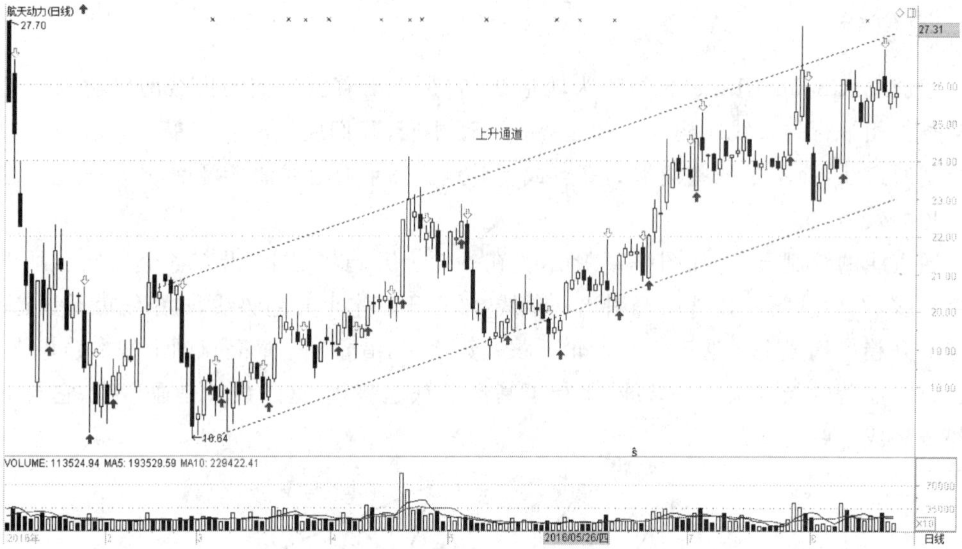

图 5-13　航天动力(600343)日 K 线图

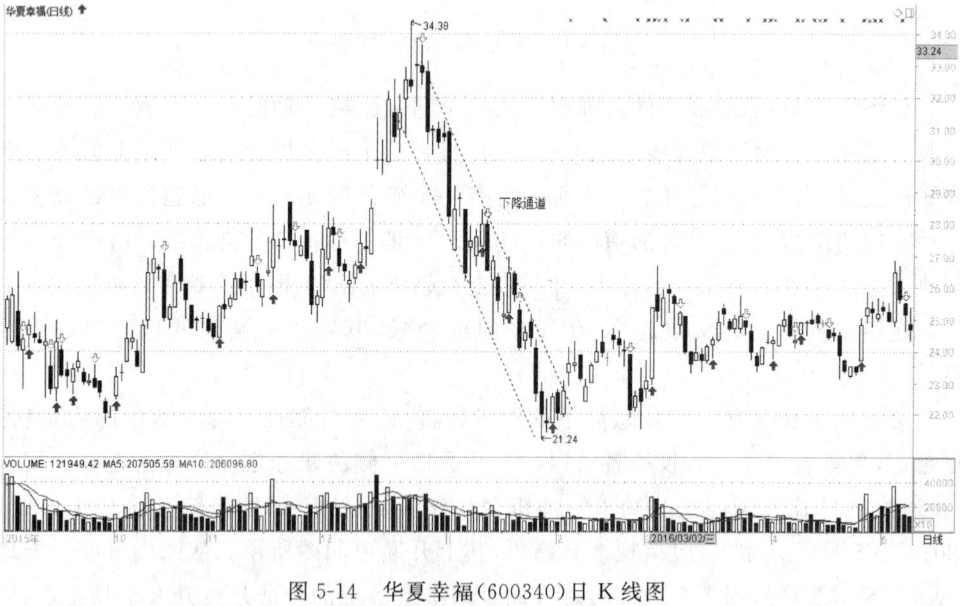

图 5-14　华夏幸福(600340)日 K 线图

的趋势通道线里，价格突然跌破轨道线，这可能预示着上升趋势的衰竭。当价格无法维持在轨道线的上方或下方时，是趋势反转的信号，如果成交量配合放大，情况更是如此。一般而言，趋势通道越陡峭，价格突破轨道线后就越有可能发展成为衰竭走势。更为重要的是，价格在一次向上运动中未触及上轨道线，离上轨还很远就开始掉头向下，这往往是主要趋势将要发生逆转的早期预警信号(如图 5-17、图 5-18 所示)，这显示市场似乎已经没有力量继续维持原来强有力的拉升了。

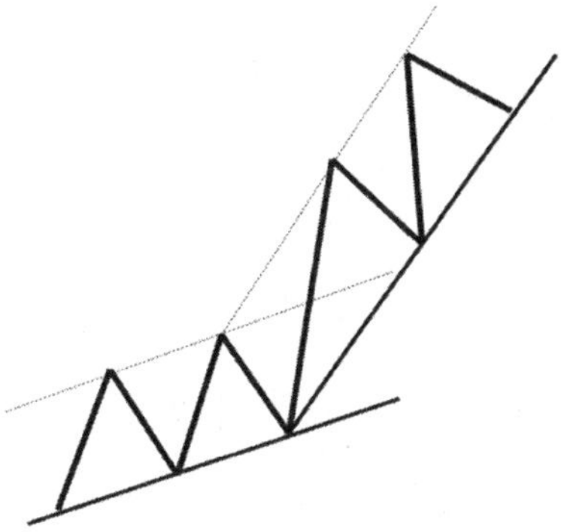

图 5-15 通道线的加速

图 5-16 航天工程(603698)日 K 线图

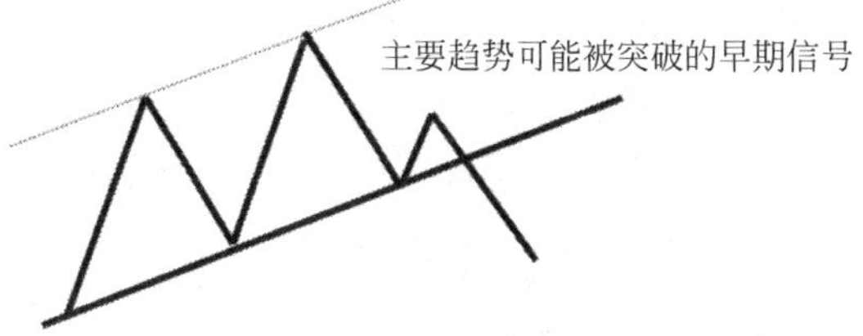

图 5-17 主要趋势可能被突破的早期信号

图 5-18　深天马 A(000050)日 K 线图

六、支撑线与压力线

学习趋势分析时，支撑线与压力线(Resistance Level / Support Level)是最为重要的概念。皮球触及地板会反弹，触及天花板会落下。支撑线与压力线就像地板和天花板一样，价格在它们的中间穿梭运动。观察支撑线和压力线的强度，有助于投资者判断趋势将会继续还是反转。技术分析中的“支撑位和压力位”(如图 5-19 所示)，与“支撑线和压力线”(如图 5-20、图 5-21 所示)，是两组不同的概念。所谓支撑位是指某个价位，买入的力量足以使得下降趋势中断并且反转。当一段下降趋势触及支撑位，价格将会向上运动。所谓压力位是指某个价位，卖出的力量足以使得上升趋势中断并且反转。当一段上升趋势触及压力位时，价格将会向下回调。在价格趋势图中，支撑线表示为谷底与谷底所衔接构成的水平直线。在价格趋势图中，压力线表示为高峰与高峰所衔接构成的水平直线。

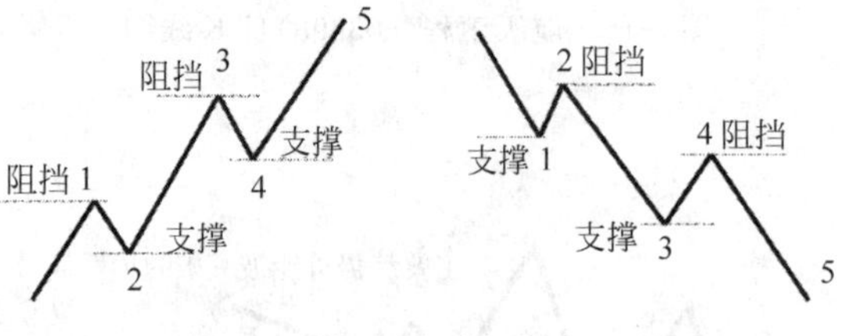

上升趋势和下降趋势中的支撑与压力水平

图 5-19　支撑位与压力位

支撑线和压力线为什么会出现？美国交易家亚历山大·艾德曾经这样说道：支撑线和压力线的出现，是因为人们有记忆。记忆驱使人们在某个价位买进或者卖出。举例来说，1966 年到 1982 年之间，每当道琼斯工业指数上涨到 950-1050 点，上升趋势便寿终正

图 5-20　中信海直(000099)日 K 线图

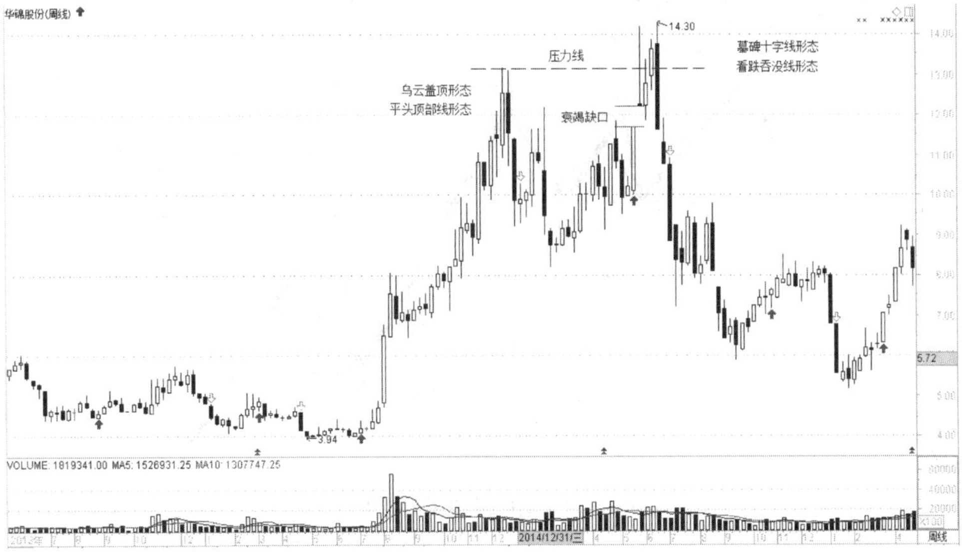

图 5-21　华锦股份(000059)日 K 线图

寝。正因为如此，许多交易者将这个压力区域称为高空中的坟场(A Graveyard in the Sky)。支撑与压力线之所以存在，是因为交易的群众觉得痛苦与懊悔。套牢者们觉得痛苦，当市场给他们第二次解套的机会时，痛苦了许久的输家们经常决定解套离场。错失机会的交易者觉得懊悔万分，也期待市场再一次给他们低位买入的机会。

支撑线和压力线事实上已经演变成为一种群众心理效应。如果能够把上一章讲解的形态分析，与这里的趋势分析结合起来，将会起到技术确认的重要效果。投资者要善于观察：支撑和压力线在哪里？支撑线和压力线在实际运用中可以表现为趋势线、移动平均线、近期高点或者低点等。

如图 5-22 所示，价格从高处跌落下来，市场显然已经陷入超卖状态。到了这个时候，恐惧者早已纷纷割肉离场，没有离场的大多都是死扛着的，此时往往交易量十分低迷。投资者张三在 A 点做多，当价格朝着 B 点反弹时张三心情高兴之余，后悔没有买的更多。治疗他懊悔的解药就是价格回到 A 点附近，他将会买的更多。李四在 A 点附近做空，加入了空军的阵营。当价格朝着 B 运行时，李四开始痛苦起来。他的痛苦程度与价格向上反弹的程度成正比。治疗他痛苦的妙药，就是价格能够回到成本附近时他得以平仓。王五是一直在寻找做多机会的观望者，他眼看着价格从 A 点一带朝着北方进攻，懊悔自己没有及时出手。王五盼望着价格能够回到稍低一些，他将加入多头的阵营。也许是老天是要考验一下他们的投资智慧，价格果然从 B 点附近向下回调。当价格回到 A 点附近，三种类型的投资者纷纷用实际行动解除了他们的懊悔(或者痛苦)。由于他们的行动都是买入，这种强大的做多动能，使得价格在 C 点附近得到了支撑。然而，天有不测风云，过了一段时间，价格突然从 E 点附近击穿了支撑线。此时，三位投资者的心理角色开始发生了变化。多头张三的痛苦程度与价格跌落的程度成正比；李四懊悔当初在 A 点一线做空的太少。当价格有机会反弹回来时，投资者们步调一致的卖出行为，使得价格的反弹不得不在 G 点止步。于是，图形上出现了压力线。

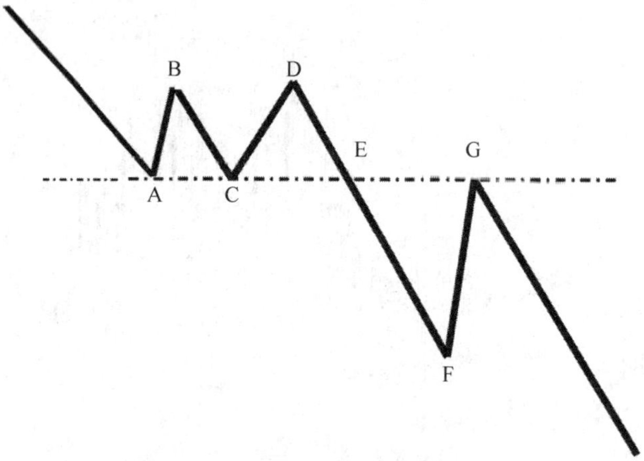

图 5-22　支撑线和压力线原理

可以看出，前一阶段的支撑线一旦被击穿，它将演变成为下一阶段的压力线，反之亦然。技术分析里把这种支撑线与压力线相互转化的现象，称为极性转换原理，如图 5-23 至图 5-25 所示。正如中国古人所言：否极泰来、乐极生悲。价格运动的支撑位和压力位不可能一成不变。从较长的时间窗来看，支撑线和压力线阻止价格朝某一方向运动的作用是暂时的，它们只能使价格朝着某一方向运动暂时性地停顿，价格终有一天会击穿支撑线或者压力线。

关于支撑线和压力线，实践中的重要规律是：

(1) 周线级别的支撑线和压力线，强度要比日 K 线级别的重要。如果周 K 线图上呈现海阔天空的趋势，则日 K 线图无忧。反之，当周 K 线图的价格趋势逼近压力线或者支

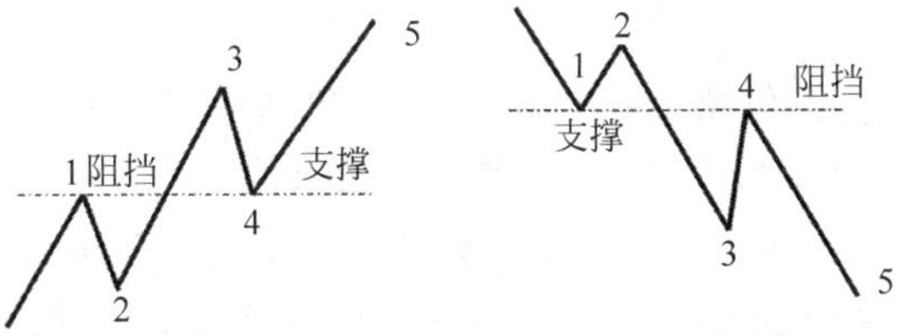

上升趋势和下降趋势中的支撑与压力转化

图 5-23 极性转换原理

图 5-24 江苏神通(002438)日 K 线图

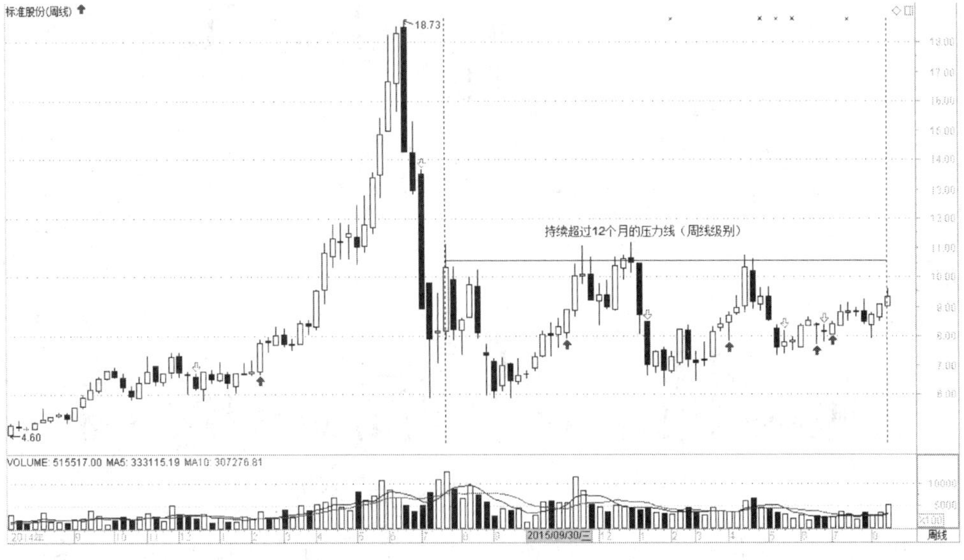

图 5-25 标准股份(600302)周 K 线图

撑线，投资者要相当重视它。

(2) 支撑线与压力线被价格测试(攻击)的次数越多，它们的力量越强大。当你发现价格不断地在某特定的价位折返回来，这是压力线被反复考验有效的重要证据。

(3) 支撑线和压力线维持的“时间窗”越长，则它的力量越大。

(4) 支撑线和压力线附近的K线反转形态，信号意义更加强烈。如果看涨K线形态对一条支撑线进行了确认，潜在看涨的预期概率就会高于未获得此种确认的情形。反之，如果看跌K线形态对一条压力线进行了确认，潜在看跌的预期概率就会高于未获得此种确认的情形。

第2节 移动平均线

一、移动平均线及其计算方法

移动平均线是K线图表上最为重要的趋势线之一。所谓移动平均(Moving Average, MA)，是指数据在最近某特定期间之内的平均值。例如，技术分析中所说的MA5，就是收盘价在最近5天的平均值，实务中亦称之为周线。MA20就是最近20天的收盘价平均值，实务中亦称之为月线，以此类推。如图5-26所示，我们使用“描点法”，把每天的移动平均值连接起来，就得到了移动平均线。

$$N\text{日移动平均值} = \frac{C_1 + C_2 + \cdots + C_n}{N}$$

其中，N是移动平均的天数；C是每天的收盘价。

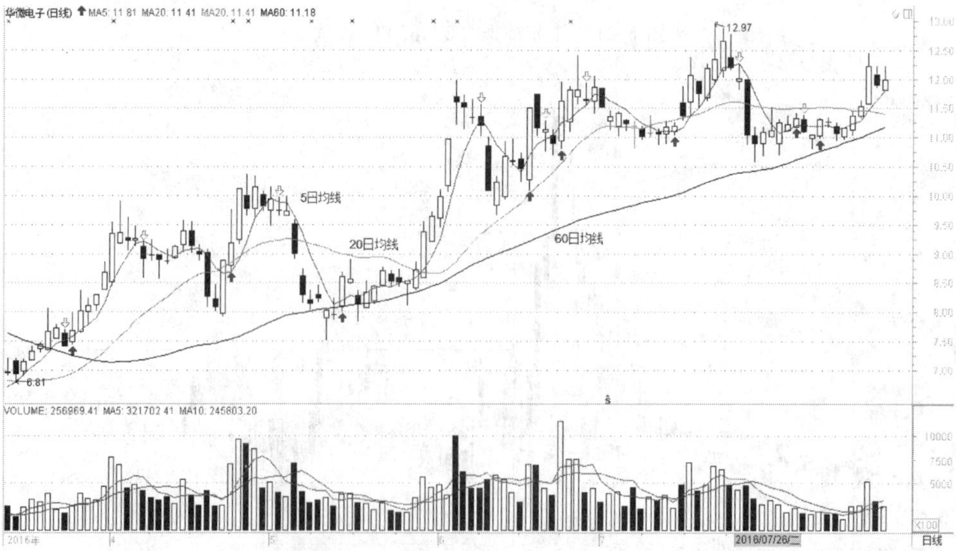

图5-26 华微电子(600360)日K线图

在K线图上每个价格，都代表着全体市场参与者当下对于价值的共识。而移动平均是代表某个特定期间之内的价值平均共识。60天(长期)的移动平均代表3个月之内的共识，5天(短期)移动平均代表一周之内的共识。如果把市场参与群众的平均共识，定量地反映在价格上的话，就是某一时期的平均成本。例如，我们想知道 2016 年 7 月 18 日到 7 月 29 日这 10 个交易日之内的平均成本，通过公式计算我们得到 MA10 等于 24.43 元。这一数字表示这 10 个交易日之内买到航天动力股票的每一位投资者的平均成本是 24.43 元。当然有人的成本低于 24.43 元，有人的成本高于 24.43 元，但是平均起来每个人的成本大致是 24.43 元。如果要计算 2016 年 8 月 1 日的 10 天平均值，则把前一天公式里相加的 10 个数字中的第一个去掉，加上 8 月 1 日这一天的收盘价 25.95 元，所得的总和再除以 10，即可得到该日的 MA10 值，如表 5-1 所示。

表 5-1　航天动力(600343)移动平均值计算表

日　期	收盘价	MA5	MA10	MA20
2016 年 7 月 18 日	23.83			
2016 年 7 月 19 日	23.94			
2016 年 7 月 20 日	23.77			
2016 年 7 月 21 日	23.83			
2016 年 7 月 22 日	23.79	23.83		
2016 年 7 月 25 日	24.12	23.89		
2016 年 7 月 26 日	24.74	24.05		
2016 年 7 月 27 日	25.30	24.36		
2016 年 7 月 28 日	26.43	24.88		
2016 年 7 月 29 日	24.51	25.02	24.43	
2016 年 8 月 01 日	25.95	24.79	24.34	
2016 年 8 月 02 日	23.43	24.52	24.29	
2016 年 8 月 03 日	23.90	24.24	24.30	
2016 年 8 月 04 日	24.27	23.81	24.34	
2016 年 8 月 05 日	23.79	23.67	24.34	
2016 年 8 月 08 日	26.17	24.31	24.55	
2016 年 8 月 09 日	25.88	24.80	24.66	
2016 年 8 月 10 日	25.84	25.19	24.72	
2016 年 8 月 11 日	25.03	25.34	24.58	
2016 年 8 月 12 日	25.61	25.71	24.69	24.56
2016 年 8 月 15 日	25.97	25.67	24.99	24.66
2016 年 8 月 16 日	26.18	25.73	25.26	24.78
2016 年 8 月 17 日	25.83	25.72	25.46	24.88
2016 年 8 月 18 日	25.83	25.88	25.61	24.98
2016 年 8 月 19 日	25.81	25.92	25.82	25.08

上述这种去掉最前面一个数字，加上最新的一个数字，来计算平均值的方法，称为简单移动平均法(Simple Moving Average，SMA)。按照这种方法，就可以轻松地计算出某一个交易日对应的 SMA5、SMA10、SMA20、SMA60 等平均值。在本书的下一章，将讲解另外两种移动平均方法——加权移动平均法(Weighed Moving Average)、指数移动平均法(Exponential Moving Average)。其中指数移动平均法能够克服简单移动平均的缺点，在实践中能够起到重要的决策参考作用。

虽然三种移动平均线的绘制方法有所不同，但是它们具有相似的基本特征。MA 线的重要特征如下：其一，移动平均线比原始价格具有更强的稳定性。因为 MA 是股价几天变动的平均值，要想较大地改变移动平均的数值，当天的股价必须有很大的变化。均线与K线比起来，由于具有稳定的特点，它本身就代表着趋势。其二，移动平均线具有助涨、助跌的作用。当均线被有效突破，意味着原来的趋势已经失效，从而引起投资者的信心发生变化，涨或者跌的势头要延续更长一段时间才能止住，从而产生了助涨助跌的效果。例如，当K线跌破重要的均线时，人们的心理效应会助推蜂拥的卖出行为，人们自己的行为反过来起到助跌的作用。其三，均线起到支撑和压力的作用，当标志性K线站稳或者跌落重要均线时，为买入或者卖出非常重要的信号。

二、多头排列与空头排列

投资者们经常会在报纸、杂志、电视等媒体上见到“多头排列”和“空头排列”这些专业术语。一些市场评论中经常这样写道：由于三条移动平均线已经形成多头排列，所以对后市看涨。究竟什么是多头排列？它为什么对后市看涨？本节将进行系统的分析。

所谓多头排列，是指当K线处于上升趋势时，其短期、中期、长期三条移动平均线(MA5、MA20、MA60)在K线的下方，依次由上往下排列，这种排列方式被称为多头排列。如图5-27所示，这是东旭光电日K线图。图中A点代表市场价格，B点代表5日平均成本，C点代表20日平均成本，D点代表60日平均成本。可以看出AB代表最近5日之内投资者的平均获利程度；AC代表最近20日之内投资者的平均获利程度；AD代表最近60日之内投资者的平均获利程度。显而易见的是，投资的时间越久，获利的幅度越大。换句话说，如果移动平均线呈现出多头排列，意味着这是一个买的越久就赚得越多的市场。此时的买盘如果是来自于中长期的投资性买盘，他们做多之后的稳定性就比较好；短线投机者因为不断有获利而频繁操作。此时市场的压力则仅仅来自短线获利了结的筹码。仅仅从技术分析的角度判断，既然买入力量来自短期、中期、长期，而卖出力量仅仅来自于短线筹码，因此对于后市趋势较为有利。如图5-28，两条移动平均线也可以构成多头排列。

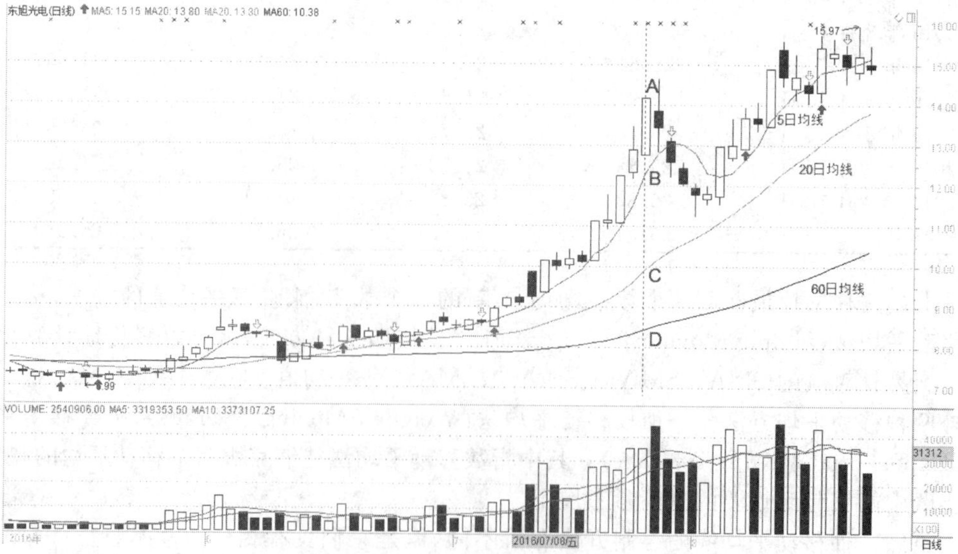

图5-27 东旭光电(000413)日K线图

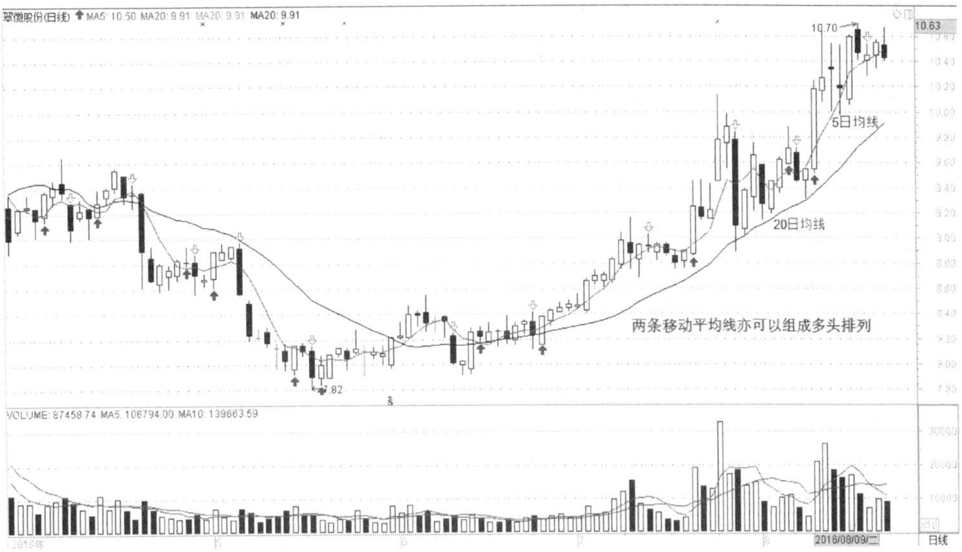

图 5-28 翠微股份(603123)日 K 线图

所谓空头排列,是指当 K 线处于下降趋势时,其短期、中期、长期三条移动平均线(MA5、MA20、MA60)在 K 线的上方,依次由下往上排列,这种排列方式被称为空头排列。如图 5-29 所示,这是日出东方日 K 线图。图中 A 点代表市场价格,B 点代表 5 日平均成本,C 点代表 20 日平均成本,D 点代表 60 日平均成本。可以看出 AB 代表最近 5 日之内投资者的平均亏损程度;AC 代表最近 20 日之内投资者的平均亏损程度;AD 代表最近 60 日之内投资者的平均亏损程度。显而易见的是,投资的时间越久,亏损的幅度越大。换句话说,如果移动平均线呈现出空头排列,意味着这是一个买的越久就亏得越多的

图 5-29 日出东方(603366)日 K 线图

市场。既然买的越久就亏的越多，短期、中期、长期卖出压力一齐涌出，短线投资者认赔离场，中长期投资者则看坏后市，不愿意看到持有越久则亏损越多的局面，因此陆续卖出。此时的卖出力量较大而买入力量只有一些短线做 T 的投机客，因此对于后市趋势较为不利。如图 5-30 所示，两条移动平均线也可以组成空头排列。

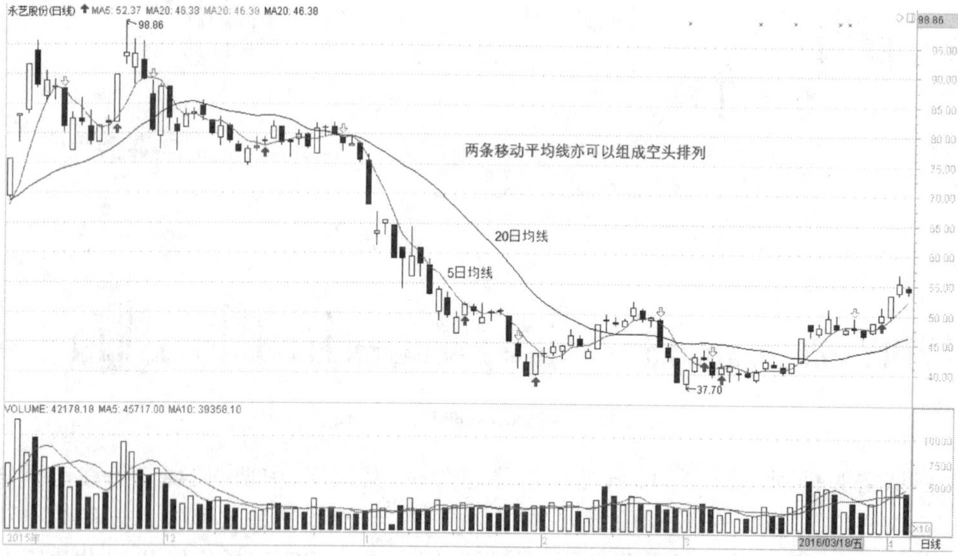

图 5-30 永艺股份(603600)日 K 线图

三、黄金交叉与死亡交叉

前已论述，短期均线在长期均线的上方，并且均线向上发散，这种排列就是多头排列。多头排列表示买的越久，就赚的越多。此时买盘主要来自于中、长期投资者，卖出力量仅仅来源于想短期获利了结的投资者，行情涨多跌少，对于后市有利，是良好的买进时期。多头排列显示市场短期内买进的投资者的平均成本，超过了中长期持有者的平均成本。也就是说，短期内新进场的投资者情愿用高于长期平均成本的价格来买入。同时，这也意味着长期持有者已经获利了，这种赚钱效应会影响潜在投资者，从而形成看多的氛围。短期均线在长期均线的下方，并且均线向下发散，这种排列就是空头排列。它显示短期内买进的投资者的平均成本，低于中长期持有者的平均成本，这意味着中长期持有者已经亏损。这种亏损效应会影响潜在投资者，从而形成看空的氛围。

多头排列和空头排列之间相互转换时，就出现了黄金交叉和死亡交叉的情况。所谓黄金交叉，是指短周期的移动平均线从下往上穿越了长周期的移动平均线。黄金交叉表明行情已经开始转向多头，应该看好后市了。如图 5-31 所示，2016 年 3 月 18 日之前，市场呈现出空头排列，即买的越久则亏的越多。到了 3 月 18 日这天，市场拉出大阳线，价格涨幅达到 5.12%，这根标志性的大阳线，一举站上了 20 日均线。从下一个交易日开始，市场开始呈现出多头排列的趋势。我们把这一交点称之为黄金交叉点。所谓死亡交叉，是指短周期的移动平均线从上往下穿越了长周期的移动平均线。死亡交叉表明多头行情已经结束，应该看空后市。如图 5-31 所示，2016 年 5 月 9 日之前，市场呈现出多头排列，即买的越久则赚的越多。到了 5 月 9 日这天，市场跌出大阴线，价格涨幅达到 5.02%，这根看跌的捉腰带线，事实上已经跌破了 20 日均线。从下一个交易日开始，市场开始呈现出空头排列的趋势。我们把这一交点称为死亡交叉点。到了 2016 年 5 月 31 日，市场再次以标志性的大阳线收盘（涨幅为 5.06%），这根看涨的捉腰带线，一举站上了 20 日均线。盘面又出现了一个非常重要的黄金交叉点，市场恢复了上涨之旅。如图 5-32 所示，市场总是在多头排列与空头排列之间来回切换。

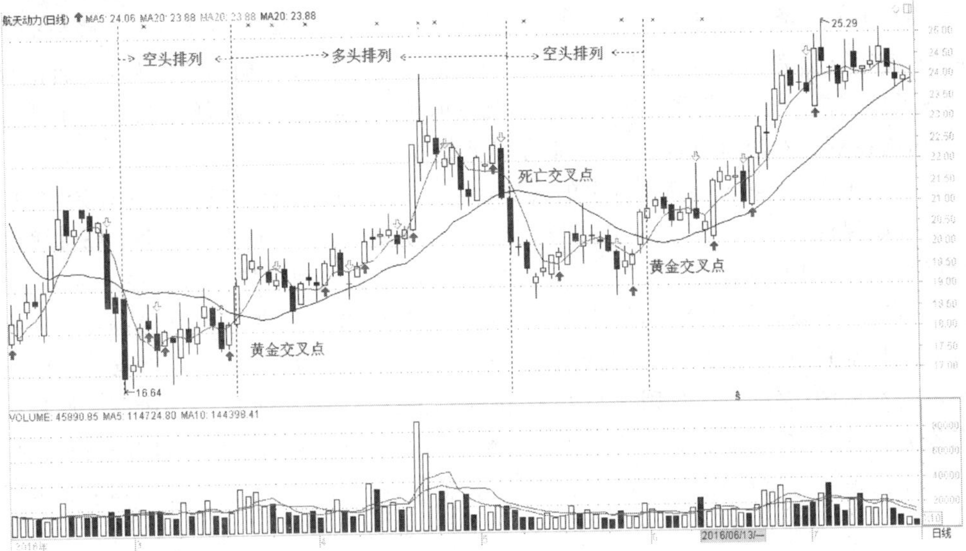

图 5-31　航天动力(600343)日 K 线图

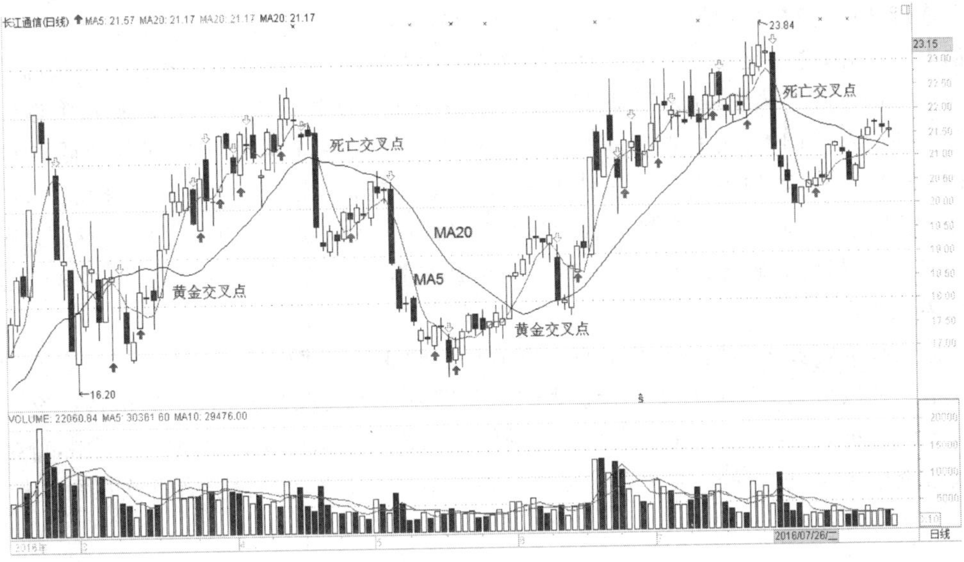

图 5-32　长江通信(600345)日 K 线图

第3节 趋势形态分析

一、建仓趋势形态

投资者所看见的趋势形态，都是“牛/熊”这一对博弈双方战斗所留下的脚印。受过专业训练的投资者要像猎人一样，追踪价格运动最为微妙的蛛丝马迹。了解建仓的常见趋势，首先需要从下降趋势开始入手。本书之前已经阐述过，下降趋势是由于一些利空因素的冲击，使得交易者信心丧失，人们总会趁着价格的每一次反弹而抛售筹码，从而使得市场形成了反弹高点一浪低于一浪的走势。因为承接乏力，每次下跌低点总是一个比一个低，显示出投资者看淡后市，市场上充满了悲观的气氛。

在牛市末期，愿意入场高位接手的大资金基本遁形，股票的大级别需求开始减少，价格自然开始滞涨。主力[①]资金为了自身利益，陆续开始出货。此时伴随着市场弥漫的所谓“好消息”(比如上市公司公告签订大合同、行业政策重大利好等)，散户在涌入，主力在卖出。由于主力资金持仓量大，只能提前出货。其开始出货点，距离趋势最高点往往有明显的时间和空间距离[②]。伴随着漫漫熊市，价格出现了大尺度下跌，那些愿意卖出的投资者已经基本离场，深度套牢盘则无心卖出，供给趋于稳定。由于此时一些股票开始显现出投资价值，一些先知先觉的资金开始进入市场，下跌得以停顿，市场成交量开始悄然放大，这时往往就是主力建仓的良好时机。主力此时建仓，不仅成本低廉，而且筹码争夺也不甚激烈。

如图5-33所示，在一波明显的下降趋势中，每一波跌势的低点都低于前一波的低点，反弹高点也持续下滑，市场呈现出下降通道走势。在A点(左肩)附近的一次反弹，价格在下降通道的上轨B点处回落，这看起来与之前的反弹没有什么异样。在C点(头部)附近的一次反弹，这次反弹之中买入的力量之大，使得价格竟然击穿了下降通道。头部的反弹向上突破下降趋势线，这是下降趋势即将结束的重要信号。价格进攻到E点附近位置回落。这次向下调整，从F点(右肩)附近的位置得以反弹，F点比上次回调的低点C点相比，价格已经拒绝创出新低。连接B点和E点并延长，我们可以得到一条称之为“颈线”的直线。当右肩的反弹走势带着大量突破颈线时，头肩底形态宣告完成。当头肩底形态完成后，价格有时候会带着小量重新拉回到颈线附近，它被称为回抽(反扑)，这就是绝佳的买入时机。

你在投资实务中会见到头肩底形态会有许多的变形样式(如图5-34所示)，它们的出现并不影响该形态的技术意义。投资者粗略估算颈线到头部的距离，然后由颈线突破点的位置向上折算，这通常就是上升趋势的保守目标价位。如果看到颈线向上倾斜，价格带着大量突破颈线，这显示一波强劲的涨势即将发生。迫不及待的投资者喜欢在图5-33中

---

① 所谓主力，是指在市场中引发价格形成一定趋势的主导力量。

② 引自李郑伟：《一路跟庄》，北京，机械工业出版社，2010年，第10页。

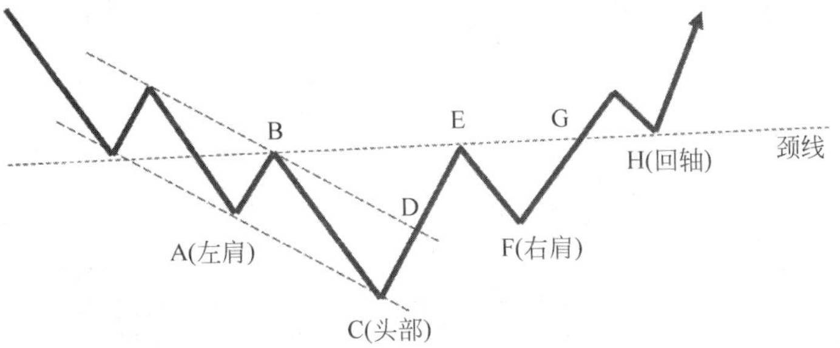

图 5-33 头肩底形态

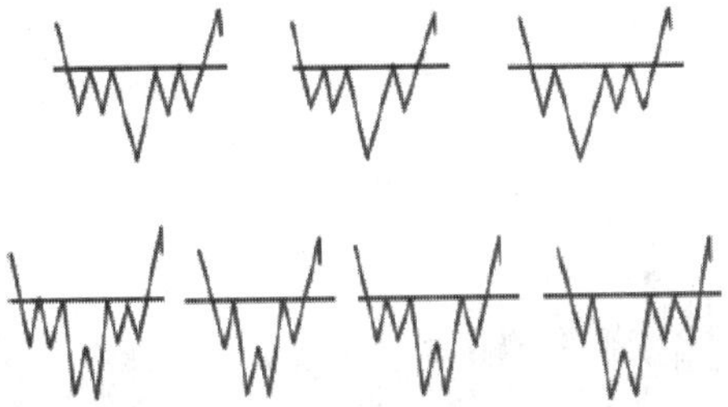

图 5-34 头肩底形态的变形

的 E 点、F 点附近进场，这是不具有理性的行为。中国的古人早就说过：潜龙勿用[①]。当你看到价格从很高处掉下来，不经过长时间的修复，是难以大涨的。事实上，在量、价、时、空、人、证券等所有市场因素中，时间是处于决定性位置的因素。许多股票在低位老是涨不起来甚至反而不断地创新低，其主要原因还是在于时间未到。投资学是一门等待的艺术，投资需要用时间换空间。时间是定数，空间是变数，时间决定空间。美国投资家江恩曾提出这样的观点：永远不要确认市场转势，直到时间超越平衡。这意味着，投资者切忌一厢情愿地喊叫市场要反转，而是静静地等待“时间”这把利剑打破市场平衡。

学习趋势形态时，需要理解巴斯克维尔别馆的猎犬[②]。在实践中头肩底形态完成之后，如果价格再次跌破了颈线，显示趋势形态已经走坏，上涨时机还没有成熟。如图 5-35 所示，华工科技在 16 元一线构筑颈线，价格带着大量突破颈线，完成头肩底形态。上涨到了 20 元之上时，受到大盘影响而展开调整。数个交易日之后，价格回调到前期颈线位置附近后恢复了上升趋势。如图 5-36 所示，烽火通信在 24 元一线构筑颈线完成头肩底形态，回抽之后开始横盘。近一个月左右的横盘，价格并没有展开凌厉的上攻，而是向下击

① 潜龙勿用，引自《易经》第一卦“乾卦”。潜龙勿用隐喻事物在发展之初，虽然看起来势头较好，但比较弱小，所以应该小心谨慎，不可轻动。

② 美国投资家亚历山大·艾德在其名著 *Trading for a Living* 中，用福尔摩斯探案故事中的“巴斯克维尔别馆的猎犬(The hound of the Baskervilles)”，告诫投资者：如果某种可靠的图形或者技术指标形态并没有演变成为预期中的结果，这种信号代表价格将朝着相反方向发展。在故事中，福尔摩斯前往侦查某乡村别馆的一宗谋杀案。他发现一个重要的破案线索，当谋杀案发生时，家中的猎狗并没有叫，这显示猎狗认识凶手。这个信号之所以发生，是因为没有发生预期中的行为：没有狗叫声。当某个完美的信号发生时，如果市场拒绝吠叫，这就是一个巴斯克维尔别馆的猎犬。代表市场在表面之下已经发生了某种根本的变化。

穿颈线，这就是所谓的巴斯克维尔别馆的猎犬。当价格以大阴线向下击穿颈线，平仓是个不错的选择。

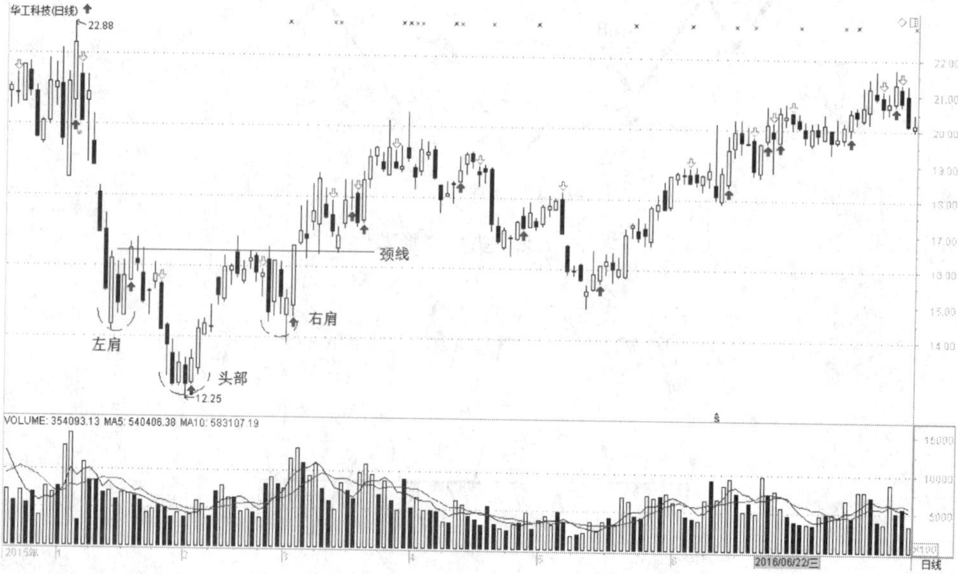

图 5-35　华工科技(000988)日 K 线图

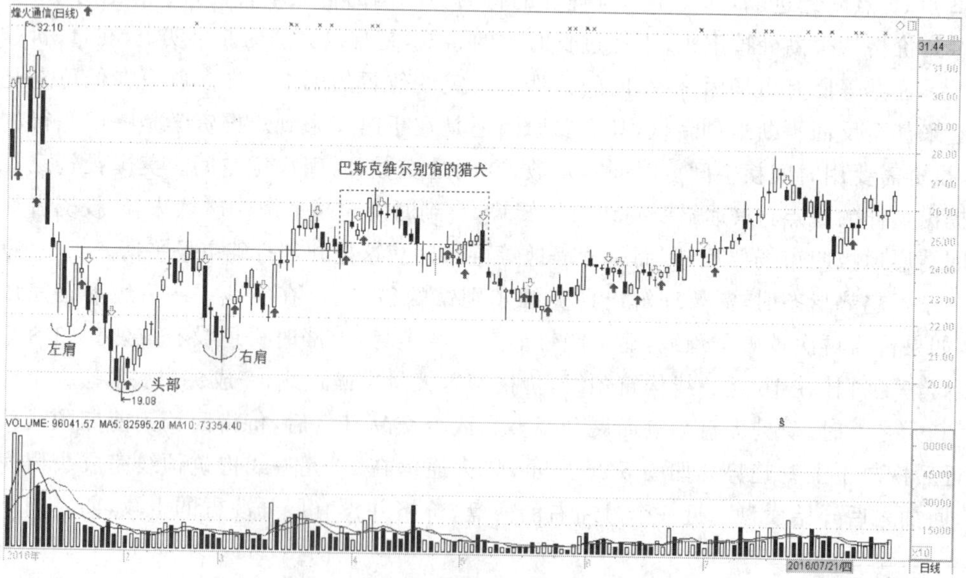

图 5-36　烽火信息(600498)日 K 线图

头肩底形态有一位重要的亲戚：W 底形态(实务中亦可称为“双重底”或者“双底”形态)。它是头肩底形态的变种。如果我们让图 5-33 中的右肩 F 点向下运动，使得它与头肩底形态中的头部 C 点平齐的话，这将变成图 5-37 的 W 底形态。请投资者注意，实践中 W 底的 B 点与 C 点不一定完全齐平，我们平时所见到的真实图表世界中的 W 底，双底的高度往往有一些偏差，这并不影响双底形态的实际操作价值。很显然，W 底形态的市场意义与头肩底的市场意义非常相似。市场在 A 点附近放量，形成左肩。这显示先知先觉资金已经进场买入。价格从 B 点附近的反弹，已经击穿了前期的下降通道。头部的反弹向上突破下降趋势线，这是下降趋势即将结束的重要信号。当价格再一次回调到 C 点时，与 B 点相比，市场已经拒绝创造新低。当价格带着巨大的交易量向上突破颈线时，就标志着拉升的开始。

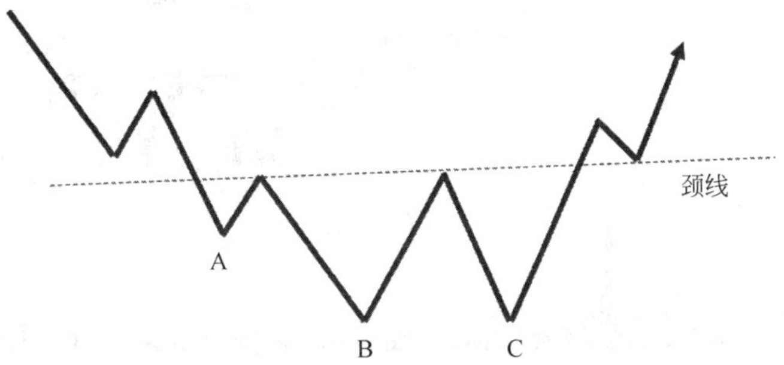

图 5-37 W 底形态

值得一提的是，W 底的可靠性需要时间来确认。也就是说，左底与右底之间的时间（或者说 W 底完成的时间——从左肩到右侧颈线回抽结束拉升开始）越长则形态越可靠（如图 5-38 所示）。其中的原因在于，持续时间越长，主力建仓的数量越可观，作图的成本越高。一旦 W 底确认进入拉升期，那么上涨的高度空间，至少将是颈线与双底的价位之间的距离（如图 5-39 所示）。当右底高于左底时，该形态的可靠性越高，后期的拉升空间也更高。突破颈线后对颈线的回抽属于试盘动作。需要强调的是，激进买点要有止损[①]设置，如果受到大盘影响，或者有其他突发情况，会导致主力临机应变调整拉升时机，这种情况下，一旦双重底形态完成之后向上突破失败，则投资者很容易被深度套牢。

头肩底形态还有一位重要的亲戚——多重底形态，它也是头肩底形态的变种。如果我们让图 5-33 中的右肩 F 点向下运动，使得它与头肩底形态中的头部 C 点平齐，并且市场在它的右侧再次走出一个底部 D 点，这将变成图 5-40 的多重底形态。价格经过较长时间下跌之后，市场交易量渐趋萎缩，价格下跌的速度减缓并出现反弹，反弹到某一价位处回落，但下跌到前一低点附近时止跌，之后又再次反弹上行，反弹至前一次的高点时再次遇阻回落，回到前两次止跌位附近时，成交量开始突然增大、价格开始强劲反弹，并一举击穿了前两次遇阻的高点（颈线）附近时，多重底形态形成。

---

① 所谓止损设置，是指理性投资者做出一个方向的投资动作时，在相反方向设置平仓装置。当判断错误出现的亏损达到预定数额时，及时斩仓出局纠错，以避免形成更大的亏损。其目的就在于投资失误时把损失限定在较小的范围内。股票投资与赌博的一个重要区别就在于前者可通过止损，把损失限制在一定的范围之内。股市中无数血的事实表明，一次意外的投资错误足以致命，但是“有效止损装置”能帮助投资者化险为夷。关于这个技巧的重要性，专业人士常用鳄鱼法则来说明。鳄鱼法则的原意是：假定一只鳄鱼咬住你的脚，如果你用手去试图挣脱你的脚，鳄鱼便会同时咬住你的脚与手。你越挣扎，就被咬住得越多。所以，万一鳄鱼咬住你的脚，你唯一的机会就是牺牲一只脚。投资世界里的鳄鱼法则就是：当你发现自己的交易背离了市场的客观方向，必须立即止损，不得有任何延误，不得存有任何侥幸。鳄鱼吃人听起来太残酷，但市场其实就是一个相当残酷的地方，每天都有人被它吞没或黯然消失。

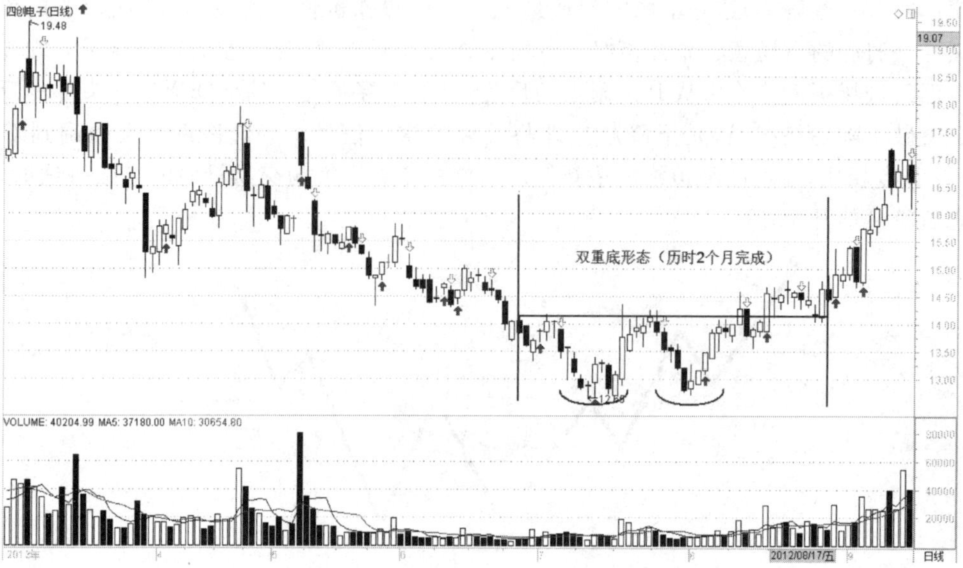

图 5-38　四创电子(600990)日 K 线图

图 5-39　海鸥卫浴(002084)日 K 线图

如图 5-41 与图 5-42 所示，多重底形态的技术分析要点包括：其一，该形态谷底与谷底的间隔距离与时间不必相等。其二，该形态的谷底与谷底的高度也不一定必须是相同的价格。其三，该形态一般要持续数月得以完成。底部构筑持续的时间越长，后续拉升的时间也就越长。其四，价格在突破了颈线位置之后，多重底部形态完成。突破时一般会带着巨大的交易量击穿颈线。当价格在颈线位置获得支撑并恢复了上涨之势时，显示该形态完全确立，价格底部已经得到充分确认。其五，多重底与双重底一样，价格往往对颈线位有一个回抽(反扑)动作。

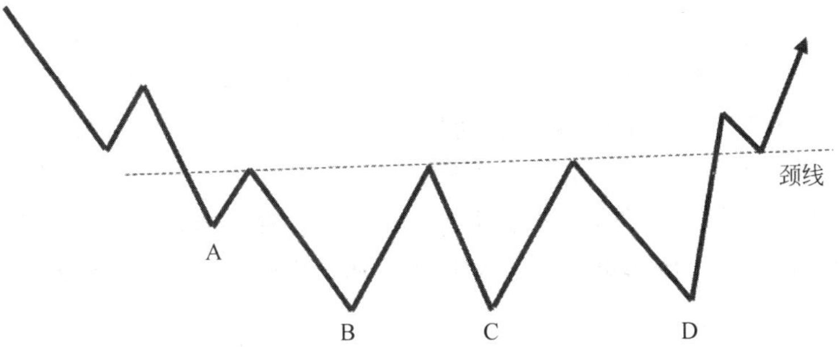

图 5-40 多重底形态示意图

图 5-41 神州信息(000555)日 K 线图

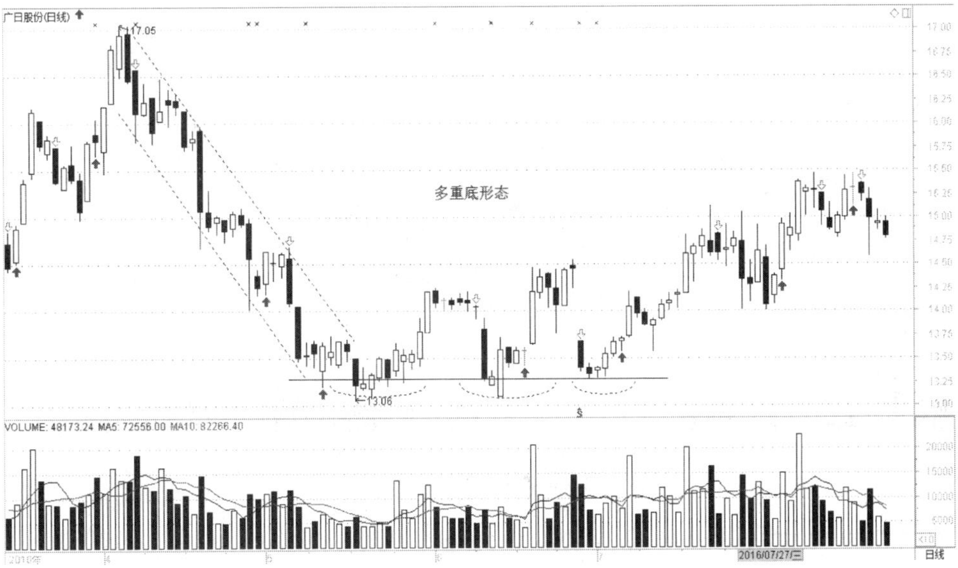

图 5-42 广日股份(600894)日 K 线图

头肩底形态家族还有一个变形——圆弧底形态,如图 5-43 所示。价格经过长期下跌之后,卖方的抛压逐渐消失,空方的能量基本上已释放完毕,许多的高位深度套牢盘,因价格跌幅太大,只好改变操作策略,继续长期持仓不动。但由于市场跌幅太大人气消散,短时间内买方也难以汇集能量,价格无力大幅上涨。在市场元气大伤的情况下,价格只有停留在底部长期休整以恢复元气,行情显现出极其微弱之势。既然套牢盘不愿割肉,新多头也不愿意介入,只好陷入胶着状态,价格便会形成圆弧底形态,该形态也被称为价格“休眠期”。

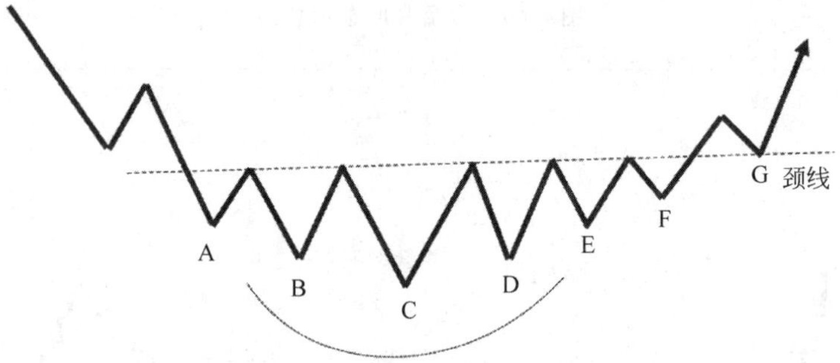

图 5-43　圆弧底形态示意图

在圆弧底形态中,由于多空双方皆不愿意积极参与,价格显得异常沉闷,这段时间也显得漫长,如图 5-44 至图 5-46 所示,在形态内交易量极小。投资者如在圆弧底形态内买进,则要注意把握一条原则:交易量在验证向上突破信号时最具重要性。交易量一般应该顺着市场趋势前进的方向相应地增长,这是验证所有价格形态完成与否的重要线索[①]。

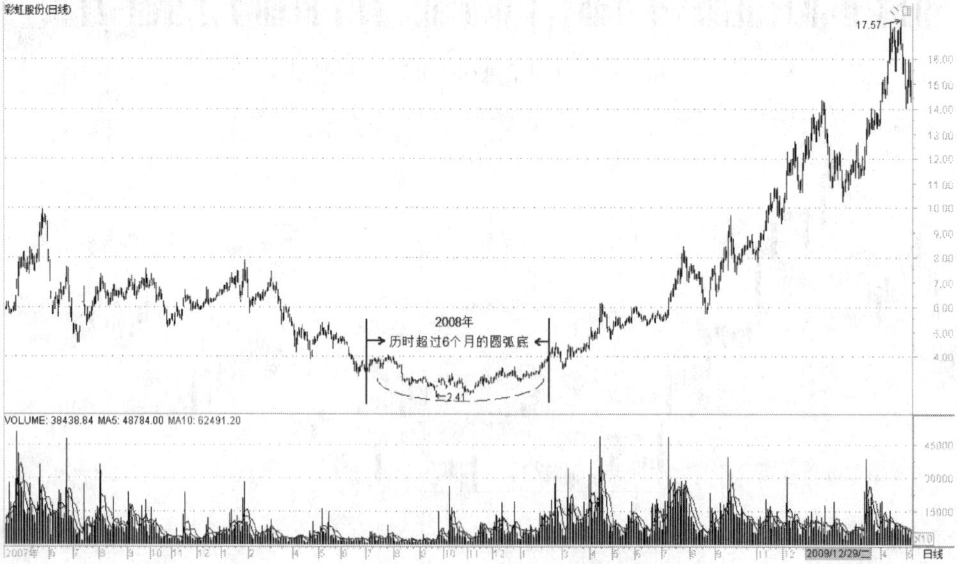

图 5-44　彩虹股份(600707)2008 年日 K 线图

① 此处引自约翰·墨菲(美)著:《期货市场技术分析》,丁圣元译,北京,地震出版社,1994 年,第 96 页。

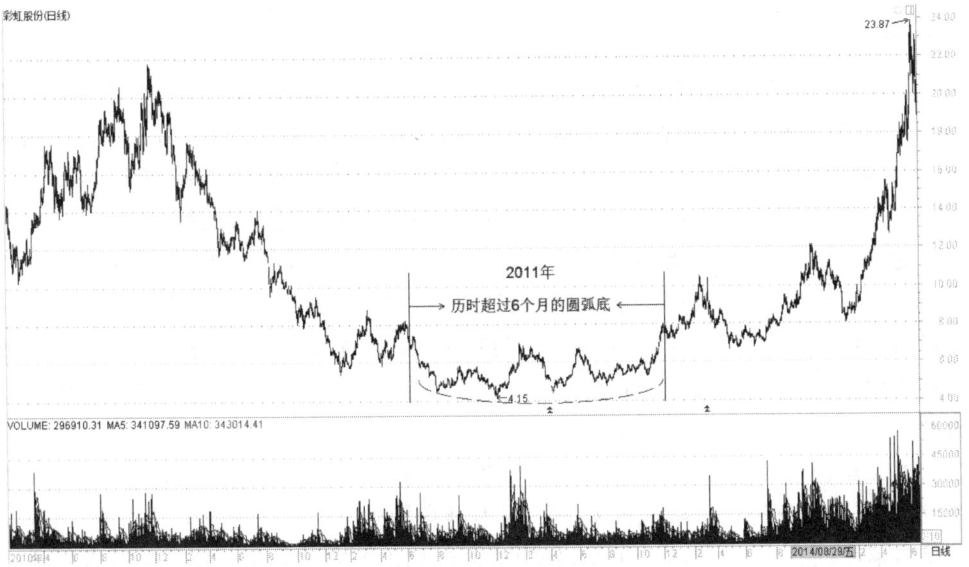

图 5-45 彩虹股份(600707)2011 年日 K 线图

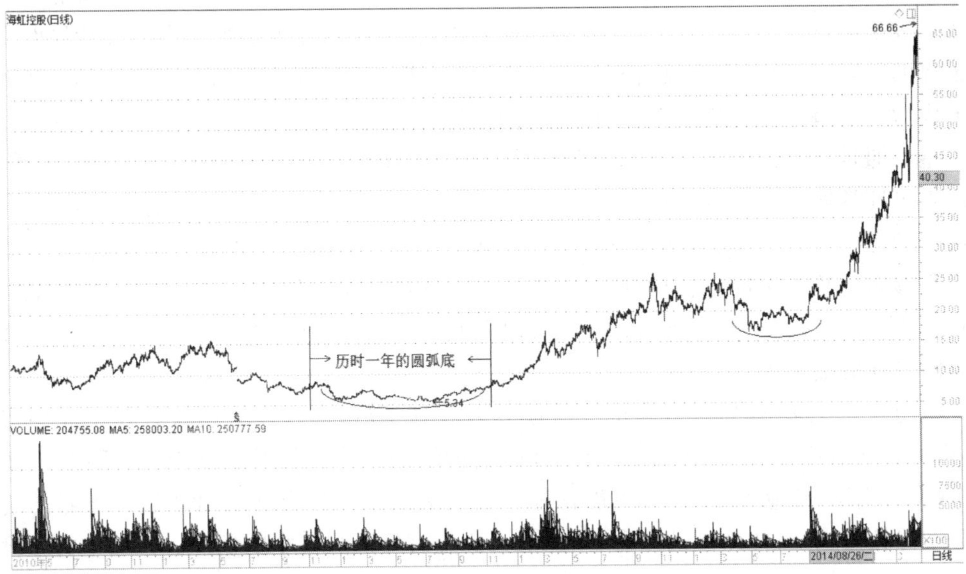

图 5-46 海虹控股(000503)日 K 线图

任何形态在完成时，均应伴随着交易量的显著增加。尤其是在底部反转的过程中，交易量的相应扩张，这是绝对必须的。如果当价格向上突破的时候，交易量并未呈现出显著增长的态势，那么，整个价格形态的可靠性，就值得怀疑了。圆弧底形态通常是大型投资机构吸货区域，由于其运作周期较长，故在完成圆弧底形态后，其涨升的幅度通常也较大。圆弧底形态从某种角度上也可谓黎明前的黑暗。在形态之内，价格貌似平静如水，实际上是在酝酿着一波汹涌的滔天大浪。

二、洗盘趋势形态

所谓洗盘，是指主力利用筹码和资金优势影响价格，频繁地诱导市场背离主要趋势运动的"假动作"，这种动作通常是为了达到特定的目的。洗盘的特定目的，一般包括清洗浮动筹码、让筹码充分换手以提高平均持仓成本、赚取差价摊薄成本、等待拉升时机等。

当主力建仓完毕之后，拉升成为摆在面前的一个重要问题。为了保证在拉升中遭遇到尽可能小的阻力，必须使得不受控制的筹码具有一定的稳定性。为此，主力往往主动出击，清洗浮动筹码。浮动筹码一般包括获利盘和抢帽子的短线盘。前者指的是已经有了一定账面利润的投资者；后者指的是那些运用"止盈止损"技术在市场上反复做T赚取快钱的短线操作者。大幅"震仓"将这两类投资者赶跑，有利于后市拉升时筹码的稳定性和便利性。

主力在建仓过程中，许多中小投资者也进入了市场。这些不受控制的筹码持股成本较低，这对将来拉升造成了极大的威胁。因为群众持股成本与主力拉升压力成反比，群众持股成本越高，主力拉升的压力越小(普通群众的思维方式是：没有盈利时通常不会走)；反之则拉升压力越大。通过大幅"震仓"、横盘等方式洗盘，主力的目的是逼迫筹码换手，廉价成本者不断离开，高价成本者不断涌入，平均持仓成本被逐渐抬高。当群众的平均持仓成本被抬高，可以有效防止将来主力——卖出，其他跟风盘就蜂拥而出的被动局面。更为重要的是，主力通过多次风格相似的洗盘动作，能够起到训练市场的目的。比如帮助市场形成"每一次跌下去，最终都会拉起来"的条件反射①。

主力通过在高位抛售一定数量的证券，实现推动市场向下运行的"震仓"洗盘操作。运用卖出证券换成的现金，在调整充分时反手做多将价格推高。这实质上是赚取了差价，捡回了相当数量的"零成本"的证券，实质上摊薄了自己的持仓总成本。从理论上说，如果经过足够多次数的洗盘，主力的持仓成本可以被降低到非常低的水平，这无形中降低了将来拉升之后出货的压力。另外，在多次洗盘中获取的差价利润，有可能变成主力在后续拉升时的充沛资金来源。

主力在建仓完毕之后，得等待天时地利人和具备，再进入拉升阶段。在一波牛市之中，市场赚钱效应明显，群众投资热情高涨，这种情况有利于拉升。然而，俗话说"理想丰满、现实骨感"。建仓完毕之后，可能正好赶上大盘回调。如果在大盘环境不太好的情形之下逆势拉升，有可能跟进的投资者较少，大资金有反而被套牢的危险。有一个关于投资的谚语——时机未到不要急、时机已到不要怕、时机已过不要悔。当拉升时机未到时，洗盘是个不错的选择。

---

① 所谓条件反射，源自于著名的俄罗斯科学家伊凡·巴甫洛夫用狗做的这样一个实验：每次给狗送食物以前打开红灯、响起铃声。这样经过一段时间以后，铃声一响或红灯一亮，狗就开始分泌唾液。巴甫洛夫的实验表明：原来并不能引起某种本能反射的中性刺激物(铃声、红灯)，由于它总是伴随某个能引起该本能反射的刺激物出现，如此多次重复之后，这个中性刺激物也能引起该本能反射。后人称这种反射为经典性条件反射。两种刺激物必须经过多次的结合，中性刺激物成为条件刺激物的信号后这种反射才会形成。伊凡·巴甫洛夫1849年出生在俄罗斯中部，年轻时入读神学院，21岁那年放弃神学专攻化学和生理学。1883年他获得医学博士学位，精通生理学和外科手术技巧。后来，他研究消化的分泌活动，最终提出了条件反射定理。1904年，他因为对消化系统的研究而获得诺贝尔奖。

如图 5-47,旗形是最为常见的洗盘趋势形态之一。主力拉升开始之后,将价格迅速带离成本区为当务之急。一般短短数个交易日价格就被快速拉升。旗形洗盘出现在急速而拉升的市场中,走势就像一面挂在旗杆顶上的旗帜。价格经过一段短暂的飙升后,成交量开始回落,价格也随之开始向下调整;小幅调整后便开始反弹,反弹没有创出新高又出现回落,股价如此反复下移,将这些向下倾斜的高点和低点分别连接起来,可以画出二条平行而又下倾斜的平行四边形,这就是旗形洗盘形态。旗形洗盘一般被西方技术分析学者比喻成"旗帜在旗杆中点做降半旗状态"。旗杆就是先前的剧烈上升趋势,如图 5-48 所示。一般而言在旗形形态完成之后,即主要趋势恢复之后的市场将重复原先的那一半旗杆①。

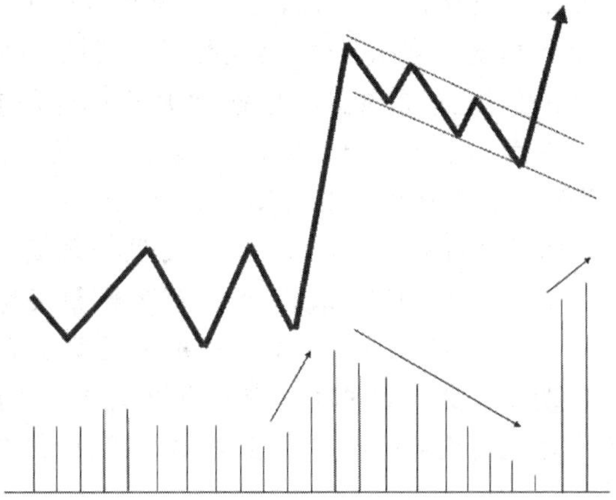

图 5-47　旗形洗盘形态示意图

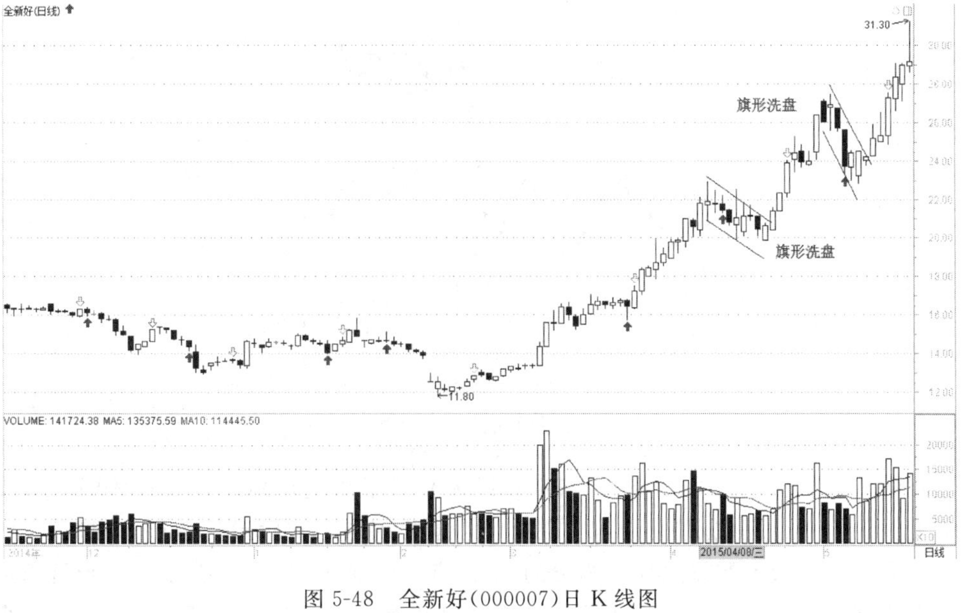

图 5-48　全新好(000007)日 K 线图

① 此处引自约翰·墨菲(美)著:《期货市场技术分析》,丁圣元译,北京,地震出版社,1994 年,第 142 页。

旗形洗盘的成交量特点是：成交量在旗形形成过程中，呈现显著的渐次递减现象。旗形形态被突破时，成交量应该是剧增放大的。在旗形形态中，如果成交量呈现出不规则状态，或是并非依次减少的情形时，则要注意这有可能并不是旗形洗盘，而是要反转的形态，市场向下突破的概率开始增大。从时间上看，一般旗形洗盘在三周之内完成，超过三周则要防止趋势反转情况出现。旗形是一个拉升趋势的中途休息整理形态，一般不会改变原有的主要趋势。当价格带着巨量击穿旗形的上边线的压力位时，旗形形态才宣告确认成立。击穿时放出的巨大交易量，进一步确认了洗盘行动结束，拉升趋势已经恢复。总之，旗形洗盘形态之下，判断是否做出买入决策的重要依据就是三大纪律：一方面看交易量是否明显放大；另一方面看洗盘的持续时间是否干净利索；再一方面评估洗盘时的水平价位偏离建仓区域的运行高度。例如，价格已经翻了一番的位置出现的旗形洗盘。投资者需要高度警惕，那些外表看起来是洗盘的趋势，实质上或许是出货。

矩形洗盘也是我国证券市场上经常出现的趋势形态。在主力建仓、洗盘、拉升、出货的各个阶段，投资者都能轻松地找到矩形的身影。矩形在图表上一般非常易于辨认，如图 5-49 所示，它是价格在两条平行的水平直线“箱体”之间呈现横向延伸运动。西方技术分析的学者把矩形称之为交易区间(Trading Range)或者密集交易区。道氏理论将矩形称之为窄幅横盘。道氏理论认为，所谓窄幅横盘是指价格运动处于 5%的振幅范围之内，并且通常持续两到三个星期或者更长的时间。当价格出现窄幅横盘状态，表明市场正在收集或者派发筹码。道氏理论所论述的窄幅横盘，实践已经证明它如此可靠，以至于我们几乎可以称之为公理[①]。

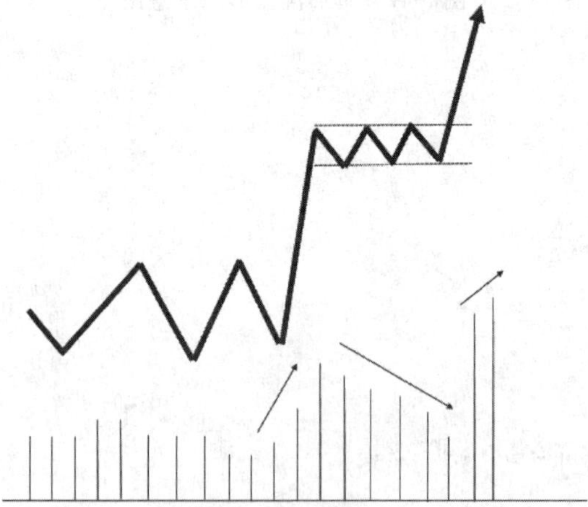

图 5-49　矩形洗盘趋势形态示意图

如图 5-50 与图 5-51 所示，当价格带着巨大交易量决定性地收盘在箱体的上边界之外时，矩形形态确认完成，并且沿着突破的线性趋势前进。与旗形洗盘形态相似，投资者需要警惕的是，外表看起来是完美矩形的走势，有可能演变成为反转形态。矩形洗盘形态之下，投资者判断是否做出买入决策的重要依据也离不开前述三大纪律：一方面看交易

① 此处引自罗伯特・雷亚著：《道氏理论》，何平林、孙哲译，天津，天津社会科学院出版社，2012 年，第 54 页。

量，在洗盘期间交易量是萎缩的，而击穿矩形上边线时交易量要明显放大；另一方面看洗盘的持续时间是否较短，除非受到大盘的影响，否则拖泥带水的洗盘也许暗藏着危险；再一方面评估洗盘时的水平价位偏离建仓区域的运行高度。例如，价格已经翻了一番的位置出现的矩形洗盘，就需要引起投资者的高度警惕。

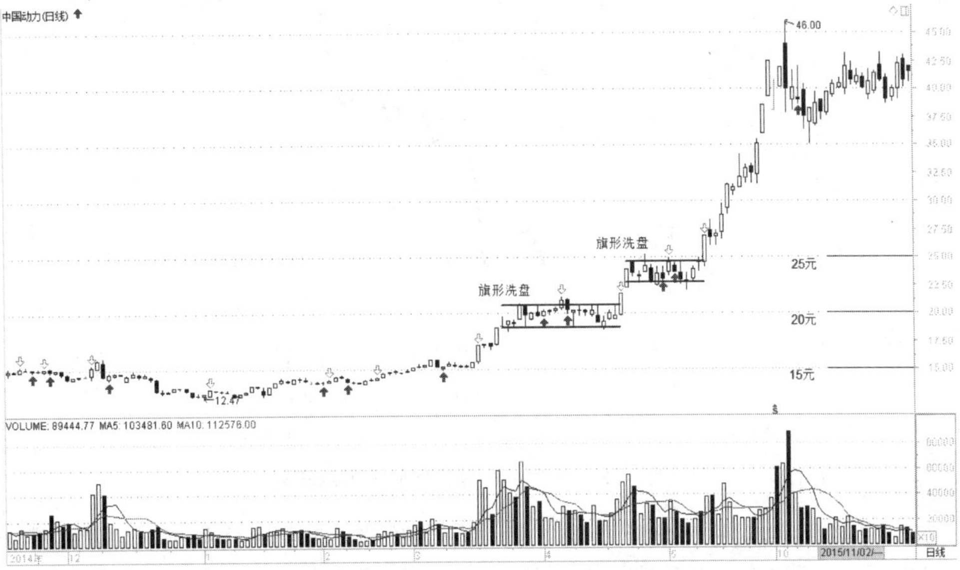

图 5-50 中国动力(600482)日 K 线图

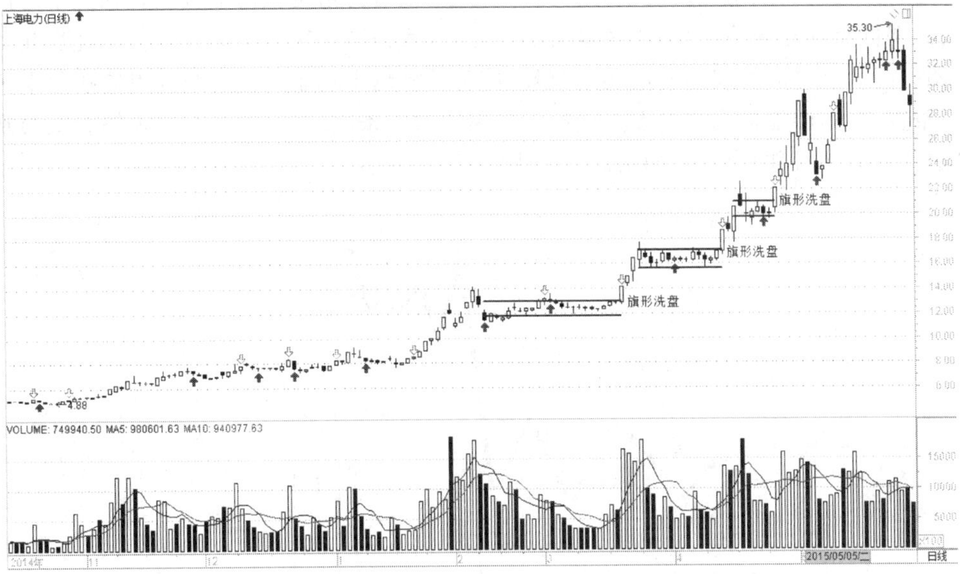

图 5-51 上海电力(600021)日 K 线图

作为旗形的一种变体，三角形趋势也是一种非常重要的洗盘形态。三角形一般分为上升三角形和对称三角形。如图 5-52 所示，上升三角形是由于市场每次上攻到一定价位即遭遇抛压，意图通过打压的阵势将筹码从散户的手中洗掉，主力则在一定的低位将其接住。该形态之中，价格不等到跌落到上次低点就开始反弹，由此低点不断被抬高。上升三角形的上涨高点基本水平，而伴随着图形低点的不断被抬高，浮动筹码越来越少，成交量会不断萎缩，而在向上突破压力线时一般会有回抽(反扑)确认。

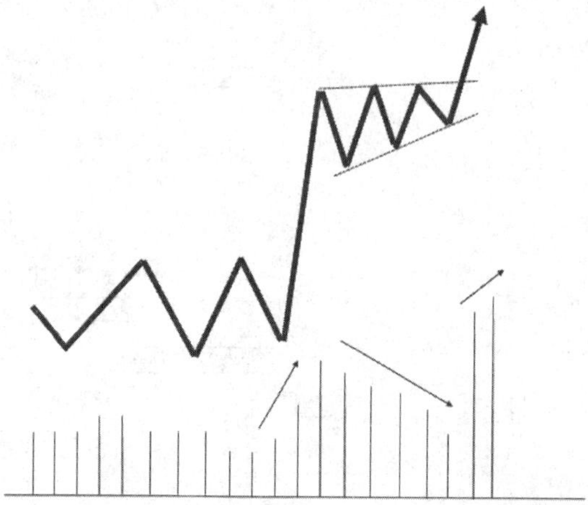

图 5-52 上升三角形洗盘形态示意图

如图 5-53 所示，对称三角形的形成过程是：当价格上升到一定幅度或到达敏感价位区域的时候，主力抛出一部分筹码或者市场上的获利盘兑现了一批筹码，造成价格下跌。当卖方力量逐渐被消化，主力资金反手做多之后价格止跌回升。小幅反弹之后，在价格还没有上升到前期高点附近的时候，主力再次打压，使得价格再次向下调整。在价格还没有触及前期低点的时候，强大买入力量又积极介入，价格再一次掉头向上运行。经过几番周旋，图中高低点之间的波动幅度逐渐收敛，震荡区域越来越小。把几个高点连接起来延伸为一条直线，同样地把几个低点连接起来也延伸为一条直线，这两条直线最终会交会到一起，这就形成了对称三角形，如图 5-54 与图 5-55 所示。

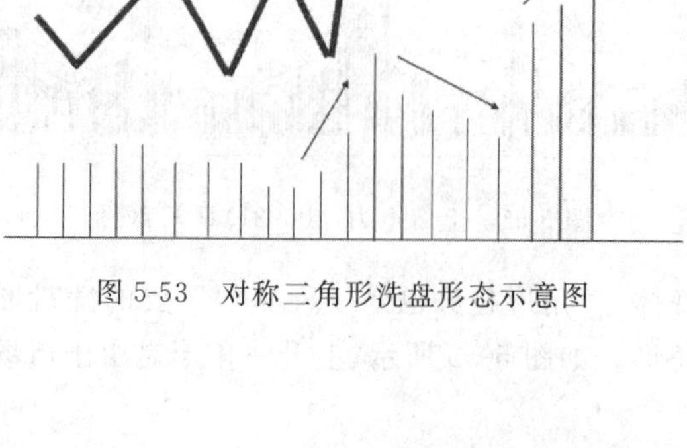

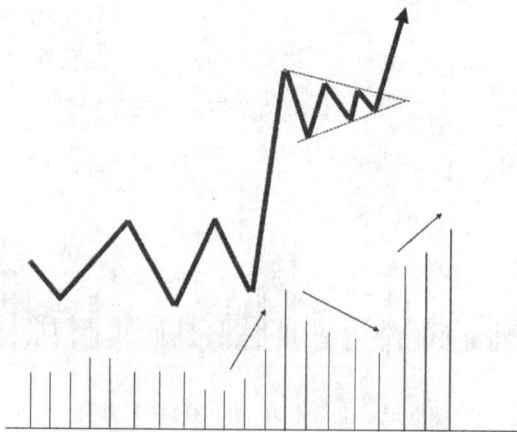

图 5-53 对称三角形洗盘形态示意图

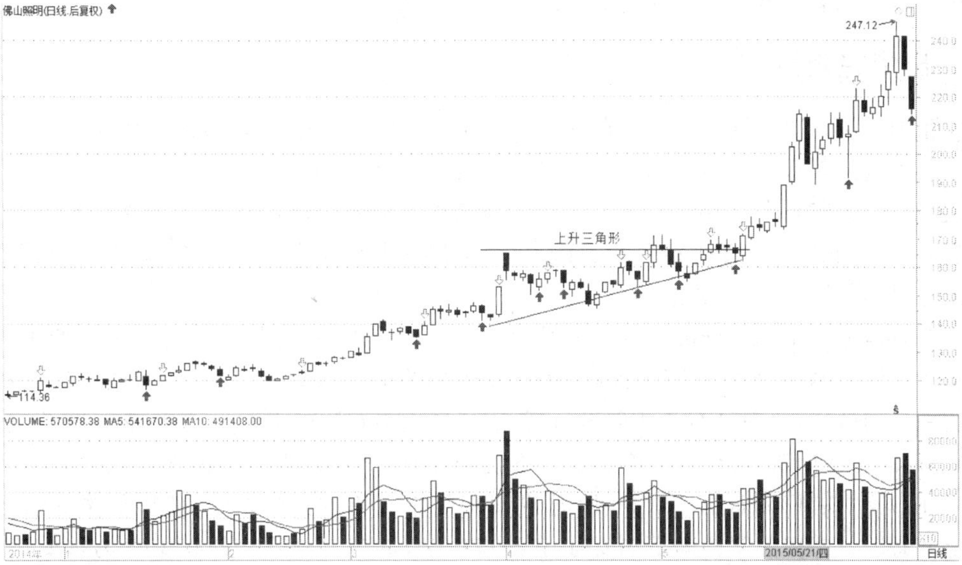

图 5-54 佛山照明(000541)日 K 线图

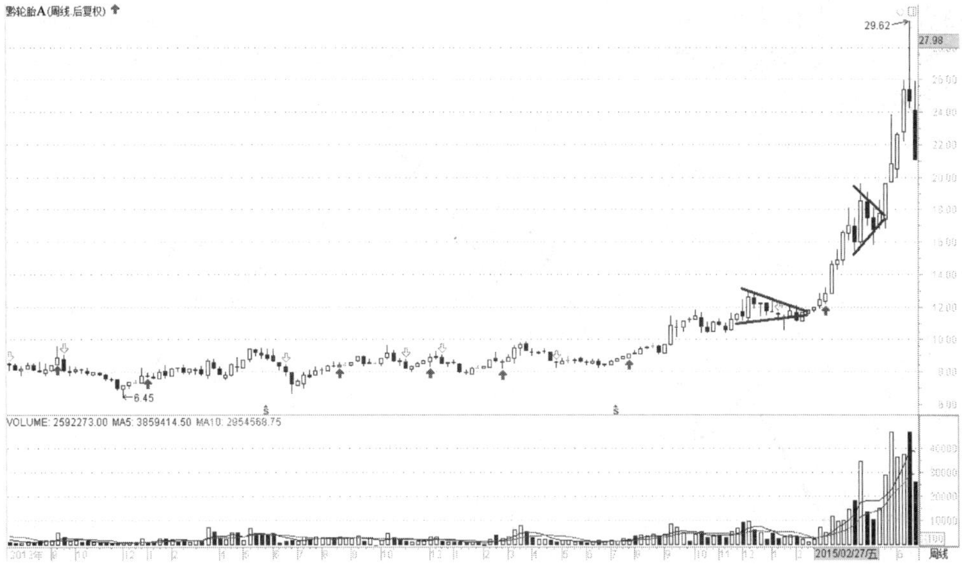

图 5-55 黔轮胎 A(000589)周 K 线图

需要强调的是,由于此趋势形态为主力震荡洗盘形态,在该形态内的量价关系,应该符合震荡洗盘的量价要点——价涨量增,价跌量缩。从整个趋势形态来看,成交量应该随着股价震荡幅度的收敛,而逐步萎缩。从而彰显洗盘目的,显示浮动筹码越来越少,场内筹码日趋安定。三角形洗盘形态要得到确认,有一个重要的先决条件,那就是随着三角形趋势的完成,交易量应该显著地枯竭。事实上,在洗盘的各种趋势形态中,观察交易量是一个非常重要的线索。如果价格在上冲时的交易量较重,而下撤时的交易量较轻的话,该形态极其可能是上升趋势中的洗盘休息;如果较重的交易量发生在向下运动的这一边,则该趋势形态有可能是一种反转信号。

三、出货趋势形态

正如市场谚语所说——行情在绝望中诞生、在犹豫中成长、在憧憬中成熟、在欢乐中结束。出货是最重要,也是最难把握的环节。我国也有这样的市场谚语——会买的是徒弟、会卖的是师傅、会空仓的是大师。当市场气势恢宏地涨到高处,人气最为旺盛的时候,投资者会看到、听到关于上市公司、行业等的各种重大利好消息。也许这种群众热情极其高涨之时,正是主力出货的最佳时机。

头肩顶形态是技术分析的世界里最为著名的趋势形态,它是本书之前讲解的头肩底形态的镜像(倒影)。如图 5-56 所示,在一波明显的上升趋势中,每一波回调的低点都高于前一波的低点,反弹也不断地创出新高,市场呈现出健康的上升通道走势。在 A 点(左肩)附近的一次回调,价格在下降通道的下轨处反弹,这看起来与之前的回调没有什么异样。在 B 点(头部)附近的一次回调,这次回调之中抛售的力量之大,使得价格竟然击穿了上升通道。头部的回调向下击穿了上升趋势线,这是上升趋势即将结束的重要信号。价格再次进攻到 E 点(右肩)附近的位置最终回落,E 点比上次攻击的头部高点 B 点相比,价格已经无力创出新高。与头肩底形态类似,我们可以得到一条叫作“颈线”的直线。当右肩的回调走势带着大量击穿颈线时,头肩顶形态宣告完成。当头肩顶形态完成后,价格有时候会带着小量重新拉回到颈线附近,它称之为回抽(反扑),这或许是市场给人们释放出的最后逃跑信号。

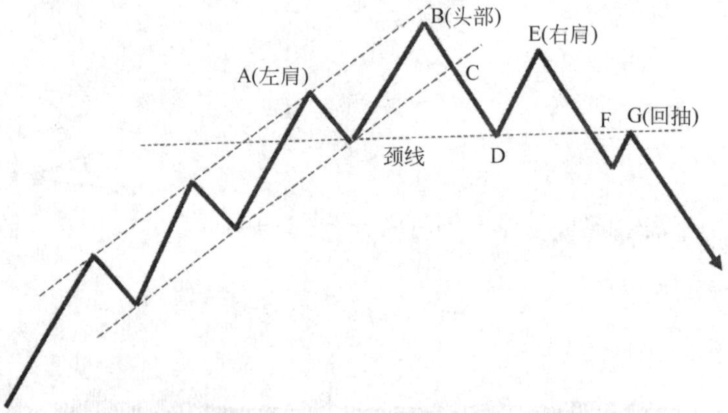

图 5-56　头肩顶趋势形态示意图

头肩顶形态的左肩形成时,市场充满着陶醉与贪婪。左肩形成期间一般成交量很大,交投非常活跃。消息面(尤其是谣言与各种小道消息)经常是驱动趋势发展的主要因素。通常情况下,市场喜欢出现“见光死”现象,消息成真(发布)时,即是头部形成时。头部形成之中,交易量往往并没有配合创出新高。也就是说,趋势的头部常有可能出现量价背离现象。大资金获利回吐的强大卖压,迫使价格再次回落。到了右肩处,趋势走得有气无力,成交量萎缩,交投再次冷清起来。随着颈线被击穿,此时成交量再次放大,恐惧开始弥漫市场。

当然，投资既是一门科学，又是一门艺术。正如《孙子兵法》所说：“凡战者，以正合，以奇胜。故善出奇者，无穷如天地，不竭如江海。终而复始，日月是也。死而复生，四时是也。声不过五，五音之变，不可胜听也；色不过五，五色之变，不可胜观也；味不过五，五味之变，不可胜尝也。战势不过奇正，奇正之变，不可胜穷也。奇正相生，如循环之无端，孰能穷之哉”！在实践中，头肩顶形态的交易量的特征会因时、因势而变化多端，如图 5-57 所示，读者需要灵活分析，切忌刻舟求剑。例如，有时成交量亦可能呈现出小(左肩)、大(头部)、小(右肩)、大(击穿颈线之后)的特征。

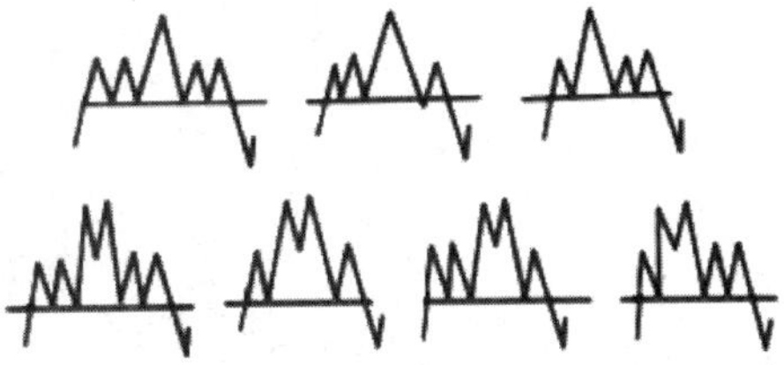

图 5-57　头肩顶形态的变形

健康而稳健的上升趋势，前一波“峰位”一般都会高于前一波涨势的高点，回调趋势的谷底也会高于前一波跌势的低点。如图 5-58 与图 5-59 所示，当上市趋势无力创新高，或者回调走势的低点不能继续抬高，这代表牛方逐渐丧失市场的控制权。头肩顶形态的颈线的斜率不一定必须是水平的，它向上或者向下倾斜，不影响该形态成立；但从技术意义上看，向下倾斜的颈线具有空头意义，它显示灰熊的力量日益剧增。实践中多数头肩顶形态的成交量分布规律是：左肩成交量最大、头部次之、右肩的交易量最小。与头肩底形态类似，如果头肩顶这种强烈的卖出信号走完时，市场拒绝下跌，反而在右肩之后恢复强力上攻(通常会拉出看涨的捉腰带线)，这就是本书前述的巴斯克维尔别馆的猎犬。一旦价格向上穿越了头部，这就是买入的天赐良机。

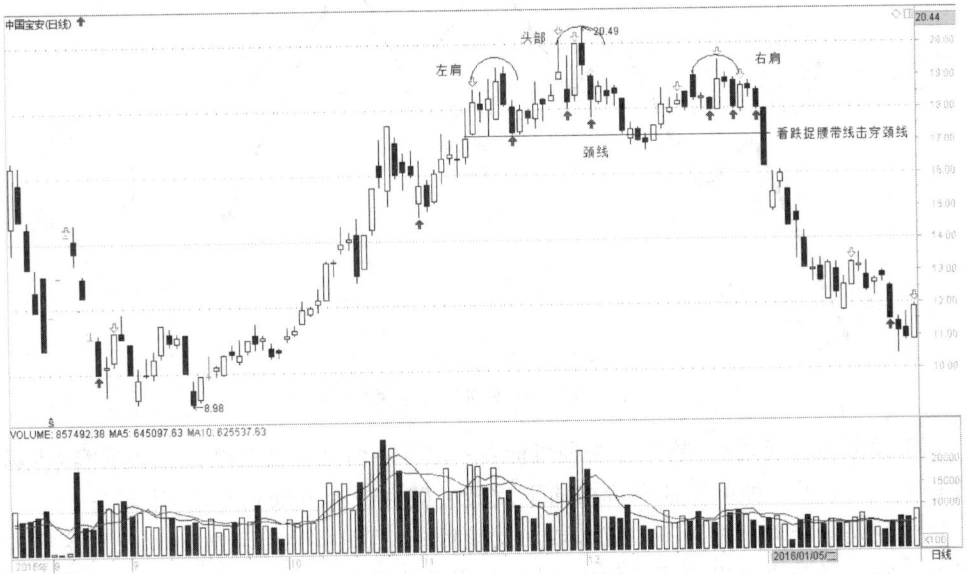

图 5-58　中国宝安(000009)日 K 线图

将头肩顶形态稍微变形，就会出现双重顶形态，也可以称为 M 顶形态，如图 5-60 所示。双重顶在我国证券市场上经常出现。作为典型的出货形态，它是价格反弹在前期高点附近受挫，形成的二次头部。实践中双重顶形态的两个头部的高度未必完全一致。

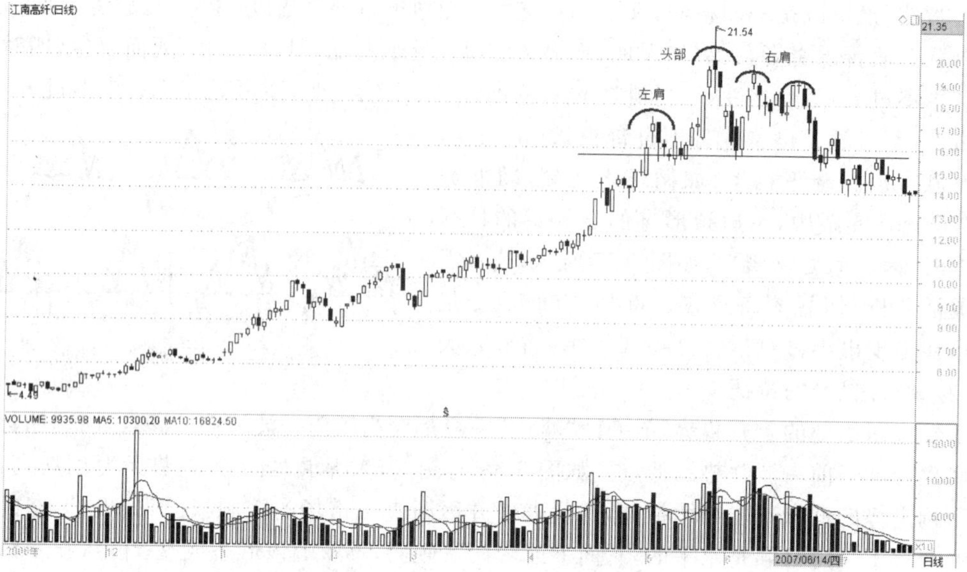

图 5-59 江南高纤(600527)日 K 线图

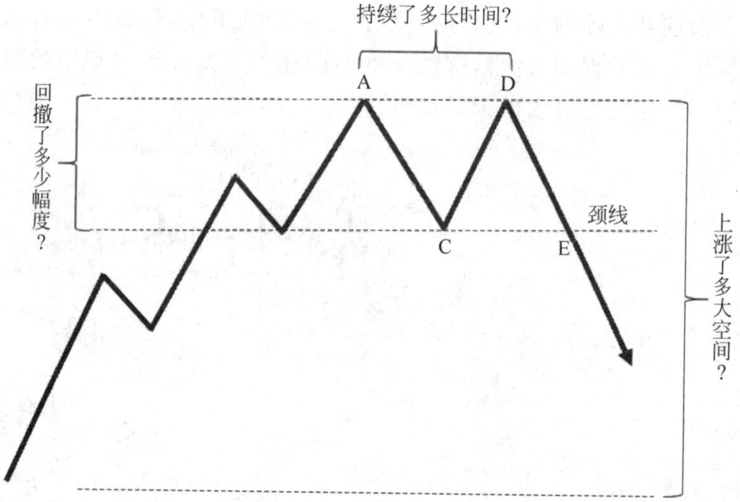

图 5-60 双重顶形态示意图

双重顶形态完成之后,趋势有两种可能:一种可能性是价格在高位窄幅横盘,市场演变成矩形洗盘;另一种可能性是价格向下反转突破宣告上升通道结束,市场进入下降趋势。这也就是意味着双重顶不一定都成为反转信号,有时候也会转为矩形洗盘这样的整理形态。投资者若要找出这两者的内在区别,需要把握如下三条规律:第一,观察市场从底部拉升上来的空间有多高。如果从底部建仓至此,价格已经有了非常成熟的上涨(例如在一个非超级牛市中,标的证券价格已经翻番),这就是双重顶反转形态的最好证据。第二,观察市场在两个顶部之间回撤下去的空间有多深。如果两个顶部之间仅仅有一个小幅度的下跌,则它是矩形洗盘;反之,价格在两个顶部之间回撤的幅度较深,这就是双重顶反转形态的最好证据。第三,观察两个顶部之间持续的时间有多长。如果两个高点之间的时间间隔太近,它就极有可能是持续整理的中继形态;反之,如果两个高点之间的持续时间较长(例如超过 20 个交易日),那么它演变成为出货形态的可能性极大。

如图 5-61 所示,这是国旅联合日 K 线图。该股 2015 年 10 月启动,到了 11 月中旬,价格从 10 元附近上涨到了 20 元一线,结合当时我国股票市场"后股灾"时期整体市场人气低迷的大环境分析,该股此波行情已经有了成熟的上涨。到了 11 月中下旬,虽然只用了短短 12 个交易日便走出双重顶形态,而且在两个顶部之间回撤幅度为 10%(价格从 20 元一线下跌到了 18 元一线),结合本书前述的"空间有多高、跌幅有多深、时间有多长"规律性特征分析,我们认为这属于一个 M 顶出货形态。后来的价格运动证实了这一判断,市场接下来出现了连续大幅度下挫,下跌一直持续到了 2016 年 2 月份,价格最终跌回到了 10 元以内。

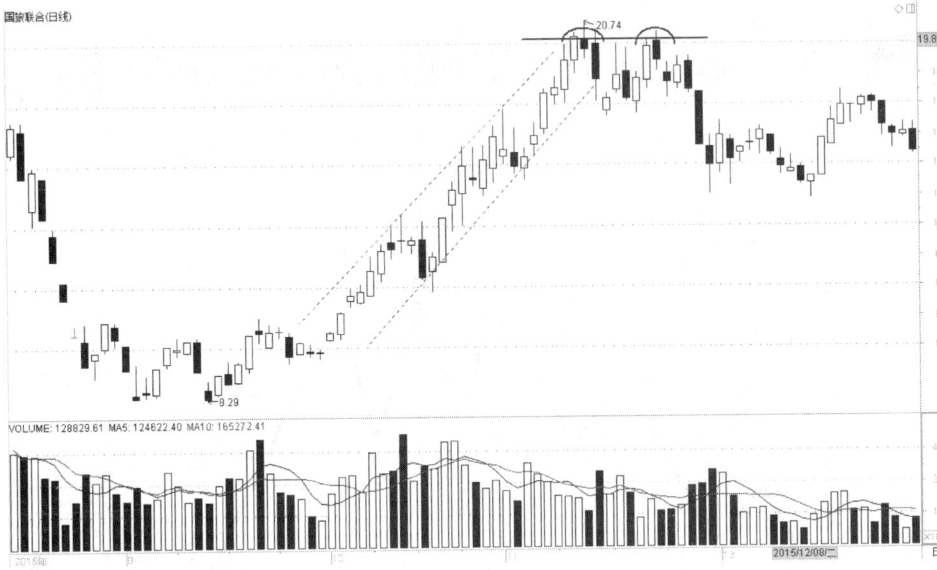

图 5-61　国旅联合(600358)日 K 线图

如图 5-62 所示,我们一次观察上述三个问题,可以看出价格上涨了 100%、回撤了 10%、两个顶部之间持续时间为一个月。通过分析可以看出,这就是一个是双重顶部出货形态。

市场上有时也会出现多重顶(或者一般称之为三重顶)形态。多重顶示意图如图 5-63 所示,价格在 A 到 B 的回调之中击穿了上升通道;市场在 C 点和 E 点的重要位置,均已经无力创出新高。该形态也可以看成是头肩顶形态的一种变体,它是由三个几乎一样高的顶组成,与头肩顶的区别是头的价位回缩到与肩差不多的位置。因此头肩顶的一般规律,对于多重顶形态也一样适用。

多重顶形态完成之后,趋势发展也有两种可能:一种可能性是价格在高位窄幅横盘,市场演变成矩形洗盘;另一种可能性是价格向下反转突破宣告上升通道结束,市场进入下降趋势,如图 5-64 与图 5-65 所示。这也就是意味着多重顶不一定都成为反转信号,有

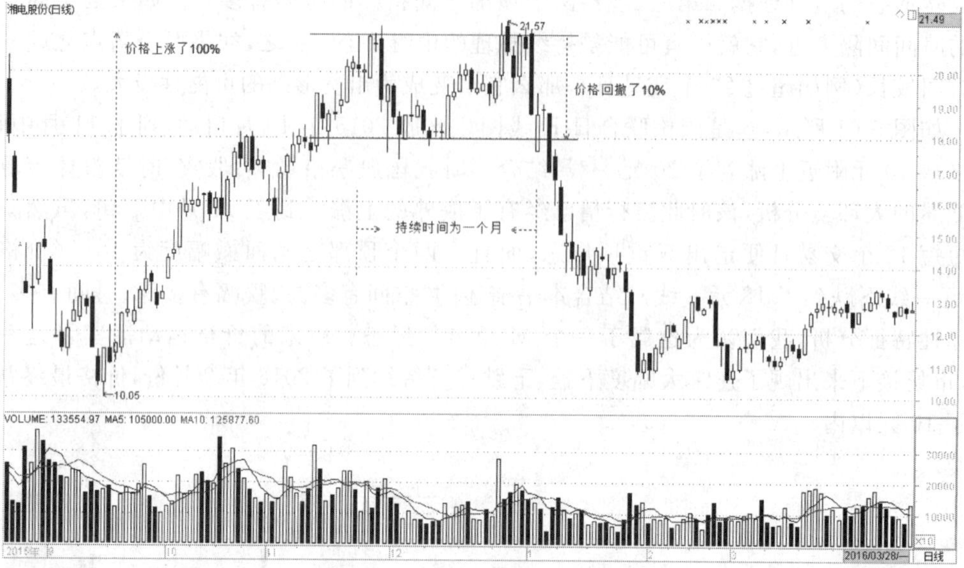

图 5-62 湘电股份(600416)日 K 线图

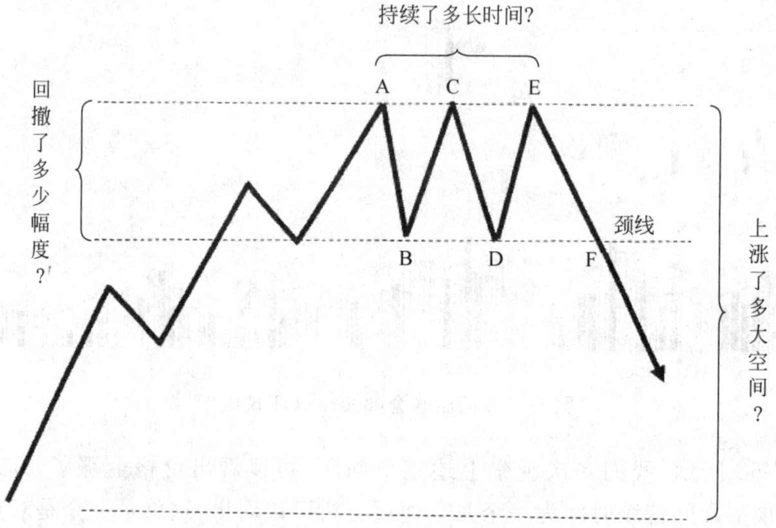

图 5-63 多重顶形态示意图

时候也会转为矩形洗盘这样的整理形态。该问题的判断方法,与双重顶相似,在此不再赘述。

有时出货持续时间较长,可能会经历多次反复,市场出现圆弧顶形态,如图 5-66 与图 5-67 所示。圆弧顶反转形态实际上是“慢镜头版”的头肩顶形态。它不如头肩顶形态反转那样剧烈,它是市场渐变的结果,属于温水煮青蛙式的出货。圆弧顶形态形成过程是:价格在上涨过程中,主力为了防止引起投资者警惕,往往选择缓慢出货。当价格到达目标价位附近,主力开始轻微震荡出货。由于市场上未出现明显见顶迹象,投资者情绪依然稳定,价格波动并不是特别明显。直至股价跌破某个重要点位,这种相对稳定的局面才

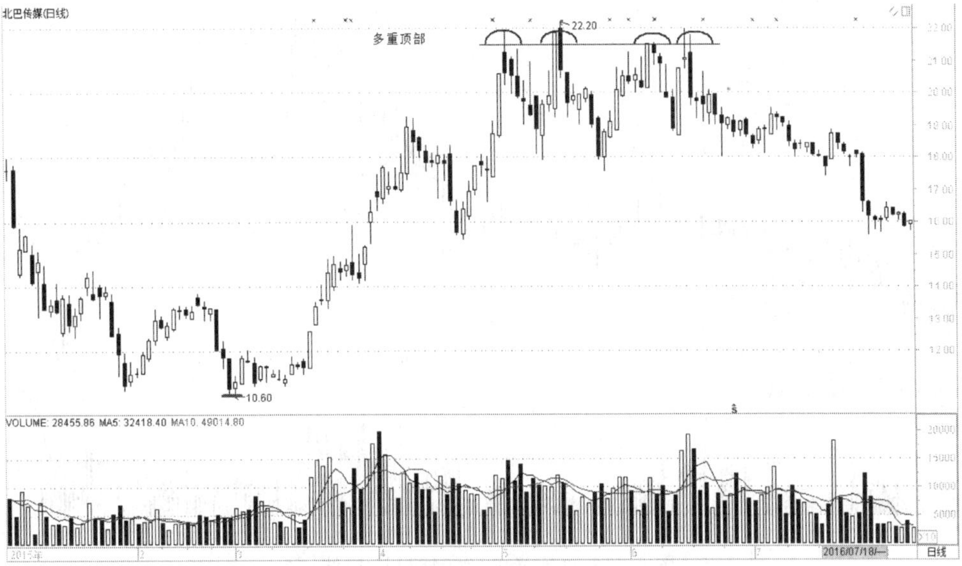

图 5-64　北巴传媒(600386)日 K 线图

图 5-65　凯盛科技(600552)日 K 线图

被打破，持股者开始蜂拥而出，卖压增大，价格开始加速下跌。

圆弧顶的形成，在很大程度上与机构主力掩护撤退有关。机构主力手中有足够的证券，如果突然之间就抛出太多，价格下落太快，可能会诱发群众抛售，主力的筹码可能不能够全部出手。因此，只能陆续少量地往外抛售，市场呈现出来回拉锯走势，直到手中的大部分都已经抛售时，才会出现巨量卖单，价格自然会下降到很深的位置。

由于圆弧顶形态具有平稳性、渐进性，其成交量的变化通常也比较有规律。圆弧顶形

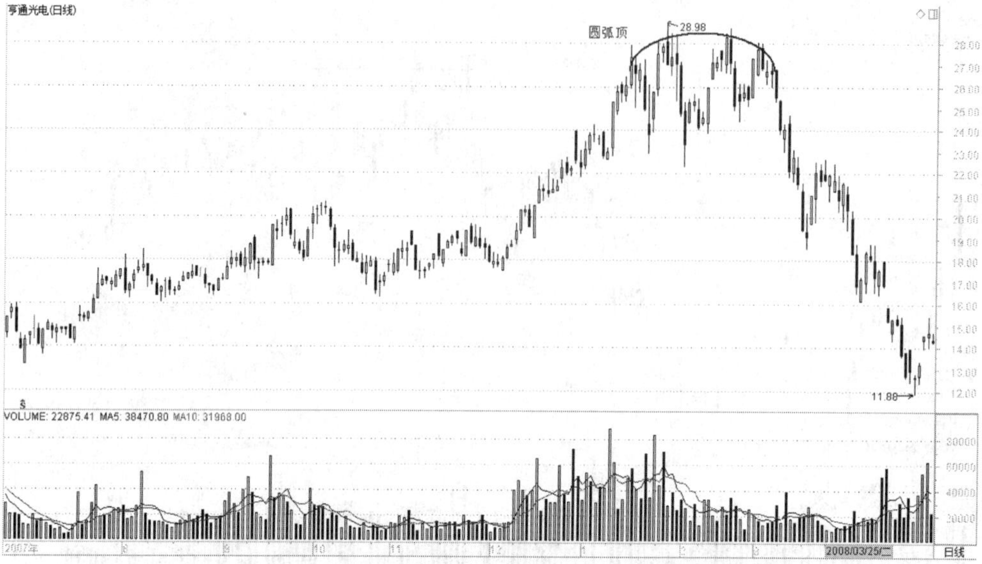

图 5-66 亨通光电(600487)日 K 线图

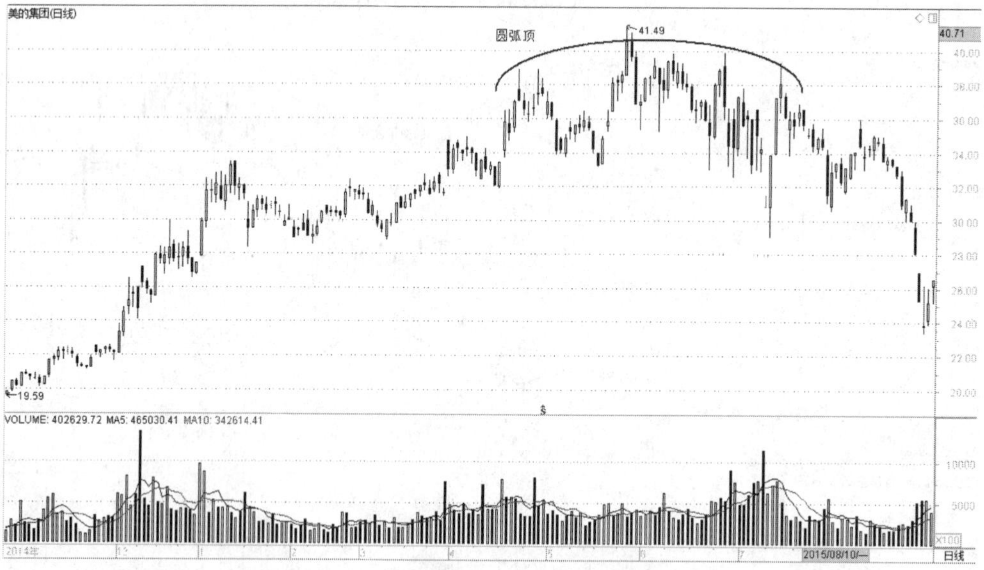

图 5-67 美的集团(000333)日 K 线图

态中的交易量特点是：圆弧顶在形成过程中，成交量有明显的两头大、中间小的特征，呈现出明显的价涨量减、价跌量增的价量背离现象。越靠近顶部，成交量越小，到达顶点时，成交量会达到最小；之后，随着股价下跌，成交量会慢慢放大。圆弧顶完成之后价格向下突破时，成交量会急剧放大，同时常常会出现跳空缺口或大阴线，这是强烈的出货信号。一旦下跌，幅度会较大。圆弧顶的大小与形成的时间有密切关系。一般来说，该形态完成所用的时间越长，后续市场反转的力度也会越强，形态的可信程度也越大。

倒 V 形是指价格之前呈现上升通道，突然价格一路下跌，在图形上就像倒着写的英文字母 V，如图 5-68 与图 5-69 所示。倒 V 形反转出现的过程是：价格在上涨趋势中，由于市场看好的气氛使得买盘强劲增多，价格上涨的速度越来越快，最后出现宣泄式暴涨，多头得到极度宣泄之后，市场上突然出现了危机，短线客见股价上涨乏力便会反手做空，这种现象愈演愈烈，股价走势也出现了戏剧性的变化，股价触顶后便一路下跌，这样就产生这种形态。该形态的出现，往往是受到重要利空消息传闻的影响，或是市场情绪化操作的反应，令投资人来不及反应市场的快速变化所导致。该趋势较为不易判断，因为价格下挫之后，许多投资者寄希望于市场能够出现反弹，再次攻击前期高点。倒 V 形反转形态实际上是一种失控的形态。由于它的出现一般都是很突然的，形成时间较短，走势非常猛烈，因情况突然间变化而带来快速的反运行，所以投资者很难抓住进出的机会。

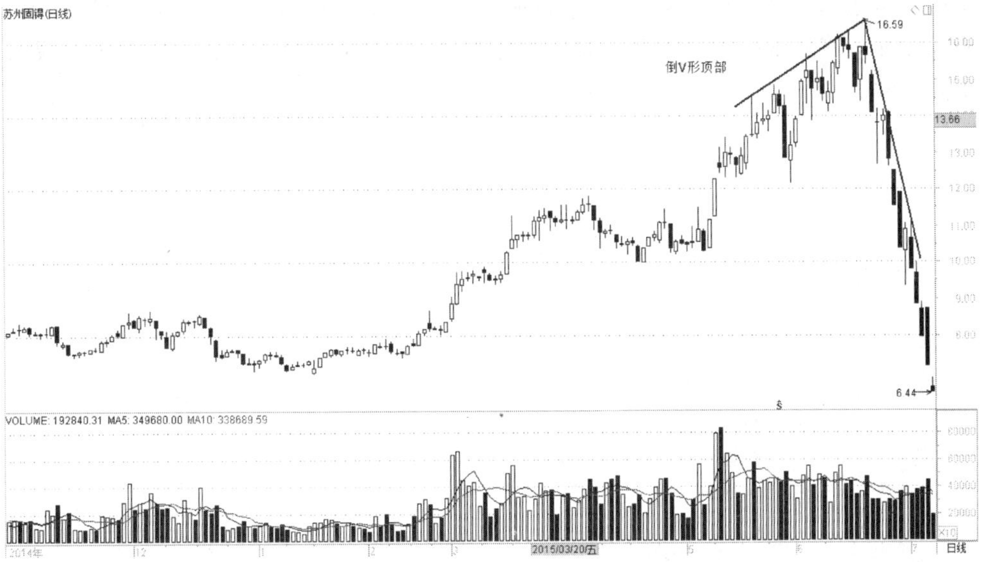

图 5-68 苏州固锝(002079)日 K 线图

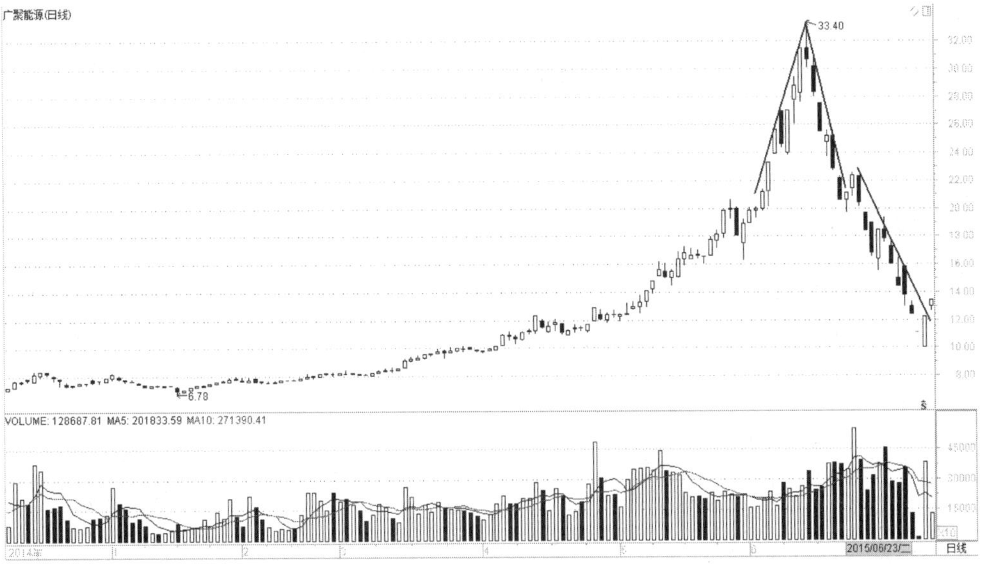

图 5-69 广聚能源(000096)日 K 线图

综上所述，辨认一段行情是否为反转趋势，需要掌握如下四大关键要领①。其一，在它之前有一段明显的趋势存在。这意味着我们要研究一段行情的性质，首先需要观察它的“上下文”。古人云：上下相生，首尾相应。市场必须先有明确的目标，然后才谈得上反转。其二，重要的趋势线被击穿，这是现行趋势即将反转的第一个信号。其三，正如我国股市谚语所说：横有多长，竖有多高。趋势形态的规模越大，则随之而来的市场动作越大。这里的“规模”指的是一个形态的高度和宽度。高度蕴含着趋势形态波动性的强弱；宽度则显示了形成它所用的时间长度。中国的古人说：厚积薄发，冰冻三尺非一日之寒。投资者看到一段趋势上下摆动的范围越大，经历的时间越长，那么该形态就越重要，随之而来的价格运动的余地也就越大。其四，观察突破时的交易量，是验证一段趋势反转的重要检验标准。交易量一般会顺着市场趋势的方向增长，这是验证所有价格形态完成与否的重要线索。

---

① 此处引自约翰·墨菲(美)著：《期货市场技术分析》，丁圣元译，北京，地震出版社，1994年，第95页。

第 6 章

指标分析

本章学习目标

- 指数移动平均线
- MACD 指标
- RSI 指标
- BOLL 指标
- OBV 指标
- 承接出货指标
- 盘中强度指标
- HEMA 指标

第 1 节　指数移动平均线

一、简单移动平均线的缺点

哥伦比亚大学本杰明·格雷厄姆教授曾经说过——股票市场短期看是投票器，长期看是称重机。基本分析关注称重机，试图研究上市公司的重量(内在价值)，把握低估的买入机会。技术分析关注投票器，进行群众情绪分析，观察群众如何集体投票，将一个瞬间共识推到极致，并把握住群众心理逆转的关键拐点。证券市场图表体现交易者在一天里不断波动的情绪。股市不可能每天展示一家上市公司内在价值是多少的事实，但价格运动的脚步本身提供了一个窗口，显示全世界成千上万人对一家上市公司的态度每分钟如何变化。因此，每一个价格都是一张快照。每个价格都代表着全体市场参与者对于公司价值的一种瞬间共识，这种共识以行动来表达。在证券市场上，牛方和熊方纷纷以金钱投票表达各自的看法，然后达成一个瞬间的平衡。

证券市场是由庞大的群众所组成，移动平均线就是这样一种群众情绪的温度计，它参考了数天(数周)的价格，时刻反映着群众心理状况走势的发展方向。移动平均线是由著名的美国投资家格兰威尔(Joseph E. Granville)于 20 世纪中期提出。运用移动平均线来分析市场的方法体系也被称为“均线理论”。均线是当今应用最为普遍的技术指标之一，它能够帮助投资者确认现有趋势、发现和预判即将反转的未来趋势。

本书上一章已经详细介绍了简单移动平均的计算方法。在计算简单移动平均值时，我们将特定时间周期(比如 5 日)之内的收盘价相加并求平均；在接下来每一个连续的交易日，我们剔除了最早的一个交易日收盘价，加上一个最新的交易日收盘价，把五天的价格加起来求平均；以此类推，得到每一个交易日的移动平均值。把所有移动平均值连接起来，就得到了简单移动平均线。

简单移动平均线的第一个缺点是：它用来计算平均值的那些收盘价的权重值是相同的，这与实际情况略微有一些偏差。中国有一句成语叫：时过境迁，时间序列中相对较早期的数据 C_{t-4}（即四天之前的那个收盘价），对于价格趋势的影响力、重要性、相关性，显然不如最近期的一个数据 C_t（即今天的收盘价）。事实上，最新发生的能够影响市场趋势的一些重要事情，应当在移动平均值的计算过程中占有比较大的权重。遗憾的是，简单移动平均线在计算时对每一天都一视同仁，默认时间序列里的那些收盘价具有相同的权重。

加权移动平均线（Weighed Moving Average，WMA）能够克服简单移动平均线的上述缺点。所谓加权移动平均是指让最新的数据拥有更大的权重，以每日的收盘价乘以它对应的天数权重值，然后求和。五日加权移动平均线的计算见公式 6-1 所示。其中，C_t 代表今天的收盘价，C_{t-1} 代表昨天的收盘价，以此类推。限于篇幅，我们在此不再举例阐述 WMA 的具体计算过程。

$$5\text{ 日 WMA} = \frac{1\times C_{t-4} + 2\times C_{t-3} + 3\times C_{t-2} + 4\times C_{t-1} + 5\times C_t}{5+4+3+2+1} \qquad \text{（公式 6-1）}$$

简单移动平均线的第二个缺点是：它在计算过程中，同一个价格会两次影响移动平均值，可能误导投资者的分析判断。当一个最新价格 C_m 纳入简单移动平均值计算时，它影响了一次 SMA 线。接下来每当纳入一个最新价格 C_n 时，时间周期最前端的那个收盘价格 C_m 将被去掉，它又影响了一次 SMA 线。当 C_m 数值较大时，它的剔除会导致 SMA 线骤然下滑。这种下滑并不是市场上发生了什么能够冲击价格的重大事件，而是因为公式计算中样本的剔除导致的。显而易见的是这可能会影响到投资者的决策。亚历山大·艾德在他的名著 *Trading for a Living* 中这样写道：当旧数据被剔除时，简单移动平均线会再次跳动一回。简单移动平均线就像是一只可以叫两次的看门狗一样，小偷来了叫一次，小偷走了再叫一次。这让你弄不清楚应该相信哪次狗叫。投资者是因为懒惰而使用简单移动平均线。就目前的电脑普及程度来说，建议投资者最好使用指数移动平均线。

简单移动平均线的第三个缺点是：它在计算过程中，纳入一个最新价格时，立刻去掉了一个旧的价格。这意味着，它的每个移动平均值仅仅把它所覆盖的那段交易日（例如最近 10 天）纳入进来，完全忽视了过去的历史交易值。事实上，忘记过去就意味着背叛。假如移动平均线能够真正代表着"群众情绪"的指示器的作用，它首先要有能力蕴含足够大的"信息源"。

二、指数移动平均及其原理

本书上一节已经深入地分析了简单移动平均的三大缺点。与简单移动平均线、加权移动平均线相比，指数移动平均线具有非常优秀的趋势指示效果，因为它从根本上克服了前述三大缺点。所谓指数移动平均（Exponential Moving Average，EMA），是指赋予最新的数据比较大的权重，每增加一个新数据时，旧的数据之有效性就随之进一步下降，但不剔除旧的数据。指数移动平均值的计算如公式 6-2 所示。

$$\text{EMA}_t = C_t \cdot k + \text{EMA}_{t-1} \cdot (1-k) \qquad \text{（公式 6-2）}$$

其中，EMA_t 代表第 t 天的指数移动平均值；

EMA_{t-1}代表第 $t-1$ 天的指数移动平均值；

C_t 代表第 t 天的收盘价；

$K=2/(N+1)$，例如 10 天的 EMA 计算时 $k=2/11$；

指数移动平均线是如何克服简单移动平均线的缺点的呢？如公式 6-2 所示，对于第 t 天的收盘价，公式赋予的权重为 $2/(N+1)$，而蕴藏在第 $t-1$ 天的指数移动平均值中的 C_{t-1}(第 $t-1$ 天的收盘价)，其权重显然已经被自然降低，C_{t-2}(第 $t-2$ 天的收盘价)的权重更加变小了……可以看出，旧的数据的权重逐渐下降了。这与实际情况相符合的是，随着每一个新的交易日纳入 EMA 计算，旧的价格(即久远的群众情绪)对趋势的影响力和重要性逐渐消退。尽管如此，EMA 并没有像 SMA 那样，彻底忘记历史。从表 6-1 的 SMA(10 日)和 EMA(10 日)计算过程中可以清楚地看出，EMA 计算时给予了今天的收盘价的权重是 18.18%，而在 SMA 计算时给予今天的收盘价的权重是 10%，EMA 只是给予历史数据较小的权重，兼顾考虑过去群众情绪的同时，通过给予今天价格较大的权重，来凸显群众情绪的最新变化状况对于趋势的重要影响。由于 EMA 并不剔除旧的收盘价，它当然更不会出现 SMA 的变动两次、误导投资者的情况。表 6-1 给出了 M 上市公司[①]的指数移动平均值的示例性计算。图 6-1、图 6-2 给出了指数移动平均在投资实践中的示例性应用。

表 6-1　指数移动平均值计算表

日　　期	收盘价	SMA5	EMA5	EMA10
2016 年 7 月 18 日	23.66			
2016 年 7 月 19 日	24.19			
2016 年 7 月 20 日	23.28			
2016 年 7 月 21 日	24.83			
2016 年 7 月 22 日	23.79	23.95	23.95(A)	
2016 年 7 月 25 日	24.12	24.04	24.01(B)	
2016 年 7 月 26 日	25.58	24.32	24.53(C)	
2016 年 7 月 27 日	25.38	24.74	24.81	
2016 年 7 月 28 日	26.88	25.15	25.50	
2016 年 7 月 29 日	27.59	25.91	26.20	24.93(D)
2016 年 8 月 01 日	28.95	26.88	27.12	26.27(E)
2016 年 8 月 02 日	29.46	27.65	27.90	27.33(F)
2016 年 8 月 03 日	30.96	28.77	28.92	28.54
2016 年 8 月 04 日	30.27	29.45	29.37	29.12
2016 年 8 月 05 日	31.74	30.28	30.16	29.99
2016 年 8 月 08 日	32.17	30.92	30.83	30.72
2016 年 8 月 09 日	32.88	31.60	31.51	31.44
2016 年 8 月 10 日	30.88	31.59	31.30	31.25

① 这里之所以不再使用上一章的航天动力(600343)的数据，是因为计算 EMA 时需要从公司上市交易第一天的收盘价开始连续地计算。表 6-1 为模拟算例，假设表中第一行为上市交易第一天。

续表

日　　期	收盘价	SMA5	EMA5	EMA10
2016 年 8 月 11 日	31.03	31.74	31.21	31.18
2016 年 8 月 12 日	30.61	31.51	31.01	30.99
2016 年 8 月 15 日	32.97	31.67	31.66	31.65
2016 年 8 月 16 日	35.18	32.13	32.84	32.83
2016 年 8 月 17 日	36.18	33.19	33.95	33.94
2016 年 8 月 18 日	35.83	34.15	34.58	34.57
2016 年 8 月 19 日	36.82	35.40	35.32	35.32

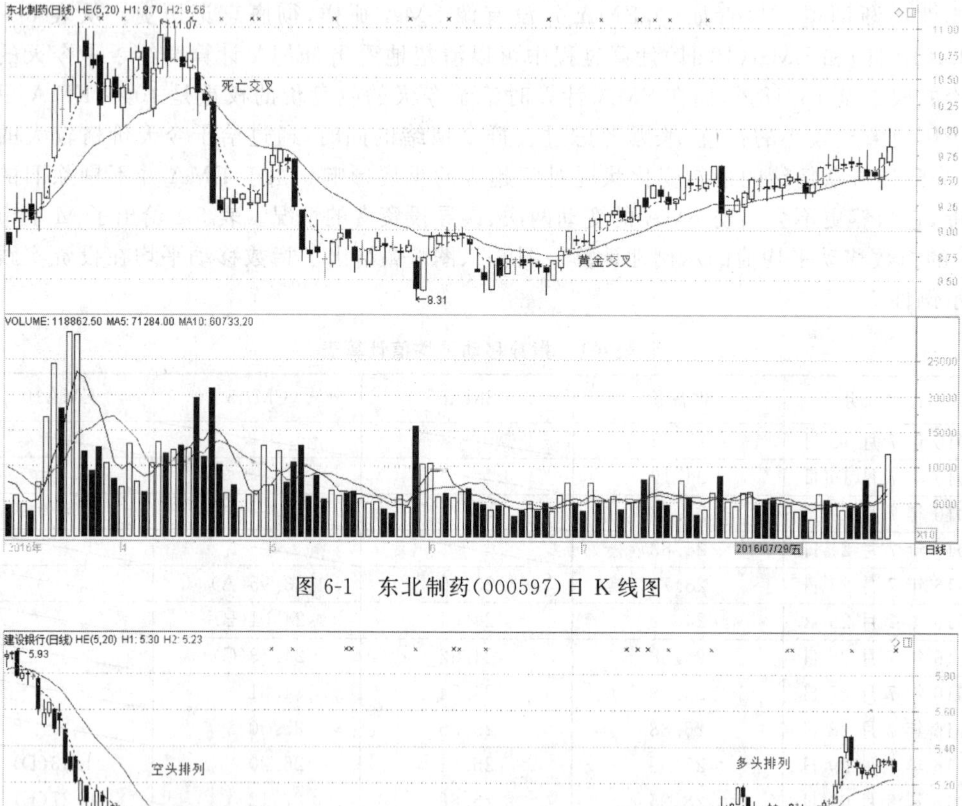

图 6-1　东北制药(000597)日 K 线图

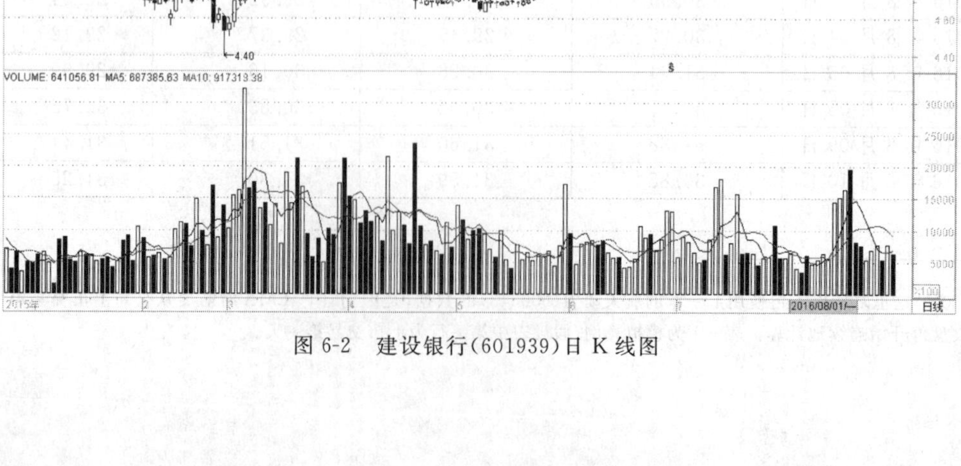

图 6-2　建设银行(601939)日 K 线图

读者需要注意的是，在计算指数移动平均的第一个数值时，由于找不到上一个交易日的 EMA，所以一般运用简单移动平均值来代替第一个 EMA。如表 6-1 所示，我们假设 2016 年 7 月 18 日为股票上市交易第一天。作为示例，这里给出指数移动平均值 $A \sim F$ 的计算过程为：

$$A = (23.66 + 24.19 + 23.28 + 24.83 + 23.79)/5 = 23.95$$

$$B = 24.12 \times 2/6 + 23.95 \times 4/6 = 24.01$$

$$C = 25.58 \times 2/6 + 24.01 \times 4/6 = 24.53$$

$$D = (23.66 + 24.19 + 23.28 + 24.83 + 23.79 + 24.12 + 25.58 + 25.38 + 26.88 + 27.59)/10 = 24.93$$

$$E = 28.95 \times 2/11 + 24.93 \times 9/11 = 26.27$$

$$F = 29.46 \times 2/11 + 26.27 \times 9/11 = 27.33$$

第 2 节　MACD 指标

一、MACD 指标的概念及原理

MACD 指标的英文全名是 Moving Average Convergence and Divergence，直译过来是“移动平均线的收敛与发散”指标，在欧美国家人们通常把该指标称为“黄金线”指标，我们认为把它翻译为“聚散指标”比较合理。该指标是 1978 年由美国纽约著名的基金经理人 Gerald Appel 所提出。Gerald Appel 将他设计的这一重要趋势研究指标写成了一本小册子 *Understanding MACD*。在这个小册子中作者详细讲解了该指标的设计思路、参数选择、使用方法等。

MACD 是在充分运用上一节所讲解过的指数移动平均线的优点的基础上设计出来的。它的基本思想是利用短周期指数移动平均线与长周期指数移动平均线之间的相互交叉、聚散分离关系，来找到买入和卖出证券的时机。MACD 指标包括四大基本要素，分别是 MACD 线、信号线、柱状线、零轴。MACD 指标的构成要素可以简称为“三线一轴”，具体如图 6-3 所示。这里具体剖析如下：

1. MACD 线

MACD 线是指短周期指数移动平均线与长周期指数移动平均线之差。MACD 线在图表中一般用 DIF 线来表示，它是英文单词 Difference 的简称，也称为快线，我们可以把它叫作“差离值”。如图 6-3 所示，图中的那条虚线就是 DIF 线。在一个较为强势的上涨趋势中，DIF 线会持续在零轴之上游走。一段强有力的拉升中，当投资者看到 DIF 线已经掉头向下，这是趋势回调的重要信号。

2. 信号线

信号线(Signal Line)是对 DIF 线再做指数移动平均得到的。信号线在图表中一般用 DEA 线来表示，它是英文单词 Difference's Exponential Average 的简称，也称为慢线，我们可以把它叫作“差离平均值”。设计它的目的是为了给 DIF 这条快线的运动轨迹找到参照物，因此被称之为信号线。如图 6-3 所示，图中的那条实线就是 DEA 线。当投资者

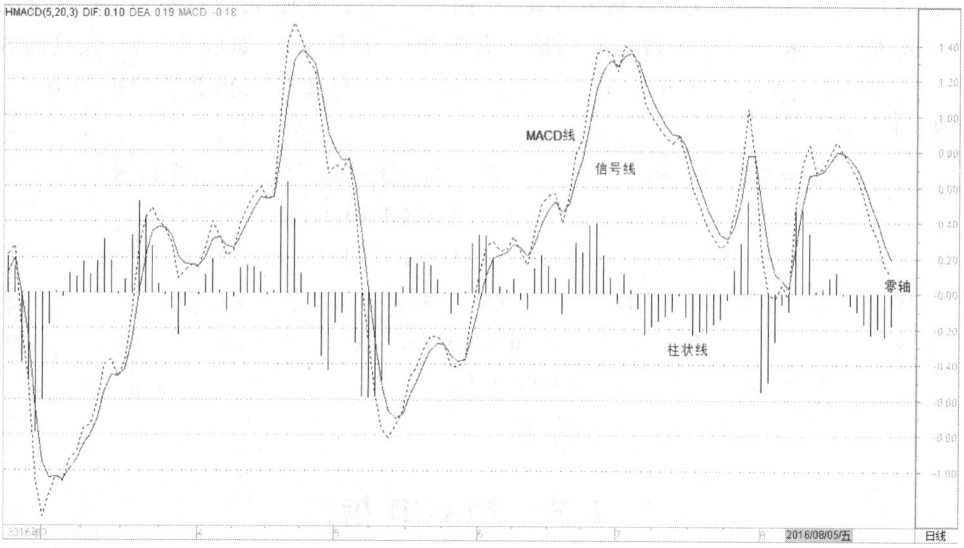

图 6-3 MACD 指标四大基本要素

看到在零轴附近，DIF 线向上穿越了它的参照物（信号线），这就是价格要展开上攻的重要信号。如果 DIF 线在此位置第二次向上穿越了它，这预示着一轮强势上涨即将展开。当然，树木不可能长到天上去。当 DIF 线在远离零轴的位置向下穿越了它的参照物，这就是趋势即将展开回调的重要信号。可以看出，MACD 如同汽车的大灯，能够帮助投资者及时了解前面的路况。

3. 柱状线

如图 6-3 所示，图中有许多牙刷状的垂直线，这些垂直线被称为 MACD 柱状线。它们如影随形地记录着 DIF 快线和 DEA 慢线之间的距离，定量地反映着快线与慢线聚合或者分离的程度。值得注意的是，聪明的图表设计师们，为了让用户观察得更加清晰，在编写程序时，常用做法是将快线与慢线之间每天的实际距离统一放大 2 倍。MACD 柱状线生动地显示了多空力量的消长，它不仅能够表达多空双方谁居于主导地位，而且可以反映主导力量的强化或者转弱，如图 6-4 所示。

4. 零轴

MACD 线与信号线均在零轴以上，代表目前为多头市场；反之若它们在零轴以下则为空头市场，如图 6-5 所示。在一个空头市场上做多，或者在一个多头市场上做空，从技术分析的角度看，是不英明的决策。显而易见的是，空头市场显示市场人气转弱、卖压增强；多头市场显示的是卖压衰退、人气逆转。

二、MACD 指标的计算过程

科技改变了世界。几乎没有人亲自动手去计算 MACD 指标，因为计算机已经准确而方便地帮助人们计算好了。但是，正如一句谚语所言——只有回到原点，你才能够用崭新的角度看待事物。对于学习 MACD 这一非常重要的技术分析指标的初学者来说，自己动手计算一遍 MACD 就显得非常必要，这对于深刻掌握该技术指标的内涵，具有事半功倍

图 6-4 深物业 A(000011)日 K 线图

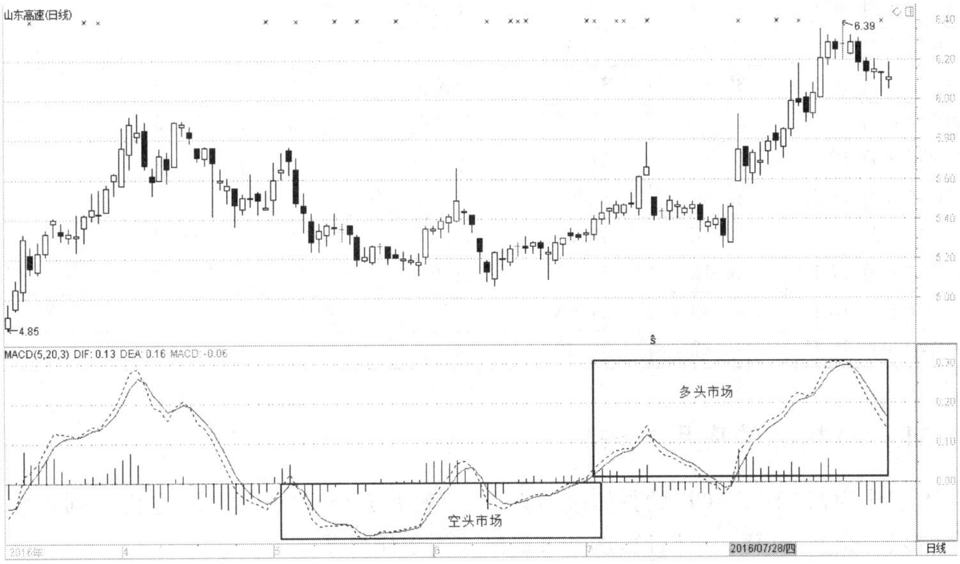

图 6-5 多头市场与空头市场

的效果。

通常,计算 MACD 指标包括五大步骤。第一步,计算短周期的指数移动平均值。如表 6-2 所示,假设 2016 年 7 月 18 日为该公司上市交易第一天。我们计算 5 天的指数移动平均值。第二步,计算长周期的指数移动平均值。如表 6-2 所示,我们计算的是 10 天的指数移动平均值。第三步,计算短周期 EMA 与长周期 EMA 之差,得到 DIF 值。第四步,计算 DIF 线的 3 日指数移动平均值,得到信号线 DEA。第五步,计算 DIF 线与 DEA 线之间的距离,得到 MACD 柱状线。

表 6-2 MACD 指标计算过程表

日　　期	收盘价	EMA5	EMA10	DIF 值	DEA3	MACD 柱
2016 年 7 月 18 日	23.66					
2016 年 7 月 19 日	24.19					
2016 年 7 月 20 日	23.28					
2016 年 7 月 21 日	24.83					
2016 年 7 月 22 日	23.79	23.95				
2016 年 7 月 25 日	24.12	24.01				
2016 年 7 月 26 日	25.58	24.53				
2016 年 7 月 27 日	25.38	24.81				
2016 年 7 月 28 日	26.88	25.50				
2016 年 7 月 29 日	27.59	26.20	24.93	1.27		
2016 年 8 月 01 日	28.95	27.12	26.27	0.85		
2016 年 8 月 02 日	29.46	27.90	27.33	0.57	0.90	−0.33
2016 年 8 月 03 日	30.96	28.92	28.54	0.38	0.64	−0.26
2016 年 8 月 04 日	30.27	29.37	29.12	0.25	0.44	−0.19
2016 年 8 月 05 日	31.74	30.16	29.99	0.17	0.31	−0.14
2016 年 8 月 08 日	32.17	30.83	30.72	0.11	0.21	−0.10
2016 年 8 月 09 日	32.88	31.51	31.44	0.07	0.14	−0.07
2016 年 8 月 10 日	30.88	31.30	31.25	0.05	0.09	−0.04
2016 年 8 月 11 日	31.03	31.21	31.18	0.03	0.06	−0.03
2016 年 8 月 12 日	30.61	31.01	30.99	0.02	0.04	−0.02
2016 年 8 月 15 日	32.97	31.66	31.65	0.01	0.03	−0.02
2016 年 8 月 16 日	35.18	32.84	32.83	0.01	0.02	−0.01
2016 年 8 月 17 日	36.18	33.95	33.94	0.01	0.01	0.00
2016 年 8 月 18 日	35.83	34.58	34.57	0.01	0.01	0.00
2016 年 8 月 19 日	36.82	35.32	35.32	0	0.01	−0.01

三、MACD 指标的应用方法

本书认为，关于 MACD 的具体应用方法，一般有五个观察的视角，它们分别是位置、趋势、形态、交叉、背离。可以说，这五大视角适用于任何技术分析指标的研究和应用，如图 6-6 所示。

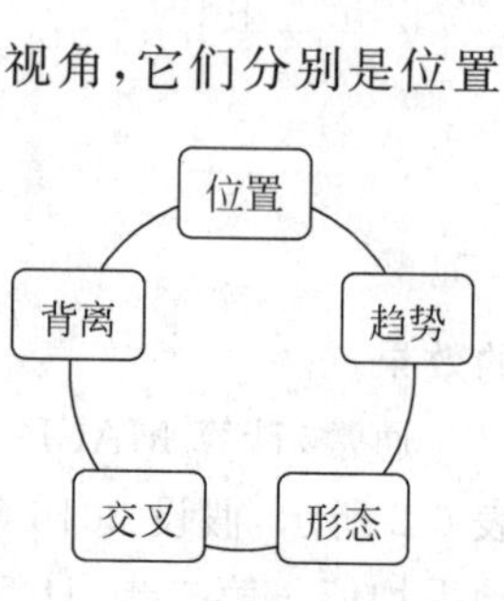

图 6-6 技术指标研究五大视角

1. 指标的位置

位置指的是观察技术指标进入的区域是否是超买或者超卖区域。如图 6-7 所示，这是鄂武商 A(000501)的日 K 线图，该股 2015 年 5 月底，MACD 线冲高到 2.89 的历史峰位。可以从它的日 K 线图上看到，从 2007 年 6 月到目前，9 年之中它的 MACD 线冲过 2 的机会只有一次。通过观察技术指标运动进入的区域，可以观察到市场也许早已经陷入超买状态。

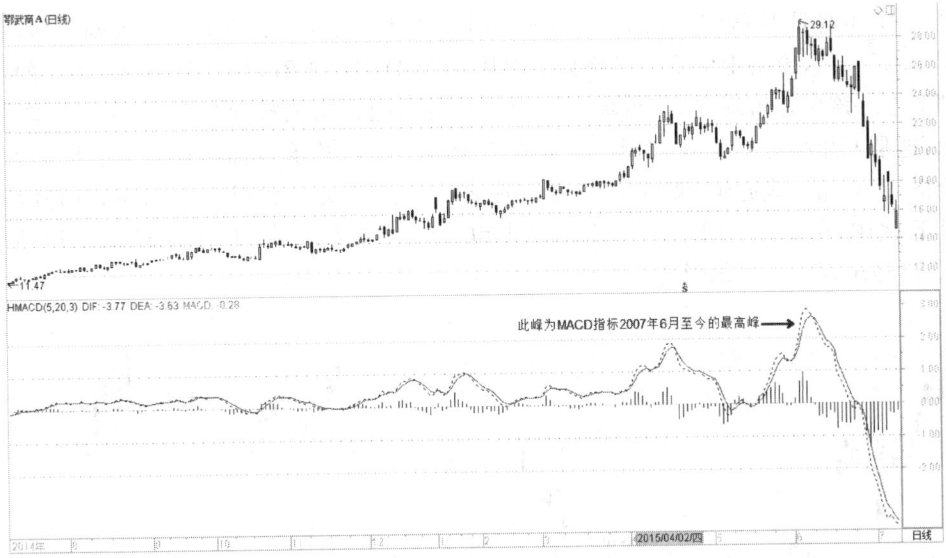

图 6-7 鄂武商 A(000501)日 K 线图

2. 指标的趋势

一般来说，技术指标线的运行，也会具有明显的波峰和波谷。趋势就是观察技术指标线运动的方向。在技术指标上升过程中是否“谷位”比“谷位”高，在技术指标下降过程中是否“峰位”比“峰位”底。如图 6-8 所示，这是合肥百货(000417)2016 年 3 月到 8 月的日 K 线图。图中可以看出，市场整体处于横盘状态。但在横盘趋势内部，MACD 指标运行的下降趋势和上升趋势，依然能够有助于找到一些局部的买入和卖出机会。

图 6-8 合肥百货(000417)日 K 线图

3. 指标的形态

形态是指观察技术指标是否构成了一些重要的建仓类、出货类形态。如图 6-9 所示，这是＊ST 生物日 K 线图。在 2015 年 8 月到 9 月，该股价格从 20 元一线大幅下挫，跌落到了 10 元一线，价格走出了下降趋势。而从 MACD 指标来看，却出现了一个重要的双重底部形态。该形态出现之后，市场用了两个月时间把价格又拉回到 20 元上。如图 6-10 所示，这是万泽股份的日 K 线图。该股在 2016 年 5 月，技术指标出现了头肩底形态，随后价格从 10 元一线起步，截至 2016 年 8 月上攻到了 17 元。如图 6-11 所示，这是沙隆达 A 日 K 线图，在 2015 年 5 月中旬到 6 月中旬，价格在继续上攻，但是从 MACD 技术指标来看，已经出现双重顶部形态。

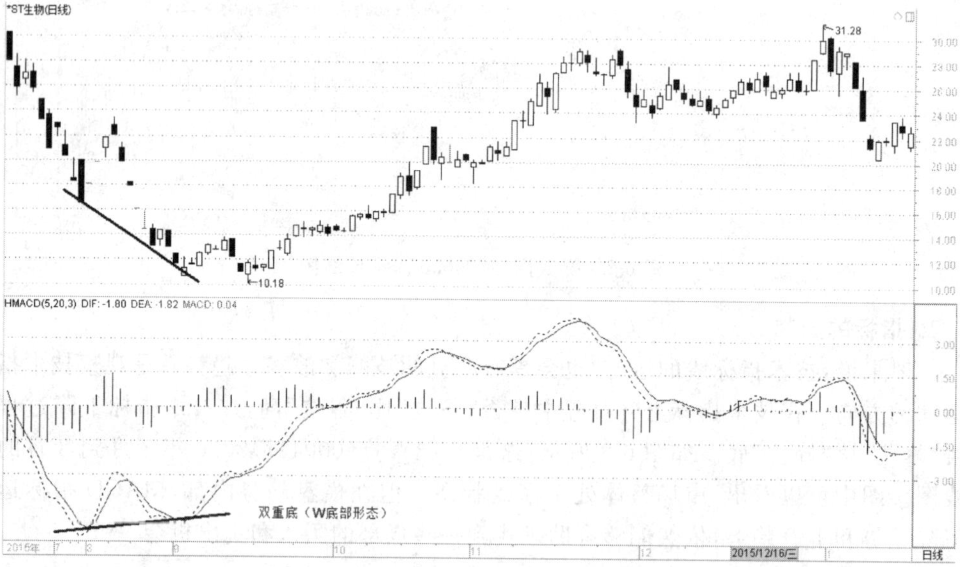

图 6-9　＊ST 生物(000504)日 K 线图

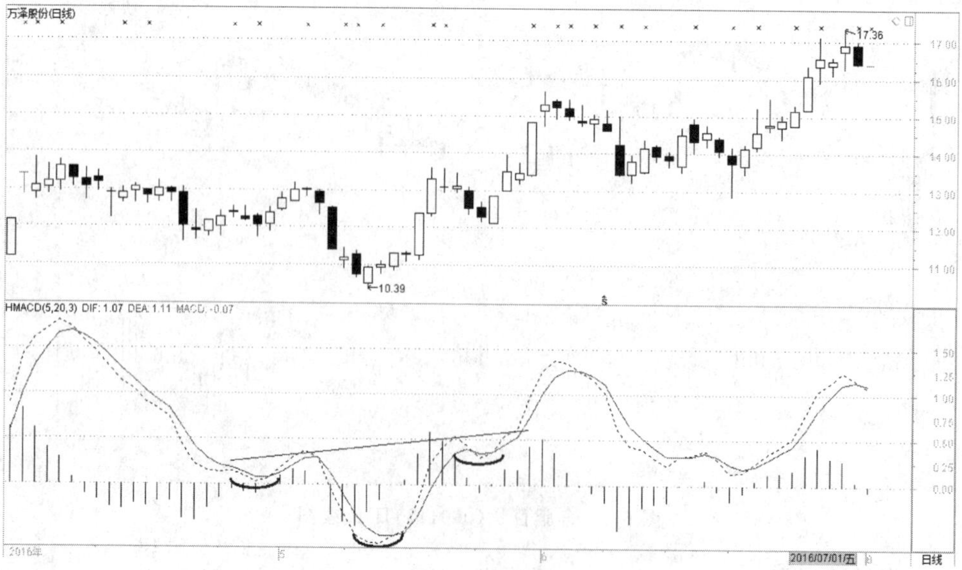

图 6-10　万泽股份(000534)日 K 线图

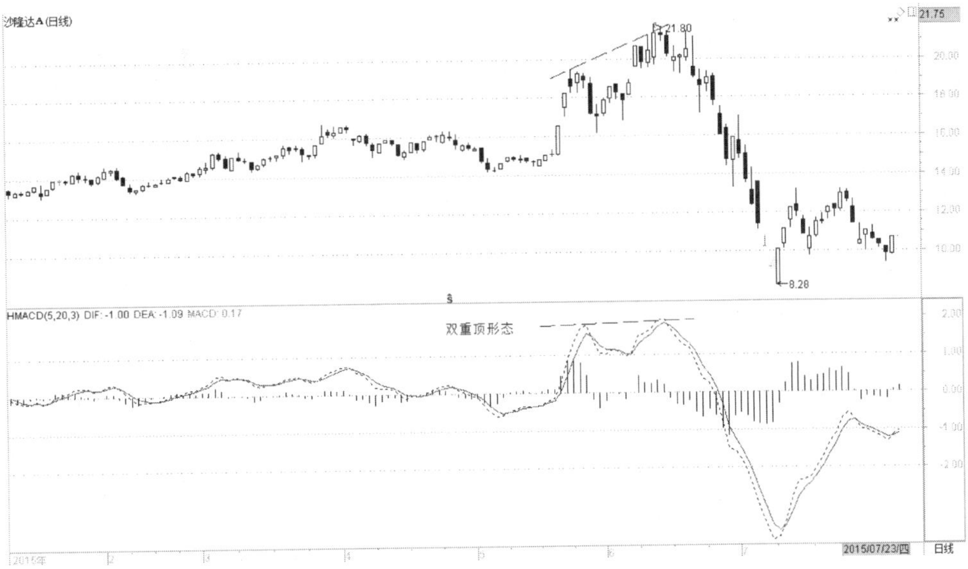

图 6-11 沙隆达 A(000553)日 K 线图

4. 指标的交叉

交叉是指两条技术指标曲线之间是否存在黄金交叉或者死亡交叉现象。当快速的 MACD 线由下往上穿越了慢速的信号线，这是买入机会。当快速的 MACD 线由上往下穿越了慢速的信号线，这是卖出机会。如图 6-12 所示，2016 年 7 月 12 日至 7 月 22 日期间，东旭光电股票价格涨幅达 40%。此次大涨是此前东旭光电公布的一款能 6 分钟内充满或放空的石墨烯基锂电池，但公司并没有出具该款电池快速充放电的依据及权威部门或第三方机构检测的情况。2016 年 7 月 22 日，深交所发布《关于对东旭光电科技股份有限公司的关注函》，要求东旭光电说明其发布的石墨烯基锂电池产品具有快速充放电、循环性能、高低温性能特征的依据，上述特征实验测试及权威部门或第三方机构检测的情况，以及石墨烯基锂电池生产所涉及的主要技术专利情况。在停牌 2 天之后，东旭光电价格开始回调，MACD 技术指标出现死亡交叉。

5. 指标的背离

背离是指技术指标的走向与证券价格 K 线的走向是否一致。如果技术指标与价格之间出现重要背离现象，则是价格反转的重要预警信号。MACD 指标的背离一般分为正背离(Positive Divergence)和负背离(Negative Divergence)。所谓正背离，指的是价格呈现下跌趋势，而技术指标已经悄然上升。所谓负背离，指的是价格在上攻，但是技术指标已经慢慢地下滑或者走平。美国投资家亚历山大·艾德在他的名著 *Trading for a Living* 中这样评论道：对于任何特定的市场来说，MACD 柱状图与价格之间的背离现象，每年顶多会发生几次，它们是技术分析中最为明确的信号。这种珍贵的背离，意味着趋势主要的转折点，通常代表着超级的买入或者卖出的机会。如图 6-13 所示，南京公用在 2015 年 1 月份 MACD 指标出现正背离，开始了价格上攻。到了 2015 年 4—5 月份，出现负背离，标志着上攻结束。

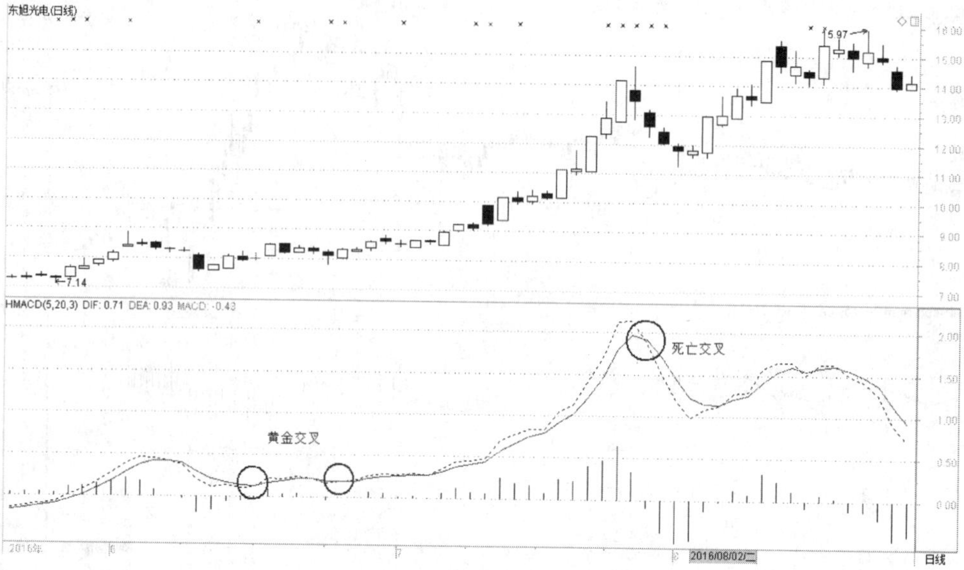

图 6-12　东旭光电(000413)日 K 线图

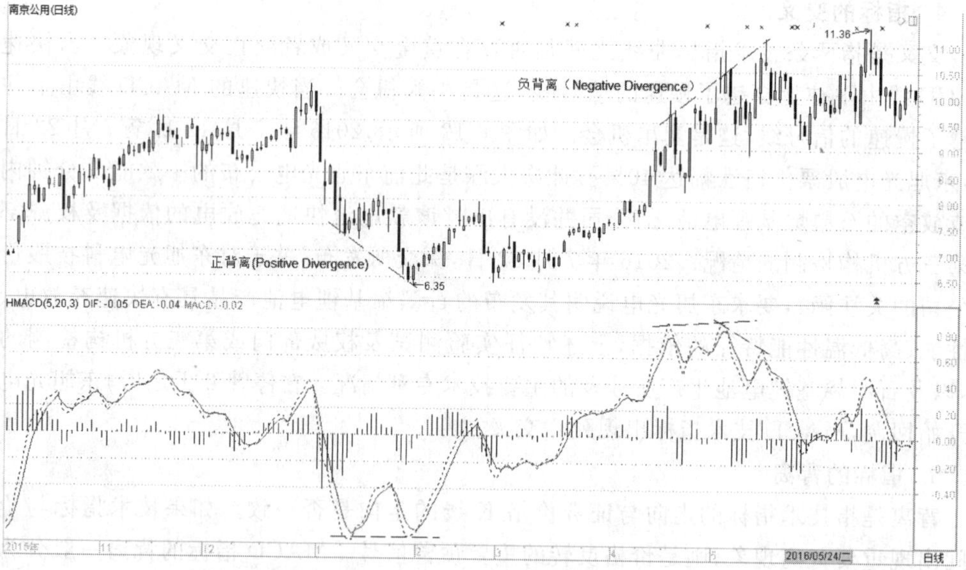

图 6-13　南京公用(000421)日 K 线图

第 3 节　BOLL 线指标

一、BOLL 线的基本原理

BOLL 线指标其英文全称是 Bollinger Bands，中国大陆一般音译为“布林线”指标，它是 20 世纪 70 年代美国著名的证券分析师约翰·布林格(John Bollinger)提出的研究证券波动规律的统计指标，以他本人的名字命名。布林线的提出者约翰·布林格在他的名著里，引用了爱因斯坦的相对论观点，认为所有事物只因为彼此之间的关系而存在。换言之，世界上没有任何事物是独立存在，也没有完全绝对的东西。例如，黑色必须依存于白色；快是相对于慢的概念；高必须有低作为参考基准等。证券市场上所谓的高价，是指价格相对偏高的交易区间；同理，所谓的低价是指价格相对偏低的交易区间。那么问题是，人们所说的偏高、偏低是否有定量化的计量方法？布林线指标的提出，就是要回答这个问题。

布林线的基本原理是：用最近 N 时间周期的移动平均线代表价格的中心趋势(Central Tendency)，以此中心趋势为基准而建立两条带状的上限与下限作为判断市场相对高位与低位的依据。如何建立带状的上限与下限呢？布林线使用了"移动标准差"(Moving Standard Deviation)的概念。

移动标准差中的"移动"，与本书之前章节中讲解的移动平均线道理相同。其基本做法是：对于每个期间，相关的计算都必须重新进行一次。例如，在计算 20 天的移动平均时，每 20 天的平均值都按照最近 20 天的数字计算；新的一天，剔除最早一天的收盘价，纳入最近一天的收盘价，重新计算最近 20 天的平均值。移动标准差的计算道理相同。例如，计算 20 日移动标准差时，每一天都用最近 20 天的数字重新计算一次标准差。标准差的计算公式为：

$$\sigma = \sqrt{\frac{\sum (x_i - \mu)^2}{N}} \qquad \text{(公式 6-3)}$$

标准差的计算过程是：首先，我们计算收盘价的平均值，然后计算每个收盘价偏离平均值之间的差值，得到每个收盘价偏离平均值的离差。这些离差有的为正数、有的为负数。收盘价的波动越剧烈则离差就越大。我们想知道最近 20 个交易日的总离差是多少？当对这些离差加总时，正的离差和负的离差抵消了，它们的和为零。为了避免出现这种抵消现象，故取各个"离差的平方"进行计算。得到离差平方的加总合计之后，计算该合计数的平均数，然后再取平方根，就得到了标准差。如图 6-14 所示，布林线由"上轨""中轨"和"下轨"三条轨道所构成。在三条轨道之中，"中轨"一般取的是 20 天的简单移动平均线，即为实务里所用均线中的月线。上下轨是通过中轨加减两倍的移动标准差计算而得来。

一般而言，证券价格的运动总是围绕某一价值中枢在一定的范围内变动。布林线指标正是设计出一个 20 日移动平均线作为它的价值中枢，同时，将一定的波动范围界定在 2 倍的移动标准差之内。树叶从树根生发出来，凋落后最终还是回到树根，中国的古人用"叶落归根"比喻每种东西最后都会返回它的老家。在统计学的世界里，能代表老家的，非平均值莫属。正如世界上大部分事物的分布和其运行规律一样，朝着平均值回归(Regression to the mean)是它的基本统计学特征。可以说，当我们观察到证券的价格已经大大地偏离它的平均值时，朝着平均值回归是它的定数。布林线的三条轨道，也闪耀着"物极必反"的哲学智慧。当价格带着大量击穿布林线上轨，市场陷入超买(Overbought)状态，追高的风险已经暴露无遗；与此相反的是，当价格跌破了布林线下轨，意味着市场已经陷入超卖(Oversold)状态，进场买入是一个不错的选择。

图 6-14　华中数控(300161)日 K 线图

二、BOLL 线指标的应用方法

布林线最为重要的用途之一，就是帮助我们辨认趋势的形态。在上一章讲解的 W 底部、头肩底形态、头肩顶形态、M 顶部等趋势的形态，当用 BOLL 线指标配合使用时，能够得到极好的确认信号预警作用。如图 6-15 所示，这是乐凯胶片日 K 线图。在 2016 年 1 月底，暴跌使得价格击穿了布林线下轨。价格随后从 12 元一线反弹到了 15 元一线。再次下跌之后，市场在 12 元一线重拾升势，开启了一段小有气势的上攻。可以看出，W 底部形态的第一个低点通常击穿布林线下轨，但是第二个低点一般不会落入布林线的下轨之外。这是布林线确认 W 底部趋势形态的重要信号。

如图 6-16 所示，这是中源协和日 K 线图。价格在 2008 年 9 月形成左肩，市场跌落到布林线下轨的附近时开始反弹。到了 2008 年 10 月底，价格再一次下探布林线下轨。这次反弹，向上击穿了下降通道，形成头部。市场在经历了 11 月和 12 月的长时间横盘之后，形成右肩。投资者需要注意的是，正是在形成右肩位置附近，市场站稳了布林线中轨。到了 2009 年 1 月中下旬，价格带着明显放大的交易量击穿颈线，开始了猛烈的上攻。

如图 6-17 所示，这是天坛生物(600161)的日 K 线图。在 2015 年 5 月 25 日，价格上涨了 8.68%，收出大阳线，这一天价格已经收盘在布林线上轨之外。随后，市场展开回调。当价格在 2015 年 6 月 3 日再一次以涨停板报收时，市场也许到处都弥漫着做多的空气。仔细观察这一次进攻，却可以明显地看出，连续的上吊线形态，以及 6 月 8 日、9 日 K 线已经无力创出新高。市场没有力量进攻到布林线上轨时，就开始掉头向下了。市场已经在这里走出了一个标准的 M 顶形态。当价格向下击穿布林线中轨，那就是最为明确的卖出信号。

图 6-15　乐凯胶片(600135)日 K 线图

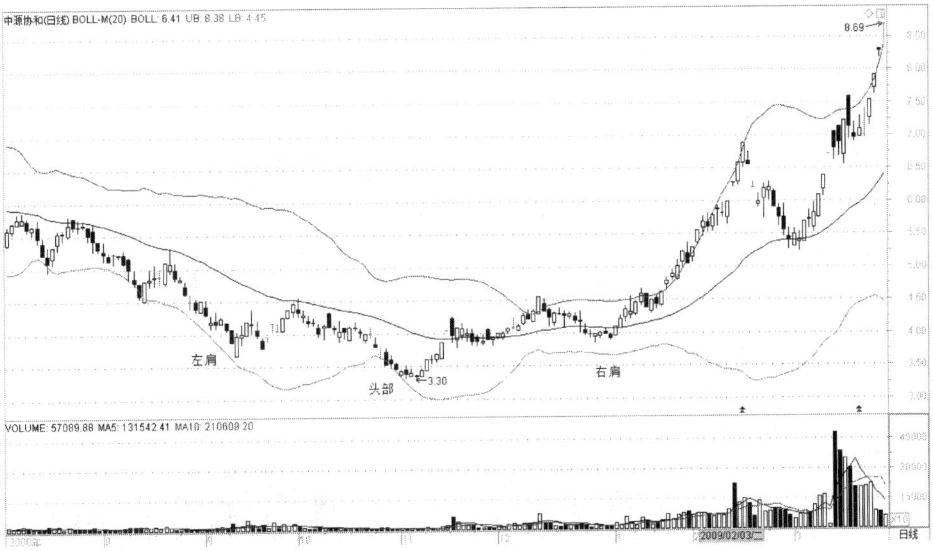

图 6-16　中源协和(600645)日 K 线图

投资者可以通过分析 K 线图，总结出这样的规律：典型的头肩顶形态形成过程中，左肩通常会向上击穿布林线上轨；头部则触及布林线上轨；右肩往往无力创出新高点，没有力量再次上攻到布林线的上轨。当价格带着大量跌破了布林线中轨，往往是市场最后的卖出机会。如图 6-18 所示，这是江南高纤日 K 线图。价格在 2015 年 5 月中下旬触及布林线上轨，形成左肩。在 2015 年 6 月初，再次上攻到布林线上轨，形成头部。到了 6 月中旬，市场的反弹已经无力创出新高，右肩形成。当市场带着大的交易量击穿布林线中轨时，标志着猛烈的下跌开始了。

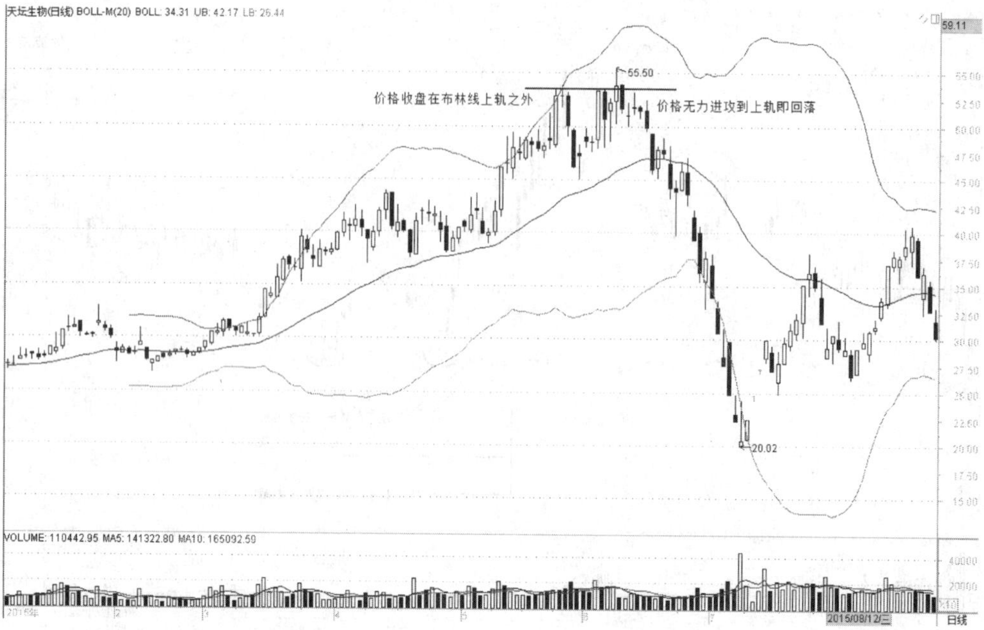

图 6-17　天坛生物(600161)日 K 线图

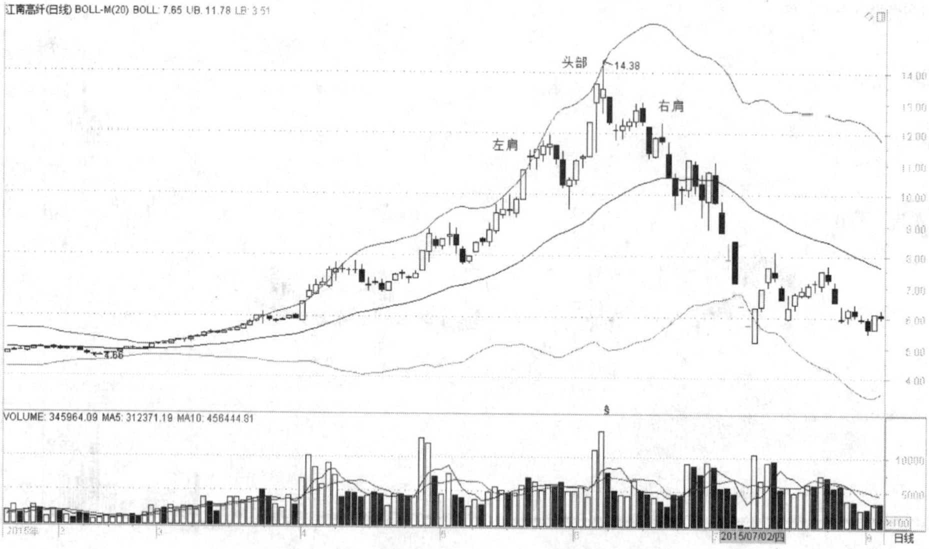

图 6-18　江南高纤(600527)日 K 线图

三、BOLL 线指标的衍生指标

布林线指标有两个衍生指标，它们分别是 BB 指标和 WIDTH 指标。前者刻画的是目前价格与布林线三条轨道之间的位置关系。后者描述的是布林线带宽的变化情况。在实践中，这两个衍生指标具有极大的应用价值。BB 指标的计算公式为：

$$BB = \frac{CLOSE - LB}{UB - LB} \qquad \text{(公式 6-4)}$$

其中，CLOSE 代表收盘价；

LB 代表布林线的下轨；

UB 代表布林线的上轨。

BB 指标显示了最近的收盘价正在位于布林线的什么位置。如果最近的价格正好在布林线的上轨，则 BB 值正好为 1；如果最近的价格位于布林线的下轨，则 BB 值正好为零；如果最近的价格位于布林线的中轨，则 BB 值为 0.5；如果最近的价格冲破布林线的上轨，则 BB 值大于 1；反之，价格击穿布林线的下轨时则 BB 值为负数。

如图 6-19 所示，这是航天动力(600343)日 K 线图。在 2016 年 4 月中下旬、7 月中下旬，市场两次向上击穿布林线上轨，而且价格与布林线的下轨之间的距离，超过布林线带宽 120%以上，这显示快速上攻已经使得价格进入暂时的超买状态，朝着中轨的回归，将是价格运行的大概率事件。如图 6-20 所示，这是中直股份(600038)日 K 线图。在 2016 年 7 月初的几天里，价格出现飙升。当价格在布林线的上轨之外停留了四天之后，市场开始横盘。事实上，HEBB 指标已经给出了趋势反转的早期预警信号。

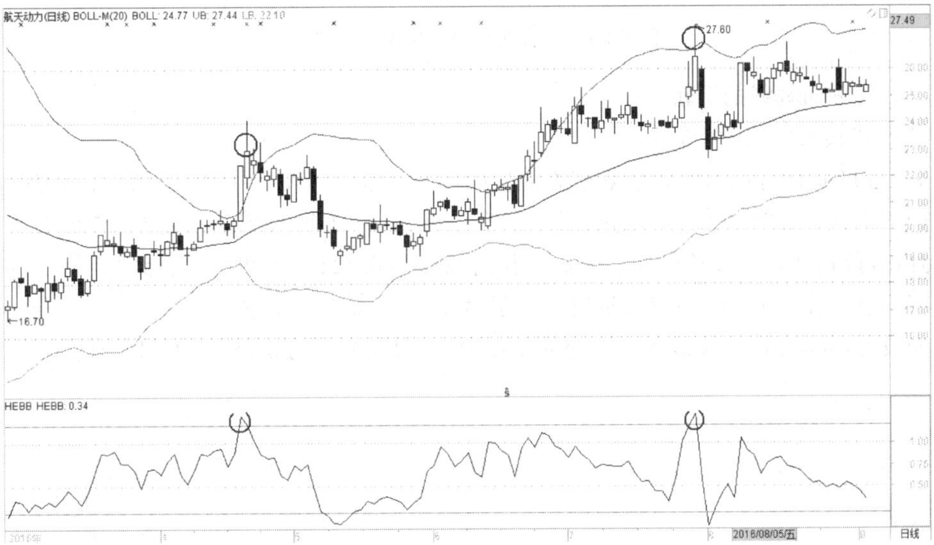

图 6-19　航天动力(600343)日 K 线图

布林线指标另外一个非常重要的衍生指标是 WIDTH 指标。它描述的是布林线带宽的变化情况。在现实的市场里，我们可以看出布林线的带宽时而老虎张口，时而压缩收口。那么，如何掌握和分析这些规律性的变化？WIDTH 指标给出了答案。WIDTH 指标暗藏着中国古人“物极必反”的哲学思想，它能够帮助人们寻找一段趋势的开始与结束的信号。WIDTH 指标的计算过程是：用布林线的上轨，减去布林线的下轨，得到布林带宽；再用布林带宽除以布林线的中轨。熟悉统计学知识的眼尖的读者仔细观察可见，事实上 WIDTH 指标就是四倍的变异系数(Coefficient of Variation)。WIDTH 指标的计算公式为：

$$\text{WIDTH}=\frac{\text{UB}-\text{LB}}{\text{BOLL}} \qquad \text{(公式 6-5)}$$

其中，BOLL 代表布林线的中轨；

图 6-20　中直股份(600038)日 K 线图

LB 代表布林线的下轨；

UB 代表布林线的上轨。

WIDTH 指标可以帮助人们观察方向性的趋势的起点。实践中我们可以看出许多趋势都起始于横盘。如图 6-21 所示，这是东旭光电(000413)日 K 线图。市场在 2016 年 3 月初到 7 月初，价格展开了较长时期的横盘。我们观察 WIDTH 指标可见，指标的数值一直在低位徘徊不前。在 2016 年 7 月初，价格击穿了横盘区间，展开了上涨之旅。如图 6-22 所示，这是旭光股份(600353)日 K 线图。价格在 2016 年 4 月初到 8 月初，横盘了四个月之久。观察

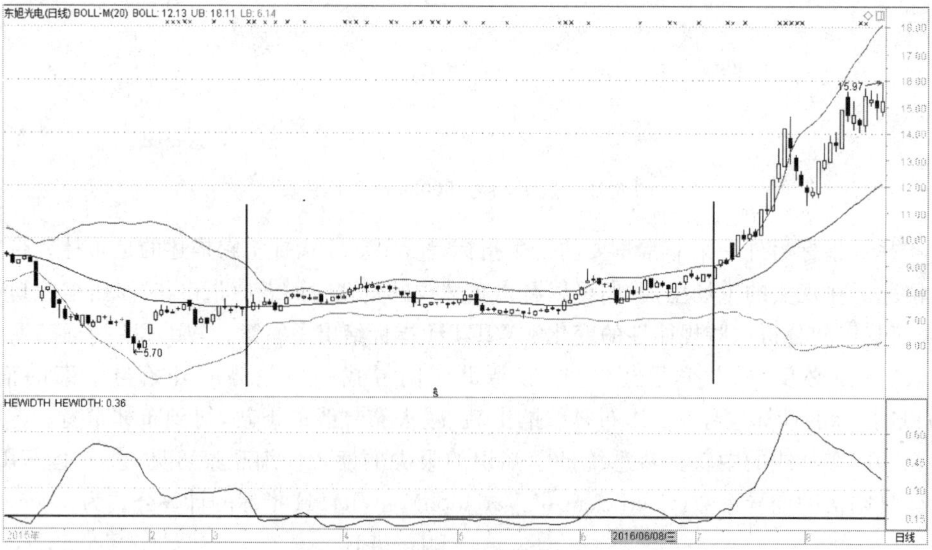

图 6-21　东旭光电(000413)日 K 线图

图 6-22 旭光股份(600353)日 K 线图

WIDTH 指标可以看出，指标的读数一直在低位徘徊。市场终于在 8 月中旬开启了一段大幅度的上涨。正如道氏理论所言，当价格在极小的幅度之内波动的这一段期间，也就是人们所说的窄幅横盘形态，它的技术意义随着时间的推移会显得越发重要。该形态通常意味着市场正在吸筹或者是在派发。随之而来的价格运动就可以告诉人们，场内的股票是变得无比抢手，还是变得无人问津。

第 4 节 RSI 指标

一、RSI 指标的基本原理

RSI 指标的英文全称是 Relative Strength Index，一般人们可以直译为相对强弱指数。该指数是由美国人威尔德(J. Welles Wilder Jr.)所提出，目前全世界几乎所有的证券软件中都提供该指标。RSI 指标是根据收盘价的变动来测算一段趋势运动的强度。RSI 指标形象地告诉我们牛方、熊方的力量对比情况，是直观地显示市场陷入超买、超卖状态的重要指标。RSI 指标的计算公式如下：

$$\mathrm{RSI} = 100 - \frac{100}{1 + \mathrm{RS}} \quad \text{（公式 6-6）}$$

其中，RS 为相对强弱值。RS 的计算方法为：

$$\mathrm{RS} = \frac{\text{特定期间上涨幅度的平均值}}{\text{特定期间下跌幅度的平均值}} \quad \text{（公式 6-7）}$$

这里，沿用本书表 6-1 中的数字，来计算 RSI 指标。首先找出最近 8 个交易日的收盘价。在这些交易日之中，找出所有收盘价较前一个交易日上涨者，将这些上涨差值求和，并算出其 7 天期的简单平均值。同理，找出所有收盘价较前一个交易日下跌者，将这些下跌差值求和，并算出其7天期的简单平均值。接下来，用上涨平均值除以下跌平均值，得到相对强弱值(RS值)。将RS值带入RSI公式，即可得到RSI值。接下来，去掉最早的一个交易日并加入一个新的交易日，重复上述程序，即可得到每天的RSI值。具体计算过程见表6-3所示。我国古人说过：纸上得来终觉浅，绝知此事要躬行。虽然电子计算机已经为我们计算好了RSI值，并且画出了RSI曲线，但是，冰冻三尺非一日之寒，建议初学者必须亲自动手计算一遍RSI值，才能对该指标的设计原理有根本上的掌握。

表6-3 相对强弱指数计算表

日期	收盘价	7日上涨平均值	7日下跌平均值	RS	RSI
2016年7月29日	27.59				
2016年8月01日	28.95				
2016年8月02日	29.46				
2016年8月03日	30.96				
2016年8月04日	30.27				
2016年8月05日	31.74				
2016年8月08日	32.17				
2016年8月09日	32.88	0.854 3	0.098 6	8.664 3	89.65
2016年8月10日	30.88	0.660 0	0.384 3	1.717 4	63.20
2016年8月11日	31.03	0.608 6	0.384 3	1.583 7	61.30
2016年8月12日	30.61	0.394 3	0.444 3	0.887 5	47.02
2016年8月15日	32.97	0.731 4	0.345 7	2.115 7	67.90
2016年8月16日	35.18	0.837 1	0.345 7	2.421 5	70.77
2016年8月17日	36.18	0.918 6	0.345 7	2.657 2	72.66
2016年8月18日	35.83	0.817 1	0.395 7	2.064 9	67.37
2016年8月19日	36.82	0.958 6	0.110 0	8.714 5	89.71

二、RSI指标的运用方法

从RSI的计算过程中可以发现，RSI值介于0到100之间。RSI指标如同温度计，定量地告诉人们，牛方或者熊方对市场的控制力的强弱关系，如图6-23所示。对RSI指标的应用，可以从读数、背离、形态三个方面进行把握。具体分析如下：

一般来说，可以在RSI指标图上设置两条警告线，一条是80线，一条是20线。当RSI上攻而击穿上侧的警告线，显示牛方气势太过于强劲，趋势已经陷入超买(Overbought)区域。反之，当RSI下跌而击穿下侧的警告线，显示熊方气势太过于高涨，趋势已经陷入超卖(Oversold)区域。当RSI向下击穿超卖警告线，继而再次向上翻升警告线，代表着重要的买进机会；当RSI向上击穿超买警告线，继而再次向下击穿警告线，代表着重要的卖出信号。

图 6-23　美亚光电(002690)日 K 线图

图 6-24　西部材料(002149)日 K 线图

RSI 指标出现与价格的背离(Divergence)现象,是投资的世界里最为珍贵的交易信号,如图 6-24 至图 6-26 所示。本书前面章节已经论述过,指标的背离一般分为正背离(Positive Divergence)和负背离(Negative Divergence)。所谓正背离,指的是价格呈现下跌趋势,而技术指标已经悄然上升。所谓负背离,指的是价格在上攻,但是技术指标已经慢慢地下滑或者走平。在 K 线图中,当价格逐渐创出新高,而 RSI 指标的峰位却一波低于一波,这是重要的卖出预警信号;反之,是买入信号。

图 6-25　中国一重(601106)日 K 线图

图 6-26　上海临港(600848)日 K 线图

观察 RSI 指标本身的形态,也常用来识别价格趋势的开始或者结束。投资实践中,人们通常会看到 RSI 指标也形成头肩顶形态、头肩底形态。另外,人们还会看到 RSI 指标击穿了重要的趋势线,这些重要的情形,一般会领先于价格发出预警信号,如图 6-27 所示。

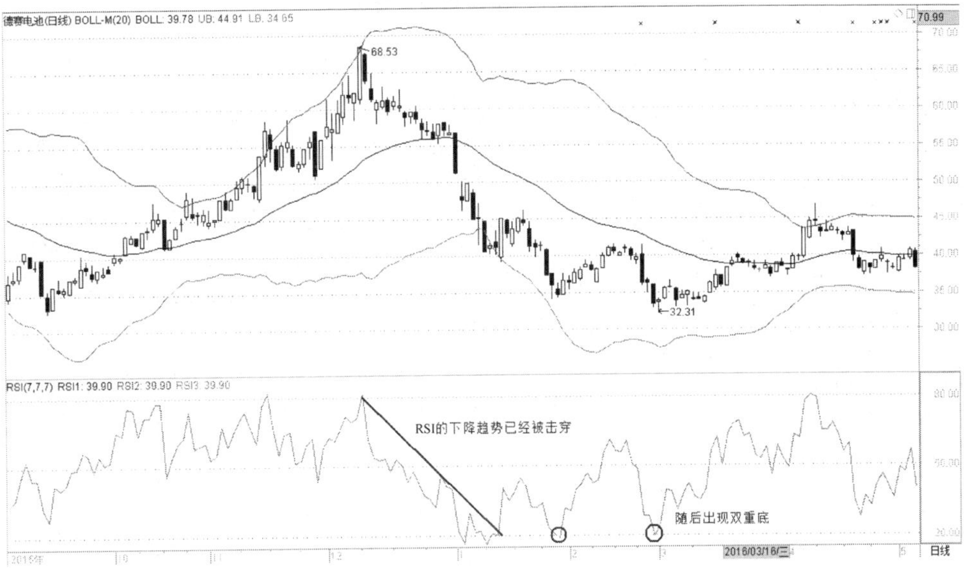

图 6-27 德赛电池(000049)日 K 线图

第 5 节 交易量指标

交易量是市场上最重要的指标。我国市场上有谚语：要想涨，先有量。量是价的先行指标(Volume is the steam that makes the choo-choo go)，成交量分析是技术分析中最重要的分析内容。例如，在上涨中的股票其交易量随着价格上升，则这一段趋势非常健康；在上涨过程中，若成交量放大，但价格并未出现上涨，即是量增滞涨状态，这是趋势反转的重要信号。在下跌趋势中，若成交量放大但价格下跌趋缓，显示市场下方支撑力量在增加，这是价格要反弹的重要信号。研究成交量的技术分析指标很多，本书重点讲解能量潮指标、承接出货指标、盘中强度指标。

一、能量潮指标

能量潮指标的英文全称是 On Balance Volume，简称 OBV，是由美国著名的投资分析家 Joseph Granville 所提出。在他的著作 *New Strategy of Daily Stock Market Timing* 一书中，对该指标进行了详细的讲解。该指标测算成交量变动的趋势，来分析价格运动趋势。Joseph Granville 认为量在价先，OBV 的涨落经常发生在价格的转折之前，也就是说，OBV 是一种先行指标。OBV 是持续累计的成交量，它的值每天的升降，取决于当天收盘价是高于还是低于前一天的收盘价。如果收盘价格高于上一个交易日，表明牛方赢得当天的胜利，则把当天的成交量加入前一天的 OBV 值；反之，代表熊方已经赢得当天的胜利，则把当天的成交量从前一天的 OBV 值中减去。如果当天收盘价格等于前一天的收盘价的话，当天的 OBV 值也不变。OBV 的具体计算方法如表 6-4 所示。

表 6-4 能量潮指标计算表

日　期	收盘价	交易量(万手)	价格变动情况	OBV
2016 年 7 月 29 日	27.59	6 500		
2016 年 8 月 01 日	28.95	5 600	+	12 100
2016 年 8 月 02 日	29.46	8 800	+	20 900
2016 年 8 月 03 日	30.96	4 600	+	25 500
2016 年 8 月 04 日	30.27	8 200	−	17 300
2016 年 8 月 05 日	31.74	5 900	+	23 200
2016 年 8 月 08 日	32.17	7 200	+	30 400
2016 年 8 月 09 日	32.88	9 000	+	39 400
2016 年 8 月 10 日	30.88	9 100	−	30 300
2016 年 8 月 11 日	31.03	8 800	+	39 100
2016 年 8 月 12 日	30.61	8 600	−	30 500
2016 年 8 月 15 日	32.97	6 600	+	37 100
2016 年 8 月 16 日	35.18	8 700	+	45 800
2016 年 8 月 17 日	36.18	6 680	+	52 480
2016 年 8 月 18 日	35.83	9 200	−	43 280
2016 年 8 月 19 日	36.82	7 200	+	50 480

二、承接/出货指标

承接出货指标的英文全称是 Accumulation/Distribution，简称 AD 指标，是由美国人 Larry Williams 所提出。1972 年，在他的著作 *How I made a Million Dollars* 一书中，对该指标进行了详细的讲解。AD 指标的计算方法如公式 6-8 所示。

$$AD = \frac{CLOSE - OPEN}{HIGH - LOW} \times VOL \qquad \text{(公式 6-8)}$$

其中，CLOSE 代表收盘价；

OPEN 代表开盘价；

HIGH 代表最高价；

LOW 代表最低价；

VOL 代表交易量。

可以看出，每天的 AD 值充分考虑了交易量。交易量所占的重要性，取决于当天的开盘收盘区间在高低区间之中的比例。该比例越大，则交易量就越重要，AD 值的变动也就越大。价格区间如果收盘价格高于开盘价格，表明牛方赢得当天的胜利，则 AD 指标为正值；反之，代表熊方赢得当天的胜利，则 AD 指标为负值。如果当天收盘价格等于前一天的收盘价，代表当天牛熊双方平分秋色，则 AD 值为零。如果持续加总每天的 AD 值，则是累计的 AD 指标。

AD 指标可以采用加总累计方式计算，也可以采用移动累计方式计算。加总累计是指以某个日期作为开始基准，每天的计算结果都继续累计加总从而绘制出一条曲线。移动累计是指取特定期间的移动加总和。AD 指标的具体计算方法如表 6-5 所示。

表 6-5 AD 指标计算表

日期	收盘价	开盘价	最高价	最低价	交易量	AD 值	AD 线
2016 年 7 月 29 日	27.59	27	28	26	7 800	2 301	2 301
2016 年 8 月 01 日	28.95	26	29.9	26	6 800	5 144	7 445
2016 年 8 月 02 日	29.46	28	31	27	5 900	2 154	9 598
2016 年 8 月 03 日	30.96	28	31	27.1	4 800	3 643	13 241
2016 年 8 月 04 日	30.27	29	32	27.6	5 900	1 703	14 944
2016 年 8 月 05 日	31.74	30	32.6	28	8 200	3 102	18 046
2016 年 8 月 08 日	32.17	32	33	30	7 800	442	18 488
2016 年 8 月 09 日	32.88	30	33	30.7	8 900	11 144	29 632
2016 年 8 月 10 日	30.88	30	33.2	30	7 600	2 090	31 722
2016 年 8 月 11 日	31.03	29	33	29	8 800	4 466	36 188
2016 年 8 月 12 日	30.61	32	34	30	8 900	−3 093	33 095
2016 年 8 月 15 日	32.97	33	34.7	32	9 800	−109	32 987
2016 年 8 月 16 日	35.18	35	35	34	8 700	1 566	34 553
2016 年 8 月 17 日	36.18	36	37	36	8 500	1 530	36 083
2016 年 8 月 18 日	35.83	36.8	37.2	35	9 900	−4 365	31 718
2016 年 8 月 19 日	36.82	37	38	36	8 900	−801	30 917

承接出货指标又被称为威廉变异离散量(William's variable accumulation distribution，WVAD)，也有人称之为收集/派发指标。当收集派发线上升说明交易者在收集该股票；当收集派发线下降说明交易者在派发该股票。因为“价变量先行”原理，收集派发线还可以用来预测股价趋势的走向。例如，在上升趋势中，股价出现横向的矩形整理时，如果整理时期中收集派发线上升(说明有人在收集股票)，那么未来该矩形整理后向上突破的可能性大；同理，在下降趋势中，横行整理时，收集派发线下降，那么未来该形态向下突破的可能性大。所以，收集派发线是一个可以帮助你预测股价整理突破方向的技术指标。

承接出货指标反映了一个基本原理，如果证券价格表现真的非常强劲，即使价格高开，收盘价还是应该继续走高；价格高开低走本身就代表着弱势；价格低开并收于低位，代表市场疲软；价格低开高走则代表市场强势，如图 6-28 至图 6-30 所示。承接出货指标的运用，需要掌握背离的现象。假如价格不断创出新高而承接出货指标且战且走、不断下滑，这是牛方气势已经由强转弱的预警信号。空头背离显示主力资金正在涨势中卖出。假如价格不断创出新低而承接出货指标依次升高，这是熊方气势已经由强转弱的预警信号。多头背离显示主力资金正在跌势中买进，趋势随后有可能发生反转。

三、盘中强度指标

盘中强度指标的英文全称是 Intraday/Intensity，可以简称为 II 指标，是由美国人 David Bostian 所提出。盘中强度指标的计算方法如公式 6-9 所示。

$$II = \frac{2 \times CLOSE - HIGH - LOW}{HIGH - LOW} \times VOL \qquad (公式 6\text{-}9)$$

图 6-28　新纶科技(002341)日 K 线图

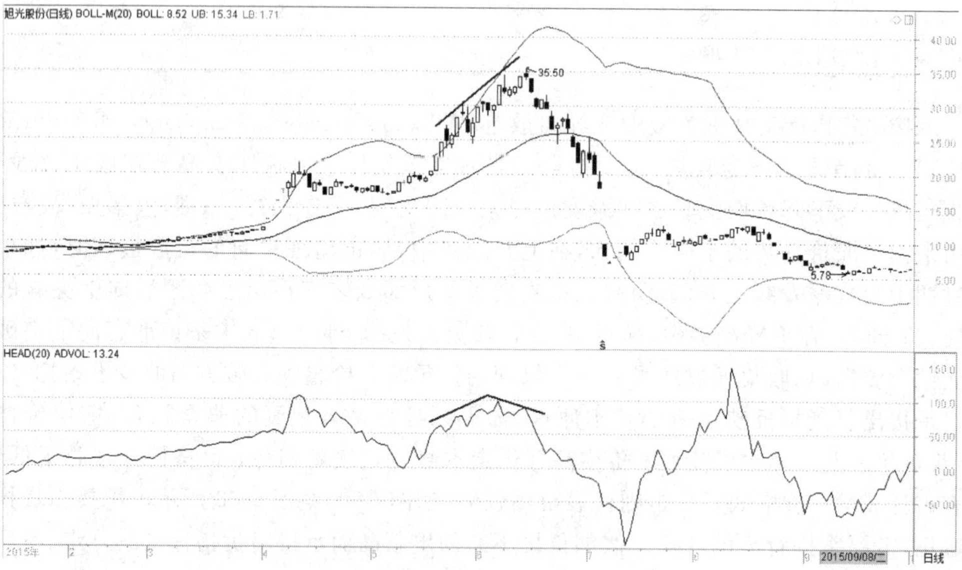

图 6-29　旭光股份(600353)日 K 线图

其中，CLOSE 代表收盘价；

HIGH 代表最高价；

LOW 代表最低价；

VOL 代表交易量。

可以看出，盘中强度指标能够很好地反映出交易者在临收盘之前的动作。如果价格收在盘中最高价，该指标的系数为 1；如果价格收在交易区间的中点，该指标的系数为 0；如果价格收在盘中最低价格的位置，则指标的系数为 −1。与 AD 指标相类似，盘中强度

图 6-30　航天动力(600343)日 K 线图

指标值的计算充分考虑了交易量。交易量所占的重要性，取决于当天的收盘价格位置区域在高低区间之中的比例。该比例越大，则交易量就越重要，盘中强度值的变动也就越大。

盘中强度指标可以采用加总累计方式计算，也可以采用移动累计方式计算。加总累计是指以某个日期作为开始基准，每天的计算结果都继续累计加总从而绘制出一条曲线。移动累计是指取特定期间的移动加总和。盘中强度指标的具体计算方法如表 6-6 所示。

表 6-6　盘中强度指标计算表

日　期	收盘价	开盘价	最高价	最低价	交易量	II 值	II 线
2016 年 7 月 29 日	27.59	27	28	26	7 800	4 602	4 602
2016 年 8 月 01 日	28.95	26	29.9	26	6 800	3 487	8 089
2016 年 8 月 02 日	29.46	28	31	27	5 900	1 357	9 446
2016 年 8 月 03 日	30.96	28	31	27.1	4 800	4 702	14 148
2016 年 8 月 04 日	30.27	29	32	27.6	5 900	1 260	15 408
2016 年 8 月 05 日	31.74	30	32.6	28	8 200	5 134	20 542
2016 年 8 月 08 日	32.17	32	33	30	7 800	3 484	24 026
2016 年 8 月 09 日	32.88	30	33	30.7	8 900	7 971	31 997
2016 年 8 月 10 日	30.88	30	33.2	30	7 600	−3 420	28 577
2016 年 8 月 11 日	31.03	29	33	29	8 800	132	28 709
2016 年 8 月 12 日	30.61	32	34	30	8 900	−6 186	22 524
2016 年 8 月 15 日	32.97	33	34.7	32	9 800	−2 759	19 765
2016 年 8 月 16 日	35.18	35	35	34	8 700	11 832	31 597
2016 年 8 月 17 日	36.18	36	37	36	8 500	−5 440	26 157
2016 年 8 月 18 日	35.83	36.8	37.2	35	9 900	−2 430	23 727
2016 年 8 月 19 日	36.82	37	38	36	8 900	−1 602	22 125

盘中强度指标的运用，需要掌握背离的现象，如图 6-31 至图 6-33 所示。假如价格不断创出新高而盘中强度指标且战且走、不断下滑，这是牛方气势已经由强转弱的预警信号。空头背离显示主力资金正在涨势中卖出。假如价格不断创出新低而盘中强度指标依次升高，这是熊方气势已经由强转弱的预警信号。多头背离显示主力资金正在跌势中买进，趋势随后有可能发生反转。

图 6-31　国旅联合(600358)日 K 线图

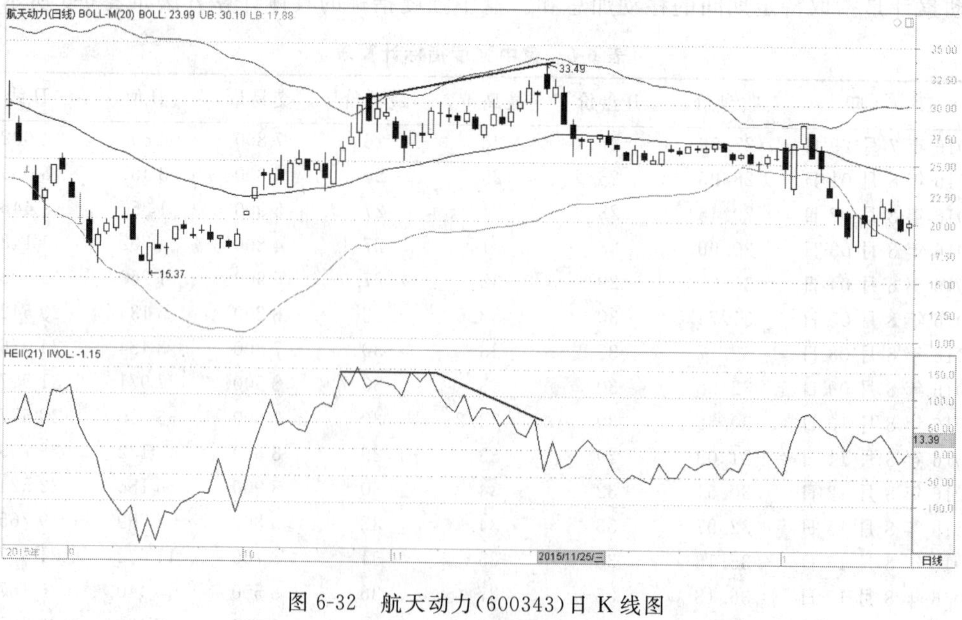

图 6-32　航天动力(600343)日 K 线图

图 6-33　联创光电(600363)日 K 线图

第 6 节　技术指标创新示例——HEMA 指标

一、技术指标公式编辑器

证券交易软件中所有的公式系统,都是遵守统一的运算法则,统一的格式进行函数之间的计算,所以只要掌握了技术指标公式编辑的基本原理,读者也可以自己创造出简单实用的技术指标。以长城证券股票软件为例:如 MACD 指标、RSI 指标、WIDTH 指标,我们打开这三个指标的算法编辑器,就会看到该指标的具体编辑过程。具体如图 6-34、图 6-35、图 6-36 所示。

二、技术指标公式简单编写规则

1. 公式语句

技术指标的所有的公式由若干语句按照约定俗成的格式组成,每个语句表示一个计算结果。根据各个语句的功能分为两大类语句,一类是赋值语句,一类是中间表达式。

1）赋值语句

如图 6-34 所示,DIF:EMA(CLOSE,SHORT)-EMA(CLOSE,LONG)表示画出一条 DIF 线。当一条语句结束时,用分号隔开。这种语句被称为赋值语句。在公式编辑器当中,赋值语句的计算结果将会被计算机执行并画出相应的图形。每个语句可以自定义一个名称,我们把该名称写在语句的最前面,并用一个冒号将它与语句内容分隔开。如图 6-35 所示,我们会看到关于 RSI 指标的这样的赋值语句:RSI1:SMA(MAX(CLOSE-LC,0),N1,1)/SMA(ABS(CLOSE-LC),N1,1)*100;其中 RSI1 代表自定义的名称,希望在 K 线图上输出 RSI1 这条线。用冒号隔开之后,是这条线的计算公式。

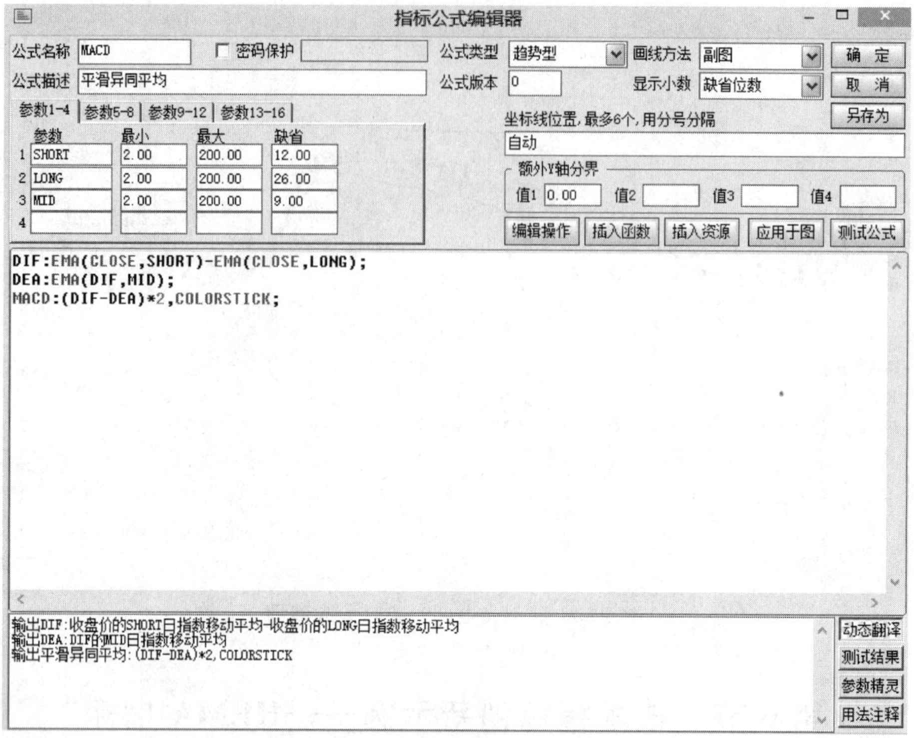
指标公式编辑器
公式名称 MACD
密码保护
公式类型 趋势型
画线方法 副图
确 定
公式描述 平滑异同平均
公式版本 0
显示小数 缺省位数
取 消
另存为
参数1-4 参数5-8 参数9-12 参数13-16
参数 最小 最大 缺省
1 SHORT 2.00 200.00 12.00
2 LONG 2.00 200.00 26.00
3 MID 2.00 200.00 9.00
4
坐标线位置,最多6个,用分号分隔
自动
额外Y轴分界
值1 0.00 值2 值3 值4
编辑操作 插入函数 插入资源 应用于图 测试公式
DIF:EMA(CLOSE,SHORT)-EMA(CLOSE,LONG);
DEA:EMA(DIF,MID);
MACD:(DIF-DEA)*2,COLORSTICK;
输出DIF:收盘价的SHORT日指数移动平均-收盘价的LONG日指数移动平均
输出DEA:DIF的MID日指数移动平均
输出平滑异同平均:(DIF-DEA)*2,COLORSTICK
动态翻译
测试结果
参数精灵
用法注释

图 6-34 MACD 指标公式编辑器

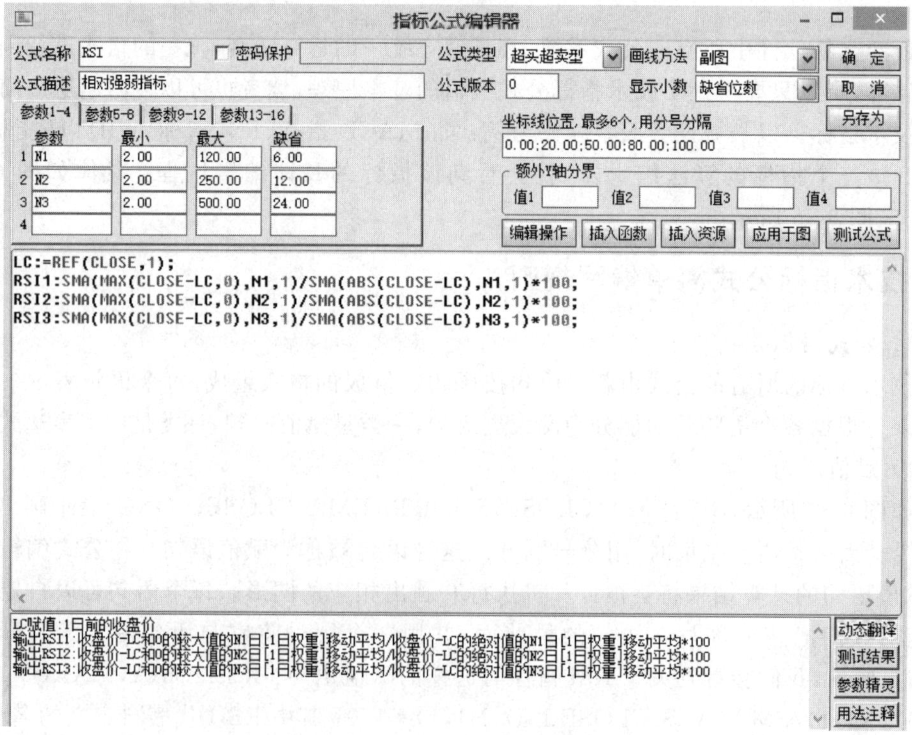
指标公式编辑器
公式名称 RSI
密码保护
公式类型 超买超卖型
画线方法 副图
确 定
公式描述 相对强弱指标
公式版本 0
显示小数 缺省位数
取 消
另存为
参数1-4 参数5-8 参数9-12 参数13-16
参数 最小 最大 缺省
1 N1 2.00 120.00 6.00
2 N2 2.00 250.00 12.00
3 N3 2.00 500.00 24.00
4
坐标线位置,最多6个,用分号分隔
0.00;20.00;50.00;80.00;100.00
额外Y轴分界
值1 值2 值3 值4
编辑操作 插入函数 插入资源 应用于图 测试公式
LC:=REF(CLOSE,1);
RSI1:SMA(MAX(CLOSE-LC,0),N1,1)/SMA(ABS(CLOSE-LC),N1,1)*100;
RSI2:SMA(MAX(CLOSE-LC,0),N2,1)/SMA(ABS(CLOSE-LC),N2,1)*100;
RSI3:SMA(MAX(CLOSE-LC,0),N3,1)/SMA(ABS(CLOSE-LC),N3,1)*100;
LC赋值:1日前的收盘价
输出RSI1:收盘价-LC和0的较大值的N1日[1日权重]移动平均/收盘价-LC的绝对值的N1日[1日权重]移动平均*100
输出RSI2:收盘价-LC和0的较大值的N2日[1日权重]移动平均/收盘价-LC的绝对值的N2日[1日权重]移动平均*100
输出RSI3:收盘价-LC和0的较大值的N3日[1日权重]移动平均/收盘价-LC的绝对值的N3日[1日权重]移动平均*100
动态翻译
测试结果
参数精灵
用法注释

图 6-35 RSI 指标公式编辑器

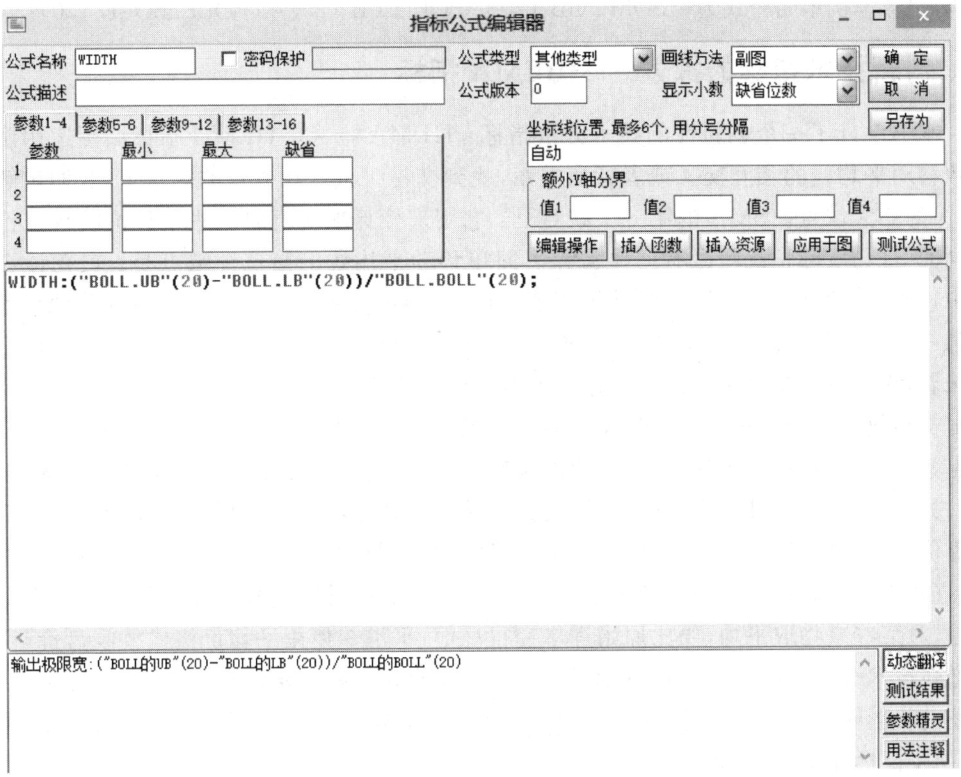

图 6-36 WIDTH 指标公式编辑器

2）中间语句

一个语句如果不需要输出成为图形，它只是其他语句计算时引用的“代言人”，这就属于中间语句。例如，上述图 6-35 中的第一个语句：LC：=REF(CLOSE,1)，这就属于一个中间语句。它供其他语句编写时方便地加以引用。中间语句用“：=”替代冒号，其他与赋值语句写法完全相同。使用中间语句可以有效降低公式的书写难度，还可以将需要重复使用的语句定义成中间语句以减少计算量。一般地，每个公式最多可以分 6 个语句，中间公式数量没有限制，所有语句之间均需要使用分号隔开。

2. 公式函数

证券分析软件一般具有通用的公式函数，使用者需要对它们的含义和使用方法有所掌握。如图 6-34 所示，公式编辑器中的 EMA(CLOSE,SHORT)即为一个重要的函数，它代表对 SHORT 时间周期的收盘价计算指数移动平均。如图 6-35 所示，公式编辑器中的 SMA(MAX(CLOSE-LC,0),N1,1)表示对 N1 时间周期的 MAX(CLOSE-LC,0)计算简单移动平均。而 MAX(CLOSE-LC,0)代表收盘价减去 LC 的值与 0 之间取最大值。SMA(ABS(CLOSE-LC),N1,1)代表对 N1 时间周期的 ABS(CLOSE-LC)计算简单移动平均。而 ABS(CLOSE-LC)代表取收盘价减去 LC 的绝对值。有时，在编写一个公式时，需要引用其他指标的公式内容。如图 6-36 所示，WIDTH 指标在编写公式时，需要引用 BOLL 的上轨、中轨、下轨，引用的通用格式为：“所引用指标.所引用指标中的某条线”(时间周期)。本例中的公式为("BOLL. UB"(20)-"BOLL. LB"(20))/"BOLL. BOLL"(20)。

三、创新技术指标的探索——HEMA 指标

本书设计了一个创新性的技术分析指标：HEMA 指标。HEMA 指标试图运用两条指数移动平均线的相互交叉或者背离关系，找到交易时机。在本章的第一节，我们讲解了 SMA 的三大缺点。SMA 的第一个缺点是：它用来计算平均值的那些收盘价的权重值是相同的，这与实际情况略微有一些偏差。简单移动平均线的第二个缺点是：它在计算过程中，同一个价格会两次影响移动平均值，可能误导投资者的分析判断。简单移动平均线的第三个缺点是：它在计算过程中，纳入一个最新价格时，立刻去掉了一个旧的价格。这意味着，它的每个移动平均值仅仅把它所覆盖的那段交易日纳入进来，完全忽视了过去的历史交易值。基于上述考虑，HEMA 指标在设计时，克服了传统均线指标使用 SMA 的缺点，使用了指数移动平均，因此得出的反转点相对 SMA 相比具有一定程度的稳健性。

另外，我们在设计该指标时，并没有采用绝大多数传统技术分析指标设计时所使用的收盘价。HEMA 指标在设计过程中，引入了"平均价格"的概念。我们所定义的"平均价格=(开盘价+收盘价+最高价+最低价)/4"，使用它来计算指数移动平均值。显而易见的是，对某些事物取平均，要比原始样本变得稳健、平滑。使用平均价格代替收盘价，目的是增强技术分析指标的平滑性、稳健性，防止技术分析指标显示的反转点信号受到短期价格波动的影响。一般情况下 HEMA 指标的默认参数可以为(5,20)即可。本书设计的 HEMA 指标如图 6-37 所示。

图 6-37 航天动力(600343)日 K 线图

第 3 篇　基本分析篇

第 7 章

宏观分析

本章学习目标

- 影响股价的因素
- 基本分析的逻辑框架
- 宏观分析的基本方法
- 经济运行分析
- 经济政策分析
- 流动性分析
- 货币剪刀差与股票市场
- 融资融券与股票市场
- 交易结算资金与股票市场

第 1 节　宏观分析概述

一、宏观分析与资本市场

资本市场堪称当今全球经济发展当中最激动人心的部分。华尔街如发动机，成就了美国的繁荣。200 多年前的美国是一个草木丛生的荒蛮之地。在经济发展早期，和中国一样，美国地域比较广阔，交通非常不方便，所以当时经济发展面临最大的问题就是如何解决交通运输的问题。人们想到了开凿运河和修建铁路。在当时的科学技术条件下，这些事儿都是投入很大的工程，而且项目风险极大。在 19 世纪初期的时候，美国一般家庭的收入一年只有 1000 美元，而修建一英里的运河需要 2 万美元，修建铁路也耗资巨大。如何去筹集大量的资本把运河和铁路修好？华尔街帮助美国产业完成了筹集大量资本的重要使命。马克思曾经这样评论资本市场对于铁路和运河发展起到的作用：假如必须等到单个资本增长到能够修建铁路的程度，恐怕直到今天，世界上还没有铁路。但是，资本集中通过股份制，转瞬之间就把这件事儿完成了。

掌握先进的经济文化，是推动一国经济发展的重要前提。15 到 16 世纪，葡萄牙和西班牙掌握了当时世界最先进的文化——航海文化，它们利用坚船利炮，迅速在全球实现了海上霸权，也成功实现了经济崛起。17 世纪，荷兰成熟地运用当时最先进的文化——商业文化，阿姆斯特丹成为了全欧洲最繁荣的市场。荷兰凭借弹丸之地迅速成为当时欧洲最强大的国家。到了18世纪时，英国率先进入了工业革命，依靠科学技术很快成为了日不落帝国，小小岛国成长为世界最强大的资本主义国家。19到20世纪，美国掌握了用市场经济办事的资本文化，它在华尔街的推动下迅速实现了经济崛起，成为了全球最大的经济体。如果深入研究美国的硅谷模式的话，我们发现硅谷并不是因为它的地理条件如何优越，而是因为它产生了一种资本和科技的对接机制。所以说，资本市场的繁荣和发展，对于今天中国经济转型，对于中国高科技产业的发展至关重要。有一种说法叫作：与其复制微软，还不如复制纳斯达克。这就是说，你提供一个良好的资本和科技的对接机制，能够雨后春笋般地孵化很多高科技产业[①]。1971年英特尔上市、1980年苹果上市、1986年微软上市，都带动了美国计算机产业的高速发展。1990年思科上市、1996年朗讯上市，奠定了美国在世界通信产业的领先地位。创立于1971年的纳斯达克证券市场，为美国高科技产业打开了融资和财富增值之门，带动美国经济走出了20世纪70年代的"经济滞胀"并成功实现了产业升级，也帮助美国实现了经济转型。

可以看出，在过去的30年里，几乎所有的重要高科技产业领域基本上都是从美国兴起。究其原因，就是它有一个高度国际化的、强大的资本市场，使得资本和科技能够有效黏合，成为整个产业经济发展的推手。证券的重要功能之一，就是对未来进行定价。1986年微软刚刚上市的时候，总资产只有200万美元。这些资产放在今天的中国，也不算什么大公司。20年后的2006年，微软的总市值是2 500亿美元，超过了许多国家的GDP。20年之中，微软的8 000名员工从公司期权中获得的财富是80亿美元。看好和持有公司股票的投资者，财富与公司一样实现非凡增长。华尔街要么是投票器，要么是称重机。长远来看，"好公司和坏公司"在追利的资本面前，迟早会原形毕露、优胜劣汰。资本市场良好的发现机制和筛选机制，帮助那些需要资本的技术、需要技术的资本找到各自的归宿。

从本章开始，我们进入基本分析的领域。所谓基本分析，又称为基本面分析，是基于经济学、金融学、财务学等基础知识，对于影响和决定证券价格的基本要素(例如宏观经济运行、宏观经济政策、产业发展状况、产品市场状况、公司销售及盈利情况等)进行全方位的综合分析，以利于做出投资决策的一种分析方法。其中，影响和决定证券价格的基本要素，可以从上而下地划分成为宏观面、中观面和微观面三大层次。如图7-1所示，宏观面分析主要包括宏观经济运行、宏观经济政策、流动性分析等内容；中观面分析主要包括行业市场结构、行业生命周期、行业景气周期分析等内容；微观面分析主要包括公司战略、会计分析、财务分析、估值分析等内容。

对于投资者而言，宏观分析的作用在于把握证券市场的总体变动趋势，判断市场发展所处阶段和方向以做出科学的投资决策。宏观分析无论对于投资者、投资对象都具有重要的意义，它是证券分析的起点。理解宏观分析与股票市场的关系，首先需要掌握影响股票价格的主要因素。经济学一般原理告诉我们，价值决定价格，价格围绕价值上下波动。从长期来看，股票价格是由上市公司的内在价值决定；在短期内价格受到供求关系的影响而上下波动。本杰明·格雷厄姆在其代表作《证券分析》中指出：投资是基于详尽的分析，使得本金的安全和满意回报有保证的操作。不符合这一标准的操作就是投机。他在

① 祁斌主编：《资本市场：中国经济的锋刃》，北京，中信出版社，2010年，第32-33页。

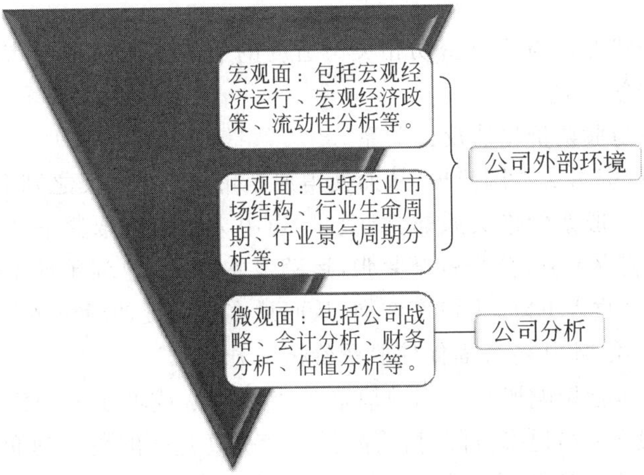

图 7-1　基本面分析逻辑框架

书中所定义的投资，就是所谓的价值投资。正是由于价值投资，格雷厄姆被公认为"财务分析之父"[①]。从经济学的角度看，股票价格的变化并不神秘，它也是由供求关系的变化而决定的。而供求关系的变化又受到其他许多因素的影响，例如国家宏观经济形势、通货膨胀或者紧缩状况、行业政策的出台、利率税率的调整、突发事件等方面的因素，这些因素影响了股票的供求关系，而且影响股票的价格产生波动。实践中，股票就如一般商品的特征，其价格由买卖双方的供需状况所影响，若供不应求，股价会上涨；反之股价则下跌。投资者要掌握股价的变动，首先需要了解股票的供求关系以及其背后的关键影响因素，才能制定自己的有效投资策略。股票价格变动的影响因素如图 7-2 所示。

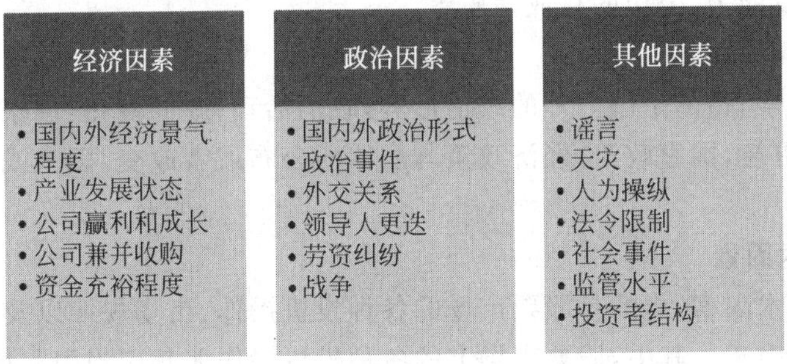

图 7-2　影响股价的因素

1. 宏观经济与政策因素

(1) 经济增长与经济周期对股价有显著影响。在对股价与经济周期的实证研究中，人们发现股市通常在经济衰退的中途创最低点并开始回升，并且继续上升到下次衰退前半年或更早的时期。然后股票市场往往剧烈下跌，直到下一次衰退的中途，才又开始随着预测经济好转而回升。在发达的资本市场上，股票市场作为经济的晴雨表，将提前反应经

① 引自赵欣义：《发现价值——股票基本面分析》，北京，金城出版社，2011 年，第 1 页。

济周期。

(2) 通货膨胀状况也与股价密切相关。适度的通货膨胀对证券市场有利,过度的通货膨胀必然恶化经济环境。

(3) 利率水平与股票价格成反比关系。

(4) 本币贬值,资本从本国流出,从而使得股票市场下跌;反之则上升。

(5) 货币政策与股票价格关系非常密切。当中央银行采取紧缩的货币政策时,货币供应量减少,市场利率上升,公司资金紧张,运营成本加大,盈利预期下降甚至亏损,红利减少甚至没有,居民收入下降,失业率增加,从而从多方面促使股价下跌;反之,中央银行实行宽松的货币政策,将从各方面促使股票价格上升。

(6) 财政政策也会影响股价。当政府通过支出刺激或者压缩经济时,将增加或者减少公司的利润和股息;当税率升降时,将降低或者提高企业的税后利润和股息水平,财政政策还影响居民收入。这些影响将综合作用在证券市场上。

2. 行业因素

行业周期与股票价格关系密切。从长期看,行业具有产生、发展与衰退的生命周期;行业的初创期时,盈利少、风险大、股价较低;成长期时,总体股价水平上升,个股价格波动较大;稳定期时,盈利相对稳定,风险较小,股价比较平稳;衰退期时,盈利普遍减少,风险较大,股价呈现跌势。另外,其他因素也会影响股价,例如行业股票价格还受到政府产业政策,相关行业变动的影响。

3. 公司因素

公司因素一般只影响特定公司自身的股票价格。公司因素包括公司的财务状况、盈利能力、股息水平与股息政策、公司资产价值、公司管理水平、公司产品或者劳务的市场占有率、新产品开发能力、公司的行业性质等。

4. 政治因素

所谓政治因素,指的是国内外的政治形势,政治活动,政局变化,国家机构和领导人的更迭,执政党的更替,国家政治、经济政策与法律的公布或者改变,国家或者地区间的战争和军事行动等。

5. 市场技术因素

所谓市场技术因素,指的是股票市场的各种投机操作、市场规律以及证券主管机构的某些干预行为等因素。其中,股票市场上的各种投机操作尤其应当引起投资者注意。

6. 社会心理因素

投资者的心理变化对股票市价有很大的影响。例如,当持有股票的人感到紧张的时候,就意味着大多数人害怕股价会下跌,就会出现抛售股票的现象,因此股价往往会下跌;反之,当持有现金的人感到紧张的时候,意味着持有现金的人害怕股票上涨而失去机会,这样他们买入股票的成本就会提高,“抢筹”和“惜售”导致股价上涨。凯恩斯就是善于预测社会公众的心理状态,因此成为证券投资的大赢家。

7. 市场效率因素

市场效率因素主要包括以下几个方面:信息披露是否全面、准确;通信条件是否先进,从而决定信息传播是否快速准确;投资专业化程度,投资大众分析、处理、理解信息的能力、速度及准确性等。

二、宏观分析的基本方法

1. 经济指标分析法

经济指标是反映经济活动结果的一系列数据和比例关系。经济学的教科书上常见的经济指标包括：国内生产总值、消费者价格指数、工业品出厂价格指数、货币供应量等。投资者明智地观察和使用指标，就显得尤为重要。投资者需要学会参考各种不同的经济指标，运用前瞻性思维，学会在不确定性存在的条件下做出投资决策。投资者要想学会运用经济指标，必须要懂得什么叫做循环性变化和结构性变化。所谓循环性变化是随着经济周期而循环出现：经济衰退之后出现扩张，之后又陷入衰退。所谓结构性变化是指经济发生了根本性的变化。一个生动的例子是，英国邮政快递的数量，一直都是一种重要的经济指标。当经济增长迅速的时候，很多广告、杂志订单、合同、支票等需要邮寄，英国皇家邮政的邮递量也随之大增。但是，从 1999 年到 2000 年左右开始，虽然英国经济处于扩张时期，但邮政快递数量明显减少。信件数量减少了几倍，比经济增速而言减少的幅度更是惊人。这次英国皇家邮政的邮政快递数量减少，似乎并没有像往常一样准确地预测英国经济即将出现衰退。事实是，邮政服务数量的急剧下滑，与当时科技的发展有关，即电子邮件、网络、电子签名等开始出现并普及，而不是预示着经济的衰退。

金融市场是具有前瞻性的，投资者更需要观察和研究人们的心理预期。早起的鸟儿不一定有虫子吃，因为它很可能耽误了几个小时的睡觉时间，还没有找到有虫子的地方。虫子就像是超过市场平均水平的收益回报，很难捉摸，不会连续几天在同一个地方出现多次。可以看出，是聪明的鸟儿、有预见性的鸟儿有虫子吃，并且付出的代价最低[①]。正所谓：秋风生渭水，落叶满长安。国家发布的一些重要的经济指标，如同一个公司的财务数据一样，反映着一定时间国家经济运行的阴晴圆缺。对于投资者而言，意味着需要密切关注经济数据，来培育和炼成宏观思维方式和决策的预见性。

2. 计量经济模型法

在证券投资学科的前沿研究领域，特别是量化投资，越来越多地使用到了定量分析。计量经济学(Econometrics)，亦可以称之为经济计量学，就是利用经济理论、数学、统计推断等工具对经济现象进行分析的一门社会科学。它是运用数理统计学分析经济数据，对构建于数理经济学基础之上的模型进行实证分析，并得出数值结果[②]。计量经济学事实上已经在现代经济学科中居于最重要的地位。显而易见的是，计量经济模型法就是通过建立计量模型进行数据分析，探寻经济变量之间的相互关系、影响因素以及未来趋势。而经济变量之间的关系一般可以分为线性(linear)和非线性(non-linear)关系。线性指经济变量之间按比例、成直线的关系，在空间和时间上的表现是规则和光滑的运动关系；而非线性则指不按比例、不成直线的关系，代表不规则的运动和突变。非线性意味着变量之间

---

① 西蒙·康斯特勒等著：《读懂华尔街的 50 个经济指标》(*Guide to the 50 Economic Indicators That Really Matter*)，白天惠译，海口，南方出版社，2014 年，第 264 页。

② 古扎拉蒂等著：《经济计量学精要》，张涛译，北京，机械工业出版社，2010 年，第 1 页。

不是直线而是曲线、曲面，或不确定的属性。非线性是自然界复杂性的典型性质之一；与线性相比，非线性更接近客观事物性质本身，是量化研究认识复杂知识的重要方法之一。实践中，常用的计量经济软件包括EVIEWS、SPSS、SAS、STATA、MATLAB等。

三、投资者进行宏观分析的逻辑框架

不可否认的是，中国股市带有一定的行政色彩，任何涉足股市的投资者都不能对此视而不见。由于我国股市尚处在初级发展阶段，稳定性不高，投机成分过多，容易出现忽冷忽热的现象，所以政府的政策干预又必不可少，目前中国股市仍然保留着行政干预的成分，故我国股市有政策市之称①。

图7-3为投资者进行宏观分析的基本逻辑框架。

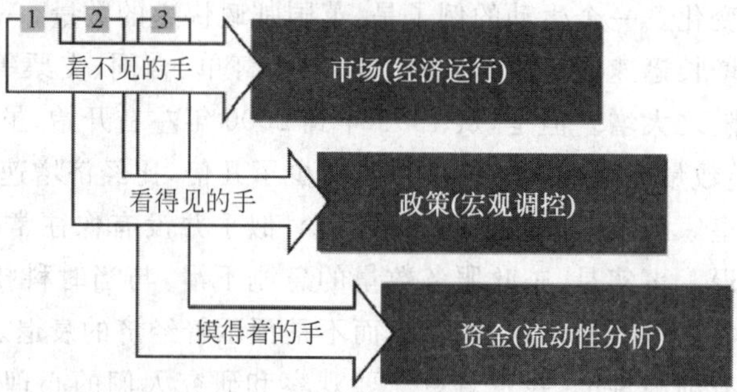

图7-3 投资者进行宏观分析基本逻辑

第2节 宏观经济运行分析

（一）宏观经济指标

证券市场素有“经济晴雨表”的美称，股票市场作为证券市场的重要代表，也一定程度上反映着国家经济的冷暖。如果我们把国家经济看作一个公司，那么该“公司”的价格由其内在价值决定——宏观经济走向是影响和决定股票市场中长期走势的唯一因素；而其他因素只是暂时改变股票市场的短期趋势。被称为华尔街最伟大基金经理的彼得·林奇在《战胜华尔街》一书中有句名言：投资要有大局观。这意味着投资中需要具有战略眼光和战略思维。红顶商人胡雪岩也曾经提出过类似的观点：贵乎盘算整个大局势，看出必不可易的大方向，照着这个去做，才会立于不败之地。如果投资者认清了宏观经济大环境和大方向，在操作上就不易犯高位买股、低位割肉的错误，从而能够根据宏观经济的状况调整自己的“仓位”，做到顺势而为。

投资者需要掌握的是，尽管许多经济指标看起来会随机性地上蹿下跳，而且有的经济指标受到季节性因素的影响，使用者在分析这些指标时需要排除“统计噪音”。正如道氏

① 金利娟主编：《证券投资学》，北京，中国科学技术大学出版社，2013年，第190页。

理论强调多个价格指数相互确认一样，当越来越多的经济指标指向同一个方向，这个趋势越有可能是一个确凿的经济事实，而不是随机波动或者是季节性的变化。

1. 国内生产总值

宏观经济学的入门教材会告诉你国内生产总值，即人们所说的 GDP，是在一定时期内我国生产的所有商品和服务的价值总和。GDP 是经济学中最重要的一组大写字母。它是其他经济指标之母，是一个季度中发布的最重要的统计数据。对许多人来说 GDP 指标都是必读的，因为它是经济走向的最好的晴雨表。预测人员小心地对它进行分析，寻找经济走向的蛛丝马迹。CEO 们借助它编制财务计划，做出用工决策。白宫和美联储官员把 GDP 看作关于他们自己政策实施效果的成绩单。GDP 是一种价值的总和，其价值来自锤子、汽车、新屋、婴儿床、视频游戏、医疗费、书籍、牙膏、热狗、理发服务、眼镜、游艇、风筝和计算机……所有在特定时期一国之内出售或者出口到国外的商品或者劳务。即使那些未出售而放置在库房货架上的产品也被计入 GDP，因为这些产品已经被装配完毕。因此 GDP 反映了一国经济的全部产出价值，而不管它们是卖出去了还是作为存货[①]。可以看出，GDP 衡量的是生产而非销售。如果生产超过销售，存货增加；如果生产小于销售，存货减少。一国 GDP 大幅增长，反映出该国经济发展强劲而蓬勃，国民收入增加，消费能力也随之增强；反之则显示该国经济处于衰退状态，消费能力减低。稳定、持续、快速增长的 GDP 表明经济总体发展和工商业经营业绩状态良好。如图 7-4 所示，这是 1991—2015 年我国 GDP 总量和增长率的趋势图。

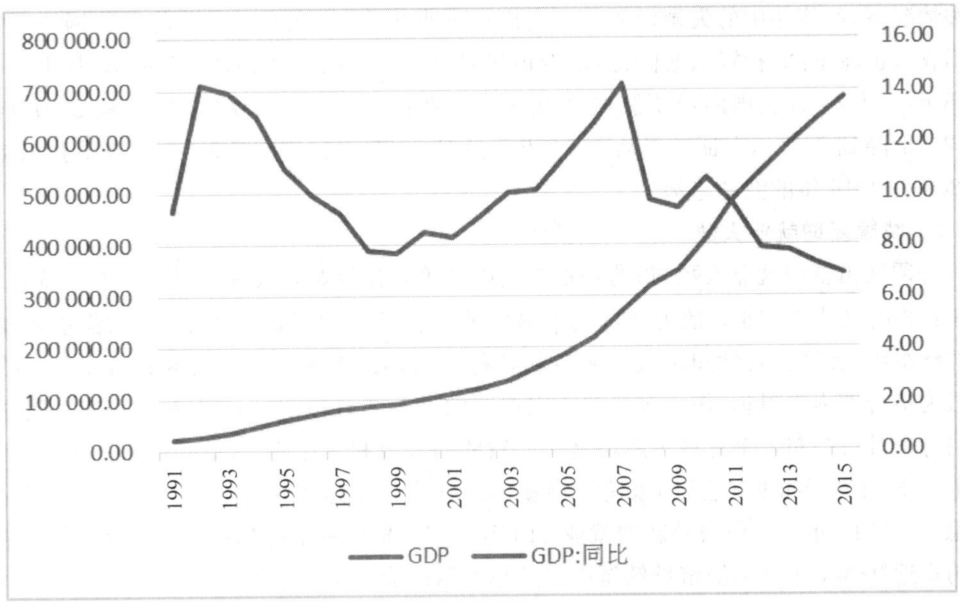

图 7-4　我国 GDP 趋势(1991—2015 年)

---

① 伯纳德鲍莫尔著：《经济指标解读》(*The Secrets of Economic Indicators*)，徐国兴等译，北京，中国人民大学出版社，2009 年，第 114-115 页。

2. 消费者价格指数

消费者价格指数是对一篮子商品和劳务价格的衡量，来反映总体价格水平的波动情况，它是度量通货膨胀水平的重要工具。一些经济学家把通货膨胀描述为：太多的货币追逐太少的商品。通货膨胀影响着每一个人，它决定着消费者花费多少来购买商品和劳务，左右着商业经营的成本，极大地破坏着个人和企业的投资，影响着退休人员的生活质量。有人曾经说过，通货膨胀是穷人的眼泪。超发货币、超贷货币是通货膨胀的重要起因。一个国家的货币发行量过多了，老百姓口袋里钱的购买力就会缩水。一杯盐水，如果觉得太咸，我们就会往里面加水；如果觉得它太淡，就可以往里面放盐。盐水是这样，货币也可以这样。诺贝尔经济学奖得主米尔顿·弗里德曼曾经下过这样一个著名的论断：无论何时何地，通货膨胀无一例外都是货币现象①。通货膨胀的重要性在于，它就像是潜在无形的税收，在经济平稳时期慢慢消磨掉你持有的货币的购买力，在经济出问题的时候更是瞬间让我们持有的现金变得一文不值。这项无形的税收对于穷人和固定收入的群体都是难以承受的。毫无疑问，在两次世界大战之间的德国，人们需要推着成车的现金去购买粮食，造成这种状况的罪魁祸首就是通货膨胀②。1921 年 1 月德国每份报纸的价格为 0.3 马克，随后上升为 1922 年 5 月的 1 马克、1923 年 9 月的 1 000 马克。关于通货膨胀下的德国的小故事：一位家庭主妇正在煮饭，她宁愿不去买煤，而是燃烧那些可以用来买煤的纸币③。当经济增长处于停滞状态与高通货膨胀率并行时，这是经济形势恶化的重要征兆。如不采取宏观调控措施，滞胀(经济停滞与通货膨胀并行)必将导致新一轮衰退。此种情况下，经济体中的失衡矛盾就会突出地表现出来，微观企业经营将面临困境，居民实际收入也将下降，投资意愿降低，证券市场最终将会下跌。例如，2007 年 10 月 16 日到 2008 年 6 月 20 日我国的通货膨胀率从 3%持续上涨到 8%，GDP 增长率从 2007 年的 14.2%下降到 9.7%，上证综指从 6124 点下跌到 2695 点。如图 7-5 所示，这是我国 CPI 从 2000—2016 年的波动趋势。

3. 城镇新增就业人数

所谓城镇新增就业人数，指的是报告期内城镇累计就业人数减去累计自然减员人数。其中：城镇累计新就业人数为报告期内城镇累计新就业的城镇各类单位、私营企业和个体经济组织、社区公益性岗位就业人员和各种灵活形式就业人员的总和；累计自然减员人数为报告期内因退休、伤亡等自然原因造成的城镇累计减少的就业人员总和。我国统计局每个月会公布上个月城镇新增就业人数的当月值和累计值。例如，国新办于 2016 年 9 月 13 日召开新闻发布会，国家统计局新闻发言人盛来运表示，上个月我国就业情况总体稳定。2016 年 8 月份城镇新增就业 113 万人，1—8 月份累计达到 948 万人，占全年目标的将近 95%，31 个大城市城镇调查失业率尽管略有回升，但是基本稳定在 5.1%左右，如图 7-6 所示。

---

① 李亚轩编著：《清华金融课》，北京，清华大学出版社，2015 年，第 12 页。

② 西蒙·康斯特勃等著：《读懂华尔街的 50 个经济指标》(*Guide to the 50 Economic Indicators That Really Matter*)，白天惠译，海口，南方出版社，2014 年，第 207 页。

③ 斯凯恩编著：《从零开始读懂金融学》，上海，立信会计出版社，2014 年，第 256-257 页。

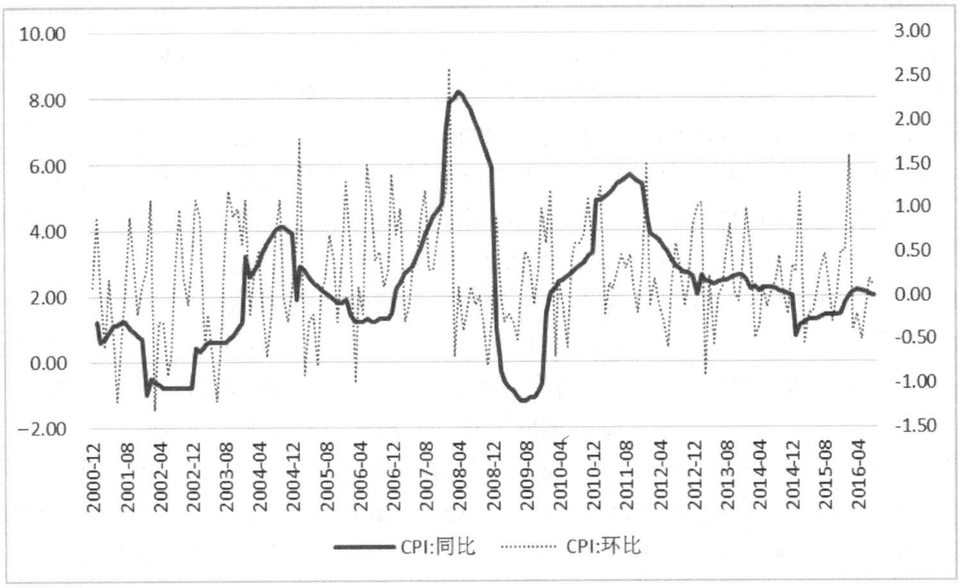

图 7-5　我国 CPI 增长率(2000—2016 年)

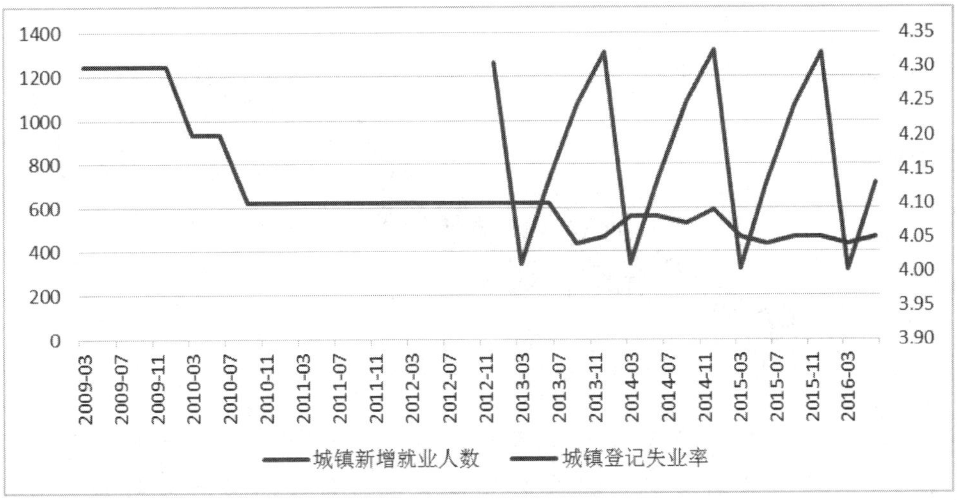

图 7-6　我国城镇新增就业人数和失业率(2009—2016 年)

事实上,在欧美国家,金融市场参与者、政府决策者和新闻媒体非常关注劳动力市场的经济数据。例如在每周四,美国劳工部的就业和培训部会发布前一周的"首次申请失业救济的人数""持续领取失业救济金的人数"指标。该指标代表的是实际记录在案的申请,由各州失业救济机构编制,而不像月度就业报告是来自于调查。如果持续领取失业救济金的人数增加,表明劳动力市场疲软,工作很难找到;反之则表明就业前景已经好转。当申请失业救济的人数上升,股票价格很可能会下降,疲软的经济预示着上市公司盈利状况不佳。

4. 进出口额

我国商务部和海关总署每个月会发布上个月的进出口数据。一方面，出口作为拉动我国经济发展的三驾马车之一，观察它每个月的波动趋势，能够对于我国整体经济发展趋势做出预判；另一方面，观察动态的进出口数据，了解外需的变化，能够得到全球经济是否强劲的重要信息。例如，2015 年以来由于全球经济没有出现根本好转，我国外部需求低迷，新兴经济体经济依然面临困难，中国外贸发展面临的外部环境并没有得到根本改善。2016 年 8 月，我国出口额为 1.27 万亿元，环比增长 5.9%；进口 9 250 亿元，环比增长 10.8%。2016 年 8 月份我国出口企稳、进口回升，进出口额均大幅好于前值及预期值。这也是时隔 2 个月后进、出口增速首次双双为正，特别是进口结束此前 21 个月的负增长，首度转正。更为重要的是，通过观察每个月的进出口的区域结构，能够一定程度地了解我国经济结构调整以及“一带一路”战略实施的进展和成效。观察 2016 年我国外贸结构，可以明显看出，跨境电商等对外贸易的“新业态”正在快速发展；具有自主知识产权、自主品牌、更高科技含量的出口额正在保持良好增长势头；服务贸易保持高速增长，与货物贸易形成明显反差，体现了我国比较优势转换的结果。如图 7-7 所示，该图为我国进出口额（2004—2016 年）趋势图。

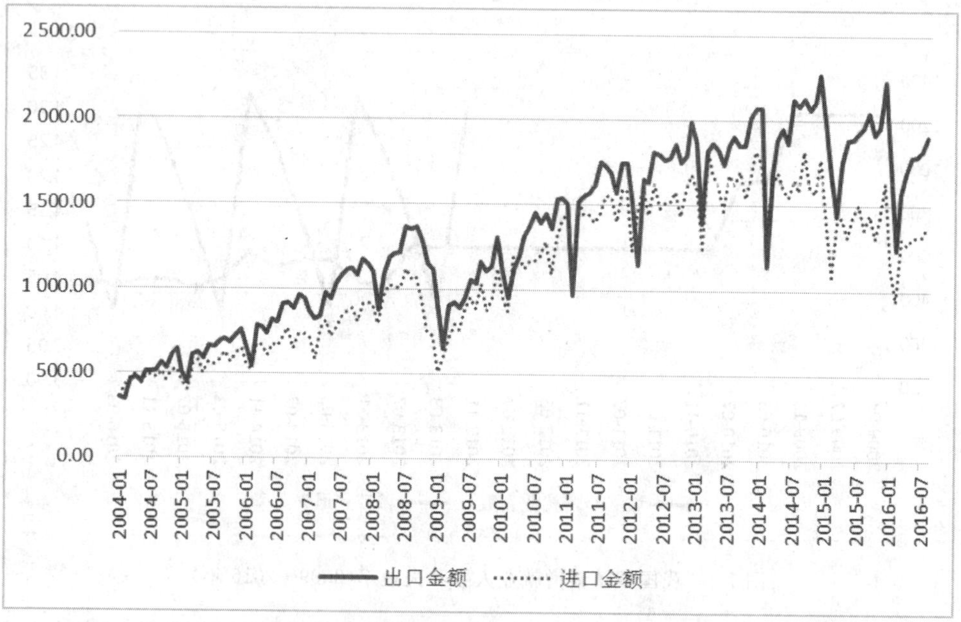

图 7-7 我国进出口额（2004—2016 年）

5. 货币供应量

所谓货币供应量，是指全社会的货币存量，是某一时点承担流通和支付手段的金融工具总和。货币供应量的高低，在实践中往往代表着股市的资金动能。我国中国人民银行每个月会公布上个月的货币供应量 M_0、M_1、M_2 数据。对于世界各国而言，中央银行及其实施的货币政策，对于股票市场的影响力往往是立竿见影的。美国联邦储备委员会主席通常被认为是国家里拥有第二大权力的人，因为他或她从根本上控制了国内经济的方向，并且对全球经济状况也会产生重大的影响。难怪只要美联储主席说什么，人们就听什么（然后金融市场就会震荡）①。如图 7-8 所示，该图为我国货币供应量与 GDP（1992—2015 年）趋势图。

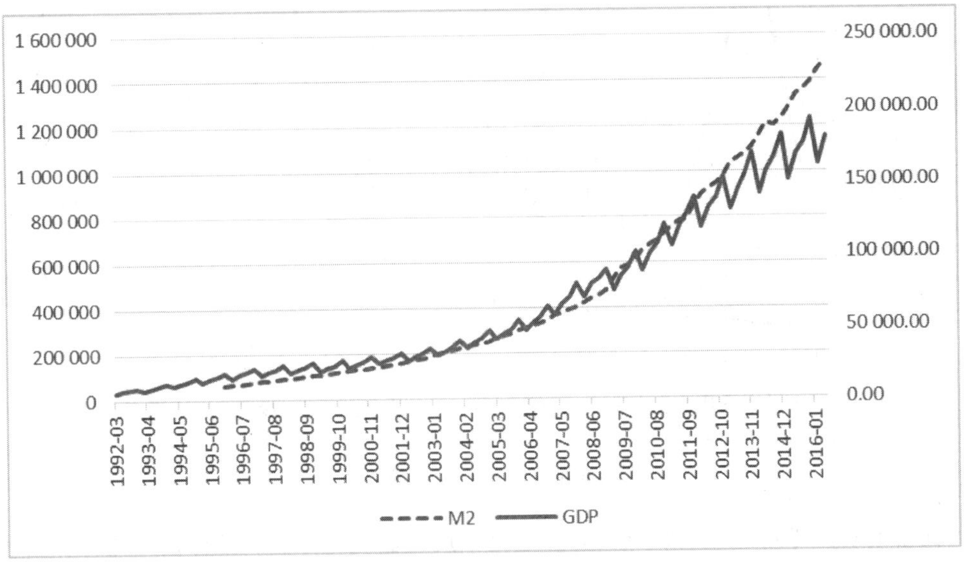

图 7-8　我国货币供应量与 GDP（1992—2015 年）

6. 全社会固定资产投资完成额

投资作为拉动经济发展的三驾马车之一，在国家经济中具有举足轻重的作用。全社会固定资产投资（Total Investment in Fixed Assets）指标是以货币表现的建造和购置固定资产活动的工作量，它是反映固定资产投资规模、速度、比例关系和使用方向的综合性指标。全社会固定资产投资的统计范围包括国有、集体、个体、联营、股份制、外商、港澳台商等。全社会固定资产投资按照管理渠道可分为：基本建设、更新改造、房地产开发和其他固定资产投资四个部分。如图 7-9 所示，这是我国 1991—2015 年全社会固定资产投资额变动趋势。

7. 社会消费品零售总额

社会消费品零售总额（Total Retail Sales of Consumer Goods）包括批发和零售业、住宿和餐饮业以及其他行业直接售给城乡居民和社会集团的消费品零售额。其中，对居民的消费品零售额，是指销售给城乡居民用于生活消费的商品金额；对社会集团的消费品零售额，是指销售给机关、社会团体、部队、学校、企事业单位、居委会或村委会等，公款购买的用作非生产、非经营使用与公共消费的商品金额。在各类与消费有关的统计数据中，社会消费品零售总额是表现国内消费需求最直接的数据。社会消费品零售总额是国民经济各行业直接售给城乡居民和社会集团的消费品总额。该指标是反映各行业通过多种商品流通渠道向居民和社会集团供应的生活消费品总规模，是研究国内零售市场变动情况、反映经济景气程度的重要指标。

---

① 艾维利拉·M. 泰纳著：《读懂经济指标，洞悉投资机会》(*Using Economic Indicators to Improve Investment Analysis*)，程悦译，北京，中国人民大学出版社，2014 年，第 215 页。

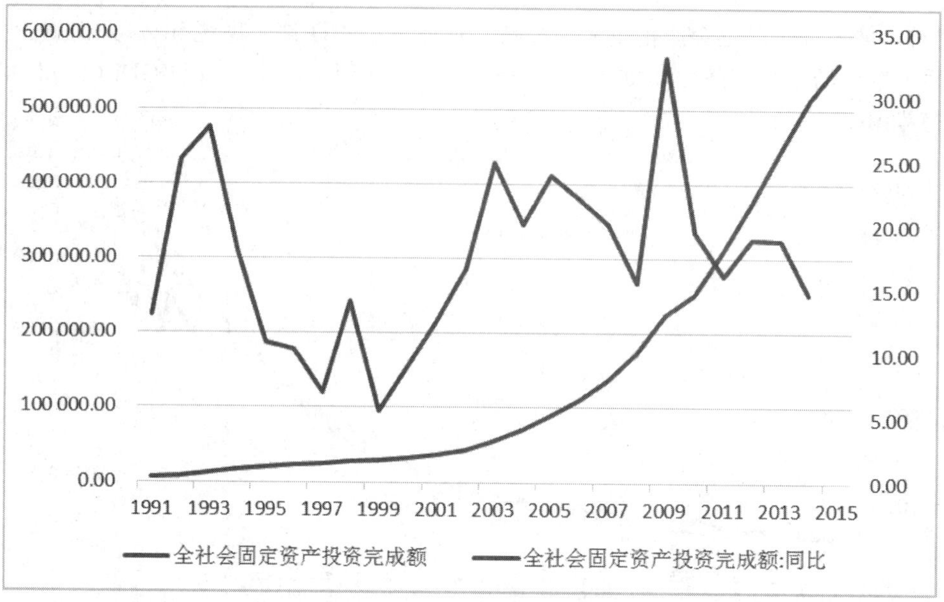

图 7-9　全社会固定资产投资完成额(1991—2015 年)

社会消费品零售总额的统计调查方法是采用全面统计方法和抽样调查两种方法相结合。按照国家统一规定的划分标准,限额以上的批发和零售业、住宿和餐饮业单位建立名录库以实施全面统计。由这些企业按月向当地政府统计部门报送统计报表,逐级汇总而得。限额以下批发和零售业、住宿和餐饮业采用抽样调查推算。限额以上与限额以下的社会消费品零售额汇总,就形成了社会消费品零售总额。经过多年的实践,社会消费品零售总额的统计形成了一套比较完整、科学的方法体系和严格的管理制度。限上企业逐一进行调查,通过网上方式直报。限下企业和个体户采用抽样调查的方法,在调查组织、网点抽选、调查资料采集、调查资料审核、调查资料汇总、调查结果发布等各个流程都日趋完善。如图 7-10 所示,这是我国 1995—2016 年社会消费品零售总额变动趋势。

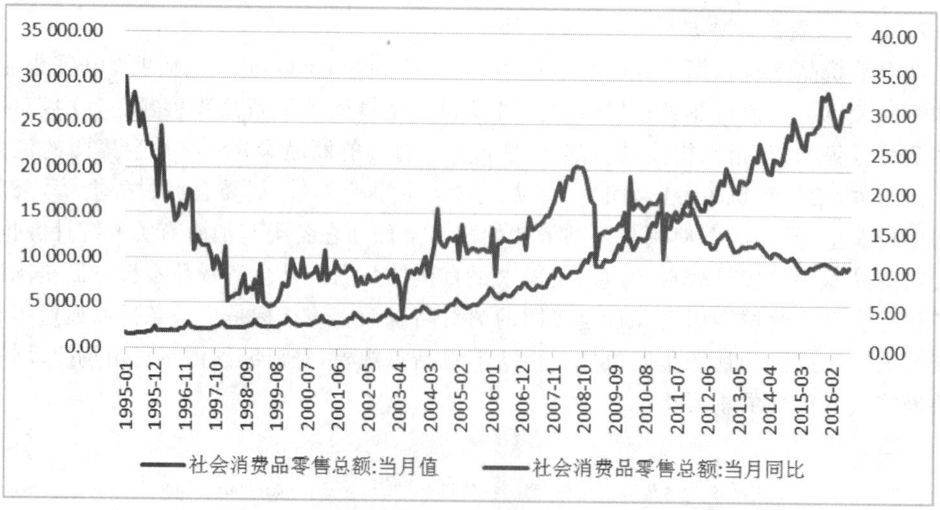

图 7-10　社会消费品零售总额(1995—2016 年)

8. 工业品出厂价格指数

生产价格指数(Producer Price Index,PPI)是衡量工业企业产品出厂价格变动趋势和变动程度的指数,是反映某一时期生产领域价格变动情况的重要经济指标,也是制定有关经济政策和国民经济核算的重要依据。生产过程中所面临的物价波动将反映至最终产品的价格上,观察 PPI 的变动,将有助于预测未来物价的变化状况,因此这项指标一直受到金融市场关注。PPI 统计的商品包括燃料、动力类;有色金属类;有色金属材料类;化工原料类;木材及纸浆类;建材类:钢材、木材、水泥;农副产品类;纺织原料类。我国工业品出厂价格指数统计的具体产品有 2 700 多种,覆盖率已超过 95%,已覆盖全部 39 个工业行业门类。如图 7-11 所示,这是我国 1996—2015 年 PPI 和 CPI 变动趋势。

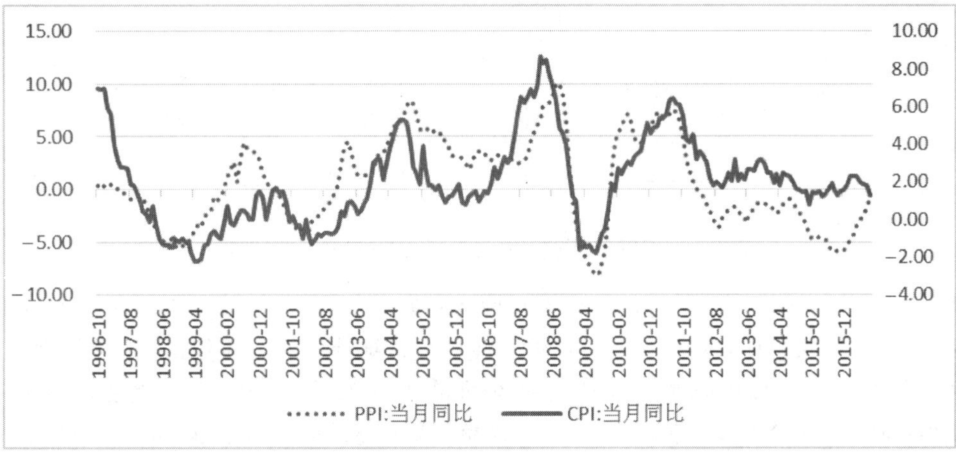

图 7-11 我国 PPI 与 CPI 波动趋势(1996—2015 年)

PPI 与 CPI 不同,其主要的目的是衡量企业购买的一篮子物品和劳务的总费用。企业最终要把它们的费用以更高的消费价格的形式转移给消费者,因此生产物价指数的变动对预测消费物价指数的变动是有用的。根据价格传导规律,PPI 对 CPI 有一定的影响。PPI 反映生产环节价格水平,CPI 反映消费环节的价格水平。整体价格水平的波动一般先出现在生产领域,然后通过产业链向下游产业扩散,最后波及流通领域消费品。以工业品为原材料的生产即工业品价格向 CPI 的传导途径为:从原材料→生产资料→生活资料的传导。由于 CPI 不仅包括消费品价格,还包括服务价格,CPI 与 PPI 在统计口径上并非严格的对应关系。因此,CPI 与 PPI 的变化在某一时期出现不一致的情况是有可能的。但 CPI 与 PPI 长期持续处于背离状态,这不符合价格传导规律。若发生价格传导出现断裂的现象,其主要原因在于工业品市场处于买方市场以及政府对公共产品价格的人为控制等。我们用 CPI 与 PPI 的同比增长率剪刀差,与上证指数的同比增长率绘制图表,如图 7-12 所示,这是我国 1996—2015 年 CPI 和 PPI 剪刀差与上证指数的变动趋势图。

9. 金融机构各项贷款

贷款是金融机构向非金融部门(企业、行政事业单位和个人)提供的货币资金及其行为,是银行或其他金融机构按一定利率和必须归还等条件出借货币资金的一种信用活动。广义的贷款涵盖了贷款、贴现、透支等出借资金的总称。银行通过贷款的方式将所吸纳的

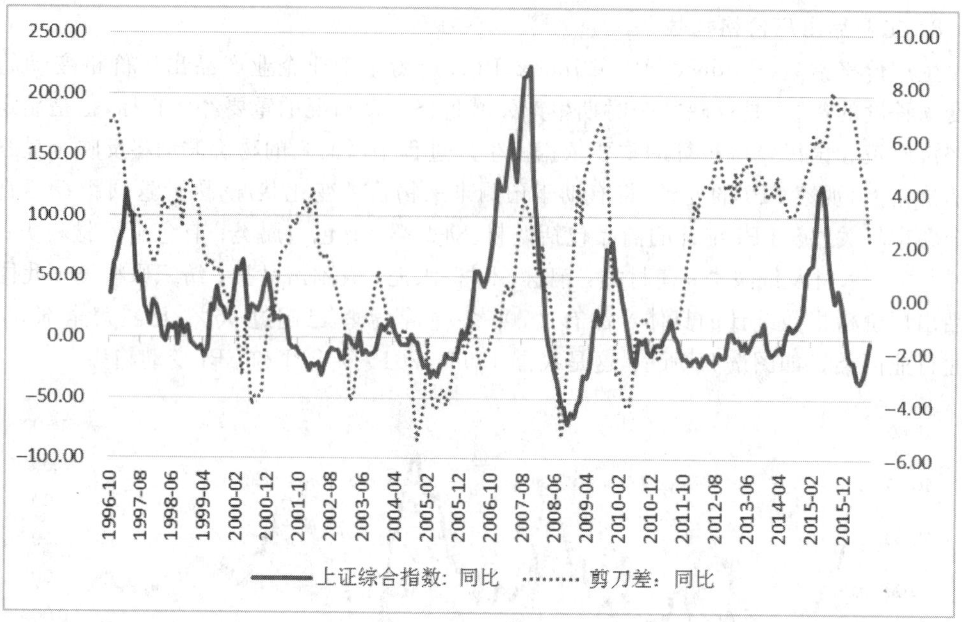

图 7-12 CPI、PPI 剪刀差与上证指数(1996—2015 年)

货币资金投放出去，一方面，可以收取利息收入；另一方面，可以满足工商业扩大再生产的需要，促进国家总体经济的发展。在中国现行金融统计中的各项贷款包括：短期贷款，具体又分工业贷款、商业贷款、建筑业贷款、农业贷款、三资企业贷款、私营企业及个体贷款和其他短期贷款；中长期贷款；信托贷款；融资租赁；委托贷款；票据融资；各项垫款。如图 7-13 所示，这是我国 2001—2016 年金融机构各项贷款月度的存量和增量的变动趋势图。

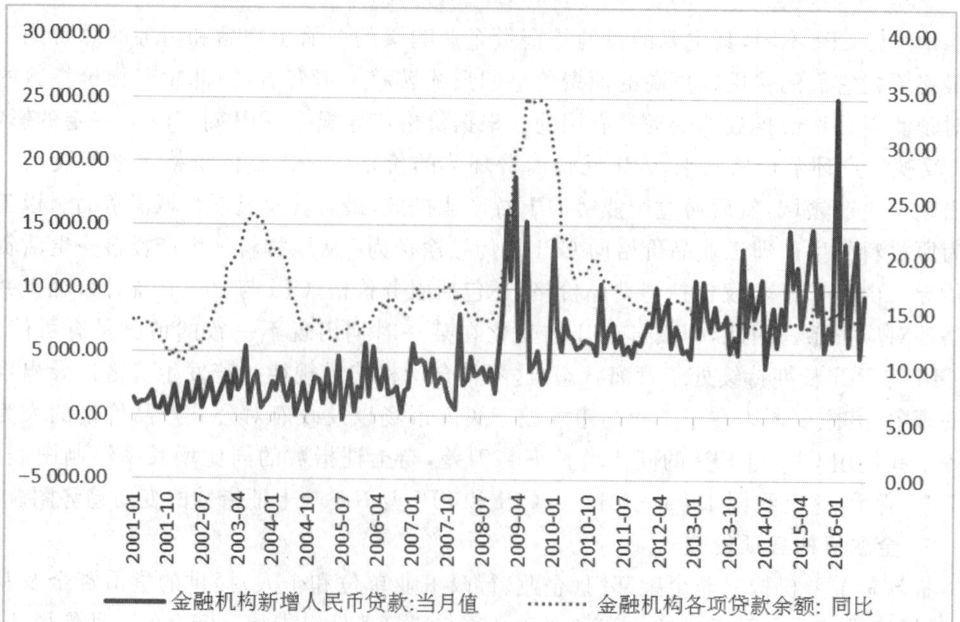

图 7-13 金融机构各项贷款(2001—2016 年)

（二）克强指数

克强指数(Li keqiang Index)，是英国著名财经杂志《经济学人》在 2010 年推出的用于评估中国经济增长状况的指标，该杂志认为克强指数比官方 GDP 数字更能反映中国经济的现实状况，该指数受到花旗银行在内的众多国际机构认可。该指标源于李克强总理 2007 年任职辽宁省委书记时，喜欢通过工业用电量、铁路货运量和银行贷款发放量三个指标分析当时辽宁省经济状况。与 GDP 的统计相比，由耗电量、铁路货运量和银行贷款发放量三个指标涉及电网、铁路、银行的具体核算，避开了地方政府的 GDP 崇拜，数字作假“掺水”的空间和动机比较有限，故而所取得的具体数据也更为真实。克强指数在编制时将工业用电量、铁路货运量和银行贷款发放量三个指标的各自权重分别设定为 40%、25%和 35%，对这三个指标进行分析不难发现，通过耗电量权重占比高达 40%的克强指数，可以减少对宏观经济的误判。我国经济的“数字增长”，很大程度上由行政主导式的投资刺激所导致，但是，行政主导投资在牵涉“铁路货运量”和“银行贷款发放量”两个指标较多的同时，却与权重占比最大的“工业用电量”牵涉不大，故而克强指数对经济状况的反映亦更为客观。它更能精确地反映经济现状——现代工业生产与能源消耗密切相关，故而“工业用电量”的多少，可以准确反映我国工业生产的活跃度，以及工厂的开工率；铁路作为承担我国货物运输的最大载体，故而“铁路货运量”的多少，既能反映经济运行现状，又可反映经济运行效率；对于银行贷款唱主角的间接融资占社会融资总量高达 84%的我国而言，“贷款发放量”的多少，既可反映市场对当前经济的信心，又可判断未来经济的风险度[①]。如图 7-14 所示，这是我国 2009—2016 年克强指数的月度变动趋势图。

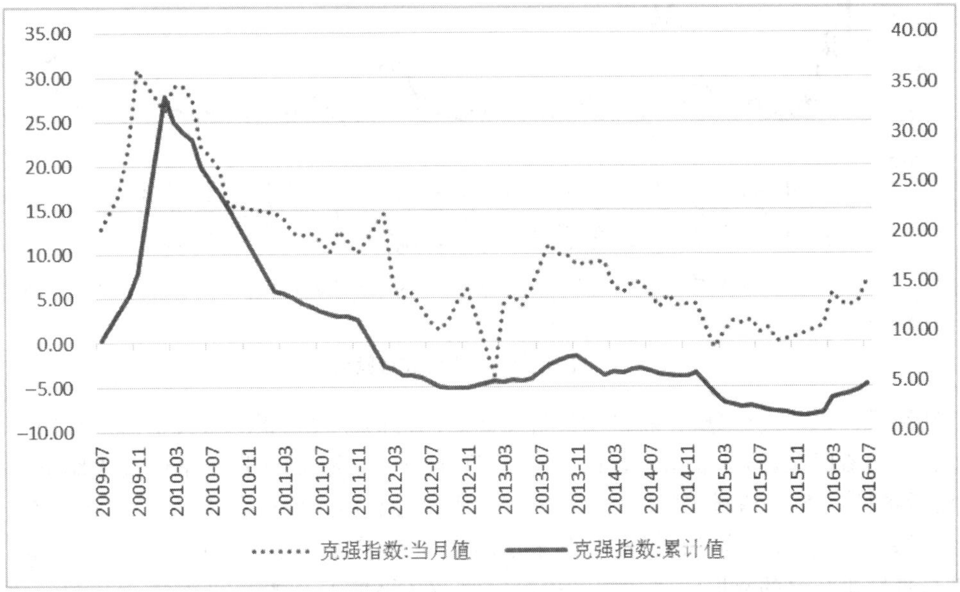

图 7-14 克强指数(2009—2016 年)

① 杨国英:《克强指数更切合我国经济特征》,《新京报》,2013-03-21

（三）经济景气信号灯

中国经济景气监测中心运用宏观经济景气动向分析方法，动态发布我国经济景气状况。所谓宏观经济景气动向分析方法，是在既有的统计指标基础之上筛选出具有代表性的指标，建立一个经济监测指标体系，并以此建立各种指数或模型来描述宏观经济的运行状况和预测未来走势。由于这套指标的描述和预测功能，我们也称该指标体系为宏观经济的“晴雨表”或“报警器”，如图 7-15 所示。它之所以能像“晴雨表”或“报警器”那样发挥监测和预警的作用，第一是因为经济本身在客观上存在着周期波动；第二是因为在经济波动过程中，经济运行中的一些问题可以通过一些指标率先暴露或反映出来。经济的周期波动是通过一系列经济变量的活动来传递和扩散的。任何一个经济变量本身的波动都不足以代表宏观经济的整体波动，要反映宏观经济整体波动过程必须综合考虑各个变量的波动，景气指数的编制为解决这个问题提供了一个有效的工具。一方面，它能如实刻画现实经济波动的轨迹，反映当前宏观经济波动所处的位置；另一方面，还能够预测未来经济波动的峰谷。

图 7-15 经济景气预警指数与股票市场

利用景气指数进行分析，就是用经济变量之间的时差关系指示景气动向。首先，确定时差关系的参照系，即基准循环，编制景气循环年表；其次，根据基准循环来选择超前、同步、滞后指标；最后，编制扩散指数和合成指数来描述总体经济运行状况、预测转折点。判断经济暴涨、下跌或是停滞的趋势听起来很困难，但经济走势不可避免地会不断显露出反映其自身健康状况的数据线索。经济指标按照经济周期循环的时间性，一般分为领先指标、同步指标、滞后指标三类。这些超前、一致、滞后指标，共同构成了景气指标体系。编制景气指数的最主要的目的就是预测经济周期波动的转折点，如果超前指数走出谷底，出现回升，预示着同步指数在若干个月后也会回升，也就是总体经济将出现复苏，而滞后指标则是对同步指数的确认，也就是再过几个月以后滞后指标也会出现回升。经济运行的预警信号，作为景气动向指数的组成部分，对于处于转型阶段的中国经济，能够弥补一致指数不能直观描述经济运行现状所处状态的不足，能准确地判断当前经济究竟处于“过热”“偏热”“正常（稳定）”“偏冷”或“过冷”五种状态的哪一个区域，仍然具有很好的现实意义。其设计难点在于指标群的选择及临界值的确定，预警指数统计实用性的检验标准等。

图 7-16 为 2000—2016 年经济景气信号。

图 7-16　经济景气信号灯

先行指标也叫领先指标。利用这些指标可以事先预测总体经济运行的顶峰和低谷。如钢铁产量、机械产品订货、股票指数、广义货币 M_2 等。领先指标预示着经济发展趋势，它是指相对于国民经济周期波动，在指标的时间上领先。

先行指标可以揭示出经济的未来变化趋势，我国先行指数的峰谷平均领先一致指数的峰谷 6—7 个月①。例如，股票价格指数指标，它走上顶峰或者跌入低谷，要比国民经济周期早若干个月，这些指标能够对即将到来的年份里的国民经济状况提供先兆性信息。再例如，汽车销售量就是一个反映经济衰退的领先指标。我们可以细数一下，制造一辆汽车所需要的东西：车身钢板、油漆、挡风玻璃、车灯玻璃、电路所用铜丝、轮胎橡胶、塑料、内饰的布料或者皮革等，这就意味着当福特和通用、克莱斯勒、本田、现代这些大型汽车公司在制造和销售汽车时，一系列的辅助工业都在同步加紧生产。汽车工业与其他工业有着千丝万缕的联系，通过观察汽车销售量趋势的动向，投资者就能够了解整个宏观经济的健康状况②。

一致指标也叫同步指标。这些指标峰与谷出现的时间与总体经济运行峰与谷出现的时间一致，可以综合地描述总体经济所处状态。如工业总产值、社会消费品零售总额等。同步指标是代表国民经济周期性波动特征的指标，这些指标的转折点大致上与国民经济的拐点同时发生，它们并不预示将来变迁，而是代表国民经济当前状况。根据经济学的一般原理，宏观经济调控的主要目标是经济增长、充分就业、收支平衡、物价稳定。那么一致指数应该包括以上各个方面的内容，具体到统计指标应该包括：总产出（GDP）、工业生产、就业、居民收入、企业利润等。

滞后指标是对总体经济运行中已经出现的顶峰和低谷的一种确认，如利息率、库存等。所谓滞后指标表明经济的历史状况，是指相对于国民经济周期波动而言它们在时间上落后。例如消费者价格指数，它的高峰或者低谷往往比国民经济周期的高峰或者低谷落后若干个月。我国经济景气指数的指标构成体系、经济景气指数运行趋势见表 7-1、表 7-2 所示。

---

① 中国经济景气监测中心，http://www.cemac.org.cn/

② 西蒙·康斯特勃等著：《读懂华尔街的 50 个经济指标》(*Guide to the 50 Economic Indicators That Really Matter*)，白天惠译，海口，南方出版社，2014 年，第 3 页。

表 7-1 经济景气指数

预警指数	1. 工业生产指数 2. 固定资产投资完成额 3. 社会消费品零售总额 4. 外贸进出口总额 5. 财政收入 6. 工业企业利润总额 7. 城镇居民可支配收入 8. 金融机构各项贷款 9. 货币供应量 M_2 10. 居民消费价格指数
先行指数	1. 产品销售率 2. 货币供应量 M_2 3. 新开工项目 4. 全社会货运量 5. 房地产开发土地面积 6. 国债利率差
一致指数	1. 工业生产指数 2. 工业从业人员 3. 财政税收 4. 工业企业利润 5. 居民可支配收入 6. 固定资产投资 7. 海关进出口 8. 社会消费品零售总额
滞后指数	1. 财政支出 2. 工商业贷款 3. 居民储蓄 4. 消费者价格指数

表 7-2 我国宏观经济景气指数(2013—2016 年)

月 份	宏观经济景气指数：预警指数	宏观经济景气指数：一致指数	宏观经济景气指数：先行指数	宏观经济景气指数：滞后指数
2013-01	93.30	98.10	100.80	96.30
2013-02	93.30	97.40	100.20	96.10
2013-03	90.70	97.80	99.99	96.40
2013-04	86.70	97.80	99.60	96.00
2013-05	90.70	97.60	99.80	96.00
2013-06	88.00	97.70	99.90	95.90
2013-07	88.00	98.10	99.95	96.00
2013-08	90.70	98.40	99.90	96.00
2013-09	90.70	98.50	99.60	96.30
2013-10	93.30	98.40	99.60	96.20

续表

月 份	宏观经济景气指数：预警指数	宏观经济景气指数：一致指数	宏观经济景气指数：先行指数	宏观经济景气指数：滞后指数
2013-11	90.70	98.30	99.50	95.90
2013-12	90.70	98.20	99.30	95.90
2014-01	88.00	97.90	99.30	95.50
2014-02	84.00	97.60	99.30	95.80
2014-03	84.00	96.70	99.80	95.40
2014-04	84.00	96.90	99.70	96.20
2014-05	88.00	97.20	99.90	96.30
2014-06	88.00	97.30	99.80	96.50
2014-07	80.00	97.00	100.20	96.20
2014-08	79.30	96.60	99.80	95.60
2014-09	76.00	96.30	99.90	95.00
2014-10	73.30	96.20	99.40	94.30
2014-11	73.30	96.20	99.20	93.90
2014-12	73.30	95.30	98.80	92.93
2015-01	68.00	94.90	98.80	93.10
2015-02	68.00	93.98	98.60	92.64
2015-03	68.00	94.93	98.54	93.36
2015-04	68.00	94.22	98.66	92.57
2015-05	64.70	94.51	98.74	92.54
2015-06	64.70	94.55	98.86	92.34
2015-07	67.30	94.51	98.39	92.64
2015-08	67.30	94.06	98.52	92.81
2015-09	67.30	93.80	98.28	92.76
2015-10	67.30	93.89	98.33	92.72
2015-11	67.30	94.01	98.12	92.57
2015-12	67.30	94.02	98.41	92.32
2016-01	70.70	93.71	98.74	91.68
2016-02	70.70	94.07	99.04	91.26
2016-03	70.70	94.35	98.93	90.63
2016-04	70.70	94.63	98.59	90.45
2016-05	68.00	94.21	98.40	90.10
2016-06	68.00	94.01	98.33	90.10

数据来源：大有资讯

景气分析方法的实战应用研究方面，我国近年以来取得了长足的进展。国家统计局定期在《中国经济景气月报》上公布宏观经济景气指数和预警信号。2006年央行上海分行与北京北邮中望信息科技有限公司合作开发了上海市经济预警系统；2007年，北京市统计局与"北邮中望"合作开发了北京市经济景气预警监测系统；2006—2008年，中国人民银行、国家发展改革委、博时基金先后与中科院预测科学研究中心合作，开发了吉林省、宁夏回族自治区等区域经济与金融景气监测预警的决策支持系统[①]。

许多投资者对于经济下行、股市上涨的市场逻辑抱有疑惑。即便是在早期的美国和日本市场,经济下行期,流动性宽松所推动的股票市场上涨是一个经常出现的现象。目前的中国也不例外。我们要防止出现"一叶障目,不见泰山"的最好办法,就是比森林站得更高。这就意味着投资者必须把经济周期、政策周期、股市周期放置在同一个"立方体"中进行综合研判。关于经济周期、政策周期、股市周期,参见本章后续部分具体论述。

第3节 宏观经济政策分析

一、货币政策工具

宏观经济政策是指政府有意识、有计划地运用一定的政策工具调节控制宏观经济运行,以达到一定的政策目标。货币政策是一个国家的主要宏观经济政策之一,其最终目标必须服从于该国的宏观经济目标。美联储和许多国家中央银行经常提到的货币政策的最终目标有六个:充分就业、经济增长、物价稳定、利率稳定、金融市场稳定、外汇市场稳定[②]。外汇市场稳定可引申为国际收支平衡,利率稳定与金融市场稳定在一般情况下较难实现,所以一般的货币经济学著作中普遍给出的货币政策的最终目标有四个:充分就业、经济增长、物价稳定、国际收支平衡。从现实中看,同时实现四大目标是总是不可能的。在更多的情形下,主流国家追求的是经济增长和充分就业[③]。货币在经济增长中具有引擎作用,而货币政策的任务集中体现在维持货币的购买力和促进经济增长[④]。

金融体系连接着货币政策与实体经济,货币政策需要通过金融体系传导至实体经济,从而最终对总需求及宏观经济产生影响[⑤]。货币政策是中央银行为了实现特定目标,在金融信贷方面制定的各项政策措施的总称,这些政策措施致力于控制货币供应量的增长和利率水平。央行实施货币政策的具体手段包括调整法定存款准备金率、调整再贴现率、公开市场操作、调整利率、常备借贷便利等五大工具。评价某一工具是否为强有力的货币政策工具,判断依据通常包括:该工具控制货币供应量的能力,影响一国境内货币的数量,是货币政策的基本目标;该工具对利率的影响能力,利率是借贷市场上资金的价格,货币政策就是要影响利率水平,借以影响经济活动;该工具对商业银行行为的影响,货币政策能够对商业银行信贷行为产生影响力,就间接地拧紧或者松开了货币的水龙头;该工具对大众预期的影响。货币政策对大众的心理预期有着十分重要的影响,某一货币政策一经实施之后,就会立刻产生"告示作用",从而对企业及社会大众产生心理和行为上的影响。

1. 法定存款准备金率

所谓法定存款准备金率就是,中央银行规定商业银行不能把吸纳的储户的存款全部

---

① 郑桂环等著:《经济景气分析方法》,北京,科学出版社,2011年,第8页。
② 赵林海著:《货币政策与生存理论》,北京,知识产权出版社,2010年,第119页。
③ 宋敏、冯科编著:《证券投资分析》,北京,中国发展出版社,2015年,第82页。
④ 武剑著:《货币政策与经济增长》,上海,上海人民出版社,2000年,第159页。
⑤ 伍戈、李斌著:《货币数量、利率调控与政策转型》,北京,中国金融出版社,2016年,第125页。

放贷出去，必须按照比例将其中的一部分作为准备金，强制性地存放在中央银行，以便储户来取款时，商业银行有足够的钱支付给他。我们把按此比例强制性地存入中央银行的这笔钱叫做法定存款准备金。这个比例称为法定存款准备金率，中央银行拥有随时提高或者降低该比例的权力。将存款准备金集中放于中央银行的做法始于英国，但以法律形式规定存款类金融机构必须向央行缴存准备金，则始于 1913 年美国《联邦储备法》。1935 年美国通过立法授权美联储可以根据经济状况和金融市场运行的实际随时调整会员银行的存款准备金比例，此后，各国央行纷纷效仿。需要强调的是调整法定存款准备金率是一项强有力的货币政策，它对整个经济体货币供应量的影响猛烈，对整个社会的心理预期都会产生显著影响。同时，"降准"行为也会对利率产生传导性影响。如图 7-17 所示，这是我国 2003—2015 年之间存款准备金率变动情况。

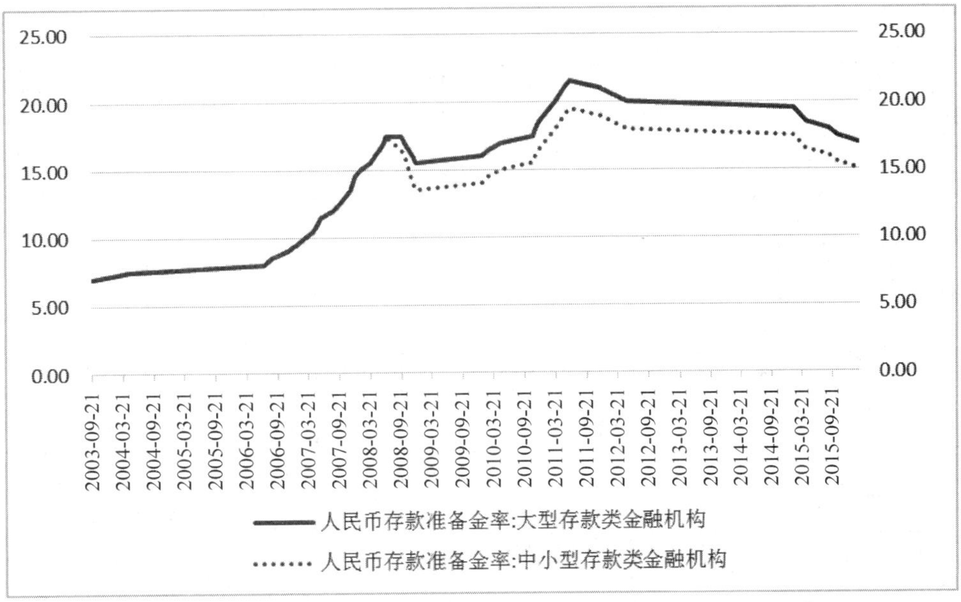

图 7-17 存款准备金率变动(2003—2015 年)

从理论上看，存款准备金率的上调(下调)导致资金面的紧张(宽松)，对股票市场应该是利空(利好)消息。但从表 7-3 中我们能够发现多次存款准备金率的上调，股票市场的当日表现反而是上升。其中的原因可表现在以下三个方面：首先，影响股票市场的因素是多元化的，包括资金面、企业盈余发布情况等，而"降准"或者提高准备金率只是一个宏观经济因素；其次，我国股票市场投资者以个人投资者为主，他们对经济信息的反应不够及时和理性；最后，更为重要的是货币政策的反应具有"时差性"，即存款准备金率的调整可能在调整日之前一段时间投资者就早有预期，因此当日股票市场的表现与理论预期不符①。

① 饶品贵著：《货币政策、信贷资源配置及其经济后果研究》，大连，东北财经大学出版社，2014 年，第 41 页。

表 7-3 存款准备金率历次调整与股票市场反应

公布时间	大型金融机构			中小金融机构			股市
	调整前	调整后	幅　度	调整前	调整后	幅　度	沪指
2015.2.4	20%	19.50%	−0.50%	16.50%	16%	−0.50%	−0.96%
2012.5.12	20.50%	20%	−0.50%	17.00%	16.50%	−0.50%	−0.60%
2012.2.18	21%	20.50%	−0.50%	17.50%	17.00%	−0.50%	0.30%
2011.11.30	21.50%	21%	−0.50%	18%	17.50%	−0.50%	2.29%
2011.6.14	21%	21.50%	0.50%	17.50%	18%	0.50%	−0.95%
2011.5.12	20.50%	21%	0.50%	17.00%	17.50%	0.50%	0.95%
2011.4.17	20%	20.50%	0.50%	16.50%	17.00%	0.50%	0.22%
2011.3.18	19.50%	20.00%	0.50%	16.00%	16.50%	0.50%	0.08%
2011.2.18	19.00%	19.50%	0.50%	15.50%	16.00%	0.50%	1.12%
2011.1.14	18.50%	19.00%	0.50%	15.00%	15.50%	0.50%	−3.03%
2010.12.10	18.00%	18.50%	0.50%	14.50%	15.00%	0.50%	2.88%
2010.11.19	17.50%	18.00%	0.50%	14.00%	14.50%	0.50%	−0.15%
2010.11.10	17.00%	17.50%	0.50%	13.50%	14.00%	0.50%	1.04%
2010.5.2	16.50%	17.00%	0.50%	13.50%	13.50%	0.00%	−1.23%
2010.2.12	16.00%	16.50%	0.50%	13.50%	13.50%	0.00%	−0.49%
2010.1.12	15.50%	16.00%	0.50%	13.50%	13.50%	0.00%	−3.09%
2008.12.22	16.00%	15.50%	−0.50%	14.00%	13.50%	−0.50%	−4.55%
2008.11.26	17.00%	16.00%	−1.00%	16.00%	14.00%	−2.00%	−2.44%
2008.10.8	17.50%	17.00%	−0.50%	16.50%	16.00%	−0.50%	−0.84%
2008.9.15	17.50%	17.50%	0.00%	17.50%	16.50%	−1.00%	−4.47%
2008.6.7	16.50%	17.50%	1.00%	16.50%	17.50%	1.00%	−7.73%
2008.5.12	16.00%	16.50%	0.50%	16.00%	16.50%	0.50%	−1.84%
2008.4.16	15.50%	16.00%	0.50%	15.50%	16.00%	0.50%	−2.09%
2008.3.18	15.00%	15.50%	0.50%	15.00%	15.50%	0.50%	2.53%
2008.1.16	14.50%	15.00%	0.50%	14.50%	15.00%	0.50%	−2.63%
2007.12.8	13.50%	14.50%	1.00%	13.50%	14.50%	1.00%	1.38%
2007.11.10	13.00%	13.50%	0.50%	13.00%	13.50%	0.50%	−2.40%
2007.10.13	12.50%	13.00%	0.50%	12.50%	13.00%	0.50%	2.15%
2007.9.6	12.00%	12.50%	0.50%	12.00%	12.50%	0.50%	−2.16%
2007.7.30	11.50%	12.00%	0.50%	11.50%	12.00%	0.50%	0.68%
2007.5.18	11.00%	11.50%	0.50%	11.00%	11.50%	0.50%	1.04%
2007.4.29	10.50%	11.00%	0.50%	10.50%	11.00%	0.50%	2.16%
2007.4.5	10.00%	10.50%	0.50%	10.00%	10.50%	0.50%	0.13%
2007.2.16	9.50%	10.00%	0.50%	9.50%	10.00%	0.50%	1.41%
2007.1.5	9.00%	9.50%	0.50%	9.00%	9.50%	0.50%	2.49%

数据来源：新华网(2015 年 02 月 04 日)

2. 再贴现率

在市场经济发达的国家和地区，企业从商业银行获得短期资金的一种重要方式是贴现，即企业把未到期的商业票据卖给商业银行以换取现金。贴现的比率就是贴现率

(Discount Rate)。当商业银行资金不足时，又可以把未到期的商业票据再卖给央行，这一行为称之为再贴现。央行向商业银行收取的利息率称作再贴现率。除了再贴现方式，央行还可以直接放贷给商业银行，此时央行收取的资金利率称作再贷款率。无论是再贴现率还是再贷款率，都是央行控制商业银行资金松紧的重要手段，一般可以统称为再贴现率。央行根据市场上流动性宽裕状况，拥有随时调整再贴现率的权力，从而调控货币供应量。央行调高或者调低再贴现率，可以影响商业银行的资金成本，借以影响商业银行的信贷意愿。更为重要的是，调整再贴现率能够起到很好的告示作用，可以影响商业银行和社会大众的预期。

3. 公开市场操作

在多数发达国家，公开市场操作是中央银行吞吐基础货币，调节市场流动性的主要货币政策工具，通过中央银行与市场交易对手进行有价证券和外汇交易，实现货币政策调控目标。中央银行通过对自身持有的资产在金融市场进行操作，通过买卖证券的方式影响市场流动性。中央银行可以直接影响经济体中货币供应量的大小，因为它可以凭空变出钱来，也可以把钱变没。中央银行通过买卖国债等类似金融产品来完成这个魔术。当中央银行卖出国债换回现金，用这样的手段可以减少经济体中的货币流通量和供应量。相反地，当央行用现金买入国债，就给经济体中注入了现金，扩大了货币供给量。通常央行通过增加货币供应量加快经济增长，通过减少货币供应量来给经济增速降温。

公开市场操作目前已成为中国人民银行货币政策日常操作的主要工具之一，对于调节银行体系流动性水平、引导货币市场利率走势、促进货币供应量合理增长发挥了积极的作用。中国人民银行从 1998 年开始建立公开市场业务一级交易商制度，选择了一批能够承担大额债券交易的商业银行作为公开市场业务的交易对象。近年来，公开市场业务一级交易商制度不断完善，先后建立了一级交易商考评调整机制、信息报告制度等相关管理制度，一级交易商的机构类别也从商业银行扩展至证券公司等其他金融机构。

中国人民银行目前的公开市场业务从交易品种看，债券交易主要包括回购交易、现券交易和发行中央银行票据。其中回购交易分为“正回购”和“逆回购”两种，正回购为中国人民银行向一级交易商卖出有价证券，并约定在未来特定日期买回有价证券的交易行为，正回购为央行从市场收回流动性的操作，正回购到期则为央行向市场投放流动性的操作；逆回购为中国人民银行向一级交易商购买有价证券，并约定在未来特定日期将有价证券卖给一级交易商的交易行为，逆回购为央行向市场上投放流动性的操作，逆回购到期则为央行从市场收回流动性的操作。现券交易分为现券买断和现券卖断两种，前者为央行直接从二级市场买入债券，一次性地投放基础货币；后者为央行直接卖出持有债券，一次性地回笼基础货币。如图 7-18 所示，为央行公开市场交易公告示例。

中央银行票据即中国人民银行发行的短期债券，央行通过发行央行票据可以回笼基础货币，央行票据到期则体现为投放基础货币。根据货币调控需要，近年来中国人民银行不断开展公开市场业务工具创新。2013 年 1 月，立足现有货币政策操作框架并借鉴国际经验，中国人民银行创设了“短期流动性调节工具”(Short-term Liquidity Operations，SLO)，作为公开市场常规操作的必要补充，在银行体系流动性出现临时性波动时相机使用。这一工具的及时创设，既有利于央行有效调节市场短期资金供给，熨平突发性、临时

公开市场业务交易公告 [2016]第170号

字号 大 中 小　　文章来源：货币政策司　　2016-09-21 09:46:12

打印本页　关闭窗口

人民银行于本周三（9月21日）以利率招标方式开展了逆回购操作。具体情况如下：

逆回购操作情况

期限	交易量	中标利率
7天	1200亿元	2.25%
28天	800亿元	2.55%

中国人民银行公开市场业务操作室

二〇一六年九月二十一日

图 7-18　央行公开市场交易公告

性因素导致的市场资金供求大幅波动，促进金融市场平稳运行，也有助于稳定市场预期和有效防范金融风险，如图 7-19 所示。

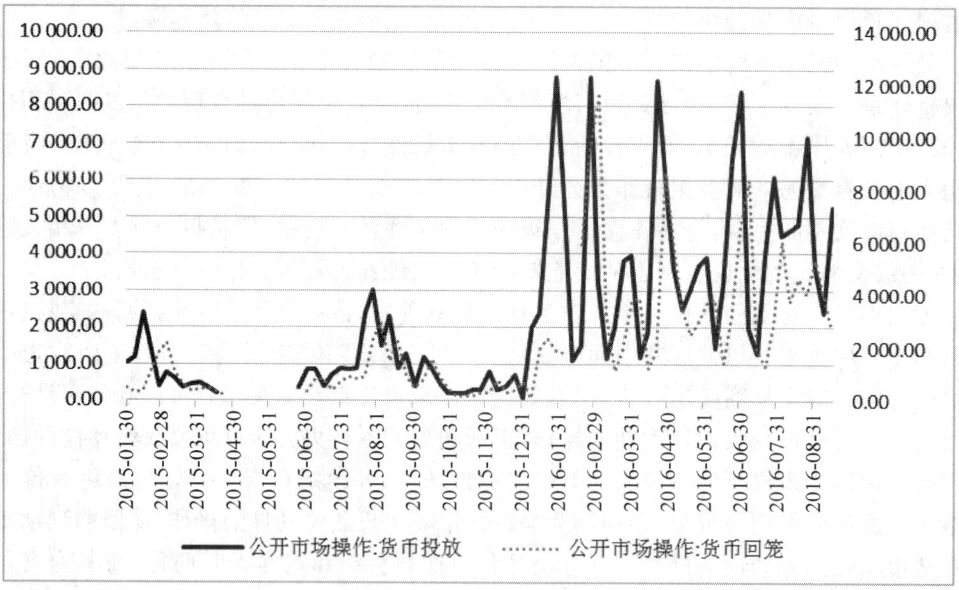

图 7-19　公开市场操作(2015-2016 年)

4. 利率政策

利率是资金使用的价格，利率的涨落关系着社会居民、企业、政府等方方面面的钱袋子，它是调节宏观经济运行的重要杠杆。1987 年 10 月 19 日，这一天对于华尔街的投资者来说是黑色星期一，道琼斯指数在三个小时之内跌去 22.6%，六个半小时之后股票市值缩水超过 5 000 亿美元。这一天，艾伦·格林斯潘就任美联储主席刚满两个月。第二天早上，格林斯潘立刻采取行动，宣布降低联邦基金利率，随后，市场长期利率也随之下降。经过数月的调整之后，华尔街的投资者们逐步恢复了信心。美国经济平稳地度过了一场泡沫破裂的浩劫。此后 18 年之内，格林斯潘把利率变成了一根神奇的魔棒，根据经济运行情况适时地调整利率，美国经济数次化险为夷，创造了连续 8 年的低通胀、高增长、高就业的神话①。

利率是一个重要的经济变量，几乎所有的金融现象、金融资产均与利率有着或多或少的联系。利率的高低，能够反映一国经济运行的基本状况，利率的变动，又将影响诸如GDP、CPI 等其他经济变量。显然，利率作为一个重要的经济杠杆，对宏观形势与微观经济活动都有着极其重要的调节和信号作用。当你开车的时候，一踩油门车就加速，一踩刹车就会减速，中央银行对于经济体就有这样的控制作用。如果中央银行想给飞速前进的经济降温，它就提高利率；如果希望经济增长加速，就降低利率。利率也影响着股票和债券的价格，一般来说，较低的利率代表债券升值，股票也可能升值，因为贷款成本降低时，工商业要付给银行的钱减少，利润升高。同时，利率降低意味着资金存放在银行的机会成本相对提高，资金进入股市、债市、房地产市场的意愿开始提高。当就业、工商业盈利状况非常糟糕时，人们通常的预期是中央银行会降低利率。非常宽松的货币政策，进而会导致证券市场走高。表 7-4、表 7-5 为金融机构人民币贷款、存款基准利率一览表。

表 7-4 金融机构人民币贷款基准利率

调整时间	六个月以内（含六个月）	六个月至一年（含一年）	一至三年（含三年）	三至五年（含五年）	五年以上
1991.04.21	8.10	8.64	9.00	9.54	9.72
1993.05.15	8.82	9.36	10.80	12.06	12.24
1993.07.11	9.00	10.98	12.24	13.86	14.04
1995.01.01	9.00	10.98	12.96	14.58	14.76
1995.07.01	10.08	12.06	13.50	15.12	15.30
1996.05.01	9.72	10.98	13.14	14.94	15.12
1996.08.23	9.18	10.08	10.98	11.70	12.42
1997.10.23	7.65	8.64	9.36	9.90	10.53
1998.03.25	7.02	7.92	9.00	9.72	10.35
1998.07.01	6.57	6.93	7.11	7.65	8.01
1998.12.07	6.12	6.39	6.66	7.20	7.56
1999.06.10	5.58	5.85	5.94	6.03	6.21
2002.02.21	5.04	5.31	5.49	5.58	5.76
2004.10.29	5.22	5.58	5.76	5.85	6.12
2006.04.28	5.40	5.85	6.03	6.12	6.39
2006.08.19	5.58	6.12	6.30	6.48	6.84
2007.03.18	5.67	6.39	6.57	6.75	7.11
2007.05.19	5.85	6.57	6.75	6.93	7.20
2007.07.21	6.03	6.84	7.02	7.20	7.38
2007.08.22	6.21	7.02	7.20	7.38	7.56

① 李昊轩著：《一本书读懂金融常识》，北京，中国商业出版社，2013 年，第 55-56 页。

续表

调整时间	六个月以内（含六个月）	六个月至一年（含一年）	一至三年（含三年）	三至五年（含五年）	五年以上
2007.09.15	6.48	7.29	7.47	7.65	7.83
2007.12.21	6.57	7.47	7.56	7.74	7.83
2008.09.16	6.21	7.20	7.29	7.56	7.74
2008.10.09	6.12	6.93	7.02	7.29	7.47
2008.10.30	6.03	6.66	6.75	7.02	7.20
2008.11.27	5.04	5.58	5.67	5.94	6.12
2008.12.23	4.86	5.31	5.40	5.76	5.94
2010.10.20	5.10	5.56	5.60	5.96	6.14
2010.12.26	5.35	5.81	5.85	6.22	6.40
2011.02.09	5.60	6.06	6.10	6.45	6.60
2011.04.06	5.85	6.31	6.40	6.65	6.80
2011.07.07	6.10	6.56	6.65	6.90	7.05
2012.06.08	5.85	6.31	6.40	6.65	6.80
2012.07.06	5.60	6.00	6.15	6.40	6.55
2014.11.22*	5.60		6.00		6.15
2015.03.01	5.35		5.75		5.90
2015.05.11	5.10		5.50		5.65
2015.06.28	4.85		5.25		5.40
2015.08.26	4.60		5.00		5.15
2015.10.24	4.35		4.75		4.90

注：自2014年11月22日起，金融机构人民币贷款基准利率期限档次简并为一年以内(含一年)、一至五年(含五年)和五年以上三个档次。

资料来源：中国人民银行

表7-5 金融机构人民币存款基准利率

调整时间	活期存款	定期存款					
		三个月	半年	一年	二年	三年	五年
1990.04.15	2.88	6.30	7.74	10.08	10.98	11.88	13.68
1990.08.21	2.16	4.32	6.48	8.64	9.36	10.08	11.52
1991.04.21	1.80	3.24	5.40	7.56	7.92	8.28	9.00
1993.05.15	2.16	4.86	7.20	9.18	9.90	10.80	12.06
1993.07.11	3.15	6.66	9.00	10.98	11.70	12.24	13.86
1996.05.01	2.97	4.86	7.20	9.18	9.90	10.80	12.06
1996.08.23	1.98	3.33	5.40	7.47	7.92	8.28	9.00
1997.10.23	1.71	2.88	4.14	5.67	5.94	6.21	6.66
1998.03.25	1.71	2.88	4.14	5.22	5.58	6.21	6.66
1998.07.01	1.44	2.79	3.96	4.77	4.86	4.95	5.22
1998.12.07	1.44	2.79	3.33	3.78	3.96	4.14	4.50
1999.06.10	0.99	1.98	2.16	2.25	2.43	2.70	2.88
2002.02.21	0.72	1.71	1.89	1.98	2.25	2.52	2.79
2004.10.29	0.72	1.71	2.07	2.25	2.70	3.24	3.60

续表

调整时间	活期存款	定期存款					
		三个月	半年	一年	二年	三年	五年
2006.08.19	0.72	1.80	2.25	2.52	3.06	3.69	4.14
2007.03.18	0.72	1.98	2.43	2.79	3.33	3.96	4.41
2007.05.19	0.72	2.07	2.61	3.06	3.69	4.41	4.95
2007.07.21	0.81	2.34	2.88	3.33	3.96	4.68	5.22
2007.08.22	0.81	2.61	3.15	3.60	4.23	4.95	5.49
2007.09.15	0.81	2.88	3.42	3.87	4.50	5.22	5.76
2007.12.21	0.72	3.33	3.78	4.14	4.68	5.40	5.85
2008.10.09	0.72	3.15	3.51	3.87	4.41	5.13	5.58
2008.10.30	0.72	2.88	3.24	3.60	4.14	4.77	5.13
2008.11.27	0.36	1.98	2.25	2.52	3.06	3.60	3.87
2008.12.23	0.36	1.71	1.98	2.25	2.79	3.33	3.60
2010.10.20	0.36	1.91	2.20	2.50	3.25	3.85	4.20
2010.12.26	0.36	2.25	2.50	2.75	3.55	4.15	4.55
2011.02.09	0.40	2.60	2.80	3.00	3.90	4.50	5.00
2011.04.06	0.50	2.85	3.05	3.25	4.15	4.75	5.25
2011.07.07	0.50	3.10	3.30	3.50	4.40	5.00	5.50
2012.06.08	0.40	2.85	3.05	3.25	4.10	4.65	5.10
2012.07.06	0.35	2.60	2.80	3.00	3.75	4.25	4.75
2014.11.22	0.35	2.35	2.55	2.75	3.35	4.00	—
2015.03.01	0.35	2.10	2.30	2.50	3.10	3.75	—
2015.05.11	0.35	1.85	2.05	2.25	2.85	3.50	—
2015.06.28	0.35	1.60	1.80	2.00	2.60	3.25	—
2015.08.26	0.35	1.35	1.55	1.75	2.35	3.00	—
2015.10.24	0.35	1.10	1.30	1.50	2.10	2.75	—

注：自2014年11月22日起，人民银行不再公布金融机构人民币五年期定期存款基准利率。

资料来源：中国人民银行

5. 常备借贷便利

从国际经验看，中央银行通常综合运用常备借贷便利和公开市场操作两大类货币政策工具管理流动性。我国央行2013年在借鉴国际经验的基础上，创设了常备借贷便利这一工具。常备借贷便利的主要特点：一是由金融机构主动发起，金融机构可根据自身流动性需求申请常备借贷便利；二是常备借贷便利是中央银行与金融机构"一对一"交易，针对性强；三是常备借贷便利的交易对手覆盖面广，通常覆盖存款金融机构。它是中国人民银行正常的流动性供给渠道，主要功能是满足金融机构期限较长的大额流动性需求。对象主要为政策性银行和全国性商业银行。常备借贷便利的期限为1～3个月。利率水平根据货币政策调控、引导市场利率的需要等综合确定。常备借贷便利操作中是以抵押方式发放，合格抵押品包括高信用评级的债券类资产及优质信贷资产等。如图7-20所示，为我国中期常备借贷便利净投放货币以及累积余额情况。

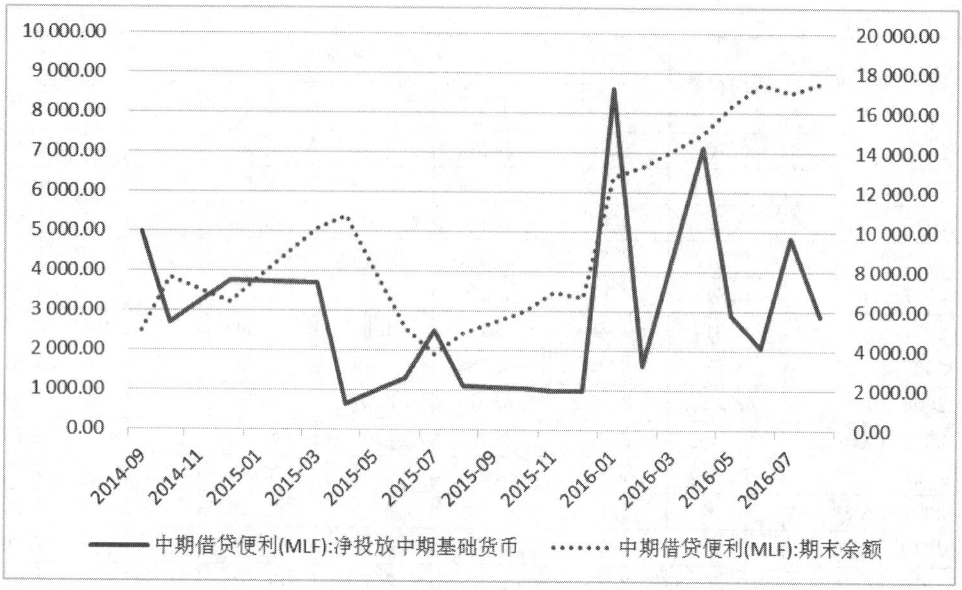

图 7-20 中期借贷便利净投放及余额(2014—2016 年)

二、财政政策工具

财政政策是指政府为了达到一定的经济目标,采取的调整政府收支的一系列政策和措施的总称。财政政策是市场经济国家调控经济运行时与货币政策并重的一项政策手段①。在经济周期的不同阶段,财政政策取向的选择是不同的。政府通常采用"逆调节"措施,调节经济景气度,通过削峰填谷方式,在一定程度上"熨平"经济周期,减缓波动,防止大起大落,避免过热和过冷的循环往复,促使经济保持平稳较快增长②。财政学的教科书告诉我们,财政政策要素主要包括政策主体、政策目标、政策工具三大要素。财政政策主体指的是政策的制定者和执行者,即中央政府和地方政府;财政政策的目标,主要包括物价稳定、充分就业、经济增长和国际收支平衡等;财政政策的工具包含的要素较多,总体上可分为财政收入政策与财政支出政策,具体包括税收收入、公共支出、政府投资、国债等。

根据财政政策在调节国民经济总量时对经济产生效果不同,可以分为扩张性财政政策、中性财政政策和紧缩性财政政策。扩张性财政政策是指刺激和增加社会总需求的政策。扩张性财政政策的作用是通过刺激和扩大社会总需求,进而抑制通货紧缩,使得总供给和总需求趋于平衡。扩张性财政政策的两大工具主要是减税和增加政府公共支出。扩张性财政政策一般应在整个国民经济中通货紧缩状态,社会总供给大于总需求时使用。紧缩性财政政策是指抑制和减少社会总需求的政策。紧缩性财政政策的作用是通过减少和抑制社会总需求,进而抑制通货膨胀,使得总供给和总需求趋于平衡。紧缩性财政政策的两大工具主要是增税和减少政府公共支出。紧缩性财政政策一般应在整个国民经济处

① 王明涛编著:《证券投资分析》,第 2 版,上海,上海财经大学出版社,2012 年,第 101 页。
② 陈东琪等著:《双稳健政策:中国避免萧条之路》,北京,人民出版社,2005 年,第 16 页。

于通货膨胀状态，社会总需求大于总供给时使用。中性财政政策是指既不减少、又不扩张社会总需求的政策。中性财政政策的作用是使得社会总供给和总需求基本维持现状不变。紧缩性财政政策一般应在整个国民经济中总需求与总供给处于相对平衡时使用。

2008年9月，国际金融危机全面爆发后，中国经济增速快速回落。在全球金融风暴下，我国经济受到了相当大的冲击，尤其是外向型经济的发展受到了很大的影响。从2008年第三季度起，经济增长率出现了加速下滑局面。到了11月和12月，全国进出口总值开始表现为负增长。11月全国进出口总值同比下降9%，其中：出口下降2.2%；进口下降17.9%。12月全国进出口总值同比下降11.1%，其中：出口下降2.8%；进口下降21.3%。可以看出，9月份发生的金融风暴，到11月份开始对我国的对外贸易产生了实质性影响。外需疲弱，出口负增长，大批农民工返乡，经济面临硬着陆的风险。

为了应对这种危局，2008年11月5日，国务院总理温家宝主持召开国务院常务会议，研究部署进一步扩大内需、促进经济平稳较快增长的措施。会议认为近两个月来，世界经济金融危机日趋严峻，为抵御国际经济环境对我国的不利影响，必须采取灵活审慎的宏观经济政策，以应对复杂多变的形势。要实行积极的财政政策和适度宽松的货币政策，出台更加有力的扩大国内需求的措施，加快民生工程、基础设施、生态环境建设和灾后重建，提高城乡居民特别是低收入群体的收入水平，促进经济平稳较快增长。会议提出从2008年第四季度到2010年底，推行“四万亿”规模的投资。重点投向和资金测算，如表7-6所示。财政政策与股票市场的关系非常紧密，如图7-21所示，“四万亿”投资财政刺激计划推出之后，股票市场迅速反应，走出了一波跨年度行情，从2008年11月的1 664点，一直上攻到了2009年7月的3 478点。

表7-6 “四万亿”投资方向

重点投向	资金测算
廉租住房、棚户区改造等保障性住房	约4 000亿元
农村水电路气房等民生工程和基础设施	约3 700亿元
铁路、公路、机场、水利等重大基础设施建设和城市电网改造	约15 000亿元
医疗卫生、教育、文化等社会事业发展	约1 500亿元
节能减排和生态工程	约2 100亿元
自主创新和结构调整	约3 700亿元
灾后恢复重建	约10 000亿元

资料来源：国家发展改革委网站

投资者根据市场冷热状况，判断监管层的意图和动向，从而判断市场的未来发展趋势，显得尤为重要。中国股市自1990年7月开始在深圳市场开征印花税以来，至今经历过多次印花税的税率等的调整，具体如表7-7所示①。从证券交易印花税的历次调整和股市的反应情况可以看出，印花税率的变动是基于市场监管层调控市场的需要，其中蕴含着

① 引自赵欣义：《发现价值—股票基本面分析》，北京，金城出版社，2011年，第55页。

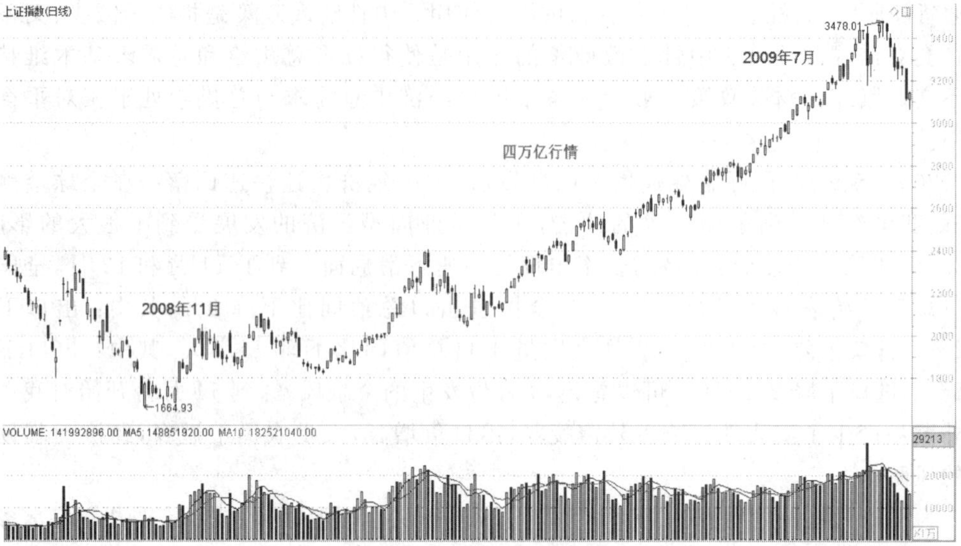

图 7-21 “四万亿”行情

重要信号，要么为了刺激低迷的股市，要么为了给过热的市场降温。更为重要的是，作为财政政策实施重要工具的印花税，它的每一次调整，具有极其明显的信号效应。历史表明每一次印花税的下调或者上调，都伴随着市场的大幅度反转。

表 7-7 证券交易印花税历次调整一览表

时　间	税　率	股市的反应	备　注
1990.07.01	卖出 0.6‰	为了抑制市场的过热行为，1990 年 7 月 1 日开始征收印花税，11 月 23 日，由单边收取改为双边征收。12 月 8 日，深圳开始长达 9 个月的长跌，市场跌去了七八个亿，市值仅剩下 35 亿	深圳市场开征印花税
1990.11.23	买卖 0.6‰		深圳市场对买入股票的投资者也开始征收印花税
1991.10.10	买卖 0.3‰	半年之后上证指数从 180 点飙升至 1 429 点，涨幅高达 694%	上海交易所：开始对股票买卖双方收取印花税；深圳交易所：为了刺激低迷的市场，税率下调
1992.06.12	买卖 0.3‰	指数在此一个月之后从 1 100 点跌落到 300 点，跌幅超过 70%	国家税务总局和国家体改委联合发文确定税率
1997.05.10	买卖 0.5‰	此后股指下跌 500 点，跌幅超过 30%	抑制当时证券市场过度投机的倾向
1998.06.12	买卖 0.4‰	上证综指当日涨幅为 2.65%	提振低迷的股市，推动市场持续稳定发展
1999.06.01	B股降为 0.3‰	上证 B 指数一个月之内从 38 点拉升至 62.5 点，涨幅超过 50%	为了活跃 B 股市场
2001.11.16	买卖 0.2‰	股市由此产生一波 100 多点的拉升行情	为了刺激低迷的股市

续表

时　　间	税　　率	股市的反应	备　　注
2005.01.24	买卖 0.1‰	上证综指当日涨幅为 1.91%	进一步促进证券市场的健康发展
2007.05.30	买卖 0.3‰	上证综指当日暴跌 282 点	为了给过热的股市降温
2008.04.24	买卖 0.1‰	上证综指和深证综指均双双出现 9%以上的巨大涨幅，创出七年来的最大单日涨幅	为了维护证券市场健康发展，助推中国经济，有效保护投资者的利益
2008.09.19	税率不变，但由双边收取改为向出让方单边收取	上证综指和深证综指均双双出现 9%以上的巨大涨幅	为了刺激低迷的股市，政府推出救市财政政策

三、经济周期、政策周期与股市周期

1936 年英国著名经济学家约翰·梅纳德·凯恩斯在《就业、利息和货币通论》一书中，从心理因素角度论述并提出了经济周期理论。凯恩斯认为，经济发展必然会出现一种始向上，继向下，再重新向上的周期性运动，并具有明显的规则性，即经济周期。市场在繁荣、恐慌、萧条、复苏这四大阶段中往复，“繁荣”和“恐慌”是经济周期中两个最重要的阶段。在繁荣后期，由于资本家对未来收益进行了乐观的预期，因而使生产成本逐渐加大或利率上涨，投资增加。但实际上这时已出现了两种情况，一是劳动力和资源渐趋稀缺，价格上涨，使资本品的生产成本不断增大；另一种情况是，随着生产成本增大，资本边际效率下降，利润逐渐降低。但由于资本家过于乐观，仍大量推动投资，而投机分子也不能对资本的未来收益进行合理的估计，乐观过度，购买过多，使资本边际效率突然崩溃。随即资本家对未来失去信心，造成人们避险偏好大增，利率上涨，进而使投资大幅度下降，于是经济危机就来临了。经济危机后紧随着经济萧条阶段，此阶段资本家对未来信心不足，资本边际效率难以恢复，银行家和工商界也无力控制市场，因而出现了投资不振、生产萎缩、就业不足、商品存货积压，经济处于不景气状态。随着资本边际效率逐渐恢复，存货逐渐被吸收，利率降低，投资逐渐增加，经济发展就进入复苏阶段。此阶段资本边际效率完全恢复，投资大量增加，经济又进入繁荣阶段。形成周期性波动的原因主要是资本边际效率的循环性变动，这种变动一般呈现 3—5 年的周期性，主要由三个因素决定：

(1) 固定资产寿命和人口增长速度；

(2) 过剩存货的保藏费；

(3) 生产资本使用完毕所需要的时间。

1946 年美国经济学家 W. 米歇尔和 A. 伯恩斯在《衡量经济周期》中提出，经济周期是在市场经济国家的宏观经济活动中所看到的一种波动。一个周期通常由这几部分构成：几乎同时在许多经济活动中所发生的扩张，随之而来的同样的衰退、收缩，直到与下一个周期的扩张相连的复苏。这种变化的顺序反复出现，但并不是定时的。经济周期的持续时间在 1 年以上到 10 年或者 12 年。

1950年英国经济学家约翰·查理斯·希克斯(John Richard Hicks)在《经济周期理论》中对周期四个阶段的描述是：第一阶段为上升阶段，即复苏阶段，也就是从经济开始复苏到产量达到充分就业水平为止这一阶段；第二阶段是充分就业的繁荣阶段，这是产量沿着充分就业线发展，希克斯认为充分就业线就是经济周期的上限；第三阶段是下降阶段，即衰退阶段，也就是充分就业线开始下降，下降至最低下限为止这一阶段；第四阶段是萧条阶段，这是产量沿着最低限线爬行的时期。

股票市场是宏观经济中至关重要的组成部分。宏观经济的波动状况影响到股票市场的表现；反之，股票市场的状况也对宏观经济也有着不可忽视的影响。股票市场通常是宏观经济的先行指标，它的变动会先于经济变动。原因在于当经济繁荣开始时，相对宽松的货币政策和财政政策刺激下，GDP出现加速增长，通货膨胀率加速下降，工商业的生产能力增强导致盈利大幅增加，投资者对未来的经济前景持有良好的预期，对产业和公司未来的盈利能力有着良好的预期，因此投资者的投资意愿开始增强，进入股票市场做多的力量因此增大。随着经济的强劲增长，宏观经济进入全面繁荣阶段。股票市场出现了一轮大牛市。当经济增长到一定幅度，经济开始过热，企业的生产能力增速减缓，开始面临产能约束，通货膨胀率开始抬头。中央银行动用货币政策收紧银根调控市场。此时，明智的投资者选择退出市场。当经济进入衰退阶段时，经济增长近乎停滞。超额的生产能力驱使通货膨胀率下降，企业普遍处于盈利微弱状态。

美林全球战略资产配置团队在2004年针对30年以上的历史大数据进行统计分析和模型检验之后，提出了美林投资时钟理论。美林投资时钟，是将资产轮动及行业策略与经济周期联系起来的一种直观的方法，是非常实用的指导投资的理论工具，如图7-22所示。

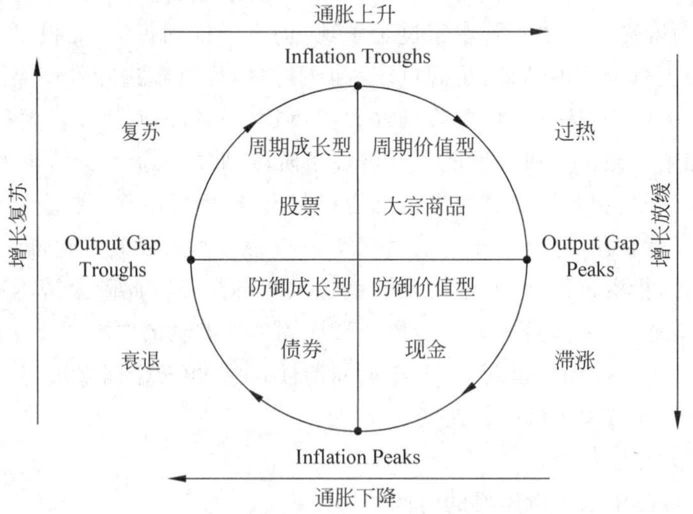

图7-22 美林投资时钟

根据美林投资时钟，在经济的衰退阶段(典型特征是经济下行以及通胀下行)，过剩产能以及不断下降的商品价格驱使通货膨胀率走低。工商业盈利微弱并且实际收益率下降。中央银行试图促使经济增长趋势返回到可持续增长路径上而降低利率，放松货币，进而导致收益率曲线急剧下行。在经济的复苏阶段(典型特征是经济上行以及通胀下行)，宽松的货币政策发挥效力，经济增长率加速，并处于潜能之上。然而，通货膨胀率继续回落，因为剩余产能尚未耗尽，周期性生产增长强劲。工商业利润急剧恢复，但中央银行仍然保持宽松的货币政策，放松银根，债券收益率曲线保持在低位。此阶段是股权投资的黄金时期，股票是最佳选择。在经济的过热阶段（典型特征是经济上行以及通胀上行），工商业生产增长率减缓，生产能力接近极限，通货膨胀率上升。中央银行提高利率以求将经济拉回到可持续增长的路径上来，但是经济增长仍然坚定地保持在潜能之上。收益率曲线上行并且变得平缓，债券的表现非常糟糕。股票的投资回报率取决于强劲的利润增长与估值（例如市盈率日益走高）评级不断下降两者之间的权衡。此阶段大宗商品是最佳投资选择。在经济的滞胀阶段（典型特征是经济下行以及通胀上行），经济增长率下降到潜能之下，但是通货膨胀率却继续上升。由于生产不景气，工商业为了保护利润水平而提高产品价格，工资螺旋式上升，失业率大幅上升。只有等通货膨胀率过了其顶峰，中央银行才会有所作为，这就限制了债券市场的回暖。工商业盈利水平恶化，股票市场的表现非常糟糕。此阶段持有现金是最好的资产配置选择。现金收益率提高，持有现金最明智，从经济周期的长链条来看，此时保持“现金为王”同时意味着接下来的经济衰退到经济复苏，投资者还有足够的“弹药”来抄底。

根据经济增长和通货膨胀运行趋势，美林投资时钟模型将经济周期划分为四个阶段：衰退、复苏、过热和滞胀。经典的经济周期从左下角开始，衰退、复苏、过热和滞胀沿着顺时针方向循环运动；而对应的债券、股票、大宗商品和现金组合的表现依次超过大市。美林投资时钟的分析逻辑框架，可以帮助投资者识别经济周期的重要转折点，从而帮助做出投资决策。如图 7-23 所示，根据美林投资时钟的内在逻辑，用 GDP 同比增长率代表经济上行或者下行，用 CPI 当月同比增长率代表通货膨胀上行或者下行，可以绘制出 1996—2016 年两次美林投资时钟轮动的趋势图，以此找到经济波动的周期。

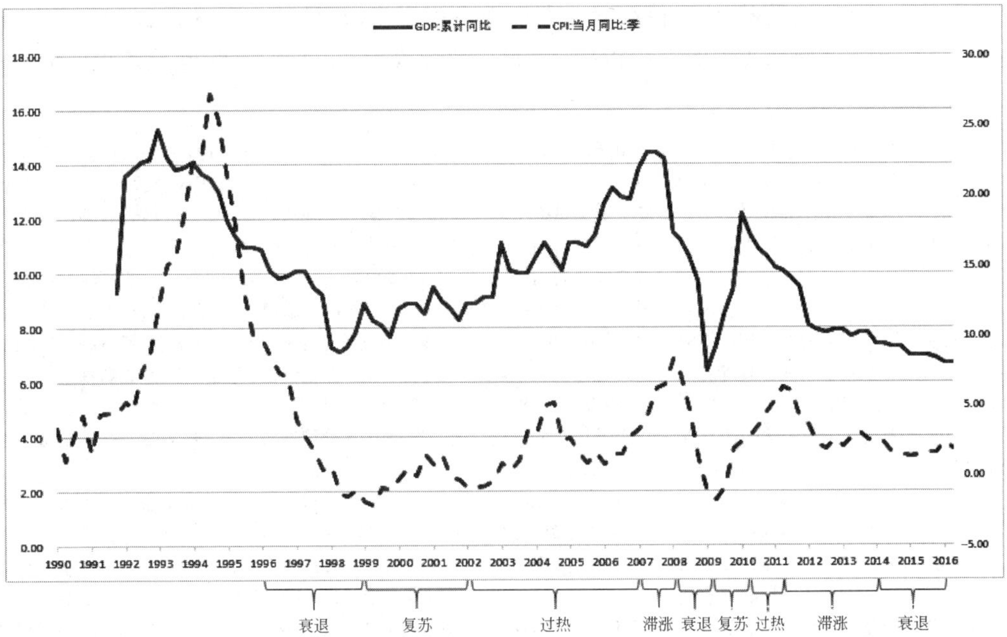

图 7-23　1996—2016 年两次美林投资时钟的轮动

第 4 节 流动性分析

一、货币供应量分析

著名的投资家安德烈·科斯托兰尼[①]有句名言：货币之于证券市场就像氧气之于呼吸，汽油之于引擎。我们个人清楚自己有多少钱很容易，但要算清楚整个经济体中有多少钱，可就没有那么容易了。钱这个词语对于经济学家来说是很模糊的概念，因为它不仅包括纸币和硬币，还包括银行资金账户。所谓“流动性”，我们可以将其理解为货币或其等价物[②]。流动性过剩或者短缺，指的是货币供应与货币需求之间出现缺口，从而形成了不均衡。对于投资者而言，关注货币供应量的变动显得尤为重要。所谓货币供应量，是指全社会的货币存量，是某一时点承担流通和支付手段的金融工具总和。货币供应量的高低，在实践中往往代表着股市的资金动能。中国人民银行每个月会公布上个月的货币供应量M_0、M_1、M_2数据。在日常生活之中一些股票投资者对于M_0、M_1、M_2的真正含义处于一知半解的状态。平时老百姓听新闻说当M_1大于M_2时国民经济会受到怎样的影响，而当M_2大于M_1时股市又会受到什么样的影响，那么这三个数字各自代表着什么意思呢？它们的具体含义是：

M_0＝流通中的现金，即流通于银行体系之外的现金；

狭义货币(M_1)＝M_0＋企事业单位的活期存款；

广义货币(M_2)＝M_1＋准货币(企业事业单位的定期存款＋居民储蓄存款＋其他存款[③])；

这三个货币供应量类别是按照流动性大小来划分的。M_0与消费变动密切相关，是最活跃的货币，流动性最强，该数值高表明老百姓手头宽裕、富足；M_1反映居民和企业资金松紧变化，是经济周期波动的先行指标，它的流动性仅次于M_0；M_2流动性最弱，但反映

---

① 安德烈·科斯托兰尼(1906—1999)匈牙利经济学家，大部分时间在德国和法国度过，有德国证券界教父之称，同时他被誉为“20 世纪的股票见证人”“本世纪金融史上最成功的投资家之一”。他在德国投资界的地位，有如美国的沃伦·巴菲特(Warren Buffett)，是市场上的无冕之王。科斯托兰尼乐于与他人分享他的智慧结晶，他一生共撰写了 13 本与投资、证券、货币、财富、证券心理学相关的书，在全球卖出 300 万册的佳绩，包括中国、韩国、希腊、丹麦等国都有翻译版本。《这就是证券市场》被译成 7 国语言，包括日文在内，还拍成了电影；他的《证券心理学》一书成为了德国大学经济系学生必读书籍。他的生前最后一本书《一个投机者的告白》不仅在德国畅销，也在全球知名，书中包含对各个投资、投机市场的拨云见日的透彻剖析及他一生经典的投资案例；此外他还在德国经济杂志《资本》拥有专栏，供稿长达 25 年，只缺稿两次。科斯托兰尼同时也是德国、奥地利多所大学的客座教授，并在欧洲各地咖啡馆开设讲座，跟学生、乞丐、小偷……各式各样的人大谈投资学，告诉他们独立思考的重要性。1999 年见证百年金融发展的科斯托兰尼因病辞世，他被誉为“本世纪金融史上最成功的投资家之一”，并且有着德国证券界“教父”之称，他的成功被视为欧洲股市的一大奇迹，他的理论被视为权威的象征。

② 林晖著，《流动性与宏观调控》，北京，知识产权出版社，2010 年 7 月第 1 版，第 6 页。流动性的概念最早起源于 20 世纪 30 年代，凯恩斯在《就业、利息和货币通论》中首先提出并阐述了这一概念。

③ 我国央行考虑到非存款类金融机构在存款类金融机构的存款和住房公积金存款规模已较大，对货币供应量的影响较大，从 2011 年 10 月起，央行将上述两类存款纳入广义货币供应量(M_2)统计范围。央行认为货币供应量是全社会的货币存量，是某一时点承担流通和支付手段的金融工具总和。随着金融市场发展和金融工具创新，各国对货币供应量统计口径会进行修订和完善。

的是社会总需求的变化和未来通货膨胀的压力状况，通常所说的货币供应量，主要指 M_2。广义货币（M_2）是一个金融学概念，和狭义货币相对应，是货币供给的一种形式或口径，其计算方法是交易货币加上定期存款与储蓄存款。另外还有 $M_3=M_2+$金融债券$+$商业票据$+$大额可转让定期存单等；其中，M_2减 M_1是准货币，M_3是根据金融工具的不断创新而设置的。

如图 7-24 所示，该图反映了我国货币供应量同比增长率的波动情况。当 M_1同比增长率上升时，代表金融市场的资金充沛，多余的民间游资可能会流入股市，推动股市的上涨。尤其当 M_1同比增长率向上突破 M_2同比增长率的黄金交叉现象发生时，是最具有货币指标的信号效应；反之，当 M_1同比增长率向下突破 M_2同比增长率的死亡交叉现象发生时，代表着未来股市可能会因为资金动能不足而出现回调。

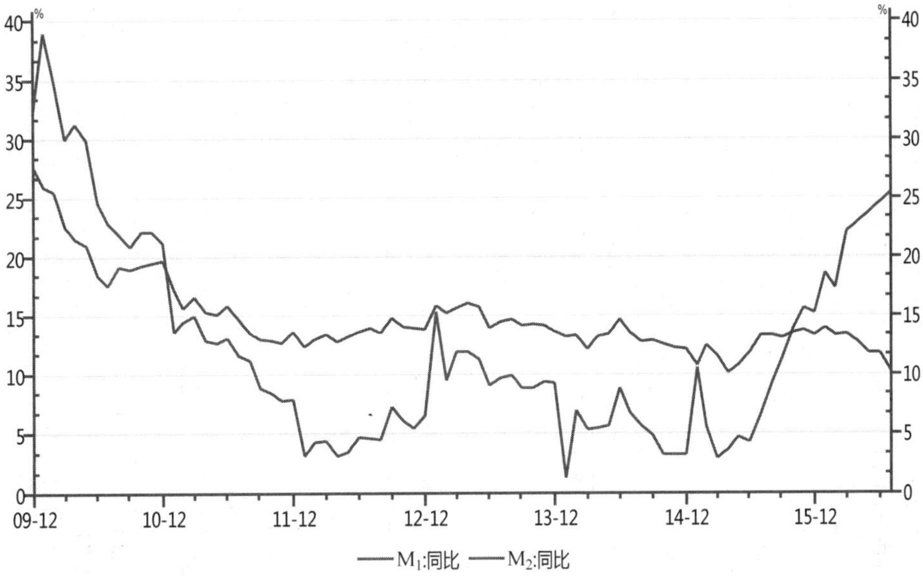

数据来源：Wind资讯

图 7-24　我国货币供应量同比增长率

表 7-8 为 2006—2016 年的我国货币供应量。

在货币供应的各个层次中，狭义货币 M_1指的是流通中的现金加上企事业单位在银行的活期存款；广义货币 M_2同比是指 M_1加上企事业单位的定期存款、居民在银行的储蓄存款、证券客户保证金等。一般情况下，在经济增长、收入增加、货币供应量扩大的情况下，二者是同步增加的。既然广义货币包括的是定期存款和储蓄存款，如果狭义货币增速大于广义货币，意味着企业的活期存款增速大于定期存款增速，显示定期存款活期化，大量资金转向交易活跃的 M_1，企业和居民交易活跃从而对股市的资金供给可能形成较为积极的影响，微观主体盈利能力较强，经济景气度上升；反之，表明企业和居民选择将资金以定期的形式存入银行，微观个体盈利能力下降，未来可选择的投资机会有限，多余的资金开始从实体经济中沉淀下来，经济运行回落。历史规律表明，每当狭义货币大幅度跑赢广义货币，都推动了经济升温，或者引发投资过热、通货膨胀。

表 7-8 货币供应量(2006—2016) 单位：万亿元人民币

2016.01	2016.02	2016.03	2016.04	2016.05	2016.06	2016.07	2016.08	2016.09	2016.10	2016.11	2016.12
1 416 319.55	1 424 618.68	1 446 198.03	1 445 209.59	1 461 695.11	1 490 491.83	1 491 558.72					
412 685.64	392 504.70	411 581.31	413 504.84	424 250.70	443 643.70	442 934.43					
72 526.51	69 421.50	64 651.21	64 403.17	62 780.71	62 818.89	63 276.01					
2015.01	2015.02	2015.03	2015.04	2015.05	2015.06	2015.07	2015.08	2015.09	2015.10	2015.11	2015.12
1 242 710.22	1 257 380.48	1 275 332.78	1 280 779.14	1 307 357.63	1 333 375.36	1 353 210.92	1 356 907.98	1 359 824.06	1 361 020.70	1 373 956.01	1 392 278.11
348 109.50	334 439.22	337 210.52	336 388.24	343 085.86	356 082.86	353 122.19	362 793.73	364 416.90	375 806.45	387 618.32	400 953.44
63 040.51	72 896.19	61 949.81	60 772.46	59 075.97	58 604.26	59 010.71	59 061.79	61 022.97	59 900.48	60 328.24	63 216.58
2014.01	2014.02	2014.03	2014.04	2014.05	2014.06	2014.07	2014.08	2014.09	2014.10	2014.11	2014.12
1 123 521.21	1 131 760.83	1 160 687.38	1 168 812.67	1 182 293.96	1 209 587.20	1 194 249.24	1 197 499.08	1 202 051.41	1 199 236.31	1 208 605.95	1 228 374.81
314 900.55	316 625.11	327 683.74	324 482.52	327 839.56	341 487.45	331 347.32	332 023.23	327 220.21	329 617.73	335 114.13	348 056.41
76 488.60	62 320.95	58 329.30	58 615.54	58 051.11	56 951.05	57 346.50	57 997.61	58 844.99	57 691.64	58 438.53	60 259.53
2013.01	2013.02	2013.03	2013.04	2013.05	2013.06	2013.07	2013.08	2013.09	2013.10	2013.11	2013.12
992 129.25	998 600.83	1 035 858.37	1 032 551.90	1 042 169.16	1 054 403.69	1 052 212.34	1 061 256.43	1 077 379.16	1 070 242.17	1 079 257.06	1 106 524.98
311 228.55	296 103.24	310 898.29	307 648.42	310 204.48	313 499.82	310 596.46	314 085.91	312 330.34	319 509.38	324 821.92	337 291.05
62 449.63	60 313.65	55 460.52	55 607.15	54 431.39	54 063.91	54 412.78	54 925.35	56 492.53	55 595.72	56 441.27	58 574.44
2012.01	2012.02	2012.03	2012.04	2012.05	2012.06	2012.07	2012.08	2012.09	2012.10	2012.11	2012.12
855 898.89	867 171.42	895 565.50	889 604.04	900 048.77	924 991.20	919 072.40	924 894.59	943 688.75	936 404.28	944 832.40	974 148.80
270 010.40	270 312.11	277 998.11	274 983.82	278 656.31	287 526.17	283 090.68	285 739.27	286 788.21	293 309.78	296 883.00	308 664.23
59 820.72	51 448.78	49 595.74	50 199.32	49 039.72	49 284.64	49 705.85	50 235.06	53 433.49	51 467.71	52 392.12	54 659.77
2011.01	2011.02	2011.03	2011.04	2011.05	2011.06	2011.07	2011.08	2011.09	2011.10	2011.11	2011.12
733 884.83	736 130.86	758 130.88	757 384.56	763 409.22	780 820.85	772 923.65	780 852.30	787 406.20	816 829.25	825 493.94	851 590.90
261 765.01	259 200.50	266 255.48	266 766.91	269 289.63	274 662.57	270 545.65	273 393.77	267 193.16	276 552.67	281 416.37	289 847.70
58 063.94	47 270.24	44 845.22	45 489.03	44 602.83	44 477.80	45 183.10	45 775.29	47 145.29	46 579.39	47 317.26	50 748.46

续表

2010.01	2010.02	2010.03	2010.04	2010.05	2010.06	2010.07	2010.08	2010.09	2010.10	2010.11	2010.12
625 609.29	636 072.26	649 947.46	656 561.22	663 351.37	673 921.72	674 051.48	687 506.92	696 471.50	699 776.74	710 339.03	725 851.79
229 588.98	224 286.95	229 397.93	233 909.76	236 497.88	240 580.00	240 664.07	244 340.64	243 821.90	253 313.17	259 420.32	266 621.54
40 758.58	42 865.79	39 080.58	39 657.54	38 652.97	38 904.85	39 543.16	39 922.76	41 854.41	41 646.21	42 252.16	44 628.17
2009.01	2009.02	2009.03	2009.04	2009.05	2009.06	2009.07	2009.08	2009.09	2009.10	2009.11	2009.12
496 135.31	506 708.07	530 626.71	540 481.21	548 263.51	568 916.20	573 102.85	576 698.95	585 405.34	586 643.29	594 604.72	610 224.52
165 214.34	166 149.60	176 541.13	178 213.57	182 025.58	193 138.15	195 889.27	200 394.83	201 708.14	207 545.74	212 493.20	221 445.81
41 082.37	35 141.64	33 746.42	34 257.27	33 559.52	33 640.98	34 239.30	34 406.62	36 787.89	35 730.23	36 343.86	38 246.97
2008.01	2008.02	2008.03	2008.04	2008.05	2008.06	2008.07	2008.08	2008.09	2008.10	2008.11	2008.12
417 846.17	421 037.84	423 054.53	429 313.72	436 221.60	443 141.02	446 362.17	448 846.68	452 898.71	453 133.32	458 644.66	475 166.60
154 872.59	150 177.88	150 867.47	151 694.91	153 344.75	154 820.15	154 992.44	156 889.92	155 748.97	157 194.36	157 826.63	166 217.13
36 673.15	32 454.47	30 433.07	30 789.61	30 169.30	30 181.32	30 687.19	30 851.62	31 724.88	31 317.84	31 607.36	34 218.96
2007.01	2007.02	2007.03	2007.04	2007.05	2007.06	2007.07	2007.08	2007.09	2007.10	2007.11	2007.12
351 498.77	358 659.25	364 104.66	367 326.45	369 718.15	377 832.15	383 884.88	387 205.04	393 098.91	394 204.17	399 757.91	403 401.30
128 484.06	126 258.08	127 881.31	127 678.33	130 275.80	135 847.40	136 237.43	140 993.21	142 591.57	144 649.33	148 009.82	152 519.17
27 949.13	30 627.93	27 387.95	27 813.88	26 727.97	26 881.09	27 326.26	27 822.39	29 030.58	28 317.78	28 987.92	30 334.32
2006.01	2006.02	2006.03	2006.04	2006.05	2006.06	2006.07	2006.08	2006.09	2006.10	2006.11	2006.12
303 571.65	304 516.27	310 490.65	313 702.34	316 709.81	322 756.35	324 010.76	327 885.67	331 865.36	332 747.17	337 504.15	345 577.91
107 250.68	104 357.08	106 737.08	106 389.11	109 219.22	112 342.36	112 653.04	114 845.67	116 814.10	118 359.96	121 644.95	126 028.05
29 310.37	24 482.02	23 472.03	24 155.73	23 465.32	23 469.08	23 752.59	24 185.36	25 687.38	24 964.16	25 527.25	27 072.62

数据来源：大有资讯

货币供应量与股票市场之间的实证关系表明，M_1同比增速与M_2同比增速之剪刀差，与上证指数之间呈现出正相关关系。如图7-25所示，与上证指数的相关性最高，在两者增速剪刀差达到高点时(例如在2000年、2007年、2009年、2015年)，上证指数到达阶段性高点。在剪刀差达到低谷时(例如2005年、2008年)，上证指数也到达阶段性低谷。

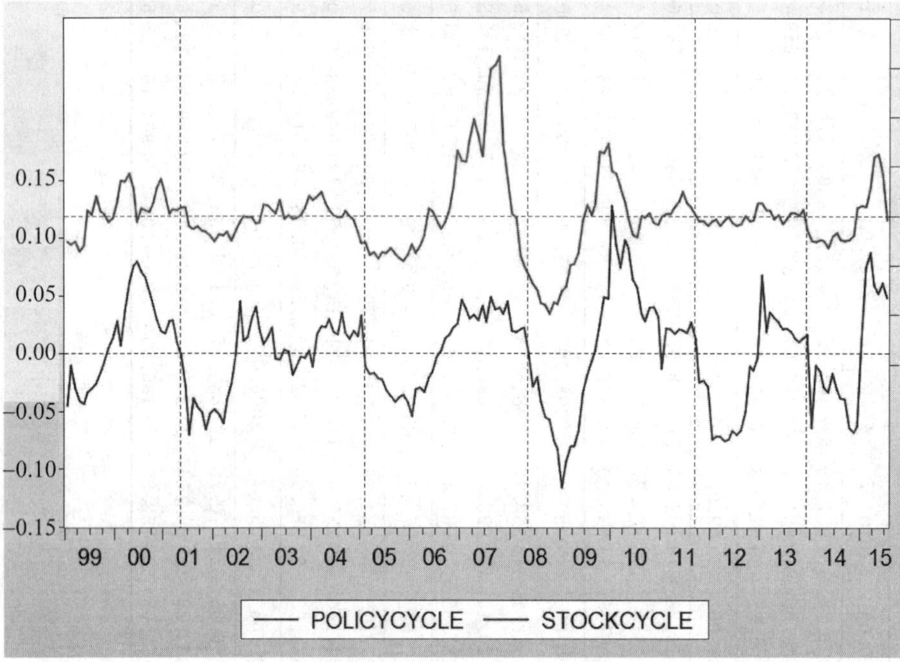

图7-25 货币剪刀差与股票市场

二、热钱分析

针对资本的本性——逐利性，马克思在《资本论》中有一段形象的描述："如果有10%的利润，资本就保证到处被使用；有20%的利润，资本就活跃起来；有50%的利润，资本就铤而走险；为了100%的利润，资本就敢践踏一切人间法律；有300%的利润，资本就敢犯任何罪行，甚至冒绞首的危险。"热钱(Hot Money)就是国际资本逐利的急先锋和最合乎这一形象的表演者。通俗地讲热钱就是国际游资，它们的特征是高信息化与敏感性、高流动与短期性、高收益与风险性，以及高虚拟性与投机性[①]。热钱是一种运动着的资金，它会以各种方式出现在人们的视野中。例如在股票市场、房地产市场、土地及大宗农产品等方面，都能有热钱活跃的踪迹。经济繁荣时亦是热钱最活跃时；经济一旦衰退，热钱迅速抽身而走，经济体自然会受到一定程度的冲击。

通过各式各样的手段或者途径，热钱可以迅速地进入到任何一个国家。热钱流入的途径一般包括虚假贸易、"私募股权"投资、合格的境外机构投资者、地下钱庄等。其中，地

① 段育文著：《热钱阴谋》，重庆，重庆出版社，2012年，第1页。

下钱庄是热钱流入最重要的形式之一。通常地下钱庄没有统一的组织形式[①]，有借助合法公司外壳的，也有通过小店铺为幌子的；它的资金也无固定来源，有民间集资信贷而成，也有通过自有资金运作的；它的运作模式也无统一标准，有的像投资公司一样拥有正规企业运作模式，也有通过地下黑市进行交易的。

目前学术界和实务界有多种测算热钱的方法，比较常见的包括两种：一种是直接把外汇管理局编制的国际收支平衡表中的“错误与遗漏”项目的数据算成热钱；另一种是新增外汇占款法，即外汇储备增量减去贸易顺差再减去外商直接投资净流入，得出热钱规模。如表7-9和图7-26所示，展示了2010年4月到2016年8月的新增外汇占款法的具体数据测算以及热钱与股票市场的关系。

表7-9　新增外汇占款法(2010年4月到2016年8月)　　单位：亿元

月　份	外汇储备额	贸易差额	外商直接投资	对外直接投资
2010-04	24 905.12	14.10	73.460 0	38.80
2010-05	24 395.06	194.49	81.320 0	29.00
2010-06	24 542.75	201.86	125.100 0	35.40
2010-07	25 388.94	285.44	69.240 0	89.10
2010-08	25 478.38	197.56	76.020 0	52.30
2010-09	26 483.03	165.63	83.840 0	42.90
2010-10	27 608.99	268.06	76.630 0	42.70
2010-11	27 678.09	222.94	97.040 0	70.20
2010-12	28 473.38	126.08	140.280 0	114.40
2011-01	29 316.74	57.82	100.300 0	27.36
2011-02	29 913.86	−78.73	78.000 0	25.34
2011-03	30 446.74	1.39	125.17	48.90
2011-04	31 458.43	112.22	84.640 0	81.30
2011-05	31 659.97	129.29	92.250 0	69.50
2011-06	31 974.91	221.93	128.630 0	35.50
2011-07	32 452.83	301.36	82.970 0	37.30
2011-08	32 624.99	178.55	84.460 0	65.70
2011-09	32 016.83	145.86	90.450 0	65.50
2011-10	32 737.96	171.34	83.340 0	55.00
2011-11	32 209.07	146.64	87.570 0	37.60
2011-12	31 811.48	164.60	122.420 0	100.60
2012-01	32 536.31	270.14	99.970 0	43.76
2012-02	33 096.57	−320.02	77.260 0	30.59
2012-03	33 049.71	51.83	117.570 0	91.15
2012-04	32 989.13	185.55	84.010 0	66.10
2012-05	32 061.09	181.85	92.290 0	53.60
2012-06	32 400.05	316.49	119.790 0	69.00
2012-07	32 399.52	253.01	75.790 0	68.00
2012-08	32 729.01	264.18	83.260 0	54.60

① 黎友焕著：《揭秘地下钱庄》，北京，经济日报出版社，2011年，第38页。

续表

月　　份	外汇储备额	贸易差额	外商直接投资	对外直接投资
2012-09	32 850.95	274.64	83.280 0	48.40
2012-10	32 874.26	320.70	83.140 0	56.50
2012-11	32 976.71	194.81	82.850 0	43.60
2012-12	33 115.89	309.91	116.950 0	146.90
2013-01	34 100.61	280.89	92.700 0	49.14
2013-02	33 954.18	148.83	82.140 0	134.74
2013-03	34 426.49	−9.06	124.210 0	54.39
2013-04	35 344.82	183.62	84.350 0	56.83
2013-05	35 148.07	206.59	92.560 0	47.90
2013-06	34 966.86	272.67	143.890 0	112.70
2013-07	35 478.10	177.58	94.080 0	49.80
2013-08	35 530.43	281.33	83.770 0	59.50
2013-09	36 626.62	147.53	88.400 0	51.40
2013-10	37 365.87	310.35	84.160 0	78.80
2013-11	37 894.51	337.53	84.800 0	107.20
2013-12	38 213.15	252.29	120.800 0	99.30
2014-01	38 666.41	320.23	107.630 0	72.30
2014-02	39 137.39	−225.69	85.460 0	43.10
2014-03	39 480.97	79.85	122.390 0	83.60
2014-04	39 787.95	186.64	87.200 0	57.90
2014-05	39 838.90	362.39	86.400 0	51.20
2014-06	39 932.13	318.94	144.200 0	125.30
2014-07	39 662.67	473.53	78.100 0	92.10
2014-08	39 688.25	498.76	72.000 0	126.20
2014-09	38 877.00	312.13	90.100 0	97.90
2014-10	38 529.18	456.99	85.300 0	69.20
2014-11	38 473.54	547.65	103.600 0	79.20
2014-12	38 430.18	499.16	133.200 0	130.90
2015-01	38 134.14	593.15	139.200 0	101.70
2015-02	38 015.03	604.62	85.600 0	72.50
2015-03	37 300.38	25.16	124.000 0	83.70
2015-04	37 481.42	332.02	96.100 0	91.80
2015-05	37 111.43	571.55	93.300 0	104.40
2015-06	36 938.38	451.98	145.800 0	105.90
2015-07	36 513.10	418.70	82.200 0	75.00
2015-08	35 573.81	596.88	87.100 0	135.00
2015-09	35 141.20	596.06	95.600 0	103.00
2015-10	35 255.07	612.86	87.700 0	79.10
2015-11	34 382.84	539.76	103.600 0	89.20
2015-12	33 303.62	596.31	122.300 0	138.90
2016-01	32 308.93	602.37	140.700 0	120.20

续表

月　份	外汇储备额	贸易差额	外商直接投资	对外直接投资
2016-02	32 023.21	302.84	84.400 0	179.00
2016-03	32 125.79	271.04	129.000 0	101.70
2016-04	32 196.68	428.21	98.900 0	199.90
2016-05	31 917.36	471.50	88.900 0	134.40
2016-06	32 051.62	472.12	152.300 0	153.40
2016-07	32 010.57	502.27	77.100 0	138.90
2016-08	31 851.67	520.49		153.10

数据来源：大有资讯

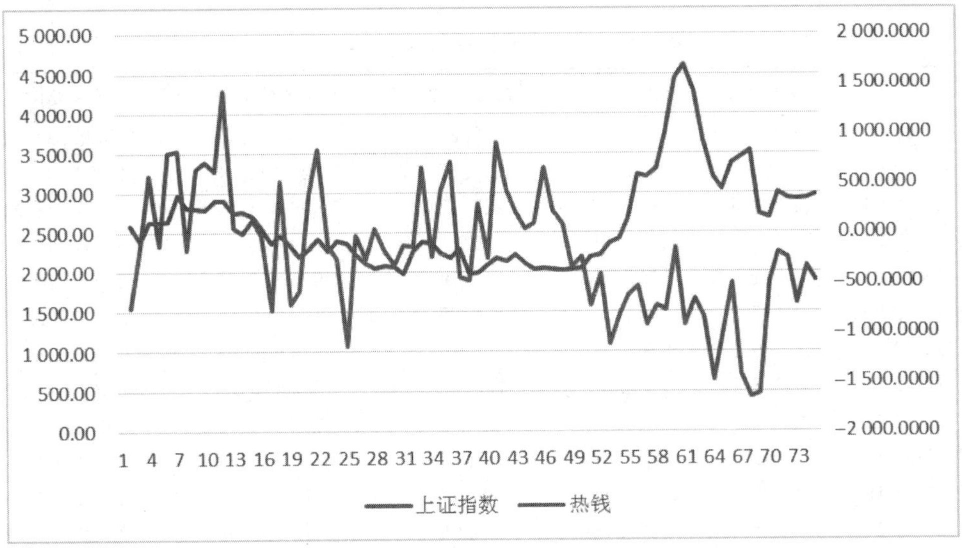

图 7-26　热钱与股票市场

三、融资融券额

融资融券交易(Securities Margin Trading)又称“证券信用交易”或保证金交易，是指投资者向具有融资融券业务资格的证券公司提供担保物(担保物可以为现金或者证券)，借入资金买入证券(融资交易)或借入证券并卖出(融券交易)的行为。包括券商对投资者的融资、融券和金融机构对券商的融资、融券。从世界范围来看，融资融券制度是一项基本的信用交易制度。2010 年 03 月 30 日，中国上海证券交易所、深圳证券交易所分别发布公告，表示将于 2010 年 3 月 31 日起正式开通融资融券交易系统，开始接受试点会员融资融券交易申报，至此，我国融资融券业务正式启动。

融资融券交易的风险是很大的。它具有杠杆交易特点，投资者在从事融资融券交易时，如同普通交易一样，要面临判断失误、遭受亏损的风险。由于融资融券交易在投资者自有投资规模上提供了一定比例的交易杠杆，亏损将进一步放大。例如投资者以 100 万元普通买入一只股票，该股票从 10 元/股下跌到 8 元/股，投资者的损失是 20 万元，亏损

20%；如果投资者以100万元作为保证金、以50%的保证金比例融资200万元买入同一只股票，该股票从10元/股下跌到8元/股，投资者的损失是40万元，亏损40%。投资者要清醒地认识到杠杆交易的高收益高风险特征。此外，融资融券交易需要支付利息费用。投资者融资买入某只证券后，如果证券价格下跌，则投资者不仅要承担投资损失，还要支付融资利息；投资者融券卖出某只证券后，如果证券的价格上涨，则投资者既要承担证券价格上涨而产生的投资损失，还要支付融券费用。融资融券交易中，投资者与证券公司间除了普通交易的委托买卖关系外，还存在着较为复杂的债权债务关系，以及由于债权债务产生的担保关系。证券公司为保护自身债权，对投资者信用账户的资产负债情况实时监控，在一定条件下可以对投资者担保资产执行强制平仓。如表7-10、图7-27所示，融资融券已经成为我国投资者情绪的重要代表性指标。

表7-10 融资融券数据(2015年2—7月) 单位：亿元

日　期	融资余额	融资买入	融券卖出	沪市融资偿还	深市融资偿还
2015-02-02	11 273.72	689.76	108.81	4 674 315.76	2 073 834.81
2015-02-03	11 266.40	777.91	126.55	5 328 462.05	2 523 334.57
2015-02-04	11 294.13	848.94	123.27	5 496 946.27	2 714 938.84
2015-02-05	11 352.87	1 064.39	146.13	6 749 629.01	3 305 761.63
2015-02-06	11 381.03	775.73	120.74	4 967 858.82	2 509 430.64
2015-02-09	11 477.56	744.35	154.57	4 417 592.23	2 060 827.02
2015-02-10	11 645.73	761.54	134.36	3 879 609.48	1 870 171.62
2015-02-11	11 738.74	765.09	106.98	4 259 496.35	2 408 744.26
2015-02-12	11 657.02	746.61	95.71	5 007 906.76	2 630 498.51
2015-02-13	11 382.34	870.29	111.23	7 746 657.30	4 070 353.27
2015-02-16	11 325.86	898.41	80.77	6 011 053.89	3 622 126.38
2015-02-17	11 056.99	807.15	70.96	6 922 050.58	3 839 260.87
2015-02-25	11 355.36	979.77	85.60	4 258 588.72	2 556 824.44
2015-02-26	11 474.90	1 044.35	133.08	6 228 497.55	3 019 701.43
2015-02-27	11 522.99	1 043.15	111.08	6 535 344.56	3 413 861.80
2015-03-02	11 733.74	1 353.48	134.13	6 716 396.92	4 205 507.66
2015-03-03	11 917.31	1 384.41	130.60	7 597 429.58	4 314 202.08
2015-03-04	12 046.93	1 089.16	118.80	5 907 200.34	3 694 193.64
2015-03-05	12 195.60	1 160.23	127.55	6 210 628.51	3 787 687.09
2015-03-06	12 265.70	1 002.89	124.03	5 655 266.67	3 574 654.34
2015-03-09	12 416.10	1 054.41	167.92	5 979 234.08	3 068 826.08
2015-03-10	12 624.37	1 101.14	149.74	5 525 669.15	3 403 038.89
2015-03-11	12 868.72	1 092.95	147.32	5 045 861.78	3 177 530.47
2015-03-12	13 081.10	1 286.99	182.73	7 134 036.83	3 487 065.82
2015-03-13	13 121.17	1 142.64	150.59	7 392 007.15	3 635 190.81
2015-03-16	13 048.01	1 453.91	170.83	9 924 970.52	5 336 595.82
2015-03-17	13 143.82	1 799.47	202.99	11 142 159.95	5 890 938.17
2015-03-18	13 350.89	1 846.87	216.85	10 902 747.46	5 497 552.43
2015-03-19	13 572.06	1 792.87	165.66	10 377 407.13	5 213 092.81

续表

日　期	融资余额	融资买入	融券卖出	沪市融资偿还	深市融资偿还
2015-03-20	13 768.37	1 963.92	238.40	11 824 614.61	5 808 004.85
2015-03-23	13 927.65	1 960.18	220.28	11 339 157.66	6 015 513.99
2015-03-24	14 139.51	2 254.93	224.28	13 261 870.70	7 122 624.36
2015-03-25	14 363.01	1 947.03	192.79	10 421 282.19	6 173 846.39
2015-03-26	14 515.83	1 816.88	210.47	10 586 547.53	5 984 866.18
2015-03-27	14 587.42	1 438.05	197.29	9 116 523.07	4 547 970.85
2015-03-30	14 763.97	1 916.59	258.74	11 563 926.65	5 663 098.87
2015-03-31	14 864.39	2 054.92	241.81	11 196 564.88	6 382 223.78
2015-04-01	15 107.05	1 860.06	253.50	9 725 130.97	5 734 454.95
2015-04-02	15 297.61	1 937.09	206.32	11 011 449.78	6 372 835.01
2015-04-03	15 449.94	1 951.04	242.99	11 323 851.51	6 607 974.16
2015-04-07	15 785.05	2 208.80	256.69	11 452 544.64	6 586 790.36
2015-04-08	16 016.75	2 397.18	291.18	13 190 741.27	7 312 213.12
2015-04-09	16 221.81	2 273.87	299.31	13 514 169.32	6 797 797.33
2015-04-10	16 437.09	1 938.53	286.74	10 655 688.05	5 878 115.10
2015-04-13	16 753.48	2 176.09	270.38	10 646 417.56	6 295 457.21
2015-04-14	17 040.67	2 156.00	302.92	11 588 158.15	6 163 404.22
2015-04-15	17 274.27	2 020.50	300.19	11 395 471.17	5 681 776.05
2015-04-16	17 438.67	1 786.99	303.36	10 095 153.11	4 960 134.08
2015-04-17	17 303.90	2 321.76	309.20	13 723 576.98	7 510 229.06
2015-04-20	17 244.15	2 767.34	322.60	17 188 243.94	8 016 219.51
2015-04-21	17 315.95	2 204.75	327.43	13 268 760.90	6 567 283.69
2015-04-22	17 543.25	2 578.28	355.49	14 641 859.15	7 685 481.76
2015-04-23	17 693.17	2 533.31	324.16	15 875 953.53	7 665 356.40
2015-04-24	17 802.15	2 393.30	275.67	14 649 758.82	7 200 629.05
2015-04-27	18 063.26	2 470.68	309.77	14 451 969.55	6 863 399.69
2015-04-28	18 136.36	2 576.60	333.75	14 370 849.56	7 209 889.08
2015-04-29	18 251.60	1 921.50	291.10	12 094 074.82	5 926 323.29
2015-04-30	18 307.00	2 008.90	251.60	13 282 650.50	6 249 288.98
2015-05-04	18 581.90	1 856.40	260.10	9 993 147.69	5 017 433.16
2015-05-05	18 710.70	2 047.00	271.60	12 553 261.17	5 102 739.16
2015-05-06	18 912.90	1 914.00	304.40	10 756 497.16	5 313 669.46
2015-05-07	18 998.50	1 407.60	234.30	8 730 691.38	4 335 010.76
2015-05-08	18 754.10	1 423.50	228.60	10 789 809.19	5 735 340.19
2015-05-11	18 820.90	1 950.20	296.30	11 800 702.85	7 041 452.47
2015-05-12	18 949.70	2 148.20	301.00	12 734 718.56	7 461 298.74
2015-05-13	19 137.00	2 153.60	260.50	12 341 128.05	7 307 047.51
2015-05-14	19 265.10	1 816.60	246.60	9 925 109.75	6 793 433.91
2015-05-15	19 287.50	1 699.50	243.40	10 462 849.44	6 277 514.93
2015-05-18	19 478.10	1 614.30	230.30	8 681 065.25	5 571 144.93
2015-05-19	19 767.30	1 901.60	310.20	9 828 182.51	6 284 149.44

续表

日　期	融资余额	融资买入	融券卖出	沪市融资偿还	深市融资偿还
2015-05-20	20 075.10	2 249.30	287.80	10 133 658.05	7 774 971.26
2015-05-21	20 261.40	1 980.70	234.20	9 738 338.54	7 426 545.10
2015-05-22	20 131.10	2 502.00	306.50	14 936 168.19	9 931 192.49
2015-05-25	20 234.60	2 610.20	310.40	15 971 503.49	8 951 468.79
2015-05-26	20 438.80	2 700.20	310.90	14 853 076.71	9 507 821.57
2015-05-27	20 581.90	2 620.50	288.70	11 893 025.63	9 163 898.70
2015-05-28	20 696.60	2 905.90	311.70	15 324 169.19	10 370 772.27
2015-05-29	20 728.60	1 942.90	294.50	10 671 829.50	7 135 072.48
2015-06-01	21 029.60	2 130.50	367.60	9 904 677.54	6 704 215.52
2015-06-02	21 346.20	2 298.70	303.10	11 300 388.40	7 338 122.18
2015-06-03	21 555.00	2 259.70	296.70	10 399 259.48	7 840 956.69
2015-06-04	21 698.90	2 354.70	343.80	13 158 676.90	7 992 451.62
2015-06-05	21 655.70	2 734.60	323.80	16 214 958.73	9 676 532.20
2015-06-08	21 701.70	2 716.80	387.80	16 909 090.01	8 675 648.95
2015-06-09	21 773.90	2 340.30	333.50	13 770 302.20	7 046 798.42
2015-06-10	21 923.10	2 155.70	343.00	12 378 626.85	6 841 057.33
2015-06-11	22 056.70	2 085.50	289.60	12 582 997.16	6 875 734.25
2015-06-12	22 204.60	2 187.90	314.80	13 107 083.48	7 286 167.68
2015-06-15	22 316.60	2 186.60	304.50	13 253 608.51	7 489 152.49
2015-06-16	22 400.70	1 842.20	295.40	10 728 813.90	6 436 900.34
2015-06-17	22 548.00	1 665.30	334.80	9 772 945.22	5 320 353.42
2015-06-18	22 664.30	1 575.80	287.50	9 507 605.88	5 051 745.64
2015-06-19	22 608.20	1 465.30	270.60	9 752 788.70	5 455 233.82
2015-06-23	22 452.70	1 394.10	306.30	8 237 727.71	5 420 765.91
2015-06-24	22 049.20	1 623.10	314.50	12 798 450.48	6 891 369.46
2015-06-25	21 815.50	1 703.10	320.20	12 926 642.91	6 580 026.02
2015-06-26	21 239.40	1 444.00	326.50	13 343 568.40	6 875 151.28
2015-06-29	20 837.20	1 697.80	372.60	13 840 523.57	7 306 099.51
2015-06-30	20 444.80	1 694.10	362.20	13 652 781.87	7 228 060.37
2015-07-01	20 303.40	1 593.60	321.50	10 909 765.19	6 436 322.56
2015-07-02	19 795.00	1 358.10	329.20	12 347 852.89	6 323 228.09
2015-07-03	19 065.30	1 204.20	149.20	12 461 233.29	6 872 430.07
2015-07-06	17 668.50	1 381.80	32.50	17 982 000.47	9 091 312.48
2015-07-07	16 201.80	940.80	18.80	16 387 818.22	7 094 684.16
2015-07-08	14 437.80	584.70	11.60	15 234 889.80	7 369 816.59
2015-07-09	14 359.80	1 172.50	15.00	9 805 424.76	3 145 200.98
2015-07-10	14 379.70	1 267.10	15.90	9 455 090.90	3 122 542.75
2015-07-13	14 368.10	1 469.40	15.70	10 673 449.16	4 148 393.64
2015-07-14	14 387.80	1 573.60	15.60	11 003 409.20	4 537 781.29
2015-07-15	14 197.30	1 364.50	37.50	10 368 063.33	5 179 324.65
2015-07-16	14 185.50	1 188.90	35.60	7 749 349.80	4 262 622.41

续表

日　　期	融资余额	融资买入	融券卖出	沪市融资偿还	深市融资偿还
2015-07-17	14 254.50	1 397.70	38.20	8 597 727.79	4 686 178.33
2015-07-20	14 238.80	1 575.80	54.50	9 494 128.61	5 927 070.39
2015-07-21	14 325.40	1 442.60	60.30	8 789 814.24	4 752 612.39
2015-07-22	14 362.60	1 491.00	73.40	9 411 257.58	5 124 526.29
2015-07-23	14 552.50	1 710.20	94.70	9 749 674.83	5 451 388.90
2015-07-24	14 542.30	1 879.60	118.00	12 210 519.88	6 685 647.27
2015-07-27	14 261.50	1 498.30	123.30	11 256 419.09	6 269 292.50
2015-07-28	13 775.80	1 167.70	116.80	10 142 910.51	5 901 477.58
2015-07-29	13 690.20	1 115.80	105.80	7 695 852.07	4 475 050.29
2015-07-30	13 677.20	1 276.70	103.90	8 278 772.70	4 615 146.70

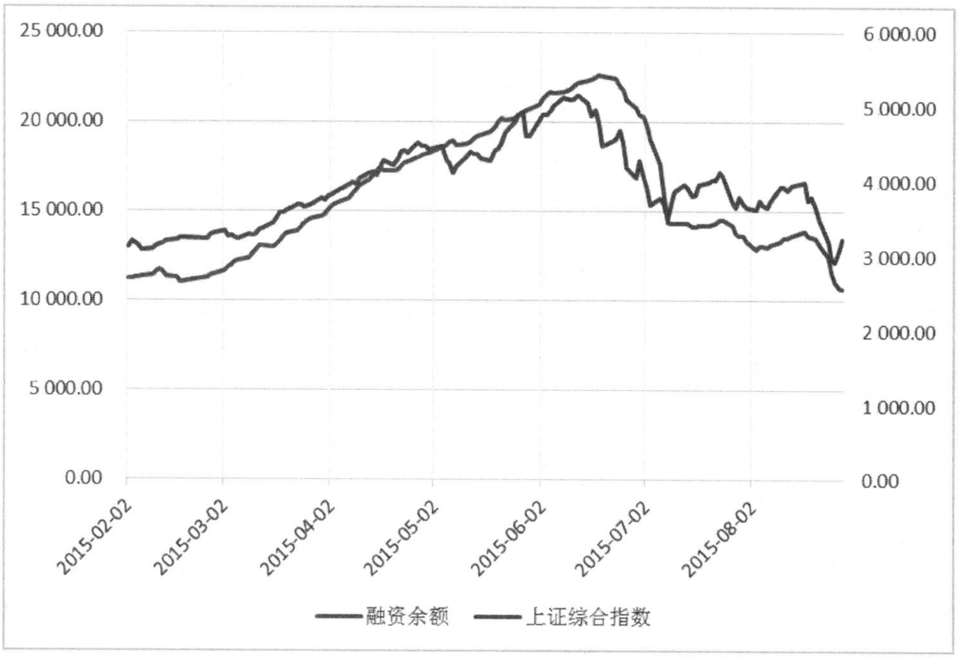

图 7-27　融资余额与上证综指

四、证券交易结算资金

所谓证券交易结算资金，是指证券市场交易结算资金监控系统获取的有经纪业务的证券公司全部经纪业务客户（含部分采取证券公司结算模式的资产管理计划）从事证券交易等的人民币交易结算资金，不包括投资者从事 B 股交易、融资融券业务等的资金，也不包括证券公司自营、QFII 以及采用托管人结算模式的证券公司资产管理计划和公开募集证券投资基金等从事证券交易的资金，如表 7-11 所示。

所谓银证转账，是指在客户交易结算资金第三方托管制度下投资者在银行结算账户和证券资金账户之间的资金划转方式，是引起“证券交易结算资金”变动的重要方式之一。

“投资者银证转账引起的资金变动金额”项下的“增加额”是指投资者从银行结算账户转入资金账户的金额；“减少额”是指投资者从资金账户转出到银行结算账户的金额；“净变动额”＝“增加额”－“减少额”。

表 7-11　证券交易结算资金（2014 年 1 月—2016 年 9 月）

指标名称	证券市场交易结算资金：期末余额(亿元)	上证综合指数	深证综合指数	证券市场交易结算资金：银证转账增加额(亿元)	证券市场交易结算资金：银证转账减少额(亿元)
2014-01-03	5 831.00	2 083.14	1 065.69	2 363.00	2 200.00
2014-01-10	6 240.00	2 013.30	1 021.59	3 029.00	1 999.00
2014-01-17	6 020.00	2 004.95	1 036.03	2 067.00	1 841.00
2014-01-24	5 569.00	2 054.39	1 089.53	2 225.00	2 342.00
2014-02-07	5 837.00	2 044.50	1 098.69	591.00	219.00
2014-02-14	6 756.00	2 115.85	1 138.39	2 898.00	2 230.00
2014-02-21	6 636.00	2 113.69	1 135.01	2 088.00	2 212.00
2014-02-28	6 194.00	2 056.30	1 090.87	2 137.00	2 218.00
2014-03-07	6 210.00	2 057.91	1 102.28	2 036.00	1 813.00
2014-03-14	6 106.00	2 004.34	1 074.19	1 879.00	1 846.00
2014-03-21	5 822.00	2 047.62	1 084.50	1 732.00	1 760.00
2014-03-28	5 609.00	2 041.71	1 044.14	1 765.00	2 153.00
2014-04-04	5 755.00	2 058.83	1 068.07	2 282.00	1 960.00
2014-04-11	5 902.00	2 130.54	1 088.10	1 562.00	1 465.00
2014-04-18	5 756.00	2 097.75	1 089.36	1 644.00	1 829.00
2014-04-25	5 463.00	2 036.52	1 036.72	1 630.00	1 607.00
2014-05-09	5 504.00	2 011.14	1 017.69	1 784.00	1 537.00
2014-05-16	5 299.00	2 026.50	1 019.36	1 443.00	1 519.00
2014-05-23	5 269.00	2 034.57	1 040.46	1 358.00	1 422.00
2014-05-30	5 155.00	2 039.21	1 053.75	1 440.00	1 793.00
2014-06-06	5 393.00	2 029.96	1 055.56	1 267.00	1 158.00
2014-06-13	5 513.00	2 070.72	1 079.36	1 448.00	1 566.00
2014-06-20	7 265.00	2 026.67	1 050.11	3 487.00	1 686.00
2014-06-27	6 180.00	2 036.51	1 086.98	1 695.00	3 307.00
2014-07-04	6 354.00	2 059.38	1 113.55	2 350.00	2 321.00
2014-07-11	5 890.00	2 046.96	1 107.82	2 086.00	1 831.00
2014-07-18	6 432.00	2 059.07	1 101.26	1 719.00	1 838.00
2014-07-25	8 168.00	2 126.61	1 111.52	3 437.00	1 708.00
2014-08-01	8 018.00	2 185.30	1 148.29	2 142.00	3 328.00
2014-08-08	7 561.00	2 194.43	1 174.41	1 954.00	2 213.00
2014-08-15	7 597.00	2 226.73	1 201.18	2 484.00	1 971.00
2014-08-22	7 689.00	2 240.81	1 232.50	2 056.00	2 310.00
2014-08-29	5 656.00	2 217.20	1 212.26	4 372.00	2 193.00

续表

指标名称	证券市场交易结算资金：期末余额(亿元)	上证综合指数	深证综合指数	证券市场交易结算资金：银证转账增加额(亿元)	证券市场交易结算资金：银证转账减少额(亿元)
2014-09-05	7 606.00	2 326.43	1 273.68	2 445.00	4 149.00
2014-09-12	8 304.00	2 331.95	1 294.79	2 183.00	2 023.00
2014-09-19	7 710.00	2 329.45	1 291.23	3 393.00	2 504.00
2014-09-26	11 417.00	2 347.72	1 312.60	4 475.00	2 939.00
2014-10-10	7 912.00	2 374.54	1 350.60	2 502.00	1 691.00
2014-10-17	8 542.00	2 341.18	1 323.52	3 116.00	2 528.00
2014-10-24	6 255.00	2 302.28	1 296.64	4 931.00	2 522.00
2014-10-31	8 827.00	2 420.18	1 350.50	2 684.00	4 756.00
2014-11-07	8 723.00	2 418.17	1 354.36	2 874.00	2 705.00
2014-11-14	8 771.00	2 478.82	1 322.62	2 804.00	2 490.00
2014-11-21	8 840.00	2 486.79	1 359.83	3 081.00	2 620.00
2014-11-28	9 912.00	2 682.84	1 420.32	6 089.00	5 167.00
2014-12-05	12 070.00	2 937.65	1 454.63	4 811.00	4 336.00
2014-12-12	11 926.00	2 938.17	1 479.82	5 044.00	4 242.00
2014-12-19	9 869.00	3 108.60	1 465.59	8 039.00	4 441.00
2014-12-26	12 257.00	3 157.60	1 439.48	4 657.00	7 031.00
2015-01-09	12 663.00	3 285.41	1 442.84	5 144.00	4 086.00
2015-01-16	13 386.00	3 376.50	1 478.47	8 470.00	3 983.00
2015-01-23	12 736.00	3 351.76	1 514.30	3 975.00	7 449.00
2015-01-30	11 193.00	3 210.36	1 512.39	3 762.00	4 177.00
2015-02-06	12 427.00	3 075.91	1 495.26	4 447.00	3 761.00
2015-02-13	13 405.00	3 203.83	1 569.56	9 028.00	7 808.00
2015-02-27	11 309.00	3 310.30	1 630.05	2 654.00	2 046.00
2015-03-06	12 424.00	3 241.19	1 651.77	4 941.00	3 618.00
2015-03-13	17 782.00	3 372.91	1 708.08	12 147.00	3 960.00
2015-03-20	16 447.00	3 617.32	1 852.94	5 705.00	10 788.00
2015-03-27	15 859.00	3 691.10	1 935.59	6 602.00	6 208.00
2015-04-03	17 410.00	3 863.93	2 080.40	7 793.00	6 169.00
2015-04-10	19 482.00	4 034.31	2 149.11	7 877.00	5 147.00
2015-04-17	25 409.00	4 287.30	2 136.27	17 722.00	9 908.00
2015-04-24	22 102.00	4 393.69	2 256.36	8 802.00	11 444.00
2015-05-08	26 378.00	4 205.92	2 272.17	17 388.00	8 812.00
2015-05-15	23 702.00	4 308.69	2 442.76	8 250.00	11 969.00
2015-05-22	31 613.00	4 657.60	2 740.92	16 773.00	11 121.00
2015-05-29	28 604.00	4 611.74	2 793.25	12 195.00	13 469.00
2015-06-05	38 531.00	5 023.10	3 051.96	22 699.00	13 621.00
2015-06-12	29 988.00	5 166.35	3 140.66	10 634.00	15 368.00
2015-06-19	22 513.00	4 478.36	2 742.18	24 571.00	9 171.00

续表

指标名称	证券市场交易结算资金：期末余额(亿元)	上证综合指数	深证综合指数	证券市场交易结算资金：银证转账增加额(亿元)	证券市场交易结算资金：银证转账减少额(亿元)
2015-06-26	29 947.00	4 192.87	2 502.96	7 265.00	19 044.00
2015-07-03	24 261.00	3 686.92	2 098.48	17 317.00	10 988.00
2015-07-10	32 970.00	3 877.80	2 035.26	14 652.00	16 409.00
2015-07-17	32 922.00	3 957.35	2 190.42	10 019.00	9 031.00
2015-07-24	31 026.00	4 070.91	2 322.71	6 916.00	8 129.00
2015-07-31	28 893.00	3 663.73	2 110.62	7 119.00	8 130.00
2015-08-07	29 274.00	3 744.20	2 177.15	5 761.00	6 968.00
2015-08-14	28 781.00	3 965.33	2 310.40	5 994.00	6 825.00
2015-08-21	26 347.00	3 507.74	2 039.40	6 682.00	6 642.00
2015-08-28	25 758.00	3 232.35	1 846.83	7 731.00	7 334.00
2015-09-11	24 730.00	3 200.23	1 781.35	5 655.00	6 501.00
2015-09-18	24 181.00	3 097.92	1 679.10	5 074.00	5 809.00
2015-09-25	22 582.00	3 092.35	1 697.12	4 604.00	6 158.00
2015-10-09	21 245.00	3 183.15	1 811.63	2 873.00	2 189.00
2015-10-16	21 825.00	3 391.35	1 966.96	5 845.00	6 175.00
2015-10-23	21 639.00	3 412.43	2 016.74	5 881.00	5 756.00
2015-10-30	21 203.00	3 382.56	2 014.86	5 461.00	6 007.00
2015-11-06	21 837.00	3 590.03	2 152.43	5 594.00	5 667.00
2015-11-13	21 971.00	3 580.84	2 205.57	6 494.00	6 143.00
2015-11-20	21 503.00	3 630.50	2 285.83	5 941.00	5 889.00
2015-11-27	21 073.00	3 436.30	2 184.11	6 343.00	5 876.00
2015-12-04	23 729.00	3 524.99	2 233.26	12 740.00	9 647.00
2015-12-11	20 453.00	3 434.58	2 195.86	6 085.00	7 027.00
2015-12-18	21 664.00	3 578.96	2 335.60	10 145.00	10 823.00
2015-12-25	26 859.00	3 627.91	2 359.73	10 370.00	6 951.00
2016-01-08	19 185.00	3 186.41	1 978.72	8 305.00	6 811.00
2016-01-15	17 697.00	2 900.97	1 796.13	6 373.00	6 453.00
2016-01-22	16 672.00	2 916.56	1 827.34	5 741.00	5 669.00
2016-01-29	16 539.00	2 737.60	1 689.43	5 561.00	5 474.00
2016-02-05	14 455.00	2 763.49	1 750.70	4 657.00	6 381.00
2016-02-19	16 625.00	2 860.02	1 850.51	5 609.00	4 194.00
2016-02-26	15 479.00	2 767.21	1 736.54	5 653.00	4 918.00
2016-03-04	17 155.00	2 874.15	1 706.97	5 562.00	4 877.00
2016-03-11	16 425.00	2 810.31	1 685.24	4 308.00	4 560.00
2016-03-18	17 171.00	2 955.15	1 837.21	4 938.00	4 825.00
2016-03-25	17 287.00	2 979.43	1 885.18	5 667.00	5 608.00
2016-04-01	15 942.00	3 009.53	1 901.52	5 379.00	6 105.00
2016-04-08	16 593.00	2 984.96	1 914.32	4 557.00	4 109.00
2016-04-15	16 976.00	3 078.12	1 978.58	5 132.00	5 197.00
2016-04-22	16 393.00	2 959.24	1 867.56	5 332.00	5 193.00

续表

指标名称	证券市场交易结算资金：期末余额(亿元)	上证综合指数	深证综合指数	证券市场交易结算资金：银证转账增加额(亿元)	证券市场交易结算资金：银证转账减少额(亿元)
2016-04-29	15 758.00	2 938.32	1 873.99	4 640.00	5 431.00
2016-05-06	16 070.00	2 913.25	1 871.61	4 074.00	3 753.00
2016-05-13	15 744.00	2 827.11	1 784.33	4 762.00	4 449.00
2016-05-20	15 756.00	2 825.48	1 794.95	4 296.00	4 346.00
2016-05-27	15 285.00	2 821.05	1 807.04	4 094.00	4 676.00
2016-06-03	15 975.00	2 938.68	1 914.81	4 810.00	5 005.00
2016-06-17	15 672.00	2 885.11	1 900.74	4 994.00	4 938.00
2016-06-24	15 703.00	2 854.29	1 900.60	4 972.00	5 183.00
2016-07-01	15 784.00	2 932.48	1 970.72	5 649.00	6 205.00
2016-07-08	16 230.00	2 988.09	2 012.29	5 311.00	5 589.00
2016-07-15	16 024.00	3 054.30	2 038.73	5 081.00	5 241.00
2016-07-22	15 432.00	3 012.82	2 019.57	4 510.00	4 788.00
2016-07-29	15 180.00	2 979.34	1 941.56	4 975.00	4 807.00
2016-08-05	15 041.00	2 976.70	1 941.61	4 420.00	4 211.00
2016-08-12	15 153.00	3 050.67	1 973.67	4 248.00	4 087.00
2016-08-19	15 384.00	3 108.10	2 044.70	4 877.00	4 872.00
2016-08-26	15 005.00	3 070.31	2 023.09	4 455.00	4 721.00
2016-09-02	14 744.00	3 067.35	2 009.29	4 315.00	4 520.00
2016-09-09	14 713.00	3 078.86	2 035.02	4 225.00	4 455.00

如图 7-28 所示，证券市场交易结算资金的涨落，与股指之间具有非常紧密的关系。

图 7-28 证券市场交易结算资金与上证综指

第 8 章

行业分析

本章学习目标

- 行业分类方法
- 我国行业地图
- 行业竞争结构
- 行业生命周期
- 行业景气周期
- 微笑曲线理论
- 国家重大专项
- 战略新兴产业

第 1 节　行业分析概述

公司经营环境包括影响公司决策和盈利水平的所有外部影响因素。上一章已经分析了上市公司经营所面对的外部宏观经济环境。本章分析产业环境，它是宏观经济经济分析的进一步具体化。行业分析涉及投资者选择哪个行业的股票进行投资，这是上市公司外部环境分析的重点。从内部逻辑看，行业分析本身又是公司战略分析的重要组成部分。

一、行业分析内涵及其意义

1. 产业(行业)概念

行业，亦称为产业，是指从事国民经济中同性质的生产或其他社会经济活动的经营单位和个体所组成的组织结构体系，如制造业、金融业、房地产业。需要强调的是，在证券投资分析中的产业分析，与产业经济学中的产业分析既有联系，又有区别。产业经济学主要研究产业组织理论、产业结构、产业布局、产业政策等，而证券投资分析中的产业分析，主要分析产业竞争结构、生命周期、景气周期，研究产业的发展阶段、发展前景，并进行不同产业之间的比较，为投资决策提供依据。

2. 行业分析在证券投资中的意义

证券投资学中的产业分析具有非常重要的地位，它实质上研究的是上市公司的外部环境。在本书下一章,我们将分析公司战略。事实上,对于上市公司外部竞争环境的充分剖析,是制定或者理解一个成功的公司战略的关键组成部分。

(1) 行业分析是国民经济形势分析的具体化。我们在分析宏观经济形势时,根据国内生产总值、消费者价格指数等指标,可以知道或预测某个时期整个国民经济的状况。但是整个经济的状况与各个行业的状况并非完全吻合。当整个经济形势欣欣向荣时,只能说明大部分行业的形势较好,而不是每个行业都好;反之,宏观经济形势整体恶化,则可能是大多数行业面临困境,而某些行业的发展仍然较好。只有进行深入而细致的行业分析,我们才能更加明确地知道某个行业的发展状况,以及它所处的行业生命周期,进而做出正确投资决策。如果只进行国民经济整体分析,那么顶多只能了解到某个行业的笼统的、模糊的轮廓。

(2) 进行行业分析可以为更好地为进行企业分析奠定基础。前面已经说过,行业是由许多同类经营单位和个体构成的组织体系。如果只进行企业分析,虽然可以知道某个上市公司的经营和财务状况,但不能知道其他同类上市公司的平均状况,无法通过横向比较明确目前企业在同行业中的位置及其竞争优势。另外,行业所处生命周期的位置制约或决定着行业的生存发展。如果某个行业已经处于衰退期,属于这个行业中的上市公司,不管其资产多么雄厚,经营管理能力多么强,都不能摆脱其暗淡的前景。

(3) 行业分析本身就是公司战略分析的重要组成部分。它既和企业层面的战略有关,也和业务层面的战略有关。企业战略研究的是决定企业进入何种产业并且怎样围绕这个产业来配置资源的问题。这样的决策需要针对各个产业的利润潜力对不同产业的吸引力进行评估。产业分析的主要目的,就是帮助投资者理解一个产业的竞争结构是怎样决定该产业的利润率的。通过分析消费者需求和偏好,以及不同上市公司为满足消费者需求采取的不同形式,来挖掘和把握一个产业中竞争优势的一般来源——关键成功因素。

3. 行业分析的具体任务

行业分析的具体任务包括:首先是明确特定行业在国民经济中的地位,掌握特定行业在国家行业地图中所处的位置;分析行业市场竞争结构;分析行业本身所处发展阶段,掌握特定行业所处的生命周期位置;分析影响行业发展的各种因素及其对行业影响的力度,掌握行业的景气周期;预测行业的未来发展趋势、判断行业投资价值、解释行业投资风险,从而为政府部门、投资者等提供决策依据。卓有成效的产业分析,能够帮助投资者理解:为什么一些产业的竞争会更加激烈,盈利水平会比别的产业更低;预测未来产业竞争和盈利能力的变化,把握未来产业变迁规律。

二、行业分类方法

在进行行业分析的时候,首先需要明确行业的分类。为了与不同的需求相适应,行业分类有不同的方法。例如,国民经济行业分类旨在提高我国的宏观经济分析、管理、调控水平;联合国标准行业分类法则希望借此统一世界各国的行业分类标准;三次产业分类法主要用于研究产业结构的发展和演变。

1. 道·琼斯分类法

道·琼斯分类法是 19 世纪末为了选取在纽约证券交易所上市的有代表性的股票而

对各公司进行的分类，它将所有公司分为工业、运输业和公用事业等三类。其中，工业运输类股票取自工业部门的30家上市公司，包括了采掘业、铁路、汽车运输与航运业；公用事业类股票取自6家公用事业公司，主要包括电话公司、煤气公司和电力公司等。

2. 标准行业分类法

标准行业分类法(Standard Industrial Classification，SIC)是联合国经济和社会事务统计局建议各国采用的行业划分方法。联合国为了统一世界各国的产业分类，于1971年颁布了《全部经济活动的国际标准产业分类索引》，接着又于1989年制定了《全部经济活动的国际标准产业分类》，将国民经济的行业划分为10个门类：

(1) 农业、畜牧狩猎业、林业和渔业；

(2) 采矿业及土、石采掘业；

(3) 制造业；

(4) 电、煤气和水；

(5) 建筑业；

(6) 批发和零售业、饮食和旅馆业；

(7) 运输、仓储和邮电通信业；

(8) 金融、保险、房地产和工商服务业；

(9) 政府、社会和个人服务业；

(10) 其他。对每个门类又可划分为大类、中类、小类。

3. 全球行业分类系统

全球行业分类系统(GICS)是由标准普尔(S&P)与摩根斯坦利公司(MSCI)于1999年8月联手推出的行业分类系统。该标准为全球金融业提供了一个全面的、全球统一的经济板块和行业定义。作为一个行业分类模型，GICS已经在世界范围内得到广泛的认可，它的意义在于不仅为创造易复制的、量体裁衣的投资组合提供了坚实基础，更使得对全球范围经济板块和行业的研究具有可比性。标准普尔全球指数家族包含的所有公司都已根据GICS进行行业分类，每一家公司都会被分到一个子行业内，同时自动地归属于相应的行业、行业组和行业板块。GICS为四级分类，包括10个经济部门(Economic Sector)，24个行业组(Industry Group)，68个行业(Industry)和154个子行业(Sub-Industry)。10个行业部门如下：

(1) 基础材料(Materials)——化学品、金属采矿、纸产品和林产品；

(2) 消费者非必需品(Unnecessary Consume)——汽车、服装、休闲和媒体；

(3) 消费者常用品(Necessary Consume)——日用产品、食品和药品零售；

(4) 能源(Energy)——能源设施、冶炼、石油和天然气的开采；

(5) 金融(Finance)——银行、金融服务和所有保险；

(6) 医疗保健(Medical & Health)——经营型医疗保健服务、医疗产品、药品和生物技术；

(7) 工业(Industry)——资本货物、交通、建筑、航空和国防；

(8) 信息技术(Information Technology)——硬件、软件和通信设备；

(9) 电信服务(Telecom)——电信服务和无线通信；

(10) 公用事业(Utilities)——电力设备和天然气设备。

4. 中国国民经济的行业分类

20 世纪 80 年代中期,我国引入了三次产业分类法。我国国家统计局于 1985 年明确将国民经济划分为三大产业:①第一产业,农业(包括林业、牧业、渔业等);②第二产业,工业(包括采掘业、制造业、自来水、电力、煤气和建筑业);③第三产业,即第一、二产业以外的各行业,主要是指向全社会提供各种各样劳务的服务性行业,具体包括交通运输业、邮电通信业、仓储业、金融保险业、餐饮业、房地产业、社会服务业等。2002 年,我国推出了《国民经济行业分类国家标准》(GB/T4754—2002)。该标准共有行业门类 20 个、行业大类 95 个、行业中类 396 个、行业小类 913 个,基本反映出我国经济的行业结构状况。2011 年,我国发布了新版的《国民经济行业分类》(GBT4754—2011),如表 8-1 所示。该国家标准的制定是在考虑了我国宏观经济管理、社会公众分析和对外交流的需要,以及考虑了现行统计、会计核算资料的基础上制定的。

表 8-1 国民经济行业分类(GBT4754—2011)

门类编号	门类名称	大类
A	农、林、牧、渔业	本门类包括 01～05 大类
B	采矿业	本类包括 06～12 大类
C	制造业	本门类包括 13～43 大类
D	电力、热力、燃气及水生产和供应业	本门类包括 44 大类
E	建筑业	本门类包括 47 大类
F	批发和零售业	本门类包括 51 和 52 大类
G	交通运输、仓储和邮政业	本门类包括 53 大类
H	住宿和餐饮业	本门类包括 61 和 62 大类
I	信息传输、软件和信息技术服务业	本门类包括 63～65 大类
J	金融业	本门类包括 66～69 大类
K	房地产业	本门类包括 70 大类
L	租赁和商务服务业	本门类包括 71 和 72 大类
M	科学研究和技术服务业	本门类包括 73 大类
N	水利、环境和公共设施管理业	本门类包括 76 大类
O	居民服务、修理和其他服务业	本门类包括 79 大类
P	教育	本门类包括 82 大类
Q	卫生和社会工作	本门类包括 83 和 84 大类
R	文化、体育和娱乐业	本门类包括 85～89 大类
S	公共管理、社会保障和社会组织	本类包括 90～95 大类
T	国际组织	本门类包括 96 大类。

资料来源:国家统计局

5. 中国证监会的行业分类

中国证监会于 2001 年 4 月 4 日公布了《上市公司行业分类指引》(以下简称《指引》),并于 2012 年进行了修订。《指引》以上市公司营业收入为分类标准,所采用的财务数据为经会计师事务所审计的合并报表数据。当公司某类业务的营业收入比重大于或等于 50%,则将其划入该业务相对应的类别。当公司没有一类业务的营业收入比重大于或等于50%时，如果某类业务营业收入比重比其他业务收入比重均高出30%，则将该公司划入此类业务相对应的行业类别。否则，将其划为综合类。《指引》将上市公司的经济活动分为门类、大类两级，中类作为支持性能分类参考。由于上市公司集中于制造业，《指引》在制造业的门类和大类之间增设辅助性类别（次类）。《指引》将我国上市公司分成13个门类：农、林、牧、渔业；采掘业；制造业；电力、煤气及水的生产和供应业；建筑业；交通运输、仓储业；信息技术业；批发和零售贸易；金融、保险业；房地产业；社会服务业；传播与文化产业；综合类。此外还区分了90个大类和288个中类。

6. **其他与证券投资分析相关的行业分类**

（1）朝阳产业与夕阳产业。朝阳产业是指现在正在兴起、未来市场需求不断扩大、可能是未来新的消费领域或技术引领的产业，是发展前景看好的产业，如太阳能、节能环保产业等。夕阳产业是指发展到一定阶段、市场需求已经饱和、产能已经过剩的产业；如果没有新的技术对行业产品进行革新，有可能被其他产业所取代或淘汰，如黑白电视就被彩色电视所取代。

（2）新兴产业与传统产业。新兴产业是指现在已经兴起，并已经被市场所接受，正面临推广和普及的产业，风险较小。它区别于朝阳产业的地方在于朝阳产业未来不确定性大，市场是否接受该产业还不好说，风险较大。传统产业是指市场上已经非常成熟，甚至产能已经过剩，竞争激烈，但不会被取代或淘汰的产业。

（3）资本密集型、技术密集型和劳动密集型产业。资本密集型产业是指需要大量资金投入的产业，资本门槛高，不易进入，如银行、保险等行业。技术密集型产业是指产品技术含量很高的产业，如生物制药、遗传工程等。劳动密集型产业是指生产需要大量劳动力的产业。在现实中，资本密集型、技术密集型和劳动密集型产业之间并没有明确的界线，有些产业同时是资本密集型和技术密集型，如石油化工；有些产业同时是资本密集型和劳动密集型。

三、三大产业及其特征

第一次产业、第二次产业两个名词，最早流行于20世纪20年代的新西兰和澳大利亚。当时把农业、畜牧业、渔业、林业和矿业称为第一次产业，把制造业称为第二次产业。首先把国民经济划分为三次产业的是新西兰经济学家费希尔（A. B. Fischer）和英国经济学家克拉克（C. G. Clark）。三次产业分类法是新西兰经济学家费希尔首先创立的一种产业分类方法。他在1935年所著《安全与进步的冲突》一书中提出对产业的划分方法。1940年英国经济学家、统计学家克拉克在其著作《经济进步的条件》中运用三次产业分类法，研究经济发展与产业结构变化之间的规律，对二者的关系进行了大量的实证分析，总结出三次产业结构的变化规律及其对经济发展的作用。第二次世界大战后，经济学界普遍采用了这种划分方法。

第一产业（Primary Industry），是指利用自然力为主，生产不必经过深度加工就可消费的产品或工业原料的部门，包括农林牧渔业。门类归属农林牧渔业，细分为5大类、23个中类、60个小类。农业、林业、畜牧业、渔业和农林牧渔服务业各占一大类。

第二产业（Secondary Industry），是指对第一产业和本产业提供的产品（原料）进行加工的部门。第二产业包括的 4 大门类是：采矿业，制造业，电力、热力、燃气及水的生产和供应业，建筑业。第二次世界大战后第二产业的地位普遍上升，一般占就业人口和国内生产总值的 30%以上。第二产业迅速发展主要是为了满足国家现代化装备的需要、人民生活水平的提高扩大对工业品的需要等。我国在《国民经济行业分类》(GB/T 4754—2002)中，将第二产业分为 4 个门类、45 个大类、215 个中类、602 个小类。

第三产业(Tertiary Industry)，指不生产物质产品的行业，即服务业。我国第三产业共 15 个门类、46 个大类、194 个中类、434 个小类。近年来随着我国工业化进程的不断发展，第三产业占 GDP 的比重快速上升。欧美发达国家这一比例一般超过 50%，2016 年上半年，我国产业结构继续优化，第三产业增加值占国内生产总值的比重为 54.1%，比上年同期提高 1.8 个百分点，高于第二产业 14.7 个百分点。第三产业比重逐渐提升，表明我国产业结构更加趋于合理。繁荣发展的第三产业，有利于加快整体经济发展，提高国民经济素质和综合国力；有利于扩大就业，缓解我国就业压力；有利于提高人民生活水平。

第 2 节　行业市场结构

行业市场结构学术界一般亦称之为产业竞争结构。本书认为行业市场结构包含竞争结构，也包含行业分布结构。投资者不仅要了解特定产业的垄断与竞争状况，还需要掌握行业地图、主导产业群、产业变迁等的产业动态分布结构。

一、四种竞争结构及其特点

市场结构是现代产业经济学，特别是 SCP 分析框架[①]最基本的概念和研究起点。产业市场结构就是市场主体在市场交易中的地位、作用、比例关系，以及他们在市场上交换的商品或者劳务的特点。市场主体之间的关系在现实市场中综合反映集中体现为市场的竞争和垄断程度。根据该行业中企业数量的多少、进入的限制程度等，行业可分为完全竞争、垄断竞争、寡头垄断、完全垄断四种市场结构。

1. 完全竞争市场

完全竞争市场是指不受任何障碍或干扰，没有外力控制的竞争类型。完全竞争市场是一种非常理想化的市场状态。完全竞争市场具有以下特点：

(1) 市场上有许多生产者与消费者，每一个生产者的销售量与消费者的购买量只占市场极小的份额。

(2) 市场上的产品是同质的，不存在产品差别，即所有的产品都是同质的标准化产品，它们在原材料、生产加工、包装、售后服务等方面完全一样，可以互相替代。

(3) 资源完全自由流动，各种生产要素具有完全的流动性，不受任何限制。

(4) 市场信息是通畅无阻的，每一个厂商对市场价格了如指掌，既不按高价也不按照

---

① SCP 理论是 20 世纪 30 年代哈佛大学学者创立的产业组织分析理论。最初由哈佛大学教授梅森首先提出。哈佛学派以实证研究为手段，按结构、行为、绩效对产业进行分析，构架了系统化的市场结构(Structure)—市场行为(Conduct)—市场绩效(Performance)的分析框架。

低价卖出商品。

可以看出，完全竞争的产业生产者众多，各种生产资料可以完全流动。产品不论是有形的还是无形的，都是同质的、无差别的。没有一家企业能够影响产品的价格。企业永远是价格的接受者而不是价格的制定者。企业的盈利基本上由市场对产品的需求来决定。生产者和消费者对市场情况非常了解，并可自由进入或退出这个市场。从上述分析可以看出，完全竞争是一个理论性很强的市场类型，其根本特点在于所有的企业都无法控制市场的价格，企业产品无差异。在现实经济中，完全竞争的市场类型很少见，只有初级产品的市场类型较接近于完全竞争。

2. 垄断竞争市场

垄断竞争是现实中存在最为广泛的一种市场结构。垄断竞争是一种既有垄断因素，又有竞争因素，既不是完全垄断，又不是完全竞争的市场结构。它是一种垄断和竞争并存的现实结构。其特征表现在如下方面：

(1) 产品的"差异化"。产品的差异化意味着同类型的产品之间存在着功能、外形等方面的差别。产品差别不仅指同一种产品在质量、构造、外观、销售服务条件等方面的差别，还包括商标、广告方面的差别和以消费者的想象为基础的虚构的差别。

(2) 市场上有较多的厂商和消费者。在同一产业之内存在着数目众多的厂商，每个厂商的产品在整个市场上所占的比例都比较小，个别厂商无力对整个产业的市场施加影响。

(3) 新厂商的进入和原来厂商的退出均比较容易。

3. 寡头垄断市场

寡头垄断是指少数厂商完全控制一个产业的市场结构。这是一种普遍存在的市场。它的主要特点是：

(1) 少数大企业控制了整个产业格局，它们的生产和销售在整个产业中占有很大的比例，因此产业集中度很高。

(2) 产品基本同质。

(3) 进入和退出壁垒较高，潜在的竞争者很难进入市场。

4. 完全垄断市场

完全垄断市场是只有一个买者或者卖者的市场。该市场结构的特点是：

(1) 市场上只有一个企业，产业的绝对集中度为100%；

(2) 没有可以替代的产品，关键资源由一家企业拥有。

(3) 进入壁垒非常高，例如政府的特许或者自然垄断等，限制了其他竞争者的进入。

5. 波特五种竞争力量

根据美国哈佛大学商学院教授迈克尔·波特的理论，一个特定行业内的竞争是由五种基本竞争力量决定，这五种基本竞争力量综合强度及其影响，决定着特定行业的竞争性质和竞争激烈程度，其决定着该行业内的产品价格、成本、所需的投资、市场以及影响盈利能力其他各种要素，决定着该特定行业的平均盈利水平。这五种竞争力量包括三种横向竞争来源：来自替代品的竞争、来自新进入者的竞争以及来自于现有竞争对手的竞争；还包括两种纵向的竞争来源：供应商和买方的议价能力。具体见图8-1所示。

图 8-1 波特五种竞争力模型

表 8-2 对四种市场结构特征进行了总结归纳。完全竞争和完全垄断市场是两种极端的市场结构，现实中的绝大多数市场是介于这两者之间的垄断竞争和寡头垄断两种类型。

表 8-2 行业竞争结构特征

	企业数量（现有竞争者）	进入壁垒（潜在进入者之威胁）	产品特点（替代品之威胁）	对价格的影响力（供应商与顾客的议价能力）	利润率	生产资料特点	典型行业
完全竞争	很多公司	进出自由	同质标准化	企业接受价格而不能制定价格	正常	完全流动	初级产品
垄断竞争	一些公司	进出自由	异质差异化	对价格有一定的控制力	正常	可以流动	制成品
寡头垄断	几家公司	有进入障碍（显著壁垒）	标准化或差异化	对价格具有垄断能力	有超额利润	很难流动	资本密集型、技术密集型产品
完全垄断	一家公司	人为或自然障碍（高壁垒）	唯一产品，无替代品	垄断定价，但常受到法律管制	较高超额利润	不流动	公用事业和资本、技术高度密集或者稀有金属矿藏开采等

运用波特教授的五种竞争力量模型，对我国水泥行业竞争状况的分析如表 8-3 所示。通过表 8-3 可以看出，水泥行业属于完全竞争的行业。

（1）该行业内厂商众多，产品差异化小，价格竞争突出，进入和退出壁垒较高，行业内兼并重组不断加剧，行业内现有厂商之间的竞争较为激烈。

（2）由于硅酸盐水泥生产和使用历史悠久，是迄今为止公认的安全可靠的当代建筑凝胶材料，且目前还没有更好的材料来替代，因此替代品的威胁很小。

（3）水泥企业受到上游原料、能源等的影响较大，在与上游供应商的讨价还价中，水泥企业处于相对弱势地位。

表 8-3　我国水泥行业竞争状况分析

项　　目	水泥行业描述
1. 新进入者威胁	
(1) 产品差异化程度	产品差异化程度低
(2) 进入行业的资本条件	进入行业的资本条件高
(3) 转换成本的级别	转换需要极大的成本
(4) 进入分销渠道	产品销售半径小,抢占成熟市场份额较难
(5) 成本劣势	新进入者成本劣势大
(6) 政府的政策	较高的准入要求,政府鼓励行业整合
2. 替代产品的威胁	
(1) 替代产品是否存在	硅酸盐水泥有 180 年的历史,是公认安全可靠的建筑凝胶材料,尚无可替代品
(2) 转向替代产品的转换成本	无
3. 行业内现有企业的竞争程度	
(1) 大量可抗衡竞争对手存在	竞争对手存在,目前国内水泥企业 5 000 多家
(2) 行业增长情况	行业增长较快
(3) 行业集中度情况	集中度不高
(4) 竞争对手之间的差异性	差异不大,产品同质化严重
(5) 产品增加需要的投资	增加产量需要大量投资
(6) 退出壁垒的高低	退出壁垒较高
4. 客户的讨价还价能力	
(1) 高度依赖少数客户	客户分散程度较高
(2) 产品占到客户成本大部分	比例较低
(3) 缺少产品区分性	产品差别性很少,价格是最重要的考虑因素
(4) 替换成本低	很容易使用其他公司的产品
(5) 客户的利润率	客户利润高,受到行业景气周期影响较大
(6) 客户向供应链整合的威胁	受到石灰石资源的限制,客户整合的兴趣不大
(7) 产品对于客户产品或者服务的质量重要性	产品对于客户产品影响程度在增加,服务质量重要性也有所增加
(8) 客户掌握完全充分的信息	信息较为对称
5. 供应商的讨价还价能力	
(1) 少数公司占据主导地位	上游供应商占据一定优势
(2) 替代原料产品是否存在	原料的替代性不高
(3) 供应商产品对于买方的生意来说是个重要的组成部分	动力原料是水泥公司最重要的组成部分
(4) 供应商的产品建立了不同性,进行产品替代是有成本的	产品同质化程度高
(5) 供应商向前一步的整合发展,对客户有威胁	威胁较大

资料来源:中国注册会计师考试教材《公司战略与风险管理》2015 年版。

(4) 水泥产业下游的房地产和基础设施建设等产业,尽管对水泥形成刚性需求,但由于自身良好的结构联盟,对水泥产品具有较强的议价能力,而水泥企业目前还存在规模小、竞争无序、集中度不高等内在矛盾,在与下游产业博弈中处于劣势。随着行业内兼并重组的加剧和国家调控力度的加大,水泥企业如果想获得较高的竞争力,可以一方面进行并购扩大规模和市场范围；另一方面进入上下游，延伸产业链，减少原材料和能源涨价对水泥行业的影响。

二、行业地图

前面研究的是行业的市场竞争结构，而行业地图事实上研究的是行业的分布构成结构。如图 8-2 所示，在我国行业地图上，越往上的行业越呈现出重污染、低毛利率、重资产的特点；行业地图越往下走的行业，越呈现轻污染、高毛利率、轻资产的特点。在行业地图的心脏部位的圆圈里面，分布着机械设备、汽车及零部件、家用电器、电子元器件、计算机设备、通信设备等制造业，这是一个国家工业的根基。阅读行业地图，投资者需要思考的是：哪些行业是在重大前沿科技突破基础上，代表未来科技和行业发展新方向，体现当今世界知识经济、循环经济、低碳经济发展潮流，尚处于成长初期、未来发展潜力巨大，对经济社会具有全局带动和重大引领作用的行业？这就需要研究我国行业变迁及主导产业群变化的状况。

三、主导产业群及其变迁

最早提出主导产业(Leading Industry)一词的学者是美国经济史学家、发展经济学先驱 W. W. 罗斯托(Rostow，Walt Whitman)，其专著《经济成长阶段》引入了主导部门这一概念，后人将其引申为主导产业。根据罗斯托的研究，只有少数同时兼备创新和较强扩散效应的高增长产业，才能成为主导产业。罗斯托对于主导产业理论的贡献主要在于：第一，主导产业群。随着科学技术不断进步和生产力的不断发展，社会分工日益深化，带动整个经济发展的已经不是单个主导产业，而是几个产业共同起作用，罗斯托将此称为“主导部门综合体”，投资者可理解为主导产业群。第二，主导产业的扩散效应。主导产业的扩散效应主要包括回顾效应、旁侧效应、前向效应三种，分别意味着主导产业的高速增长，拉动了上游产业的创新与发展、带动了关联产业的创新发展、催生和诱导了一些新兴工业部门、新技术、新原料、新材料的出现。第三，主导产业正是通过上述三种效应的组合发力，来实现整个产业结构的优化变迁和整体经济的快速增长。

如同技术进步、社会发展一样，事物的发展一般都是从简单到复杂、从低端到高端的演变顺序。主导产业群的变迁也存在着严格的演变顺序。第一次工业革命以来，世界经济的发展经历了五次主导产业群的演变更迭。具体如表 8-4 所示。

在不同时期，国家的产业结构会因为经济发展的不同阶段而有所不同。例如，西方工业革命时代，纺织工业一直处于主导地位，但如今，信息、通信、电子等高科技产业成了众多国家的经济支柱。在全球化的时代，国家政府部门基于国家竞争力提高、产业合理布局以及国家安全等原因，会不断地调整产业结构，因此行业环境也会随着社会发展而变化。在我国，长期以来产业布局不尽合理，整体产业过多集中于传统的劳动密集型行业，而知识密集型行业的企业严重不足。我国在未来产业规划中，加强引导产业调整，引导产业向第三产业发展。因此受这种产业导向的影响，我国许多传统工业企业开始重新思考企业的发展方向，并持续进行战略运营方向的调整。在上海主板中 100 多家较早上市的公司中，目前已有 50%以上的公司通过资产重组等方式实现了产业结构的战略性转型，它们转型的主要方向则是集中在医药、信息、文化传媒和新材料等领域。

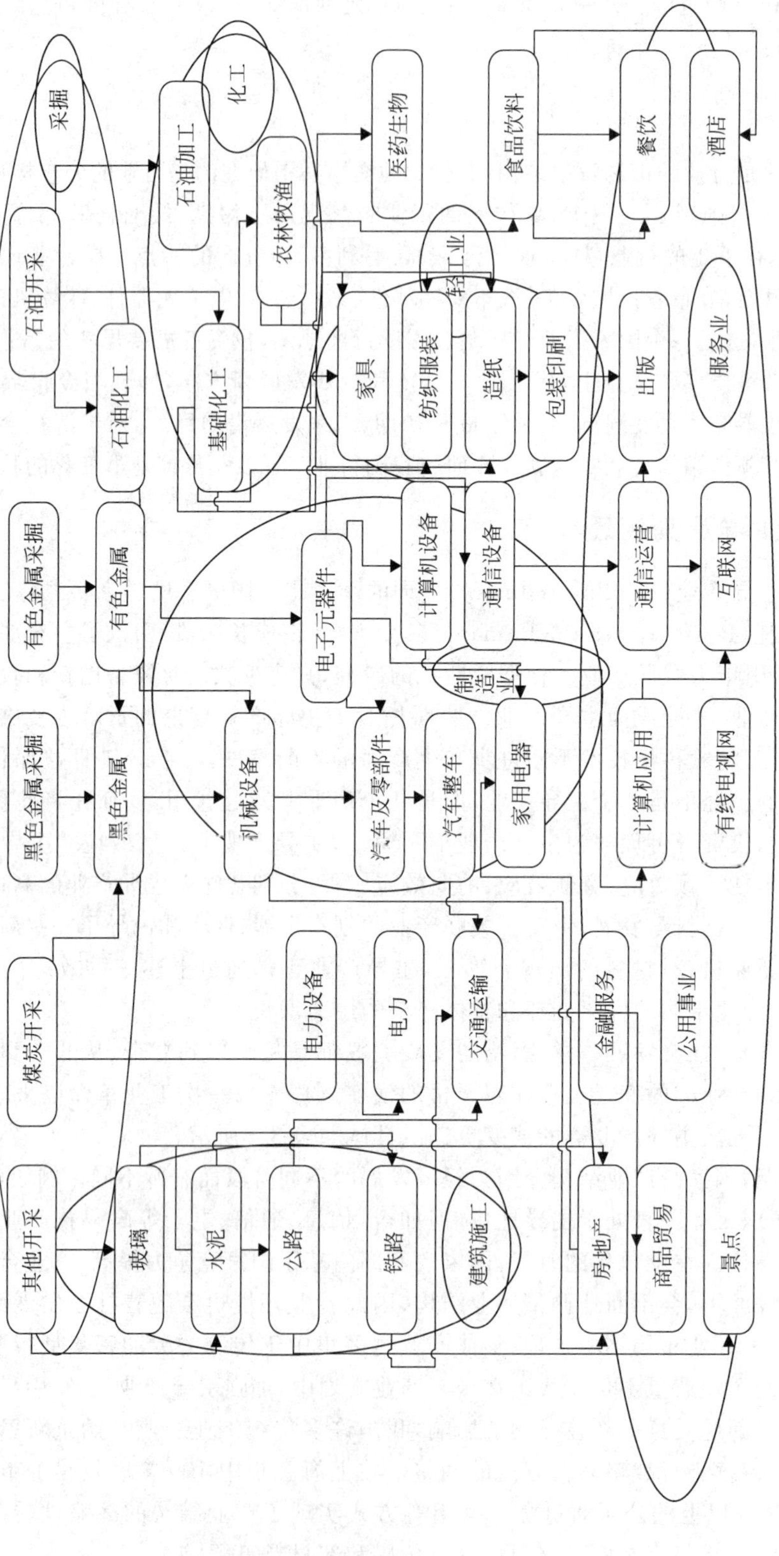
采掘
石油开采
有色金属采掘
黑色金属采掘
煤炭开采
其他开采
化工
石油加工
农林牧渔
基础化工
石油化工
有色金属
黑色金属
玻璃
水泥
公路
铁路
建筑施工
医药生物
轻工业
家具
纺织服装
造纸
包装印刷
制造业
电子元器件
计算机设备
通信设备
机械设备
汽车及零部件
汽车整车
家用电器
电力设备
电力
交通运输
食品饮料
餐饮
酒店
出版
服务业
通信运营
互联网
计算机应用
有线电视网
金融服务
公用事业
房地产
商品贸易
景点

图 8-2 我国行业地图

表 8-4　主导产业群变迁的五个历史阶段

阶段	主导产业	主导产业群
第一阶段	棉纺工业	纺织工业、冶炼工业、采煤工业、早期制造业和交通运输业
第二阶段	钢铁工业、铁路修造业	钢铁、采煤、造船、纺织、机器制造、铁路运输、轮船运输
第三阶段	电力、汽车、化工、钢铁	电力、电器、机械制造、化学、汽车，以及第二个主导产业群各产业
第四阶段	汽车、石油、钢铁、耐用消费品工业	耐用消费品、宇航工业、计算机、原子能、合成材料，以及第三个主导产业群各产业
第五阶段	信息产业	新材料、新能源、生物工程、宇航等新兴产业，以及第四个主导产业群各产业

资料来源：孙智君主编：《产业经济学》，武汉，武汉大学出版社，2010 年，第 161 页。

主导产业群思想的具体运用的典范，是我国正在实施的国家科技重大专项（National Science and Technology Major Project）。国家重大专项是为了实现国家目标，通过核心技术突破和资源集成，在一定时限内完成的重大战略产品、关键共性技术和重大工程。《国家中长期科学和技术发展规划纲要（2006—2020）》确定了大型飞机等 16 个重大专项，这些重大专项是我国到 2020 年科技发展的重中之重。投资者需要关注的国家重大专项官网是：www. nmp. gov. cn。

国家重大专项的遴选原则包括：紧密结合经济社会发展的重大需求，培育能形成具有核心自主知识产权、对企业自主创新能力的提高具有重大推动作用的战略性产业；突出对产业竞争力整体提升具有全局性影响、带动性强的关键共性技术；解决制约经济社会发展的重大瓶颈问题；体现军民结合、寓军于民，对保障国家安全和增强综合国力具有重大战略意义；切合我国国情，国力能够承受。

重大专项的实施，根据国家发展需要和实施条件的成熟程度，逐项论证启动。同时，根据国家战略需求和发展形势的变化，对重大专项进行动态调整，分步实施。重大专项的组织实施将注重与国家重大工程的结合，与国家科技计划的安排协调互动。充分发挥市场配置资源的基础性作用，在确保中央财政投入的同时，形成多元化的投入机制，突出企业在技术创新中的主体作用，对于具有明确产品和工程目标的专项任务，主要由企业牵头实施。建立责权统一的责任机制，按照谁牵头谁负责的原则，加强监督，确保实效。集成各方面的力量和资源，广泛调动科技界、企业界、经济界等各方面的积极性，突破事关国计民生和国家安全的重大关键技术，着力培育具有自主知识产权的战略产业，有效提升我国核心竞争力和国际地位。

四、战略新兴产业

战略新兴产业是引领我国经济社会发展的重要主导产业群，是我国产业结构变迁的重要发展方向。所谓战略性新兴产业，是以重大技术突破和重大发展需求为基础，对经济社会全局和长远发展具有重大引领带动作用，知识技术密集、物质资源消耗少、成长潜力大、综合效益好的产业。2010 年 9 月 8 日的国务院常务会议，审议通过《国务院关于加快培育和发展战略性新兴产业的决定》。提出加快培育和发展以重大技术突破、重大发展需求为基础的战略性新兴产业，具体包括节能环保、新一代信息技术、生物、高端装备制造、新能源、新材料和新能源汽车等七大产业，在这些重点领域集中力量，把它们培育成为国民经济的先导产业和支柱产业。这一宏大的规划，应该是继"四万亿"投资之后，中国政府启动的最大规模的产业发展计划，这些产业是国家产业转型、科技进步、经济引擎的必然产业，也是证券投资分析时关注的重点。战略新兴产业包括7个领域23个发展方向：

(1) 节能环保。包括六大类：节能电力电子设备、低碳减排、电厂脱硫、节能建材行业、污水处理及固体垃圾处理和半导体照明产业。

(2) 新兴信息产业。包括下一代通信网络、物联网、三网融合、新型平板显示、高性能集成电路和高端软件等范畴。

(3) 生物产业。主要面向生物育种、生物医药、生物农业、生物制造。

(4) 高端装备制造业。重点发展航空航天装备、海洋工程装备和高端智能装备。

(5) 新能源。核能、太阳能、风能、生物质能等新能源的开发利用，以及洁净煤、智能电网、分布式能源等对传统能源升级变革的技术。

(6) 新材料。包括特种功能和高性能复合材料。

(7) 新能源汽车。主要发展方向为插电式混合动力汽车和纯电动汽车。

战略性新兴产业具体发展目标是：2015年形成健康发展、协调推进的基本格局，对产业结构升级的推动作用显著增强，增加值占国内生产总值的比重力争达到8%左右。到2020年，战略性新兴产业增加值占国内生产总值的比重力争达到15%左右，吸纳、带动就业能力显著提高。节能环保、新一代信息技术、生物、高端装备制造产业成为国民经济的支柱产业，新能源、新材料、新能源汽车产业成为国民经济的先导产业；创新能力大幅提升，掌握一批关键核心技术，在局部领域达到世界领先水平；形成一批具有国际影响力的大企业和一批创新活力旺盛的中小企业；建成一批产业链完善、创新能力强、特色鲜明的战略性新兴产业集聚区。再经过十年左右的努力，战略性新兴产业的整体创新能力和产业发展水平达到世界先进水平，为经济社会可持续发展提供强有力的支撑。

五、产业链及微笑曲线理论

一般而言"产业链"分为三个环节，一是技术环节，包括研究与开发、创意设计、生产及加工技术的提高、技术培训等环节；二是生产环节，包括后勤采购、母版生产、系统生产、终端加工、测试、质量控制、包装和库存管理等环节；三是营销环节，包括销售后勤、批发及零售、广告及售后服务等环节。就盈利和价值增值能力而言，这三个环节表现出由高向低，再转向高的U型走势。IBM把PC部门出售的目的，正是为了摆脱硬件、生产的束缚，向软件设计、服务和电子商务等领域做战略转型。

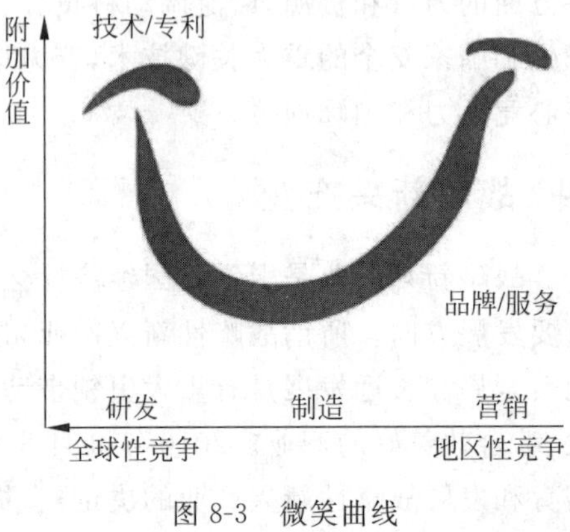

图8-3 微笑曲线

如图8-3所示，宏碁集团创办人施振荣先生，在1992年为"再造宏碁"提出"微笑曲线"(Smiling Curve)理论，以作为宏碁的战略发展方向。微笑曲线两端朝上，在产业链中附加值较高的环节更多的是体现在两端，设计和销售，而处于中间环节的制造附加值最低。微笑曲线左边的研发属于全球性的竞争；右边的营销主要是区域性的竞争。当前制造产生的利润低，许多亚洲新兴经济体成为世界工厂；但是研发与营销的相对附加价值较高，因此，国家未来产业布局理论上是朝着微笑曲线的两端发展，也就是在左边加强研究与开发，在右边加强客户导向的营销与服务。微笑曲线理论虽然简单，却为许多企业制定发展战略提供了方向性指引。根据微笑曲线理论，一个企业只有不断往附加价值高的区域移动、定位、布局，才能获得持续发展与永续经营。一个国家或者地区在国际分工的微笑曲线中的位置，取决于其知识要素等高位经济资源的拥有状况。在知识经济时代，一国的竞争优势不再体现在某个特定产业或者产品上，而是体现在价值链、产业链分工中所占据的环节或者工序上。

在国际经济棋局中，美国产业生产的是高附加值的芯片设计、软件产品等，占据了国际产业链的最高层次，而许多发展中国家所承接的加工制造环节在整个国际产业链条中处于较低层次。以芯片产业为例，俗称“芯片”的集成电路被喻为国家的“工业粮食”，是所有整机设备的“心脏”，目前广泛应用于电脑、手机以及水利、电力等公共设施和军事装备上，涉及国家信息安全，几乎起着“生死攸关”的作用。芯片产业 1 美元的产值，可以带动信息产业 10 美元的产值和 100 美元国内生产总值(GDP)。世界各国纷纷将芯片作为国家重点战略产业来发展，美国、欧洲、日本等发达国家通过大量的研发投入确保技术领先，韩国、新加坡和我国台湾地区通过积极的产业政策推动集成电路产业取得飞速发展。然而，我国在芯片产业链条的每一个领域，无论是 CPU，还是嵌入式 DSP，或者传感器、存储等产业，一直发展缓慢。长期无‘芯’，只能被动地居于全球产业链的下层位置。正是由于高端芯片生产、设计能力的缺失，导致遍布国内的许多电子设备长着一颗“外国芯”。我国芯片长期以进口为主，数据表明：每年进口需要消耗 2 000 多亿美元外汇，超过了石油和大宗商品，已经成为我国第一大进口物资。全球半导体市场规模达 3 200 亿美元，全球 54%的芯片都出口到中国，但国产芯片的市场份额只占 10%；全球 77%的手机是中国制造，但其中不到 3%的手机芯片是国产的①。

第 3 节　行业生命周期

唯有变化才是永恒的不变。任何事物都处于不断的变化之中，经济环境和产业变迁尤其如此。产业的变迁是由科技进步力量，消费者需求改变，政治、经济增长和其他因素所共同驱动的。通常每个行业都要经历一个由幼稚、成长到衰退的发展演变过程。这个过程便称为行业的生命周期。一般行业的生命周期可分为导入期、成长期、成熟期和衰退期。投资者需要洞悉产业生命周期的各个阶段特征，把握产业变迁规律，做出科学的投资决策。

---

① 中国产业网，《芯片成第一大进口商品信息产业发展缓慢》，2015 年 5 月 6 日。

一、行业生命周期综述

行业的生命周期指行业从出现到完全退出社会经济活动所经历的时间。如图8-4所示,行业的生命周期一般包括四个阶段:导入期、成长期、成熟期、衰退期。

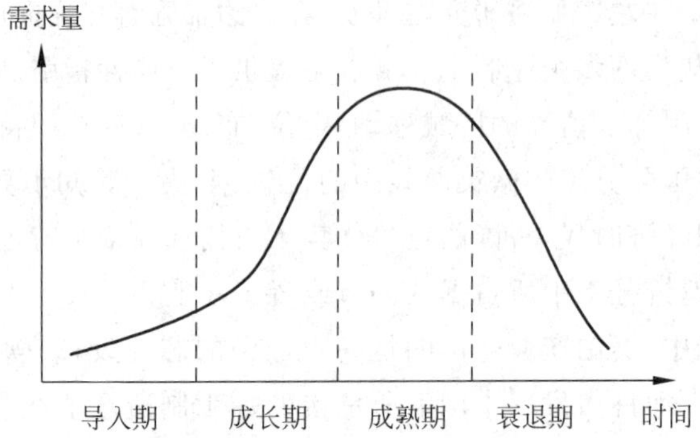

图8-4 行业生命周期

识别行业生命周期所处阶段的主要指标有:市场增长率、需求增长率、产品品种、竞争者数量、进入壁垒及退出壁垒、技术变革、用户购买行为等。大量统计数据表明,不同行业的生命周期各阶段的时间长短是不同的,社会需求状况和变化特点以及行业内企业的经营行为都会影响行业的生命周期。例如,美国铁路行业的导入期是从1827年第一条俄亥俄铁路建设持续到19世纪70年代;此后铁路行业进入成长阶段。伴随着公路交通的发展,美国铁路行业在20世纪50年代进入衰退阶段。再例如,美国钢铁行业的导入期持续了大约25年之久,从19世纪90年代开始,直到1913—1915年进入成长阶段。行业成熟阶段是从20世纪50年代中期开始,在21世纪初至今的10年间进入衰退阶段。

需要强调的是,由于行业内的公司开发突破性创新产品,一些行业可能会出现生命周期的再生。例如在20世纪60年代,在美欧日渐衰落的摩托车行业,随着新的日本休闲式摩托车的兴起而再度繁荣,重新进入它的成长阶段。黑白电视机的普及使得黑白显示器行业进入成熟期,很快技术进步又推动进入了彩色电视机行业的繁荣期。

一个行业在不同的国家可能处于其生命周期的不同阶段。虽然欧洲、日本和美国汽车市场已经进入了衰退阶段的初期,但中国、印度和俄罗斯市场处于它们的成长阶段。跨国公司可以利用这样的差异性,即开发新产品并且将它们投放到发达工业国家中,然后一旦进入市场成熟期,就将注意力转移到其他发展中国家。下面分别介绍生命周期各阶段的特征。

二、行业生命周期阶段

(一)导入期

1. 行业产生的条件

行业的导入期也就是一个行业萌芽和产生的时期。行业产生的最基本条件有两个:一是社会物质和精神的新需求,人类社会的发展会不断产生新的物质和精神的需求,这是行业产生的最基本动力；二是新技术的发展催生了新行业的问世，科学和技术的进步会不断产生各种新技术，从而使新的行业诞生。比如，随着移动通信技术的问世，自然而然地产生了移动通信行业。这种行业往往是科学技术产生突破性进步的结果，经常萌芽于实验室或者科技园区，例如石墨烯、生物医药、生物工程、海洋产业、太阳能等。

2. 行业形成的方式

行业形成的方式有三种，即分化，衍生和新生长。分化是指新行业从原有的行业母体中分离出来，分解为一个独立的新行业，比如石油化工从石油工业中分化出来，成为一个新兴的行业。衍生是指出现原有行业相关的、相配套的行业，比如在汽车业中衍生出汽车修理业，在房地产衍生出房地产中介业等。新生长是指新行业并不依附于原有行业而是以相对独立的形式产生，这种行业的产生往往是科学技术出现突破性进步的结果。像生物医药业、网络通信业都属于新生长的含义。

3. 行业处于导入期的特点

在这一阶段，由于新行业刚刚诞生或初建不久，只有为数不多的投资公司投资于这个新兴的行业。另外，创业公司的研究和开发费用较高，而大众对其产品尚缺乏全面了解，致使产品市场需求狭小，销售收入较低，因此这些创业公司财务上可能不但没有盈利，反而出现较大亏损。同时，较高的产品成本和价格与较小的市场需求之间的矛盾使得创业公司面临很大的市场风险，而且还可能因财务困难而引发破产风险。因此，这类企业更适合投机者和创业投资者。在导入期后期，随着行业生产技术的成熟、生产成本的降低和市场需求的扩大，新行业便逐步由高风险、低收益的导入期迈入高风险、高收益的成长期。这一时期的市场增长率较高，需求增长较快，技术变动较大，行业中的厂商主要致力于开辟新用户、占领市场，但此时技术上有很大的不确定性，在产品、市场、服务等策略上有很大的余地，对行业特点、行业竞争状况、用户特点等方面的信息掌握不多，企业进入壁垒较低。

（二）成长期

1. 成长能力的判断要素

成长期是指行业的生产技术趋于成熟，生产成本趋于下降，市场需求趋于扩大的时期，这个时期意味着行业的发展实现了从高风险、低收益向高风险、高收益的转变。判断一个行业的成长能力可以从以下几个方面进行考察：

(1) 收入的需求弹性。一般来说，收入的需求弹性比较高的行业，成长能力比较强；

(2) 生产技术。生产技术进步快的行业，由于创新能力强，生产率提高快，其成长能力也比较强；

(3) 产业关联度。产业关联度强的行业，相对成长能力较强；

(4) 市场容量和潜力。市场容量和市场发展潜力大的行业，因为有成长的空间，所以成长的机会较大；

(5) 行业在空间的转移活动。行业在空间的转移活动停止，一般可以说明行业成长已经达到市场需求的边界，成长期也就进入尾声；

(6) 产业组织的变化活动。在行业的成长过程中，一般伴随着行业中企业组织的集团化和大型化。

2. 成长期产业的特点

这一时期的市场增长率很高，需求高速增长，技术渐趋定型，行业特点、行业竞争状况及用户特点已比较明朗，企业进入壁垒提高，产品品种及竞争者数量增多。

(1) 随着技术的逐渐成型、产品的完善和推广，产品的需求量快速上升，销售量也会急剧增加；同时随着生产规模的扩大，产品的成本也会逐步降低，行业中企业的收益稳步提高，开始能够为投资者提供比较稳定的股息和红利。由于这个时期行业的增长非常迅速，所以会有一些优势企业脱颖而出，使投资于这些企业的投资者获得极高的投资回报，所以成长期也被称为“投资机会”期。

(2) 由于行业形势向好，因此会导致更多的企业加入这个行业，使行业内部的竞争加剧，出现价格下降的现象。一些经营不良的企业会在激烈的竞争中被淘汰或者被兼并，破产倒闭时有发生，所以处在这个阶段的行业，从投资的角度来说，仍然具有高风险的特点。

(3) 在成长期阶段由于新的机会不断出现，一些实力雄厚、竞争力强的企业逐渐扩大规模并控制整个行业，这些企业需要大量的资金来实现高速成长，因此会出现在资本市场进行大规模融资的现象，融资渠道也从初创期主要依靠创业板或中小企业板市场转为主要依靠主板市场。因此，对于投资者来说，选择有竞争能力的成长企业进行投资是分享成长行业成长成果的关键。

(三) 成熟期

1. 产业成熟的表现

由于市场竞争优胜劣汰的规律，行业中的企业数量会在一个阶段后出现大幅度减少然后稳定下来；同时，由于市场需求趋向饱和，产品的销售增长率明显减缓，迅速赚取利润的机会也在减少，整个行业便开始进入成熟期。

行业成熟首先表现在：

(1) 技术和生产工艺的成熟，即行业内企业普遍采用的是适用的、具有一定先进性和稳定性的技术；

(2) 产品的成熟，是指产品的基本性能、样式、规格、结构等都趋向成熟，已经被消费者习惯使用；

(3) 产业组织的成熟，是指行业内的企业之间建立了良好的分工协作关系。

2. 成熟期产业的特点

行业的成熟期是一个相对较长的时期。具体来看，各个行业成熟期的时间长短往往有所区别。一般而言，技术含量高的行业成熟期历时相对较短，而公用事业行业成熟期持续的时间较长。行业处于成熟期的特点主要有：

(1) 企业规模空前、地位显赫，产品普及程度高。由于产品普及程度提高，市场需求逐步趋向饱和，市场的扩展速度开始放慢，行业的增长趋势开始受阻。

(2) 由于竞争的结果，企业的数量减少，开始出现规模巨大的企业，市场主要为少数资本雄厚、技术先进的大公司瓜分，各个大公司的市场份额和生产布局都稳定下来，企业之间的竞争手段也逐渐从价格竞争转为提高质量、改善性能、完善售后服务等非价格竞争。

(3) 构成国家支柱产业的地位,其生产要素份额和产值、利税份额等在经济中占有较大的比重。

(4) 由于行业增长缓慢甚至不再增长,因此整个行业扩大再生产的积极性受阻,企业利润留存的积极性受阻,所以行业中绝大多数企业都比较倾向于向投资者发放比较稳定、优厚的股息和红利作为前期投资的回报。另外,由于一定程度的垄断存在使行业利润达到了较高水平,而风险却因为市场结构比价稳定,新企业难以进入而得到降低。所以这一时期是投资的高收益、低风险时期。

(四) 衰退期

1. 导致产业衰退的原因

在行业的成熟期,行业的增长速度会下降到一个适当水平。如果以后该行业的增长完全停止甚至出现负增长,则意味着该行业开始步入衰退期,处于衰退期的行业有纺织业、钟表业、自行车业、造船业等。行业的衰退是客观的必然,它可以分为自然衰退和偶然衰退。自然衰退是指在内在因素作用下自然到来的衰退,这是一种绝对的衰退,就像人类自然衰老一样;而偶然衰退是指在偶然的、外在因素作用下提前或者延后发生的衰退,这是一种相对衰退,比如高速公路运输业的发展导致了水运的相对衰退。

2. 产业衰退期的特点

第一,产品的市场需求开始萎缩,市场销售量开始下降;利润水平停滞不前或者不断下降,行业中的公司收益减少,发放的股息锐减。第二,行业中的一些企业开始退出本行业向其他的新兴行业转移,行业中的企业数量开始出现下降的趋势。第三,行业的衰退期要比其他时期长很多,有衰退但不等于消亡,可以说是衰而不亡,这和一般的自然生命现象有所不同。比如钢铁业、纺织业、造船业在很多国家都是衰退行业,但是不会消亡与人类社会共存。通常情况下,当一家上市公司从事的现有行业处在衰退阶段,企业为了避免死亡,就必须进行多元化经营。这种情况下的战略目标就是实现战略性行业转移,即通过进入新的行业,企业逐步从现有行业中撤出,并将生命线建立在新行业领域中。这类行业主要有煤炭采掘业、房地产业、烟草、白酒、纺织、钢铁行业等。例如,房地产板块的上市公司纷纷转型为医药或者新材料行业,比较典型的包括中珠控股、长春高新、中国宝安等。一些纺织行业的上市公司纷纷转型。例如天山纺织(000813)发行股份购买资产,置入北京嘉林药业的优质资产,产业实现成功转型。

如表 8-5 所示,在行业生命周期的不同阶段,需求增长和技术上的变革涉及行业结构、竞争和行业关键成功因素的不同特征。在导入期,产品的市场接受程度值得怀疑,商业模式的实施并不清晰,存在高风险和许多破产事件;在成长期,产品已经被市场接受,业务拓展开始,销售额和盈利加速增长,商业模式的正确实施仍是一个关键问题;在成熟期,行业趋势与总体经济趋势相同,参与者在稳定的行业中争夺市场份额;在行业衰退期,消费偏好的改变和新技术的出现,使得产品的需求逐渐减少。

表 8-5 不同生命周期中行业结构等特征演变

	导入期	成长期	成熟期	衰退期
需求	限于早期采用者：高收入、时尚派	市场渗透速度加快	大众市场，替代/重复购买。客户知识丰富，而且对价格敏感	过时
技术	对技术进行竞争，快速的产品开发	占主导地位的技术标准化，快速的流程创新	已经普及的技术知识，追求技术改进	很少有产品或流程创新
产品	质量很差，特征和技术多样化，频繁的设计变化	设计和质量改进，出现了占主导地位的设计	倾向于商品化，试图通过品牌、质量、捆绑策略产生差异化	商品原则：很难差异化，而且无利可图
生产和分销	生产周期短，高技术劳动含量，专用分销渠道	生产能力不足，大规模生产，对分销渠道进行竞争	出现生产能力过剩，消除生产技术需求，生产周期长，分销商经营更少的渠道	长期生产能力过剩，重新出现专用渠道
贸易	生产商和消费者处于发达国家	从发达国家出口到世界其他地方	生产转移到新兴工业化国家，然后又转移到发展中国家	从劳动力成本最低的国家出口
竞争	公司很少	进入、兼并和退出	淘汰，价格竞争增加	价格战，退出、行业转移
关键成功因素	产品创新，建立可靠的公司和产品形象	制造设计，获得分销渠道，建立强大的品牌，快速产品开发，流程创新	通过资本密集、有效规模和低投入成本实现成本效率	企业间的费用低，买方选择，发出承诺信号，使生产能力合理化

资料来源：罗伯特·M.格兰特著：《现代战略分析》，北京，中国人民大学出版社，2016 年，第 256 页。

第 4 节 行业景气周期

一、行业景气周期

行业景气周期主要是指一个行业对经济周期波动的反应。行业景气周期的具体测算方法，可以用"回归分析方法"，以宏观经济指标（如 GDP 增长率等）作为 X，以行业销售额增长率指标作为 Y，找到二者的波动系数，该波动系数称为"行业贝塔"。基于行业对周期的反映，可将行业分为三种类型：增长性行业、防御性行业、周期性行业。

1. 增长性行业

增长性行业是指发展速度快于国民经济，销售收入和利润独立于经济周期而超长增长。增长性行业的运动状态与经济活动总水平的周期及其振幅无关。这些行业收入增长的速率相对于经济周期的变动来说，并未出现同步影响，因为它们主要是靠技术的进步、新产品推出及更优质的服务，从而使其经常出现出增长形态。在经济高涨时，它的发展速度通常高于平均水平；在经济衰退时，它所受到的影响很小甚至仍能保持一定的增长。在过去的几十年内，信息技术的快速发展使得计算机软件、电子通信等高科技行业，成为最有代表性的增长性行业。投资者对高增长的行业十分感兴趣，主要是因为这些行业对经济周期波动来说，提供了一种财富“套期保值”的手段。投资者选择增长性行业进行投资，可以分享行业增长的利益，同时不受经济周期的影响。

2. 防御性行业

防御性行业的特征是受到经济周期的影响较小，它们的产品往往是生活必需品或是必要的公共服务，社会公众对其产业的产品需求相对稳定，并不受经济周期处于衰退阶段的影响。这种行业中代表性的公司盈利水平也相对比较稳定。这些行业往往不因经济周期变化而出现大幅度变动，甚至在经济衰退时，这种行业也能取得稳步增长。例如食品业、医药产业、黄金产业、公用事业等均属于防御性行业。防御性行业内的公司一般具有较低的系统性风险，其股票的变化受整体市场环境的影响要相对小很多。

3. 周期性行业

周期性行业的特征是受到经济周期影响很大。当经济处于繁荣上升时期，这些行业会紧随其扩张；当经济衰退时，这些行业也相应衰落。产生这种现象的原因是，当经济繁荣上升时，居民收入增加，对这些行业相关产品的需求相应增加。例如房地产业、建筑材料业、家用电器业、旅游业等，就属于典型的周期型行业。由于周期性行业是对经济发展最敏感的行业，它们的股价会上升或下降的很快，周期性行业中的公司往往具有较高的系统性风险。

二、投资者的策略选择

了解经济周期与行业景气之间的关系，投资者应认清经济循环的不同表现和不同阶段，顺势选择恰当行业进行投资（见表 8-6）。当国家经济处于上升通道、繁荣阶段时，投资者可以选择增长性行业或者周期性行业的上市公司进行投资；当经济处于衰退阶段时，投资者可以选择防御性行业上市公司进行投资，可以获得稳定而适当的收益。

表 8-6 行业景气周期

行业类型	特　征	与经济周期关系	产生原因	举　例
增长型行业	销售和利润在经济周期的不同阶段，均保持高于经济整体水平的增长	与周期关系不大	依靠技术进步、新产品推出、更优质的服务等	高科技、军工
防御型行业	销售和利润在经济周期的不同阶段，均保持稳定增长	不受经周期处于衰退阶段的影响	产品需求相对稳定、一直旺盛	食品、医药、公用事业等
周期型行业	销售和利润跟随经济周期，并且波动幅度大于整体经济	直接与周期相关	需求收入弹性较高	房地产、建筑材料业、家用电器等消费品、旅游业等

第9章

战略分析

本章学习目标

- 公司分析逻辑
- 哈佛分析框架
- 战略、会计、财务、估值分析的关系
- 战略分析的基本工具
- 公司外部环境分析
- 公司资源与能力分析

第1节　公司分析逻辑

一、为什么要进行公司分析

公司是指依法设立的有独立法人财产，从事经营活动且以营利为目的的企业法人。公司的两种主要形式，为有限责任公司和股份有限公司。股份有限公司按照公司股票是否上市流通分为上市公司和非上市公司。上市公司是指所发行的股票经过国务院或者国务院授权的证券管理部门批准在证券交易所上市交易的股份有限公司。无论是宏观经济分析还是行业分析，我们最终的投资对象都是上市公司，购买上市公司的股票。证券投资分析中公司分析的对象主要是指上市公司。

任何一个谨慎的投资者，在决定投资之前一定会对具体的投资对象进行系统的分析。通过对一个上市公司背景资料、业务资料、财务资料的分析，可以更好地了解其财务状况、行业状况、发展潜力、发展空间、竞争压力、投资价值等，可以多角度把握上市公司的总体性品质，以至做出正确的投资决策。

公司分析包括公司的定性分析和定量分析两个方面。对公司分析的主要载体和手段是财务报告。财务报告是披露上市公司信息的重要工具。已经公布的财务报告是上市公司投资价值估计与证券定价的重要的信息来源。投资者对企业财务报告的分析，是其预测公司收益和现金流的基础，也是其做出具体投资决策的直接依据之一。事实上，除了投资者之外，银行信贷人员、公司管理顾问、公司管理者、独立审计师等，都是进行公司分析的重要利益相关者。以下这些问题，都可以在对公司的分析中找到答案。

1. 证券分析师需要通过公司分析回答

我所追踪的公司目前运作如何？该公司的业绩是否达到了我的期望值？如果没有，原因是什么？根据我对公司现在和未来业绩的评价，公司股票的价值是多少？

2. 银行信贷人员需要通过公司分析回答

为公司提供贷款的相关信用风险是什么？公司在资金流动性管理和偿债能力方面做得怎样？公司的经营风险是什么？公司的融资和股利政策带来的其他风险是什么？

3. 公司管理顾问需要通过公司分析回答

公司所在行业的结构是怎样的？该行业中各种参与者的战略目标是什么？该行业中不同公司的相对业绩如何？

4. 公司管理者需要通过公司分析回答

我的公司是否被投资者恰当估价？我们的投资者沟通计划足以推动这一过程的实现吗？这家公司是潜在的收购目标吗？如果我们收购这家公司，能够增加多少价值？如何解决收购的融资问题？

5. 政府相关部门需要通过公司分析回答

这家公司是否有通过转移收入、夸大费用等手段进行非法避税的行为？国有资产监管部门想通过专业化分析，对所属公司经营绩效和国有资产保值增值情况进行深入了解。

6. 外部审计师和内部审计部门，需要通过公司分析回答

这家公司关键财务数据与行业同类公司标准值相比是否出现异常？对目标公司进行的分析性复核手段，能否帮助我们找到重要的审计线索？与该公司自身历史财务数据相比，是否出现异常？这些财务报告是否反映了该企业目前的状况和主要风险？

二、公司分析的基本逻辑

如何分析公司？这个问题貌似简单，但无限重要。巴菲特的老师，哥伦比亚大学的本杰明·格雷厄姆教授，在 1937 年的著作 *The Interpretation of Financial Statements* 堪称是公司分析的杰出作品。他在前言中这样写道：一项投资成功与否，最终还要取决于未来趋势的发展，而未来或许是永远也不可能精确预见的。但是，如果你对一家公司当前的财务状况和过去的收益数据都了如指掌，你就更有可能对公司的未来发展做出判断，这就是证券分析的精髓所在。[①] 本杰明·格雷厄姆和大卫·多德，两位教授合作的经典著作 *Security Analysis*（该书最早成书于 1934 年），至今仍是人们最为关注的书籍，被誉为投资者的圣经。书中运用大量的篇幅，讲解了如何分析公司的财务报表，尤其强调了分析资产负债表的重要性。巴菲特在为他的两位老师的著作第六版作序时，曾经这样写道：两位恩师，一本著作，改变了我的一生。[②] 20 世纪末至今，关于公司分析的前人研究成果非常多，其中不乏经典之作，例如 S. B. 科斯特斯的 *The Guide to Understanding Financial Statements*、托马斯·伊特尔森的 *Financial Statements*、史蒂夫·H. 佩因曼的 *Financial Statement Analysis and Security Valuation* 等。但是，大部分关于公司分析的

---

① 本杰明·格雷厄姆等：《像格雷厄姆一样读财报》，刘雨等译，北京，中国青年出版社，2009 年。

② 本杰明·格雷厄姆等：《证券分析》(6 版)，巴曙松等译，北京，中国人民大学出版社，2013 年。

著作，其分析视角一般集中在财务分析，尤其是财务报表分析，或者公司价值评估。从实务应用的角度来看，公司分析的重要起点，应该是该上市公司所在行业分析、业务和战略分析，这也是投资者选择股票时所要考虑的头等大事。所幸的是，哈佛大学会计系的克里舍等教授所著的 *Business Analysis and Valuation，Text and Case*，书中认为，战略分析是公司分析的重要起点，构建了一套基于“战略分析”“会计分析”“财务分析”“前景分析”所组成的分析框架，可称为财务报表分析的“哈佛框架”。我们沿用了哈佛框架，结合我国实务，对哈佛框架进行了如下的系统“改造”，形成本书的公司分析逻辑，具体如图 9-1 所示。

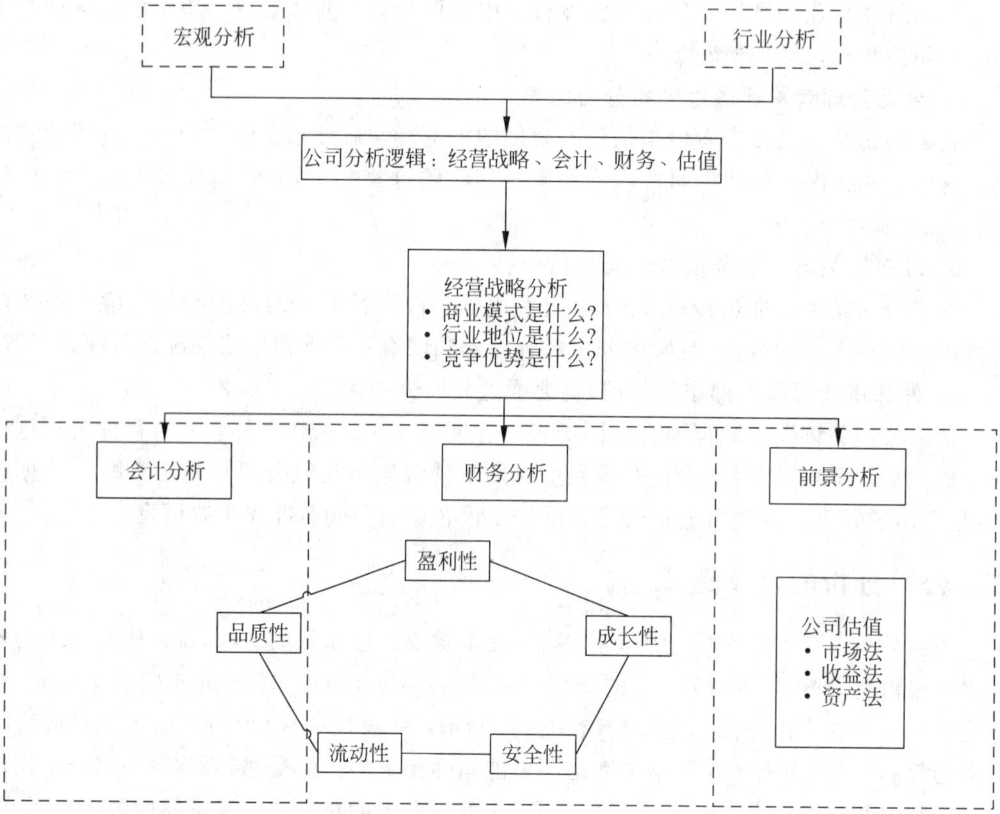

图 9-1 公司分析逻辑——公司九问

1. 本书强调公司分析的逻辑起点是——宏观环境和行业背景分析

从更广的视角看上市公司，宏观和行业是企业存在的空气和土壤，宏观和行业分析迈开公司分析的第一步。只有详细分析国家经济结构调整的大背景，将“公司分析”放置在行业分析的“上下文”之中进行比较鉴别、对标，才能得出实事求是的投资结论。比如投资者若要对上市公司——美的集团(000333)进行分析，应该首先对家用电器行业进行系统而深入的分析。投资者首先需要分析家用电器行业，尤其是空调、洗衣机等生产销售行业的市场结构、生命周期、景气周期、财务标准值等重要信息。分析美的集团的重要同行——格力电器(000651)、青岛海尔(600690)等的信息，便于进行对比分析。这应该是公司分析的逻辑起点。

2. 本书将公司分析路线进一步逻辑顺序化

我们认为，投资者沿着宏观与行业分析、经营战略、会计分析、财务分析、估值分析这样的顺序对上市公司进行分析，具有逻辑上的“排除法”。这就是说，假如对 A 上市公司所在的行业进行分析，无法满足投资者的选择函数，之后将进行的战略、会计、财务、估值分析将毫无继续下去的意义。同理，假如 B 上市公司背后行业不错，经营战略也很好，但有效的“会计分析”显示 B 公司的利润质量、资产质量、会计数据粉饰程度等“品质性”状况非常糟糕的话，B 公司显然属于“被排除”的投资对象，那么继续对其进行财务指标分析以及估值分析就没有任何意义。

3. 本书将公司分析逻辑节点的内容进一步具体化

(1) 在行业分析阶段，投资者需要分析行业市场结构、行业生命周期、行业景气周期、行业财务标准值等。

(2) 在战略分析阶段，投资者需要弄清楚：公司是干什么的；公司在行业中的地位如何；公司的核心竞争优势是什么。

(3) 在会计分析阶段，投资者需要弄清楚上市公司品质，例如，公司的资产与利润质量；会计数据粉饰情况；公司主营业务集中度；关联方占用公司资金情况……这些对公司“品质性”考量的要素，会告诉投资者，这家上市公司是否具有“伟大公司”的基因。

(4) 在财务分析阶段，投资者需要弄清楚，上市公司盈利性、成长性、流动性、安全性指标情况。通过财务分析，了解该上市公司拥有多少，欠别人多少，赚了多少；该公司是否有发展潜力等。

(5) 在估值分析的阶段，投资者可以通过市场法、收益法、资产法或者期权法，估计上市公司的内在价值。

4. 本书针对公司分析逻辑，研究关于公司的九个核心问题①

关于公司的九个核心问题(简称为公司九问)，分别是：

(1) 该公司背后那个行业的地位和优势是什么?

(2) 该公司商业模式是什么?

(3) 该公司行业地位是什么?

(4) 该公司竞争优势是什么?

(5) 该公司品质如何?

(6) 该公司健康吗?

(7) 该公司赚钱吗?

(8) 该公司有发展潜力吗?

(9) 该公司内在价值几何?

研究者弄清楚了这九个问题，应该可以写出一份高质量的公司研究报告。

---

① 九问一词，出自现代作家沧月(王洋)的作品《镜・双城》，是沧月所著《镜》系列长篇奇幻小说的第一部。小说中剑圣一门的剑法“击铗九问”，九问分别是：问天何寿？问地何极？人生几何？生何欢？死何苦？情为何物？轮回安在？宿命安有？苍生何辜？沧月，1979 年 5 月 15 日出生于浙江台州，中国当代奇幻文学作家、建筑师，毕业于浙江大学建筑设计及理论专业。九问不是出自屈原，人们误以为是屈原所写，原因是屈原写过《天问》、《九歌》、《九章》等。

第 2 节　战略的基础知识

一、什么是战略

“战略”一词的希腊语是 strategia，意思是“熟练的领导”，原是一个军事术语。这个概念并不是起源于希腊。一般认为在大约公元前 500 年的经典名著《孙子兵法》中对战略进行了首次论述。20 世纪 60 年代，战略思想开始运用于商业领域，并与达尔文“物竞天择”的生物进化思想共同成为战略管理学科的两大思想源流。它粗略看起来像是一个比较虚化的名词，一些市场人士在谈到战略时，认为它只不过是虚无缥缈的空谈而已。

事实上，战略并不是“空的东西”，也不是“虚无”的，它是直接左右一家公司能否持续发展和持续盈利的最重要的决策参照系。战略管理则是依据企业的战略规划，对战略加以监督、分析与控制，特别是对企业的资源配置与事业方向加以约束，最终促使企业顺利达成目标的过程管理。战略看起来是一个非常简单的概念，里面却包含了极其丰富的思想，一个公司的良性发展，全在战略里体现。一家公司是内涵式发展，还是外延式并购，都可以在它的公司战略里找到答案。

目前世界上研究公司战略的伟大著作中最具代表性的是美国迈克尔·波特(Michael E. Porter)教授的 *Competitive Strategy*[①]、英国理查德·林奇(Richard Lynch)教授的 *Corporate Strategy*[②]。这两本书可以在很多商学院学生、大学教授、公司的首席执行官，甚至国家领导人的书架上找到。迈克尔·波特是美国哈佛商学院的终身教授；理查德·林奇是英国密德萨斯大学荣誉教授。迈克尔·波特是当今世界战略与竞争力领域公认的第一权威，被誉为“竞争战略之父”，是当今最伟大的商业思想家之一。在埃森哲公司和《时代》杂志对全球最具影响力的 50 位管理大师的排名中，迈克尔·波特位居第一。目前拥有瑞典、荷兰、法国等国大学的 8 个名誉博士学位。迈克尔·波特获得的崇高地位源于他所提出的“五种竞争力量”“三种竞争战略”等理论。作为国际商业领域备受推崇的大师之一，迈克尔·波特至今已出版了 18 部作品。

什么是公司战略？

迈克尔·波特认为，战略是公司为之奋斗的一些终点与公司为达到它们而寻求的途径的结合物。可以看出，波特认为战略是“终点”与“路径”的结合物，他强调公司战略的属性是计划性、全局性和长期性。英国理查德·林奇认为，公司战略是指识别组织目标，并制定计划和相关行动来实现这个目标。他认为战略是目标、计划、行动的组合物。他强调，公司战略关注的是公司未来发展的基本方向：它的目标、抱负、资源以及如何与环境发生关联。加拿大学者明茨伯格(Henry Mintzberg)认为，战略是一系列的决策或行动方式，这套行动方式包括刻意安排的(计划性)和任何临时出现的(非计划性)。他所强调的是，公司对外部环境约束发生变化时的适应性。

---

① 迈克尔·波特：《竞争战略》，陈丽芳译，北京，中信出版社，2014 年。

② 理查德·林奇：《公司战略》，杨世伟等译，北京，经济管理出版社，2005 年。

本书认为，战略是一个公司明确商业模式、提升行业地位以及培育竞争优势而做出的一整套目标规划和行动路线，它为公司前进指明方向，它是整合优化公司资源的依据和动力，是公司保持可持续发展能力的前提和保障。战略一词有专业的解释，不过通俗地讲，战略就是根据各种综合因素的变化及规律，为公司制定可持续发展的规划。

二、战略的层次

1. 总体层战略

总体层战略又称为总体战略、公司战略，是企业最高层次的战略，是企业整体前进的总纲。在存在多个经营单位或多种经营业务的情况下，企业总体战略主要是指集团母公司或者公司总部的战略。总体战略的目标是确定企业未来一段时间的总体发展方向，协调企业下属的各个业务板块和职能部门之间的关系，合理配置企业资源，培育企业核心能力，实现企业总体愿景目标。它主要强调两个方面的问题：一是“应该做什么业务”，即从公司全局出发，根据外部环境的变化及企业的内部条件，确定企业的使命与任务、产品与市场领域；二是“怎样管理这些业务”，即在企业不同的战略事业单位之间如何分配资源以及采取何种成长方向等，以实现公司整体的战略意图。

2. 业务层战略

业务层战略又称为基本战略、竞争战略、事业部战略。现代大型企业一般都同时从事多种经营业务，或者生产多种不同的产品，有若干个相对独立的产品或者市场部门，这些部门即事业部或战略经营单位。由于各个业务部门的产品或服务不同。所面对的外部环境（特别是市场环境）也不相同，企业能够对各项业务提供的资源支持也不同。因此，各部门在参与经营过程中所采取的战略也不尽相同，各经营单位有必要制定指导本部门产品或服务经营活动的战略，即业务层战略。业务层战略是企业战略业务单元在公司战略的指导下，经营管理某一特定的战略业务单元的战略计划，具体指导和管理经营单位的重大决策和行动方案，是企业的一种局部战略，也是公司战略的子战略，它处于战略结构体系中的第二层次。业务层战略着眼于企业中某一具体业务单元的市场和竞争状况，相对于总体战略有一定的独立性，同时又是企业战略体系的组成部分。业务层战略主要回答在确定的经营业务领域内，企业如何展开经营活动；在一个具体的、可识别的市场上，企业如何构建持续优势等问题。其侧重点在于以下几个方面：贯彻使命、业务发展的机会和威胁分析、业务发展的内在条件分析、业务发展的总体目标和要求等。对于只经营一种业务的小企业，或者不从事多元化经营的大型组织，业务层战略与公司战略是一回事。所涉及的决策问题是在既定的产品与市场领域，在什么样的基础上来开展业务，以取得顾客认可的经营优势。

3. 职能层战略

职能层战略又称为职能战略，它是为贯彻、实施和支持公司战略与业务战略而在企业特定的职能管理领域制定的战略。职能战略主要回答某职能的相关部门如何卓有成效地开展工作的问题，重点是提高企业资源的利用效率，使企业资源的利用效率趋于最大化。职能层战略的内容，要比业务战略更为详细、具体，其作用是使总体战略与业务战略的内容得到具体落实，并使各项职能之间协调一致，实践中通常包括营销战略、人事战略、财务战略、生产战略、研发战略等方面。公司层战略倾向于总体价值取向，以抽象概念为基础，主要由企业高层管理者制定；业务层战略主要就本业务部门的某一具体业务进行战略规划，主要由业务部门领导层负责；职能层战略主要涉及具体执行和操作问题。

公司层战略、业务层战略与职能层战略一起构成了企业战略体系。在企业内部，企业战略管理各个层次之间是相互联系、相互配合的。企业每一层次的战略都为下一层次战略提供方向，并构成下一层次的战略环境；每层战略又为上一级战略目标的实现提供有效的保障和支持。所以，企业要实现其总体战略目标，必须将三个层次的战略有效地结合起来。

三、总体层战略

总体层战略是公司最高层次的战略。它需要根据公司的目标，选择企业可以竞争的经营领域，合理配置企业经营所必须的资源，使各项经营业务相互支持、相互协调。公司总体战略常常涉及整个企业的财务结构和组织结构方面的问题。①

总体层战略通常可以划分为发展、稳定、收缩三大战略。发展战略是强调充分利用外部环境的机会，充分发掘公司内部的优势资源，以使得公司在现有状态的基础上向更高一级的方向发展。稳定战略又称为维持战略，是指限于经营环境和内部条件，公司在战略期所期望达到的经营状态，基本保持在战略起点的范围和水平上即可。收缩战略又称为撤退战略，是指那些没有发展或者发展潜力很渺茫的公司，识时务者为俊杰，通过资产变卖、业务转型等具体方式，退出特定领域。

1. 发展战略

在实践中，发展战略又可以分为一体化战略、密集型战略、多元化战略。

1）一体化战略

一体化战略是指公司对具有优势和增长潜力的产品或者业务，沿其经营链条的纵向或者横向延展业务的深度和广度，扩大规模实现增长。一体化战略按照业务拓展的方向，可以分为纵向一体化与横向一体化。前者是指沿着产品或者业务链向前或者向后，延伸和扩展公司现有业务；后者则是指企业收购、兼并或者联合竞争企业的战略。

例如中国核工业集团收购东方锆业（002167）股份，使东方锆业成为中国核工业集团的控股子公司，实现混合所有制的改革，就是因为东方锆业拥有国内唯一一条自主知识产权的核级海绵锆生产线，是中国锆行业的龙头，而核级锆材正是中国核工业集团产业链的上游供应方。再例如，国家电网公司推动下属许继电气（000400）等上市公司积极布局充电桩和充电站业务，就是纵向一体化的极好案例。横向一体化战略的典型案例是，美的集团（000333）以16.8亿收购小天鹅（000418）24.01%股权。截至2016年5月，美的已经持有小天鹅37.78%股权，成为小天鹅的实际控制人。美的收购小天鹅后，一举超越海信、长虹、新飞等巨头，稳坐中国白电第二把交椅，与青岛海尔展开对等竞争。美的收购小天

① 中国注册会计师协会编：《公司战略与风险管理》，北京，经济科学出版社，2016年。

鹅，事实上是实现从“空调龙头”向“白电龙头”目标的跳跃性一步。

2）密集型战略

密集型战略是指企业在原有业务范围内，充分利用在产品和市场方面的潜力来求得成长的战略。是将企业的营销目标集中到某一特定细分市场，这一特定的细分市场可以是特定的顾客群，可以是特定的地区，也可以是特定用途的产品等。由于企业目标更加聚焦，可以集中精力追求降低成本和差异化，使自己竞争优势更强。就是在原来的业务领域里，加强对原有的产品与市场的开发和渗透来寻求企业未来发展机会的一种发展战略。这种战略的重点是加强对原有市场的开发或对原有产品的开发。

（1）市场渗透。市场渗透是指企业在现有的市场上增加现有产品的市场占有率。要增加现有产品的市场占有率，企业必须充分利用已取得的经营优势或竞争对手的弱点，进一步扩大产品的销售量，努力增加产品的销售收入。市场渗透有三种主要的方法：一是尽力促使现有顾客增加购买力度。包括增加购买次数，增加购买数量。如牙膏厂可以向顾客宣传餐后刷牙是护齿洁齿的最好方法，宣传保护牙齿的重要性，如果能增加顾客的刷牙次数，也就增加了牙膏的使用量，从而增加顾客购买牙膏的数量。二是尽力争取竞争者的顾客。即使这些顾客转向购买本企业的产品。如提供比竞争对手更为周到的服务，在市场上树立更好的企业形象和产品信誉，努力提高产品质量等，尽可能把竞争对手的顾客吸引到本企业的产品上来。三是尽力争取新的顾客。使更多的潜在顾客、从未使用过该产品的顾客购买。市场上一般总存在没有使用过该产品的消费者，他们或是由于支付能力有限，或是由于其他原因，则企业就可以采取相应的措施，如分期付款、降低产品的价格等，使这些消费者成为本企业的顾客。

（2）市场开发。企业尽力为现有的产品寻找新的市场，满足新市场对产品的需要。市场开发有三种主要方法：一是在当地寻找潜在顾客。这些顾客尚未购买该产品，但是他们对产品的兴趣有可能被激发；二是企业可以寻找新的分市场。使现有产品进入新的细分市场。如一家以企事业单位为目标市场的电脑商，开始向家庭、个人销售电脑。三是企业可以考虑扩大其市场范围。建立新的销售渠道或采取新的营销组合，发展新的销售区域。如向其他地区或国外发展。

（3）产品开发。向现有市场提供新产品或改进的新产品，目的是满足现有市场的不同需求。具体的做法有：利用现有技术增加新产品；在现有产品的基础上，增加产品的花色品种；改变产品的外观、造型，或赋予产品新的特色；推出不同档次、不同规格、不同式样的产品。发现这些机会，企业就有可能从中找到促进销售增长的途径。然而这还远远不够，企业还应该研究一体化成长的可能性。

国际化战略，就属于密集型战略的具体应用。随着企业实力的不断壮大以及国内市场的逐渐饱和，有远见的企业家们开始把目光投向中国本土以外的海外市场。所谓国际化战略，就是将全球视为一个统一的大市场，在全世界范围内获取最佳资源，在本土之外的市场销售产品。这种战略既考虑到东道国的具体需求差异，又可以在整体上谋划跨国经营的协同利益，已经成为我国企业发展的重要趋势。例如，上市公司青岛海尔(600690)在公告中称，2016年1月14日该公司与美国通用电气公司签署了《股权与资产购买协议》。根据该协议，青岛海尔拟通过现金方式向通用电气购买其家电业务相关资产，交易金额为54亿美元(折合人民币356亿元)。该收购协议表明,青岛海尔购买的资产包括三部分。第一部分是通用电气的住宅和商业用途的电器及其相关产品的开发、设计、制造、仓储、分销、交付、安装、回收、采购、营销、广告、推广、出售和服务等;第二部分是通用电气运营的主要家用电器的售后服务网络;第三部分是出售和或管理主要家用电器的服务合同。青岛海尔该项收购是考虑到,通用电气是美国家喻户晓的优秀家用电器品牌,而并购之后显然有助于扩大海尔在美国家用电器市场的销售份额。

3)多元化战略

企业多角化经营的形式多种多样,但主要可归纳为以下四种类型:

(1)同心多元化经营战略(Concentric Diversification),也称集中化多角化经营战略。指企业利用原有的生产技术条件,制造与原产品用途不同的新产品。如汽车制造厂生产汽车,同时也生产拖拉机、柴油机等。同心多元化经营的特点是,原产品与新产品的基本用途不同,但它们之间有较强的技术关联性。

(2)水平多元化经营战略(Horizontal Diversification),也称为横向多角化经营战略。指企业生产新产品销售给原市场的顾客,以满足他们新的需求。如某食品机器公司,原生产食品机器卖给食品加工厂,后生产收割机卖给农民,以后再生产农用化学品,仍然卖给农民。水平多元化经营的特点是,原产品与新产品的基本用途不同,但它们之间有密切的销售关联性。

(3)垂直多元化经营战略(Vertical Diversification),也称为纵向多角化经营战略。它又分为前向一体化经营战略(Forward Integration)和后向一体化经营战略(Backward Integration)。前向一体化多元经营,是指原料工业向加工工业发展,制造工业向流通领域发展,如钢铁厂设金属家具厂和钢窗厂等。后向一体化多元经营,指加工工业向原料工业或零部件、元器件工业扩展,如钢铁厂投资于钢矿采掘业等。垂直多元化经营的特点,是原产品与新产品的基本用途不同,但它们之间有密切的产品加工阶段关联性或生产与流通关联性。一般而言,后向一体化多元经营可保证原材料、零配件供应,风险较小;前向一体化多元经营往往在新的市场遇到激烈竞争,但原料或商品货源有保障。

(4)整体多元化经营战略(Conglomerate Diversification),也称混合式多角化经营战略,指企业向与原产品、技术、市场无关的经营范围扩展。如美国国际电话电报公司的主要业务是电讯,后扩展经营旅馆业。整体多元化经营需要充足的资金和其他资源,故为实力雄厚的大公司所采用。例如,由广州白云山制药厂为核心发展起来的白云山集团公司,在生产原药品的同时,实行多种类型组合多元化。该公司下设医药供销公司和化学原料厂,实行前向、后向多元化经营;下设中药分厂,实行水平多元化经营;下设兽药厂,实行同心多元化经营;还设有汽车修配服务中心、建筑装修工程公司、文化体育发展公司、彩印厂、酒家等实行整体跨行业多元化经营。

2. 稳定战略

稳定战略亦称为维持型战略,是限于经营环境和内部条件,公司在战略期所希望达到的结果,基本保持在战略起点的范围和水平上即可。采用稳定战略的公司不需要改变自己的使命和目标,公司只需要集中资源于原有的经营范围和产品,以增加其竞争优势。

1）何时适用稳定战略

当面临市场需求及行业结构稳定或者较小动荡的外部环境，其所面对的竞争挑战和发展机会都相对较少，此时公司通常制定稳定战略，守土有责，照看好既有疆域。总体来看，采用这种战略的公司，受到外部环境和企业自身实力的根本约束。

外部环境层面相对稳定，会使企业更趋向于稳定战略。第一，宏观经济在总体上保持低速增长，这就势必影响到该企业所处的行业增长速度。这就会使得该产业内的企业倾向于采用稳定性战略，以适应外部环境。第二，如果公司背后的那个行业，技术相对成熟，技术更新速度较慢的话，过去采用的技术和生产的产品无须经过较大的调整就能满足消费者的需求和与竞争者的抗衡，从而使公司采纳稳定性战略。第三，若消费者需求变动较为稳定，公司可以考虑采用稳定性战略。第四，竞争格局因素。如果企业所处的行业的进入壁垒非常高或由于其他原因，该企业所处的竞争格局相对稳定，竞争对手之间很难有悬殊的业绩改变，则企业采用稳定战略可以获得最大的收益。

企业内部实力层面因素，也会使得公司采用稳定战略。当外部环境较好，行业内部或相关行业市场需求增长，为企业提供了有利的发展机会，但这不意味着所有的企业都适于采用增长性战略。如果企业资源不充分，如资金不足，研发力量较差或人力资源有缺陷无法满足增长性战略的要求时，就无法采用扩大市场占有率的战略。在这种情况下，企业采取以局部市场为目标的稳定性战略，以使企业有限的资源能集中在自己有优势的细分市场，维护竞争地位。

2）稳定战略的优缺点

稳定战略的优势是：采用这种战略的风险比较小，企业可以充分利用原有生产经营领域中的各种资源；减少开发新产品和新市场所必需的巨大资金投入和开发风险；避免资源重新配置和组合的成本；防止由于发展过快、过急造成状态失衡。

稳定战略的缺点是：执行是以市场需求、竞争格局等内外条件基本稳定为前提的。一旦企业的这一判断没有得到验证，就会打破战略目标、外部环境、企业实力之间的平衡，使企业陷入困境。因此，如果环境预测有问题的话，稳定型战略也会有问题。特定细分市场的稳定型战略也会有较大的风险。由于企业资源不够，企业会在部分市场上采用竞争战略，这样做实际上是将资源重点配置在这几个细分市场上，因而如果对这几个细分市场把握不准，企业可能会更加被动。稳定型战略也会使企业的风险意识减弱，甚至形成害怕风险乃至回避风险的思维定式，这会大大降低企业对风险的敏感性、适应性和冒风险的勇气，从而增加以上风险的危害性和严重性。

3. 收缩战略

收缩型战略是企业从目前的经营领域和水平收缩与撤退的一种经营战略。与稳定型战略和发展型战略相比，收缩型战略是一种消极的发展战略。但是，企业实施收缩型战略只是短期的，其根本目的是使企业挨过风暴后转向其他的战略选择。有时，只有采取收缩和撤退的策略，才能抵御竞争对手的进攻，避开环境的威胁并迅速地实行自身资源的最优配置。可以说，收缩型战略是一种以退为进的战略。

采用收缩型战略的企业可能是出于不同的动机，从实践中来看，有三种类型的收缩型战略：适应性收缩、失败性收缩、调整性收缩。

1）适应性收缩

这是企业为了适应外界环境变化而采取的一种战略。这种外界环境包括经济衰退，产业进入衰退期，对企业的产品或服务的需求减小等种类。在这些情况下，企业可以采取适应性收缩战略来度过危机，以求发展。因此，适应性收缩战略的适用条件就是企业预测到或已经感知到了外界环境对企业经营的不利性，并且企业认为采用稳定型战略尚不足以使企业顺利度过目前不利的外部环境。如果企业可以同时采用稳定型战略和收缩型战略，并且两者都能使企业避开外界威胁、为今后发展创造条件的话，应当尽量采用稳定型战略，因为它的冲击力要小得多，因而对企业可能造成的伤害就要小得多。

2）失败性收缩

这是指企业由于经营失误造成企业竞争地位虚弱、经营状况恶化，只有采用收缩型战略才能最大限度地减少损失，保存企业实力。失败型收缩战略的适用条件是企业出现重大问题，如产品滞销，财务状况恶化、投资已无法收回等。这里就涉及一个“度”的问题，即究竟在出现何种严重经营问题时才考虑实施收缩型战略？要回答这一问题，需要对企业的市场、财务、组织机构等方面做一个全面评估，认真比较实施收缩型战略的机会成本，经过细致的成本与收益分析，才能得出客观结论。

3）调整性收缩

调整性收缩的动机既不是经济衰退，也不是经营的失误，而是为了谋求更好的发展机会，使有限的资源配置到更有效率的生意上。因而，调整性收缩战略的适用条件是：企业存在一个回报率更高的资源配置点。

四、业务层战略

业务层战略是在总体战略指导下，特定经营单位所制定的战略，是总体战略之下的子战略。它的重点是怎样在市场上实现可持续的竞争优势，或者是改进一个经营单位在它所从事的行业中，或某一特定的细分市场中所提供的产品和服务的竞争地位。例如，上市公司美的集团(000333)，它的空调事业部、洗衣机事业部、冰箱事业部等制定的竞争战略，即为业务层战略。业务层战略与公司层战略的根本不同在于，公司层战略要统筹规划多个战略业务的选择、发展、维持或放弃，而业务层战略只就本业务部从事的某一战略业务进行具体规划。

如何理解业务层战略的作用？从企业外部来看，业务层战略的目的是为了使企业在某一个特定的经营领域取得较好的成果，力寻求建立什么样的竞争优势，应当关注如何有效地满足消费者群体需要，应当怎样使自己的产品区别于竞争者的产品，如何通过竞争和吸引顾客实现企业的市场定位，以及怎样使业务部的经营活动与本行业的发展趋势、社会变革和经济形势相适应。从企业内部来看，为了对那些影响企业竞争成败的市场因素的变化作正确的反应，需要协调和统筹安排企业经营中的生产、财务、研究与开发、营销、人事等业务活动。业务层战略可以为这些经营活动的组织和实施提供直接的指导，明确从哪些方面提高企业的竞争能力，以及如何提高企业的竞争能力。如果在创新、生产和市场销售这些方面能够确实做得不错，做得与众不同，就能建立起一家公司独特的竞争优势。

1. 成本领先战略

成本领先战略也称为低成本战略，是指企业在内部加强成本控制，在研究与开发、生产、广告与销售、服务等领域把成本降低到最低限度，成为产业中的成本领先者的战略。按照波特的思想，成本领先战略应该体现为产品相对于竞争对手而言的低价格。但是，成本领先战略并不意味着仅仅获得短期成本优势或者仅仅是削减成本，它是一个可持续成本领先的概念，即企业通过其低成本地位来获得持久的竞争优势。

根据企业获取成本优势的方法不同，把成本领先战略分为如下几种主要类型：简化产品型成本领先，就是使产品简单化，即将产品或服务中添加的花样全部取消；改进设计型成本领先；材料节约型成本领先；人工费用降低型成本领先；生产创新及自动化型成本领先。

2. 差异化战略

差异化战略是企业向顾客提供的产品和服务，在产业内独具特色，这种特色可以给产品带来额外的加价，如果一个企业的产品或服务的溢出价格超过因其独特性所增加的成本，那么拥有这种差异化的企业将获得竞争优势。差异化战略要求企业就客户广泛重视的一些方面在产业内独树一帜，或在成本差距难以扩大的情况下，生产比竞争对手功能更强、质量更优、服务更好的产品以显示经营差异。

实现差异化战略可以有许多方式：设计或品牌形象、环保能力特征、技术特点、外观特点、客户服务、经销网络及其他方面的独特性。最理想的情况是公司使自己在几个方面都差异化。应当强调，差异化战略并不意味着公司可以忽略成本，但此时成本不是公司的首要战略目标。

3. 集中化战略

集中化战略也称为聚焦战略。它是指主攻某一特殊的客户群体、产品细分市场或者区域市场，采用成本领先或者差异化来获取竞争优势的战略。与成本领先战略和差异化战略不同的是，具有为某一特殊目标客户服务的特点，组织的方针、政策、职能的制定，都首先要考虑到这样一个特点。这种战略的核心，是取得某种对特定顾客有价值的专一性服务，侧重于从企业内部建立竞争优势。聚焦战略的实施要做到人无我有、人有我精、人精我专，掌握主动权。

这一战略依靠的前提思想是：公司业务的聚焦能够以高的效率、更好的效果为某一狭窄的市场对象服务，从而超过看起来"多专多能"的竞争对手们，或实现本公司产品与服务差别化，或实现产品与服务低成本，或二者兼得。例如，专为石油开采油井提供钢棒扳手的企业，就是通过钢棒的充足库存、广泛分布服务网点，甚至提供直升机送货服务而成功地实行了聚焦战略。聚焦战略有两种形式，即在目标细分市场中寻求成本优势的成本聚焦，以及在细分市场中寻求差异化的差异聚焦。聚焦战略是成本领先战略和差别化战略在具体特殊顾客群范围内的高级体现。

4. 蓝海战略

假如我们把整个市场想象成海洋，这个海洋由红色海洋和蓝色海洋组成。红海代表目前已经存在的所有产业，这是我们已知的市场空间；蓝海则代表目前还不存在的产业，这就是未知的市场空间。所谓红海战略,主要是指立足当前业已存在的行业和市场,采取常规的竞争方式与同行业中的企业进行竞争。所谓蓝海战略,则是以不局限于现有产业边界的思维方式,极力打破现有产业边界条件,通过提供创新产品和服务,开辟并占领新的市场空间的战略。可以看出,蓝海战略实际上就是超越传统产业竞争、创造全新市场的企业战略。如今蓝海经济理念,正得到全球工商界的关注。

通俗地讲,蓝海战略就是开拓、培育、发掘市场,主动制造市场需求,而非迎合市场需求。迎合市场需求是被动地根据市场现状来决定商业战略,这是红海战略;而蓝海则是主动地制造市场需求。例如,师傅让两个徒弟去卖鞋子,徒弟二人一起登陆到一个小岛之后就分开干。徒弟 A 发现岛上的人自古以来就不穿鞋子,赤脚生活,他立刻感到心灰意冷;徒弟 B 则很兴奋,因为他可以通过说服岛上的人穿鞋子,告诉他们穿鞋子的好处,徒弟 B 认为这是个很大的潜在市场,这就是蓝海。再例如,和朋友去餐厅聚餐,经常遇到某位客人被朋友们问到需要点什么菜,该客人回答"随便"。餐厅创造性地为一道菜取名"随便",这就是蓝海战略思维方式。再比如,八达岭国家森林公园,可以考虑为旅客提供乘坐直升机鸟瞰长城的业务,使得人们由"爬长城",发展成为从空中欣赏长城美景的消费心理感受等。总之,蓝海战略创造需求、创造市场,可以为公司带来极大的经济效益。

第 3 节　公司战略分析方法

一、战略分析的定义

战略分析是战略管理过程的先行环节与重要部分。一般来说,战略管理包含三个关键要素:战略分析——了解组织所处的环境和相对竞争地位;战略选择——战略制定、评价和选择;战略实施——采取措施使战略发挥作用。战略分析属于管理学术语,即通过资料的收集和整理来分析组织的内外部环境,以实现投资、管控等特定目的。

二、战略分析的目的与内容

战略分析的主要目的是评价影响企业目前与今后发展的关键因素,并确定在战略选择步骤中的具体影响因素。战略分析需要考虑许多方面的问题,主要内容包括外部环境分析和内部环境分析。

1. 公司外部环境分析

外部环境分析可以从企业所面对的宏观环境、产业环境和竞争环境几个方面展开。外部环境分析要了解企业所处的环境正在发生哪些变化,这些变化给企业将带来更多的机会还是更多的威胁。

2. 公司内部环境分析

内部环境分析可以从企业的资源与能力、企业的核心竞争力等几个方面展开。内部环境分析要了解企业自身所处的相对地位,具有哪些资源以及战略能力。

三、战略分析的具体工具

（一）企业外部环境分析的相关工具

1. PEST 分析模型

PEST 分析模型是一种用来对企业进行宏观环境分析的方法。宏观环境指影响一切行业和企业的各种宏观力量。在对宏观环境的分析中，不同的行业和企业的具体分析内容有所差别，一般来说可以概括为如下四大类：政治（Political）、经济（Economic）、社会（Social）、技术（Technological）。PEST 即是对上述四个方面的英文缩写。

2. 五力分析模型

五力分析模型是由美国著名管理学家迈克尔·波特于 20 世纪 80 年代提出的，主要用于对公司的竞争环境进行分析，该理论侧重对企业进行行业分析。该分析模型认为一个企业所处行业的盈利能力取决于行业的结构，即五种力量的相对态势，五力分析模型对企业战略分析具有重大影响意义。五力是指企业在行业竞争环境中所面对的五种力量，概括为如下五个方面：潜在竞争对手的威胁、替代品的威胁、供应商的议价能力、购买者的议价能力、现有竞争对手的威胁。

（二）企业内部环境分析的相关工具

1. 企业资源与能力分析

企业资源，是指所拥有或控制的有效因素的总和，包括资产、生产或其他作业程序技能和知识等。按照竞争优势的资源基础理论，企业资源禀赋是其获得持续竞争优势的重要基础。企业资源分析的目的在于识别企业的资源状况、企业资源方面所表现出来的优势和劣势，以及对未来战略目标制定和实施的影响如何。具体分析内容如表 9-1 所示。

表 9-1　企业资源分析

有形资源	企业的土地、厂房、生产设备、原材料等；应收账款、有价证券
无形资源	品牌、商誉、技术、专利、商标、企业文化及组织经验等
人力资源	指组织成员向组织提供的技能、知识以及推理和决策能力

企业能力，是指企业配置资源，发挥其生产和竞争作用的能力。企业能力来源于企业有形资源、无形资源和组织资源的整合，是企业各种资源有机组合的结果。企业能力分析主要包括对研发能力、生产管理能力、营销能力、财务能力和组织管理能力这几个方面的分析。分析企业能力常用方法是成功关键因素分析法（KSF），该方法是指公司在特定市场获得盈利必须拥有的技能和资产。成功关键因素所涉及的是那些每一个产业成员必须擅长的东西，或者说公司要取得竞争和财务成功所必须集中精力搞好的一些因素。成功关键因素应被看作是产业和市场层次的特征，而不是只针对某个公司。常见的几种成功关键因素如表 9-2 所示。

表 9-2 公司能力(成功关键因素)分析

与技术相关	科学研究技能；产品革新能力；在产品生产工艺中进行创造性改进的能力
与制造相关	低成本生产效率；产品设计与产品工程；能够获得足够的娴熟劳动力
与分销相关	拥有自己的分销渠道和网点；分销成本低；通过互联网建立渠道的能力
其他类型	在购买者中间拥有有利的公司形象/声誉；能够获得财务资本

2. 价值链分析

迈克尔·波特在《竞争优势》一书中引入了“价值链”的概念。波特认为，企业每项生产经营活动都是其创造价值的经济活动；那么，企业所有的互不相同又相互关联的生产经营活动，便构成了创造价值的一个动态过程，即价值链。价值链将企业的生产经营活动分为基本活动和支持活动两大类，如表 9-3 所示。在识别企业两类基本活动的基础上，对在特定产业中竞争的企业的价值链进行定义，之后展开有关企业资源能力的价值链分析，从而判定企业竞争优势。

表 9-3 价值链的两类基本活动

支持活动	公司基础设施(如财务、企划)
	人力资源管理
	技术开发
	采购管理
基本活动	内部后勤
	生产经营
	外部后勤
	服务
	市场销售

(三) 公司战略的 SWOT 分析法

SWOT 分析是由美国哈佛商学院率先采用的一种经典分析方法。SWOT 分析法用来确定企业自身的竞争优势、竞争劣势、机会和威胁，从而将公司的战略与公司内部资源、外部环境有机地结合起来的一种科学的分析方法。SWOT 分析将企业的内外部各方面的内容进行了归纳和概括，为管理者提供了一个更好地收集企业内外部信息的逻辑框架工具，具体包括分析企业内部的优势(Strengths)和劣势(Weaknesses)，外部的机遇(Opportunities)与挑战(Threats)。

1. 公司优势与劣势分析(SW)

由于企业是一个整体，并且由于竞争优势来源的广泛性，所以做优劣势分析时必须从整个价值链的每个环节上，将企业与竞争对手做详细的对比。如产品是否新颖，制造工艺是否复杂，销售渠道是否畅通，以及价格是否具有竞争性等。如果一个企业在某一方面或几个方面的优势正是该行业企业应具备的关键成功要素，那么，该企业的综合竞争优势也许就强一些。需要指出的是，衡量一个企业及其产品是否具有竞争优势，只能站在现有潜在用户角度上，而不是站在企业的角度上。

2. 机会与威胁分析(OT)

比如当前社会上流行的盗版威胁：盗版替代品限定了公司产品的最高价，替代品对公司不仅有威胁，可能也带来机会。企业必须分析替代品给公司的产品或服务带来的是“灭顶之灾”呢，还是提供了更高的利润或价值；购买者转而购买替代品的转移成本；公司可以采取什么措施来降低成本或增加附加值来降低消费者购买盗版替代品的风险。

从整体上看，SWOT 可以分为两部分：第一部分为 SW，主要用来分析内部条件；第二部分为 OT，主要用来分析外部条件。利用这种方法可以从中找出对自己有利的、值得发扬的因素，以及对自己不利的、要避开的东西，发现存在的问题，找出解决办法，并明确以后的发展方向。根据这个分析，可以将问题按轻重缓急分类，明确哪些是亟须解决的问题，哪些是可以稍微拖后一点儿的事情，哪些属于战略目标上的障碍，哪些属于战术上的问题，并将这些研究对象列举出来，依照矩阵形式排列，然后用系统分析的思想，把各种因素相互匹配起来加以分析，从中得出一系列相应的结论，而结论通常带有一定的决策性，有利于领导者和管理者做出较正确的决策和规划。

进行 SWOT 分析时，首先需要分析环境因素。运用各种调查研究方法，分析出公司所处的各种环境因素，即外部环境因素和内部能力因素。外部环境因素包括机会因素和威胁因素，是外部环境对公司的发展直接有影响的有利和不利因素，属于客观因素；内部环境因素包括优势因素和弱点因素，它们是公司在其发展中自身存在的积极和消极因素，属主动因素，在调查分析这些因素时，不仅要考虑历史与现状，而且更要考虑未来的发展问题。

公司优势一般包括：有利的竞争态势、充足的资金来源、良好的企业形象、技术力量、规模经济、产品质量、市场份额、成本优势、广告攻势等。公司劣势一般包括：设备老化、管理混乱、缺少关键技术、研究开发落后、资金短缺、经营不善、产品积压、竞争力差等。公司机会一般包括：新产品、新市场、新需求、外国市场壁垒解除、竞争对手失误等。公司威胁一般包括：出现新的竞争对手、替代产品增多、市场紧缩、行业政策变化、经济衰退、客户偏好改变、突发事件等。

四、战略分析的具体步骤

战略分析框架如图 9-2 所示。

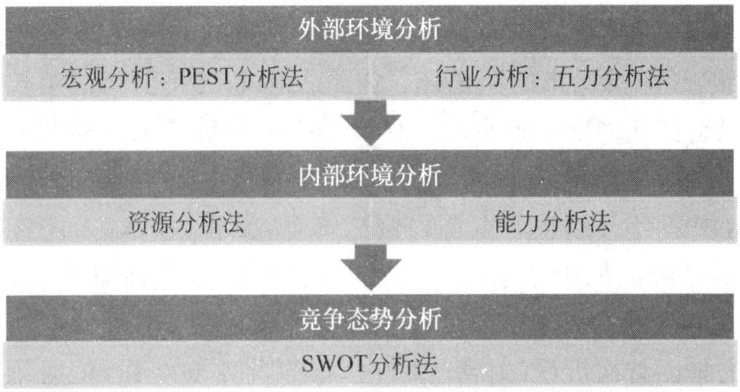

图 9-2　公司战略分析框架图

对企业进行战略分析要遵循正确的分析顺序并采用适当的分析工具。首先要进行外部环境分析，从而把握企业生存环境的现状及变化趋势，利用有利于企业发展的机会，避开环境可能带来的威胁。本框架在进行外部环境分析时从宏观分析和行业分析这两个方面展开。

1. 对公司所处的外部环境进行分析

采用 PEST 分析法进行宏观分析，从政治、经济、社会文化、技术这四个方面入手，重点选择对企业所处行业有重要影响的各方面要素进行分析，而不是生套 PEST 工具。良好的宏观分析，为之后的行业分析打下重要的基础。通过宏观分析，使得分析者可以大概了解到企业所处的宏观情况，对企业管理者进行战略管理和投资者进行投资预判都是十分有意义的。

采用波特五力分析法进行行业分析。波特五力分析法，通过对目标企业所处行业中面临的现有竞争对手、潜在竞争对手、替代品、供应商、消费者这五个方面的分析，推断出其在所处行业中是否具备明显的竞争优势？行业结构是否对其有利？以及从中观角度来看，企业自身的盈利难度如何？行业分析是企业战略分析框架中的重要环节，对于投资者而言，行业状况的不利对投资标的的选择往往起到一票否决的作用。

2. 对公司的内部环境进行分析

通过对企业的资源分析和能力分析来评估公司的内部环境。资源分析方面从有形资源、无形资源、人力资源三方面着手；能力分析方面从研发能力、营销能力、财务能力和组织管理能力四个方面展开。

3. 对公司目前的竞争态势进行分析

通过 SWOT 分析，站在企业的角度来考虑企业自身的优势与劣势、判断企业所面临的机会和威胁以及需要做出的决策，从而了解到在企业现有的内外部环境下，如何能够最优地运用自身的资源，并建立企业未来的资源。

第 4 节　公司战略分析案例

一、案例公司基本情况

改革开放的前夕，在计划经济的夹缝中，珠三角地区孕育出一批勇于探索、勇于实践、勇于突破的创业者，以满腔热情投入到创业大潮中。美的的前身即是成立于 1968 年的北滘镇的塑料生产组，位于佛山市的顺德区。创始人何享健任生产组组长，以 23 位居民筹集的 5 000 元带领组员开展起生产自救工作。最初生产的产品有塑料瓶盖、玻璃瓶盖、汽车配件等，1980 年开始生产电风扇，随之进入家电行业。1981 年正式注册“美的”商标，“美的”从此诞生，1985 年开始生产空调，自此，资金、设备、技术、人才各方面都逐步发展了起来。今天美的已经成长为了家喻户晓的家电企业，旗下拥有美的、小天鹅、威灵、华凌、安得、正力精工等十余个品牌。

2016 年，美的集团首次上榜《财富》杂志公布的世界 500 强，位居第 481 位。据美的集团 2016 年财报显示，当年营业总收入达 1 598.42 亿元，净利润达 146.84 亿元。美的的发展史中，有如下几个关键阶段：1981 年之前是美的草创探索阶段，这一阶段的美的涉足领域繁杂，也没有拳头产品，更没有明确的品牌意识，只是一家在市场经济大潮中自生自灭，十分普通的乡镇企业；1981—1985 年，美的开始涉足家电行业，这一阶段“美的”商标正式注册下来。美的进入家电行业后最先涉足的产品是电风扇，但这并非是当时最大的机会，不过正是这个阶段使得美的选择了自身长远发展的行业，为日后打造中国千亿级白电企业的进程拉开了序幕；1985—2000 年，是美的的快速发展阶段。美的在 1985 年开始生产空调，而这一产品当时在未来的中国将有广阔的市场，是趋势所指。在这一阶段，美的空调业务从无到有，飞速发展，并于 90 年代中后期进行了空调产业链的整合，进入到上游的压缩机、制冷、电工材料等领域。1993 年，美的完成了股份制改造。2000 年，完成了事业部制公司化改造，成功实施 MBO，顺德市政府让出所有股份。毫无疑问，理顺产权制度，为之后美的的蓬勃发展奠定了良好的基础；2001—2011 年，美的集团经历了多元化发展阶段。其所涉及的多元化领域有相关的，如电冰箱、洗衣机、洗碗机、微波炉、饮水机、吸尘器等；也有不相关的，如房地产、客车。该阶段，美的基本形成了白色家电与小家电产品综合支撑集团战略构想的局面，也使美的集团的规模与影响力有了较大增加。2012 年至今，美的加快了国际化业务的推进速度，进入了机器人产业，大力下注智能家居产业，其相关多元化战略意图更加明显。

二、美的集团外部宏观环境分析

宏观分析是企业进行战略分析的基础，运用 PEST 宏观分析模型对政治(P)、经济(E)、社会文化(S)、技术(T)四个方面进行分析。

1. 政治和法律环境分析

就国际政治法律环境来看，在提倡绿色经济、环保经济的大背景下，欧盟、美国等发达国家与地区不断出台新的绿色标准，颁布和完善 ROHS 指令和 WEEE 指令，这些举措不利于中国家电产品的出口，未来国际上有关家电产品能效标准的不断提升将成为我国家电出口的重要限制因素。从国内政治法律环境来看，自中共十八大召开以来，以习近平同志为总书记的党中央领导班子全力推进中国改革的全面深化，连续推出多项与“反腐倡廉”相关的政策，坚持依法治国，从严治党，净化政治风气，深化司法改革。2006 年，国家颁布《中华人民共和国可再生能源法》；2007 年经国务院批准，国家发改委颁布了《关于可再生能源的中长期发展战略规划》。2016 年为了治理环境污染，淘汰落后能源，国家进一步推出“煤改电”政策，并在全国扩大试点范围。这一系列举措对空调等家用电器行业意义重大，暖通设备制造企业如何与国家新能源战略实现良好对接将是未来的发展的重点。

2. 经济因素

面对全球经济增长乏力、国内经济增长放缓、原料价格大幅上涨、汇率波动加剧的新环境，家电产业处于持续的创新变革与整合转型之中。当前国际的经济形势十分复杂，全球经济增速放缓，美国采用量化宽松政策，逐渐步入经济复苏通道。欧洲债务危机还未得到完全解决，增强了全球经济的不确定性。日本政府实施积极的财政政策与货币政策，降低货币贬值对经济发展的影响，使得经济有了小幅的增长。

就国内来看，2016 年，中国 GDP 增长速度为 6.7%，经济总量已达 74.4 万亿，当前我国经济增长放缓，面临着去产能、去库存、去杠杆问题。中国的经济亟须调整结构，转变经济发展方式，提升经济发展质量。2013 年 9 月 29 日，上海自贸区正式成立，利于我国不断探索对外开放的新模式；2015 年 3 月 28 日，国家发改委、外交部、商务部联合发布了《推动共建丝绸之路经济带和 21 世纪海上丝绸之路的愿景与行动》，推行“一带一路”战略，有利于我国增强与周边国家的贸易往来和更深层次的经济联系，有利于我国家电行业的出口；2016 年 9 月 4 日，G20 国际经济合作论坛首次在我国举办，标志着我国作为世界经济大国的影响力在不断提升，这些都有利于中国家电品牌国际化。此外近年来我国电子商务发展迅猛，大型电商平台以及各家电企业自身的线上商城平台将逐步成为未来家电销售的重要渠道。

从图 9-3 与 9-4 中可以看出，近年来我国电子商务市场交易规模增长较快，2016 年通过电商渠道实现的零售交易总额已占社会消费品零售总额的 15.1%，互联网普及下的大数据及移动消费的崛起，持续推动着企业渠道的转型升级，电商渠道已进入快速增长期；另据美的集团 2016 年报数据显示，2016 年，我国 B2C 家电网购市场(含移动终端)规模达 3 846 亿元，同比增长 27.9%；家电市场网购渗透率已达 19.95%，可见电商平台已成为白色家电企业需要重点开发的销售渠道。

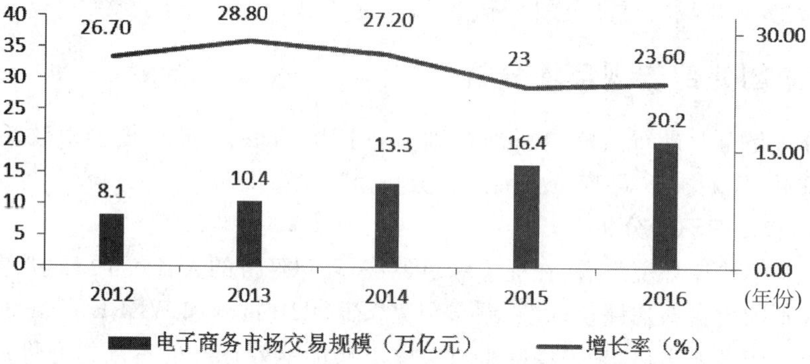

图 9-3　2012—2016 年中国电子商务市场交易规模及年增长率图

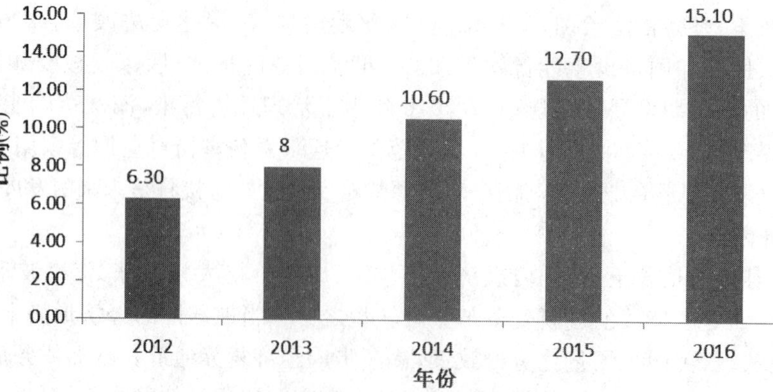

图 9-4　2012—2016 年网络零售市场交易规模占社会消费品零售总额

就居民收入方面来看，国家统计局数据显示，2016年，全国居民人均可支配收入23 821元，同比增长8.4%，沪京浙深等省市的城镇居民人均收入已达到7 000美元。在人均收入持续增长与新型城镇化加速推动的背景之下，新增家电需求有望继续提升。就白色家电行业需求情况来看，国内白色家电行业2016年小幅增长，中怡康统计数据表明，2016全年白电整体市场零售额规模同比增长1.9%，达到2 980亿元。其中空调受高温天气刺激需求、房地产拉动的效果最为明显，全年零售量增长8.9%，零售额增长9.1%；冰箱零售量增长3.5%，零售额负增长0.7%；洗衣机零售量增长2.4%，零售额同比增长4.6%。

3. 社会文化因素

1）中国城镇化进程

中国城镇化率目前约为56%，城镇化无论数量还是质量都有较大的提升空间，中国城镇化率若达到2020年60%的目标，预计将有接近1亿农村人口转为城镇人口，新型城镇化建设不断强化，一些关键性政策进入实质性落地阶段，新的增长领域和空间正在形成，对有效消费的拉动及内需潜力的释放有积极作用。

2）消费升级与年轻消费群体崛起

消费升级正成为未来推动中国家电及暖通空调行业持续增长的主要红利，超过16亿台的家电存量规模，使持续稳定的更新需求成为提升家电行业销量的重要驱动力量。与此同时，家电产品在节能、环保、智能、互联与工业设计等多方面的性能与品质提升，将进一步加快家电产品的消费升级，并持续带动企业的产品结构优化与盈利能力提升。中怡康的预测数据显示，2020年智能家电产品的渗透率将进一步提升，白电、厨电、生活电器等智能家电的占比将分别达到45%、25%和28%，未来五年市场需求额将达到1.5万亿元。年轻消费群体的崛起，推动了网络化、个性化、多元化消费时代的到来，使家电消费越来越具有日用消费品的特征。

3）国内产业基础情况与新兴市场

中国家电及暖通空调系统依托广阔的地域和14亿人口所蕴含的巨大市场，依托已形成的规模优势、产品集群优势、产业化配套优势及资本优势，仍将保持全球竞争实力。一方面，人口众多的新兴市场与地区，正处在经济增长区间，将逐步进入家电普及期，有望带动我国家电在发展中国家出口的显著增长；另一方面，中国家电行业全球并购持续深入，在品牌、渠道、技术等方面的全球布局，将给我国家电出口与全球竞争力提升带来新的契机。

4）能源与环境问题

就能源问题而言，当前中国能源消费已占到全球消费总量的23%，高能耗直接导致的高污染发展模式不断被改善，对于白电企业来说，生产低能耗、高能效的产品将变成未来的趋势；当前中国的环境问题也急需治理，北方严峻的雾霾问题已经显著影响到人民的生活质量与身体健康，对于白色家电企业而言，开发与洁净空气相关的产品将会是另一个增长点。

4. 技术因素

技术因素是最能够对行业结构和社会形态起到颠覆性作用的因素，当前与白色家电行业相关的技术性因素变化有如下几个方面：随着互联网技术、物联网技术的发展，智能家居在未来可能具有很大的市场空间，但目前的局势并不明朗，对传统的白色家电企业而言这是一个未知的风险，再者电商技术的发展对传统白电企业线下渠道的冲击将会越来越大，对电子商务技术的重视已经成为传统白电企业的共识；当前对于白色家电企业而言，制冷剂正处于新老更换期，我国通过研发已掌握了更加环保的R290制冷剂，进一步打破了国外企业对冷媒先进技术的垄断；另外2017年1月家电行业针对空气净化器和家用燃气快速热水器推出了新版国家标准，要求空气净化器去除细颗粒物(PM2.5)的净化能效不小于5立方米每瓦特小时，去除甲醛或甲苯的净化能效不小于1立方米每瓦特小时，要求家用燃气快速热水器需要增加多项技术标准。此举有利于规范市场和淘汰落后产品，提高了家电行业的准入门槛。

三、公司的行业环境分析

1. 白色家电行业基本情况

自改革开放以来，中国的白色家电行业经历了30余载的发展历程，形成了今天的行业格局。我国的白电行业的发展历程大概可以划分为如下几个阶段：20世纪80年代属于引进阶段，这个阶段白电行业经历了从无到有的历程，主要以引进国外先进技术为主；20世纪90年代则是白电行业逐步实现规模化、集中化生产的过程；从90年代末到今天是我国白电行业不断增强核心竞争力并走出国门，参与国际化竞争的阶段。

20世纪80年代，我国改革开放正处于初期，由于底子薄，在技术、人才、资金多方面同外资相比都处于劣势，在我国最初的白电市场上，中国企业大多采取跟随外资企业的策略。那时外资品牌的白电产品可谓无处不见，由于中国企业生产装配技术水平低，企业经营者市场经济意识不够等诸多方面的因素，导致当时中国所生产的产品的质量比较低，所以中国的白电市场基本被外资企业所把控，中国的白电行业经历了那样一个草创阶段；20世纪90年代，中国白电企业通过艰苦奋斗，利用自身对中国市场的熟悉和国家的政策扶持，以及后发优势与人口红利等诸多有利因素完成了中国白电行业的规模化与集中化发展，产品质量也有了较大的提升，这一阶段中国本土白电企业的产能呈现爆发式增长，为90年代末期至今成为世界白电加工厂的地位打基础。然而20世纪90年代的发展并未使得中国的白电企业成长为具备核心竞争力的企业，当时的中国也没有一家能在世界范围内获得认可的白电企业；20世纪90年代至今，中国的白电行业经历了一个竞争逐渐白热化的过程，由于大多数中国白电企业并不具备核心技术，在全球竞争的大背景下只处于低附加值的加工制造环节，再加上本土用工成本的上升、原材料成本上涨、供需矛盾等问题的涌现，白电行业的利润率遭受着双向挤压。不过在这一阶段，外资品牌在中国白电市场上的影响力逐渐淡化，取而代之的是像格力、美的、海尔这些中国家电名牌的走强。

经过30余载的发展，如今的中国白电行业已呈现出如下几个特点：国产品牌唱主角，外资品牌在华影响力不断下降。白电行业已形成寡头竞争势态，梯队分化明显。白电行业平均利润率低，在国家十三五规划导向下，面临转型问题。中国白电行业已涌现出一些具备在全球范围竞争能力的企业。

2. 美的集团的行业地位

截至 2016 年 12 月 31 日，美的全球拥有约 12 万名员工，拥有约 200 家子公司及 10 个战略业务单位；2017 年 1 月成为全球领先机器人公司德国库卡集团最主要股东(约 95%)。美的坚守"为客户创造价值"的原则，专注于持续的技术革新，提升产品及服务质量，致力创造美好生活，每年为全球超过 3 亿用户及各领域的重要客户与战略合作伙伴提供满意的产品和服务。2016 年，美的成功上榜《财富》全球 500 强，成为中国家电企业首个跻身世界 500 强的品牌，并连续三年居《财富》中国 500 强家电榜首位。据全球知名信息咨询公司欧睿发布的全球家电品牌排行榜，美的以 4.6% 的全球市场份额位居全球家电行业第二。据汤森路透发布的《2016 全球创新报告》，美的位列家电领域全球排名创新机构首位及厨房电器子领域亚洲创新机构首位。欧盟委员会 2016 全球企业研发投入排行榜，美的为 TOP200 中唯一上榜的中国家电企业。根据中怡康市场数据，美的部分产品线下零售额市场占有率情况如表 9-4 所示。

表 9-4 美的集团的行业地位

品类	2016 年		2015 年	
	市场占有率(%)	市场排名(名次)	市场占有率(%)	市场排名(名次)
空调	23.9	2	25.2	2
洗衣机	23.0	2	21.3	2
冰箱	10.5	3	9.6	4
电饭煲	42.2	1	42.3	1
电磁炉	50.0	1	48.6	1
电压力锅	45.5	1	42.7	1
电水壶	36.9	1	32.2	1
微波炉	45.7	2	44.6	2
热水器	12.7	3	12.2	3
油烟机	9.5	3	8.8	3

3. 业内现有竞争对手分析

目前，美的在国内现有的竞争对手主要为格力和海尔两家，三家企业的年销售收入都在千亿以上，差距不大。三家企业的发展思路与竞争地位也都各有不同，具体分析如表 9-5 所示。

表 9-5 美的、格力、海尔三家公司愿景比较

公司	长期目标
美的	致力于成为一家跨消费电器、暖通空调、机器人及自动化系统的全球化科技集团
格力	成为一家以专业化纵深发展为前提的，从造空调的技术延伸出去，围绕智能家电和智能制造两大板块发展的国际化企业
海尔	致力于成为行业主导，成为用户首选的美好居住服务提供商

从表中内容可以看出，三家企业的目标各有不同。美的坚持产品领先、效率驱动、全球经营的核心经营战略，较早布局智能家居与智能制造产业，目前在家电消费升级的大潮

中，美的已基本完成了其跨消费电器、暖通空调、机器人及自动化系统的产业的布局动作。结合美的的发展历程与如今做出的战略选择来看，美的属于一家采取多元化发展战略，善于进行资源整合与营销创新的企业。美的自身的技术能力并非一流，但其善于整合资源，在20世纪90年代，选择同日本东芝合资建立美芝压缩机厂，从而弥补自身压缩机技术短板的问题，之后美的于2016年3月份以4.73亿美元的价格收购日本东芝80.1%的股权，从而获得东芝的品牌40年的授权与白色家电相关专利技术。2016年至2017年初，美的又完成了对意大利中央空调企业Clivet、全球机器人四大家之一的库卡集团和以色列自动化解决方案公司Servotronix的收购，从而为美的下一步在机器人与自动化领域的发展奠定了基础。美的的自有竞争性技术相对较少，这也导致其产品的利润率较低，显然其也已经意识到自身的缺陷，所以正在加紧提升自身研发能力，目前已在全球8个国家设立了17个研究中心，立志成为一家全球性科技公司。

格力长久以来的定位是要走专业化的发展道路，从其"缔造全球领先的空调企业，成就格力百年的世界品牌"的企业宣传语中便可知晓。不过就其2016年年报内容显示，格力也已开始了其相关多元化战略，格力对外称2016年是其多元化战略实施的元年，是转型、创新、突破的一年。总体而言，格力电器是一家专业化程度高、核心技术研发能力强的企业，其主要产品是家用及商用空调，市场占有率位居第一。格力之前的专业化发展战略是成功的，不过在家电产品消费升级的大潮中，格力的动作显得较为迟缓，布局较晚。目前格力正积极推行相关多元化发展战略，寄希望在巩固现有空调市场份额的前提下，加速在智能装备、智能家居、模具等领域实现产业转型。

海尔电器的目标是致力于成为行业主导，成为用户首选的美好居住服务提供商。就企业目标而言，海尔的目标最为远大，明确指出要成为行业主导。近十年来海尔忙于内部组织结构的调整，探索平台化企业形式、小微模式、人单合一模式的落地，当前海尔的转型探索已取得一些进展，不过离海尔所设定目标还有很大的距离。据中怡康数据显示，2016年海尔电冰箱国内零售市场份额占比25.11%；洗衣机市场占比为26.77%；空调、生活类家电占比则较小。可见海尔想要成为行业主导，任重而道远。

从表9-6中可以看出，三家企业中，美的的年营业收入最高，为1 590亿元；海尔居次，为1 190亿；格力最低，为1 083亿元。其中格力与海尔的差距并不大，而美的的营业收入明显大于其他两家，可见其在白色家电产品中的整体市场份额较大。而从盈利能力来看，三家企业的毛利率接近，均为30%左右，其中格力毛利率最高，为32.7%，而美的毛利率最低，为27.3%；三家企业的净利率则呈现出较大差异，其中格力净利率为14.1%，位居第一，美的净利率为9.8%，居次位，海尔的净利率为5.6%，为最差。

表9-6 美的、格力、海尔2016年盈利能力表

公司	收入(千元)	成本(千元)	利润(千元)	净利润(千元)	净利率(%)	毛利率(%)
美的	159 044 041	115 615 437	43 428 604	15 861 912	9.8	27.3
格力	108 302 565	72 885 641	35 416 924	15 524 634	14.1	32.7
海尔	119 065 825	82 126 882	36 938 943	6 691 334	5.6	31

对三家企业销售渠道的比较，须从线下渠道与线上渠道两个方面着手。从线下销售渠道方面来看，美的采用的是传统的区域性代理商的模式，该模式的优势在于渠道建立的成本较低，渠道扩张速度较快，而该模式的缺陷在于渠道与厂家之间的联系不够紧密，不便于美的进行渠道控制。因为代理商的利润仅来自于对美的产品的买卖差价，而没有更深层次的利益捆绑，所以区域代理商并不能对美的厂家的资金周转提供良好的支持作用，以及紧密的配合其销售的政策。美的在线下销售方面采取多渠道策略，在成熟的一二级市场，美的既建立自身的线下销售网点，又与苏宁、国美等大型家电连锁卖场保持良好的合作关系；在广阔的三四级市场，美的则以旗舰店、专卖店、传统渠道和新兴渠道为有效补充，线下渠道网点已基本实现一、二、三、四级市场全覆盖。从线上渠道方面来看，美的的线上销售平台的搭建较早，其协调自身的品牌优势、产品优势、线下渠道优势及物流布局优势，为其快速拓展电商业务提供有力保障的能力较强。2016 年美的电商销售总额已达到 230 亿元，电商销售额已占其整体销售额的 20%，已是中国家电全网销售规模最大的公司。

线下渠道方面，格力采用联合区域销售大户组建股份制销售公司的营销模式，此举将格力厂商的利益与销售大户的利益进行深度捆绑，为格力销售业绩的增长提供了有力保障。格力在全国拥有 27 家区域性销售公司，在全球拥有近 3 万家专卖店。2016 年，在巩固原有线下渠道的基础上，格力搭建起销售公司创新性的管理模式，在中心城市建立格力形象店、旗舰店，凸显格力专卖店的品牌形象，增强用户的消费体验。同时在全国各区域成立共计 20 家全新的大松生活电器。2016 年格力还加强对线下卖场入驻的重视，在原有各销售公司与国美卖场合作的基础上，与苏宁全面签约，进店数超 740 家。可见格力对线下销售端是十分倚重的。而在线上渠道方面，格力的起步较晚，目前格力在这方面也已开始奋起直追，其 2016 年电商销售额已达到 45.8 亿元，同比增长 91.14%，占其整体销售额的 4.2%。

在线下渠道方面，海尔主要以自建专卖店、综合店、第三方大卖场这三种方式形成合力来搭建线下渠道。2016 年，海尔进一步加快专卖店、综合店竞争力的提升步伐。专卖店渠道围绕“抓用户需求、抓现场竞争力、抓伞下网络、抓产品竞争力”推进领先模式落地，实现乡镇网络数量增长与门店竞争力增加。综合店渠道针对重点客户，成立 V58 俱乐部、V140 俱乐部，规划专属权益与专属服务团队，通过产品定制、服务提升等优化客户毛利、周转等指标。在线上渠道方面，海尔成立电商事业部推进和强化线上渠道特点的专业化操作，电商渠道增加中高端产品的覆盖，从拼价格到拼价值，带动均价提升。海尔的线上平台建设也是成绩斐然，2016 年双十一电商节第五次拿到天猫大家电品类的销售额第一，其官方旗舰店也获得天猫大家电单店销售冠军。2016 年海尔白电产品在电商渠道终端零售额达到 135 亿元，增长 64%，占其整体销售额的 11.3%。

由表 9-7 中的数据可以看出，三家企业的产品结构有很大区别。美的产品结构中以空调类为主，占到其营业收入的 41.99%；其小家电产品的收入占比也较高，达到 27.21%；电冰箱和洗衣机产品的收入占营业收入总体比重较低，分别为 9.4%和 10.14%。格力的产品结构则相对单一，主要以空调产品为主，占其营业收入的 81.33%，格力虽然处于白色家电行业，但准确来讲，其应该是一家专业化空调企业。海尔的产品结构也比较丰富，其中电冰箱产品占营业收入比重为 30.42%，洗衣机占比为 19.66%，空调与小家电占营业收入比重比较接近，分别为15.63%和15.97%。总体来看，美的的产品结构重点突出，也比较均匀，以空调类、小家电类产品为主，以冰箱、洗衣机类产品为辅；格力的产品结构十分单一，主要是空调类产品；海尔的产品结构也比较均匀，以电冰箱类产品为主，空调、洗衣机、电冰箱为辅。

表9-7 美的、格力、海尔2016年主营业务产品结构表

公司	空调收入/营业收入	电冰箱收入/营业收入	洗衣机收入/营业收入	小家电收入/营业收入
美的	41.99%	9.40%	10.14%	27.21%
格力	81.33%	1.59%		
海尔	15.63%	30.42%	19.66%	15.97%

从表9-8中的数据可以看出，2016年，三家企业各类产品的市场占有率情况。在空调类产品中，格力的市场占有率为42.73%，远远高于第二名美的，可见格力的空调产品确实是名副其实的"单打之王"；在冰箱类产品中，海尔的市场占有率为25.1%，位居第一，远高于美的10.5%的市场占有率；在洗衣机类产品中，海尔与美的的市场占有率不相上下，分别为26.8%和23.0%，位居行业第一、第二；在热水器类产品中，海尔的市场占有率为18.4%，明显大于美的；在小家电类产品中，美的则具有绝对优势，多项产品的市场占有率都高于40%，格力、海尔在小家电产品类的市场占有率可以忽略不计。

表9-8 美的、格力、海尔2016年产品市场份额表

公司	空调	冰箱	洗衣机	热水器	电饭煲	电磁炉	电压力锅	电水壶	微波炉
美的	23.91%	10.5%	23.0%	12.7%	42.2%	50%	45.5%	36.9%	45.7%
格力	42.73%	忽略不计							
海尔	10.09%	25.1%	26.8%	18.4%	忽略不计				

从市场份额的角度来讲，海尔在冰箱、洗衣机、热水器类产品中占有明显的优势，而在空调与小家电类产品中则基本没有优势；格力在空调类产品中占有绝对的市场优势，而在其他类产品中无优势；美的在小家电类产品中占有绝对优势，在空调、冰箱、洗衣机、热水器类产品中虽然不是市场第一，但却多是市场第二的位置，可以说具备相当优势。

4. 潜在竞争对手分析

1）外资品牌的卷土重来

中国白色家电市场经历30多年的发展后，已经进入了寡头时代，以格力、美的、海尔为第一阵营的白电企业占市场份额高达60%～70%，本土白电品牌已占据90%以上的市场份额。外资品牌在残酷竞争的中国白电市场上基本是集体失败，大多都退出了中国市场，或者只占领极少数的市场份额，目前外资白电品牌在中国市场中表现比较成功的是西门子冰箱，通过20多年来一贯的产品定位，成功的维持着其高端品牌的战略，其在冰箱类目的市场占有率约5%。不过由于外资品牌的技术研发优势尚存，我国白电企业仍面临外资企业的潜在竞争威胁。

2）互联网企业的跨界竞争

在当前互联网时代的大背景下，传统的白色家电企业主要以大规模制造硬件，运用线下渠道销售的模式见长，在软件开发，线上平台建设上处于劣势。当前互联网企业依托自身平台优势进行跨界的行为屡见不鲜。例如乐视原本是一家视频点播技术公司，在依托自身用户资源，推行乐视生态战略后，跨界进入手机、电视与汽车行业，由于其盈利模式与传统家电单靠卖硬件的盈利模式截然不同，其硬件端的售价可以定得很低，甚至是微亏，通过之后的平台资源的变现方式来反哺之前的硬件亏损。这对像传统家电企业这样的硬件制造商而言是极为不利的。未来白电行业的潜在竞争者难以预料，传统白电行业完全有可能被一家基于互联网平台而兴起的家电企业所颠覆。

5. 供应商分析

1）供应商集中程度

从表 9-9 中可以看出，美的前五名供货商的合计采购金额只占年度采购总额的 4.82%，可见美的并不存在过分依赖某一供货商的情况。

表 9-9 美的 2016 年前五名供应商排名表

美的供应商排名	采购总额（千元）	占年度采购比例（%）
第一名	1 711 044.36	1.56
第二名	1 182 847.45	1.08
第三名	902 236.47	0.82
第四名	799 119.51	0.73
第五名	684 694.38	0.63
合　计	5 279 942.17	4.82

2）原材料成本

铜材是白色家电产品的主要原材料，2016 年，国内铜价大幅上涨，年初铜价为 36 702.5 元/吨，年末涨为 45 023.75 元/吨，期间于 2016 年 11 月 28 日上涨至全年最高价 48 442 元/吨，创两年来新高。可见，就 2016 年而言，铜价的上涨已经造成白色家电企业产品成本的大幅上涨，而精益生产与效率提升带来的成本下降及终端产品的整体销售价格不能够完全消化成本波动影响，将会对公司的经营业绩产生一定影响。

6. 客户分析

1）客户集中程度

从 9-10 中可以看出，美的前五名客户的合计销售额占年度销售总额的比例为 10.10%，可见美的并不存在依赖单一大客户的情况。

表 9-10 美的 2016 年前五名客户排名表

美的客户排名	销售额（千元）	占年度销售总额比例（%）
第一名	6 795 001.07	4.27
第二名	3 854 215.54	2.42
第三名	2 596 843.02	1.63
第四名	1 448 781.59	0.91
第五名	1 376 066.44	0.87
合　计	16 070 907.67	10.10

2）电商时代的终端消费者

在电子商务还未广泛应用的年代，白色家电企业多通过批发商、连锁家电大卖场的渠道形式来进行产品销售，所以企业针对的大客户基本都是批发商或像国美、苏宁这样的家电卖场；如今电商技术已发展的比较成熟，像京东、天猫这样的电商平台的成交额增长迅猛，在企业的销售渠道中已经占有不可忽略的重要地位。而电商平台销售的特点是销售渠道明显缩短，消费者的购买体验将会通过评价的方式在互联网上迅速扩散、传播，形成口碑。这对白色家电企业的原有营销方式是巨大的挑战，意味着有关产品信息的传播速度会明显加快，对产品有利的评价会有助于引爆产品销量，而不利的评价也会使产品的缺陷无处藏身，市场信息的交流变得更加有效率，更加透明，卖家与买家的信息不对称情况将会减少。电子商务使得白电企业有机会与终端消费者直接对接，可以获取有关用户体验的一手信息，所以未来白电企业应当更加注意对线上终端消费者意见的收集。

四、美的集团内部资源与能力分析

（一）内部资源分析

1. 有形资源

在财务资源方面，2016 年年末，美的总资产规模达 1 706 亿元，其中现金资产高达 172 亿元，应收账款高达 134 亿元，流动比率为 1.35，可见其财务资源丰富，为其进一步的生产运营投入提供了有力保障。在实物资源方面，截至 2016 年末数据统计，美的在全球范围内拥有约 12 万名员工，拥有约 200 家子公司及 10 个战略业务单位。2016 年至 2017 年年初，美的完成了对东芝白电、意大利中央空调企业 Clivet、全球机器人四大家之一的库卡集团和以色列运动控制和自动化解决方案公司 Servotronix 的收购，从而为美的下一步进行全球化运营和进入自动化领域发展提供了丰富的实物资源。

2. 无形资源

在品牌资源方面，首先，2016 年美的成功上榜《财富》世界 500 强。这对美的自身的品牌建设是很有力的。在空调产品方面，美的自身的中央空调获得“2016 年中国房地产中央空调首选实力品牌”。此外，美的通过收购获得东芝家电业务主体“东芝生活电器株式会社”80.1%的股权品牌，获得 40 年东芝品牌全球授权及超过 5 000 项专利技术。美的在品牌资源方面拥有较大优势。在技术研发资源方面，截至 2016 年，美的集团累计拥有授权专利已达 26 000 余件，2016 年，国家知识产权局第十八届中国专利奖评审结果公示，美的荣获中国专利优秀奖 7 项、中国外观设计优秀奖 6 项。获奖量在国内企业首屈一指，领跑家电业。可见美的拥有充裕的技术研发资源。

3. 人力资源

人力资源是指组织成员向组织提供的技能、知识以及推理和决策能力。大量研究发现，那些能够有效开发和利用其人力资源的企业比那些忽视人力资源的企业发展得更好、更快。是人的进取心掌握的技能、知识创造了企业的繁荣，而不是其他资源。在技术飞速发展和信息化加快的新经济时代，人力资源在企业中的作用越来越突然。

从表 9-11 中可以看出，在 2016 年美的的员工专业构成中，以生产人员人数为最多，达到 82 240 人，占员工总数的 85.3%；其次为研发人员，为 8 741 人，占员工总数的 9.1%。由上述内容可以看出，美的主体上是一家主要依赖生产人员的制造性企业，其生产过程的自动化与机械化水平还远远不够，还有很大的提升空间，美的也意识到这一点，于是收购德国机器人研发制造公司库卡，力求在未来快速提升自身的机械化、自动化生产水平。

表 9-11　美的 2016 员工专业结构表

专业构成类型	专业构成人数(人)	占总人数比例(%)
生产人员	82 240	85.3
销售人员	3 576	3.7
研发人员	8 741	9.1
财务人员	1 080	1.1
行政人员	781	0.8
合　计	96 418	100

从表 9-12 中可以看出，截至 2016 年会计年度，在美的集团的员工中，具有大学本科(含大学本科)以上学历的人数为 17 768 人，占员工总数的 18.5%；大专、中专以下学历的人数占到总人数的 35.6%。可见美的员工的整体学历水平并不高，未来美的仍需增强自身的人力资源方面的储备与提升工作。

表 9-12　美的 2016 年员工教育程度结构表

教育程度类型	数量(人)	占总人数比例(%)
博士、硕士	2 177	2.3
大学本科	15 591	16.2
大专、中专	44 337	45.9
其他	34 313	35.6
合计	96 418	100

(二) 内部能力分析

1. 研发能力

随着市场需求的不断变化和科学技术的不断进步。研发能力已成为保持企业竞争活力的关键因素。企业的研发活动能够加快产品的更新换代，不断提高产品质量，降低产品成本，更好地满足消费者的需求。近年来，美的着力于提高自身整合全球研发资源的能力和研发与技术创新能力。过去 5 年，美的投入研发的资金超过 200 亿元，在全球 8 个国家设立了 17 个研究中心，拥有的研发人员超过 10 000 人，其中外籍资深专家超过 300 人。与此同时，美的保持与清华、浙大、华中科技、美国 MIT、UCB、Stanford 在内的 30 多个国内外科研机构的紧密合作，通过引进外部团队进行产业孵化，进一步提升美的研发实力。据汤森路透发布的《2016 全球创新报告》数据显示，美的位列家电领域全球排名创新机构首位及厨房电器子领域亚洲创新机构首位。截至 2016 年，美的集团累计拥有授权专利已达 26 000 余件，其中 2016 年，美的全集团申请专利 13 546 件，发明专利 5 562 件，继续保持家电领域排名第一，国家知识产权局第十八届中国专利奖评审结果公示，美的荣获中国专利优秀奖7项、中国外观设计优秀奖6项，获奖量在国内企业中首屈一指，领跑家电业，欧盟委员会“2016全球企业研发投入排行榜”，美的为TOP200中唯一上榜的中国家电企业。由此可见，近年来美的集团的研发能力在不断增强。

2. 营销能力

美的的营销能力分析可从两个方面入手：产品竞争能力与销售活动能力。美的在小家电类产品中占有绝对优势，在空调、冰箱、洗衣机、热水器类产品中虽然不是市场第一，但却多占据市场第二的位置。总体来说，其产品具备相当的竞争能力。深究原因会发现，美的擅长进行技术创新性营销，能够深入挖掘不同消费人群的消费偏好，并且搭配时尚的工业设计，往往起到一鸣惊人的作用。例如，在洗衣机方面，美的推出迪士尼定制版洗衣机系列，专为“萌娃”设计，涵盖了“钢铁侠版”和“美国队长版”滚筒洗衣机、壁挂式洗衣机、拎式迷你洗衣机等，满足消费者差异化需求；在小家电领域，美的持续挖掘用户痛点，推出智能“蒸立方”微波炉，采用湿度感应技术，无极变频智能调控火力，无须手动设置时间和火力，实现高效营养又健康；美的还推出“清羽”智能风扇，利用仿生双羽风叶设计，柔风吹送，关注幼儿与老年人需求，可与空调联动实现不同温度下的工作方案。种种这些都表明美的的技术创新是建立在对市场深入挖掘的基础上的，所以美的产品竞争能力也比较强。

美的具备统筹建设线上与线下销售渠道的能力。在线下渠道建设方面，美的依托自身多品类协同优势，深入拓展旗舰店、苏宁、国美、区域性连锁（TOP100）、小区域连锁（VIP200）和乡镇专卖店6大渠道，实现从乡镇到超一线城市不同层级市场的渠道布局。2016年，美的旗舰店实现销售收入迅速增长，苏宁和国美两大战略合作伙伴保持稳健态势，区域性连锁渠道整体零售收入迈入百亿门槛，县镇村渠道覆盖取得有效突破。在线上渠道建设方面，美的起步较早，自2008年起，美的就开始试水电商；2011年，美的通过授权经销商的方式，在淘宝、京东等平台销售产品，当年实现7.16亿元销售额；之后经历了电商平台统筹规划的调整，开始全面入驻天猫、京东、苏宁易购等电商平台，并发力建设自有物流体系；2016年，美的电商平台销售额已达230亿元。目前，美的的电商渠道搭建是三家企业中最为成功和成熟的。由此可见美的具备很强的销售活动能力。综合来看，美的具备较强的营销能力。

3. 财务能力

对财务能力的分析主要涉及两个方面：筹集资金的能力和使用和管理所筹集资金的能力。筹集资金的能力可以用资产负债率、流动比率和利息保障倍数等指标来衡量；使用和管理所筹集资金的能力可以用净资产报酬率、销售毛利率和存货周转率等指标来衡量。

从表9-13中可以看出，近三年来，美的资产负债率都在60%左右，相对平稳，可见其长期偿债能力保持稳定；流动比率整体较低，不过2016年有明显增长，短期偿债能力保持平稳增长；近三年来，美的利息保障倍数平均为36.43倍，2016年，该指标数高达44.05倍，可见美的的整体风险较低，筹资能力较强。

表 9-13 美的近三年筹资能力指标表

指标名称	2016 年	2015 年	2014 年
资产负债率(%)	59.6	56.5	61.9
流动比率	1.35	1.15	1.18
利息保障倍数	44.05	29.61	35.65

从表 9-14 中可以看出,美的近三年来的净资产报酬率都较高,平均值在 28.47%,不过自 2014 年来,呈现出小幅下降趋势。美的的净资产报酬率还有进一步上升的空间;美的的销售毛利率呈现不断增长趋势,2016 年已高达 27.3%,毛利率的不断提高从根本上体现了美的产品在市场中整体竞争实力的上升;美的存货周转率也呈现出不断上升的趋势,可见美的在加快库存周转,减少库存成本方面取得了一定的成绩。

表 9-14 美的近三年资产管理能力指标表

指标名称	2016 年	2015 年	2014 年
净资产报酬率(%)	26.88	29.06	29.49
销售毛利率(%)	27.3	25.8	25.4
存货周转率(次)	8.87	8.06	6.99

4. 组织管理能力

完善的公司治理机制与有效的激励机制奠定了公司持续稳定发展的坚实基础。美的关注治理架构、企业管控和集权、分权体系的建设,已形成了成熟的职业经理人管理体制。事业部制运作多年,其充分放权和以业绩为导向的考评与激励制度,成为了公司职业经理人的锻炼与成长平台。美的的高层经营管理团队,均为在美的经营实践中培养的职业经理人,在美的各单位工作时间平均达 15 年以上,具备丰富的行业经验和管理经验,对全球及中国家电产业有深刻的理解,对产业运营环境及企业运营管理有精准的把握,公司的机制优势奠定了美的未来稳定持续发展的坚实基础。目前公司高层、核心管理团队及中层骨干通过直接、间接持股及多期股票期权激励计划及“合伙人”持股计划等多种方式,搭建了经营层与全体股东利益一致的股权架构及长、短期激励与约束相统一的激励机制。

2016 年美的集团面向中高层及核心业务骨干推出了第三期股权激励计划,面向对公司整体业绩和中长期发展具有重要作用的公司核心管理人员,推出第二期美的集团“合伙人”持股计划,继续推动“经理人”向“合伙人”的身份转变,并以购买股票额度分配与业绩挂钩、权益分期归属并延长锁定的方式,激励管理层与公司长期价值成长的责任绑定。“合伙人”持股计划及股权激励计划的实施,建立了公司高层、核心骨干与公司全体股东长期利益一致的机制,公司治理进一步优化提升。

五、美的集团的竞争态势分析

我们采用 SWOT 分析法,对美的集团的竞争态势进行分析,如表 9-15 所示。前已述及,SWOT 分析是一种综合考虑企业内部条件和外部环境的各种因素,进行系统评价,从而选择经营战略的方法。SWOT 分析将调查得出的各种因素根据轻重缓急或影响程度等排序方式,构造 SWOT 矩阵。在此过程中,将那些对公司发展有直接的、重要的、大量的、迫切的、久远的影响因素优先排列出来，而将那些间接的、次要的、少许的、不急的、短暂的影响因素排列在后面。SWOT 方法的优点在于考虑问题全面，是一种系统思维，而且可以把对问题的“诊断”和“开处方”紧密结合在一起，条理清楚，便于检验。SWOT 方法的贡献就在于用系统的思想将这些似乎独立的因素相互匹配起来进行综合分析，使企业战略计划的制定更加科学全面。

表 9-15 美的集团 SWOT 分析

优势(S)	劣势(W)
品牌认可度高	线下销售渠道相对薄弱
产品结构均匀且互为支撑	生产自动化水平低
财务资源充足	盈利能力劣势
市场占有率较高、线上销售渠道较为成熟	员工教育水平劣势
机会(O)	威胁(T)
电商时代到来、人才红利涌现	生产要素价格波动风险
家电行业消费升级	全球资产配置与海外市场拓展风险
一带一路政策、中国经济深化对外开放	汇率波动造成的产品出口与汇兑损失风险
智能家居与智能制造产业向好	贸易壁垒带来的市场风险

第10章

会计分析

本章学习目标

- 会计操纵及其动机
- 会计信息的数据配比分析方法
- 会计分析的常见异常信号
- 采购、存货、现金流分析
- 收入、账款、现金流分析

第1节　会计分析与会计操纵

前章已述及，投资者进行公司分析的基本逻辑是：战略分析、会计分析、财务分析、估值分析。本章在公司分析中处于重要地位，如果能够发现上市公司财务数据的异常之处，能够一票否决地起到“排雷”的作用，接下来的财务分析和估值分析已经失去意义。本章讲解了会计分析与会计操纵的基本内涵，上市公司会计信息的数据配比分析方法，以及会计分析的典型案例。

上市公司发布的财务报告，是协助我们洞察公司投资价值的重要线索。某家上市公司的所思所想，接下来它准备做什么，管理层的高调言论——这一切究竟只是故弄玄虚，还是确有其事？上市公司会计数据是否存在着明显的异常？财务质量高不高？上述种种问题的答案，已经全部隐藏于财务报表之中。上市公司提供的财务报告往往都超过百页，呈现在读者眼前是厚厚的一摞，里面罗列着各种信息。对于股票投资者来说，有些材料需要仔细研读而有些则可以忽略。上市公司提供的财务报表是真实公允的吗？我们相信大多数经过审计的财务报表，编制时都是公正的。大多数报表都是基于公认会计准则、良好的财务控制下的凭证与账簿，以及正直无欺的管理层编制出来的。然而有时情况并非如此，一些上市公司可能会从事财务欺诈行为，例如非法占款、滥用会计估计、虚增资产、隐瞒亏损、低估费用、高计收入等。

在企业会计信息质量要求中，最基本、最首要的就是真实公允性。真实公允性是财务报告要达到的首要目标。然而在世界各国的经济发展历程中，这一目标被扭曲的情形时有发生，通过给财务报表洗澡、化妆，使得一些企业的会计信息偏离了其本来意义和目的，甚至成为一场纯粹的数字游戏，极其具有戏剧性和魔术性，与反映企业真实经营状况的初衷渐行渐远。作为股票投资者,通过有效的分析方法,发现上市公司会计信息中的异常现象,能够最大限度地防范投资中的“踩地雷”风险。有人曾经这样比喻会计工作人员:生产财务报告信息的人好比摄影师,企业财务图像的清晰性、真实性由他掌握,取景的角度、焦距、冲洗等技术处理细节都由其掌握,他可以根据特定的需要而非审美或其他要求来拍摄制作照片。实际上,财务报告的编制与此类似,确认、计量、记录和报告企业经营情况的会计人员以及对企业经营成果负责的其他高管人员充当着摄影师的角色,他们有机会,有能力按照特定的利益需要提供财务报告。也就是说,尽管财务报告的使用者希望看到的是关于企业真实客观情况的全景图,但财务报告的提供者却可能试图选择一个特殊的视角,避开一些会影响整体效果的角落;或者把实景、布景、道具、PS技术混杂其中,这样拍摄制作出来的企业财务状况的照片或者摄像,也许已经与会计信息使用者所期望的真实公允的全景图相距甚远。会计本来是一门技术,由于处理具体业务时具有一定的职业判断,被人们冠以艺术的称谓。但如果失去职业道德和工匠精神,盲目使用、歪曲使用会计估计与判断,会计极其有可能成为堕落的天使,沦落成为一门魔术。澳大利亚著名学者富兰克·科拉克在他的《公司的崩溃:会计、监管和道德的失败》一书中这样写道:公司会计并非偶尔轻微地歪曲事实,而是全面地、系统地、普遍地、年年如此、经久不衰①。

一、会计分析及其重要性

公司财务报告,是传递公司经营活动信息资料的重要来源。一个股份公司一旦成为上市公司,就要承担公开披露信息的义务。实务之中,上市公司信息披露的主要公告有四类:招股说明书、上市公告、定期报告、临时公告。这些报告虽然包括许多非财务信息,但是大部分信息具有财务性质或者说与财务有关,因而具有财务报告的属性,可以视为广义上的企业财务报告。上市公司与投资者进行沟通,主要的方式即是通过财务报告。其中的主要财务报表:资产负债表、利润表、现金流量表、股东权益变动表,则是投资者了解企业经营情况的重要信息来源。

所谓会计分析,是指评判公司会计信息反映其实际经营现实的程度。一方面,证券分析师可以评估公司会计政策和会计估计的适宜性,通过测算一些关键会计数字,来评估上市公司会计数据被歪曲的程度。另一方面,证券分析师可以评估公司资产质量和利润质量等情况,来了解一家公司藏在美丽会计数据背后的实际经营现实。伟大的公司,必定有伟大的品质。会计分析的核心目的,就是分析公司的“品质性”。那些为了增加账面获利,积极使用各种“非法会计手段”的公司,称为品质性差的无良公司。对那些无良公司继续进行后续的财务分析、估值分析等显然已经毫无意义。显而易见,如果这类上市公司成为投资标的,投资风险是极大的。

我国股票市场经过多年的发展,在优化资源配置、推动产业发展等方面起到了重要作用。但是,由于上市公司财务报告质量方面存在的问题,很大程度上造成理性的投资者对股票市场信心不足,影响了我国股市的进一步发展。财务报告陷阱的复杂性和隐蔽性,使得准确判断企业管理当局是否设置了财务报告陷阱,在什么情况下容易产生财务报告陷

① (澳)富兰克·科拉克等:《公司的崩溃:会计、监管和道德的失败》,薛云奎主译,上海,格致出版社,上海人民出版社,2010年,第3页。

阱行为，企业主要是通过哪些手法设置财务报告陷阱的，如何识别、防范财务报告陷阱等问题，成为一名专业的投资者需要搞清楚的重要命题。

二、企业会计操纵及其动机

所谓会计操纵，是上市公司为了达到其自身的不良目的而进行造假，对会计信息掺入水分，有意掩盖其真实经营业绩行为的统称。美国有个给会计信息掺水的典故。以前有个叫德鲁的人，他靠贩卖牲畜为生。有一天，他突然想到了一个赚大钱的好主意，即在前一天晚上给牲口们吃好吃的但添加很多盐，但一直不给它们水喝。第二天早上，口渴难耐的牲口都会狂喝几加仑的水，然后德鲁迅速把它们赶到纽约，在那里把它们按斤论两地卖给屠夫。

财务报表是上市公司按规定动作，定期提交的关于企业自身运行状况的“健康体检表”。这份健康体检表影响着企业在资本市场的魅力和形象。对于身体虚弱的企业，投资者恐怕都趋避不及；而对于“浑身肌肉”的上市公司，投资者往往会心向往之，公司股价也随之而腾落。股价的良好表现很多时候会影响管理层的薪酬，有时也能为企业带来更低的融资成本。而连续多年亏损的上市公司，则往往面临着退市，资本市场的大门也将对其关闭。用许多掺水的数字装点的财务报表，往往可以获得一时之繁华和拥戴，但随着时间的流逝，败絮其中的企业终将会显露出不堪的真相，而曾经不辨其内在质地的投资者，往往遭遇投资“黑天鹅”，成为财务欺诈的受害者，深陷其中。因此，对自己财富负责，且富有进取之心的理性投资者，要远离投资“黑天鹅”，绝不应忽视和回避企业财务报表操纵问题。可以说，会计操纵的动机几乎涉及企业的全生命周期，具体包括企业生存、企业管理、企业发展、企业收购等阶段，可谓企业一生都有制造“陷阱”的机会。图 10-1，列出了企业在各阶段进行会计操纵的动机。

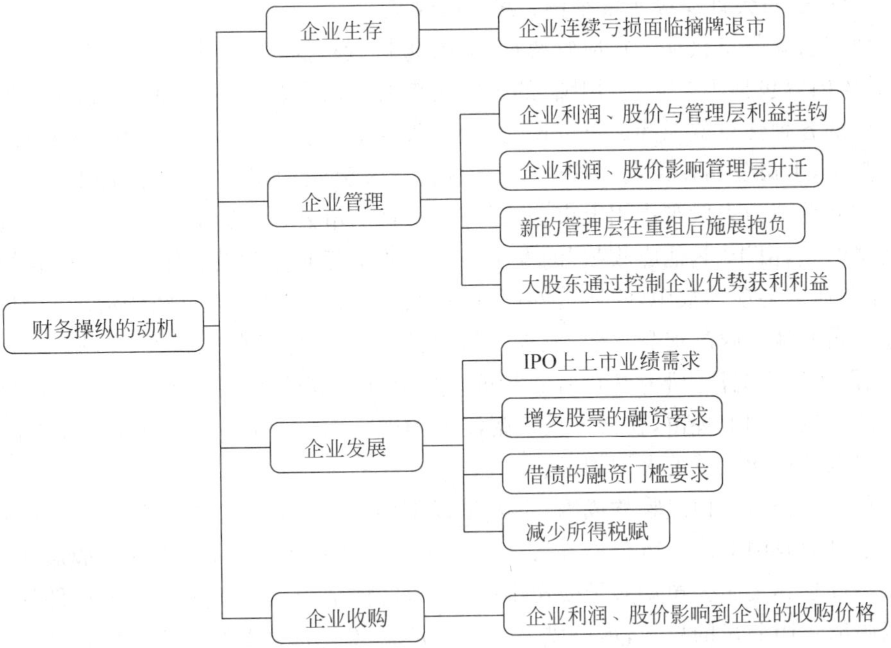

图 10-1　企业会计操纵的动机

1. 上市公司会计操纵手段举例：应收账款

上市公司利用应收账款进行会计操纵通常的途径是，运用权责发生制的账务处理特点，在会计期末进行虚假销售，对方并不需要支付产品的款项，公司则将这些“售出产品”的收入确认为当年收入，同时将其挂账在“应收账款”科目之中，待到下一个会计年度中，再做销售退回处理。在虚假销售的情形中，比较良性的情况是提前销售，即将下一年度的销售收入早一些计入当年的收入中。注册会计师在审计中往往会关注这些问题，如果仅仅是做账务处理，没有出库单等其他原始凭证的话，一般能够被注册会计师识破。难以审计的情况是，许多虚假销售看起来与正常销售完全相同，即从局外人来看，这些销售从销售合同，到产品出库单、发运证明等产品转移凭证都一应俱全，从会计处理上较难以区分。对于投资者而言，一般通过利润表中“主营业务收入”科目、现金流量表中的“销售商品、提供劳务收到的现金”项目、资产负债表中“应收账款”等几组数字的配比关系，来判断上市公司当年销售收入的质量。

有的上市公司还通过坏账准备的计提，间接调控当年管理费用，从而调节当年净利润。由于应收账款坏账的计提及其追溯调整在会计操作上存在较大的灵活性，一些上市公司可能从中寻找新的利润操纵空间。对此方面，投资者需要重点关注。从会计准则来看，坏账准备如何计提、计提多少，具有较大的会计职业判断的成分。那么，究竟是计提多了还是少了？上市公司的实际情况，局外人似乎很难做出准确的研判。例如，有的公司为了避免亏损，可能倾向于选择采用较低的计提比例。有的上市公司可能会在前一年采用较大的计提比例，第二年由于收回部分应收账款，从而冲回坏账准备，以求利润在会计年度之间转移。对于投资者而言，在分析上市公司的财务报表时，应该关注其报表附注中的应收账款账龄等重要信息，并与以前各年度的应收账款账龄等信息进行对比分析。

2. 上市公司会计操纵手段举例：其他应收款

其他应收款是指核算公司应收票据、应收账款、预付账款之外的其他各种应收、暂付款项，具体内容包括不设立“备用金”的公司拨出的备用金、应收的各种赔款、罚款等、应向职工收取的各种垫付款项等。可以说，其他应收款基本上属于一个杂货铺，各种往来资金混杂于其中，上市公司往往利用这个账户，进行资金流量的调节。目前，在上市公司中最为突出的问题即为大股东占用上市公司的资金，将上市公司作为提款机。作为投资者，需要弄清楚的是，由于“其他应收款”的发生与公司的主营业务并没有什么必然的直接联系，所以，在企业的各项债权中，它所占的比例一般都比较小，属于公司经营活动的配角。假如某家公司其他应收款摇身一变，成为主角，其绝对金额已经在总资产中占据相当大的比重时，就需要给予关注，研究其背后的玄机。如果这些其他应收款是由关联交易产生的，而且无法提供合理的理由，在会计报表附注中罔顾左右而言他，或者不加以详细注释时，那么其掺水的可能性就大大增加了。

分析上市公司其他应收款成因，不外乎以下四个方面：其一是关联方公司的资金占用。由于目前我国众多上市公司背后都靠着一个大的集团公司，作为其控股股东。上市公司只不过是其集团公司众多子公司中的一个，这种结构就注定了上市公司即使上市后也难以脱离集团公司的控制，难以成为一个真正意义上的独立的经济实体。其二是资金的变相放贷。一些上市公司通过发行新股或增发，在证券市场上筹集到了大量资金，然而钱到手了却又不知道该怎么花，募股时承诺的项目始终处于年复一年、日复一日的论证考察之中，有的干脆就不了了之。大量资金存放银行又心有不甘，于是，资金拆借这一本该属于金融机构的业务成了其投资项目的首选。其三是隐形投资。企业为了合理有效地使用资金以获取超额回报，除了进行正常的生产经营以外，可以将资金投放于债券、股票或其他财产等，形成企业的对外投资。投资按其流动性的不同，一般可分为短期投资和长期投资，在会计核算上，主要是通过"交易性金融资产""长期股权投资"等会计科目来核算。然而，有的公司因为种种利益集团的需要，却将对外投资记入其他应收款科目。其四是关联方交易产生的债权。关联方交易在我国企业中尤其是上市公司中相当普遍，涉及的范围也极为广泛，如企业的对外担保、费用代付垫付、资产置换、委托经营等，由此而产生的债权债务数额十分巨大。

当然，造成上市公司其他应收款金额高企的原因还有很多，如应收税款返还、代客户垫付运杂费、代大股东垫付各种费用等。不可否认，这些债权的产生有些确属企业生产经营所需，如备用金等，有的则纯属企业经营管理中的"漏洞"或"黑洞"。这将给企业的生产经营和今后的发展带来不可估量的损失和负面影响。具体表现在以下四个方面：其一是造成上市公司利润水分大、业绩失真。由于太多的关联方交易的产生，交易价格随意且无须现金支付，从而使利润操纵变得合法而简单，企业业绩的高低也随之成为会计上的数字游戏。其二是影响企业的实际偿债能力。由于大量、高龄其他应收款的存在，且这些款项流动性差、变现极为困难，使企业的实际偿债能力较名义偿债能力大打折扣。其三是严重地影响了企业的资金周转，使企业陷入财务困境。由于大量资金被其他各方占用，导致企业正常生产经营所需资金匮乏、财务费用剧增，使企业的资金周转显得极为困难，从而陷入财务困境。其四是形成大量的潜亏，严重地影响了企业资产的质量。不少公司不但其他应收款数目大，而且账龄长，没有提取足够的坏账准备（有些公司甚至根本就不提取坏账准备），因此造成企业资产质量的严重下降。

三、会计操纵的著名案件

1. 会计操纵的美国案件

事实上，运用会计"诡计"美化财务报表，是困扰各个资本市场国家的老问题。在资本市场最为发达的美国，过去数十年发生了不少惊人的财务报告丑闻事件，霍华德 · M. 施利特（Howard M. Schilit）和杰里米 · 皮勒（Jeremy Perler）在他们的经典著作《财务诡计》中这样写道[①]：这里对会计造假增设一个特别奖项——最无耻奖，为的是"表扬"那些肆无忌惮地运用其才能、创意以及财务欺诈手法来误导投资者的公司管理层。这些获奖者分别是：最富创意的收入伪造无耻奖（美国安然公司）、利润与现金流伪造最无耻奖（美国世界通信公司）、管理层劫财骗钱最无耻奖（美国泰科国际有限公司）、热衷运用各种欺诈手法最无耻奖（美国讯宝科技公司）。

澳大利亚著名学者富兰克 · 科拉克在他的《公司的崩溃：会计、监管和道德的失败》一书中这样写道：确实，安然丑闻和电信暴发户环球电讯公司之迅速破产，使人们对一个

---

① 霍华德等：《财务诡计》，赵银德等译，北京，机械工业出版社，2012 年。

接一个的公司会计舞弊案件产生了深深的阴影……一向为投资者担当监督角色的监管人——董事会、审计师和监管机构——都看起来是要么睡着了，要么陷入角色冲突不能自拔[①]……2001年秋天，随着公司的突然倒闭破产，总部位于休斯敦的美国安然公司很快成为大规模会计造假的代名词。按照很多人的描述，安然这家公用事业公司采用的欺骗手法可谓精心设计，运用上千家资产负债表外的合伙公司来掩盖其巨大亏损以及对投资者的巨额负债。虽然其表面上看不出破绽，但只要稍微掌握一些会计技能或者稍微懂得一些财务报表知识的人，就不难发现报表中的一些预警信号。

(1) 安然公司位列2000年《财富》500强公司的第7位(按照总收入排名)，位次超过了AT&T(美国电报电话公司)和IBM两家大公司。短短五年时间，安然公司的收入不可思议地增长近10倍(从1995年的92亿美元增长到2000年的1 008亿美元，其中仅仅2 000年这一年销售额的增长率为151%，即销售额就从401亿美元增长到了1 008亿美元)。具有警惕意识的投资者或许会产生疑问：有多少公司的收入能在5年之内从不足100亿美元变成超过1 000亿美元？答案是：从未有过。显然，安然公司令人惊奇的收入增长是前所未有的。不仅如此，取得如此的收入增长，该公司竟然没有进行任何大型收购。看来，这种收入增长是完全不可能的。如果进行会计分析，不难发现安然公司的增长完全令人难以置信，因为在公司内部根本找不到某个合理的商业模式来实现这样不朽的经营业绩。这一不朽的经营业绩背后完全是一个大骗局。

(2) 更有趣的是，虽然安然公司和那些大公司一样都上了《财富》排行榜，但是安然公司所报告的总利润不足10亿美元(即不足销售收入的1%)，相比其他公司这样的成绩显得微不足道。安然公司的利润增长与销售额增长不成比例，这种现象显然很不寻常，属于明显的会计造假之类的预警信号。假如销售收入增长10%，那么投资者通常认为对于具有稳定利润水平的公司而言，其费用和利润会按照大致相似的比例增长。然而，安然公司的情形却是，虽然销售额出现了大幅度的增长，但所创造的利润几乎没有任何变化(销售收入增长151%，但利润增长却不足10%，这怎么可能呢?)，这一情形缺乏合理性。关于美国安然公司、世界通信公司、泰科公司、讯宝公司等运用会计诡计的具体细节，读者可进一步阅读霍华德的经典著作《财务诡计》。

2. 会计操纵的日本案件

在资本市场发达的日本，上市公司会计造假问题也此起彼伏。日本著名证券分析师及注册会计师——胜间和代，在她的经典著作《轻松读财报》[②]中这样写道：自从2006年活力门事件爆发后，投资人对于企业的谴责之声越来越高，对它们做假账的行为感到大为不齿、大为愤恨。然而顶风作案者却依旧比比皆是。日兴证券、房地产开发商三泽九州株式会社、冷冻食品大厂加卜吉株式会社等上市公司，依然先后爆料出会计造假的丑闻。其实就财务报表比例而言，做假账的企业其财务报表并不惊人。要知道，更多的企业虽然在财务报表方面称不上作假，它们会在合法的范围之内，进行盈余管理，美化财务报表，使得

① (澳)富兰克·科拉克等：《公司的崩溃：会计、监管和道德的失败》，薛云奎主译，上海，格致出版社，上海人民出版社，2010年，第14页。

② (日本)胜间和代：《轻松读财报》，千太阳译，东京，中信出版社，2009年。

财务报表上的获利金额一直维持稳定增长。

东芝财务造假事件：自 2008 年度第二季度至 2014 年度第三季度期间，东芝数位高管涉嫌在知晓电脑业务存在违法交易的情况下，虚报了总计 2 248 亿日元(约合人民币 117 亿元)的税前利润。日本证券交易等监视委员会 2015 年 12 月 7 日根据《金融商品交易法》，建议日本金融厅对东芝公司虚报利润的财务造假行为开出史上最大的 73.735 亿日元(约合人民币 3.8 亿元)罚单。证监会正考虑以涉嫌违反《金融商品交易法》对东芝历任 3 名社长进行刑事举报。

3. 会计操纵的中国案件

拥有年轻资本市场的中国，上市公司造假也是一个囧问题。中国证券市场从无到有，从摸着石头过河到确立国际化、市场化的方向，其中走过了不少弯路，也得到不少教训。在这个过程中产生了资本市场"造假四大天王"——银广夏、蓝田股份、郑百文、琼民源这四个"股市坏孩子"。

1) 银广夏事件

2001 年中国证监会披露银广夏(000557)分别在 1999 年和 2000 年公布虚假获利，规模各为 1.78 亿元和 5.67 亿元。该公司曾被市场人士奉为蓝筹股。中国财政部后来撤销了一家会计师事务所的执照，因其签字认可银广夏的虚假获利。银广夏股价从 30 元之上，迎来 16 个跌停，股价跌入个位数。2002 年 6 月 5 日，深交所根据证监会行政处罚决定书认定公司连续三年亏损，做出了银广夏暂停上市的决定。2002 年 12 月 7 日，银广夏获深交所批准于 2002 年 12 月 16 日起恢复上市。2003 年 7 月 13 日，银广夏发布了半年报预盈公告，造假大王总算在市场是初步站稳了脚跟。银广夏对中小股东造成的伤害之深，可以用"连续 16 个跌停板"来见证。由于来自地方政府的宽容、当年各路媒体对造假的疏于防范，以及研究人员、基金经理的唱多，使得众多中小投资者成为了银广夏的受害者。

2) 蓝田股份事件

被称为"老牌绩优"的蓝田巨大泡沫的破碎，是继银广夏之后，中国股市上演的又一出丑剧，成为 2002 年中国经济界一个重大事件。与银广夏相同的是蓝田股份玩的也是编造业绩神话的伎俩。最先挑破这个破绽的是中央财经大学刘姝威教授，她为此获得了"CCTV2002 中国经济年度人物"，并被称为中国股市的良心。2001 年 10 月，她以一篇 600 字的短文对蓝田神话直接提出了质疑，这篇 600 字的短文是刘姝威教授写给《金融内参》的，它的标题是《应立即停止对蓝田股份发放贷款》。文章在对蓝田的资产结构、现金流向等情况和偿债能力做了详尽分析后，得出结论是蓝田业绩有虚假成分，而业绩神话完全依靠银行贷款，20 亿贷款蓝田根本无力偿还。此后不久，有关银行相继停止对蓝田股份发放新的贷款。由此，蓝田赖以生存的资金链条断裂。最早在公开场合提出蓝田资金链断裂，是蓝田的掌门人瞿兆玉。2001 年 11 月底，蓝田股份召开临时股东大会，瞿兆玉承认由于银行不再给蓝田发放贷款，导致蓝田股份陷入财务困境。2002 年 1 月 21 日，蓝田股份被强制停牌。上海证券交易裁定蓝天股票自 2003 年 5 月 23 日起终止上市。蓝田造假伤害了投资者，也拖累了银行。1999 年蓝田股份高峰期股价达到 22.95 元，等到退市前其股价只剩下 3.02 元，退市后股价更是一文不值，因为 2002 年该股每股净资产仅为

—0.08元。另一方面，蓝田出事后，工、农、中、建四大国有商业银行，以及民生、交通、中信、浦发等银行均起诉中国蓝田总公司及其关联公司，但等到这时来起诉，又能要回多少钱？

3）郑百文事件

郑百文的前身是郑州一家国有百货文化批发站，于1996年4月获准上市，实际业绩糟糕透顶的郑州百货，经过会计手法的包装和中介机构的“美化”，居然变成了一家10年间销售收入增长45倍、利润增长36倍、上市当年实现销售收入41亿元的“名牌企业”。1997年其主营规模和资本收益率在沪市上市公司中排序第一，进入国内上市企业100强，从1996年9月到1998年2月，17个月中郑百文股价涨幅高达228%。然而还是在1998年，郑百文却创造了每股净亏损2.54元的中国股市最差业绩的“奇迹”。从当初证券市场上耀眼的绩优股到负债累累的垃圾股，人们不禁要问，郑百文到底是通过何种手段，将自己包装得如此“美轮美奂”。经查郑百文上市前采取虚提返利、少计费用、费用跨期入账等手段，虚增利润1 908万元，并据此制作了虚假的上市申报材料。上市后三年，采取虚提返利、费用挂账、无依据冲减成本及费用、费用跨期入账等手段，累计虚增利润14 390万元；且存在股本金不实、上市公告书重大遗漏、年报信息披露有虚假记载、误导性陈述或重大遗漏。郑百文后来重组，更名为三联商社(600898)。在经历了两年多的暂停上市后，饱受煎熬的流通股股东终于盼来郑百文复市，但手中股票市值已经大幅缩水。

4）琼民源事件

1993年，海南民源现代农业发展股份有限公司在深圳上市。上市后的第二年，琼民源公司便开始走下坡路，经营业绩不佳，其股票无人问津(在1995年公布的年报中，琼民源每股收益不足0.001元，1996年4月30日年报公布日其股价仅为3.65元)。从1996年7月1日起，琼民源的股价以4.45元起步，在短短几个月内股价已蹿升至20元，翻了数倍。在被某些无形之手悉心把玩之后，琼民源成了创造1996年中国股市神话中的一匹“大黑马”。经过一番精心包装之后，1997年1月22日琼民源发布年报，显示1996年公司实现利润5.7亿元，本年度资本公积金增加6.57亿元。年报赫然显示，每股收益0.867元，净利润比去年同比增长1 290.68倍。年报发布后，市场反应强烈，琼民源变成了投资者追捧的“绩优股”。从1996年2月5日到1997年2月27日的一年时间之内，该股由最低时的1.55元，已经冲高至26.4元。琼民源业绩突变的实际情况如何呢？证监会等部门组成的联合调查组，对琼民源1996年业绩进行了调查。调查组进行了长达一年多的调查之后，公布琼民源1996年年度报告和补充公告所称1996年“实现利润5.7亿余元”“资本公积增加6.57亿元”的内容严重失实，虚构利润5.4亿元，虚增资本公积6.57亿元。其中5.4亿元虚构利润，是琼民源在未取得土地使用权的情况下，通过与关联公司及他人签订的未经国家有关部门批准的合作建房、权益转让等无效合同编造的；而6.57亿元资本公积是琼民源在未取得土地使用权，未经国家有关部门批准立项和确认的情况下，对四个投资项目的资产评估而编造的。琼民源公司1996年因虚假年报严重误导投资者，而使公司股价在短时间内扶摇直上，高位套牢大批股民，构成中国证券史上最严重的一起证券欺诈案。1998年4月29日，由有关部门组成的琼民源的调查结果显示，上述行为，严重违反《股票发行与交易管理暂行条例》、《禁止证券欺诈行为暂行办法》以及国家土地管理制度和会计制度，欺骗股东和社会公众，其行为误导了广大投资者，严重损害琼民源股东和社会公众的合法权益，在社会上造成了极其恶劣的影响，已涉嫌构成向股东和社会公众提供虚假财务报告的犯罪行为。该公司提供虚假财务报告的主要责任人已涉嫌犯罪，1997 年 7 月公安机关已将犯罪嫌疑人依法拘留，移交检察机关处理。为琼民源出具 1996 年年度财务审计报告和资产评估报告的两家会计师事务所，因其所出具的文件含有虚假、严重误导性内容，亦构成虚假陈述行为。调查组同时发现琼民源的控股股东民源海南公司与深圳有色金属财务公司联手，于琼民源公布 1996 年财务“利好消息”之前，大量买进琼民源股票，1997 年 3 月前大量抛出，获取暴利。这两家公司的行为严重违反了有关金融、证券法规，构成了操纵市场行为。1998 年 11 月，北京市第一中级人民法院就“琼民源案”做出一审判决：琼民源原任董事长马玉和因犯提供虚假财务会计报告罪，被判处有期徒刑三年；公司聘用会计班文昭也以同等罪名被判处有期徒刑二年。这是 1997 年 10 月实施新刑法后，首次使用证券犯罪条款判处的个案。在查处案件的同时，监管部门着手琼民源重组工作。1998 年 12 月 4 日，北京住总宣布入主琼民源；1999 年 1 月 5 日琼民源临时股东大会授权董事会进行资产核查和公司重组；1999 年 6 月 8 日，公司股东大会通过了“发起设立、定向发行、等量置换、新增发行”重组方案。1999 年 7 月 12 日，中关村(000931)上市，琼民源终止上市资格。

后来，我国资本市场又上演了科龙电器造假、云南绿大地造假等案件。知名电器制造商广东科龙电器多位前高管因会计造假和其他违规行为受罚。该公司被发现在 2002—2004 年间虚报营业收入 12 亿元人民币以及虚报利润 1.204 2 亿元。前董事会主席顾雏军因财务造假和挪用公款判刑 10 年监禁。号称园林行业上市第一股的云南绿大地生物科技股份有限公司(002200)被称为信誉度最差的 A 股上市公司，以绿化工程和苗木销售为主营业务，是云南省最大的特色苗木生产企业。它是国内绿化行业第一家上市公司。2009 年 10 月 30 日—2010 年 4 月 30 日，五度变更 2009 年年报的预计金额，最终披露公司 2009 年年度净利润为－15 123 万元。绿大地披露的年报业绩经过五次反复，由之前的预增过亿，变更为最后的巨亏 1.5 亿元①。正是它“恶搞”般的财务报告，引发了监管部门的注意。2010 年 3 月因涉嫌信息披露违规被立案稽查，发现该公司存在涉嫌“虚增资产、虚增收入、虚增利润”等多项违法违规行为。2011 年 3 月 17 日，绿大地创始人兼董事长何学葵因涉嫌欺诈发行股票罪被捕，自此股价一路下跌，半年多跌幅超过 75%，投资者蒙受巨大损失。

5) 万福生科事件

万福生科全称万福生科(湖南)农业开发股份有限公司(股票代码 300268)，成立于 2003 年，2009 年完成股份制改造，2011 年 9 月在深圳证券交易所挂牌上市。2012 年 8

---

① 2009 年 10 月 30 日，绿大地公司发布 2009 年三季报称，预计 2009 年年度净利润同比增长 20%～50%(其 2008 年年度净利润为 8 677 万元)；2010 年 1 月 30 日，该公司发布 2009 年年度业绩预告修正公告称，将 2009 年年度净利润增幅修正为较上年下降 30%以内，来了个大转折；随后，该公司 2010 年 2 月 27 日第三次发布 2009 年年度业绩快报时，净利润却又变为 6 212 万元。三天后，绿大地又发布 2009 年年度业绩预亏及持续旱灾的重大风险提示公告，预计公司 2009 年度经营业绩可能出现亏损。2010 年 4 月 28 日，绿大地又发布 2009 年年度业绩快报修正公告将净利润修正为亏损1.279 6 亿元，再次大逆转一回。2010 年 4 月 30 日正式公布 2009 年年度报告时，该公司 2009 年年度净利润定格为亏损1.512 3 亿元；同一天，绿大地发布第一季度报告，每股收益只有 0.1 元，比上年同期暴跌。

月，湖南证监局在对万福生科的例行检查中偶然发现两套账本，万福生科财务造假问题便由此浮现。截止到 2013 年 5 月，证监会对该造假案件的行政调查终结。调查结果显示，一方面，万福生科涉嫌欺诈发行股票和违法信息披露。万福生科上市前 2008—2010 年分别累计虚增销售收入约 46 000 万元，虚增营业利润约 11 298 万元；上市后披露的 2011 年年报和 2012 年半年报累计虚增销售收入 44 500 万元，虚增营业利润 10 070 万元，同时隐瞒重大停产事项。另一方面，相关中介机构未能勤勉尽责。保荐机构平安证券、审计机构中磊会计师事务所和法律服务机构湖南博鳌律师事务所在相关业务过程中未能保持应有的谨慎性和独立性，出具的报告存在虚假记载。

根据《证券法》等相关法律的规定，证监会责令万福生科改正违法行为，给予警告，并处以 30 万元罚款；因其相关行为涉嫌犯罪，证监会已将万福生科及董事长龚永福和财务总监移送公安机关追究刑事责任；对三家中介机构处以"没一罚二"的行政处罚，暂停平安证券保荐机构资格 3 个月，撤销平安证券和中磊会计师事务所证券服务业务许可，不接受湖南博鳌律师事务所 12 个月内出具的证券发行专项文件；同时对相关责任人采取警告、罚款和终身市场禁入措施。鉴于该财务造假行为给万福生科带来的负面影响无法确定等原因，中磊会计师事务所对其 2012 年财务报告出具了带有强调段的保留意见审计报告。万福生科财务造假手法及其表现包括：

(1) 高估收入、虚增利润。万福生科 2008—2012 年主营业务收入分别为 22 824 万元、32 765 万元、43 359 万元、55 324 万元和 29 616 万元，主营业务收入增长率分别为 43.55%(2009)、32.33%(2010)、27.60%(2011)和 −46.47%(2012)。而同属于农产品加工行业的、首批农业产业化国家重点龙头企业湖南金健米业股份有限公司，其 2009—2012 年的主营业务收入增长率分别为 2.27%、1.99%、13.86%和 3.23%。二者同在湖南省常德市，且主营业务同为稻米精深加工，但是相差悬殊，让人难以置信。金健米业在 2011 年年报中披露，行业由于受到国家宏观政策的影响，"就粮油食品产业而言，一方面国家对粮食的托市收购和通胀引起原料价格上涨和生产成本急剧上升；另一方面产品销价受到国家对粮油价格调控的影响，产品成本上升和产品销价受压的两头受挤状况使粮油食品产业在产销量增长的情况下，经营毛利却明显下降"。但是万福生科同期的销售毛利率却达到金健米业的两倍，盈利指标畸高。后经证监会调查，其在 2008—2012 年半年报中，累计虚增销售收入 90 500 万元，虚增营业利润 21 368 万元。

(2) 虚增资产、平衡报表。根据万福生科 2012 年半年报更正公告，其应收账款从 1 288 万元更正为 412 万元，减少 876 万元；预付账款从 14 570 万元，更正为 10 101 万元，减少 4 469 万元。半年报显示，万福生科应收账款前五位分别为常德市湘原贸易有限公司、湖南双佳农牧科技有限公司、乐哈哈食品厂、佛山南海娥兴粮油经营部、衡阳市炎健商贸有限责任公司。更正后，这五大客户从应收账款前五名客户名单中消失。由此可以基本判断，其应收账款金额前五名单位完全是虚假记载，其应收账款存在严重的伪造销售合同、虚拟销售业务等造假行为。

万福生科的预付账款 2008—2010 年变动不大，但是 2011 年猛增到 11 938 万元，比上期期末增长了 449.44%；2012 年半年报预付账款达到 14 570 万元，比上年同期增长 412.13%，变动异常。该半年报显示的预付账款前五名中有三位自然人，更正后三位自然人消失，且名单上第二名为自然人童大全，预付金额 1 003 万元，未结算原因为预付工程设备款，工程尚在建设中。而根据其 2011 年年报显示，公司与粮食经纪人童大全签订稻谷采购意向性合同，意向采购稻谷 4 000 吨。经过万福生科策划，童大全从公司的粮食经纪人变成工程承包商和设备供应商。

万福生科还虚增在建工程。万福生科 2012 年半年报显示，万福生科在在建工程没有项目转入固定资产的情况下，其在建工程从 8 675 万元增加至 17 998 万元，增加了 8 323 万元。但是现金流量表中"购建固定资产、无形资产和其他长期资产支付的现金"只有 5 883 万元，据此可以推测预付工程款或者应付工程款增加。报表中显示的预付账款增加了2 632 万元，但应付账款却只增加了 379 万元。应付账款和预付账款不仅包含投资活动的款项，还应包含经营活动的业务往来款项，两者的增加额与在建工程的增加相比实在微不足道，其中疑点颇多。万福生科 2011 年年报和 2012 年半年报中对于在建工程的披露也存在着重大矛盾之处，在建工程项目在投入了大量资金后，工程进度反而降低了。如淀粉糖改扩工程和厂区绿化工程，在分别投入了 2 601 万元和 74 万元之后，工程进度却分别从 90%、100%降低到 30%和 85%。

除此之外，万福生科还隐瞒重大停产事项。公司在 2012 年半年报中存在重大遗漏，隐瞒了上半年公司循环经济型稻米精深加工生产线项目因技改出现长时间停产，对其业务造成重大影响的事实。万福生科在《关于重要信息披露的补充和 2012 年中报更正的公告》中称，公司募投项目——循环经济型稻米精深加工生产线项目上半年因技改停产，其中普米生产线累计停产 123 天，精米生产线累计停产 81 天，淀粉糖生产线累计停产 68 天。公司循环经济型稻米精深加工生产线项目由于常德地区降雨导致技改工期延长，项目停产时间延长，公司今年上半年销售收入大幅度减少。

另外，高管更迭频繁是万福生科财务造假的一个重要信号。万福生科上市仅一年半，经历了数次高管更迭：2011 年副总经理张行、叶华辞职，监事杨满华、杨晓华辞职；2012 年上半年在公司任职 7 年之久的副总经理黄平和董事会秘书肖明清辞职；2013 年上半年财务总监覃学军辞职。

6）皖江物流案件

2015 年 11 月 19 日，上交所公开谴责安徽皖江物流(集团)股份有限公司及其董事汪晓秀等相关责任人。经上交所查明，皖江物流存在虚增收入与利润、披露数据不真实及未披露对外担保事项等违规行为。上交所信息显示，皖江物流 2012 年、2013 年年报虚增销售收入和利润，其中，合计虚增收入 91.55 亿元，合计虚增利润 4.9 亿元，导致相关财务数据严重失实；公司巨额对外担保未履行审议程序，也未及时对外披露，情节恶劣。上交所决定，对时任董事、常务副总经理汪晓秀予以公开谴责，并公开认定五年内不得担任上市公司的董、监、高管理人员；对皖江物流及公司时任全体其他董、监、高予以公开谴责。

第 2 节　会计操纵的常见异常信号

本书前已述及，会计操纵的主要目的是粉饰或者平滑业绩，以及美化现金流量。除非业务流程和财务流程被设计得极为缜密，一般的会计操纵都会在财务报表里留下或多或少的异常信号。这些异常信号正是进一步深入分析会计操纵真实情况的重要线索。上市公司财务报表中常见的会计操纵信号列示如下。

一、应收账款大幅增长

应收账款大幅度增长,且增长幅度超过同期收入增长;同时,应收账款周转率低于同行业平均水平,或者呈现下降趋势。这种情形往往预示着两种可能:一方面是上市公司有可能临时放宽了信用政策,短期内帮助增加了收入。另一方面是公司可能存在提前确认收入或者虚构收入的情况。常见的虚构收入的情形包括下列几种:上市公司以自我交易的方式实现收入、利润的虚假增长,即首先通过虚构交易(例如支付往来款项、购买原材料等)将大额资金转出,最终以销售交易的方式将资金转回;与关联方、客户或者供应商以利益交换等方法进行恶意串通,以实现收入、利润的虚假增长。例如直销模式下,与客户串通,通过期末集中发货提前确认收入,或者放宽信用政策,以更长的信用期换取收入增加。经销商或者加盟商模式下,加大经销商或者加盟商铺货数量,提前确认收入等;保荐机构及其关联方、PE 投资机构及其关联方、PE 投资机构的股东或者实际控制或投资的其他企业与公司发生大额交易。

二、预付账款或者存货大幅增长

预付账款出现大幅增长,尤其是工程款或者预付专利或非专利技术的采购账款的不合理增长,则可能存在通过预付账款流出资金。存货,尤其是数量和价值不易确定的存货大幅增长,且增长幅度超过同期成本增长,存货周转率明显低于同行业公司平均水平,或者呈现下降趋势,往往预示着上市公司可能通过虚构存货采购流出资金,最终用以虚增收入和利润。

三、在建工程大幅增加

在建工程由于具有造价高、工程进度难以明示,以及实际造价难以计量的特点,往往是虚增利润的一个重要手段。在建工程忽然大幅度增加,尤其与上市公司经营规模和发展战略不相匹配时,一般预示着两种可能:通过在建工程的物资采购将资金转出,并最终形成虚构利润;或者是将应予当期费用化的支出包装成在建工程成本,予以资本化。

四、无形资产大幅增加

无形资产的外购,特点是交易无实物状态,作价的公允性不容易判定,外购之后使用情况更不容易确认。正是基于这些特点,它成为一些上市公司虚增利润的常见手段。某会计期间公司外购技术大幅增加,尤其是与目前生产经营相关性不强的外购技术的大量增加,通常预示着公司可能通过这种途径将资金转出并最终帮助虚增利润。对于自主开发的无形资产大幅增加,则可能存在着利用研发支出资本化,将一些费用性支出隐藏起来,达到虚增利润的目的。

五、应付职工薪酬各年波动较大

有的公司通过应付职工薪酬的预提，尤其是年终奖金、效益奖金等非固定工资的预提来调节利润。应付职工薪酬的余额在各个会计年度波动很大，各年度计提金额差异较大，但工资的实际发放额差异不大，这可能预示着公司通过应付工资的随意预提来平滑业绩。

六、毛利率或期间费用率异常

毛利率的高低取决于单位售价和单位成本。产品成本由材料成本、人工成本和制造费用组成。毛利率是否存在异常，投资者一般是以不同会计期间毛利率的纵向比较、同行业上市公司之间的毛利率比较、产品单位售价与单位采购价格与市场价格的比较等角度进行分析。无法合理解释的毛利率异常，通常预示着会计操纵的存在。期间费用率，一般是指管理费用和销售费用在主营业务中的占比情况。不同行业的期间费用率水平不同，但业务相同的行业上市公司之间具有一定程度的可比性。如果期间费用率低于同行业水平，或者期间费用率持续下降则往往预示着公司可能存在会计操纵。

七、经营性现金流量与净利润严重背离

公司经营性现金流量持续为负值，或者它与净利润严重背离；或者 IPO 申报公司最近一个会计年度经营性现金流量突然出现大幅增加，则可能意味着会计操纵。经营性现金流量持续地明显优于同行业平均水平，但同时投资性现金流量持续为大额的负数，则有可能存在着配合收入舞弊，现金流先被包装成投资性流出，再披着经营性现金流入的外衣进入公司，以实现虚增收入的目的。

第 3 节　会计信息的数据配比分析方法

一、配比分析方法概述

前文已述及，会计分析的目的，在于评估公司的会计系统将真实情况表达出来的程度。有效的会计分析，可以增进下一阶段财务分析的可信度[①]。投资者进行会计分析时，要善于发现一些上市公司披露的相关会计信息存在的不合理现象，以及前后数据互相打架的现象，从这些异常现象中，发现上市公司会计盈余品质的可疑之处，从而将那些“问题企业”从投资自选股中排除。例如，一般会计学常识告诉我们，企业要生产就需要采购，而只要有采购也就必定有相应的支出和负债，如果有采购而没有支出，也没有形成负债，那无缘无故多出来的采购就意味着企业的财务数据存在一定程度的问题，这就像人们常说的“没有无缘无故的爱，也没有无缘无故的恨”一样。

投资者尚未对会计概念进行深入理解时，判断某公司获利与否、孰优孰劣的依据，往往只是看损益表上的净利润数字。事实上，仅仅依靠利润表上的损益数字，我们无法洞悉

---

① Krishna G. Palepu 等：《企业分析与评价》，郭敏华译，台北，华泰文化出版社，2009 年，第 47 页。

企业内部的真实情况。只要将利润表、资产负债表、现金流量表进行对照，对比其中的勾稽关系，从整体出发，通过三份会计报表对企业财务状况、经营成果及现金流量信息加以分析，即可在一定程度上掌握上市公司会计信息的质量状况，这是解读财务报告的关键①。如果上市公司希望账面获利高于实际获利，最便捷的方法就是改写利润表。然而，即便能够在损益表中制造出令人惊艳的获利数字，但只要是人为进行的获利调整，无论是否具有合法性与合理性，均会在某处露出破绽。那么，矛盾之处究竟在哪儿呢？它就隐藏在资产负债表和现金流量表之中。损益表中的获利数字，究竟是真实获利，还是勉强制造出来的获利，投资者只要仔细参照上述两份会计报表，便可从中发现线索，如图 10-2 所示。

二、通过配比方法发现财务报表异常

财务报表异常情况是指财务报表数据所反映的财务状况超过了正常情况下的置信区间或者表明财务状况恶化等的情况，包括静态、动态两个方面。静态财务状况异常是指比率极端优秀，动态财务状况异常包括比率突然好转、利润表变化异常、销售购买循环异常。实践中，当企业财务报表出现比率极端优秀、比率突然好转、利润表异常变化时，应予以充分关注，并核实其真实性和可信性。特别强调的是，当企业发生销售购买循环异常时，应予以充分重视。

1. 比率极端优秀

一般地，当企业某指标优于同行业该指标的优秀值时，且同时满足|该指标值/该企业所处行业优秀值－1|＞40%，则认为该企业该指标异常。具体考察的指标包括流动比率、净资产收益率、销售利润率、成本费用利润率、存货周转率、应收账款周转率、销售增长率。

2. 比率突然好转

一般地，当企业某指标本期所在行业标准值中的区间－指标上期所在行业标准值中的区间≥2，则认为该指标的变化异常。区间的确定原则为：低于极差值为区间 1，较低值至极差值为区间 2，较差值至平均值为区间 3，平均值至良好值为区间 4，良好值至优秀值为区间 5，高于优秀值为区间 6。具体考察的指标包括：资产负债率、流动比率、净资产收益率、销售利润率、成本费用利润率、存货周转率、应收账款周转率、销售增长率等。

3. 通过配比，发现利润表异常

1）主营业务收入（营业收入）与主营业务成本（营业成本）的配比

一般地，当企业当年的营业收入增长率与营业成本增长率存在如下变化，则认为异常：营业收入呈正增长、营业成本呈负增长；营业收入、营业成本同向负增长，且营业收入增长率/营业成本增长率＜80%；营业收入、营业成本同向正增长，且营业收入增长率/营业成本增长率＞120%。

2）主营业务收入（营业收入）与营业费用（销售费用）的配比

一般地，当企业当年的营业收入增长率与销售费用增长率存在如下变化，则认为异常：营业收入呈正增长、销售费用呈负增长；营业收入、销售费用同向负增长，且营业收入增长率/销售费用增长率＜80%；营业收入、销售费用同向正增长，且营业收入增长率/

---

① （日）胜间和代：《轻松读懂财报》，北京，中信出版社，2009 年，第 21-22 页。

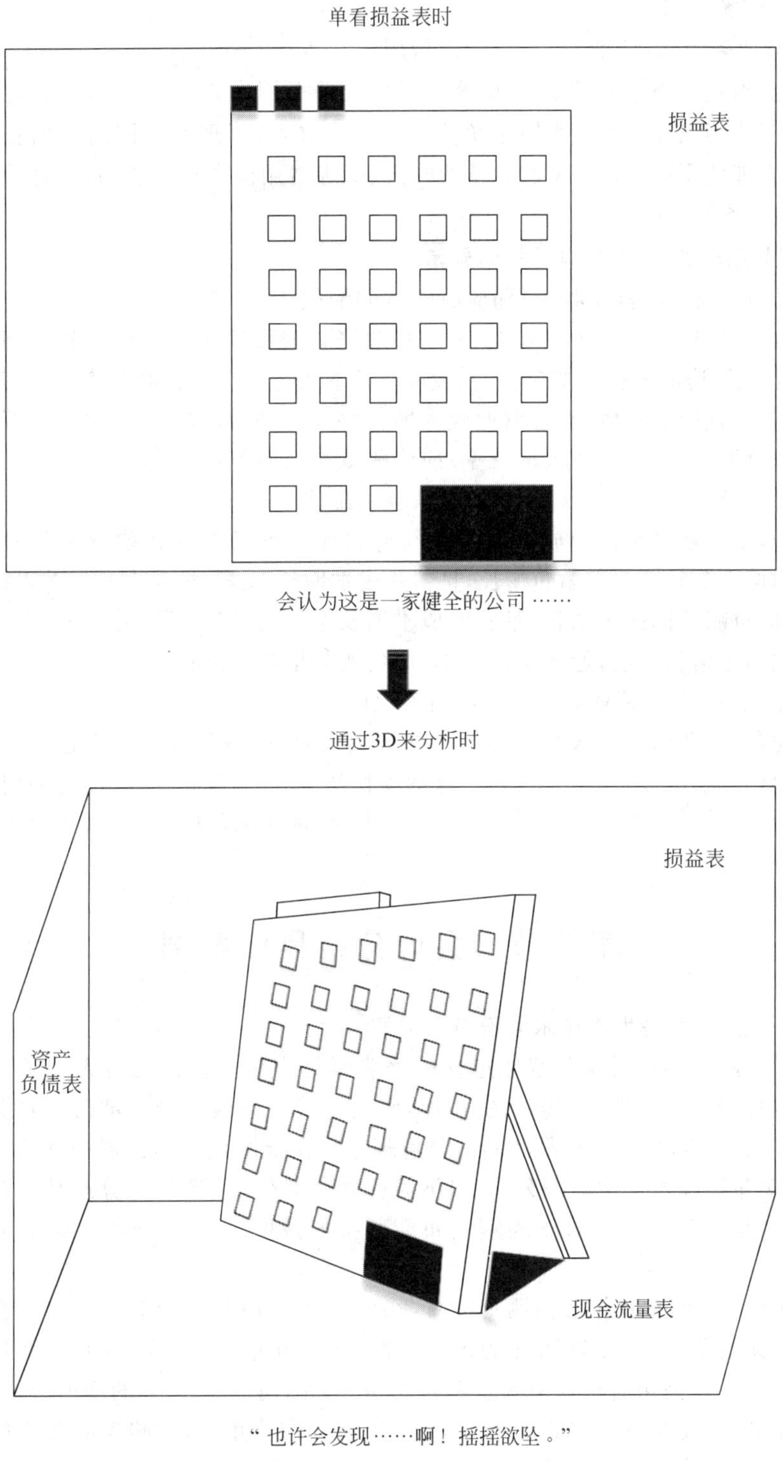
单看损益表时
损益表
会认为这是一家健全的公司……
通过3D来分析时
损益表
资产
负债表
现金流量表
“也许会发现……啊！摇摇欲坠。”

图 10-2　运用会计数据之间的勾稽关系分析盈余质量

销售费用增长率＞120％。

3）主营业务收入（营业收入）与管理费用的配比

一般地，当企业当年的营业收入增长率与管理费用增长率存在如下变化，则认为异常：营业收入呈正增长、管理费用呈负增长；营业收入、管理费用同向负增长，且营业收入增长率/管理费用增长率＜80％；营业收入、管理费用同向正增长，且营业收入增长率/管理费用增长率＞120％。

4. 通过配比，发现销售购买循环异常

1）主营业务收入（营业收入）和应收账款的配比

一般地，当企业当年营业收入增长率与应收账款增长率存在如下变化时，则认为异常：营业收入负增长、应收账款正增长，且营业收入增长率＜－3％、应收账款增长率＞3％；营业收入、应收账款同向正增长，且营业收入增长率/应收账款增长率＜80％；营业收入、应收账款同向负增长，且营业收入增长率/应收账款增长率＞120％。

2）主营业务成本（营业成本）和应付账款的配比

一般地，当企业当年营业成本增长率与应付账款增长率存在如下变化时，则认为异常：营业成本正增长、应付账款负增长，且营业成本增长率＞3％、应付账款增长率＜－3％；营业成本、应付账款同向负增长，且营业成本增长率/应付账款增长率＜80％；营业成本、应付账款同向正增长，且营业成本增长率/应付账款增长率＞120％。

3）主营业务收入（营业收入）与存货的配比

一般地，当企业营业收入与存货存在如下变化时，则认为异常：营业收入负增长、存货正增长，且营业收入增长率＜－3％、存货增长率＞3％；营业收入、存货同向正增长，且营业收入增长率/存货增长率＜80％；营业收入、存货同向负增长，且营业收入增长率/存货增长率＞120％。

第4节　会计分析具体案例

案例一：广东丸美生物技术股份有限公司①

“弹、弹、弹，弹走鱼尾纹”，曾经选择由著名影星袁咏仪担任代言人的护肤品品牌的“丸美”以这样的广告词打动诸多消费者，然而其也曾因虚假宣传而被著名打假人士王海告上法庭。2016年，在国家食品药品监督管理总局在全国范围内开展的化妆品监督抽检中，广东丸美生物技术股份有限公司（以下简称丸美股份）生产的部分产品因产品不合格原因而荣登“黑榜”，此消息对于刚刚发布新版招股说明书且将IPO上会的丸美股份而言，是个重大利空。

如表10-1所示，根据招股说明书披露，2014年丸美股份公司向前五名不含工程类的供应商共计采购了17 589.57万元的各种材料，该金额占上市公司采购总额的44％，由此不难算出丸美股份公司当年其采购总额为3.98亿元，再算上17％的增值税，则其含税采购总额在4.66亿元左右。如此巨额的采购，从财务核算角度，意味着有相应的支出或负债与之匹配，那么公司支出情况怎样呢？

① 该案例引自《证券市场红周刊》，“丸美股份产品不完美，招股书数据多处现乌龙”，2016年9月30日，王宗耀。

表 10-1 丸美股份向前五大供应商采购额 单位：万元

年度	序号	供应商名称	采购产品	采购金额	占总采购额比例(%)
2015	1	浙江欣昱科技有限公司	玻璃、塑瓶类	9 274.41	18.75
	2	深圳市添亿彩盒报装有限公司	纸盒类	5 685.76	11.49
	3	上海高雅玻璃有限公司	玻璃类	3 344.40	6.76
	4	广州立心家具有限公司	专柜展示类	2 609.19	5.27
	5	广东金冠科技股份有限公司	纸盒类	1 528.45	3.09
		合计		22 442.21	45.37
2014	1	浙江欣昱科技有限公司	玻璃、塑瓶类	6 447.89	16.18
	2	深圳市添亿彩盒报装有限公司	纸盒类	3 486.95	8.75
	3	上海高雅玻璃有限公司	玻璃类	2 828.48	7.10
	4	广州立心家具有限公司	专柜展示类	2 771.26	6.95
	5	广东领先陈列展示用品有限公司	专柜展示类	2 054.99	5.16
		合计		17 589.57	44.14
2013	1	深圳市添亿彩盒报装有限公司	纸盒类	6 256.14	17.57
	2	浙江欣昱科技有限公司	玻璃、塑瓶类	4 400.20	12.36
	3	广州立心家具有限公司	专柜展示类	2 262.60	6.36
	4	上海高雅玻璃有限公司	玻璃类	1 980.06	5.56
	5	广州群欣报装工业有限公司	软管、外盖	1 727.59	4.85
		合计		16 626.59	46.70

表 10-2 中的相关会计数据显示，在 2014 年现金流量表中，反映其采购情况的购买商品、接受劳务支付的现金为 2.81 亿元，考虑到 2014 年与 2013 年相比还有 500 多万元预付款项减少因素的影响，其实际支付的金额，比包含税款的采购总额，差距竟然达到 1.80 亿元之巨。那是不是采购总额中可能包含了向工程类供应商及机器设备类的采购，影响到数据核算结果呢？理论上分析，工程类供应商及机器设备类的采购，无论如何也不可能超过购建固定资产、无形资产和其他长期资产支付的现金。在 2014 年，丸美股份公司购建固定资产、无形资产和其他长期资产支付的现金只有 4 463.04 万元，也就是说，即使将这部分因素也计算在内，丸美股份公司采购总额比实际支付金额还高出近 1.35 亿元。

表 10-2 丸美股份相关会计数据 单位：万元

数据来源	科 目 名 称	2015 年	2014 年	2013 年
招股说明书	前五名供应商采购金额	22 442.21	17 589.57	16 626.59
	占采购总额的比例(%)	45.37	44.14	46.70
资产负债表	预付账款	950.4	88.92	627.45
	应付账款	14 152.28	16 400.77	11 623.25
	存货	11 619.43	7 482.01	8 257.00
现金流量表	购买商品、接受劳务支付的现金	51 552.89	28 077.58	24 818.95
	购建固定、无形和其他长期资产支付的现金	1 207.56	4 463.04	6 709.61
利润表	营业总成本(包括营业成本、附加、三项费用等)	87 744.98	76 936.33	72 393.48
	其中：营业成本	37 337.70	27 015.86	23 176.55

会计学常识告诉我们，公司既然有采购行为，也必然有相应的支出或者负债。从理论上来说，这部分超出现金支出的采购金额，应该形成相应的应付账款新增才对(其无应付票据)。然而，从丸美股份公司资产负债表上的应付账款数据来看，其 2014 年应付账款新增金额仅有 0.48 亿元，这与 1.35 亿元的差额联系起来看，还有近 8 800 万元的采购不知道公司是拿什么来支付的。按照同样的逻辑推算，2015 年丸美股份公司采购总额比其实际支出和形成的负债金额高出 8 200 多万元；而 2013 年也有 4 400 多万元的采购无着落。这样算来，仅在报告期的 3 年中，就有超过 2 亿元的采购，既没有现金流量表的支出体现，也没有形成相应负债。那么公司这部分多出的采购，到底是天上掉下来的，还是股份公司魔术之手变出来的呢?

把采购数据和生产成本数据进行配比，也能够发现会计信息质量问题的潜在信号。作为一家日用化学产品制造、销售的公司，在招股说明书中，公司除了有产量、销售数据的披露，生产成本的披露也不应该缺席，然而读者在招股说明书中却找不到生产成本的详细情况。试想，对于如此重要且本该详细披露的数据，而丸美股份公司却不予披露，这岂不是很奇怪的现象?

以 2014 年数据为例进行分析，该会计年度的现金流量表上，反映丸美股份公司原材料采购支出情况的"购买商品、接受劳务支付的现金"项当年共计 2.81 亿元。此外，根据表 10-2，我们可以计算出，当年该公司应付账款新增金额为 4 777.52 万元，而预付款项则减少了 538.53 万元，由此来看，该公司 2014 年原材料的采购金额应该在 3.34 亿元左右。当然，我们还需要考虑其中所包含增值税金额因素，按照 17%税率扣除增值税，则其当年不含税原材料金额采购约在 2.85 亿元左右。然而奇怪的是，从其披露的财务数据来看，其当年的营业成本也只有 2.70 亿元，竟然低于原材料采购金额。

当一家企业营业成本低于原材料采购金额时，则意味着当年的采购有大量富余，因此存货金额应该有较大幅度的增加才符合逻辑。然而实际上，该公司 2014 年年初存货金额为 8 527.00 万元，而当年年末的存货金额却仅为 7 482.01 万元，也就是说公司当年的存货不但没有新增，反而还出现了 1 000 多万元的减少，这又该如何理解呢?

会计年度之间存货的减少，意味着必然要消耗部分上年度的库存，使得当年原材料采购应该低于直接材料成本才对(期初存货＋本期购进－本期发出＝期末存货，读者可以从这一公式中得到推论)。然而从前述分析的结果看却是恰恰相反的，如果其现金流量表数据是准确无误的话，出现这样的偏差结果，则意味着公司的营业成本很可能被人为"瘦身"了。就该案例公司而言，此举目的无非是为了让公司的业绩更好看，为能否成功 IPO 过会锦上添花。丸美股份公司的资产负债表、利润表、现金流量表，分别如表 10-3、表 10-4、表 10-5 所示。

表 10-3　丸美股份合并资产负债表　　单位：万元

项　　目	2015 年度	2014 年度	2013 年度
流动资产：			
货币资金	84 982.92	75 673.78	54 513.09
应收账款	267.77	487.76	585.45
预付账款	950.40	88.92	627.45
其他应收款	281.15	88.52	159.99

续表

项　　目	2015 年度	2014 年度	2013 年度
存货	11 619.43	7 482.01	8 527.00
其他流动资产	2 040.15	971.73	547.36
流动资产合计	100 141.82	84 792.72	64 960.35
非流动资产：			
固定资产	28 740.60	28 900.03	17 931.83
在建工程	137.39	346.04	7 624.38
无形资产	1 384.99	1 230.22	1 217.53
长期待摊费用	369.16	759.26	454.38
递延所得税资产	576.70	688.52	1 477.16
其他非流动资产	413.57	379.46	259.49
非流动资产合计	31 622.41	32 303.54	28 964.76
资产总计	131 764.22	117 096.26	93 925.10
流动负债：			
应付账款	14 152.28	16 400.77	11 623.25
预收账款	29 812.16	27 671.14	27 939.58
应付职工薪酬	1 092.43	976.70	936.37
应交税费	2 831.78	3 642.22	1 842.65
应付股利	—	—	—
其他应付款	12 283.97	7 957.28	6 272.53
流动负债合计	60 172.62	56 648.11	48 614.37
负债合计	60 172.62	56 648.11	48 614.37
所有者权益(或股东权益)：			
实收资本(或股本)	36 000.00	18 000.00	18 000.00
资本公积	1 567.44	1 567.44	1 567.44
盈余公积	9 280.48	5 533.22	3 427.82
未分配利润	24 743.69	35 347.49	22 315.47
归属于母公司所有者权益合计	71 591.61	60 448.15	45 310.73
少数股东权益	—	—	—
所有者权益合计	71 591.61	60 448.15	45 310.73
负债和所有者权益总计	131 764.22	117 096.26	93 925.10

表 10-4　丸美股份合并利润表　　单位：万元

项　　目	2015 年度	2014 年度	2013 年度
一、营业总收入	119 123.02	107 551.27	97 373.66
其中：营业收入	119 123.02	107 551.27	97 373.66
二、营业总成本	87 744.98	76 936.93	72 393.48
其中：营业成本	37 337.70	27 015.86	23 176.55
营业税金及附加	1 548.45	1 432.42	1 307.96
销售费用	41 975.26	40 485.80	42 348.82
管理费用	8 432.56	8 718.93	6 088.11
财务费用	−1 552.72	−714.36	−540.32

续表

项　　目	2015 年度	2014 年度	2013 年度
资产减值损失	3.72	−1.73	12.36
加：公允价值变动收益(损失以“－”号填列)	—	—	—
投资收益(损失以“－”号填列)	—	—	—
其中：对联营企业和合营企业的投资收益	—	—	—
三、营业利润(亏损以“－”号填列)	31 378.04	30 614.34	24 980.18
加：营业外收入	1 814.97	1 327.61	1 178.99
其中：非流动资产处置利得	0.32	—	—
减：营业外支出	187.07	64.29	327.20
其中：非流动资产处置损失	11.51	0.56	236.55
四、利润总额(亏损总额以“－”号填列)	33 005.94	31 877.66	25 831.97
减：所得税费用	4 862.48	4 740.24	3 970.49
五、净利润(净亏损以“－”号填列)	28 143.46	27 137.42	21 861.48
被合并方在合并前实现的净利润	—	—	—
归属于母公司所有者的净利润	28 143.46	27 137.42	21 861.48
少数股东损益	—	—	—
六、其他综合收益的税后净额			
归属于母公司所有者的其他综合收益的税后净额	—	—	—
(一) 以后不能重分分类进损益的其他综合收益	—	—	—
(二) 以后将重分类进损益的其他综合收益	—	—	—
七、综合收益总额	28 143.46	27 137.42	21 861.48
归属于母公司所有者的综合收益总额	28 143.46	27 137.42	21 861.48
归属于少数股东的综合收益总额		—	—
八、每股收益：			
(一) 基本每股收益	0.78	0.75	0.61
(二) 稀释每股收益	0.78	0.75	0.61

注：基本每股收益和稀释每股收益的单位为元/股。

表 10-5　丸美股份合并现金流量表　　单位：万元

项　　目	2015 年度	2014 年度	2013 年度
一、经营活动产生的现金流量：			
销售商品、提供劳务收到的现金	141 886.14	125 962.88	118 817.66
收到的税费返还	1 663.00	1 112.97	1 165.00
收到其他与经营活动有关的现金	5 848.92	2 271.47	2 257.70
现金流入小计	149 398.06	129 347.31	122 240.36
购买商品、接受劳务支付的现金	51 552.89	28 077.58	24 818.95
支付给职工以及为职工支付的现金	8 912.53	7 275.17	6 056.17
支付的各项税费	20 690.23	16 461.82	16 488.38
支付其他与经营活动有关的现金	40 731.06	39 909.19	42 310.09
现金流出小计	121 886.71	91 723.77	89 673.60
经营活动产生的现金流量净额	27 511.34	37 623.55	32 566.76
二、投资活动产生的现金流量			
收回投资收到的现金	—	—	—

续表

项目	2015 年度	2014 年度	2013 年度
取得投资收益收到的现金	—	—	—
处置固定资产、无形资产和其他长期资产收回的现金净额	5.35	0.17	—
现金流入小计	5.35	0.17	—
购建固定资产、无形资产和其他长期资产支付的现金	1 207.56	4 463.04	6 709.61
投资支付的现金		—	—
现金流出小计	1 207.56	4 463.04	6 709.61
投资活动产生的现金流量净额	－1 202.21	－4 462.86	－6 709.61
三、筹资活动产生的现金流量：			
吸收投资收到的现金	—	—	—
其中：子公司吸收少数股东投资收到的现金	—	—	—
现金流入小计		—	—
分配股利、利润或偿付利息支付的现金	17 000.00	12 000.00	10 000.00
支付其他与筹资活动有关的现金	—	—	37.16
现金流出小计	17 000.00	12 000.00	10 037.16
筹资活动产生的现金流量净额	－17 000.00	－12 000.00	－10 037.16
四、汇率变动对现金及现金等价物的影响	—	—	—
五、现金及现金等价物净增加额	9 309.14	21 160.69	15 819.99
加：期初现金及现金等价物余额	75 673.78	54 513.09	38 693.10
六、期末现金及现金等价物余额	84 982.92	75 673.78	54 513.09

案例二：苏州旭创科技有限公司①

2016 年 11 月 10 日，隶属电机绕组制造设备行业的山东中际电工装备股份有限公司（以下简称中际装备，股票代码 300308），发布了《发行股份购买资产并募集配套资金暨关联交易报告书》，拟计划以 28 亿元的整体价格收购光模块设备制造与研发设计的苏州旭创科技有限公司（以下简称苏州旭创）100％股权。就收购价格来看，相比苏州旭创公司净资产溢价了近 3 倍。

在中际装备收购报告书中指出，将因为此次收购，公司主营业务由此前的单一专用设备制造，拓展为专用设备制造与高端通信设备制造业务并行，实现上市公司多元化发展。然而，投资者不难发现，在中际装备发布的收购报告书中有关苏州旭创公司的各项财务数据，不仅出现大量产成品离奇消失，甚至采购数据上也有相应疑点存在。

1. 苏州旭创公司产成品之谜

收购报告书显示，苏州旭创公司的主要产品为 10G SFP、10GXFP、25G SFP28、40G QSFP＋、100G CFP4/QSFP28 等各个系列光模块产品。2014 年度、2015 年度及 2016 年 1—8 月份，苏州旭创公司的产能、产量、销量情况如表 10-6 所示。

① 该案例引自《证券市场红周刊》，“中际装备收购标的采购数据难以自圆”，2016 年 11 月 26 日，付梓钦。

表 10-6 苏州旭创公司产量与销量表 单位：万支

项 目	2016 年 1—8 月			2015 年			2014 年		
	产能	产量	销量	产能	产量	销量	产能	产量	销量
10G/25G	80.00	77.75	69.97	115.00	92.89	83.60	120.00	95.87	86.28
40G/100G	63.34	51.17	49.61	56.00	48.40	43.56	27.00	24.49	22.04

根据收购报告书披露的信息，苏州旭创公司报告期内各年度的产品产量均超过了同年的销售量。以 2015 年为例，当年“10G/25G”产品的产量为 92.89 万支，而销量则为 83.6 万支，产销差为 9.29 万支，这相当于当年度销售量的 11.11%；同时“40G/100G”产品的产量为 48.4 万支，而销量为 43.56 万支，产销差为 4.84 万支，这也相当于当年销量的 11.11%。在正常的财务核算逻辑下，这应当对应着在 2015 年年中，苏州旭创公司新增的产成品库存金额大致相当于同年通过销售结转的主营业务成本的 11.11%。

根据报告书披露，苏州旭创公司 2015 年度结转营业成本(年化)金额为 83 178.62 万元，根据前文所述，正常情况下该公司当年新增的产成品库存金额应当在 9 000 万元左右。但事实上，苏州旭创公司 2015 年拥有的库存商品价值却仅有 5 947.82 万元，同比 2014 年年末的 4 627.5 万元仅小幅增加 1 000 余万元。截止到 2015 年 12 月 31 日，苏州旭创公司的产成品库存全部价值尚不足 6 000 万元，即便假设该公司在 2014 年年末没有任何产成品库存，仍不足以包含 2015 年年中的产销差。更何况，该公司在 2014 年度也存在明显的产销差，其中“10G/25G”产品的产量为 95.87 万支，而销量则为 86.28 万支，产销差为 9.59 万支；“40G/100G”产品的产量为 24.49 万支，而销量则为 22.04 万支，产销差为2.45 万支。这两项产品的产销差数量，也恰好相当于当年销量的 11.11%，折算到该公司 2014 年 52 216.66 万元的主营业务成本，也对应着 5 000 万元以上的库存产品价值。

综上分析可以发现，苏州旭创公司至少连续两年都存在着产品产量明显超过销量的现象，但与之对应的库存产成品数量和金额都明显偏少。这就不由令人怀疑，苏州旭创公司所述的那些富余产量到底是不是真实存在的？该公司是否虚报了产量，进而人为粉饰了产能利用率？

2. **苏州旭创公司采购数据分析**

根据收购报告书披露的详细数据，苏州旭创公司在 2016 年前 8 个月向排名前五位的供应商采购金额合计为 28 228.14 万元，占全部采购总额的比重为 32.18%，由此计算，苏州旭创公司当期的采购总额为 87 719.52 万元，如表 10-7 所示。

表 10-7 苏州旭创公司 2016 年 1—8 月前五名供应商采购情况 单位：万元

供应商名称	采购额	占当期采购总额比例(%)
Avago Technologies International Sales Pte. Limited	7 318.49	8.34
三菱电机机电(上海)有限公司	6 075.35	6.93
苏州安捷讯光电科技股份有限公司	5 203.15	5.93
苏州伽蓝致远电子科技股份有限公司	5 128.93	5.85
LuxNet Corporation	4 502.22	5.13
合计	28 228.14	32.18

然而在该公司现金流量表中的"购买商品、接受劳务支付的现金"科目发生额，却高达 94 085.88 万元。也就是说，苏州旭创公司当期因为采购而实际支出的资金超过了同期采购总额 6 000 万元以上。在正常的会计核算逻辑下，这势必应当导致该公司的应付款项余额大幅减少，或者预付款项余额的大幅增加。

但事实上，根据收购报告披露的数据显示，苏州旭创公司 2016 年 8 月末的应付票据和应付账款科目余额分别为 9 149.76 万元和 39 595.98 万元，则应付款项余额合计为 48 745.74 万元；而在 2015 年年末，应付票据和应付账款科目余额则分别为 7 194.22 万元和 18 857 万元，合计的应付款项余额仅为 26 051.22 万元，这对应着苏州旭创公司的应付款项余额在 2016 年前 8 个月中不仅没有减少，相反还大幅增加了 22 694.52 万元。尽管同期苏州旭创公司的预付账款科目余额同比也增加了 4 500 万元左右，但这并不足以抵消应付款项余额的大幅增长。

也就是说，苏州旭创公司在 2016 年前 8 个月中，在采购资金实际支出明显超过采购总额达数千万元的条件下，应付款项余额反倒净增加了 1.5 亿元以上。这明显违背了正常的财务逻辑，那么这些新增的应付账款又是从何而来的呢？

不仅如此，2015 年的采购数据同样存在类似的问题。苏州旭创公司 2015 年向排名前五位的供应商采购金额合计为 26 328.27 万元，占全部采购总额的比重为 33.74%，由此计算苏州旭创公司当期的采购总额仅为 78 032.81 万元。而该公司 2014 年度"购买商品、接受劳务支付的现金"科目发生额却多达 105 301.13 万元，相比同年采购总额多出了近 2 亿元。但是，该公司 2014 年年末的应付票据和应付账款科目余额分别为 6 209.43 万元和 13 738.34 万元，对应着当年年末的应付款项余额仅为 19 947.77 万元，对应着苏州旭创公司的应付款项余额在 2015 年年中也大增了 6 000 万元以上。由此可以发现，苏州旭创公司连续两年均存在大额债务来源不明的情况，以该公司的采购规模完全不足以支撑其采购资金的流出金额，这非常令人怀疑该公司是否隐瞒了巨额采购。

表 10-8　苏州旭创公司相关会计数据　　单位：万元

数据来源	科目名称	2016 年	2015 年	2014 年
收购报告书	前五名供应商采购情况	28 228.14	26 328.27	21 590.68
	占采购总额的比例(%)	32.18	33.74	41.09
资产负债表	预付账款	5 756.46	1 128.37	818.36
	应付款项	48 745.74	26 051.22	19 947.77
	存货	60 843.38	38 081.50	23 381.05
现金流量表	购买商品、接受劳务支付的现金	94 085.88	105 301.13	61 607.53
	购建固定、无形和其他长期资产支付的现金	38 469.34	11 203.89	13 199.94
利润表	营业总成本(包括营业成本、附加、三项费用等)	97 949.74	104 200.18	65 373.20
	其中：营业成本	80 243.92	83 178.62	52 228.40

3. 诡异的供应商

根据收购报告书披露的信息，苏州伽蓝致远电子科技股份有限公司是苏州旭创公司

2015 年度的第三大供应商，对应采购金额高达 3 767.45 万元；同时，这家供应商也是苏州旭创公司 2016 年前 8 个月的第四大供应商，对应采购金额高达 5 128.93 万元。但是奇怪之处在于，根据工商注册资料查询，“苏州伽蓝致远电子科技股份有限公司”注册成立于 2015 年 11 月 5 日，至 2015 年末仅仅经营了不足两个月的时间。在这短短两个月中，苏州旭创公司就向其采购了将近 4 000 万元商品，工作效率之高确实令人咋舌。

从苏州旭创公司采购项目来看，以光芯片及组件、集成电路芯片和结构件为主，都是需要生产加工的材料，很难想象刚刚成立的“苏州伽蓝致远电子科技股份有限公司”，在不到两个月时间里便完成了生产设备的采购、安装和调试，并组织人员完成了价值近 4 000 万元的产品生产。由此来看，苏州旭创公司与其主要供应商“苏州伽蓝致远电子科技股份有限公司”之间的采购交易，是应当被打上一个问号的。本案例所涉及的苏州旭创公司的资产负债表、利润表、现金流量表，具体如表 10-9、表 10-10、表 10-11 所示。

表 10-9　苏州旭创公司合并资产负债表　　单位：万元

项　目	2016.08.31	2015.12.31	2014.12.31
流动资产			
货币资金	15 799.18	21 831.36	10 116.48
应收票据	6 212.27	3 758.62	2 852.07
应收账款	46 555.06	20 805.39	14 843.33
预付款项	5 756.46	1 128.37	818.36
其他应收款	1 143.17	5 439.20	1 868.24
存货	60 843.38	38 081.50	23 381.05
其他流动资产	2 860.54	1 191.69	5 501.67
流动资产合计	139 170.06	92 236.14	59 381.20
非流动资产			
可供出售金融资产	1 141.40	25.07	25.07
固定资产	33 200.70	18 961.06	11 480.96
在建工程	23 996.97	1 100.22	1 569.80
无形资产	4 378.06	2 699.17	3 202.43
长期待摊费用	233.63	921.29	2 215.57
递延所得税资产	691.57	714.50	642.20
其他非流动资产	—	2 223.55	696.83
非流动资产合计	**63 642.33**	**26 644.86**	**19 832.87**
资产总计	**202 812.39**	**118 880.99**	**79 214.06**
流动负债			
短期借款	54 798.44	25 549.64	13 861.46
应付票据	9 149.76	7 194.22	6 209.43
应付账款	39 595.98	18 857.00	13 738.34
预收款项	152.47	14.09	51.04
应付职工薪酬	3 721.81	3 422.40	1 891.04

续表

项　　目	2016.08.31	2015.12.31	2014.12.31
应交税费	675.63	352.41	596.51
应付利息	400.96	68.78	63.54
其他应付款	3 111.73	1 927.85	3 776.25
一年内到期的非流动负债	1 950.34	1 066.11	1 245.31
流动负债合计	**113 557.12**	**58 452.50**	**41 432.91**
非流动负债			
长期借款	16 305.98	—	—
长期应付款	—	312.01	1 378.12
预计负债	1 263.42	959.70	591.41
递延收益	55.56	55.56	—
非流动负债合计	**17 624.96**	**1 327.26**	**1 969.53**
负债合计	**131 182.08**	**59 779.76**	**43 402.45**
所有者权益			
实收资本	24 599.13	24 599.13	16 000.05
资本公积	14 358.62	12 829.48	9 240.39
其他综合收益	−35.85	−21.04	6.64
盈余公积	2 129.54	2 129.54	1 006.36
未分配利润	30 578.87	19 564.12	9 558.17
所有者权益合计	**71 630.31**	**59 101.23**	**35 811.62**
负债及所有者权益总计	**202 812.39**	**118 880.99**	**79 214.06**

表 10-10　苏州旭创公司合并利润表　　单位：万元

项　　目		2016 年 1—8 月	2015 年度	2014 年度
一、营业收入		**110 442.89**	**116 463.61**	**74 674.45**
减：	营业成本	80 243.92	83 178.62	52 228.40
	营业税金及附加	129.71	51.05	2.30
	销售费用	2 388.84	3 694.61	1 725.74
	管理费用	12 252.28	15 715.84	8 576.52
	财务收入/(费用)一净额	1 405.63	350.7	987.43
	资产减值损失	1 529.36	1 173.59	1 852.81
加：	投资收益	—	35.77	—
二、营业利润		**12 493.16**	**12 334.97**	**9 301.24**
加：	营业外收入	370.56	861.15	799.21
	其中：非流动资产处置利得	3.30	—	—
减：	营业外支出	0.31	38.79	2 052.97
	其中：非流动资产处置损失	0.25	4.84	—
三、利润总额		**12 863.41**	**13 157.33**	**8 047.48**
减：	所得税费用	1 848.66	2 028.20	927.09
四、净利润		**11 014.75**	**11 129.12**	**7 120.39**

表 10-11 苏州旭创公司合并现金流量表 单位：万元

项 目	2016 年 1—8 月	2015 年度	2014 年度
一、经营活动产生的现金流量			
销售商品、提供劳务收到的现金	87 052.86	114 058.47	72 393.32
收到的税费返还	11 633.39	12 468.96	7 509.91
收到其他与经营活动有关的现金	1 336.03	907.54	572.00
经营活动现金流入小计	**100 022.27**	**127 434.97**	**80 475.23**
购买商品、接受劳务支付的现金	94 085.88	105 301.13	61 607.53
支付给职工以及为职工支付的现金	10 532.20	11 539.43	9 369.35
支付的各项税费	2 046.53	3 078.41	1 194.80
支付其他与经营活动有关的现金	5 124.70	6 588.39	6 484.07
经营活动现金流出小计	**111 789.31**	**126 507.35**	**78 655.74**
经营活动(使用)/产生的现金流量净额	**−11 767.03**	**927.62**	**1 819.49**
二、投资活动产生的现金流量			
取得投资收益所收到的现金	—	35.77	—
处置固定资产、无形资产和其他长期资产所收到的现金净额	483.00	—	—
收到的其他与投资活动有关的现金	—	3 782.00	—
投资活动现金流入小计	**483.00**	**3 817.76**	**—**
购建固定资产、无形资产和其他长期资产支付的现金	38 469.34	11 203.89	13 199.94
投资所支付的现金	326.12	—	—
支付的其他与投资活动有关的现金	—	—	3 726.44
投资活动现金流出小计	**38 795.45**	**11 203.89**	**16 926.38**
投资活动使用的现金流量净额	**−38 312.45**	**−7 386.13**	**−16 926.38**
三、筹资活动产生的现金流量			
吸收投资收到的现金	—	8 599.08	12 292.20
取得借款收到的现金	76 938.55	40 728.64	32 472.79
收到的其他与筹资活动有关的现金	165.00	—	—
筹资活动现金流入小计	**77 103.55**	**49 327.72**	**44 764.99**
偿还债务支付的现金	32 185.05	31 518.28	24 061.02
偿付利息支付的现金	629.39	630.13	722.43
支付的其他与筹资活动有关的现金	—	—	425.00
筹资活动现金流出小计	**32 814.43**	**32 148.41**	**25 208.45**
筹资活动产生的现金流量净额	44 289.12	17 179.31	19 556.54
四、汇率变动对现金及现金等价物的影响	**1 003.07**	**553.13**	**11.83**
五、现金及现金等价物净(减少)/增加额	**−4 787.30**	**11 273.93**	**4 461.48**
加：期/年初现金及现金等价物余额	18 818.51	7 544.58	3 083.10
六、期/年末现金及现金等价物余额	**14 031.21**	**18 818.51**	**7 544.58**

案例三：江苏苏利精细化工股份有限公司[①]

在 2016 年 8 月 24 日召开的发审委会议上，江苏苏利精细化工股份有限公司(简称苏利股份)首发申请顺利过会。本次公司拟公开发行不超过 3 000 万股，募资 6.18 亿元用于年产 1 000 吨原药建设项目和年产 10 000 吨农药制剂建设项目等。仔细研究其招股书时可以发现，招股书中依然有很多投资者须深入思考的疑问，比如其采购、成本与存货之间关系不清、营业收入缺乏现金流及债权支撑、毛利率异常于同行业其他企业等，而这些问题的存在如不能及时解决，将会影响企业的长远发展。

1. 不合逻辑的财务勾稽关系

我们知道，企业的采购、生产、销售与存货之间环环相扣，这就使得在正常情况下，采购、成本、存货数据之间存在着一定的勾稽关系。然而对于苏利股份而言，这三者之间的关系似乎不太匹配。招股说明书披露，苏利股份生产所需主要原材料包括溴素、间二甲苯、外购农药原药、46-二氯嘧啶、液氯、液氨、纯苯等大宗化学品等，此外还有一些其他包装材料等。在报告期(2013 年度、2014 年度、2015 年度及 2016 年 1—3 月份)中，原材料采购总额分别为 4.92 亿元、5.60 亿元、6.34 亿元和 1.47 亿元。如果单从采购数据的变化看，似乎并没有什么问题，但如对比原材料成本变化数据后，可发现公司的存货数据的变化与上述两个数据的变化并不匹配，如表 10-12 所示。

表 10-12　苏利股份主要原材料采购数据　　单位：万元

采购原材料	2016 年 1—9 月		2015 年度		2014 年度		2013 年度	
	采购金额	占原材料采购金额比例(%)	采购金额	占原材料采购金额比例(%)	采购金额	占原材料采购金额比例(%)	采购金额	占原材料采购金额比例(%)
溴素	20 203.14	37.49	22 200.76	35.03	17 008.90	30.37	20 215.96	41.09
间二甲苯	4 888.70	9.07	5 755.58	9.08	6 335.25	11.31	3 922.43	7.97
外购农药原药	623.93	1.16	4 530.84	7.15	5 211.78	9.31	2 525.76	5.13
4 6-二氯嘧啶	4 778.59	8.87	3 493.32	5.51	3 928.69	7.02	2 611.84	5.31
液氨	1 170.22	2.17	1 861.01	2.94	1 802.62	3.22	1 423.19	2.89
液氯	618.70	1.15	1 330.53	2.10	1 758.05	3.14	1 339.05	2.72

在报告期(2013 年度、2014 年度、2015 年度及 2016 年 1—3 月份)中，苏利股份原材料成本金额分别为 4.45 亿元、4.86 亿元、5.81 亿元和 1.38 亿元，结合原材料采购数据可以看出，报告期内公司的存货数据应当会持续增加，但事实却并非如此。以 2015 年为例，当年苏利股份原材料采购金额超过原材料成本金额约 5 300 万元，这意味着该会计年度年末存货至少应该新增 5 300 万元，而这还是在其原材料未进行加工的情况下，如考虑再加工变成在产品，则实际库存新增金额应该会大于 5 300 万元才对。可实际上，依据苏利股份提供的存货数据来看，2014 年公司存货金额为 1.57 亿元，2015 年为 1.32 亿元，公司的存货不但没有新增，相反还减少了近 2 500 万元，那么在前文中公司原先超过成本的那部分原材料采购又去了哪里呢？这一来一去，存货金额相差近 7 800 万元，如表 10-13 所示。

① 该案例引自《证券市场红周刊》，“苏利股份财务勾稽关系不合理”，2016 年 9 月 10 日，王宗耀。

表 10-13 苏利股份原材料成本在主营业务成本中的占比 单位：万元

报告期	主营业务成本	原材料	原材料占比(%)	能源	能源占比(%)
2016 年 1—9 月	64 598.11	47 339.55	73.28	4 172.26	6.46
2015 年度	78 008.06	58 109.66	74.49	5 107.85	6.55
2014 年度	65 462.11	48 571.93	74.20	4 509.88	6.89
2013 年度	59 723.32	44 459.33	74.44	4 221.46	7.07

如此数据偏差的现象并非只发生在 2015 年，在其他年份中也有类似不合理现象。从整体数据核算 在报告期内(2013 年至 2016 年 3 月末)，苏利股份原材料采购的总金额为 18.33 亿元，发生的原材料成本总计为 16.49 亿元，这意味着从 2013 年期初到 2016 年 3 月末，其存货金额应该新增 1.84 亿元才对。然而，依据苏利股份 2014 年发布的招股说明书，其 2013 年期初存货金额(2012 年期末金额)为 1.25 亿元，加上报告期内理论上的 1.84 亿元存货金额，正常来说，2016 年 6 月末的存货应该在 3.09 亿元左右。可实际上看，这三年多时间以来，苏利股份存货金额不但没有新增，相反还减少了约 300 万元，金额只有 1.22 亿元。理论值与实际结果之间竟相差了 1.87 亿元，那么这相差的巨额存货又去了哪里呢？

如果公司披露的存货数据是真实的，那么导致数据出现偏差的问题 有可能是公司的原材料采购或原材料成本数据出现了问题，如表 10-14 所示。毕竟原材料采购的虚增可能会传导至营业收入，使营业收入得以虚增；而原材料成本的虚降，则可让毛利率获得提高，净利润获得虚增。总之，无论采取哪种方式数据造假，均能起到粉饰业绩的效果。而目前苏利股份招股书中所存在的不合逻辑财务勾稽关系，难免会让人怀疑公司存在虚增业绩的动机。

表 10-14 苏利股份会计分析(采购与成本) 单位：万元

数据来源	科目名称	2015 年	2014 年	2013 年
招股说明书	主要原材料采购	40 329.44	37 068.36	33 887.05
	占原材料采购总额的比例(%)	63.63	66.20	68.87
资产负债表	预付账款	5 756.46	1 128.37	818.36
	应付款项	16 611.43	20 715.20	10 938.13
	存货	13 192.16	15 674.21	13 457.05
现金流量表	购买商品、接受劳务支付的现金	76 119.35	59 235.54	56 803.09
	购建固定、无形和其他长期资产支付的现金	69 449.96	89 004.78	84 263.52
利润表	营业总成本(包括营业成本、附加、三项费用等)	94 200.35	78 919.05	70 678.42
	其中：营业成本	79 941.76	65 654.03	59 754.19

2. 营业收入真实性存疑

苏利股份的主要产品为百菌清原药、嘧菌酯原药及农药制剂、十溴二苯乙烷及溴氢酸等。除了国内市场，其产品有很大一部是销往国外市场的。招股说明书披露，2015 年苏利股份实现营业总收入 11.23 亿元，其中海外销售金额为 4.53 亿元，也就是说其他收入均为国内销售收入。依照相关规定，农药原药及农药制剂的增值税税率为 13%，而阻燃剂等化工产品的增值税税率则为 17%。由于苏利股份并未在招股书中披露其阻燃剂等化工产品的国内销售金额，及具体增值税税率详情，因此，我们对其国内销售部分，本着保守原则均按照 13%的税率来测算增值税，则推算出该公司当年实现的包含增值税的营业总收入保守金额应该在 12.10 亿元以上。从财务核算角度考虑，该公司当年现金收入部分和形成的相应债权（应收账款和应收票据）应当与其营业收入相吻合，但实际情况呢？

从表 10-15 来看，公司 2015 年销售商品、提供劳务收到的现金为 11.08 亿元，而其中还包含了 460 余万元的预收账款新增金额，这就意味着当年新增的债权至少应该在 1.07 亿元以上，可实际上，当年公司的应收账款和应收票据的新增金额合计却不超过 4 700 万元，这也就是说，还有 6 000 万元以上的营业收入，既没有以现金收入的方式实现，也没有形成债权，那么相差的数千万元的营业收入又去了哪里呢？

表 10-15　苏利股份会计分析（收入）　　单位：万元

数据来源	科目名称	2015 年	2014 年	2013 年
资产负债表	应收账款	18 364.39	16 060.37	13 445.83
	应收票据	5 178.57	2 786.98	2 286.20
	预收账款	742.72	274.78	2 332.89
现金流量表	销售商品、提供劳务收到的现金	110 837.15	94 061.53	89 240.94
利润表	营业收入	112 280.77	89 009.60	81 342.57
	其中：海外收入	45 257.25	39 351.09	31 200.21

3. 异于同行业的毛利率

除了上述疑点外，苏利股份异于同行业公司的毛利率也同样让人推敲。招股说明书披露，苏利股份的主要产品为农药类产品和阻燃剂等化工类产品，报告期内，农药类产品的毛利率分别高达 33.91%、31.78%、37.05%和 46.29%。作为同行业的上市公司利尔化学，也是以农药原药、制剂为主要产品的，其农药产品的毛利率 2013 年、2014 年和 2015 年分别仅有 23.05%、21.88%和 23.28%，相比苏利股份低了近 10%。同期，同样以杀菌剂、中间体、除草剂、杀虫剂、调节剂等农药产品为主的辉丰股份的毛利率也是远低于苏利股份（见表 10-16）。查看一下华邦健康、国发股份、升华拜克、扬农化工等九家 A 股上市公司的农药类产品的毛利率，发现这九家同行业公司的平均毛利率在 2013 年、2014 年和 2015 年分别只有 24.05%、22.58%和 23.61%，远低于苏利股份的毛利率，且相差比例每年都在 9 个百分点以上。

表 10-16　同行业公司农药类产品毛利率情况对比　　%

公　　司	产品类别	2015 年	2014 年	2013 年
利尔化学	农药行业	23.28	21.88	23.05
辉丰股份	农药	21.99	26.23	25.82
华邦健康	次药化工产品	21.09	20.62	21.31
国发股份	农药行业	13.80	3.44	13.14
升华拜克	农药产品	8.79	14.92	16.76

续表

公　司	产品类别	2015年	2014年	2013年
扬农化工	农药	27.08	26.60	23.36
利民股份	农药	25.11	22.54	25.47
长青股份	农药销售	26.80	28.06	26.63
诺普信	农药制剂	44.51	38.91	40.91
行业平均	农药类	23.61	22.58	24.05
苏利股份	农药类产品	37.05	31.78	33.91

在笔者统计的9家同行业公司中，除诺普信的毛利率数据明显偏高外，苏利股份的整体毛利率均超过其他8家同行业公司，既然公司的毛利率如此突出，那么是不是公司一定存在着什么过人之处呢？记者发现，苏利股份毛利率偏高的原因与其核心产品百菌清原药超高的毛利率不无关系。该公司在招股说明书中披露了核心产品百菌清原药的毛利率，报告期内分别高达25.87%、34.10%、43.91%和53.73%，从数据变化看，毛利率不仅高，且每年还都能保持增长9个百分点左右，这种增速实在让人吃惊。

对于远高于同行业公司毛利率水平的情况，苏利股份在报告书中解释为“公司与可比上市公司农药类产品种类不尽相同，不同产品毛利率存在差异”。但记者却认为苏利股份这样的解释，显然并不能说明问题。百菌清属于杀菌剂，在前述9家公司中，辉丰股份同样也是生产杀菌剂，而另一家公司利民股份的农药产品中也有百菌清原药，在三家公司中，为何只有苏利股份的毛利率会与众不同、高人一等呢？而既然百菌清原药毛利率远超其他农药，且每年都有大比例增长，那为了追求利润的最大化，是不是在知名度和影响力上都远超苏利股份的利民股份等已上市公司也都要进行百菌清大幅增产，进而去提高企业毛利率呢？事实上，从几家已上市公司财务报告披露的内容看，并未体现出这一点，难道他们都看不到百菌清毛利率持续增长的机会吗？本案例所涉及的苏利股份的资产负债表、利润表、现金流量表，具体如表10-17、表10-18、表10-19所示。

表10-17　苏利股份合并资产负债表　　单位：万元

项　目	2016-9-30	2015-12-31	2014-12-31	2013-12-31
流动资产：				
货币资金	30 932.38	17 787.53	12 698.22	10 701.76
以公允价值计量且其变动计入当期损益的金融资产	—	—	—	39.88
应收票据	4 706.19	5 178.57	2 786.98	2 286.20
应收账款	22 907.76	18 364.39	16 060.37	13 445.83
预付账款	1 436.24	597.60	674.59	404.88
其他应收款	687.95	415.58	390.69	427.53
存货	12 767.81	13 192.16	15 674.21	13 457.05
其他流动资产	8.88	206.37	344.21	556.64
流动资产合计	**73 447.21**	**55 742.20**	**48 629.27**	**41 319.78**
非流动资产：				
长期股权投资	3 331.92	2 773.31	2 114.77	942.04

续表

项　　目	2016-9-30	2015-12-31	2014-12-31	2013-12-31
固定资产	32 697.65	29 114.88	26 624.79	25 381.32
在建工程	2 185.75	4 653.96	5 539.08	3 282.28
工程物资	—	—	—	26.46
固定资产清理	—	—	1.98	—
无形资产	3 423.17	3 492.12	3 592.39	3 306.86
长期待摊费用	852.95	637.61	512.84	336.14
递延所得税资产	506.43	547.81	357.04	106.98
其他非流动资产	4 604.33	2 245.74	1 915.41	1 279.75
非流动资产合计	**47 602.22**	**43 465.42**	**40 658.30**	**34 661.84**
资产总计	**121 049.43**	**99 207.62**	**89 287.57**	**75 981.61**
流动负债：				
短期借款	4 000.00	5 000.00	7 791.74	7 253.66
应付票据	9 360.00	6 190.00	11 125.79	1 935.25
应付账款	7 230.59	10 421.43	9 589.41	9 002.88
预收账款	903.68	742.72	274.78	233.29
应付职工薪酬	2 174.93	1 883.31	1 562.65	1 481.85
应交税费	2 690.75	801.97	803.36	294.78
应付利息	—	7.48	14.16	45.17
其他应付款	52.39	39.71	104.73	34.37
一年内到期的非流动负债	—	—	—	4 600.00
流动负债合计	**26 412.34**	**25 086.62**	**31 266.63**	**24 881.25**
非流动负债：	0.00	0.00	0.00	0.00
长期借款	—	—	—	4 500.00
递延收益	1 015.37	1 111.52	1 239.72	60.00
递延所得税负债	—	—	—	5.98
非流动负债合计	**1 015.37**	**1 111.52**	**1 239.72**	**4 565.98**
负债合计	**27 427.71**	**26 198.14**	**32 506.35**	**29 447.23**
股东权益：				
股本	7 500.00	7 500.00	7 500.00	7 500.00
资本公积	17 487.23	17 487.23	17 487.23	17 381.23
专项储备	4 097.03	3 583.07	3 113.17	2 573.47
盈余公积	617.74	617.74	269.24	99.89
未分配利润	37 091.34	24 050.66	12 589.41	5 878.12
归属于母公司股东权益合计	66 793.34	53 238.70	40 959.05	33 432.71
少数股东权益	26 828.37	19 770.78	15 822.17	13 101.68
股东权益合计	**93 621.72**	**73 009.48**	**56 781.23**	**46 534.38**
负债和股东权益总计	**121 049.43**	**99 207.62**	**89 287.57**	**75 981.61**

表 10-18 苏利股份合并利润表 单位：万元

项　　目	2016 年 1—9 月	2015 年度	2014 年度	2013 年度
一、营业总收入	**100 193.34**	**112 280.77**	**89 009.60**	**81 342.57**
其中：营业收入	100 193.34	112 280.77	89 009.60	81 342.57
二、营业总成本	**78 032.05**	**94 200.35**	**78 919.05**	**70 678.42**
其中：营业成本	66 573.27	79 941.76	65 654.03	59 754.19
营业税金及附加	553.72	556.22	261.64	280.15
销售费用	2 594.42	2 875.06	2 539.95	1 609.73
管理费用	8 824.32	10 528.01	9 634.66	7 763.04
财务费用	−632.63	−841.78	814.24	1 287.15
资产减值损失	118.96	1 141.07	14.53	−15.85
加：公允价值变动收益	—	—	—	39.88
投资收益	589.66	640.50	744.34	−349.15
其中：对联营企业和合营企业的投资收益	589.66	640.50	784.22	−339.33
三、营业利润	**22 750.94**	**18 720.91**	**10 834.89**	**10 354.89**
加：营业外收入	210.35	343.46	653.64	42.69
其中：非流动资产处置利得	1.34	0.13	7.60	8.63
减：营业外支出	41.70	187.00	212.18	490.22
其中：非流动资产处置损失	29.70	172.84	202.18	476.75
四、利润总额	**22 919.59**	**18 877.37**	**11 276.35**	**9 907.36**
减：所得税费用	4 887.99	2 907.19	1 833.56	1 618.12
五、净利润	**18 031.60**	**15 970.18**	**9 442.79**	**8 289.25**
归属于母公司所有者的净利润	13 040.68	11 809.75	6 880.64	5 942.72
少数股东损益	4 990.92	4 160.43	2 562.15	2 346.53
六、每股收益：				
(一)基本每股收益	1.74	1.57	0.92	0.82
(二)稀释每股收益	1.74	1.57	0.92	0.82
七、其他综合收益的税后净额				
八、综合收益总额	**18 031.60**	**15 970.18**	**9 442.79**	**8 289.25**
归属于母公司所有者的综合收益总额	13 040.68	11 809.75	6 880.64	5 942.72
归属于少数股东的综合收益总额	4 990.92	4 160.43	2 562.15	2 346.53

表 10-19 苏利股份合并现金流量表 单位：万元

项　　目	2016 年 1—9 月	2015 年度	2014 年度	2013 年度
一、经营活动产生的现金流量：				
销售商品、提供劳务收到的现金	99 511.13	110 837.15	94 061.53	89 240.94
收到的税费返还	1 114.18	1 487.85	1 843.36	1 375.00
收到其他与经营活动有关的现金	180.39	699.93	2 181.90	316.32
现金流入小计	100 805.71	113 024.93	98 086.79	90 932.26
购买商品、接受劳务支付的现金	62 025.84	76 119.34	59 235.54	56 803.09

续表

项目	2016 年 1—9 月	2015 年度	2014 年度	2013 年度
支付给职工以及为职工支付的现金	6 962.14	8 175.37	7 323.70	5 923.50
支付的各项税费	5 783.07	6 361.85	3 314.59	4 699.01
支付其他与经营活动有关的现金	7 140.46	7 661.51	10 608.69	6 964.74
现金流出小计	81 911.52	98 318.07	80 482.53	74 390.34
经营活动产生的现金流量净额	**18 894.19**	**14 706.86**	**17 604.26**	**16 541.92**
二、投资活动产生的现金流量：				
处置固定资产、无形资产和其他长期资产收回的现金净额	17.01	60.09	62.25	172.25
现金流入小计	17.01	60.09	62.25	172.25
购建固定资产、无形资产和其他长期资产支付的现金	5 234.25	6 945.00	8 900.48	8 426.35
投资支付的现金	—	—	500.00	900.00
支付其他与投资活动有关的现金	2 306.00	—	—	—
现金流出小计	7 540.25	—	—	—
投资活动产生的现金流量净额	**−7 523.24**	**—**	**—**	**—**
三、筹资活动产生的现金流量：				
吸收投资收到的现金	1 950.00	—	—	4 666.67
取得借款收到的现金	4 000.00	—	—	18 533.81
现金流入小计	5 950.00	—	—	23 200.47
偿还债务支付的现金	5 000.00	—	26 780.04	23 608.21
分配股利、利润或偿付利息支付的现金	111.91	634.79	730.09	5 251.14
其中：子公司支付给少数股东的股利、利润或偿付的利息	—	330.00	—	2 325.68
支付其他与筹资活动有关的现金	—	—	—	1 407.60
现金流出小计	5 111.91	—	—	30 266.95
筹资活动产生的现金流量净额	**838.09**	**—**	**—**	**−7 066.47**
四、汇率变动对现金及现金等价物的影响	**626.80**	**—**	**−103.39**	**−178.31**
五、现金及现金等价物净增加额	**12 835.85**	**5 446.15**	**−1 129.37**	**143.03**
加：期初现金及现金等价物余额	15 018.53	9 572.39	10 701.76	10 558.73
六、期末现金及现金等价物余额	**27 854.38**	**15 018.53**	**9 572.39**	**10 701.76**

案例四：湖北振华化学股份有限公司①

湖北振华化学股份有限公司(原黄石振华化工有限公司)设立于 2003 年，是长江以南唯一一家国家重点铬盐生产骨干企业，是全国铬盐企业三强之一。主要生产红矾钠、铬酸酐、氧化铬绿、碱式硫酸铬等铬盐产品。振华化学公司主导品牌“楚高牌”铬酸酐、红矾钠等获湖北省名牌称号，产品畅销全国，并远销欧洲、美洲、非洲以及东南亚等六十多个国家和地区。该公司在 2016 年发布的首次发行股票招股说明书，通过深入会计分析，能够了

① 该案例引自《证券市场红周刊》，“振华化学：会计差错更正，存货依旧不靠谱”，2016 年 6 月 27 日，王宗耀。

解公司实际采购金额与现金支出及债务数据是否匹配？

以2014年数据为例来分析，依据振华化学招股说明书提供的采购情况，2014年该公司向前五名供应商合计采购金额为24 863.97万元，占总采购金额的比例为54.47%，由此可知其总采购金额约为45 647.09万元，再算上17%的增值税，则其含税总采购金额应该为53 407.10万元，如表10-20所示。

表10-20 振华化学前五位供应商

年份	序号	供应商名称	采购金额(万元)	占比注(%)
2013年度	1	陕西澳通运输贸易(集团)有限公司	6 269.40	18.13
	2	河南中源化学股份有限公司	4 370.12	12.64
	3	建德黄龙实业有限公司	3 503.63	10.13
	4	湛江市超源矿产进出口有限公司	2 634.14	7.62
	5	重庆信友达实业发展有限公司	2 649.99	7.66
	小计		19 427.28	56.18
2014年度	1	陕西澳通运输贸易(集团)有限公司	6 119.50	13.41
	2	厦门荣帝进出口贸易有限公司	6 158.86	13.49
	3	河南中源化学股份有限公司	5 395.52	11.82
	4	建德黄龙实业有限公司	4 317.45	9.46
	5	深圳合众兴矿业有限公司	2 872.65	6.29
	小计		24 863.97	54.47
2015年度	1	河南中源化学股份有限公司	7 245.82	19.59
	2	GLENCORE INTERNATIONAL AG	7 119.32	19.25
	3	陕西澳通运输贸易(集团)有限公司	4 079.32	11.03
	4	厦门荣帝进出口贸易有限公司	1 942.32	5.25
	5	大冶有色金属有限责任公司	1 901.39	5.14
	小计		22 288.17	60.25
2016年1—6月	1	河南中源化学股份有限公司	4 179.57	23.41
	2	RAND YORK MINERALS (PTY) LTD	3 666.31	20.53
	3	陕西澳通运输贸易(集团)有限公司	2 095.63	11.74
	4	GLENCORE INTERNATIONAL AG	1 652.06	9.25
	5	武汉钢恒商贸有限公司	643.48	3.60
	小计		12 237.04	68.53

注：计算占比时，总采购金额不包含设备采购。

从该公司招股说明书相关信息来看，其采购总额中并不包含设备采购，而现金流量表中反映采购情况的购买商品、接受劳务支付的现金也不包含设备采购支出，该单项金额却高达57 181.49万元，超过披露的总采购金额近3 800万元。从逻辑上看，这意味着该公司当年预付款项有大额新增，或者是应付账款、应付票据有大额减少，如表10-21所示。

表 10-21 振华化学会计分析(采购) 单位：万元

数据来源	科目名称	2015 年	2014 年	2013 年
招股说明书	前五位供应商主要原材料采购金额	22 288.17	24 863.97	19 427.28
	占原材料采购总额的比例(%)	60.25	54.47	56.18
资产负债表	预付账款	3 373.80	1 217.66	2 710.16
	其中：预付工程设备款	2 003.88	1 057.72	1 056.36
	预付材料款	1 369.91	159.94	1 653.80
	应付款项	4 067.41	4 753.64	5 739.13
	应付票据	100.00	2 022.70	0
现金流量表	购买商品、接受劳务支付的现金	55 671.23	57 181.49	45 988.11
	购建固定、无形和其他长期资产支付的现金	5 794.67	8 009.43	11 539.36

然而，从该公司披露的信息来看，该公司 2014 年预付账款中，除了预付材料款及其他外，还有不少的预付工程设备款，剔除预付的工程设备款，则其预付材料款及其他的期初金额为 1 653.80 万元，期末金额则为 159.94 万元，也就是说该项费用并没有新增，反而是减少近 1 500 万元；应付票据方面主要系公司采购原材料时申请银行出具的银行承兑汇票，2014 年期初金额为 0，期末增至 2 022.70 万元；而应付账款金额由期初的 5 739.13 万元减少至期末的 4 753.64 万元，减少近 1 000 万元。照此算来，振华化学 2014 年采购支付的现金和因此形成的应付账款、应付票据等负债超过其含税采购金额 6 300 多万元。振华化学的资产负债表、利润表、现金流量表，具体如表 10-22、表 10-23、表 10-24 所示。

表 10-22 振华化学合并资产负债表 单位：万元

项目	2016-6-30	2015-12-31	2014-12-31	2013-12-31
流动资产：				
货币资金	8 533.30	4 744.29	5 112.43	1 403.44
应收票据	12 602.65	12 253.38	6 072.75	5 115.08
应收账款	4 008.06	4 230.80	4 920.72	3 199.05
预付款项	3 045.25	3 373.80	1 217.66	2 710.16
其他应收款	490.87	630.29	385.78	431.38
存货	9 427.02	11 528.29	12 332.43	9 769.75
流动资产合计	38 107.15	36 760.84	30 041.78	22 628.85
非流动资产：				
固定资产	**54 382.40**	**54 037.74**	**56 480.12**	**53 973.90**
在建工程	**1 455.22**	**1 142.37**	**24.02**	**450.26**
无形资产	**4 015.33**	**4 072.49**	**4 251.93**	**4 357.82**
递延所得税资产	**290.53**	**305.89**	**556.17**	**371.04**
非流动资产合计	60 143.47	59 558.49	61 312.24	59 153.02
资产总计	98 250.62	96 319.33	91 354.02	81 781.87
流动负债：				
短期借款	16 133.70	17 382.09	15 800.00	13 105.00
应付票据	—	100.00	2 022.70	—
应付账款	3 749.94	4 067.41	4 753.64	5 739.13

续表

项　目	2016-6-30	2015-12-31	2014-12-31	2013-12-31
预收款项	1 412.69	570.96	438.68	1 139.31
应付职工薪酬	778.28	705.03	151.77	137.46
应交税费	1 040.67	993.54	690.94	699.26
其他应付款	465.39	527.65	658.30	657.82
一年内到期的非流动负债	2 000.00	4 000.00	—	1 800.00
流动负债合计	25 580.66	28 346.70	24 516.03	23 277.98
非流动负债：				
长期借款	—	—	5 000.00	5 000.00
递延收益	1 472.17	1 595.17	1 841.17	2 087.17
非流动负债合计	1 472.17	1 595.17	6 841.17	7 087.17
负债合计	27 052.83	29 941.86	31 357.19	30 365.14
所有者权益：				
股本	16 500.00	16 500.00	16 500.00	16 500.00
资本公积	16 483.49	16 483.49	16 483.49	16 483.49
专项储备	1 047.01	827.19	695.36	1 352.94
盈余公积	3 243.39	3 243.39	2 643.73	1 731.18
未分配利润	33 923.90	29 323.39	23 674.24	15 349.12
归属于母公司所有者权益合计	71 197.79	66 377.46	59 996.82	51 416.73
所有者权益合计	71 197.79	66 377.46	59 996.82	51 416.73
负债和所有者权益总计	98 250.62	96 319.33	91 354.02	81 781.87

表 10-23　振华化学合并利润表　　单位：万元

项　目	2016 年 1—6 月	2015 年度	2014 年度	2013 年度
一、营业收入	41 081.98	77 635.23	81 903.55	62 492.63
减：营业成本	28 597.79	56 343.85	56 583.03	42 445.56
营业税金及附加	318.07	621.41	525.93	322.77
销售费用	1 494.25	2 541.86	1 945.83	1 112.40
管理费用	4 926.85	9 481.54	10 979.89	9 128.16
财务费用	623.75	1 584.25	1 856.13	1 570.07
资产减值损失	13.39	45.85	147.98	55.36
二、营业利润(亏损以"—"号填列)				
加：营业外收入	248.42	614.28	448.45	771.80
其中：非流动资产处置利得	1.42	31.46	3.54	156.78
减：营业外支出	13.62	163.71	89.12	151.20
其中：非流动资产处置损失	3.27	115.83	63.95	130.20
三、利润总额(亏损总额以"—"号填列)	5 342.67	7 467.04	10 224.09	8 478.92
减：所得税费用	742.17	1 218.22	986.42	1 202.85
四、净利润(净亏损以"—"号填列)				
其中：归属于母公司所有者的净利润	4 600.50	6 248.82	9 237.67	7 276.06
五、其他综合收益的税后净额	—	0.00	0.00	—
六、综合收益总额	4 600.50	6 248.82	9 237.67	7 276.06
归属于母公司所有者的综合收益总额	4 600.50	6 248.82	9 237.67	7 276.06
七、每股收益				
(一)基本每股收益	0.28	0.38	0.56	0.44

表 10-24　振华化学合并现金流量表　　单位：万元

项　　目	2016 年 1—6 月	2015 年度	2014 年度	2013 年度
一、经营活动产生的现金流量：				
销售商品、提供劳务收到的现金	48 990.42	85 555.84	92 384.84	72 675.37
收到的税费返还				
收到其他与经营活动有关的现金	255.78	431.58	350.30	818.87
经营活动现金流入小计	49 246.20	85 987.42	92 735.14	73 494.24
购买商品、接受劳务支付的现金	23 329.08	55 671.23	57 181.49	45 988.11
支付给职工以及为职工支付的现金	5 222.14	9 789.03	8 927.00	6 460.35
支付的各项税费	4 143.33	6 560.25	5 611.43	4 751.81
支付其他与经营活动有关的现金	4 500.84	7 646.25	8 554.44	6 509.45
经营活动现金流出小计	37 195.38	79 666.76	80 274.35	63 709.72
经营活动产生的现金流量净额	12 050.82	6 320.66	12 460.79	9 784.52
二、投资活动产生的现金流量：				
处置固定资产、无形资产和其他长期资产收回的现金净额	14.49	—	219.15	233.91
投资活动现金流入小计	14.49	—	219.15	233.91
购建固定资产、无形资产和其他长期资产支付的现金	4 328.31	5 794.67	8 009.43	11 539.36
投资活动现金流出小计	4 328.31	5 794.67	8 009.43	11 539.36
投资活动产生的现金流量净额	−4 313.82	−5 794.67	−7 790.28	−11 305.45
三、筹资活动产生的现金流量：				
取得借款收到的现金	12 855.41	24 528.48	17 800.00	16 105.00
筹资活动现金流入小计	12 855.41	24 528.48	17 800.00	16 105.00
偿还债务支付的现金	16 103.80	23 946.39	16 905.00	15 200.00
分配股利、利润或偿付利息支付的现金	654.98	1 522.59	1 856.51	1 585.00
筹资活动现金流出小计	16 758.78	25 468.99	18 761.51	16 785.00
筹资活动产生的现金流量净额	−3 903.38	−940.50	−961.51	−680.00
四、汇率变动对现金及现金等价物的影响	−44.60	46.37	—	—
五、现金及现金等价物净增加额	3 789.02	−368.15	3 708.99	−2 200.92
加：期初现金及现金等价物余额	4 744.29	5 112.43	1 403.44	3 604.36
六、期末现金及现金等价物余额	8 533.30	4 744.29	5 112.43	1 403.44

案例五：云南创新新材料股份有限公司①

云南创新新材料股份有限公司(以下简称云南创新)于 2015 年 11 月披露了新版招股说明书，并进入证监会预先披露更新企业名单。本次公司上市拟发行人民币普通股不超过 3 348 万股，募资 79 092.44 万元。筹集资金用于五个投资项目：新增年产 30 亿个彩印包装盒改扩建项目、新增年产 1.3 万吨高档环保“特种纸”改扩建项目、研发中心建设项

① 该案例引自《证券市场红周刊》，“云南创新财务数据自相矛盾”，2016 年 6 月 27 日，王宗耀。

目、补充流动资金和偿还银行贷款。

从公司主营业务来看，云南创新主要从事包装印刷产品、包装制品及服务等相关业务，客户主要为卷烟生产企业、食品饮料生产企业、塑料包装企业和印刷企业等，其中烟草相关产品收入占其总收入近六成。《红周刊》记者在查看其招股书时发现，该公司现有大多数产品实际产能利用率并不高，再加上对其收入影响甚大的烟草行业日益萎缩，其筹资扩产的必要性值得商榷。另外，种种迹象表明，云南创新目前似乎正陷入财务困境，这让人怀疑其上市募资的最终目的似乎是“醉翁之意不在酒”。

1. 现有产能利用率并未饱和

招股说明书显示，在云南创新的现有产品谱系中，其主要分为两大类：一是包装印刷产品，包括烟标和无菌包装等；二是包装制品，包括特种纸、BOPP 薄膜等，其中烟草相关业务收入占比较大。从 2012 年至 2015 年 1—6 月，烟草相关产品收入合计占公司总收入的比重分别为 55.33%、54.79%、56.43%和 58.73%，有增加趋势，可见该公司对烟草相关产品依赖程度是不断加大的。然而与之相反的是，近几年烟草相关产品的毛利占公司总毛利的比重却是越来越低，分别为 84.42%、82.43%、83.88%和 80.76%，下降趋势明显。

在近年来，随着国际卫生组织通过《烟草公约》等对烟草行业的限制性规定，以及我国各地实施“禁烟令”等控烟措施，人们的健康意识在逐渐增强，我国烟叶种植的逐年下调，意味着未来我国卷烟需求总量和生产总量将会逐步减少，而在此背景下，云南创新却计划募资扩大烟草相关产品的产能？与此同时，公司真的到了必须要扩大产能了吗？报告期内，云南创新的产能利用率数据如表 10-25 所示。

表 10-25 云南创新生产能力和实际产量

年　度	主要产品名称	产　能	产　量	产能利用率(%)
2015 年 1—6 月	烟标(万大箱)	25	15.18	60.72
	无菌包装(万个)	37 500	32 990.28	87.97
	BOPP 薄膜(吨)	28 000	25 313.04	90.40
	特种纸(吨)	8 000	6 511.41	81.39
2014 年度	烟标(万大箱)	50	37.22	74.44
	无菌包装(万个)	75 000	55 686.28	74.25
	BOPP 薄膜(吨)	56 000	51 441.35	91.86
	特种纸(吨)	16 000	13 931.67	87.07
2013 年度	烟标(万大箱)	50	38.01	76.02
	无菌包装(万个)	75 000	42 117.13	56.16
	BOPP 薄膜(吨)	56 000	50 923.16	90.93
	特种纸(吨)	13 000	12 154.36	93.50
2012 年度	烟标(万大箱)	40	32.93	82.33
	无菌包装(万个)	75 000	52 784.44	70.38
	BOPP 薄膜(吨)	56 000	49 242.25	87.93
	特种纸(吨)	10 000	8 739.93	87.40

从招股说明书提供的数据来看,报告期内该公司所有产品的产能均未饱和。就拿其主要产品烟标来说,该产品的产能利用率并不高,报告期中仅 2012 年达到了 82.33%,其他年份则处在逐步下降中,2015 年 1—6 月时下降至 60.72%。那么,在如此利用率不高的情况下,公司有什么理由要对该类产品进行扩产呢?相应地,在公司其他几类产品中,除了 BOPP 薄膜的产能利用率能够在 90%上下徘徊外,无菌包装和特种纸的产能利用率也没有到必须扩产的地步。事实上,一旦公司扩产项目建成完成,其带来的大量产能释放很有可能造成公司产能的严重过剩,而这显然与当前国家倡导的“供给侧改革”的目的是背离的。

2. 现金使用情况不乐观

深入查看云南创新招股书时可以发现,该公司财务状况已经捉襟见肘,财务危机随时可能降临,公司急于上市募资扩产的做法不过是“项庄舞剑”,其真实目的或许就是为了解决财务危机这位“沛公”。招股书提供的财务数据显示,报告期内云南创新的货币资金分别为 10 764.51 万元、11 020.67 万元、15 005.75 万元和 8 820.60 万元,乍看起来,似乎资金并不少,当实际上其货币资金的构成另有端倪。在该公司的货币资金构成中,其他货币资金占比很高,而其他货币资金则主要是由企业短时间内不能变现的银行承兑汇票保证金、信用证保证金和很少的一部分保证金户利息构成,随时可用的仅仅是数千万元的银行存款。

根据资产负债表,查看一下负债情况。在报告期内该公司仅银行的短期借款金额就分别高达 2.46 亿元、1.74 亿元、2.11 亿元和 2.49 亿元,相比巨额的短期借款而言,账面上的数千万的银行存款实在太少,就算是做短期借款的过桥资金也都显得杯水车薪。查看利润表可见,云南创新为此支付的财务费用已分别高达 1 535.27 万元、1 213.81 万元、979.81 万元和 479.06 万元。总的来看,仅从公司资金周转情况看,公司现有资金正面临严重紧缺。一边是扩产的项目“不靠谱”;另一边是资金缺口非常大。云南创新上市融资明着说是扩产,其实就是通过上市“圈钱”来解决自己日益严重的财务危机,而这一点也可从其五个募投项目得到印证,募资项目中仅补充流动资金和偿还银行贷款就高达 3.5 亿元之巨,占整个募资总额 4 成以上。

3. 营收与现金流量难以匹配

招股书所披露的相关财报数据显示,云南创新的营业总收入在报告期内是一直在增长。但是不难发现的是,与之相关的公司现金流量数据却一直在减少,更重要的是,现金流与实际营业收入之间的差额还非常大。

以 2015 年 1—6 月的数据来看,其营业总收入为 5.36 亿元,算上 17%的增值税后,含税营业总收入约为 6.27 亿元。而现金流量表中,反映其现金流入情况的销售商品、提供劳务收到的现金仅为 4.19 亿元。再结合资产负债表相关数据来看,预收款项与期初相比较减少了 133.31 万元,那么按照含税采购总额算来,该公司本期内应该新增约 2.07 亿元的应收账款余额和应收票据才合理。而实际情况却是,该公司应收票据与期初相比较仅新增了 343.62 万元,应收账款余额新增了 4 166.72 万元,合计新增金额 4 500 多万元,相较 2.07 亿元理论值,该公司还有近 1.62 亿元的营业收入既没有以现金方式流回企业,也没有形成相应债权,那么这部分营业收入又去了哪里呢?

同样的问题还出现在2013年和2014年。在2013年，该公司营业总收入为11.27亿元，含税营业总收入约为13.19亿元；而当年销售商品、提供劳务收到的现金为9.93亿元，其中预收账款比上年度减少146.50万元。因此，公司在2013年应该新增约3.25亿元的应收票据和应收账款余额才合理，但实际上当年应收票据仅新增了3 131.22万元，应收账款余额不但没有新增，反而减少了177.02万元，合计下来，这一年该公司约有2.95亿元的营业收入既没有以现金方式流入企业，也没有形成应收账款和应收票据等债权。2014年的情形基本类似，也相差数亿元。

记者注意到，在云南创新的招股说明书中有这样的备注，“公司对于收到的用以结算货款的承兑汇票，且以背书转让方式用于支付货款的部分，视同非现金交易，在编制现金流量表的过程中予以扣除”。然而对于能直接影响到财务报表各表之间关系的银行承兑汇票背书转让数据，该公司却并未披露。这是不是意味着，2015年1—6月约1.62亿元营业收入和2013年约2.95亿元的营业收入有可能是上述情况，没有被编制在现金流量表中，而如果真是这样的话，那就意味着，该公司采购支出和因采购形成的负债，应该与实际采购金额之间也有差不多差额才合理，但事实上究竟如何呢？

4. 采购数据有疑点

据招股书介绍，2015年1—6月，云南创新向前五名供应商采购货款的金额为2.34亿元，占其采购总额的比例为64.73%，由此可算出其采购总额约为3.61亿元，算上17%的增值税，则含税采购总额应该为4.22亿元。而反映其采购现金支出情况的购买商品、接受劳务支付的现金为2.54亿元，其中预付款项与期初相比较减少了2 970.57万元。另外，其应付票据与期初相比较新增了6 080.18万元，而应付账款则减少了652.50万元。照此计算，其采购现金支出和形成的负债金额合计约为3.38亿元，而这相比其4.22亿元的含税采购金额却差了8 400多万元。也就是说，当期该公司采用背书转让银行承兑汇票方式采购的最高金额，不应该超过这一金额。可事实上，按照前文分析的结果，该公司2015年1—6月应该有1.62亿营业收入可能是使用银行承兑汇票背书转让方式支付供应商货款，两者之间仍相差近7 800万元，这无法得到解释。

2013年也同样如此，这一年云南创新向前五名供应商的采购金额为5.75亿元，占采购总额比的71.50%，由此反推出其采购总额应为8.04亿元，算上增值税影响，则含税采购总额约为9.41亿元，而同期相应的购买商品、接受劳务支付的现金为6.75亿元，其中预付款项与期初相比较减少了877.81万元，反映其负债情况的应付票据和应付账款分别新增了707.13万元和1 153.82万元，合计下来，该公司因采购而支出的现金和形成的负债金额约为7.03亿元，与其含税采购总额相差2.38亿元。也就是说，即使这2.38亿元采购差额全部是由于银行承兑汇票背书转让支付供应商的采购账款所形成的，相比上文中计算出的2.95亿元的背书金额，还存在5 700多万元差值无法解释。

总之，这几年中，云南创新营业收入与现金流之间存在着较大的差额，而其采购支出与采购总额之间也存在难以匹配的情况，仅依照招股说明书所提供的信息是很难解释这些矛盾点的，由此也让人怀疑招股书所披露的数据是否真实。本案例所涉及的云南创新的资产负债表、利润表、现金流量表，具体如表10-26、表10-27、表10-28所示。

表 10-26　云南创新合并资产负债表　　单位：万元

项　目	2015-6-30	2014-12-31	2013-12-31	2012-12-31
流动资产：				
货币资金	8 820.60	15 005.75	11 020.67	10 764.51
应收票据	1 545.10	1 201.48	3 794.01	662.79
应收账款	29 077.46	25 007.58	21 220.15	21 462.67
预付款项	5 806.65	8 777.22	1 922.61	2 800.42
应收股利	—	72.81	67.92	—
其他应收款	607.14	585.11	564.48	324.68
存货	19 242.09	17 977.32	18 565.21	15 021.15
其他流动资产	85.02	—	—	—
流动资产合计	**65 184.05**	**68 627.27**	**57 155.05**	**51 036.21**
非流动资产：				
可供出售金融资产	—	—	20.00	20.00
长期股权投资	329.15	282.83	238.70	315.16
固定资产	34 208.73	36 182.24	39 835.68	41 370.61
在建工程	8 343.48	534.77	351.71	305.53
无形资产	7 445.31	4 122.98	4 232.29	4 341.60
递延所得税资产	463.72	331.90	378.84	370.72
其他非流动资产	1 417.89	331.58	135.00	135.00
非流动资产合计	**52 208.28**	**41 786.30**	**45 192.23**	**46 858.62**
资产总计	**117 392.33**	**110 413.57**	**102 347.28**	**97 894.83**
流动负债：				
短期借款	24 920.36	21 101.58	17 402.32	24 638.38
应付票据	14 241.81	8 161.63	11 206.18	10 499.05
应付账款	8 522.08	9 174.58	7 779.70	6 625.88
预收款项	468.25	601.56	620.90	767.40
应付职工薪酬	194.43	195.02	223.38	214.42
应交税费	998.82	1 403.28	1 842.93	1 603.99
应付利息	38.22	37.76	64.15	48.37
应付股利	796.70	—	—	—
其他应付款	320.74	315.15	531.65	270.41
流动负债合计	**50 501.42**	**40 990.57**	**39 671.21**	**44 667.91**
非流动负债：				
递延收益	1 673.17	490.17	524.17	558.17
非流动负债合计	**1 673.17**	**490.17**	**524.17**	**558.17**
负债合计	**52 174.58**	**41 480.74**	**40 195.37**	**45 226.08**
股东权益：				
股本	10 040.00	10 040.00	10 040.00	10 040.00
资本公积	23 727.27	23 727.27	23 727.27	23 727.27
盈余公积	7 192.64	7 192.64	4 900.23	4 296.63
未分配利润	24 257.83	27 972.92	23 484.40	14 604.84
归属于母公司股东权益合计	65 217.75	68 932.84	62 151.90	52 668.75
股东权益合计	**65 217.75**	**68 932.84**	**62 151.90**	**52 668.75**
负债和股东权益总计	**117 392.33**	**110 413.57**	**102 347.28**	**97 894.83**

表 10-27 云南创新合并利润表 单位：万元

项　　目	2015 年 1—6 月	2014 年度	2013 年度	2012 年度
一、营业总收入	**53 632.37**	**121 696.87**	**112 736.36**	**110 765.01**
减：营业成本	40 098.52	94 103.73	87 328.82	86 431.24
营业税金及附加	193.30	676.78	619.02	578.45
销售费用	1 400.86	2 959.49	2 939.02	2 769.96
管理费用	4 601.81	8 208.19	7 169.12	6 477.10
财务费用	479.06	979.81	1 213.81	1 535.27
资产减值损失	71.39	177.76	77.29	275.71
投资收益	53.87	99.98	74.77	67.92
其中：对联营企业和合营企业的投资收益	46.31	96.95	72.81	67.92
二、营业利润	**6 841.30**	**14 691.09**	**13 464.05**	**12 765.19**
加：营业外收入	374.18	264.58	1 206.70	684.51
其中：非流动资产处置收入	11.10	0.78	0.56	0.00
减：营业外支出	22.34	29.37	6.45	6.00
三、利润总额	**7 193.14**	**14 926.30**	**14 664.30**	**13 443.69**
减：所得税费用	908.23	2 145.37	2 181.15	1 555.99
四、净利润	**6 284.91**	**12 780.94**	**12 483.16**	**11 887.71**
归属于母公司所有者的净利润	6 284.91	12 780.94	12 483.16	11 887.71
五、每股收益：				
(一)基本每股收益	0.63	1.27	1.24	1.18
(二)稀释每股收益	0.63	1.27	1.24	1.18
六、其他综合收益				
七、综合收益总额	**6 284.91**	**12 780.94**	**12 483.16**	**11 887.71**
归属于母公司所有者的综合收益总额	6 284.91	12 780.94	12 483.16	11 887.71

表 10-28 云南创新合并现金流量表 单位：万元

项　　目	2015 年 1—6 月	2014 年度	2013 年度	2012 年度
一、经营活动产生的现金流量：				
销售商品、提供劳务收到的现金	41 896.86	102 035.97	99 293.43	106 797.14
收到其他与经营活动有关的现金	2 148.47	1 702.60	3 137.40	3 282.64
经营活动现金流入小计	44 045.32	103 738.57	102 430.83	110 079.77
购买商品、接受劳务支付的现金	25 394.72	67 761.94	67 545.16	81 906.79
支付给职工以及为职工支付的现金	4 778.84	7 598.61	7 324.24	6 403.97
支付的各项税费	3 475.86	8 774.15	7 588.06	6 350.82
支付其他与经营活动有关的现金	4 311.36	4 660.30	5 360.86	4 578.93
经营活动现金流出小计	**37 960.78**	**88 795.00**	**87 818.32**	**99 240.51**
经营活动产生的现金流量净额	**6 084.54**	**14 943.57**	**14 612.51**	**10 839.26**
二、投资活动产生的现金流量：				
收回投资所收到现金	13 100.00	4 857.00	—	—
取得投资收益所收到现金	80.37	70.94	63.32	—

续表

项　　目	2015 年 1—6 月	2014 年度	2013 年度	2012 年度
处置固定资产、无形资产和其他长期资产收回的现金净额	11.28	114.39	23.43	—
投资活动现金流入小计	13 191.65	5 042.34	86.75	—
购建固定资产、无形资产和其他长期资产支付的现金	8 118.14	7 084.53	2 391.61	1 885.69
投资支付的现金	13 100.00	4 857.00	—	404.34
投资活动现金流出小计	**21 218.14**	**11 941.53**	**2 391.61**	**2 290.03**
投资活动产生的现金流量净额	**−8 026.49**	**−6 899.19**	**−2 304.86**	**−2 290.03**
三、筹资活动产生的现金流量：				
取得借款收到的现金	23 681.14	55 134.94	30 598.62	63 798.09
收到其他与筹资活动有关的现金	—	—	—	2 700.00
筹资活动现金流入小计	23 681.14	55 134.94	30 598.62	66 498.09
偿还债务支付的现金	19 862.36	51 435.68	37 834.68	64 670.54
分配股利、利润或偿付利息支付的现金	9 693.78	7 029.76	4 318.69	8 615.52
支付其他与筹资活动有关的现金	—	37.74	270.47	2 750.00
筹资活动现金流出小计	**29 556.15**	**58 503.18**	**42 423.84**	**76 036.06**
筹资活动产生的现金流量净额	**−5 875.00**	**−3 368.24**	**−11 825.22**	**−9 537.97**
四、汇率变动对现金及现金等价物的影响				
五、现金及现金等价物净增加额	**−7 816.95**	**4 676.15**	**482.43**	**−988.74**
加：年初现金及现金等价物余额	11 437.54	6 761.39	6 278.96	7 267.70
六、期末现金及现金等价物余额	**3 620.59**	**11 437.54**	**6 761.39**	**6 278.96**

案例六：雷迪波尔服饰股份有限公司[①]

2016 年，以商务休闲男装服饰为主营业务的雷迪波尔服饰股份有限公司（以下简称雷迪波尔）发布了新版招股说明书，并进入预先披露更新企业名单。根据招股书披露的相关信息来看，雷迪波尔本次预计发行新股数量不超过 5 000 万股，募集资金规模约 4.82 亿元，分别用于营销渠道建设项目、设计研发中心扩建项目和信息系统提升建设项目。阅读其招股说明书时可以发现，近年来该公司旗下的加盟店和直营店出现了大量关门的现象，因此也直接导致企业收入锐减，经营业绩连年下滑，企业发展前景不容乐观。与收入锐减相反的是，公司应收账款金额不但金额巨大，而且报告期内还出现了逆势增长现象。

1. 报告期内，公司经营业绩持续下滑

招股书显示，雷迪波尔采用轻资产运营模式，其主要以设计研发、品牌推广和产品销售为核心业务，产品生产环节外包出去。在经营模式方面，公司采用的则是加盟和自营相结合的模式。截至 2015 年年末，雷迪波尔共有加盟店 428 家，自营店 92 家。在招股说明书中，雷迪波尔虽然表示“通过在一二线城市的知名商场、机场设立专卖店或专柜的方式带动各级城市专卖店的经营扩张”，但实际上，在大家普遍认知中的四大一线城市——北京、上海、广州、深圳，雷迪波尔的经营店却是凤毛麟角，鲜见其踪影。资料显示，直营店在

① 该案例引自《证券市场红周刊》，“雷迪波尔业绩五连滑，应收账款数据不合逻辑”，2016 年 8 月 21 日，王宗耀。

广州只有两家，上海有一家，而加盟店在四大一线城市中则一家也没有。由此来看，截至目前，雷迪波尔在消费需求最为旺盛的一线城市的布局明显不足，知名度有待进一步提升。在经营中，品牌知名度是否“响亮”虽然很重要，但能否持续赚钱才是最为关键的，那么雷迪波尔报告期内的经营业绩情况又是如何呢？

《红周刊》记者整理迪雷波尔近期及之前披露的财务数据发现，该公司营业收入自2012年以来连续“四连滑”，而净利润更是自2011年开始出现了“五连滑”现象(如表10-29)。尤其在2015年，不但营业收入下降幅度高达17.43%，且净利润同比下降幅度更是高达35.29%，所实现的净利润金额相比2011年，出现了比“腰斩”还低的“大腿斩”。

表10-29 近五年营业收入与净利润情况

项目	2015年		2014年		2013年		2012年		2011年
	金额(万元)	增幅(%)	金额(万元)	增幅(%)	金额(万元)	增幅(%)	金额(万元)	增幅(%)	金额(万元)
营业收入	37 072.72	−17.43	44 897.20	−17.22	54 239.80	−10.62	60 683.06	10.43	54 950.00
净利润	4 198.19	−35.29	6 488.12	−9.16	7 142.44	−12.00	8 116.69	−12.05	9 228.96

对于业绩的持续下降，迪雷波尔在招股说明书中解释称，“报告期内，公司经营业绩持续下降，主要是因为在宏观经济增速放缓的背景下，服装行业景气度明显下降，市场竞争加剧，行业经营环境恶化，导致包括商务休闲男装在内的服装行业下滑幅度较大”。然而，对于雷迪波尔将自己业绩下滑的主要原因完全归咎于宏观经济背景和行业景气度影响的说法，记者认为其在避重就轻，因为在业内，服装行业中业绩实现持续增长的公司并不在少数(如表10-30)。

表10-30 同行业公司业绩情况

公司	项目	2015年		2014年		2013年
		金额(亿元)	增幅(%)	金额(亿元)	增幅(%)	金额(亿元)
中国利郎	营业收入	26.89	10.52	24.33	—	—
	净利润	6.25	12.61	5.55	—	—
海澜之家	营业收入	158.00	28.46	123	72.03	71.5
	净利润	29.50	23.95	23.8	76.3	13.5
森马服饰	营业收入	94.50	15.95	81.5	11.8	72.9
	净利润	13.40	22.94	10.9	20.84	9.02
杉杉股份	营业收入	43.00	17.49	36.6	−9.63	40.5
	净利润	6.77	105.78	3.29	112.26	1.55

依据东方财富网的资料显示，在香港上市的中国利郎以商务男装为主打，该公司2015年营业收入增长了10.52%，净利润增长了12.61%，(2013年数据未提供)；在上交所上市的著名服装企业海澜之家，2014年和2015年营业收入分别增长了71.5%和28.46%，净利润分别增长了76.30%和23.95%；以休闲为主打的服装品牌“森马服饰”2014年和2015年营业收入增幅分别为11.80%和15.95%，净利润分别增长了20.84%

和 22.94%；而以西服类产品为主打的杉杉股份，2014 年营业收入虽然下降了 9.63%，但其在 2015 年却以 17.49%的增幅实现逆转，净利润方面更是在近两年中持续高速增长，增幅分别高达 112.26%和 105.78%。

其实，伴随着雷迪波尔业绩"五连滑"的同时，公司店铺数量也出现了持续下滑。从招股书中公布的门店数据来看，2013 年底，加盟店数量达到了 468 家的峰值，而到了 2015 年底却只剩下 425 家，减少了 43 家；直营店也是自 2011 年以来在不断关门中，从期初的 127 家减少到了 2015 年底的 91 家，减少了 36 家。显然在这几年，相比同行业中诸多公司业绩的节节攀升，雷迪波尔的业绩"五连滑"、门店数量不断缩减的窘境，应该不是仅凭一句"宏观经济与行业景气度不佳"就能解释清楚的。

2. 应收账款数据不合逻辑

对于发展状况良好的企业来说，应收账款规模的增加，意味着其销售额也在大幅增长，然而对于雷迪波尔来说，情况却并非如此，在雷迪波尔经营业绩出现连年下滑的背景下，公司的应收账款余额却在不断增加中。依据招股书提供的数据，报告期内雷迪波尔的应收账款余额分别为 1.17 亿元、1.18 亿元和 1.29 亿元，出现持续小幅增长，而与之对应的是，公司营业收入自 2012 年以来却是一直下降的，其中 2014 年和 2015 年雷迪波尔营业收入降幅均超过 17 个百分点，这种一升一降的表现值得推敲。从雷迪波尔应收账款构成看，报告期内，应收加盟商货款余额占比分别为 92.09%、92.13%和 94.38%，因此，应收加盟商的货款应该是应收账款的主要构成部分。雷迪波尔在招股说明书中也表示：加盟业务下，公司对加盟商原则上采用"先收款后发货"方式结算。在经营过程中，公司根据加盟商经营能力、资信情况、所在市场的战略意义等分别给予其一定的信用额度。总体上看，公司通过不断加强加盟商管理和服务，确保加盟商与公司之间结算的及时性、安全性，公司应收账款质量总体良好。然而，在雷迪波尔所谓的"先收款后发货"模式下，竟然产生了如此多的应收账款，此外，在营业收入大幅下降的情况下，应收账款还能持续增长，而这在该公司看来竟然成了"总体良好"，实在有违常理。此外，就其回款情况看，所谓的"先收款后发货"的方式就更显得矛盾重重了，就算公司会给加盟商客户"一定的信用额度"，但加盟商至少也需要先支付一部分货款吧？由此，公司的应收账款金额应该要远远小于销售额才对，但实际情况呢？

依据雷迪波尔公布的前五大应收账款客户来看，王方能为其 2015 年第一大应收账款客户，其 1 年以内的应收账款金额为 1 161.25 万元，这也就意味雷迪波尔 2015 年即使全额赊销，对该客户实现的销售额也不应该低于这一金额，但实际上在雷迪波尔前五大客户销售名单中，公司对王方能实现的销售却只有 970.62 万元，销售金额竟然小于应收账款金额，这实在有点"天方夜谭"。

同样，公司 2015 年第二大应收账款客户李四海，应收账款余额总计为 928.89 万元，其中一年以内的应收账款金额为 874.51 万元，那么意味着当年对该客户的销售额也不该低于这一金额才合理，而结果却仍旧是不合逻辑，作为公司的 2015 年第四大客户，公司对李四海实现的销售额却仅为 757.29 万元，销售金额也是小于应收账款金额。

而在 2015 年第三大应收账款对象杨顺涛，雷迪波尔对其一年以内的应收账款为 816.69 万元，该客户同样也是雷迪波尔当年的第三大销售客户，实现收入共计 816.68 万元，由数据对比看，这意味着雷迪波尔不但把产品全额赊销给客户，还倒贴了 100 块“小费”，雷迪波尔实在是很“慷慨”。

当然，上述的现象并非只出现在 2015 年，2014 年其第二大应收账款客户依然是“老熟人”王方能，1 年以内的应收账款金额为 988.72 万元，当年王方能排名销售客户第五位，实现销售额为 991.99 万元，虽然这一次销售额超过了应收账款金额 3.27 万元，但在公司“先收款后发货”经营模式下，公司收到的销售款也未免太少了吧？

仅从公司前几大应收账款客户的收款情况，就可以看出雷迪波尔披露的应收账款数据实在疑点重重，而其所谓的“先收款后发货”的说法更是无从谈起，大客户应收账款占销售比例如此之高，说明公司存在明显的大额赊销产品行为。在企业经营中，大量赊销虽然能刺激销量，但从公司的实际经营结果来看，销量不但没有刺激起来，反而“养肥”了应收账款，使得应收账款风险不断加大，而这对公司经营而言，实在是有点得不偿失。本案例所涉及的雷迪波尔的资产负债表、利润表、现金流量表，具体如表 10-31、表 10-32、表 10-33 所示。

表 10-31 雷迪波尔合并资产负债表 单位：万元

项 目	2015-12-31	2014-12-31	2013-12-31
货币资金	12 259.46	17 753.11	18 696.29
应收账款	11 648.63	10 992.07	10 798.51
预付款项	1 977.19	2 285.96	2 342.89
其他应收款	352.87	456.44	586.93
存货	11 704.28	13 075.38	13 443.59
其他流动资产	28.21	—	—
流动资产合计	**37 970.63**	**44 562.96**	**45 868.22**
投资性房地产	4 203.58	4 677.46	4 178.22
固定资产	4 521.34	4 692.88	5 945.20
在建工程	—	30.00	—
无形资产	1 726.29	1 096.46	1 147.10
递延所得税资产	1 557.73	1 446.90	1 464.51
非流动资产合计	**12 008.94**	**11 943.71**	**12 735.03**
资产总计	**49 979.57**	**56 506.68**	**58 603.24**
短期借款	—	—	2 200.00
应付票据	3 119.55	4 556.27	4 687.91
应付账款	4 946.69	4 893.26	4 959.35
预收款项	1 296.21	4 495.41	5 965.01
应付职工薪酬	828.68	843.88	936.22
应交税费	331.24	1 156.17	399.47
其他应付款	879.31	657.06	599.68
流动负债合计	**11 401.69**	**16 602.04**	**19 747.64**
预计负债	1 800.21	2 175.15	3 114.23
递延收益	100.00	—	—

续表

项　　目	2015-12-31	2014-12-31	2013-12-31
非流动负债合计	**1 900.21**	**2 175.15**	**3 114.23**
负债合计	13 301.89	18 777.18	22 861.87
实收资本(或股本)	15 000.00	15 000.00	15 000.00
资本公积	5 769.78	5 769.78	5 769.78
盈余公积	2 540.52	2 088.03	1 441.91
未分配利润	13 367.39	14 871.69	13 529.69
归属于母公司所有者权益合计	36 677.68	37 729.50	35 741.38
所有者权益(或股东权益)合计	36 677.68	37 729.50	35 741.38
负债和所有者权益(或股东权益)总计	**49 979.57**	**56 506.68**	**58 603.24**

表 10-32　雷迪波尔合并利润表　　　　单位：万元

项　　目	2015 年度	2014 年度	2013 年度
一、营业总收入	**37 072.72**	**44 897.20**	**54 239.80**
其中：营业收入	37 072.72	44 897.20	54 239.80
二、营业总成本	**32 386.83**	**38 420.97**	**45 825.62**
其中：营业成本	15 357.86	19 173.96	24 239.54
营业税金及附加	431.25	491.85	681.56
销售费用	10 676.70	12 682.79	14 774.78
管理费用	4 163.19	4 628.20	4 803.57
财务费用	－186.42	－57.79	124.24
资产减值损失	1 944.25	1 501.96	1 201.93
加：投资收益	163.44	119.42	—
三、营业利润	**4 849.34**	**6 595.65**	**8 414.18**
加：营业外收入	172.80	1 177.46	53.31
其中：非流动资产处置利得	8.16	12.68	3.00
减：营业外支出	5.62	111.63	35.81
其中：非流动资产处置损失	5.62	1.63	3.36
四、利润总额	**5 016.52**	**7 661.48**	**8 431.68**
减：所得税费用	818.33	1 173.36	1 289.24
五、净利润	**4 198.19**	**6 488.12**	**7 142.44**
归属于母公司所有者的净利润	4 198.19	6 488.12	7 142.44
六、其他综合收益	**0.00**	—	—
七、综合收益总额	**4 198.19**	**6 488.12**	**7 142.44**
归属于母公司所有者的综合收益总额	4 198.19	6 488.12	7 142.44
八、每股收益			
(一) 基本每股收益	0.28	0.43	0.48
(二) 稀释每股收益	0.28	0.43	0.48

表 10-33 雷迪波尔合并现金流量表 单位：万元

项 目	2015 年度	2014 年度	2013 年度
一、经营活动产生的现金流量			
销售商品、提供劳务收到的现金	37 164.62	48 501.14	56 451.70
收到的税费返还	9.53	10.94	18.76
收到其他与经营活动有关的现金	982.90	1 734.50	760.89
经营活动现金流入小计	38 157.05	50 246.58	57 231.35
购买商品、接受劳务支付的现金	17 953.66	22 852.67	26 451.10
支付给职工以及为职工支付的现金	5 246.87	5 744.47	6 073.82
支付的各项税费	4 816.99	5 132.07	7 158.24
支付其他与经营活动有关的现金	8 778.68	10 595.53	13 069.39
经营活动现金流出小计	36 796.20	44 324.74	52 752.55
经营活动产生的现金流量净额	**1 360.85**	**5 921.84**	**4 478.80**
二、投资活动产生的现金流量			
收回投资收到的现金	9 200.00	6 500.00	—
取得投资收益收到的现金	163.44	119.42	—
处置固定资产、无形资产和其他长期资产收回的现金净额	2.25	27.17	0.98
投资活动现金流入小计	9 365.69	6 646.59	0.98
购建固定资产、无形资产和其他长期资产支付的现金	723.75	318.25	375.74
投资支付的现金	9 200.00	6 500.00	—
投资活动现金流出小计	9 923.75	6 818.25	375.74
投资活动产生的现金流量净额	**−558.06**	**−171.65**	**−374.76**
三、筹资活动产生的现金流量			
取得借款收到的现金	—	—	2 200.00
筹资活动现金流入小计	—	—	2 200.00
偿还债务支付的现金	—	2 200.00	2 200.00
分配股利、利润或偿付利息支付的现金	5 833.38	3 949.33	133.52
筹资活动现金流出小计	5 833.38	6 149.33	2 333.52
筹资活动产生的现金流量净额	**−5 833.38**	**−6 149.33**	**−133.52**
四、汇率变动对现金及现金等价物的影响	**1.32**	**−4.50**	**−13.57**
五、现金及现金等价物净增加额	**−5 029.27**	**−403.63**	**3 956.95**
加：期初现金及现金等价物余额	16 352.53	16 756.16	12 799.21
六、期末现金及现金等价物余额	**11 323.26**	**16 352.53**	**16 756.16**

案例七：新丽传媒股份有限公司①

新丽传媒是一家影视剧拍摄及制作公司，不仅投资拍摄的《北京爱情故事》、《辣妈正传》、《父母爱情》、《悬崖》等经典剧目受到了观众的喜爱，就连该公司发布的几版招股说明书也都受到了媒体高度关注。对于新丽传媒这家公司，《证券市场红周刊》的《新丽传媒：

① 该案例引自《证券市场红周刊》，“新丽传媒的财务悬疑”，2016 年 7 月 24 日，王宗耀。

"绯闻"之外的"真假"数据之谜》的文章曾就其业绩情况、财务现状以及相关财务疑点进行过详细分析。如今,记者进一步分析发现,该公司的财务"悬疑"足以与其投资的影视作品相媲美。

1. 应收账款数据值得推敲

在此前文章中,《红周刊》记者发现在新丽传媒新旧两个版本招股说明书中,应收账款大客户名单前后并不一致,不仅客户名单位置发生了很大变化,且有大客户从名单中消失,甚至连每家客户的应收账款金额也都发生改变。既然如此,按正常逻辑,两个版本招股书形成的应收账款余额应该不一样才对,然而从两个版本招股书公开信息看,财务报表中应收账款余额竟然完全相同,显然这有些蹊跷。记者将该公司资产负债表、利润表和现金流量表结合起来进行分析发现,该公司应收账款存有"悬疑"之处。

以 2013 年财务数据为例,如表 10-34 所示。当年新丽传媒实现营业收入 4.43 亿元,按照公司公布的增值税税率 6%计算,其当年含税营业收入总计约 4.7 亿元,然而令人吃惊的是,反映公司现金流入情况的销售商品、提供劳务收到的现金一项却高达 5.3 亿元,超过含税营业收入达 6 000 万元之巨。现金流入超过营业收入意味着该公司当年预收账款应该出现大额增加,或者企业收回不少应收账款及应收票据等,而企业应收项回款状况的良好意味着其应收账款余额及应收票据应该出现大幅下降才对,可实际情况呢?

表 10-34　新丽传媒相关财务数据情况　　单位:万元

项　　目	2015 年 6 月	2014 年	2013 年	2012 年
营业收入	22 078.98	65 467.56	44 349.82	30 494.97
销售商品、提供劳务收到的现金	26 578.91	66 536.58	52 997.57	41 821.30
应收票据	1 016.00	969.48	3 160.98	81.00
应收账款余额	57 595.37	59 989.17	38 434.62	31 899.07
预收款项	12 536.54	10 976.90	5 332.72	8 807.21

依据新丽传媒招股书提供的数据,该公司 2013 年预收账款不但没有出现新增,相反较上一年减少了 3 474.49 万元,应收票据及应收账款余额不但没有下降,反而分别新增了 3 079.98 万元和 6 535.55 万元。综合下来,新丽传媒形成的应收票据和应收账款余额与销售商品收到现金合计超过含税营业收入竟然达到 1.91 亿元,如此巨大的差额实在让人惊诧。

与 2013 年相比,2014 年同样出现类似情况。新丽传媒当年实现营业收入为 6.55 亿元,合算增值税后高达 6.94 亿元,而反映其现金流入情况的销售商品、提供劳务收到的现金为 6.65 亿元(其中包含了当年预收账款同比上一年的新增部分 5 644.18 万元),综合核算下来,理论上新丽传媒形成的应收账款余额和应收票据合计金额应该在 8 500 万元左右。然而,2014 年新丽传媒应收票据并没有新增,反而减少了 2 191.50 万元,特别是应收账款余额的新增更是令人吃惊地达到 21 554.55 万元,远远超过了合理金额。若由此去核算,则该公司 2014 年实现的现金收入和形成的应收账款余额及应收票据金额合计超过其含税营业收入将达到 1 亿元以上。

是什么原因导致新丽传媒在 2013 年和 2014 年两年内,销售现金收入和形成的相应债权合计超过含税营业收入，且高达2.90亿元以上呢？理论上，新丽传媒不会蠢到去瞒报自己的营业收入，毕竟超靓的业绩更有利于企业在发审会上加分，那么这有没有可能是该公司所公布的现金流量数据或应收账款及应收票据数据存在不合理之处呢？如果结合两个版本招股说明书中“变化多端”的应收账款大客户和应收金额看，该公司的应收账款数据是否真实就值得让人质疑了。欲盖弥彰的账龄，除了应收账款大客户及相关金额在新旧版本招股说明书中的变动，公司在新版招股书中将旧版招股书中曾详细披露的具体客户应收账款账龄一项给删除了，此举措非常值得探究。

在新版招股书中，新丽传媒将上海东方娱乐传媒集团与上海尚世影业两家客户进行了合并计算。在2014年，新丽传媒对这两家公司销售电视剧播映权、广告等产品合计达1.10亿元，使得这两家企业一举成为公司的第一大客户。由于当年新丽传媒对这两家公司的应收账款余额共计1.38亿元，即便假设新丽传媒对该客户的销售额全部为赊销的情况下，公司对该客户超过一年的应收账款余额也有2 800万元以上。

那么这2 800多万元有没有可能是两年以上的应收账款呢？从应收账款余额来看，这种假设并不存在，因为在2014年，新丽传媒对两家公司合并的销售额过亿元，而相应形成的应收账款新增金额却仅有4 200万元左右，这意味着之前的应收账款应该已经结清，否则应收账款金额将会超过销售额。因此，上述的2 800多万元应该是其1～2年的应收账款，然而在对照新丽传媒提供的应收账款余额分类图看，公司2014年所有客户1～2年的应收账款总额只有2 390.13万元，又低于理论上该公司对第一大客户的应收账款金额，这就显得非常矛盾了。

因为照此逻辑去推理，除第一大客户外，新丽传媒的其他客户将没有1～2年内的欠款，大部分应收账款都在1年以内收回，进而意味着公司下游客户的资金回报期也应该在1年以内，否则这些销售客户将没法在1年内向其支付所有欠款，然而在新丽传媒所公布的数据中，账龄超过2年的应收账款却还有8 000多万元，这又是怎样形成的呢？如果是历史款项无法回收的结果，那么这是否意味着新丽传媒2～3年应收账款按照50%的坏账计提比例进行计提的做法将不是很合适？

相较同行业其他公司，上海新文化、华谊兄弟、华策影视、华策影视等公司的2～3年应收账款坏账计提比例均为50%，显然，新丽传媒招股书所列的应收账款计提比例应该也是没有问题的，结合上文推断，公司所给出的1～2年应收账款金额数据就显得可疑了，进而推断，公司在新版招股书中，将具体的应收账款客户账龄数据进行删除，还是有其目的性的。

2. 钱都花在哪儿了

从招股书提供的新丽传媒财务报表看，报告期内，公司营业收入增长速度非常快，其中2013年和2014年分别增长了45.25%和47.86%，与此同时净利润也呈现出相应增长趋势，2012年、2013年、2014年和2015年6月分别为0.82亿元、1.27亿元、1.31亿元和0.18亿元(其中有很大比例是由政府补助所贡献)，因此，从理论上来说，该公司不应该如此缺钱才对，事实上，正如记者在此前所著的《新丽传媒：“绯闻”之外的“真假”数据之谜》一文中所分析的那样，该公司似乎已经陷入了财务困局。那么，新丽传媒的钱到底花在哪儿了？其实，要想知道钱花到哪儿，就不得不考虑最重要的支出——营业成本。从招股说明书提供的数据来看，2012 年度、2013 年度、2014 年度和 2015 年 1—6 月，新丽传媒的营业成本分别为 1.37 亿元、1.59 亿元、3.25 亿元和 1.05 亿元，单从该项数据，看不出任何问题，不过如果对照其采购支出情况，则可发现其中另有玄机。

据公司财务报表显示，现金流量表中反映该公司采购支出的购买商品、接受劳务支付的现金在以上相应年度内，分别高达 3.71 亿元、4.38 亿元、5.13 亿元和 1.86 亿元，显然，公司的采购支出远超出营业成本，在相应年度内，采购支出分别是营业成本的 2.70 倍、2.76 倍、1.58 倍和 1.78 倍。

如果说采购支出在个别年份超过营业成本是没有问题的，而即使在连续一两年内，超过金额很小也可理解，但新丽传媒的采购支出在整个报告期内均远超营业成本，这种现象就很难令人信服。对于这一点，新丽传媒在招股说明书中以影视剧行业特点为由进行了相应解释，其表示"拍摄阶段的采购支付一般以现金垫付方式进行，制作完成后，往往需要协调播出时间，并根据播出情况逐步回笼资金。并且每年投拍数量和时间亦有影响"。这样的解释显然很缺乏说服力的，因为作为一家影视公司，所拍摄影视剧的采购支出本就是公司自己应承担的费用，公司却将其说成"垫付"，对于其为谁垫付？垫付金额多少？诸多情况又没有任何说明，显然，作为一家目前资金相对困难的公司而言，如此简单的解释很难让人信服的。

当然，我们还可以将整个报告期作为一个大周期进行核算，这样就能更直观地说明问题，而且还能最大程度地减少因行业周期对相关数据的影响。在 2012 年到 2015 年 6 月，公司营业成本共计 7.26 亿元，然而现金采购项——购买商品、接受劳务支付的现金却高达 15.08 亿元，超过营业成本 7.82 亿元。在此期间，虽然公司预收款项从 2012 年期初金额的 0.29 亿元增加到 2015 年 6 月末的 0.72 亿元，新增 0.43 亿元，但其应付账款也从 0.28 亿元增长到了 0.72 亿元，增加了 0.44 亿元，因两者金额大致相当，因此这两项的影响基本可以抵消。那么，从逻辑上讲，该公司在这三年半中，新增的存货金额应该会超过 7.82 亿元才对，但实际上，截至 2015 年 6 月，公司的存货总额仅有 4.88 亿元，金额相差很大。

综合上述分析来看，新丽传媒营业成本数据十分可疑，如果说其现金流量表所反映的数据是真实的话，那么该公司就有虚减成本的嫌疑，进而也就不难解释，为什么该公司采购支出金额会远超营业成本，如此高的采购支出又到底花到了哪里的问题了。本案例所涉及的新丽传媒的资产负债表、利润表、现金流量表，具体如表 10-35、表 10-36、表 10-37 所示。

表 10-35　新丽传媒合并资产负债表　　　　单位：万元

项　　目	2015-6-30	2014-12-31	2013-12-31	2012-12-31
流动资产：				
货币资金	21 794.06	14 333.00	7 469.43	13 838.50
应收票据	1 016.00	969.48	3 160.98	81.00
应收账款	49 453.78	51 322.50	34 075.21	29 712.52
预付款项	7 272.33	9 168.93	13 724.28	7 345.04

续表

项　　目	2015-6-30	2014-12-31	2013-12-31	2012-12-31
其他应收款	1 611.34	3 181.07	352.09	179.45
存货	48 797.22	47 142.00	37 633.32	21 428.31
其他流动资产	2 932.54	2 253.61	5 143.32	4 014.70
流动资产合计	**132 877.25**	**128 370.60**	**101 558.63**	**76 599.52**
非流动资产：				
长期股权投资	—	—	—	91.53
固定资产	159.82	223.83	243.12	309.44
无形资产	71.82	66.99	12.87	—
长期待摊费用	4 958.27	5 040.61	2 050.43	2 066.59
递延所得税资产	4 277.42	2 828.06	1 415.26	549.00
非流动资产合计	**9 467.32**	**8 159.49**	**3 721.68**	**3 016.56**
资产总计	**142 344.57**	**136 530.09**	**105 280.31**	**79 616.08**
流动负债：				
短期借款	18 200.00	23 800.00	9 600.00	6 200.00
应付账款	7 233.59	8 324.55	5 711.43	4 664.52
预收款项	12 536.54	10 976.90	5 332.72	8 807.21
应付职工薪酬	118.37	134.57	97.48	96.50
应交税费	2 989.33	6 021.24	4 401.97	2 717.55
应付利息	97.17	80.02	67.90	27.22
应付股利	3 300.00	3 300.00	—	—
其他应付款	18 911.20	10 991.73	10 370.28	7 290.36
一年内到期的非流动负债	6 932.41	6 054.06	9 959.46	—
流动负债合计	**70 318.61**	**69 683.06**	**45 541.25**	**29 803.36**
非流动负债：				
长期借款	7 600.00	4 246.43	7 000.00	—
应付债券	—	—	—	9 753.50
非流动负债合计	**7 600.00**	**4 246.43**	**7 000.00**	**9 753.50**
负债合计	**77 918.61**	**73 929.48**	**52 541.25**	**39 556.86**
所有者权益：				
实收资本	16 500.00	16 500.00	16 500.00	16 500.00
资本公积	5 811.95	5 811.95	5 811.95	5 811.95
盈余公积	1 356.21	1 356.21	741.54	564.09
未分配利润	40 643.13	38 693.80	29 505.01	16 942.50
归属于母公司股东的所有者权益合计	64 311.28	62 361.96	52 558.50	39 818.53
少数股东权益	114.67	238.65	180.56	240.69
所有者权益合计	**64 425.96**	**62 600.61**	**52 739.06**	**40 059.22**
负债和所有者权益总计	**142 344.57**	**136 530.09**	**105 280.31**	**79 616.08**

表 10-36　新丽传媒合并利润表　单位：万元

项　　目	2015 年 1—6 月	2014 年度	2013 年度	2012 年度
一、营业总收入	**22 078.98**	**65 467.56**	**44 349.82**	**30 494.97**
其中：营业收入	22 078.98	65 467.56	44 349.82	30 494.97
二、营业总成本	**21 034.28**	**53 281.50**	**30 520.10**	**20 970.39**
其中：营业成本	10 476.97	32 483.06	15 877.74	13 739.39
营业税金及附加	256.84	591.39	910.62	894.37
销售费用	4 429.90	11 209.75	7 333.73	3 410.72
管理费用	872.98	1 615.64	1 539.19	1 465.98
财务费用	1 223.38	2 886.90	2 671.74	707.51
资产减值损失	3 774.20	4 494.76	2 187.08	752.42
加：投资收益	—	—	58.47	−12.13
其中：对联营企业和合营企业的投资收益	—	—	—	−12.13
三、营业利润	**1 044.71**	**12 186.07**	**13 888.19**	**9 512.45**
加：营业外收入	1 607.35	5 373.71	2 983.78	2 286.03
其中：非流动资产处置利得	—	—	0.02	—
减：营业外支出	—	3.11	2.43	843.88
其中：非流动资产处置损失	—	—	0.03	3.88
四、利润总额	**2 579.93**	**17 556.66**	**16 869.55**	**10 954.60**
减：所得税费用	754.58	4 485.12	4 189.71	2 787.02
五、净利润	**1 825.35**	**13 071.55**	**12 679.84**	**8 167.58**
归属于母公司所有者的净利润	1 949.33	13 103.46	12 739.97	8 171.89
少数股东损益	**−123.98**	**−31.91**	**−60.13**	**−4.31**
六、每股收益：				
(一) 基本每股收益	0.12	0.79	0.77	0.50
(二) 稀释每股收益	0.12	0.79	0.77	0.50
七、其他综合收益				
八、综合收益总额	**1 825.35**	**13 071.55**	**12 679.84**	**8 167.58**
归属于母公司所有者的综合收益总额	1 949.33	13 103.46	12 739.97	8 171.89
归属于少数股东的综合收益总额	**−123.98**	**−31.91**	**−60.13**	**−4.31**

表 10-37　新丽传媒合并现金流量表　单位：万元

项　　目	2015 年 1—6 月	2014 年度	2013 年度	2012 年度
一、经营活动产生的现金流量：				
销售商品、提供劳务收到的现金	26 578.91	66 536.58	52 997.57	41 821.30
收到其他与经营活动有关的现金	14 592.09	12 235.29	8 966.40	12 704.79
经营活动现金流入小计	41 171.00	78 771.88	61 963.98	54 526.09
购买商品、接受劳务支付的现金	18 626.24	51 331.00	43 798.29	37 058.66
支付给职工以及为职工支付的现金	1 134.85	1 653.20	1 739.23	1 287.90
支付的各项税费	6 806.01	8 124.72	6 969.32	7 423.32
支付其他与经营活动有关的现金	10 748.83	15 202.57	16 697.38	21 643.71
经营活动现金流出小计	37 315.94	76 311.49	69 204.22	67 413.58

续表

项　目	2015年1—6月	2014年度	2013年度	2012年度
经营活动产生的现金流量净额	**3 855.06**	**2 460.39**	**−7 240.25**	**−12 887.49**
二、投资活动产生的现金流量：				
收回投资收到的现金	—	—	150.00	—
处置固定资产、无形资产和其他长期资产收回的现金净额	—	—	0.48	2.00
投资活动现金流入小计	—	—	150.48	2.00
购建固定资产、无形资产和其他长期资产支付的现金	8.29	228.15	153.60	14.29
投资活动现金流出小计	8.29	228.15	153.60	14.29
投资活动产生的现金流量净额	**−8.29**	**−228.15**	**−3.13**	**−12.29**
三、筹资活动产生的现金流量：				
吸收投资收到的现金	—	90.00	—	245.00
其中：子公司吸收少数股东投资收到的现金	—	90.00	—	245.00
取得借款收到的现金	18 700.00	36 800.00	24 690.00	11 200.00
发行债券收到的现金	—	—	—	9 690.00
收到其他与筹资活动有关的现金	5 900.00	—	—	—
筹资活动现金流入小计	24 600.00	36 890.00	24 690.00	21 135.00
偿还债务支付的现金	20 068.07	29 299.52	14 290.00	7 384.00
分配股利、利润或偿付利息支付的现金	910.97	2 949.61	1 825.20	687.57
支付其他与筹资活动有关的现金	—	—	7 700.00	20.00
筹资活动现金流出小计	20 979.04	32 249.13	23 815.20	8 091.57
筹资活动产生的现金流量净额	**3 620.96**	**4 640.87**	**874.80**	**13 043.43**
四、汇率变动对现金及现金等价物的影响	**−6.67**	**−9.54**	**−0.50**	**0.65**
五、现金及现金等价物净增加额	**7 461.06**	**6 863.57**	**−6 369.07**	**144.30**
加：期初现金及现金等价物余额	14 333.00	7 469.43	13 838.50	13 694.20
六、期末现金及现金等价物余额	**21 794.06**	**14 333.00**	**7 469.43**	**13 838.50**

案例八：亚泰国际股份有限公司①

亚泰国际虽已通过发审会的审核，但其招股说明说书中依然有很多问题有待解决，5月28日的《红周刊》刊发的《亚泰国际隐忧围城》文章中，记者对其优势业务占比不高、经营业绩下滑、出现资金困局、涉嫌粉饰业绩等问题进行了相应分析，而除了这些已分析过的问题，记者还发现公司应收账款也存在疑点，近年来持续大增导致资金紧张现象已成为公司不可回避的问题。也正是应收账款问题，近日，欣泰电气因应收账款过大而涉嫌财务造假上市被证监会顶格处罚、相关高管也被实行市场禁入。

对于亚泰国际而言，公司应收账款的大幅增加不仅导致企业资金被大量占用，流动资金出现匮乏，甚至还引发了一系列诉讼案件。与此同时，记者还发现亚泰国际的质保金变化与其工程收入变化也不匹配。一系列问题的存在，不禁让人对亚泰国际营业收入的真

① 该案例引自《证券市场红周刊》，"亚泰国际：应收账款激增背后存隐忧"，2016年6月27日，王宗耀。

实性产生怀疑。

1. “祸”起应收账款。

应收账款问题是亚泰国际长期面临的一大难题，在 2012 年至 2015 年 6 月末，亚泰国际的应收账款金额分别为 6.64 亿元、7.56 亿元、11.17 亿元和 12.74 亿元，其净额分别占同期末资产总额的 66.38%、69.25%、72.29%和 74.55%，就数据而言，应收账款不但规模庞大，且增速也非常明显，2013 年和 2014 年其应收账款余额的增幅分别为 13.73%和 47.78%，而 2015 年 6 月末则较 2014 年末增幅也达 14.07%。

虽然亚泰国际应收账款金额大与其所属的建筑装饰行业自身特点有关(建筑装饰行业的公司在包揽工程及施工时需要垫付大量资金，较长的施工周期导致企业回款周期也相对较长，同时也带来质保金时间较长)，但从亚泰国际提供的相关数据分析看，其应收账款的快速增长不仅仅只是行业自身特点问题，还与公司的信用政策发生改变有很大关系。

我们知道，在建筑行业中，正常情况下，如果企业信用政策不发生变化的话，应收账款的增速应与营业收入增速相匹配，但亚泰国际的实际情况却明显与此规律有出入。以 2014 年来说，亚泰国际营业收入从 15.66 亿元增长到 17.90 亿元，增幅为 14.34%，然而同期应收账款增幅却高达 47.78%，远远超过营业收入的增长速度，出现了爆发式的增长，致使 2015 年 6 月应收账款余额超过当期营业收入 3 亿多元。我们知道，应收账款的增长速度远超营业收入的增长速度，必然对应着该企业对客户的信用政策发生明显变化，意味着应收账款的回款状况出现恶化。在我国建筑施工行业中，部分企业为了揽到工程、有活可干，不惜放宽政策，接受业主苛刻的条件，垫付大量资金，虽然这种行为在短期内使得自己营业收入大幅增长，但结果往往是应收账款风险也出现同倍增长。作为即将上市的公司，亚泰国际应收账款增速变化反映出该公司很可能放宽了信用政策，通过刺激营业收入快速增加来“增肥”公司业绩。

招股书中提供的信息显示，伴随着应收账款的飞速增长，亚泰国际应收账款周转率也出现了明显下滑，从 2013 年的 2.20 次下降到 2015 年 6 月的 1.55 次。资金不能及时回收、应收账款占用流动资金越来越多，亚泰国际已经陷入账面上有利润而现实环境下却无资金可使用的尴尬局面，体现在现金流量表中，则是 2015 年 6 月经营活动产生的现金流量净额出现了 6 829.32 万元的负值。为了摆脱资金上的困局，亚泰国际也不得不继续增加负债来维系运营，体现在公司短期银行借款的明显增加。数据显示，在近半年时间内，亚泰国际短期借款从 2014 年底的 1.61 亿元迅速增加到 2015 年 6 月的 2.39 亿元。

当然，最直接的影响还是其偿债能力的快速走弱，相比其所选择的可比对象金螳螂、亚厦股份、洪涛股份、广田股份和瑞和股份 5 家同行业公司，亚泰国际偿债能力不仅明显低于行业平均水平，且以 2015 年 6 月 30 日数据为例，母公司资产负债率甚至远远高于所选的 5 家同行业上市公司平均水平 12 个百分点，而速动比率和流动比率也均远低于行业平均水平，如表 10-38 所示。

表 10-38 与同行业上市公司的部分偿债能力指标对比(2015-6-30)

代　码	简　称	流动比率(倍)	速动比率(倍)	资产负债率(母公司,%)
002081	金螳螂	1.47	1.46	57.63
002375	亚大股份	1.52	1.41	54.87
002325	洪涛股份	1.74	1.72	51.52
002482	广田股份	1.77	1.65	58.16
002620	瑞和股份	1.61	1.49	51.45
平均		1.62	1.55	54.73
公司		1.44	1.41	67.03

与此同时,亚泰国际应收账款的不断增加也使得公司坏账计提规模变得越来越大。从 2014 年底到 2015 年 6 月末,该公司 5 年以上的应收账款余额从 2 307.26 万元增长到 5 658.37 万元,翻了一倍多。按照亚泰国际的应收账款坏账计提政策,如其 5 年以上的应收账款按照 100%比例进行计提(这是行业内普遍采用的计提政策),则该公司因应收账款产生的坏账损失是相当的大。

在这里面还存在一个令人不解的问题,即亚泰国际对应收账款大客户河源市源河实业有限公司(以下简称源河实业)的信用政策是相当的宽松。依据招股说明书数据,2012 年、2013 年、2014 年和 2015 年 6 月末亚泰国际对源河实业的应收账款余额分别为 5 047.80 万元、5 111.62 万元、5 109.62 万元和 5 109.62 万元,此外,截至报告期末,公司针对该客户 5 年以上的应收账款金额就高达 3 330.17 万元,另外还有 1~2 年的应收账款金额为 215.90 万元,4~5 年的应收账款金额为 1 563.56 万元。从应收账款形成对应相关项目来看,河源万绿湖酒店项目应收金额为 215.90 万元;河源力绿湖国际会议度假酒店样板房精装饰工程施工项目 45 万元;河源市东方兄弟国际酒店精装修工程施工 4 848.72 万元。由此计算,仅源河实业 4 年以上的应收账款金额就高达 4 893.72 万元,如表 10-39 所示。问题在于,为什么亚泰国际敢于在 4 年以上应收账款仍未结算之前,甘愿冒险继续垫资接纳该公司新的订单,进而形成新的 215.90 万元的应收账款呢?

表 10-39 亚泰国际应收账款质保金余额账龄情况

应收质保金余额账龄	2015-6-30		2014-12-31		2013-12-31		2012-12-31	
	金额(万元)	比例(%)	金额(万元)	比例(%)	金额(万元)	比例(%)	金额(万元)	比例(%)
1 年以内	6 149.20	40.23	3 365.75	26.16	5 465.40	39.52	5 287.35	46.90
1-2 年	4 181.82	27.36	4 369.10	33.96	3 395.89	24.56	3 943.45	34.98
2-3 年	2 036.33	13.32	2 276.44	17.70	3 661.00	26.47	751.52	6.67
3 年以上	2 919.47	19.10	2 853.51	22.18	1 307.38	9.45	1 291.46	11.46
合计	15 286.83	100.00	12 864.80	100.00	13 829.66	100.00	11 273.78	100.00

2. 质保金之疑

如前文所述,应收账款的增幅与营业收入的变化有关,实际上,在建筑装饰行业中,应收账款中质保金的规模与其营业收入变化相关性反而更为明显,毕竟在建筑施工领域中,每一个基建工程基本上都会涉及质保金问题，因此，质保金的规模变化应该与企业营业收入规模变化相匹配才对。然而，《红周刊》记者注意到，亚泰国际的质保金却似乎有些与众不同。

按照亚泰国际招股说明书的介绍，工程质量保修的范围通常包括地基基础工程、主体结构工程、屋面防水工程、有防水要求的卫生间、房间和外墙面的防渗漏、供热与供冷系统、电气管线、给排水管道、设备安装和装修工程，以及双方约定的其他项目。通常，屋面防水工程、有防水要求的卫生间、房间和外墙面的防渗漏的保修期为 2 年，少部分客户会要求防水为 5 年保修期；装修工程的保修期为 2 年；电气管道、给排水管道、设备安装工程的保修期为 2 年；供热与供冷系统的保修期为 2 个采暖期、供冷期。质保金通常为工程结算总价的 5%，在保修期满后由发包方支付给公司。

从招股书提供的数据来看，亚泰国际 2012 年、2013 年、2014 年和 2015 年 6 月装饰工程施工实现的收入分别为 9.37 亿元、13.36 亿元、15.54 亿元和 8.25 亿元，其中 2013 年和 2014 年的增长幅度分别为 42.58%和 16.32%，理论上，其应收质保金变化幅度应该与之差不多才对，可实际上其应收质保金余额 2013 年只增长了 22.67%，远远低于收入增幅，而到了 2014 年质保不但没有出现增长，反而减少了 6.98%。表 10-39 为亚泰国际应收账款质保金余额账龄情况。

从亚泰国际质保金占装饰工程施工收入的比例来看，2012 年、2013 年、2014 年这一比例分别为 12.03%、10.35%、8.28%，按道理来说，保证金占装饰工程施工收入的比例本该是相对稳定变化，然而亚泰国际的这一比例却呈现出明显下降趋势，这就显得非常奇怪了？

正如亚泰国际所述"质保金通常为工程结算总价的 5%"，这是行业内普遍执行的标准，一般不会有太大变化，考虑到亚泰国际施工工程的质保期为一般工程两年，这一比例高于 5%尚可理解，但是质保金呈现逐年下降的趋势却显得十分诡异了，假定其提供的保证金数据没有问题，那么按照固定比例推算，则亚泰国际工程施工所实现的营业收入数据就显得十分可疑了。因此，结合记者在《亚泰国际隐忧围城》中对其营业收入与现金流不匹配的情况综合去分析判断，该公司营业收入不排除有造假的嫌疑。

3. 多起诉讼案件集中暴发

正因应收账款的大幅增加，造成了亚泰国际流动资金的大量占用，使得企业陷入资金匮乏的局面，由此也带来相应纠纷，诉讼案件也随之产生，据招股说明书披露信息显示，公司 2015 年内未审结案件高达 7 起。

其中最早一起案件始于 2014 年 1 月 7 日，天津德升因与亚泰国际合同纠纷，向天津市第二中级人民法院提起诉讼，要求亚泰国际支付违约金 13 397 340 元、维修费用 2 214 171.14 元及相应的诉讼费用。而亚泰国际也于 2014 年 4 月 4 日向天津市第二中级人民法院提起反诉，反诉请求为要求被反诉人支付：(1)工程款本金 9 341 794.25 元及利息；(2)工期延长损失 4 586 627.5 元；(3)单方解除合同损失 1 505 483.92 元。从事件进展看，该案件一直截止到财务报告披露之日，仍未审结。在其余的 6 起集中发生在 2015 年诉讼案件中，亚泰国际也均以被诉讼人身份出现。

2 月 16 日，深圳浩博凯恒有限公司就与亚泰国际之间的货款合同纠纷向广州市天河区人民法院提起诉讼，要求判令其支付拖欠货款、安装费等费用 1 714 564.97 元，违约金 146 133.36 元，共计 1 860 698.33 元；同年 3 月 23 日，亚泰国际收到保定市新市区人民法院传票及刘明英（原告）民事起诉状，就双方的器材租赁合同纠纷要求判令发行人支付租金及利息共计 615 044.00 元，并返还剩余建筑器材或折价赔偿损失；5 月 4 日，重庆翰林万邦地毯有限公司就与亚泰国际之间的买卖合同纠纷向深圳市福田区人民法院起诉，要求其支付货款 1 460 357.20 元及违约金。截至财务报告披露之日，该案仍在审理中；7 月，上海荔翔实业发展有限公司就与亚泰国际的购销合同纠纷向上海市闵行区人民法院提起诉讼，要求判令其支付材料款 2 430 861.19 元，及截至 2015 年 5 月 30 日违约金 1 122 373.74 元，和判决生效之日止的违约金；8 月 13 日，上海涌灵木业有限公司就与亚泰国际的木制品合同纠纷向上海市松江区人民法院提起诉讼，要求判令其支付剩余材料款 1 584 965 元及逾期支付的滞纳金。2015 年 8 月 14 日，北京荣盛新鑫龙石材有限公司就与亚泰国际的采购合同纠纷向天津仲裁委员会提起仲裁，请求公司偿还其天然石材款 3 953 170.00 元。

从以上集中暴露的 6 起案件来看，截至财务报告披露之日，均在审理中，虽然案件的结果不便评论，但从公司在短时间内出现多起诉讼案及相关诉讼内容去看，这些案件大多集中在要求亚泰国际支付材料款、货款的诉讼请求上，这说明亚泰国际存在着非常明显的财务危机，否则案件内容应该是多样化的。本案例所涉及的亚泰国际的资产负债表、利润表、现金流量表，具体如表 10-40、表 10-41、表 10-42 所示。

表 10-40 亚泰国际合并资产负债表 单位：万元

项 目	2015-6-30	2014-12-31	2013-12-31	2012-12-31
流动资产：				
货币资金	14 780.81	17 115.37	9 621.79	14 258.87
应收票据	2 389.07	—	600.00	369.58
应收账款	107 540.44	95 899.41	64 783.53	59 540.25
预付款项	1 806.68	1 326.08	3 103.87	1 164.15
其他应收款	2 489.92	2 457.11	2 185.98	2 274.19
存货	2 864.14	4 356.04	3 002.06	2 852.69
其他流动资产	383.00	323.00	293.00	111.50
流动资产合计	**132 254.06**	**121 477.01**	**83 590.24**	**80 571.22**
非流动资产：				
固定资产	1 686.05	1 781.38	1 780.57	1 859.57
无形资产	4 436.20	4 543.52	4 601.04	4 664.45
商誉	354.42	354.42	354.42	354.42
长期待摊费用	206.77	310.29	471.91	501.69
递延所得税资产	5 312.25	4 195.71	2 757.35	1 746.38
非流动资产合计	**11 995.70**	**11 185.32**	**9 965.29**	**9 126.51**
资产总计	**144 249.76**	**132 662.33**	**93 555.53**	**89 697.73**
流动负债：				
短期借款	23 929.80	16 132.95	8 878.92	7 000.00
应付票据	6 904.98	2 475.30	—	—

续表

项　　目	2015-6-30	2014-12-31	2013-12-31	2012-12-31
应付账款	50 430.58	41 874.51	30 123.01	34 223.37
预收款项	1 115.55	8 972.19	2 926.66	920.38
应付职工薪酬	968.82	2 399.88	2 317.31	1 646.36
应交税费	7 232.02	7 756.56	5 791.15	4 944.64
应付利息	—	—	—	141.34
应付股利	—	—	—	2 012.00
其他应付款	111.00	3.10	17.79	3 733.88
一年内到期的非流动负债	836.66	1 093.72	707.89	71.05
流动负债合计	**91 529.41**	**80 708.19**	**50 762.73**	**54 693.01**
非流动负债：				
长期借款	1 593.38	1 890.35	2 091.08	1 450.75
预计负债	—	116.37	—	—
非流动负债合计	**1 593.38**	**2 006.72**	**2 091.08**	**1 450.75**
负债合计	**93 122.79**	**82 714.91**	**52 853.81**	**56 143.76**
所有者权益				
实收资本(或股本)	13 500.00	13 500.00	13 500.00	13 500.00
资本公积	10 009.84	10 009.84	10 009.84	10 009.84
其他综合收益	−206.19	−193.82	−213.20	−67.60
专项储备	532.99	592.06	578.99	703.01
盈余公积	2 435.89	2 435.89	1 486.32	597.67
未分配利润	24 854.42	23 603.45	15 339.77	8 811.06
归属于母公司股东的所有者权益合计	51 126.96	49 947.42	40 701.72	33 553.98
所有者权益合计	**51 126.96**	**49 947.42**	**40 701.72**	**33 553.98**
负债和所有者权益总计	**144 249.76**	**132 662.33**	**93 555.53**	**89 697.73**

表 10-41　亚泰国际合并利润表　　单位：万元

项　　目	2015 年 1—6 月	2014 年度	2013 年度	2012 年度
一、营业总收入	92 900.63	179 000.11	156 552.51	115 069.15
其中：营业收入	92 900.63	179 000.11	156 552.51	115 069.15
二、营业总成本	**88 673.74**	**164 531.14**	**142 931.55**	**103 770.29**
其中：营业成本	77 703.65	147 133.93	128 249.33	93 252.06
营业税金及附加	2 844.79	4 688.55	4 093.49	3 749.01
销售费用	617.59	1 116.10	1 171.57	807.99
管理费用	2 745.95	5 674.32	4 944.91	3 685.31
财务费用	639.79	856.30	548.46	425.99
资产减值损失	4 121.96	5 061.95	3 923.78	1 849.94
三、营业利润(亏损以"—"号填列)	**4 226.89**	**14 468.97**	**13 620.96**	**11 298.86**
加：营业外收入	80.01	352.33	89.09	9.47
减：营业外支出	0.10	15.37	4.66	0.14
其中：非流动资产处置损失	0.06533	0.37	4.66	—
四、利润总额(亏损总额以"—"号填列)	**4 306.80**	**14 805.94**	**13 705.39**	**11 308.19**
减：所得税费用	1 055.82	3 592.69	3 288.02	2 945.28

续表

项　目	2015年1—6月	2014年度	2013年度	2012年度
五、净利润(净亏损以"一"号填列)	**3 250.98**	**11 213.25**	**10 417.36**	**8 362.91**
归属于母公司所有者的净利润	3 250.98	11 213.25	10 417.36	8 362.91
六、每股收益：				
(一)基本每股收益	0.24	0.83	0.77	0.62
(二)稀释每股收益	0.24	0.83	0.77	0.62
七、其他综合收益	**−12.36**	**19.38**	**−145.59**	**0.23**
八、综合收益总额	**3 238.61**	**11 232.62**	**10 271.77**	**8 363.14**
归属于母公司所有者的综合收益总额	3 238.61	11 232.62	10 271.77	8 363.14

表10-42　亚泰国际合并现金流量表　　单位：万元

项　目	2015年1—6月	2014年度	2013年度	2012年度
一、经营活动产生的现金流量：				
销售商品、提供劳务收到的现金	64 326.09	144 490.41	140 290.71	91 962.56
收到其他与经营活动有关的现金	145.77	452.26	296.32	2 824.97
经营活动现金流入小计	64 471.86	144 942.67	140 587.03	94 787.53
购买商品、接受劳务支付的现金	55 460.87	114 776.37	116 479.18	74 875.57
支付给职工以及为职工支付的现金	8 532.10	14 034.51	11 186.17	7 598.11
支付的各项税费	6 023.89	9 651.10	8 680.65	5 739.54
支付其他与经营活动有关的现金	1 284.32	2 924.86	5 655.08	1 722.08
经营活动现金流出小计	71 301.19	141 386.85	142 001.07	89 935.30
经营活动产生的现金流量净额	**−6 829.32**	**3 555.82**	**−1 414.03**	**4 852.23**
二、投资活动产生的现金流量：				
处置固定资产、无形资产和其他长期资产收回的现金净额	0.063	12.30	0.0815	—
投资活动现金流入小计	0.063	12.30	0.0815	—
购建固定资产、无形资产和其他长期资产支付的现金	42.02	567.69	541.95	2 590.61
投资活动现金流出小计	42.02	567.69	541.95	2 590.61
投资活动产生的现金流量净额	**−41.96**	**−555.39**	**−541.87**	**−2 590.61**
三、筹资活动产生的现金流量：				
取得借款收到的现金	15 929.80	20 417.59	11 161.81	7 000.00
收到其他与筹资活动有关的现金	—	—	308.44	—
筹资活动现金流入小计	15 929.80	20 417.59	11 470.25	7 000.00
偿还债务支付的现金	8 686.06	12 991.54	7 909.36	4 569.76
分配股利、利润或偿付利息支付的现金	2 640.79	2 909.14	5 734.48	1 354.20
支付其他与筹资活动有关的现金	539.45	892.13	181.50	439.46
筹资活动现金流出小计	11 866.30	16 792.81	13 825.34	6 363.42
筹资活动产生的现金流量净额	**4 063.50**	**3 624.78**	**−2 355.09**	**636.58**
四、汇率变动对现金及现金等价物的影响	**−6.23**	**6.23**	**−6.29**	**2.37**
五、现金及现金等价物净增加额	**−2 814.01**	**6 631.44**	**−4 317.28**	**2 900.57**
加：期初现金及现金等价物余额	15 402.44	8 771.00	13 088.29	10 187.72
六、期末现金及现金等价物余额	**12 588.44**	**15 402.44**	**8 771.00**	**13 088.29**

案例九：无锡新宏泰电器科技股份有限公司①

近期，无锡新宏泰电器科技股份有限公司(以下简称新宏泰)进入了预披露更新企业名单，拟公开发行 3 705 万股，募集资金用于建设年产 30 万台电机及 2 500 万件模塑制品扩能项目和研发中心项目建设项目。笔者在查阅该公司招股书时发现，其信息披露并不充分。公司在披露主要产品的产能、产量及销量情况时，只披露了模塑绝缘制品、电机及电操和低压断路器的数据，而对报告期内贡献销售额占营业收入的比例分别高达6.11%、7.01%、6.50%和 5.87%的刀熔开关却并未提及。如果说这是公司疏忽所致，那么如此重要的数据，为什么相关会计师事务所和律师事务所也没有发现呢?

1. 存在虚增采购或虚减成本嫌疑。

新宏泰生产原材料主要为黑色金属材料、有色金属材料、化工材料、电子元件、包装类材料等。其中 2015 年 1—6 月，原材料采购总额为 7 196.13 万元，而这些采购的原材料中，有一部分被生产成产品销售出去，剩下的部分则分别以原材料、在产品、产成品等形式成为库存。

我们知道，成本是对象化的费用。在企业生产经营过程中，生产成本是企业为生产产品或提供劳务而发生的各项生产费用，其中包括直接材料、直接人工、制造费用等，企业生产所产生的生产成本最终会体现在产成品和在产品之中。而主营业务成本，则是确认销售商品、提供劳务等主营业务收入时结转的成本，企业将产品销售出去以后，已销售产品被结转的成本就是主营业务成本。

作为生产型企业，在新宏泰的主营业务成本中，材料成本是绝对的“主流”，报告期内，直接材料占主营业务成本比例均在 60%以上。其中，2015 年 1—6 月材料成本为 7 220.54 万元，占主营业务成本的 63.64%。结合其采购情况来看，在这一时期内，该公司直接材料成本与的原材料采购总额相差仅 20 余万元。

另外，在整个报告期内，该公司只有在 2014 年计提了 14.55 万元的存货跌价准备，其他会计年份均没有进行计提，因此存货跌价准备对存货的影响也非常小，因此，该公司库存金额的大小主要是看原材料转化成价值更高的在产品和产成品的数量的多少。

在新宏泰的存货构成上，如表 10-43 所示。其存货由原材料、包装物、委托加工物资、在产品和产成品构成，相比 2015 年 1—6 月的期初和期末数据，包装物、委托加工物资和在产品的数据变化仅在数十万元，基本可以忽略不计，而原材料和产成品的数据变化却比较大。数据显示，原材料的期末金额相比期初减少了 413.60 万元，在该期内，直接材料占主营业务成本的比例为 63.64%，如果这些减少的原材料全部转化为产成品的话，则意味着该公司期末的产成品金额相比期初要新增近 650 万元才对，然而奇怪的是，该公司期末的产成品不但没有增加，反而相比期初减少了近 950 万元，一来一去，与核算结果相差近 1 600 多万元。

---

① 该案例引自《证券市场红周刊》，“新宏泰财务数据疑点频现：存在虚增采购或虚减成本嫌疑”，2016 年 6 月 27 日，王宗耀。

表 10-43　新宏泰存货构成情况表　　　单位：万元

项　目	2015 年 1—6 月	2014 年	2013 年	2012 年
原材料	2 687.68	3 101.28	3 520.54	2 768.44
包装物	57.94	60.23	55.25	49.56
委托加工物资	145.85	186.16	159.13	93.47
在产品	582.33	568.91	635.18	427.54
产成品	3 583.61	4 530.96	3 470.20	3 319.71
合计	7 057.40	8 447.55	7 840.30	6 663.72

同样，从 2014 年存货构成情况来看，2014 年新宏泰的包装物、委托加工物资、在产品三项依然是有增有减，而且金额变化也不是很大。据招股书介绍，2014 年新宏泰的原材料采购总额为 15 465.08 万元，而直接材料成本则为 14 688.57 万元，占主营业务成本的 66.51%，原材料采购总额比直接材料成本高出 776.51 万元，另外库存中期末原材料金额比期初减少近 420 万元，这意味着期末有近 1 200 万元的原材料转化成产成品。如果按照原材料成本占主营业务成本 66.51%的比例转化，则期末产成品的金额应该比期初增加1 800 多万元才对，然而从招股书提供的数据来看，其产成品金额在期末仅比期初增加了 1 060 多万元，相比核算金额少了 700 多万元。2013 年，该公司的产成品金额也同样比推算的结果低 900 万元。

其实，导致该结果偏差的因素无非是公司披露的存货数据偏低，或者采购数据含水分，抑或者是虚减了生产成本。然而，存货是企业的重要资产之一，企业没隐藏资产的必要，而虚增采购或者虚减成本却最终都能达成虚增利润的效果。因此，笔者怀疑该公司存在虚增采购或者虚减成本的嫌疑。

2. 营业收入缺乏现金流数据支撑

我们知道，企业的营业收入无非是以现金方式收回或者形成相应的债权，以现金收回的部分会反映在现金流量表的“销售商品、提供劳务收到的现金”项目中，而形成的债权则是以应收账款和应收票据来反映。该公司招股说明书的数据显示，2015 年 1—6 月，该公司实现的营业收入为 19 986.04 万元，实际上此为不含税收入，算上 17%增值税的话，则其含税营业收入金额应该为 23 383.67 万元。而反映其现金收入情况的销售商品、提供劳务收到的现金为 18 486.85 万元，预收账款在整个报告期内金额变动都很小，可以忽略不计，这意味着该公司应收票据和应收账款的合计新增金额应该超过 4 800 万元。然而，从其财务数据来看，期末相较期初，该公司应收票据并没有增加，反而减少了 394.36 万元，而应收账款虽有增加，却只增加了 1 827.19 万元，两项合计则新增金额仅为 1 400 多万元。这就是说，还有 3 400 多万的营业收入既没有以现金方式收回，也没有形成应收账款和应收票据，就这么“消失”了。

2014 年情况也是如此，其含税营业收入 46 544.52 万元，销售商品、提供劳务收到的现金为 39 382.46 万元，因此，从理论上来看，其形成的应收账款和应收票据的合计新增金额应该超过 7 100 万元，而实际上，其期末的应收票据相较期初仅增加了 70 多万，而应收账款也只增加了不到 270 万元，两项合计新增金额仅 340 余万，比理论金额少了 6 800 万元以上，这也就意味着该公司 2014 年有 6 800 万元的营业收入，既没有以现金方式收回，也没有形成应收账款和应收票据等债权。另外，经测算，该公司 2013 年也有 8 300 多万元的营业收入没有以现金收回，也没有形成相应债权，连续数年，该公司均有大额营业收入缺乏现金流的支撑，再结合上文中其诡异的采购数据，那么该公司营业收入的真实性就非常值得怀疑了。本案例所涉及的新宏泰的资产负债表、利润表、现金流量表，具体如表 10-44、表 10-45、表 10-46 所示。

表 10-44　新宏泰合并资产负债表　　单位：万元

项　目	2015-6-30	2014-12-31	2013-12-31	2012-12-31
流动资产：				
货币资金	16 753.27	18 785.83	16 138.82	10 323.74
应收票据	2 303.30	2 697.66	2 625.40	4 744.53
应收账款	10 651.44	8 824.25	8 554.86	8 354.67
预付款项	193.91	145.34	169.55	138.55
其他应收款	54.26	75.87	47.93	73.95
存货	7 057.40	8 447.55	7 840.30	6 663.72
流动资产合计	**37 013.58**	**38 976.50**	**35 376.86**	**30 299.16**
非流动资产：				
固定资产	7 670.48	8 072.57	8 012.39	8 353.68
在建工程	3 070.27	2 503.37	—	—
无形资产	3 748.44	3 665.47	3 786.18	3 528.35
递延所得税资产	415.16	413.15	431.07	479.59
其他非流动资产	2 476.36	89.11	23.97	322.60
非流动资产合计	**17 380.72**	**14 743.66**	**12 253.61**	**12 684.22**
资产总计	**54 394.29**	**53 720.16**	**47 630.47**	**42 983.38**
流动负债：				
短期借款	1 900.00	4 000.00	4 000.00	4 000.00
应付票据	—	—	329.52	—
应付账款	6 657.01	7 316.10	8 057.07	6 557.90
预收款项	24.72	25.54	29.74	111.79
应付职工薪酬	1 021.32	1 275.50	980.78	899.54
应交税费	442.33	138.64	159.60	443.90
应付利息	2.66	3.06	3.08	24.12
其他应付款	376.13	379.55	375.30	375.30
流动负债合计	**10 424.17**	**13 138.39**	**13 935.09**	**12 412.55**
非流动负债：				
非流动负债合计				
负债合计	**10 424.17**	**13 138.39**	**13 935.09**	**12 412.55**
股东权益：				
股本	11 111.00	11 111.00	11 111.00	11 111.00
资本公积	2 165.00	2 165.00	2 165.00	2 165.00
盈余公积	3 212.49	3 212.49	2 535.47	1 845.81
未分配利润	26 064.97	22 751.29	16 653.25	14 324.93
归属于母公司的所有者权益合计	42 553.46	39 239.78	32 464.72	29 446.74
少数股东权益	1 416.66	1 341.99	1 230.66	1 124.09
所有者权益合计	**43 970.12**	**40 581.77**	**33 695.38**	**30 570.83**
负债和股东权益总计	**54 394.29**	**53 720.16**	**47 630.47**	**42 983.38**

表 10-45 新宏泰合并利润表 单位：万元

项目	2015 年 1—6 月	2014 年度	2013 年度	2012 年度
一、营业总收入	**19 986.04**	**39 781.64**	**37 598.36**	**33 370.88**
其中：营业收入	19 986.04	39 781.64	37 598.36	33 370.88
二、营业总成本	**16 106.78**	**31 614.44**	**29 269.75**	**25 893.98**
其中：营业成本	11 895.28	23 113.57	21 451.71	19 307.11
营业税金及附加	231.61	402.36	364.36	371.18
销售费用	774.92	1 877.11	1 796.55	1 505.11
管理费用	3 108.54	6 144.10	5 600.43	4 474.15
财务费用	4.33	51.52	87.39	223.80
资产减值损失	92.10	25.78	−30.70	12.63
三、营业利润	**3 879.26**	**8 167.20**	**8 328.61**	**7 476.90**
加：营业外收入	96.68	200.87	468.48	412.88
减：营业外支出	23.53	105.42	227.67	46.39
其中：非流动资产处置损失	1.08	19.66	70.73	3.84
四、利润总额	**3 952.40**	**8 262.65**	**8 569.42**	**7 843.39**
减：所得税费用	564.04	1 180.26	1 248.91	1 126.49
五、净利润	**3 388.35**	**7 082.39**	**7 320.51**	**6 716.90**
归属于母公司所有者的净利润	3 313.69	6 775.06	7 017.94	6 375.69
少数股东损益	74.67	307.33	302.57	341.21
扣除非经常性损益后归属于发行人股东的净利润	3 245.23	6 676.75	6 781.17	6 029.04
六、每股收益：				
（一）基本每股收益	0.30	0.61	0.63	0.57
（二）稀释每股收益	0.30	0.61	0.63	0.57
七、其他综合收益	**—**	**—**	**—**	**—**
八、综合收益总额	**3 388.35**	**7 082.39**	**7 320.51**	**6 716.90**
其中：归属于母公司所有者的综合收益总额	3 313.69	6 775.06	7 017.94	6 375.69
归属于少数股东的综合收益总额	74.67	307.33	302.57	341.21

表 10-46 新宏泰合并现金流量表 单位：万元

项目	2015 年 1—6 月	2014 年度	2013 年度	2012 年度
一、经营活动产生的现金流量				
销售商品、提供劳务收到的现金	18 486.85	39 382.46	37 535.58	30 152.51
收到的税费返还	—	—	1.06	—
收到其他与经营活动有关的现金	213.47	332.19	558.46	756.43
经营活动现金流入小计	18 700.32	39 714.64	38 095.10	30 908.94
购买商品、接受劳务支付的现金	7 118.12	16 438.79	12 451.92	10 619.62
支付给职工以及为职工支付的现金	4 438.98	8 563.07	7 253.92	5 284.91
支付的各项税费	1 996.87	4 055.88	4 180.92	4 110.87
支付其他与经营活动有关的现金	1 489.37	3 155.76	3 280.25	2 777.45

续表

项　　目	2015 年 1—6 月	2014 年度	2013 年度	2012 年度
经营活动现金流出小计	15 043.34	32 213.49	27 167.01	22 792.85
经营活动产生的现金流量净额	**3 656.98**	**7 501.15**	**10 928.10**	**8 116.09**
二、投资活动产生的现金流量				
处置固定资产、无形资产和其他长期资产收回的现金净额	0.16	85.85	17.27	11.23
收到其他与投资活动有关的现金	—	—	50.37	—
投资活动现金流入小计	0.16	85.85	67.65	11.23
购建固定资产、无形资产和其他长期资产支付的现金	3 572.69	4 274.80	1 138.33	684.77
取得子公司及其其他营业单位支付的现金净额	—	—	—	639.74
投资活动现金流出小计	**3 572.69**	**4 274.80**	**1 138.33**	**1 324.51**
投资活动产生的现金流量净额	**−3 572.53**	**−4 188.95**	**−1 070.68**	**−1 313.28**
三、筹资活动产生的现金流量				
取得借款收到的现金	950.00	4 000.00	4 000.00	6 450.00
筹资活动现金流入小计	950.00	4 000.00	4 000.00	6 450.00
偿还债务支付的现金	3 050.00	4 000.00	4 000.00	7 380.00
分配股利、利润或偿付利息支付的现金	53.75	310.36	4 337.43	208.49
其中：子公司支付给少数股东的股利、利润	—	196.00	196.00	—
筹资活动现金流出小计	3 103.75	4 310.36	8 337.43	7 588.49
筹资活动产生的现金流量净额	**−2 153.75**	**−310.36**	**−4 337.43**	**−1 138.49**
四、汇率变动对现金的影响	**36.74**	**−25.32**	**−34.42**	**−0.85**
五、现金及现金等价物净增加额	**−2 032.56**	**2 976.52**	**5 485.57**	**5 663.47**
加：期初现金及现金等价物余额	18 785.83	15 809.31	10 323.74	4 660.27
六、期末现金及等价物余额	**16 753.27**	**18 785.83**	**15 809.31**	**10 323.74**

第 11 章

财务分析

本章学习目标

- 上市公司年报基本内容
- 公司偿债能力分析
- 公司运营能力分析
- 公司盈利能力分析
- 公司发展潜力分析

第 1 节　投资者财务分析概述

上市公司所提供的信息有很多，涉及的领域也很广，但其中最重要的就是年报。从某种意义上讲，上市公司年报，就如同我国政府每年提交全国人大审议的政府工作报告。它主要告诉投资者及其他利益相关者，上市公司在过去一年都干了什么，干得怎么样，现在的情况如何，明年有什么打算等。

一、上市公司年报及其内容

年度报告是上市公司一年一度对其报告期内的生产经营概况、财务状况等信息进行披露的报告，是上市公司信息披露制度的核心，一般简称为年报。国务院发布的《股票发行与交易管理暂行条例》第 57 条规定，上市公司应当向中国证监会、证券交易场所提供经注册会计师审计的年度报告。

首先，对于上市公司年报，投资者首先要阅读财务摘要指标，初步了解公司收益情况，比较公司业绩的变化情况。横向比较侧重于上市公司与同行业公司的业绩对比，而纵向比较则侧重于上市公司若干年来业绩变化的对比；其次，在分析财务报表(资产负债表、利润表、现金流量表、所有者权益变动表)时，一些指标要重点考察，例如利润表中的营业收入、毛利、主营业务利润、营业利润、净利润的增长率，资产负债表中的应收账款、存货绝对变化和相对主营业务收入的比例等。如指标出现明显异常的变化，就需寻找其变化的原因；最后，除了对财务报表进行分析外，公司年报中其他方面的内容也需认真阅读，比如公司管理层对经营情况认可程度的信息、公司重大事件、财务报表的附注及注册会计师的审计意见，从中可了解公司和中介机构对公司经营情况的解释。

除金融业等特殊行业的上市公司在年报披露时要按有别于其他上市公司的专门财务披露外，一般而言，上市公司年报披露应包含的基本内容相同，其基本格式也有统一的规定。上市公司年报及其摘要的编制必须以证券市场监管当局制定的有关规范为依据。在我国，上市公司年报编制的依据是《公开发行股票公司信息披露的内容与格式准则第二号〈年度报告的内容与格式〉》(2014 年修订版)及中国证监会和沪深交易所发出的相关通知及规定。根据我国现行的年报披露要求，上市公司年报及其摘要的主要内容包括：

1. 重要提示、目录和释义

公司应当在年度报告文本扉页刊登如下重要提示：公司董事会、监事会及董事、监事、高级管理人员保证年度报告内容的真实、准确、完整，不存在虚假记载、误导性陈述或重大遗漏，并承担个别和连带的法律责任。公司应当提示经董事会审议的报告期利润分配预案或公积金转增股本预案。公司负责人、主管会计工作负责人及会计机构负责人(会计主管人员)应当声明并保证年度报告中财务报告的真实、准确、完整。公司应当对可能造成投资者理解障碍以及特定含义的术语做出通俗易懂的解释，年度报告的释义应当在目录次页排印。

2. 公司简介

公司应当在这部分披露包括公司名称及简称，公司法定代表人，公司董事会秘书及其证券事务代表的姓名及联系方式，公司注册地址、办公地址及联系方式，公司选定的信息披露报纸名称，登载公司年度报告的中国证监会指定网站的网址，公司年报备置地，以及公司股票上市交易所、股票简称和股票代码，公司报告期内注册变更情况，公司聘请的会计师事务所相关信息。

3. 会计数据和财务指标摘要

公司应当采用数据列表方式，提供截至报告期末公司近 3 年的主要会计数据和财务指标，包括但不限于：总资产、营业收入、归属于上市公司股东的净利润、归属于上市公司股东的扣除非经常性损益的净利润、归属于上市公司股东的净资产、经营活动产生的现金流量净额、净资产收益率、每股收益。公司在披露“归属于上市公司股东的扣除非经常性损益后的净利润”时，应当同时说明报告期内非经常性损益的项目及金额。

4. 董事会报告

公司董事会报告中应当对财务报告的数据和其他必要的统计数据，以及报告期内发生和未来发生的重大事项进行讨论、分析，便于投资者了解其财务状况、经营成果及未来变化情况。董事会报告应当重点分析公司在报告期内的业务、产品、技术、行业有关的外部环境，以及公司的财务状况和经营成果，主要包括：

(1) 主营业务分析，列示公司营业收入、成本、费用、研发投入、现金流等项目的同比变动情况及原因。

(2) 按照行业、产品或地区经营情况分析，对于占公司营业收入总额或营业利润总额10%以上的业务经营活动及其所属行业、主要产品或地区，应当分项列示其营业收入、营业成本、毛利率，并分析其变动情况。

(3) 资产、负债状况分析，若报告期内公司主要资产、负债项目(包括货币资金、应收款项、存货、投资性房地产、长期股权投资、固定资产、在建工程、短期借款、长期借款等)占总资产的比例，同比变动达30%以上的，应当说明变化原因。

(4) 核心竞争力分析，公司应当披露报告期内核心竞争力(包括设备、专利、非专利技术、特许经营权、土地使用权、水面养殖权、探矿权、采矿权、独特经营方式和盈利模式、允许他人使用自己所有的资源要素或作为被许可方使用他人资源要素等)的重要变化及对公司所产生的影响。

(5) 投资状况分析，公司应当详细分析本年度投资情况。

(6) 公司控制的特殊目的主体情况，公司应当披露特殊目的主体对其提供融资、商品或劳务以支持自身主要经营活动的相关情况。公司应当对未来发展进行展望，就行业竞争格局和发展趋势、未来发展战略、下一年度经营计划以及未来面对的风险等因素进行分析，从以下几个方面：行业竞争格局和发展趋势、公司发展战略、经营计划、因维持当前业务并完成在建投资项目公司所需的资金需求，包括资金来源、资金成本及使用情况进行简要说明、可能面对的风险。公司应当披露近3年(含报告期)的利润分配方案或预案、资本公积金转增股本方案或预案；同时，列表披露近3年(含报告期)现金红利分配的金额及占归属于上市公司股东的净利润的比例。鼓励公司主动披露积极履行社会责任的工作情况。

5. **重要事项**

公司应当披露报告期内，重大诉讼、仲裁和媒体普遍质疑的事项；控股股东及其关联方非经营性占用资金情况(需会计师事务所出具专项审计意见)；破产重整相关事项；收购及出售重大资产、企业合并事项的简要情况及进展；股权激励计划的具体实施情况；累计关联交易总额高于3 000万元且占公司最近一期经审计净资产值5%以上的重大关联交易事项；重大合同及共履行情况；公司以及持股5%以上的股东的承诺事项；审计聘任、解聘会计师事务所的情况；公司及董事、监事、高级管理人员、公司控股股东、实际控制人没有受到中国证监会稽查、行政处罚、通报批评、证券交易所公司公开谴责的情形。

6. **股份变动及股东情况**

公司应当披露报告期内，公司股份变动情况，证券发行与上市情况。公司应当披露股东和实际控制人情况：公司股东数量及持股情况，公司控股股东情况，公司实际控制人情况，其他持股在10%以上的法人股东详细情况，公司前10名无限售流通股股东的名称全称、年末持有无限售流通股的数量和种类。

7. **优先股相关情况**

发行优先股的公司披露年度报告时，应当以专门章节披露优先股有关情况。公司应当披露截至报告期末近3年优先股的发行与上市的详细情况；报告期内优先股的利润分配情况，优先股回购或商业银行发行的优先股转换成普通股的应当披露相关的回购或转换情况；优先股表决权恢复的相关情况。

8. **董事、监事、高级管理人员和员工情况**

现任及报告期内离任董事、监事、高级管理人员的基本情况和各种变动情况。现任董事、监事、高级管理人员，最近5年的主要工作经历以及报酬的决策程序、报酬确定依据以及应付报酬情况。报告期内核心技术团队或关键技术人员变动情况(非董事、监事，高级管理人员)。公司还应该披露母公司和主要子公司的员工的详细情况。

9. 公司治理

公司应当披露公司治理的基本状况，列示公司报告期内建立的各项公司治理制度，说明公司治理与《公司法》和中国证监会相关规定的要求是否存在差异；如有差异，应当说明原因。公司应当披露报告期内召开的年度股东大会和临时股东大会的有关情况，每位独立董事履行职责的情况。公司应当披露董事会下设专门委员会在报告期内履行职责时所提出的重要意见和建议。监事会在报告期内的监督活动中发现公司存在风险的，公司应当披露有关风险的情况。公司应当就其与控股股东在业务、人员、资产、机构、财务等方面存在的不能保证独立性、不能保持自主经营能力的情况进行说明。公司应当披露报告期内对高级管理人员的考评机制，以及激励机制的建立、实施情况。

10. 内部控制

公司应当披露董事会关于内部控制责任的声明，并披露建立财务报告内部控制的依据以及内部控制制度建设情况。对内部控制进行审计的公司，应当披露会计师事务所出具的内部控制审计报告。公司应当披露年度报告重大差错责任追究制度的建立与执行情况，披露董事会对有关责任人采取的问责措施及处理结果。

11. 财务报告

公司应当披露审计报告正文和经审计的财务报表。财务报表包括公司近两年的比较式资产负债表、比较式利润表和比较式现金流量表，以及比较式所有者权益(股东权益)变动表和财务报表附注。编制合并财务报表的公司，除提供合并财务报表外，还应当提供母公司财务报表。

12. 备查文件目录

公司应当披露备查文件的目录包括：载有公司负责人、主管会计工作负责人、会计机构负责人(会计主管人员)签名并盖章的财务报表。载有会计师事务所盖章、注册会计师签名并盖章的审计报告原件。报告期内在中国证监会指定网站上公开披露过的所有公司文件的正本及公告的原稿。

根据中国证监会的规定，上市公司应当在每个会计年度结束后四个月内编制完成年度报告，并将年报登载于中国证监会指定的国际互联网网站上。同时，公司应将年度报告摘要刊登在至少一种由中国证监会指定的全国性报纸上。因此，投资者可在中国证监会指定刊载年度报告摘要的全国性报纸上看到年度报告摘要，也可在中国证监会指定的国际互联网网站上看到年度报告的全文。

上市公司年报披露所针对的对象包括上市公司现有股东、潜在的投资者、债权人及其他各种性质的主体。作为普通投资者，对年报的阅读、分析和研究既要全面，又要抓住重点。投资者想要了解和研究的主要内容、信息往往集中在年报的几个重要部分中的少数地方。抓住了这些部分的要点，投资者就可对上市公司基本情况有一个初步的了解。这些信息主要集中在会计数据和财务指标摘要、董事会报告、重要事项和财务报告四个部分。

会计数据和财务指标向投资者提供了上市公司报告期内的诸如主营业务收入、净利润、每股净资产、每股经营活动产生的现金流量净额等基本的会计数据和财务指标；董事会报告向投资者陈述了报告期内公司经营情况、财务状况、投资情况等基本信息；重大事项主要涉及重大诉讼、担保等可能是公司未来正常生产经营的“隐患”的事项以及关联交易和购并等可能存在利润操纵空间的重大事项。这些非常事项是我们揭开公司“美丽”面纱的主要信息来源。财务报告则包括审计报告及资产负债表、利润表、现金流量表、所有者权益变动表四大会计报表等审计报告中，注册会计师就年报本身编制时是否规范，所提供的信息是否真实向投资者提供了一份专业的报告。信息质量的高低是投资者从年报中发掘有价值线索的关键。四大会计报表就上市公司资产负债结构、盈利能力、现金流动情况和所有者权益变动情况向投资者提供了全面的信息。

投资者在对以上几部分内容的初步了解后，根据自身的要求就可大致确定所读年报是否有进一步详尽、认真分析的必要与价值，从而起到事半功倍的年报阅读效果。

对于最主要的第十一部分财务报表，上市公司年报中的会计报表包括公司近两年的比较式资产负债表、比较式利润表和比较式现金流量表，以及比较式所有者权益(股东权益)变动表和财务报表附注。编制合并财务报表的公司，除提供合并财务报表外，还应当提供母公司财务报表。

二、投资者财务分析的基本逻辑

1. 公司生存的两大基本条件

让我们把财务报表姑且放到一边，来考虑一下，每一家公司都孜孜以求的事情是什么？读者可能说，是赚钱。没错，在任何一天，不管公司是刚刚开张还是由来已久，每一个公司都为销售而提供一系列的产品或者劳务。制造或者购买这些产品和劳务，需要一定的费用支出。公司的基本目标是通过销售得到比生产或购买它们所花费的成本更多的钱，从而可以创造出二者的差额：利润。如果能成功地实现利润，公司将会兴隆。如果不能，公司所拥有的财力将日渐消减。早晚有一天，当公司无力支付生产或购买那些产品和服务的成本时，营业活动将被迫停止，最终将宣告破产。这就是一个企业从生到死的全部故事。财务报表不过是讲述这一故事的一种方式。

什么是利润？利润是某一会计期间的销售额减去对应期间与产生这部分销售额相关的成本。利润描述了财富的变化。例如，B商贸公司在1月初有1 000万元现金。在1月底，该公司购进了价值1 000万元的钢笔。显然，1月份该公司没有创造利润。公司的一种资产(现金)，变成了另一种资产(存货)。1月份公司的财富没有变化。到了2月份，B公司以1 500万元的价格卖掉了这批钢笔，收回1 200万元现金，记录300万元的应收账款。为了方便讲解，假如我们不考虑其他任何税费等因素，2月份的利润是500万元。这就是说，B公司2月份的财富增加了500万元。可以看出，利润的计算的确是衡量了公司财富的变化。如果一家公司宣称它盈利了，并不是说它拥有了更多的现金，而是说它的财富增加了。反之，如果一家公司亏损了，它的财富也就减少了。

利润并不等于现金流。现金流是某一会计期间的现金收入，减去这一会计期间的现金支出。现金流刻画的是公司现金余额的变化。正如上例所言，在我们的利润计算中涉及的销售额和成本的数值，与何时收到或者支出现金没有一毛钱的关系。钢笔生意的第一个月经营情况显然说明了这个道理，在1月份的时候利润是零，财富没有变化，尽管公司现金流减少了。这就证明了公司生存所必须的两大基本条件：必须创造利润，使得财富增加，为投资者提供回报；必须产生现金流，使得公司有能力支付各种费用。即使亏损，如果有充沛的现金流，公司一样可以持续经营。但是，一个缺乏融资能力的公司用光了所有现金，那就完蛋了！这是一个貌似简单却深刻无比的道理：没有现金流，公司就无法生存。实践中账面利润丰满，但却被迫破产的案例也时有发生。

这里需要重点强调的观点是：作为股票投资者，关注现金流要比关注利润更重要。澳大利亚著名学者富兰克·科拉克在他的《公司的崩溃：会计、监管和道德的失败》一书中这样写道：利润是一种幻觉。经理们几百万美元的报酬却是真实的。在过去的几年里，一些公司的经理们发布了不准确的盈利报表，而且在会计差错更正之前以高价卖出大量股票①。

2. 公司的三大基本活动

会计是商业的语言，它从本质上看，是针对公司的基本经济活动，用专门化的语言进行确认、计量、记录、报告。财务报告，是投资者进行公司分析的基本素材和工具。我们要弄清楚，上市公司财务报告是干什么的？财务报告就是把公司经营的动态过程，用全球商务世界中共同的会计语言加以总结、归纳、提炼，以报告的形式呈现给公司的利益相关者们（例如股东以及债权人等）。简言之，会计人员做财务报告，是用来描述一个公司的经济活动的。

一个公司通常会从事哪些经济活动呢？如图 11-1 所示，公司的经济活动一般可以划分为融资活动、投资活动、经营活动。融资活动是当公司缺钱时，它就得到银行去借钱，或者找别人来投资自己。A 公司股东出资 60 万元，从银行融资 40 万元，拟从事贩卖大米的生意，这即为融资活动。什么是投资活动？它是指公司在固定资产、存货、无形资产等资产上的资金配置。当然，如果公司想到一个新的地区去开展业务，想进入一个新的业务领域，或者想设计生产出一个新产品，都需要进行投资活动。A 公司将融资得到的 100 万元资金，投资 20 万元于一辆厢式货车；投资 80 万元于大米存货。什么是经营活动？公司每天生产或者购买产品、销售产品、回收货款，这些每天都在做的事情就叫经营活动。A 公司将 80 万元大米存货销售，获得销售收入 140 万元。扣除采购成本及其他费用 20 万元之后，得到的利润是 40 万元。公司对股东分红 10 万元，其余计入留存收益之中。虽然一个企业会做各种各样的事情，每天可能会产生很多的交易，一年甚至会达成成千上万项交易，但是在会计看来，所有的企业其实只做了三件事：融资、投资和经营。

汉高祖刘邦曾描述自己的成功关键秘诀在于使用了正确的人才："夫运筹帷帐之中，决胜千里之外，吾不如子房（张良）；镇国家，安抚百姓，给馈饷，不绝粮道，吾不如萧何；连百万之军，战必胜，攻必取，吾不如韩信。此三人皆人杰也，吾能用之，此吾所以取天下也。项羽有一范增而不能用，此其所以为我擒也。"（《史记·高祖本纪》）。

以现代管理学术语来对照的话，身为领袖的刘邦，充分认识到企业三大类型活动的重要性，这三类经济活动也正好是财务报告所描述的主要对象：

（1）以张良为代表的策略规划活动，回答了"打哪儿""怎么打"等这些关键问题。具体表现在财务上，更多的是公司投资活动。投资活动从根本上决定了公司未来能否成功，

---

① （澳）富兰克·科拉克等：《公司的崩溃：会计、监管和道德的失败》，薛云奎主译，上海，格致出版社，上海人民出版社，2010 年，第 14 页。

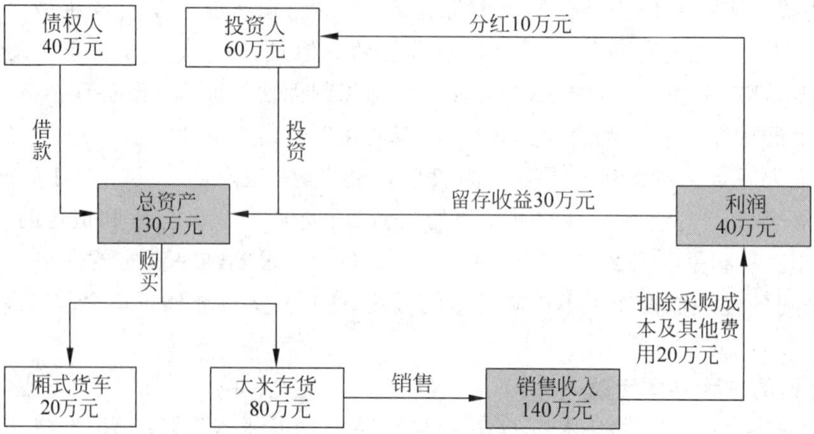

图 11-1　公司的三大基本活动

正确的投资能使公司保持良好发展,创造更高的市场价值;不科学的投资不仅会造成公司成为短命王朝,甚至会使牛股沦落为垃圾股。

(2) 以萧何为代表的后勤支持活动,具体表现在财务上,就是融资活动。兵马未动、粮草先行,现代公司的粮草就是现金流。资金充裕的企业,血液畅通,运行良好。

(3) 以韩信为代表的市场占有活动,即为经营活动。经营活动决定公司短期的成功,它的重点是营业额及利润的持续增长以及及时地回收现金。虽然一个企业会做各种各样的事情,每天可能会产生很多的交易,一年甚至会达成成千上万项的交易,但是在会计看来,企业一辈子其实只做了三件事:经营、投资和融资。所以,无论什么行业的企业,无论它从事什么业务,无论它处在什么样的发展阶段,都可以把它的日常经济活动抽象成为这样一个过程:一个从现金开始,转了一圈又回到现金的过程。这个过程周而复始、循环往复,在整个过程中,经营、投资、融资三项活动始终在不断地交替进行。

第 2 节　公司主要财务报表

一、资产负债表:公司财务结构的快照

投资者在学习公司财务报表时,应当将资产负债表作为重要起点。资产负债表描述了公司的财务结构和财务状况。在会计术语中,资产负债表也被称为财务状况报告书。它是一幅静态的画面,因为它只描述了其被披露那一时点的公司财务状况。资产负债表是反映公司在一个特定时点财务状况的静态报表。资产负债表反映的是公司资产、负债(包括股东权益)之间的平衡关系。它表明公司在某一特定日期所拥有的经济资源、所承担的经济义务和公司所有者的要求权。资产负债表反映了公司在某一特定日期的财产分布景象,但对于这一日期之前和之后的财产状况无法揭示。投资者从这张"照片"中,可以清楚看到公司拥有的各种资产、负债以及公司所有者能够拥有的权益。

资产负债表由资产和权益两部分组成。资产表示公司所拥有或掌握的以及其他公司所欠的各种资源或财产;权益包括负债和股东权益两项。负债表示公司应支付的所有债

务；股东权益表示公司的净值。资产是公司所拥有的，负债是公司所欠别人的，所有者权益就是资产减去负债的余额。资产负债表之所以也被人们称为平衡表，是因为它的资产负债两方必须平衡，即：资产＝负债＋净资产（所有者权益）。让我们进一步研究资产负债表各个账户，并探讨业务交易是如何使它们发生变化的。如表 11-1 所示，这是一个模拟公司在 2016 年 12 月 31 日的资产负债表，我们假设该模拟公司在 2016 年刚刚成立。在表中，资产位于报表的左侧，负债和所有者权益位于右侧。

表 11-1　ABC 公司资产负债表（简表）　　单位：元

流动资产	2016 年 12 月 31 日	流动负债	2016 年 12 月 31 日
货币资金	53 000	应付账款	73 000
应收账款	68 000	其他应付款	20 000
存货	118 000	预收账款	6 000
预付账款	6 000	短期借款	30 000
流动资产合计	245 000	应交税金	4 000
固定资产原值	192 000	**流动负债合计**	133 000
累积折旧	17 000	长期负债	75 000
固定资产净值	175 000	**负债合计**	208 000
其他资产	2 000	**所有者权益**	
资产总计	422 000	实收资本	150 000
		资本公积	0
		盈余公积	11 400
		未分配利润	52 600
		所有者权益合计	214 000
		负债和所有者权益总计	422 000

公司存在的目的，是通过各种各样的经营活动创造利润，因此需要资金和各种财物，通俗地说资金和财物在会计上就称为资产。所谓资产，是由过去交易或事项形成的，由企业拥有或控制的，预期会给企业带来经济利益的资源。资产表示的是企业所筹集的资金的运用状况，在资产负债表的左侧来表现。资产的分类很多，如流动资产、固定资产、有形资产、无形资产、不动产等。

1. 流动资产

流动资产是可以立即或者在将来很短一段时间内变现，以满足公司偿债需求的资产。一般而言，流动资产可以在一年之内以公允价值变为现金。流动资产又进一步划分为速动资产、存货、其他流动资产。速动资产是指流动资产减去变现能力较差且不稳定的存货、预付账款、一年内到期的非流动资产和其他流动资产等之后的余额。速动资产由货币资金、交易性金融资产、应收账款、应收票据等构成。

流动资产的第一个项目是货币资金，货币资金包括库存现金、银行存款和其他货币资金三个项目的期末余额。以公允价值计量且其变动计入当期损益的金融资产，即交易性金融资产，排列在货币资金之后，它与货币资金一起被人们称为现金和现金等价物。当微软声称它有 560 亿美元的现金和短期投资时，意味着那些钱大部分存在了银行，或是购买了货币基金和公开交易的证券。当然企业有可能说谎。意大利巨头帕玛拉特（Parmalat）

公司曾经在资产负债表中报告说公司在美洲银行存有数十亿美元资金。而实际上,它根本没有[①]。流动资产接下来的项目是应收账款。应收账款核算企业因销售商品、提供劳务等经营活动应收取的款项。应收账款是公司管理者需要特别关注的科目,尤其是投资者、分析师和债权人也对它非常关注。在会计报表附注中,投资者会看到坏账准备科目,它是应收账款科目的抵减科目。这是会计人员对客户不能支付所欠付金额的估计。投资者需要注意的是,许多公司使用坏账准备作为"熨平"收益的一种手段。原因是坏账准备一般是估计值,这里就存在主观判断的空间。当你增加资产负债表中的坏账准备时,就必须在利润表中记录费用并从利润中扣除。这样就降低了报告的收益。同样,当你减少坏账准备时,这一调整将增加利润表中的盈利。

公司还有一种特殊的应收款项,叫作其他应收款。举个例子,小张的好朋友小红的公司临时周转不开,小红向小张借了100万元,并承诺两周之后把钱还给小张。这笔钱显然不是一项投资,也不是一项对外贷款,因为小张没有向小红收取任何利息;但小张又必须在两周之后收回向小红的借款,所以说这笔钱也是一笔应收款。这种类型的应收款跟一般的应收账款是不一样的,它不是销售产品或提供劳务所得,所以称为其他应收款。实践中,在另一种情况下,也会产生其他应收款。比如员工出差时向公司借的备用金,在员工用出差过程中产生的票据报销之前,在公司账面上也是其他应收款。看上去,其他应收款貌似是一个不怎么重要的项目,因为出差的备用金无论如何也不可能高达上亿元之多。但是在现实中,确实有一些公司的其他应收款高达几十亿元。这又是怎么回事?原来,这家公司可能跟它的关联方进行了一些交易,关联方把这些资金借走了,而被借走的资金就体现在这个科目里面。以实质重于形式的观点来看,我们与其说是"借",倒不如说是"拿"或者"占用"资金更加贴切。

预付账款,是企业按照合同规定预付给客户的款项。接下来,我们看公司的存货。生产产品所需的原材料、生产出来的产成品,以及尚且处在生产过程中的没有完工的在产品(在产品存货一般简称为WIP,即work-in-process),都是存货。当公司卖出某一产品,存货被运出,其价值被转移出存货账户,并确认主营业务成本。在资产负债表上,若是赊销交易,货款收入进入应收账款账户;若是买方当场付款,货款进入银行存款账户。服务性企业一般没有太多的存货,但是几乎所有的制造企业、批发零售企业都有很多存货。公司的存货计价方法通常会使资产负债表改变很大,因此,如果公司在一定的会计年度内改变存货计价方法,这一情况应该在会计报表附注中进行说明。

货币资金、应收账款、其他应收款、预付账款、存货等这些资产统称为公司的流动资产。流动资产是指公司可以在一年或者超过一年的一个营业周期内变现或者运用的资产。各项流动资产在资产负债表中是按照它们各自转换为现金的速度来排序的。货币资金为何被排列在第一位?因为货币资金本来就是钱,它不用变现就已经是钱了。应收账款只要能收回来就能变成钱,所以它排列在第二位。存货需要把它变成应收账款,然后才能变成现金,所以它排列在应收账款之后。理论上说,流动资产总能很快地完成从现金开始又回到现金的过程。

---

① (美)卡伦·伯曼:《财务的智慧》,刘璐译,北京,商务印书馆,2010年,第95页。

2. 非流动资产

非流动资产是指流动资产以外的资产。它要完成上述过程，则比较漫长。例如公司设备，它虽然也能在生产中发挥自己的价值，但要经过无数次的生产过程，直至最后将自己消耗殆尽，才能完全变成现金。因此可以说，流动资产与非流动资产的差异就在于是否能在一个循环之内将自己完全变为现金。报表中，非流动资产一般包括可供出售金融资产、持有至到期投资、长期应收款、长期股权投资、投资性房地产、固定资产、在建工程、无形资产、商誉、长期待摊费用、递延所得税资产等。

显而易见，公司的设备、厂房、汽车、电脑，这些都是固定资产。那么一把使用了五年的烧水壶也算是固定资产吗？显然不是，所谓固定资产不仅需要满足使用时间较长这一条件，还需要具有较高的价值。所以，同时具有下列特征的有形资产即为固定资产：①为生产商品、提供劳务而持有的；②使用寿命超过一个会计年度。在使用的过程中，固定资产会逐渐损耗，其价值也随着损耗逐渐降低。因此，在会计记账的时候，还需要不断描述这个损耗的程度，即折旧额。

无形资产是指上市公司用于生产商品或提供劳务、出租给他人或用于管理目的而持有的、没有实物形态的、使用年限超过一年的非货币性资产。它一般包括专利权、商标权、非专利技术、著作权、土地作用权、商誉、特许权、租赁权等。无形资产的突出特性在于没有实物形态，它只表明公司拥有一种法定权利，或者表明公司拥有获得高于一般收益水平的能力。在世界上许多国家，企业和个人是可以拥有土地的所有权的，在这种情况下，土地就不是无形资产，而是固定资产。在我国，由于企业和个人都不能拥有土地所有权，只能拥有占用、使用收益和有限处分的权利，因此土地使用权在我国就变成了一项无形资产。

公司花了 3 000 万元收购了一家公允价值 1 000 万元的公司，还有 2 000 万元差值，就被计入商誉科目里。这 2 000 万元的商誉里，都包括了什么呢？买来的公司除了这些账面上的公允价值之外，还有账面未能反映出来的独特的商业、学术或政治资源、多年来积累的研发和管理经验，这些都是标的公司的核心能力。被并购公司的商标和品牌影响到商誉的好坏，一般可理解为商誉的组成部分。投资者应该能够区别反映在资产负债表上的商誉价值——甚至没有反映在资产负债表上的价值——和该公司在证券市场中表现和反映出来的商誉价值的不同[①]。

需要注意的是，一些农业企业会有生物资产。所谓生物资产是指有生命的动物和植物。生物资产分为消耗性生物资产、生产性生物资产和公益性生物资产。开养鸡场的老王最重要的资产是鸡，这就是一种生物资产，可是资产负债表不会专门为老王的养鸡场开辟一个叫“鸡”的科目。有人说，对于养鸡场来说，鸡是产品，所以应该归集到存货这一科目来。也有人说，如果是蛋鸡，就不算是厂里的产品，只能是生产鸡蛋的设备，算是厂里的固定资产，确切地说叫作生产性生物资产。所以一般情况下，会计人员把公鸡叫存货，而把母鸡归入生产性生物资产科目[②]。

---

① 本杰明·格雷厄姆：《像格雷厄姆一样读财报》，刘雨译，北京，中国青年出版社，2009 年，第 40 页。

② 肖星：《一本书读懂财报》，杭州，浙江大学出版社，2014 年，第 23 页。

3．流动负债与非流动负债

所谓负债是指对于第三者，未来有偿还义务的资金，又称为借入资本。包括从金融机构的借款和未支付的应付账款。负债通常被划分为流动负债与长期负债（非流动负债）。所谓流动负债，是指企业“商品购入→应付账款、应付票据→现金支付”这种正常的经营周期产生的负债和一年以内有支付义务的负债。流动负债包括短期借款、应付票据、应付账款、预收账款、应付职工薪酬、应付股利、应交税金、一年内到期的长期借款等。流动负债产生的原因有多种：由借贷行为形成的流动负债，如从银行和其他金融机构借入的短期借款；由公司结算过程中产生的流动负债，如公司购入原材料，货已到而货款尚未支付的待结算应付款项；由经营过程中产生的流动负债，有些费用按权责发生制原则需要预先提取，如预提费用、应交税金、应付工资等；由利润分配产生的流动负债，如应付投资者的利润等。流动负债形成的原因明确后，有利于我们分析流动负债的形成是否合理，数额是否正常，时间上是否合适。非流动负债是指偿还期在一年或者超过一个营业周期以上的债务。非流动负债主要包括长期借款、应付债券和长期应付款等。

4．所有者权益

所有者权益也称为股东权益、净资产、权益资本，它没有偿还义务。因为股东是不能随意撤资的，所以股东权益可以说是一项永远都不需要偿还的项目。净资产一般包括股本、资本公积、盈余公积和未分配利润。在这四个科目之中，股本和资本公积两个都是从公司外部拿进来的；而盈余公积和未分配利润是公司里面留存下来的，因此，它们两个也被称为留存收益。

对于股份有限公司而言的股本，相当于有限责任公司的实收资本，二者内涵是一致的。股本按照股东姓名进行明细核算，意味着股东在公司中所占的权益。在我国上市公司股本面值一般是一元。股本是上市公司召开股东大会进行投票表决的依据；股本是上市公司利润分配的依据；股本是公司破产清算时对剩余财产进行分配的依据。在我国公司，股本等于注册资本。当股东实际投入资金比注册资本多时，那多出来的部分，就是资本公积。

会计准则对于资本公积的定义是：企业收到的投资者的超出其在企业注册资本所占份额，以及直接计入所有者权益的利得和损失等。资本公积包括资本溢价（股本溢价）和直接计入所有者权益的利得和损失等。资本公积是如何产生的呢？举个例子[①]。比如说小张打算投资加盟小黄的公司，投资之后，小张和小黄在公司各占50%的股份。在小黄公司刚刚创立的时候小黄投入了100万元，那么为了获取和小黄相同的股权比例，小张是否也投入100万元呢？显然不是。经过多年的经营，小黄的公司已经积累了相当多的财富和资本，为了获得该公司50%的股权，小张可能要投入500万元。在这种情况下，要保证小黄和小张的股权比例是5∶5，而不是1∶5，公司会计是如何做到的呢？会计人员将小黄投入的100万元计入股本科目，将小张投入的500万元中的100万元也当作股本，而将剩下的400万元计入资本公积科目。这就是说，当公司拥有多位股东的时候，不是以他们的实际投资额来确定股权比例，而是以他们在股本中所占的比例来确定股权比例的。

---

① 该例子引自肖星：《一本书读懂财报》，杭州，浙江大学出版社，2014年，第37页。

放在资本公积中的钱归全体股东所共有。也就是说，资本公积 400 万元由小张和小黄共有。这件事情的实质是，小张刚刚投入公司的 500 万元资金，瞬间就变成了 300 万元。表面上看，小张损失了 200 万元，这 200 万元其实是小张这位新来的股东，对小黄这位老股东曾经所冒风险给予的补偿。小张用 200 万元的对价补偿了风险，获得了与小黄相同的股份比例 50%，得以与老股东平起平坐。

留存收益由盈余公积和未分配利润构成。盈余公积是企业按照规定从净利润中提取的各种积累资金。盈余公积是个中国特色的科目，我国公司法规定公司有了盈利之后，必须留存至少 10%作为盈余公积。显然，盈余公积是法律不让分的利润。未分配利润是公司未作分配的利润，它在以后会计年度可以继续进行分配。公司的利润分配会计核算过程如图 11-2 所示：

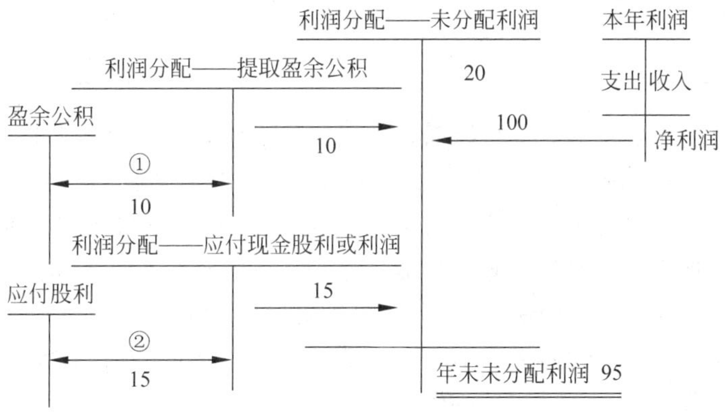

图 11-2 利润分配会计核算过程

利润分配的顺序根据《中华人民共和国公司法》等有关法规的规定，企业当年实现的净利润，一般应按照下列内容、顺序和金额进行分配：

(1) 计算可供分配的利润。将本年净利润(或亏损)与年初未分配利润(或亏损)合并，计算出可供分配的利润。如果可供分配的利润为负数(即亏损)，则不能进行后续分配；如果可供分配利润为正数(即本年累计盈利)，则进行后续分配。

(2) 提取法定盈余公积金。在不存在年初累计亏损的前提下，法定盈余公积金按照税后净利润的 10%提取。法定盈余公积金已达注册资本的 50%时可不再提取。提取的法定盈余公积金用于弥补以前年度亏损或转增资本金。但转增资本金后留存的法定盈余公积金不得低于注册资本的 25%。

(3) 提取任意盈余公积金。任意盈余公积金计提标准由股东大会确定，如确因需要，经股东大会同意后，也可用于分配。

(4) 向股东(投资者)支付股利(分配利润)。企业以前年度未分配的利润，可以并入本年度分配。

二、利润表：公司经营成果的摄像机

利润表又称为损益表，是公司的成绩单，记录了公司的经营成果，它是投资者最为关心的一张报表。损益表详细记录了公司在一个会计期间的收入和成本费用。如果在该会计期间，收入大于成本费用，就是净收益；如果成本费用大于收入，就是净损失，即老百姓所说的亏损。损益表是投资者理解公司经营活动的重要分析工具。表 11-2 是一个模拟公司在 2016 年度的利润表。

表 11-2 ABC 公司利润表(简表) 单位：元

营业收入	1 020 000
营业成本	561 000
毛利润	459 000
营业费用(管理、销售费用)	278 000
折旧费用	17 000
营业利润	164 000
财务费用	11 000
所得税费用	39 000
净利润	114 000

营业收入代表利润表中一个会计期间之内公司销售商品或者提供劳务所创造的营业额大小。投资者需要注意的是，营业收入是在发生时，而不是收到款项(现金流入)时确认。营业成本是在利润表所反映的会计期间之内，生产或者取得所售商品的成本。营业成本又分为主营业务成本和其他业务成本。它们是与主营业务收入和其他业务收入相对应的一组概念。企业一般在确认销售商品、提供劳务等主营业务收入时，将已销售商品、已提供劳务的成本转入主营业务成本。企业结转主营业务成本时，借记"主营业务成本"科目，贷记"库存商品"、"劳务成本"科目。期末，应将"主营业务成本"科目余额转入"本年利润"科目，借记"本年利润"科目，贷记"主营业务成本"科目，结转后本科目无余额。实践中还有营业税金及附加科目，它反映企业经营主要业务过程中应负担的消费税、城市维护建设税、资源税和教育费附加、土地增值税等。

毛利润是营业收入扣除营业成本之后的利润，这是一个非常重要的指标。作为公司盈利能力的第一个评价指标，它实际上能够揭示公司产品或者劳务的市场竞争力。投资者将公司各年的毛利润的发展趋势进行对比，以及将公司的毛利率与其他同行业上市公司的毛利率进行对比，将能够获得公司是否正在走向衰退的重要线索。

营业费用是公司在该会计期间发生的，不属于制造产品的直接成本的支出。它是一种日常活动的耗费，一般包括管理费用、销售费用等。在美国公司的利润表中，管理费用、销售费用被合并在一起，称为销售、一般和管理费用(selling, general & administrative expenses，SG&AE)。折旧费用不属于现金支出的成本，它是一种非付现成本。前已述及，固定资产作为公司经营的重要资产，在使用过程中，它们会被不断的磨损，这个磨损的量就是会计上说的折旧，也就是经营过程中的一种费用。无形资产和长期待摊费用也存在类似的摊销的问题。投资者在会计报表附注中，找到关于资产折旧的详细信息。

营业利润是营业收入扣除营业成本和营业费用之后的利润。营业利润是公司在利息和所得税之前通过经营活动所产生的利润，因此，它也被称为经营利润或者息税前利润(earnings before interest and tax，EBIT)。《论语》有云：君子务本，本立而道生。营业利润是衡量公司经营活动成功与否的重要指标，它代表公司通过主营业务而不是依靠投资收益或者其他非经营活动盈利的能力。如果通过趋势分析，逐年比较营业利润对于销售收入的比率的话，投资者能够看出一家公司通过经营活动保持或者提升盈利的能力。

财务费用是公司在生产经营过程中为筹集资金而发生的各项费用。它包括公司生产经营期间发生的利息支出(减去利息收入)、汇兑净损失、金融机构手续费，以及筹资发生的其他财务费用，例如债券印刷费、借款担保费等。

所得税费用是根据公司应纳税所得额计算出来应支付给政府的税款。当期应交所得税等于应纳税所得额乘以所得税税率(25%)，其中，应纳税所得额等于税前会计利润(即利润总额)＋纳税调整增加额－纳税调整减少额。所谓纳税调整增加额，是指税法规定允许扣除项目中，企业已计入当期费用，但超过按照税法规定扣除标准的金额。例如超过税法规定标准的职工福利费(职工工资及薪金的 14%)、工会费(2%)、职工教育经费(2.5%)、业务招待费、公益性捐赠支出、广告费、业务宣传费；以及企业已计入当期损失，但税法规定不允许扣除项目的金额，如税收滞纳金、罚金、罚款。所谓纳税调整减少额，是指税法规定允许弥补的亏损和准予免税的项目，如前五年内未弥补亏损和国债利息收入等。

净利润是扣除所有费用之后的终极利润，是公司在特定会计期间的最终财务成果。它是指在利润总额中按规定交纳了所得税后公司的利润留成，一般也称为税后利润。净利润的计算公式为：净利润＝利润总额－所得税费用。净利润是所有投资者关注的重要财务指标。净利润多，表达了企业的经营效益较好；净利润少，表达了企业的经营效益差，它是衡量一个企业经营效益的主要指标。需要反复强调的是，利润不是现金。图 11-3 为企业利润表结构图。

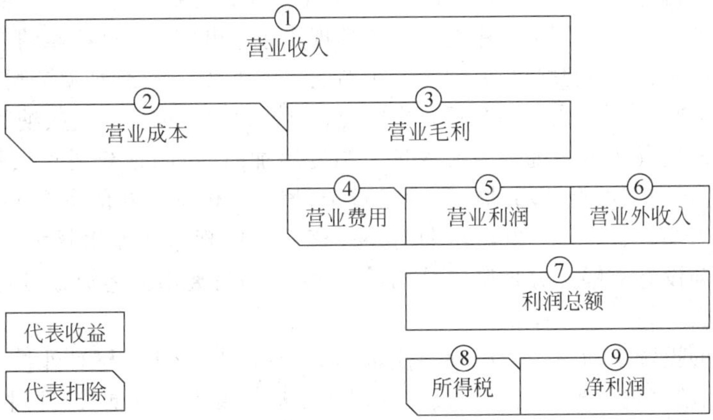

图 11-3　企业利润表结构图

三、现金流量表：公司资金运动的摄像机

损益表有一个缺点是，它不能向我们展示公司资金流入或者流出状况。这是由于收入和费用确认、计量、记录的原则造成的。投资者回忆一下前述的应收账款科目。当一项销售是以赊销的方式完成时，它作为营业收入在损益表上被会计人员确认，这样就形成了应收账款。但是事实上，资金并没有流入公司。同样的道理，当八个烧水壶(办公用品)以赊购的方式买入时，会计人员确认了应付账款，但资金并没有马上流出公司。这种确认收

入和成本费用的方式，叫作权责发生制。权责发生制与收付实现制相对应，它又称应收应付制，是指以应收应付作为确定本期收入和费用的标准，而不问货币资金是否在本期收到或付出。也就是说，一切会计要素的时间确认，特别是收入和费用的时间确认，均以权利已经形成或义务(责任)已经发生为标准，而不是资金流动为标准。损益表是在收付实现制的基础上编制出来的，因此，要了解公司的血液循环情况，公司经营的真实情况，还需要现金流量表来帮忙。

1. 经营活动产生的现金流量

经营活动是指公司投资活动和筹资活动以外的所有交易和事项，包括销售商品或提供劳务、经营性租赁、购买货物、接受劳务、制造产品、广告宣传、推销产品、交纳税款等。公司的经济活动以经营活动为主，筹资和投资等理财活动则是次要的。经营活动是公司经济活动的主体，而且具有再生性的特点。

一般而言，上市公司经营活动产生的净现金流量应为正数，而且经营活动的现金流量占全部现金流量的比重越大，说明公司的财务状况越稳定，从而支付能力越有保证。若公司经营活动的净现金流量为负数，即使利润表中揭示的营业收入和营业利润增长很多，但相当大的部分可能以赊销实现，应收账款和存货等上升过快，从而反映出公司营业利润存在不实或过度包装之嫌。

2. 投资活动产生的现金流量

投资活动是指与公司资产购置有关的交易活动，包括公司长期资产的构建和不包括在现金等价物范围内的投资及其处置活动。在观察现金流量表的投资活动产生的现金流量时，应该仔细研究投资活动中的对内投资和对外投资的关系。通常，公司要发展，长期资产的规模必须增长，一个投资活动中对内投资的现金净流出量大幅度提高的公司，往往意味着该公司面临着一个新的发展机遇，或者一个新的投资机会。反之，如果公司对内投资中的现金净流入量大幅度增加，表示该公司正常的经营活动没有能够充分地吸纳其现有的资金。

公司的对外投资产生的现金净流入量大幅度增加时，说明该公司正大量地收回对外投资额，可能公司内部的经营活动需要大量资金，该公司内部现有的资金不能满足公司经营活动的资金需要；如果一个公司当期对外投资活动的现金净流出量大量增加，说明该公司的经营活动没有能够充分地吸纳公司的资金，从而游离出大笔资金，通过对外投资为其寻求获利机会。

如果公司的投资活动产生的净现金流量不大，只是对内投资与对外投资之间产生结构性变化，则比较直观。当公司对内投资的现金净流出量大幅度增长，即对外长期投资的现金净流入量大幅度增长，可能是公司获得了新的市场机会，一时不能从公司外部筹集到足够的资金，只有收回对外投资；反之，如果对外投资现金净流出量大幅度增加，说明公司正在缩小内部经营规模，将游离出来的资金对外投资，寻求适当的获利机会。

3. 筹资活动产生的现金流量

筹资活动是指导致公司资本及债务规模和构成发生变化的活动，包括吸收投资、发行股票、借入和偿还资金、分配利润等活动。当一个公司对本期实现的利润减少向投资者分配或者不分配，实际上就相当于在向投资者筹集资金，所以，利润的分配活动也属于公司的筹资活动。

分析公司的现金流量表，从现金流量表上“筹资活动产生的现金流量”项目中，可以了解该公司的筹资活动。如果筹资活动的现金净流入量大幅度增加，则该公司在扩大其经营规模，说明公司现有的资金不能满足经营的需要，又获得了新的市场机会需要从公司外部大量筹集资金；如果筹资活动的现金净流出量大幅度增加，则说明本期大量的现金流出公司，该公司的规模在收缩。对上市公司来说，除了与其他公司所共有的贷款等间接融资功能以外，还有一项特有的在证券市场上直接融资的功能，如果某一会计期间该上市公司实现了在股市上的融资，将使该期筹资活动的现金流入量大幅增加。

现金流量表是以收付实现制为基础编制的，它真实反映了公司当前实现收入的现金、实际支出的现金、现金流入与流出相抵后的净值，并以此为基础分析利润表中本期净利润与现金流量的差异，正确评价公司的经营成果。经营活动、投资活动、筹资活动的现金流量主要部分如图 11-4 所示。

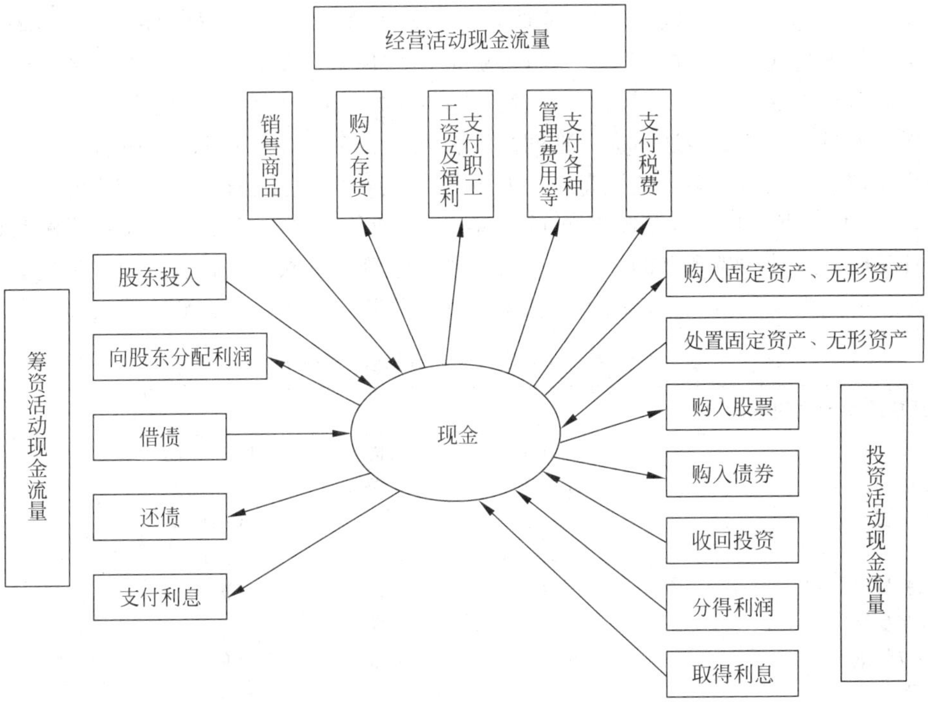

图 11-4　公司主要现金流量

经营者对经营活动、投资活动、筹资活动的不同选择，公司会有不同的结果。其各种情况的组合表 11-3 所示：

表 11-3　现金流表现及其一般原因

	经营活动	投资活动	筹资活动	原因分析
1	+	+	+	如果投资活动现金主要来自于投资收益，则形势良好；如果是投资收回则需谨慎
2	+	+	−	尽管需要偿还资金，但财务状况比较安全
3	+	−	+	通过融资进行投资，往往处于扩张期
4	+	−	−	既偿还以前债务，又要继续投资

续表

	经营活动	投资活动	筹资活动	原因分析
5	－	＋	＋	经营创现能力较差，主要靠借债维持生产经营
6	－	＋	－	经营活动已经发出危险信号
7	－	－	＋	靠借债维持经营活动与生产规模的扩大。需迅速渡过难关；若成熟期企业，非常危险
8	－	－	－	财务状况非常危险。常由过快扩张引发，但经营状况恶化，企业已进退两难

分析经营活动产生的现金流量，可以了解企业在不动用企业外部筹得资金的情况下，凭借经营活动产生的现金流量是否足以偿还负债、支付股利和对外投资；分析投资活动产生的现金流量，可以了解为获得未来收益和现金流量而导致资源转出的程度，以及以前资源转出带来的现金流入的信息；分析筹资活动的现金流量，可以帮助投资者和债权人预计企业对未来现金流量的要求权，以及获得前期现金流入而付出的代价。

现金流量表完整地描述了会计期间之内公司经营活动、投资活动和融资活动相关的资金流动情况。经营活动现金流量由直接法和间接法两种方法得到。ABC 公司的现金流量表，两种途径下的计算方式如表 11-4、表 11-5 所示。经营活动现金流量详细反映了公司日常经营活动产生现金的能力。投资活动现金流量反映了公司投资支出所需要的资金情况。筹资活动现金流量反映了负债筹资和权益筹资来满足公司资金需要的程度。

表 11-4 ABC 公司现金流量表(间接法) 单位：元

经营活动产生的现金流量			
净利润	114 000	来源	所有者权益增多
折旧费用	17 000	来源	资产减少
应收账款	－68 000	运用	资产增多
存货	－118 000	运用	资产增多
预付账款	－6000	运用	资产增多
应付账款	73 000	来源	负债增多
其他应付款	20 000	来源	负债增多
预收账款	6 000	来源	负债增多
应交税金	4 000	来源	负债增多
经营活动现金流量净额	42 000		
投资活动产生的现金流量			
固定资产	－192 000	运用	资产增多
其他资产	－2 000	运用	资产增多
投资活动现金流量净额	－194 000		
筹资活动产生的现金流量			
短期负债	30 000	来源	负债增多
长期负债	75 000	来源	负债增多
股本	150 000	来源	所有者权益增多
股利分配	－50 000	运用	所有者权益减少
筹资活动现金流量净额	205 000		
净现金流量	53 000		

表 11-5　ABC 公司现金流量表(直接法)　　单位：元

经营活动产生的现金流量		
销售产品的现金流入 营业收入一应收账款	952 000	来源
购买货物现金支出 营业成本+存货一应付账款	−606 000	运用
经营费用现金支出 营业费用+预付账款一应收账款	−260 000	运用
利息的现金支出 财务费用一应付利息	−9 000	运用
所得税的现金支出 所得税费用一应交所得税	−35 000	运用
经营活动现金流量净额	42 000	
投资活动产生的现金流量		
固定资产	−192 000	运用
其他资产	−2 000	运用
投资活动现金流量净额	−194 000	
筹资活动产生的现金流量		
短期负债	30 000	来源
长期负债	75 000	来源
股本	150 000	来源
股利分配	−50 000	运用
筹资活动现金流量净额	205 000	
净现金流量	53 000	

四、所有者权益变动表：揭示了公司净利润的最终去向

所有者权益变动表是反映公司本期(年度或中期)内至截至期末所有者权益变动情况的报表。在所有者权益变动表中，企业应当单独列示反映下列信息：所有者权益总量的增减变动、所有者权益增减变动的重要结构性信息、直接计入所有者权益的利得和损失。通过所有者权益变动表，既可以为报表使用者提供所有者权益总量增减变动的信息，也能为其提供所有者权益增减变动的结构性信息，特别是能够让报表使用者理解所有者权益增减变动的根源。作为投资者，若想了解公司某个年度的净利润有多少留在了企业以及多少分配给了股东，则阅读这张报表可以找到答案。ABC 公司的所有者权益变动见表 11-6 所示：

表 11-6　ABC 公司所有者权益变动表　　单位：元

期初余额	150 000
加：净利润	114 000
减：股利	50 000
期末余额	214 000

第3节　投资者财务分析关键指标

财务比率是分析公司财务结构、财务趋势等状况的有力工具。使用财务比率时切忌孤立地看结果，要善于将财务比率与行业标准值、公司历史数据等进行对比，才能获得有价值的判断。本节针对投资者所关心的一些关键的财务比率进行讲解。财务报表中的大量数据可以组成许多有意义的财务比率，由此可以进行比率分析，这些比率和企业经营管理的各个方面相关。根据这些财务比率所反映的内容，我们把这些比率分为四类：盈利能力指标、流动能力指标、偿债能力指标、成长能力指标。

一、盈利能力指标

所谓盈利能力，是指企业在一定时期内获取利润与现金流的能力，又称企业的资金增值能力。通常表现为企业在一定时期内收益额的大小与水平的高低。利用盈利能力的有关指标考察和衡量上市公司经营业绩，是价值投资者的核心任务之一。我们认为，对上市公司进行盈利能力分析，逻辑上应当包括盈利的数量与质量两大维度的内容。盈利质量分析至少包括：根据经营活动现金净流量与销售收入、净利润等之间的关系，揭示上市公司保持现有盈利水平的能力；根据利润的稳定性分析，考察上市公司盈利水平的持续性问题；根据利润结构分析，考察上市公司主业的盈利能力。

1. 毛利率

毛利率是毛利润与销售收入(或营业收入)的比率，其中毛利是收入和与收入相对应的营业成本之间的差额。用公式表示：

$$毛利率=\frac{主营业务收入-主营业务成本}{主营业务收入}\times 100\%$$

毛利率表示每1元销售收入扣除销售成本后，尚有多少可用于支付各项期间费用和形成公司盈利。销售毛利率是企业销售净利率的基础，没有足够大的毛利率便不能盈利，因而是衡量上市公司盈利能力的一个重要指标。毛利率客观地反映了公司产品的市场竞争力，通过本指标可分析企业盈利能力。如果毛利率很低，表明企业没有足够多的毛利额，补偿期间费用后的盈利水平就不会高；甚至可能无法弥补期间费用，出现亏损局面。如果上市公司的毛利率在不同会计期间波动异常，且远远偏离行业毛利率的平均水平，则有财务造假的可能性。格力电器、美的集团、青岛海尔三家公司近五年的毛利率如表11-7所示。

表11-7　上市公司的毛利率对比　　%

年　份	行业均值	格力电器	美的集团	青岛海尔
2015年	26.10	32.46	25.84	27.96
2014年	27.22	36.10	25.41	27.52
2013年	25.86	32.24	23.28	25.32
2012年	24.17	26.29	22.56	25.24
2011年	20.84	18.07	19.12	23.62

2. 营业利润率

营业利润率是指企业的营业利润与营业收入的比率。它是衡量企业经营效率的指标，反映了在考虑营业成本的情况下，企业管理者通过经营获取利润的能力。用公式表示：

$$营业利润率 = \frac{营业利润}{营业收入} \times 100\%$$

营业利润率越高，说明企业商品销售额提供的营业利润越多，企业的盈利能力越强；反之，此比率越低，说明企业盈利能力越弱。格力电器、美的集团、青岛海尔三家公司近五年的营业利润率如表 11-8 所示。

表 11-8　上市公司的营业利润率对比　%

年　份	行业均值	格力电器	美的集团	青岛海尔
2015 年	3.43	13.83	10.77	7.19
2014 年	5.28	11.68	9.49	8.71
2013 年	5.53	10.34	7.71	7.13
2012 年	4.45	8.08	6.83	6.60
2011 年	3.65	5.46	5.58	5.52

3. 销售净利率

销售净利率是指企业净利润与销售收入的比率。它用以衡量企业在一定时期的销售收入获取的能力。用公式表示：

$$销售净利率 = \frac{净利润}{销售收入} \times 100\%$$

该指标反映每 1 元销售收入带来的净利润的多少，表示销售收入的收益水平。同一行业，销售净利润越高的企业，盈利能力越好。格力电器、美的集团、青岛海尔三家公司近五年的销售净利率如表 11-9 所示。

表 11-9　案例公司销售净利率　%

年　份	行业均值	格力电器	美的集团	青岛海尔
2015 年	5.50	12.91	9.84	6.60
2014 年	4.86	10.35	8.22	7.54
2013 年	5.35	9.22	6.86	6.42
2012 年	4.67	7.50	5.99	5.46
2011 年	3.83	6.37	4.96	4.95

4. 净资产收益率

净资产收益率又称股东权益报酬率或净值报酬率，是净利润与年末净资产的比率。它反映股东权益的收益水平，用以衡量公司运用自有资本的效率。“年末净利润”是指资产负债表中“所有者权益(或股东权益)的合计”。用公式表示为：

$$净资产收益率 = \frac{净利润}{年末净资产} \times 100\%$$

净资产收益率体现了自有资本获得净收益的能力，它反映 1 元的股东资产能收获多少净利润。指标值越高，说明投资带来的收益越高。格力电器、美的集团、青岛海尔三家公司近五年的净资产收益率如表11-10所示。

表11-10 案例公司净资产收益率 %

年 份	行业均值	格力电器	美的集团	青岛海尔
2015年	12.36	25.99	24.32	18.28
2014年	14.85	31.58	25.47	22.98
2013年	18.99	30.83	21.23	27.76
2012年	18.18	27.00	18.52	28.27
2011年	17.42	28.83	22.04	31.61

5. 总资产收益率

总资产收益率是净利润与平均资产总额的比率。它是另一个衡量企业收益能力的指标。总资产收益率的高低直接反映了公司的竞争实力和发展能力，也是决定公司是否应举债经营的重要依据。用公式表示为：

$$总资产收益率=\frac{净利润}{平均资产总额}\times 100\%$$

其中：

$$平均资产总额=\frac{期初资产总额+期末资产总额}{2}$$

总资产收益率反映每1元的资产能获得多少净利润。该指标越高，说明资产的利用效率越高；反之，效率较低。总资产收益率与净资产收益率一起分析，可以根据两者的差距来说明公司经营的风险程度。格力电器、美的集团、青岛海尔三家公司近五年的总资产收益率如表11-11所示。

表11-11 案例公司总资产收益率 %

年 份	行业均值	格力电器	美的集团	青岛海尔
2015年	5.16	7.94	10.94	7.85
2014年	6.00	9.83	10.72	9.84
2013年	6.97	9.07	8.99	10.03
2012年	6.09	7.72	6.81	9.75
2011年	5.59	7.02	7.82	10.57

6. 盈余现金保障倍数

盈余现金保障倍数又被称为利润现金保障倍数、利润变现比率。它是指企业一定时期经营现金净流量与净利润的比，反映了企业当期净利润中现金收益的保障程度，真实地反映了企业的盈余的质量。用公式表示为：

$$盈余现金保障倍数=\frac{经营现金净流量}{净利润}$$

权责发生制的记账方法，使得净利润并不代表公司实际赚到的真金白银。实际上，有很多账面上的利润最终无法成为可供股东分配和扩大再生产的现金。利润变现比率就是衡量有多少账面利润背后是实实在在的现金流。该指标对企业收益的质量进行评价，对企业的实际收益能力进行再次修正。一般而言，当企业当期净利润大于 0 时，该指标应当大于 1。该指标越大，表明企业经营活动产生的净利润对现金的贡献越大，利润的可靠性较高，具有一定的派现能力。但是，由于指标分母变动较大，致使该指标的数值变动也比较大，所以，对该指标应根据企业实际效益状况有针对性地进行分析。格力电器、美的集团、青岛海尔三家公司近五年的盈余现金保障倍数如表 11-12 所示。

表 11-12　案例公司盈余现金保障倍数　%

年　份	行业均值	格力电器	美的集团	青岛海尔
2015 年	3.29	3.52	1.96	0.94
2014 年	0.44	1.33	2.13	1.05
2013 年	1.50	1.19	1.21	1.17
2012 年	−0.82	2.47	1.32	1.27
2011 年	0.75	0.63	0.62	1.70

7. EBITDA 利润率

EBITDA 利润率是企业一定时期的息税前利润与折旧和摊销之和(即：息税前利润＋折旧＋摊销)占这一时期的销售收入净额的比率。税息折旧及摊销前利润，简称 EBITDA。

$$\text{EBITDA 利润率} = \frac{\text{净利润} + \text{所得税} + \text{利息支出} + \text{固定资产折旧} + \text{无形资产摊销}}{\text{营业收入}} \times 100\%$$

公式中："所得税"和"利息支出"是利润表的"所得税费用"和"财务费用"，"固定资产折旧"和"无形资产摊销"来自企业年报中"现金流量表补充资料"。

EBITDA 利润率表明企业每 1 元的销售收入为企业所带来的利息、税收和净利润以及收回的折旧和摊销费用。该指标越高，说明企业销售收入的盈利能力以及回收折旧和摊销的能力就越强。该指标越低，说明企业销售收入的盈利能力以及回收折旧和摊销的能力就越弱。格力电器、美的集团、青岛海尔三家公司近五年的 EBITDA 利润率如表 11-13 所示。

表 11-13　案例公司 EBITDA 利润率　%

年　份	行业均值	格力电器	美的集团	青岛海尔
2015 年	9.60	14.61	11.69	8.34
2014 年	8.38	12.44	11.81	9.65
2013 年	8.30	11.76	10.73	8.48
2012 年	7.51	9.32	10.49	7.59
2011 年	6.47	7.80	8.89	6.98

8. 利润结构性比率

利润结构性比率是指企业的营业利润与利润总额的比率。这个比率反映了一个企业利润的结构成分。用公式表示为：

$$\text{利润结构性比率} = \frac{\text{营业利润}}{\text{利润总额}} \times 100\%$$

利润结构性比率反映了一家公司主要的利润结构，该比率越大，说明公司的主营业务的利润越大，说明公司的盈利质量很好；如果比率小，也就是非经营性损益和非经常性损益占比较大，说明这家公司的利润是“虚胖”的利润，公司盈利品质性差。格力电器、美的集团、青岛海尔三家公司近五年的利润结构性比率如表11-14所示。

表11-14 案例公司利润结构性比率 %

年份	行业均值	格力电器	美的集团	青岛海尔
2015年	44.74	90.66	92.93	92.51
2014年	128.75	96.04	96.14	96.15
2013年	84.16	95.12	93.13	91.88
2012年	43.20	91.60	90.86	97.08
2011年	57.76	71.77	90.82	92.05

9. 利润稳定性比率

利润的稳定性是指公司连续几个会计年度利润水平变动的波幅及趋势的平稳性。格力电器、美的集团、青岛海尔三家公司近五年的利润总额变动如图11-5所示。

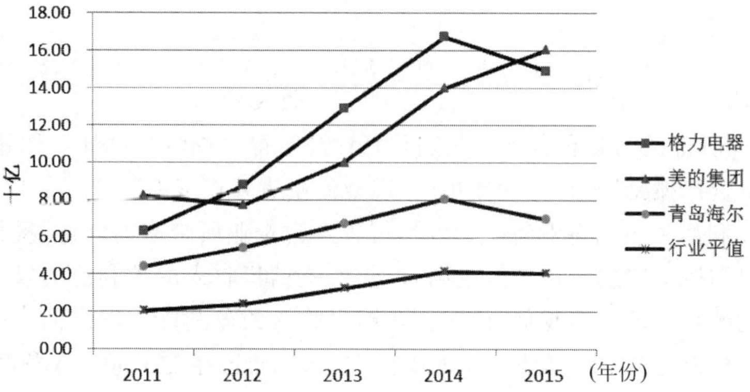

图11-5 案例公司利润总额变动

从企业长期发展的角度来看，企业应保持稳定的利润水平和平稳的增长速度，如果波动较大，公司的利润增长不稳定，起伏较大，说明公司的业务不好，公司的品质性较差。那么，投资者投资时，就需要谨慎。

二、经营效率指标

1. 存货周转率和存货周转天数

在流动资产中所占比重最大的就是存货。存货的流动性直接影响着企业的流动比率。一般用存货周转指标（存货周转率和存货周转天数）来衡量存货的流动性。存货周转率是企业一定时期销货成本与平均存货余额的比率。用于反映存货的周转速度，存货资金占用量是否合理，是企业营运效率分析的重要指标之一。用公式表示为：

$$存货周转率 = \frac{销货成本}{平均存货余额} \times 100\%$$

存货周转天数是 360 与存货周转率的比率。用公式表示为：

$$存货周转天数 = \frac{360}{存货周转率}$$

公式中："销货成本"是利润表中的"营业成本""平均存货"是资产负债表中的"期初存货"与"期末存货"的平均数。

一般来说，存货周转速度越快，存货转换为现金或应收账款的速度越快，企业管理的效率越高。但并非存货周转率越高越好，存货周转率越高，可能是原材料存货较少，生产中可能出现停工待料的局面，也可能是产成品库存不足、出现脱销的局面。两种局面都会影响企业的生产效率和市场竞争能力，所以库存要有一个适当的水平。格力电器、美的集团、青岛海尔三家公司近五年的存货周转天数如表 11-15 所示。

表 11-15　案例公司存货周转天数　%

年　份	行业均值	格力电器	美的集团	青岛海尔
2015 年	59.40	49.28	44.66	44.87
2014 年	59.28	44.42	51.47	40.34
2013 年	59.33	67.98	55.36	38.91
2012 年	65.62	85.42	67.27	39.40
2011 年	59.05	76.78	61.58	30.48

2. 应收账款周转率与应收账款周转天数

应收账款和存货一样，在流动资产中有着举足轻重的地位。及时收回应收账款，不仅增强了企业的短期偿债能力，也反映出企业管理应收账款方面的效率。

反映应收账款周转速度的指标是应收账款周转率和应收账款周转天数。应收账款周转率是销售收入与平均应收账款的比率。用公式表示为：

$$应收账款周转率 = \frac{销售收入}{平均应收账款} \times 100\%$$

应收账款周转天数是 360 与应收账款周转率的利率。用公式表示为：

$$应收账款周转天数 = \frac{360}{应收账款周转率}$$

公式中："平均应收账款"是指未扣除坏账准备的应收账款，是资产负债表中的"应收账款"的期初数和期末数的平均数。

应收账款周转天数反映了企业从取得应收账款的权利到收回款项、转换为现金所需要的时间。周转天数越短，说明流动资金使用效率越高。衡量公司需要多长时间收回应收账款，属于公司经营能力分析范畴。格力电器、美的集团、青岛海尔三家公司近五年的应收账款周转天数如表 11-16 所示。

表 11-16 案例公司应收账款周转天数 %

年 份	行业均值	格力电器	美的集团	青岛海尔
2015 年	87.83	130.57	64.65	81.32
2014 年	88.14	132.35	61.67	84.69
2013 年	83.21	127.33	65.96	73.34
2012 年	91.37	128.06	74.72	59.11
2011 年	74.29	125.87	44.90	49.42

3. 应付账款周转率和应付账款周转天数

应付账款周转率是指反映企业应付账款的流动程度，是营业成本与平均应付账款之间的比率。应付账款周转天数又称平均付现期，是衡量公司需要多长时间付清供应商的欠款，是公司经营能力分析的指标。用公式表示为：

$$应付账款周转率 = \frac{营业成本}{平均应付账款} \times 100\%$$

应付账款周转天数是 360 与应付账款周转率的比率。用公式表示为：

$$应付账款周转天数 = \frac{360}{应付账款周转率}$$

公式中："平均应付账款"是资产负债表中的"应付账款"的期初数和期末数的平均数。

如果公司应付账款周转率低于行业平均水平，说明公司较同行可以更多占用供应商的货款，显示其重要的市场地位，但同时也要承担较多的还款压力；反之亦然。通常应付账款周转天数越长越好，说明公司可以更多地占用供应商货款来补充营运资本而无须向银行短期借款。格力电器、美的集团、青岛海尔三家公司近五年的应付账款周转天数如表 11-17 所示。

表 11-17 案例公司应付账款周转天数 %

年 份	行业均值	格力电器	美的集团	青岛海尔
2015 年	196.22	179.65	118.02	150.12
2014 年	174.75	141.78	96.42	149.58
2013 年	149.05	148.49	94.70	130.80
2012 年	168.55	139.98	120.51	114.56
2011 年	130.69	129.51	91.87	88.80

有了存货周转天数、应收账款周转天数和应付账款周转天数，我们引入另外一个概念——营运资本周转天数。

理解一家公司的营运资本的作用的直观方法如图 11-6 所示。

"存货""应收账款"和"应付账款"的重要意义在于它们是连续的，它们对公司周转水平变化的反应非常迅速。例如，公司在制定存货水平方面的政策时，这些政策并不给出存货的持有量，而是把存货和销售收入联系起来。销售收入持续的增长，将不可避免地导致这三个科目也要增加。

我们用上面得到的周转天数(以格力电器 2014 年的数据为例)，利用图 11-6 进一步

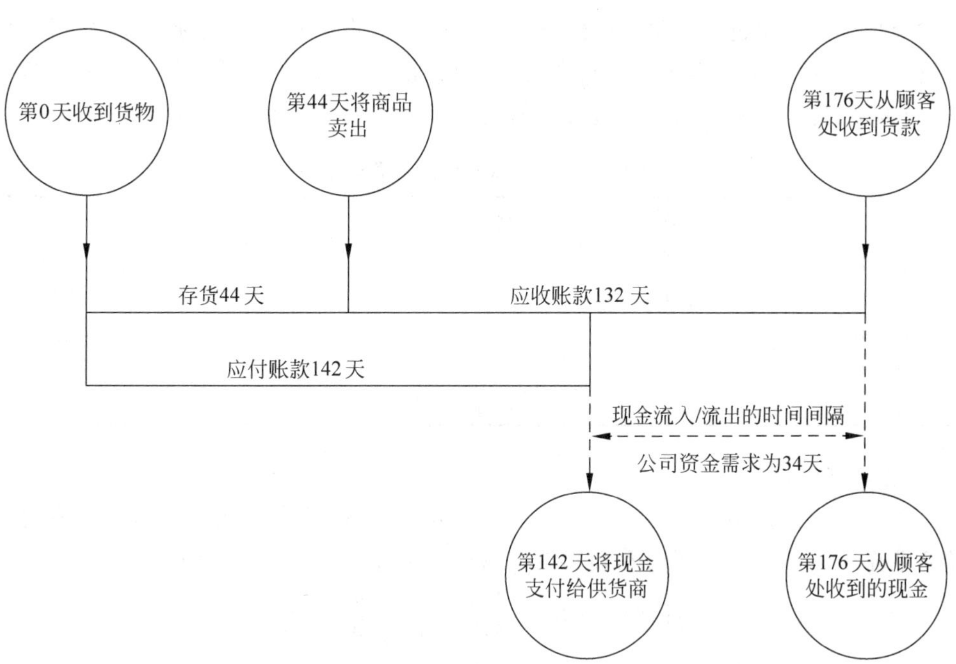

图 11-6　营运资本的运作

分析这些数据，目的是要说明从公司的资金支付给原材料供货商开始到从购买商品的顾客处收回资金为止所需要的天数。

周转天数	
存货	44 天
应收账款	132 天
应付账款	142 天

我们把从供货商处收到货物的那一天定为第 0 天，那么格力电器 2014 年平均持有存货的时间为 44 天，即第 44 天把商品卖出去，顾客的付款天数平均为 132 天。那么，公司将在第 176 天收到货款。在此期间，公司享受到供货商提供的信用期限，将在第 142 天支付货款，那么，在第 142 天现金流出到第 176 天现金回到公司之间的时间间隔是 34 天。另外，在这一期间公司将支付工资、薪酬和各项费用。

由于这一间隔的存在，导致公司产生了对营运资本的需求。总额很容易计算。如果时间间隔是 34 天，则 100 万元的销售收入需要的营运资本为 13.9 万元(100 万元×34/360)。销售收入每增加 100 万元，则对现金资源的需求将增加 13.9 万元。许多快速发展的小公司常常忽视了这一点，以至于在取得较高的销售收入和账面利润的情况下却常常存在现金困难。

4. 资产现金回收率

资产现金回收率是经营现金净流量与平均资产总额的比率。是考评企业全部资产产生现金能力的指标。用公式表示为：

$$资产现金回收率=\frac{经营现金净流量}{平均资产总额}\times 100\%$$

资金现金回收率也是衡量某一经济行为发生损失大小的一个指标。该比值越大,回收率越高,说明收回的资金占付出资金的比例高,损失小,回收率低则损失较大。格力电器、美的集团、青岛海尔三家公司近五年的资产现金回收率如表11-18所示。

表11-18 案例公司资产现金回收率 %

年 份	行业均值	格力电器	美的集团	青岛海尔
2015年	12.81	27.92	21.49	7.39
2014年	8.43	13.06	22.82	10.30
2013年	8.36	10.75	10.89	11.76
2012年	6.39	19.10	8.97	12.34
2011年	5.89	4.45	4.83	17.99

5. 总资产周转率

总资产周转率是指企业在一定时期营业收入净额与平均资产总额的比率。它是综合评价企业全部资产的经营质量和利用效率的重要指标。用公式表示为：

$$总资产周转率=\frac{营业收入净额}{平均资产总额}\times 100\%$$

总资产周转率越大,说明总资产周转越快,反映出销售能力越强。企业可以通过薄利多销的办法,加速资产的周转,带来利润绝对额的增加。格力电器、美的集团、青岛海尔三家公司近五年的总资产周转率如表11-19所示。

表11-19 案例公司总资产周转率 %

年 份	行业均值	格力电器	美的集团	青岛海尔
2015年	100.88	61.49	111.14	118.90
2014年	117.48	95.02	130.43	130.53
2013年	129.26	98.34	131.01	156.25
2012年	125.58	103.04	113.77	178.63
2011年	147.21	110.27	157.56	213.54

三、偿债能力指标

1. 资产负债率

资产负债率是期末负债总额与资产总额的比率,也称举债经营比率。表示公司总资产中有多少是通过负债筹集的,该指标是评价公司负债水平的综合指标。用公式表达为：

$$资产负债率=\frac{期末负债总额}{资产总额}\times 100\%$$

对该指标企业中不同的立场有不同的看法：从债权人的角度来看,他们希望债务比例越低越好,那么贷款风险就小。从股东的角度来看,在全部资本利润高于借款利率时,负债比例越大越好,否则相反。从经营者的角度来看,如果举债过高,超出了债权人心理承受能力,会被认为是不保险的行为；如果企业负债过低,说明企业畏缩不前,对企业的前途没有信心,利用债权人资本进行经营活动的能力差。因此,企业再利用资产负债率制定借入资本决策时，必须充分估计可能增加的风险，在两者之间权衡利弊，做出正确的决策。格力电器、美的集团、青岛海尔三家公司近五年的资产负债率如表 11-20 所示。

表 11-20　案例公司资产负债率　　%

年　份	行业均值	格力电器	美的集团	青岛海尔
2015 年	56.13	69.96	56.51	57.34
2014 年	57.02	71.11	61.98	61.18
2013 年	60.43	73.47	59.69	67.23
2012 年	61.29	74.36	62.20	68.95
2011 年	66.32	78.43	67.42	70.95

2. 财务杠杆比率

我们这里说的财务杠杆比率是指负债总额与所有者权益的比率，即负债权益比率。该比率可以用于评估有关证券持有人的相关风险和杠杆率。用公式表示为：

$$财务杠杆比率 = \frac{负债总额}{所有者权益} \times 100\%$$

财务杠杆比率，反映企业财务结构的强弱，以及债权人的资本受到所有者权益的保障程度。比率越低，则说明企业本身的财务实力较强，因而对负债资本的保障程度较高。格力电器、美的集团、青岛海尔三家公司近五年的财务杠杆比率如表 11-21 所示。

表 11-21　案例公司财务杠杆比率　　%

年　份	行业均值	格力电器	美的集团	青岛海尔
2015 年	143.83	232.94	129.95	134.43
2014 年	150.13	246.17	163.04	157.58
2013 年	177.04	276.98	148.07	205.17
2012 年	190.79	290.01	164.54	222.10
2011 年	246.61	363.68	206.94	244.26

3. 已获利息倍数

已获利息倍数指上市公司息税前利润相对于所需支付债务利息的倍数，又称利息保障倍数。可用来分析公司在一定盈利水平下支付债务利息的能力。用公式表示为：

$$已获利息倍数 = \frac{息税前利润}{利息支出}$$

$$息税前利润(EBIT) = 净利润 + 所得税 + 利息支出$$

公式中：利息支出使用的是年报中合并财务报表重要项目注释对财务费用部分的披露部分中“利息支出”的数据。

一般情况下，已获利息倍数越高，企业长期偿债能力越强。已获利息倍数是表示长期偿债能力的，如果为负数是没有任何意义的。负的已获利息倍数说明公司本年的财务收入大于财务支出，因此无法反映企业的经营收益支付债务利息的能力。格力电器、美的集团、青岛海尔三家公司近五年的已获利息倍数如表 11-22 所示。

表 11-22 案例公司已获利息倍数 %

年 份	行业均值	格力电器	美的集团	青岛海尔
2015 年	54.74	32.23	70.21	59.49
2014 年	47.52	74.34	77.14	63.51
2013 年	66.84	57.77	16.37	64.66
2012 年	68.10	39.19	7.88	47.89
2011 年	23.98	37.59	7.35	85.25

4. 现金流动负债比率

现金流动负债比率是企业一定时期的经营现金净流量与流动负债的比率，它可以从现金流量角度来反映企业当期偿付短期负债的能力。用公式表示为：

$$现金流动负债比率 = \frac{经营现金净流量}{流动负债} \times 100\%$$

该指标越大，表明企业经营活动产生的现金净流量越多，越能保障企业按期偿还到期债务，但也并不是越大越好，该指标过大则表明企业流动资金利用不充分，盈利能力不强。

格力电器、美的集团、青岛海尔三家公司近五年的现金流动负债比率如表 11-23 所示。

表 11-23 案例公司现金流动负债比率 %

年 份	行业均值	格力电器	美的集团	青岛海尔
2015 年	19.18	39.40	37.17	14.02
2014 年	13.53	17.47	33.89	16.83
2013 年	13.77	13.44	17.75	17.13
2012 年	8.75	23.35	15.92	17.61
2011 年	7.67	5.23	7.51	23.93

5. 带息负债比率

带息负债比率是企业某一时点的带息负债总额与负债总额的比率，反映企业负债中带息负债的比重，在一定程度上体现了企业未来的偿债（尤其是偿还利息）压力。用公式表示为：

$$带息负债比率 = \frac{带息负债总额}{负债总额} \times 100\%$$

$$带息负债总额 = 短期借款 + 一年内到期的长期负债 + 长期借款 + 应付债券 + 应付利息$$

公式中："一年内到期的长期负债"使用资产负债表中的"一年内到期的非流动负债"，我们在年报合并财务报表注释中关于"一年内到期的非流动负债"的注释中看到，该科目所列示的均是一年内到期的长期负债。

这个比率越低，证明企业举债成本越低，相对来说利润也就会提高。公司在降低负债率方面，应当重点减少有息负债，而不是无息负债，这对于利润增长或扭亏为盈具有重大意义。格力电器、美的集团、青岛海尔三家公司近五年的带息负债比率如表 11-24 所示。

表 11-24 案例公司带息负债比率 %

年 份	行业均值	格力电器	美的集团	青岛海尔
2015 年	10.74	7.72	5.52	7.73
2014 年	7.70	7.14	9.22	6.14
2013 年	8.27	5.74	19.74	4.69
2012 年	8.82	8.80	23.37	5.44
2011 年	13.27	11.24	23.47	6.55

6. 流动比率

流动比率是流动资产与流动负债的比率,用来衡量企业流动资产在短期债务到期以前,可以变为现金用于偿还负债的能力。用公式表示为:

$$流动比率=\frac{流动资产}{流动负债}\times 100\%$$

一般说来,比率越高,说明企业资产的变现能力越强,短期偿债能力也越强;反之则弱。一般认为流动比率应在 2∶1 以上,最低不能低于 1∶1。流动比率 2∶1,表示流动资产是流动负债的两倍,即使流动资产有一半在短期内不能变现,也能保证全部的流动负债得到偿还。流动比率过大对公司运营来说也不是一件好事,公司可能没有充分有效地运用可能运用的资金或由于存货的超储、积压过多所致。

本企业的流动比率应该与同行业平均流动比率、本企业历史的流动比率进行比较,才能知道这个比率是高还是低。格力电器、美的集团、青岛海尔三家公司近五年的流动比率如表 11-25 所示。

表 11-25 案例公司流动比率 %

年 份	行业均值	格力电器	美的集团	青岛海尔
2015 年	140.82	107.39	129.67	137.92
2014 年	138.53	110.85	118.16	142.87
2013 年	133.47	107.50	115.32	130.37
2012 年	129.01	107.94	109.35	126.67
2011 年	121.28	111.78	113.72	120.83

对比三家公司,格力电器和美的集团的流动比率四年比较均衡,青岛海尔稳定中有所增加,且均高于同年另外两家公司。所以青岛海尔的资产变现能力强于其他两家。

7. 速动比率

速动比率,又称“酸性测验比率”,是指速动资产(扣除存货部分)与流动负债的比率。它是衡量企业流动资产中可以立即变现用于偿还流动负债的能力。用公式表示为:

$$速动比率=\frac{流动资产-存货}{流动负债}\times 100\%$$

计算速动比率时,流动资产中扣除存货,是因为存货在流动资产中变现速度较慢,有些存货可能滞销,无法变现。把存货从流动资产中减去的速动比率,反映的短期偿债能力更加令人信服。传统经验认为,速动比率维持在 1∶1 较为正常,它表明企业的每 1 元流动负债就有1元易于变现的流动资产来抵偿,短期偿债能力有可靠的保证。速动比率过低,企业的短期偿债风险较大,速动比率过高,企业在速动资产上占用资金过多,会增加企业投资的机会成本。

格力电器、美的集团、青岛海尔三家公司近五年的速动比率如表11-26所示。

表11-26 案例公司速动比率 %

年 份	行业均值	格力电器	美的集团	青岛海尔
2015年	97.99	98.98	115.16	116.40
2014年	97.52	102.91	97.63	124.72
2013年	91.92	93.90	88.49	112.31
2012年	87.76	86.07	83.08	104.02
2011年	81.32	84.51	83.84	97.81

四、成长能力指标

1. 销售增长率

销售增长率是评价企业成长状况和发展能力的重要指标。用公式表示为:

$$销售增长率=\frac{本年销售收入-上年销售收入}{上年销售收入}\times 100\%$$

销售增长率是衡量企业经营状况和市场占有能力、预测企业经营业务拓展趋势的重要指标,也是企业扩张增量资本和存量资本的重要前提。该指标越大,表明其增长速度越快,企业市场前景越好。格力电器、美的集团、青岛海尔三家公司近五年的销售增长率如表11-27所示。

表11-27 案例公司销售增长率 %

年 份	行业均值	格力电器	美的集团	青岛海尔
2015年	−7.67	−29.04	−2.28	1.10
2014年	2.35	16.12	17.11	2.65
2013年	20.67	19.44	17.91	8.30
2012年	−4.03	19.43	−23.46	8.41
2011年	13.67	37.60	21.57	21.58

2. 销售利润增长率

销售利润增长率又称营业利润增长率,是企业本年营业利润增长额与上年营业利润总额的比率,反映企业营业利润的增减变动情况。用公式表示为:

$$销售利润增长率=\frac{本年营业利润-上年营业利润}{上年营业利润}\times 100\%$$

销售利润增长率可以用来衡量公司的产品生命周期,判断公司发展所处的阶段。一般来说,如果近年来的销售利润复合增长率超过10%,说明公司产品处于成长期;如果该复合增长率在5%~10%之间,说明公司产品已进入稳定期;如果该比率低于5%,说明公司产品已衰退期,如果没有已开发好的新产品,公司将步入衰落。

格力电器、美的集团、青岛海尔三家公司近五年的销售利润增长率如表 11-28 所示。

表 11-28　案例公司销售利润增长率　　%

年　份	行业均值	格力电器	美的集团	青岛海尔
2015 年	5.33	−29.04	−2.28	1.10
2014 年	−8.59	31.20	44.26	25.42
2013 年	25.88	52.79	33.10	17.05
2012 年	106.34	76.70	−6.28	29.71
2011 年	−16.53	65.37	34.87	36.04

3. 总资产增长率

总资产增长率又称总资产扩张率，是企业本年总资产增长额同上年资产总额的比率，反映企业本期资产规模的增长情况。用公式表示为：

$$总资产增长率 = \frac{本年资产总额 - 上年资产总额}{上年资产总额} \times 100\%$$

总资产增长率越高，表明企业一定时期内资产经营规模扩张的速度越快。但在分析时，需要关注资产规模扩张的质和量的关系，以及企业的后续发展能力，避免盲目扩张。格力电器、美的集团、青岛海尔三家公司近五年的总资产增长率如表 11-29 所示。

表 11-29　案例公司总资产增长率　　%

年　份	行业均值	格力电器	美的集团	青岛海尔
2015 年	7.85	3.50	7.11	1.27
2014 年	13.71	16.85	24.08	22.93
2013 年	17.45	24.30	10.50	22.80
2012 年	10.18	26.24	−5.27	25.09
2011 年	18.15	29.89	19.46	35.73

美的 2011 年提出战略转型，不再盲目追求规模，转而追求盈利。2012 年美的集团的销售额的大幅下滑主要是因为家电行业环境变化和企业本身销售规模下降所致。因此，2012 年美的集团的销售增长率、销售利润增长率和总资产增长率出现负值，均低于平均水平。

4. 研收比（技术投入比率）

研收比即技术投入比率，是企业本年科技支出（包括用于研究开发、技术改造、科技创新等方面的支出）与本年营业收入的比率，反映企业在科技进步方面的投入，在一定程度上可以体现企业的发展潜力。用公式表示为：

$$研收比 = \frac{研发费用}{营业收入} \times 100\%$$

技术创新是企业在市场竞争中保持竞争优势、不断发展壮大的前提。技术投入比率集中体现了企业对技术创新的重视程度和投入情况，是评价企业持续发展能力的重要指标。该指标越高，表明企业对新技术的投入越多，企业对市场的适应能力越强，未来竞争优势越明显，生存发展的空间越大，发展前景越好。

按照《公开发行股票公司信息披露的内容与格式准则第二号〈年度报告的内容与格式〉》(2014年修订版)的规定,公司的年报中是需要在董事会报告部分,披露本公司当年研发投入的。

格力电器、美的集团、青岛海尔三家公司近五年的部分研收比如表11-30所示。

表 11-30　案例公司研收比 %

年　份	行业均值	格力电器	美的集团	青岛海尔
2015年	3.70	—	3.80	2.74
2014年	2.38	—	2.82	2.70
2013年	2.09	—	2.48	2.42
2012年	1.93	—	0.91	—
2011年	0.83	—	0.77	—

上表中"—"是因为公司年报中未披露与研发费用相关的数据。

5. **资本积累率**

资本积累率是指企业本年所有者权益增长额与上年所有者权益的比率。资本积累率表示企业当年资本的积累能力,是评价企业发展潜力的重要指标。用公式表示为:

$$资本积累率=\frac{本年所有者权益-上年所有者权益}{上年所有者权益}\times 100\%$$

资本积累率反映了投资者投入企业资本的保全性和增长性,该指标越高,表明企业的资本积累越多,企业资本保全性越强,应付风险、持续发展的能力越大。格力电器、美的集团、青岛海尔三家公司近五年的资本积累率如表11-31所示。

表 11-31　案例公司资本积累率 %

年　份	行业均值	格力电器	美的集团	青岛海尔
2015年	9.88	7.61	22.52	11.27
2014年	27.19	27.25	17.02	45.64
2013年	21.84	28.59	17.84	29.61
2012年	31.23	50.08	9.91	33.69
2011年	19.19	31.16	29.65	21.61

6. **资产质量比率**

资产质量比率是指企业的经营性资产与企业资产总额的比率。这个比率反映了在生产和流通中能够为社会提供商品或劳务的资产占企业总资产的比重。用公式表示为:

$$资产质量比率=\frac{经营性资产}{资产总额}\times 100\%$$

经营性资产是相对于金融资产来说的,包括土地、建筑物、机器设备等。存货、应收账款、预付账款等涉及日常经营活动的资产,也属于经营性资产。所以此处的经营性资产用企业总资产扣除金融资产(包括交易性金融资产、可供出售金融资产、持有至到期投资、长期股权投资、投资性房地产)后的余额。

经营性资产的运营要以追求经济效益为原则。资产质量比率反映了企业的品质性,该指标越大，表明企业因营利目的而持有，且实际也具有营利能力的资产数量越大，那么企业的品质性越好。

格力电器、美的集团、青岛海尔三家公司近五年的资产质量比率如表 11-32 所示。

表 11-32　案例公司资产质量比率　%

年　份	行业均值	格力电器	美的集团	青岛海尔
2015 年	92.44	97.96	95.09	89.70
2014 年	93.92	98.24	97.69	93.31
2013 年	93.97	98.02	97.19	95.50
2012 年	94.98	99.02	97.69	95.44
2011 年	96.40	99.73	97.75	95.53

7. 主营业务集中度

主营业务集中度是指主营业务收入与企业营业收入的比率。主要体现了企业对主营业务的重视程度。用公式表示为：

$$主营业务集中度 = \frac{主营业务收入}{营业收入} \times 100\%$$

主营业务收入是指企业经常性的、主要业务所产生的基本收入，如制造业的销售产品、非成品和提供工业性劳务作业的收入；商品流通企业的销售商品收入；旅游服务业的门票收入、客户收入、餐饮收入等。主营业务集中度越大，企业越重视本企业的主营业务，其他业务收入较少。这表明企业品质性好，是投资的选择对象。

该公式中的"主营业务收入"是选取年报报表附注中对营业收入和营业成本部分的数据。格力电器、美的集团、青岛海尔三家公司近五年的主营业务集中度如表 11-33 所示。

表 11-33　案例公司主营业务集中度　%

年　份	行业均值	格力电器	美的集团	青岛海尔
2015 年	95.64	89.96	92.87	99.35
2014 年	95.57	89.11	92.51	99.36
2013 年	95.53	91.09	92.91	98.96
2012 年	96.53	91.88	95.01	99.12
2011 年	95.96	92.30	93.40	99.08

第 12 章

估值分析

本章学习目标

- 票面价值、账面价值、市场价值、内在价值、清算价值
- 绝对估值法的原理和操作过程
- 相对估值法的原理和操作过程
- 期权法、成本法估值原理
- 自由现金流的计算、自由现金流折现法
- 股利折现法的原理及优缺点
- 剩余收益的计算、剩余收益折现法
- EBITDA 与 EBIT
- 非经常性损益与非经营性损益
- 核心资产与非核心资产
- PE 倍数、PB 倍数、EV/EBITDA 倍数

第 1 节　公司价值概述

每天都有成千上万的投资行业里的参与者——投资者、基金经理、监管者和研究人员，要面对一个常见而又往往很复杂的问题：某项资产的价值是多少，它到底值多少钱，我们买贵了吗？这个问题对于证券分析师而言，显得尤为重要。因为他们的职业就是为客户提供研究咨询报告，给出某个证券的估值。估值（Valuation）是基于某种定量的方法，对于一家公司或者一项资产估计出它的价值。在日常生活中，我们常常会感慨某件物品买贵了，或者买便宜了。实际上我们不自觉地就在比较价值（Value）与价格（Price）概念。价值决定价格，价格围绕价值上下波动。价值是事物内在属性，是从长期来看合理的价格；而价格则是在某次交易中，被交易双方认可的价值的外在表现形式。当某件物品的价格高于价值时，我们就会感到它很贵；与之相反，当某件物品的价格低于价值时我们就会感到它很便宜，物超所值。投资者必须厘清一些常见但又容易混淆的学术概念，具体包括：票面价值、账面价值、市场价值、内在价值、清算价值等。在这一节，我们将回答一些基本问题：什么是公司价值？什么情况下需要估值？

一、公司价值的主要类型

1. **票面价值**(Nominal Value)

股票的票面价值即面值，又称之为名义价值，是股份公司在所发行的股票票面上标明的票面金额，它以“元/股”为单位，印在每张股票的正面(有纸化交易下)，其作用是用来表明每一张股票所包含的资本数额。在我国上海和深圳证券交易所流通的股票的面值多数为“壹元”，即每股一元。以一元作为股票面值的作用是：表明股票的认购者在股份公司投资中所占的比例，作为确认股东权利的根据。如某上市公司的总股本为 10 000 万元，持有 10 000 股股票就表示在该股份公司所占的股份为万分之一。上市公司与其他公司比较，最显著的特点就是公司将全部资本划分为等额股份，并通过发行股票的方式来筹集资本①。股东以其所认购股份对公司承担有限责任。股票的面值与股份总数的乘积为股本，股本应等于公司的注册资本，所以股本也是很重要的投资分析指标。为了直观地反映这一指标，在会计核算上股份公司设置“股本”科目。为了提供股份的构成情况，公司一般在股本科目下按照股东单位或姓名设置明细账。股本的构成比例，即投资者的出资比例或称为股东的股份比例，通常是确定股东在公司所有者权益中所占份额和参与公司财务经营决策的依据；也是公司进行利润分配或者股利分配的依据；同时，还是公司清算时确定所有者对剩余净资产求偿权的依据。

2. **账面价值**(Book Value)

通俗地说，股票的账面价值就是公司记载在账面上的属于所有者的数值。因此，账面价值即为所有者权益。一张股票的账面价值，可用公司所有者权益数额除以股票数量得到，即每股净资产。如果把公司净资产比喻为整块蛋糕，则每股净资产即为凭一张股票可拿走的一小块蛋糕价值。值得注意的是，财务会计报告是以历史成交价格为基础的。比如，2006 年 A 上市公司用 2 亿元的价格买入某土地、厂房，该价格客观公允地反映了当时该不动产的价格，A 上市公司的会计人员将它按照 2 亿元的历史成本入账。问题是到了 2016 年，该地段经过大规模开发，该土地厂房已经大大增值。此时，如果我们仍然用资产负债表上记载的账面价值来估算公司投资价值，就可能会造成严重低估。

账面价值反映的是公司历史运营的情况，财务报表上每一个数字都是公司过去成长的真实写照。但是，在资本市场上，从投资的视角看，投资者看中的是某项资产在未来所能带来的经济利益流入。历史已经是一般过去时，历史成本也已经成为沉没成本，无论历史成本高低如何、公司经营状况如何，公司管理者已经无法改变，只能依靠更明智的决策和更合理的运营，使得公司在未来取得更好的经营业绩，所以能给投资者带来回报的只有未来的收益，这与历史成本无关。因此，投资决策者无法仅仅通过公司账面价值做出正确

---

① 实践中公司发行股票取得的收入与股本总额往往不一致，公司发行股票取得的收入大于股本总额的，称为溢价发行；小于股本总额的，称为折价发行；等于股本总额的，称为面值发行。我国不允许公司折价发行股票。在采用溢价发行股票的情况下，公司应将相当于股票面值的部分记入“股本”科目，其余部分在扣除发行手续费、佣金等发行费用后记入“资本公积”科目。

的决策[①]，而需要重新科学地估计其市场价值。那么，什么又是市场价值呢？

3. 市场价值(Market Value)

所谓市场价值，一般简称为市值，它是指在公平的交易中，熟悉情况的交易双方自愿接受进行资产交换的价格，买者没有受到任何强迫要求买入，卖者也没有受到任何强迫要求卖出。市值是指一家上市公司的发行股份按市场价格计算出来的股票总价值，其计算方法为每股股票的市场价格乘以发行总股数。某上市公司的所有发行股份数量乘以股票价格得到的市值总和，即为该股票的总市值。如某公司发行股票1亿股，每股的市场价值为15元，公司的总市值为15亿元。我国上市公司的股份结构中通常包括国有股、法人股、个人股等。所谓流通市值，指在某特定时间内当时可交易的流通股股数乘以当时股价得出的流通股票总价值。市值是投资者选择投资品种的一个重要指标，市场上的股票根据市值规模分为大盘、中盘、小盘等。公司的市价总值，可用来衡量一个公司的经营规模和发展状况。股票的市场价格瞬息万变，公司的市值和整个股市的市值也就每时每刻处在变动之中。在某些情况下，由于经济或政治形势发生较大的变化，导致股价突然大幅下跌，从而市值也大量蒸发缩水。如果把所有上市公司的市值加总，就可得出整个股票市场的市价总值。与公司的市值一样，股市的市价总值也可作为衡量一个国家股票市场发达程度的重要指标。

4. 内在价值(Intrinsic Value)

内在价值可以定义为，一家公司在其余下的寿命之中可以产生的现金的折现值。内在价值是一个非常重要的概念，它为评估公司的相对吸引力提供了重要的逻辑手段。从会计的视角看，股票的内在价值指的是股票未来现金流入的现值。它是股票的真实价值，也叫理论价值。股票的未来现金流入包括两部分：一是预期股利；二是出售时得到的收入。股票内在价值的计算方法有现金流贴现、市盈率估价等。在股票的实际交易中，市场价格未必都会反映出自己的内在价值，它还受到市场情绪等因素影响。

5. 清算价值(Salvage Value, Liquidation Value)

清算价值是指公司撤销或解散时，资产经过清算后，每一股份所代表的实际价值。在理论上，清算价值等于清算时的账面价值，但由于公司的大多数资产只以低价售出，再扣除清算费用后，清算价值往往小于账面价值。

二、何时需要公司估值

1. 选择股票

我们认为，公司估值是证券分析最重要、最升华的环节，估值是宏观、行业及财务分析的落脚点，所有分析从根本上讲，都是为了提供一个总体的公司估价的基础，然后以此为据作出投资与否的决策。证券分析师或者机构投资者需要不断地思考的问题就是：与当

---

① 账面价值计算的是已投入的资产的价值，而内在价值衡量的是经济潜力(所有者可能从资产中获得的价值)。仅有账面价值，还不能起到决定性的作用。如果你将相同金额投资到两家汽车公司，比如说丰田汽车和通用汽车，两家公司的账面价值相差无几，但是其内在价值却有着很大的不同。格雷厄姆和戴维多德没有犯这样的错误，他们直截了当地说，在预测股价走势方面，账面价值从实用的角度看几乎毫无价值。引自本杰明·格雷厄姆和戴维·多德《证券分析》，第6版，巴曙松等译，北京，中国人民大学出版社，2014年，第63-64页。

前的内在价值估计值以及可比公司相比，这只股票的价格是高估了，低估了还是合理状态？科学的估值能告诉我们安全边际。

2. IPO 定价

将公司价值予以量化的过程即为公司定价。在完全市场化的条件下，IPO 定价通常是在利用模型或数量分析确定公司价值的基础上再通过发售机制来测算影响价格的因素（如市场需求情况）以最终确定价格。其中，公司价值评估是 IPO 定价的基础，即采取定量分析的方法，运用估值模型计算得出公司股票的内在价值，以此作为发行定价的基础和理论依据。西方发达的资本市场经过多年实践及理论研究，形成了较为成熟的估价方法及估价模型，较为常用的是现金流贴现模型、可比公司模型。

3. 兼并与收购

在企业并购中，买卖双方谈判的焦点无疑是对目标企业的出价，而目标企业价格确定的基础是估值模型、估值参数等。估值是确定目标公司的并购价值，为双方协商作价提供客观依据。对标的资产估值是上市公司并购重组事件中的重要工作和重点关注内容，目前在我国资本市场中，经财政部、证监会审批具有证券期货资产评估资质的评估机构提供90%以上的并购估值服务。公司估值是将一个公司作为一个有机整体，依据其拥有或占有的全部资产状况和整体获利能力，充分考虑影响公司未来获利能力的各种因素，结合公司所处的宏观经济环境及行业背景，对公司整体公允市场价值进行的综合性评估与判断。

第 2 节 公司估值的主要方法

我国目前公司估值的主要模型分为四大类：绝对估值法、相对估值法、成本法、期权法，如表 12-1 所示。绝对估值法主要包括股利折现模型、自由现金流折现模型以及剩余收益折现模型三种。绝对估值法由于理论推导严谨，以其高度的科学性和准确性在财务估价领域中占据着非常重要的地位。在实务操作当中，绝对估值法（收益法）和相对估值法（市场法）是比较常用的两种方法。

表 12-1 公司估值基本方法

基本方法	具体模型
绝对估值法（收益法）	自由现金流折现模型
	股利折现模型
	剩余收益折现模型
相对估值法（市场法）	市盈率模型
	市净率模型
	企业价值倍数模型
成本法（资产法）	单项资产评估加和法
期权法	期权动态模型模拟定价法

一、绝对估值法

绝对估值法在实务中一般也被称为收益法，它是通过将目标公司预期收益资本化或折现来估算其公司价值。收益法主要运用现值技术，即一项资产的价值是利用其所能获取的未来收益的现值，其折现率反映了投资该项资产并获得收益的风险回报率。收益法是目前较成熟、使用较多的估值技术。收益法估值中的主要方法是现金流量折现法，运用现金流的贴现技术，选择适当的折现率，对公司的股利、自由现金流、剩余收益等进行贴现，以此计算公司股票的内在价值。

（一）估值思路

现金流量折现法是通过估测被评估企业未来预期现金流量的现值来判断企业价值的一种估值方法。现金流量折现法从现金流量和风险角度考察企业的价值。在风险一定的情况下，被评估企业未来能产生的现金流量越多，企业的价值就越大，即企业内在价值与其未来产生的现金流量成正比；在现金流量一定的情况下，被评估企业的风险越大，企业的价值就越低，即企业内在价值与风险成反比。使用现金流折现法的关键在于未来预期现金流的预测，以及数据采集和处理的客观性和可靠性等。当对未来预期现金流的预测较为客观公正、折现率的选取较为合理时，其估值结果具有较好的客观性，易于为市场所接受。企业价值是对未来现金流量折现后的现值。假设公司是持续经营，那么将来的现金流折现到预测基期年度，即为该企业的价值，如图 12-1 所示。

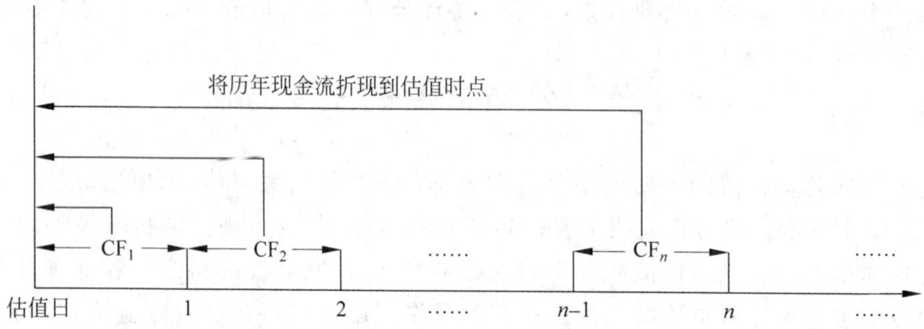

图 12-1　绝对估值法原理

其计算公式为：

$$V=\sum_{t=1}^{\infty}\frac{CF_t}{(1+r_t)^t}$$

其中，V 表示被评估企业的总价值；t 表示产生现金流的时间，通常用年表示；CF_t 表示第 t 期的现金流；r_t 为折现率。

（二）基本步骤

1．分析历史绩效

对企业历史绩效进行分析，其主要目的就是要彻底了解企业过去的绩效，这可以为判定和评价今后绩效的预测提供一个视角，为预测未来的现金流量做准备。历史绩效分析主要是对企业的历史会计报表进行分析，重点在于企业的关键价值驱动因素。

2．确定预测期间

在预测企业未来的现金流量时，通常会人为确定一个预测期间，在预测期后现金流量就不再做详细估计，而是假设后续永续增长。期间的长短取决于企业的行业背景、管理部门的政策、并购的环境等，通常为5～10年。实务中，预测期的时间范围涉及三个重要的时期：预测基期、详细预测期和永续期。

预测基期通常指预测工作的上一个年度，基期数据是预测的起点，基期数据不仅包括各项财务数据的金额，还包括增长率以及各项财务数据之间的财务比率。一般收集公司近五年的所有财务报表数据，作为确定各种预测参数时的参考依据。如果上年的财务数据具有可持续性，可以将上年的实际数作为基期数据。否则，应该适当调整，使之适合未来的情况。

预测期一般包括详细预测期和永续期。实务中的详细预测期通常确定为5～10年即可。企业增长的不稳定时期有多长，预测期就应该有多长。详细预测期一旦确定之后，企业就进入了稳定期。如何判断企业增长是否稳定呢？可以通过如下方法进行判别：具有稳定的销售增长率，大约等于宏观经济的名义增长率；具有稳定的投资者资本回报率，它与资本成本相近。

3. 预测未来的现金流量

资产的价值必然与预期能通过持有该资产获得收益或者回报相关，这些回报被称为资产的未来现金流量。股票估值的折现对象，最常使用的三种预期现金流量是股利、自由现金流、剩余收益。基于此，人们通常使用自由现金流折现模型、股利折现模型、剩余收益折现模型，作为公司估值的基本模型。

1）自由现金流折现

所谓自由现金流(free cash flow)是指所有经营费用(包括所得税)已经支付，必须的营运资本(例如存货)和固定资本(例如设备)投资已经完成后，公司资本提供者可以得到的现金流。可以看出，股利是公司实际分配给股东的现金流；自由现金流是(理论上)可以分配给股东的现金流。

公司的资金提供者通常包括股东和债权人。因此，自由现金流也分为企业自由现金流(free cash flow to the firm，FCFF)和股权自由现金流(free cash flow to equity，FCFE)两种。二者区别是：所有的经营费用(包括所得税)已经支付，必须的营运资本(例如存货)和固定资本(例如设备)投资已经完成后，公司资本提供者可以得到的现金流即为FCFF。所有的经营费用(包括所得税)、债务利息和本金已经支付，必须的营运资本(例如存货)和固定资本(例如设备)投资已经完成后，股东可以得到的现金流即为FCFE。企业所产生的现金流量在扣除库存、厂房设备等资产所需的投入及缴纳税金后的部分，即自由现金流量。用公式可表示为：自由现金流=(税后净营业利润+折旧摊销)-(营运资本增加+资本性支出)。需要注意的是，利息费用尽管作为费用从收入中扣除，但它是属于债权人的自由现金流量。因此，只有在计算股权自由现金流时才扣除利息费用，而在计算企业自由现金流量时则不能扣除。

自由现金流与净利润、经营活动现金流(CFO)、EBITDA(息税折旧及摊销前利润)等其他财务指标的关系十分重要。证券分析师必须清楚地理解自由现金流和公司财务报告数据之间的关系，才能准确预测自由现金流及增长率。虽然现金流量表中会披露CFO，但CFO不是自由现金流。证券分析师可以用净利润和CFO数据计算出公司的自由现金流。现举例说明如下：

假设 ABC 公司是一家工业产品的分销商，成立于 2007 年 12 月 31 日。该公司初始资本包括 224 000 元的借款和 336 000 元的普通股。公司的管理层立即用初始资本进行了 500 000 元的固定资本和 60 000 元的营运资本投资。公司固定资产折旧年限为 10 年且残值为零。表 12-2 至表 12-5 列示了 ABC 公司成立之后三个年度的简化财务报表及相关信息，分别运用净利润以及经营活动现金流量计算了 ABC 公司的企业自由现金流。

表 12-2　ABC 公司简化资产负债表　　单位：千元

	2007 年度	2008 年度	2009 年度	2010 年度
货币资金	0	108.92	228.74	360.54
应收账款	0	100	110	121
存货	60	66	72.60	79.86
流动资产合计	**60**	**274.92**	**411.34**	**561.40**
固定资产	500	500	550	605
减：累计折旧	0	45	94.50	148.95
总资产合计	**560**	**729.92**	**866.84**	**1 017.45**
应付账款	0	50	55	60.50
流动负债	0	50	55	60.50
长期借款	224	224	271.04	298.14
股本	336	336	336	336
留存收益	0	97.52	204.80	322.80
负债和所有者权益合计	**560**	**729.92**	**866.84**	**1 017.45**

表 12-3　ABC 公司简化利润表　　单位：千元

	2008 年度	2009 年度	2010 年度
息税折旧及摊销前利润(EBITDA)	200	220	242
折旧费用	45	49.50	54.45
经营利润(EBIT)	**155**	**170.50**	**187.55**
利息费用(利率 7%)	15.68	17.25	8.97
税前利润	**139.32**	**153.25**	**168.58**
所得税费用(税率为 30%)	41.80	45.97	50.58
净利润	**97.52**	**107.28**	**118.00**

(1) 从净利润开始计算 FCFF。FCFF 是支付了所有费用(包括税收)和满足了经营性投资需求之后，归属于公司所有资本提供者的现金流。公司的资本提供者包括债权人和股东。从利润开始计算 FCFF 的公式为：

FCFF＝属于普通股股东的净利润

加：净的非现金费用①

加：利息费用×(1－所得税税率)

① 净的非现金费用指的是不涉及现金支出的费用。

减：固定资本投资[①]

减：营运资本投资

以上公式中，属于普通股东的净利润，即为利润表的最后一行，它代表扣除了折旧、摊销、利息费用、所得税之后的利润。净的非现金费用，主要指的是折旧和摊销，它们是在计算净利润时没有付出现金的费用项目。税后利息费用必须“加回”到净利润中以得到FCFF。因为在计算净利润时扣除了利息费用在所得税节约（税盾）后的净值，而利息是公司一部分资本提供者（即债权人）所应该归属的现金流。固定资本投资，代表着公司购买目前和未来经营所需的固定资本的现金流出。这些投资是对长期资产，例如土地、厂房和设备的资本支出，它们是支撑公司经营所必须的。必要的资本支出可能还包括无形资产，例如专利权和商标等。营运资本投资，反映了流动资产（例如应收款项和存货）减去流动负债（例如应付款项等）的净投资。证券分析师可以通过研究公司资产负债表和现金流量表，得到这方面的详细数据。

表 12-4　运用净利润计算自由现金流　　单位：千元

	2007 年度	2008 年度	2009 年度	2010 年度
不包括货币资金的流动资产：				
应收账款	0	100	110	121
存货	60	66	72.60	79.86
不包括货币资金的流动资产	60	166	182.60	200.86
不包括短期借款的流动负债：				
应付账款	0	50	55	60.50
营运资本	60	116.00	127.60	140.36
营运资本的增加		56	11.60	12.76
净利润		97.52	107.28	118.00
非现金费用：折旧		45	49.50	54.45
利息费用×(1－30%)		10.98	12.08	13.28
固定资本投资		0	(50)	(55)
营运资本投资		(56)	(11.60)	(12.76)
企业自由现金流		97.50	107.26	117.97

（2）从现金流量表开始计算 FCFF。FCFF 是归属于所有资本提供者的现金流。因为现金流量表中的经营活动产生的现金流量（CFO）包含了对非现金费用（例如折旧和摊销）和营运资本净投资的调整，所以证券分析师们经常用 CFO 作为起点来计算 FCFF。要从 CFO 开始计算 FCFF，必须了解利息支付的会计处理。按照我国会计准则，净利润和 CFO 已经扣除了税后利息费用。因为要计算归属于债权人和股东的现金流，所以税后利息费用必须予以加回，以得到 FCFF。投资者需要牢记的是：加回税后利息费用是因为净利润扣除了这一项；营运资本没有出现在公式中，是因为 CFO 已经包含了营运资本投资。从 CFO 开始计算 FCFF 的公式为：

① 本节讲到的固定资本投资和营运资本投资，均指的是在被计算自由现金流所对应的期间做出的投资。

$$
\begin{aligned}
\text{FCFF} = & \text{经营活动产生的现金流量} \\
& \text{加：利息费用} \times (1-\text{所得税税率}) \\
& \text{减：固定资本投资}
\end{aligned}
$$

表 12-5 运用现金流量表计算自由现金流 单位：千元

	2008 年度	2009 年度	2010 年度
现金流量表及附注资料(间接法)：			
经营活动产生的现金流量：			
净利润	97.52	107.28	118.00
加：折旧	45	49.50	54.45
应收账款的增加	(100)	(10)	(11)
存货的增加	(6)	(6.60)	(7.26)
应付账款的增加	50	5	5.5
经营活动产生的现金流量净额	86.52	145.18	159.69
投资活动产生的现金流量：			
购买固定资产	0	(50)	(55)
融资活动产生的现金流量：			
借款(偿还)	22.40	24.64	27.10
总现金流量	108.92	119.82	131.80
期初现金余额	0	108.92	228.74
期末现金余额	108.92	228.74	360.54
现金流量表注：			
支付利息的现金	(15.68)	(17.25)	(18.97)
支付所得税的现金	(41.80)	(45.98)	(50.57)
自由现金流计算：			
经营活动产生的现金流量	86.52	145.18	159.69
利息费用×(1－30%)	10.98	12.08	13.28
固定资本投资	0	(50)	(55)
企业自由现金流	97.50	107.26	117.97

2）股利折现

股利折现模型将现金流定义为股利。这种定义最基本的理由是，购买并持有股票的投资者通常情况下只收到股利形式的现金回报。股票可能分配也可能不分配股利。企业不分配股利可能是因为没有利润或者没有现金可供分配。不分配股利还可能是有其他积极的原因：企业盈利性太好。例如，公司可能为了把握有利可图的增长机会而将所有盈利再投资，即不分配股利；当公司成熟时，面对较少的可投资机会，它可能开始分红。有读者会思考的问题是，将现金流定义为发放的股利，是否忽略了没有作为股利分配给股东的盈利呢？再投资的盈利为以后股利的增加奠定了基础，因此股利折现模型在考虑所有未来股利的时候已经把再投资的盈利包括在内了。利用股利折现模型来为公司估值存在明显的不足，即我们无法为那些不分红的公司估值。事实上，公司股利政策的选择存在明显的国际差异，即使在同一个市场中，不同时期的选择也会有变化。一般地说，在我国股票市场中分红的公司的比例，要低于美国和欧洲公司；而美国股票市场中分红的公司的比例，又低于欧洲同类股票市场。

3）剩余收益折现

剩余收益作为一个经济概念已经有了很长的历史。最早可以追溯到 19 世纪后期的 Alfred Marshall 的两本著作[①]。20 世纪 20 年代，通用汽车公司在评价业务部门业绩的时候也用到了剩余收益的概念。近年以来，剩余收益得到了新的关注和重视，它也可以被称为经济利润、超额利润、经济增加值。

股权估值的剩余收益模型在投资实务界和学术界都得到了广泛的认可。理论上说，剩余收益就是净利润减去创造净利润的股权的机会成本，即扣除了公司所有资本成本后所剩余的利润。剩余收益模型吸引人的地方根源于传统会计的一个缺点，具体来说，企业的利润表包含了债务资本成本这项支出，但是没有包含股权资本成本的支出。如果一家企业的利润小于股权资本成本，那么即使它的利润大于零，它也仍然没有增加股东的价值。剩余收益模型明确地承认了创造利润的全部资本的成本。

传统的财务报表特别是利润表，是为反映所有者的盈利而编制的。因此，利润表显示的净利润扣除了债务资本的成本，即利息费用，但是它并没有扣除股利或者其他的股权资本成本。传统的财务报表实质上是让所有者自己判断盈利是否覆盖其机会成本。相反，剩余收益这一经济概念明确地扣除了估算的股权资本成本，后者是衡量股东机会成本的财务概念。股权成本反映的是新增股权（发行新股或者内部融资）的成本，因此是边际成本，也被称作股权要求报酬率。

我们举例讲解剩余收益的计算和解释。大有资讯公司是一家开发数据库的小型公司，总资产为 200 万元，其中债务资本和股权资本各占 50%，税前债务资本成本为 7%，股权资本成本为 12%，公司息税前利润（EBIT）为 20 万元。企业所得税率为 30%，大有资讯的净利润计算如下（单位：元）。

息税前利润（EBIT）	200 000
减：利息费用	70 000
税前利润	130 000
减：所得税费用	39 000
净利润	91 000

大有资讯的净利润为 91 000 元，在会计意义上明显是盈利的。但是该公司的盈利是否给股东提供了足够的回报呢？很不幸，它没有。要考虑股权资本成本就要计算剩余收益。计算剩余收益的一个方法就是从净利润中扣除股权成本。股权成本等于股权资本金额乘以股权资本成本率。我们已知大有资讯的股权资本金额为 100 万元，乘以股权资本成本率 12%，得到 120 000 元的股权成本。如前所述，我们用净利润减去股权成本，得到剩余收益为－29 000 元。可以看出大有资讯的剩余收益为负数，其会计盈利不足以覆盖股权资本成本，公司并没有为股东创造价值，而是在毁灭价值。

还有另一个方法可以计算出剩余收益。从所有资本（债务资本和股权资本）提供者的角度出发，将资本总成本从企业税后经营利润（net operating profit after tax，NOPAT）中

① Alfred Marshall, *Some Fundamental Notions*, Chapter 4, Profit and Capital; *Principles of Economis* .

扣除即可。可以看出，大有资讯股权成本是 1 000 000×12%＝120 000 元；债务成本是 1 000 000×7%×(1－30%)＝49 000 元。该公司的总资本成本即为 169 000 元。我们用 NOPAT＝2 000 000×(1－30%)＝140 000 元，减去总资本成本，即可得到剩余收益为－29 000 元。

4. 计算折现率及公司价值

折现率是指将未来预测期内的预期收益换算成现值的比率，有时也称资金成本率。通常，折现率可以通过加权平均资本成本 WACC 确定(股权资本成本和债务资本成本的加权平均)。

$$r = r_d w_d + r_e w_e$$

式中 w_d 为评估对象的债务比率；w_e 为评估对象的股权资本比例。该式可表达为：

$$\text{WACC} = r = \frac{D}{D+E} r_d (1-t) + \frac{E}{D+E} r_e$$

股权资本成本根据资本资产定价模型(CAPM)来预测，即为：

$$r_e = r_f + \beta(r_m - r_f)$$

其中：r_f 为无风险利率；r_m 为市场预期报酬率，β 为可比公司股票(资产)的预期市场平均风险系数。权益和债务的成本按照一定的权数加总起来，但由于利用债务筹资时存在财务杠杆，所以在计算债务成本时需要减掉所得税。

预测无限期的现金流量数据是很困难的，一般来说时间越长，远期的预测越不可靠，因此大部分的估价将预测的时间分为两个阶段。第一阶段是有限的、明确的预测期，称为“预测期”，在此期间需要对每年的现金流量均进行详细的预测，并根据现金流量模型计算其预测期的价值；第二阶段是预测期以后的无限时期，称为“永续期”，在此期间企业进入稳定状态，有一个稳定的增长率，可以用简便方法估计永续期的价值。因此企业价值分为两部分：

$$\text{企业价值} = \text{预测期价值} + \text{永续期价值}$$

永续期价值的估计方法通常有两种情景：(1)假设永续期的现金流量为常数，将其资本化作其后续价值：永续期价值＝现金流量$_{t=1}$÷资本成本；(2)假设永续期现金流量按固定比例永续增长，采用永续增长模型进行估价。永续期价值＝现金流量$_{t=1}$÷(资本成本－永续期现金流量永续增长率)

二、相对估值法

相对估值法在实务中亦被称为市场法。该方法的核心思想是将估值企业与参考企业、在市场上已有交易案例的企业、股东权益、证券等权益性资产进行比较以估计公司的价值。

1. 估值的基本思路

可比企业分析法是以交易活跃的同类企业的股价和财务数据为依据，计算出一些主要的财务比率，然后用这些比率作为乘数计算得到非上市企业和交易不活跃上市企业的价值。可比企业分析法的技术性要求较低，与现金流量折现法相比理论色彩较淡。

2. 操作方法与步骤

1）选择可比企业

所选取的可比企业应在营运上和财务上与被评估企业具有相似的特征。在基于行业的初步搜索得出足够多的潜在可比企业总体后，还应该用进一步的标准来决定哪个可比企业与被评估企业最为相近。常用的标准如规模、盈利水平、细分行业、主营业务集中度等。所选取的可比企业与目标企业越接近，评估结果的可靠性就越好。

2）选择及计算乘数

乘数一般有如下两类：一是基于市场价格的乘数。常见的乘数有市盈率（P/E）、价格对收入比（P/R）、价格对净现金流比率（P/CF）和价格对有形资产账面价值的比率（P/BV）。基于市场价格的乘数中，最重要的是市盈率。计算企业的市盈率时，既可以使用历史收益（过去 12 个月或上一年的收益或者过去若干年的平均收益），也可以使用预测收益（未来 12 个月或下一年的收益），相应的比率分别称为追溯市盈率和预测市盈率。出于估值目的，通常首选预测市盈率，因为最受关注的是未来收益。而且，企业收益中的持久构成部分才是对估值有意义的，因此，一般把不会再度发生的非经常性项目排除在外。二是基于企业价值的乘数。基于企业价值的常用估值乘数有 EV/EBIT、EV/EBITDA、EV/FCF，其中，EV 为企业价值，EBIT 为息税前利润，EBITDA 为息税折旧和摊销前利润，FCF 为企业自由现金流量。

3）运用选出的众多乘数计算被评估企业的价值估计数

选定某一乘数后，将该乘数与被评估企业经调整后对应的财务数据相乘就可得出被评估企业的一个市场价估值。根据多个乘数分别计算得到的各估值越接近，说明评估结果的准确度越高。读者需要注意的是，用股权乘数得出的被评估企业的估值是股东权益市场价值的估计数（股权价值）；用总资本乘数得出的则是包括被评估企业股权和债权在内的总资本的市场价值估计数（公司价值）。

三、期权估价法

传统的价值评估方法没有考虑并评估机会的价值，期权估价法在传统方法的基础上考虑并计算了机会本身的价值，将投资机会的价值量化，拓宽了投资决策的思路，使估价方法更为合理，更能全面真实地反映企业的内在价值。但在期权估价模型的实际应用中，还存在许多限制性的条件，如期权必须可以立即被执行；标的资产价格的运动应该是一个连续的过程；方差是已知的，并且在有效期内不会发生变化等，这些限制条件在很大程度上限制了期权模型的应用。又因为其计算十分复杂，实用性差，故在公司估值中的实际应用并不广泛。但在对自然资源资产的估价中，对某些商品如专利权的估价以及拥有较大决策弹性的某个投资项目价值的评估过程，期权估价模型则能展现出它特有的有效性与科学性。

四、成本法

成本法也称资产基础法，是在合理评估目标企业各项资产价值和负债的基础上确定目标企业的价值。应用成本法需要考虑各项损耗因素，具体包括有形损耗、功能性损耗和经济性损耗等。成本法的关键是选择合适的资产价值标准。成本法主要有账面价值法、重置成本法和清算价格法。

1. 账面价值法

账面价值法是基于会计的历史成本原则，以企业账面净资产为计算依据来确认目标企业价值的一种估值方法。账面价值法的优点在于：它是按通用会计原则计算得出的，比较客观，而且取值方便。账面价值法的缺点在于：它是一种静态估价方法，既不考虑资产的市价，也不考虑资产的收益。实际中，有三方面的原因使账面价值往往与市场价值存在较大的偏离：一是通货膨胀的存在使一项资产的价值不等于它的历史价值减折旧；二是技术进步使某些资产在寿命终结前已经过时和贬值；三是由于组织资本的存在使得多种资产的组合会超过相应各单项资产价值之和。因此，这种方法主要适用于简单的并购中，主要针对账面价值与市场价值偏离不大的非上市企业。

2. 重置成本法

重置成本法是以目标企业各单项资产的重置成本为计算依据来确认目标企业价值的一种估值方法。重置资产法和账面价值法有相似之处，也是基于企业的资产为基础的。但它不是用历史上购买资产的成本，而是根据现在的价格水平购买同样的资产或重建一个同样的企业所需要的资金来估算该企业的价值。运用重置成本法，需要对资产账面价值进行适当的调整。在实际运用中，有两种调整方法：一是价格指数法，即选用一种价格指数，将资产购置年份的价值换算成当前的价值。价格指数法存在的最大问题是没有反映技术贬值等因素对某些重要资产价值带来的影响。二是逐项调整法，即按通货膨胀和技术贬值两个因素对资产价值影响的大小，逐项对每一资产的账面价值进行调整，以确定各项资产的当前重置成本。

3. 清算价格法

清算价格法是通过估算目标企业的净清算收入来确定目标企业价值的方法。企业的净清算收入是出售企业所有的部门和全部固定资产所得到的收入，再扣除企业的应付债务。这一估算的基础是对企业的不动产价值(包括工厂、厂场和设备、各种自然资源或储备等)进行估算。清算价格法是在目标企业作为一个整体已经丧失增值能力情况下的估值方法，估算所得到的是目标企业的可变现价格。此方法主要适用于陷入困境的企业价值评估。

第3节　案例公司基本情况

武汉光迅科技股份有限公司是全球领先的光电子器件厂商，中国唯一一家有能力对光电器件进行系统性、战略性研究开发的高新技术企业，也是国内第一家具备光电器件芯片关键技术和大规模量产能力的企业。目前，共拥有七家全资子公司。公司成立于2001年，前身是1976年成立的邮电部固体器件研究所，2009年8月登陆深圳证券交易所，成为国内首家上市的光电子器件公司。2012年12月，光迅科技和武汉电信器件有限公司(WTD)重组合并，推动上市公司在产业规模、技术研发等方面的快速发展。作为光电子器件研发的先行者和领导者，光迅科技先后承担“863计划”“973计划”等各类国家级项目100余项，累计起草国家标准和通信行业标准过百项，申请国内外专利近600件。2000年以来，公司共获得省部级以上科技奖项20余项，连续七年排名“中国光器件与辅助设备和原材料最具竞争力企业 10 强”榜首，并被国家发改委、科技部等联合授予“国家认定企业技术中心”“国家技术创新示范企业”称号。表 12-6 至表 12-8 列示了光迅科技 2014—2016 三个年度的财务报表。

表 12-6 光迅科技公司资产负债表 单位：百万元

项 目	2014 年度	2015 年度	2016 年度
流动资产			
货币资金	1 059.30	567.60	961.20
应收票据	334.62	504.37	736.57
应收账款	547.83	646.33	701.33
预付款项	52.45	71.51	49.09
应收利息	4.31	17.51	7.12
其他应收款	10.00	10.94	14.50
存货	772.50	1 124.50	1 326.80
其他流动资产	124.51	563.33	169.73
流动资产合计	**2 905.60**	**3 506.10**	**3 966.40**
非流动资产			
长期股权投资	9.57	39.61	0.68
固定资产	602.66	593.82	694.98
在建工程	7.09	13.03	36.06
无形资产	33.10	35.34	56.40
商誉	6.56	6.56	38.60
长期待摊费用	8.33	0.59	0.01
递延所得税资产	12.91	20.39	23.94
非流动资产合计	**680.22**	**709.34**	**850.67**
资产总计	**3 585.82**	**4 215.44**	**4 817.07**
流动负债			
短期借款	60.25	22.75	153.28
应付票据	411.18	471.73	609.27
应付账款	445.40	769.14	798.79
预收款项	25.58	34.19	28.48
应付职工薪酬	54.35	61.93	65.70
应交税费	3.13	9.52	11.53
应付利息	1.28	0.03	0.36
其他应付款	134.81	61.29	39.41
流动负债合计	**1 135.98**	**1 430.58**	**1 706.82**
非流动负债			
长期借款	0.00	0.00	74.00
预计负债	0.00	6.65	5.48
递延收益	73.08	124.20	116.97
递延所得税负债	0.00	0.00	0.00
非流动负债合计	**73.08**	**130.85**	**196.45**
负债合计	**1 209.06**	**1 561.43**	**1 903.27**

续表

项　　目	2014 年度	2015 年度	2016 年度
所有者权益			
股本	203.50	209.89	209.64
资本公积	1 353.18	1 487.64	1 487.67
其他综合收益	−3.17	−5.04	−4.70
盈余公积	75.07	78.46	98.12
未分配利润	748.14	883.07	1 043.31
归属于母公司所有者权益合计	**2 376.72**	**2 654.02**	**2 834.04**
少数股东权益	0.00	0.00	79.68
所有者权益合计	**2 376.72**	**2 654.02**	**2 913.72**
负债及所有者权益总计	**3585.78**①	**4 215.45**	**4 816.99**

表 12-7　光讯科技公司利润表　　单位：百万元

项　　目	2014 年度	2015 年度	2016 年度
一、营业总收入	2 433.05	3 139.98	4 059.21
其中：营业收入	2 433.05	3 139.98	4 059.21
二、营业总成本	**2 301.42**	**2 880.47**	**3 791.25**
其中：营业成本	1 883.39	2 333.46	3 170.32
营业税金及附加	12.68	11.44	21.53
销售费用	72.61	134.82	132.01
管理费用	309.74	391.82	448.06
财务费用	−3.68	−28.28	−28.26
资产减值损失	26.68	37.23	47.58
投资收益(损失以“−”号填列)	−0.02	0.05	−0.56
其中：对联营企业和合营企业的投资收益	0.00	0.05	−0.56
三、营业利润(亏损以“−”号填列)	**131.61**	**259.55**	**267.40**
加：营业外收入	21.67	32.07	52.70
其中：非流动资产处置利得	0.15	0.00	0.28
减：营业外支出	1.40	3.56	3.35
其中：非流动资产处置损失	0.64	3.41	0.73
四、利润总额(亏损总额以“−”号填列)	**151.89**	**288.06**	**316.76**
减：所得税费用	7.76	44.80	42.82
五、净利润(净亏损以“−”号填列)	**144.13**	**243.26**	**273.94**
归属于母公司所有者的净利润	144.13	243.26	285.02
少数股东损益	0.00	0.00	−11.08
六、其他综合收益的税后净额	**−3.63**	**−1.87**	**−0.55**
归属母公司所有者的其他综合收益的税后净额	−3.63	−1.87	0.33
(一) 以后不能重分类进损益的其他综合收益	0.00	0.00	0.00

① 上市公司年报数据货币单位由“元”转换成为“百万元”时，四舍五入的原因，导致这一行的负债及所有者权益数据，与资产那一行的数据略有微小差别。

续表

项　　目	2014 年度	2015 年度	2016 年度
(二) 以后将重分类进损益的其他综合收益	−3.63	−1.87	0.33
外币财务报表折算差额	−3.63	−1.87	0.00
归属于少数股东的其他综合收益的税后净额	0.00	0.00	−0.88
七、综合收益总额	**140.50**	**241.39**	**273.38**
归属于母公司所有者的综合收益总额	140.50	241.39	285.35
归属于少数股东的综合收益总额	0.00	0.00	−11.97
八、每股收益：			
(一) 基本每股收益	0.76	1.16	1.36
(二) 稀释每股收益	0.76	1.16	1.36

表 12-8　光迅科技公司现金流量表　　单位：百万元

项　　目	2014 年度	2015 年度	2016 年度
一、经营活动产生的现金流量：			
销售商品、提供劳务收到的现金	2 544.08	3 241.31	4 139.80
收到的税费返还	39.96	44.39	80.58
收到其他与经营活动有关的现金	55.60	118.68	59.58
经营活动现金流入小计	2 639.64	3 404.37	4 279.96
购买商品、接受劳务支付的现金	1 893.16	2 481.50	3 167.60
支付给职工以及为职工支付的现金	364.48	414.05	474.92
支付的各项税费	75.06	88.54	114.78
支付其他与经营活动有关的现金	181.35	279.91	341.72
经营活动现金流出小计	2 514.05	3 264.00	4 099.03
经营活动产生的现金流量净额	125.59	140.37	180.94
二、投资活动产生的现金流量：			
处置固定资产、无形资产和其他长期资产收回的现金净额	0.30	0.12	0.42
收到其他与投资活动有关的现金	0.00	438.60	526.91
投资活动现金流入小计	0.30	438.72	527.33
购建固定资产、无形资产和其他长期资产支付的现金	100.96	123.07	250.61
投资支付的现金	0.00	30.00	0.00
支付其他与投资活动有关的现金	440.60	650.00	120.00
投资活动现金流出小计	541.55	803.07	370.61
投资活动产生的现金流量净额	−541.26	−364.36	156.72
三、筹资活动产生的现金流量：			
吸收投资收到的现金	700.97	37.02	77.92
其中：子公司吸收少数股东投资收到的现金	0.00	0.00	77.92
取得借款收到的现金	30.01	0.00	74.00
筹资活动现金流入小计	730.98	37.02	151.92
偿还债务支付的现金	60.97	30.01	0.00
分配股利、利润或偿付利息支付的现金	48.55	104.44	103.01
支付其他与筹资活动有关的现金	3.63	0.00	4.84

续表

项　　目	2014 年度	2015 年度	2016 年度
筹资活动现金流出小计	113.14	134.45	107.85
筹资活动产生的现金流量净额	617.84	−97.43	44.07
四、汇率变动对现金及现金等价物的影响	**−2.16**	**0.29**	**6.67**
五、现金及现金等价物净增加额	**200.01**	**−321.12**	**388.41**
加：期初现金及现金等价物余额	518.71	718.72	402.83
六、期末现金及现金等价物余额	**718.72**	**397.60**	**791.24**

第 4 节　运用绝对法估值

一、利润表预测

1. 营业收入

不断创造收入是公司利润之源，也是公司价值创造之源。通过销售增长率预测未来各年度的营业收入情况，是公司估值技术的非常重要的内容。销售增长率预测是公司估值模型的逻辑起点。销售增长率预测方法一般包括三种：同比增长率法；复合增长率法[①]；回归分析法。在企业没有发生重大变化的情况下，历史数据是预测的重要依据，因此预期增长率要与历史增长率反应的趋势符合。

复合增长率(Compound Average Growth Rate，CAGR)描述的是一项初始投资在特定年度之内以什么样的平均速度递增，就会到达终点值。复合增长率的计算公式为：(现有价值/基础价值)^(1/年数)－1。如表 12-9 所示，复合增长率为该年为起点，到达 2016 年的年度平均增长率。例如，2006 年的复合增长率为 26%，是以 2006 年为起点，以 2016 年为终点的复合增长测算；2007 年的复合增长率为 27%，是以 2007 年为起点，以 2016 年为终点的复合增长测算。

表 12-9　销售额的历史增长率分析

年　　份	销售收入(万元)	同比增长率(%)	复合增长率(%)
2006 年	41 185.30	—	26
2007 年	48 768.90	18	27
2008 年	65 384.30	34	26
2009 年	73 048.40	12	28
2010 年	91 435.80	25	28
2011 年	110 725.00	21	30
2012 年	210 366.00	90	18
2013 年	213 270.00	1	24
2014 年	243 305.00	14	29
2015 年	313 998.00	29	29
2016 年	405 921.00	29	—

① 读者运用 Excel 计算复合年增长率时，函数公式为“(A11/A1)^(1/10)－1”，其中的 A11 和 A1 分别为第 11 年和第 1 年的销售收入金额。

有的证券分析师使用同比增长率这一方法来分析上市公司的销售额的增长规律。由于受到某些个别年份公司销售额的异常值影响，同比增长率具有一定程度的局限性。证券分析师常用 CAGR 来分析上市公司的历史销售增长率。我们可以认为 CAGR 平滑了回报曲线，不会为短期异常值的剧变而迷失。但是该方法也具有一定程度的局限性，它受到端点值的影响非常大。如表 12-8 所示，使用 2006—2016 年的任何端点值，计算出来的 CAGR 都不一样。该案例中，不同的端点值计算出来的 CAGR 还比较稳定，有的上市公司的销售收入，不同的端点值测算出来的 CAGR 忽高忽低，差异极大。如图 12-2 所示，光迅科技销售额的复合增长率历史值的波动比同比增长率历史值的波动较为平滑。

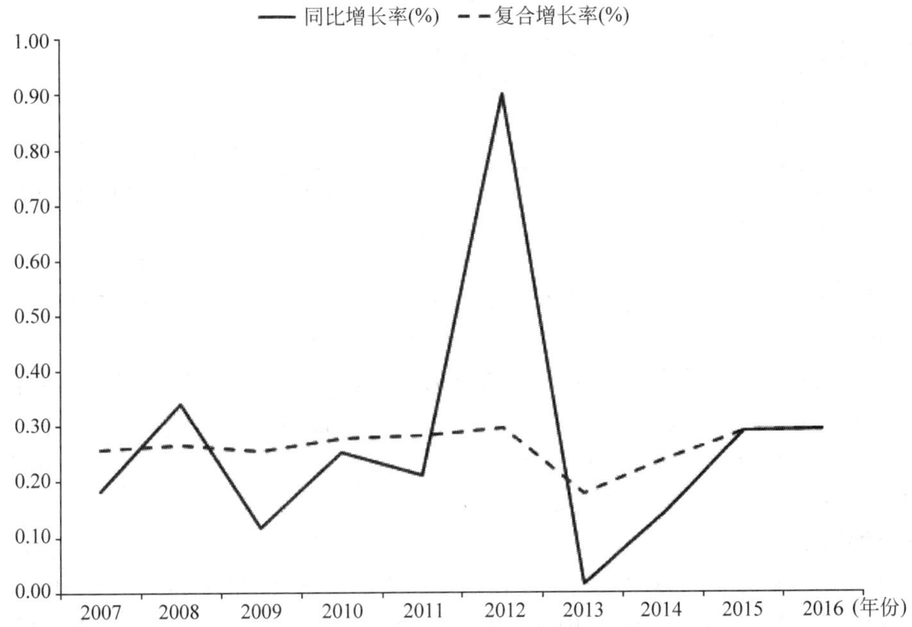

图 12-2 光迅科技销售增长率历史值

回归分析法是依据事物发展变化的因果关系来预测事物未来的发展走势，它是研究变量间相互关系的一种定量预测方法，又称回归模型预测法或因果法，广泛应用于经济预测、科技预测等领域之中。年销售收入对年份的回归，克服了前述同比增长率、复合增长率容易受到异常值或者端点值影响的缺陷。回归方法的优势是，它不仅仅依赖于起始年度和结束年度的销售收入，因此通常提供了未来销售额增长率的一个更好的估计。如图 12-3 所示，第 t 年的销售收入与第 t 年之间做回归，得出的回归方程显示，销售收入每年平均而言将增长大约 34 707 万元。我们使用该估计值除以当前销售收入(2016 年的销售收入)，得到的增长率大约为 8.6%。从长期来看，将该公司所处行业地位、行业发展、公司战略等状况结合起来看，特别是从未来保持若干年的永续性上看，将其在“永续期”的销售收入增长率的估计值设定为 5%，是谨慎而理性的。而在“预测期”，观察了表 12-9 的近十年的复合增长率，光迅科技均在 20%以上，这显示了光通讯芯片产业作为我国战略新兴产业的强劲发展势头。基于此，我们对“预测期”的销售收入增长率设定为：2017—2020 年增速为 20%；2021—2023 年增速下降到 15%；2024—2026 年增速下降到 10%；2026 年以后回归正常水平，即保持在 5%的增速发展。

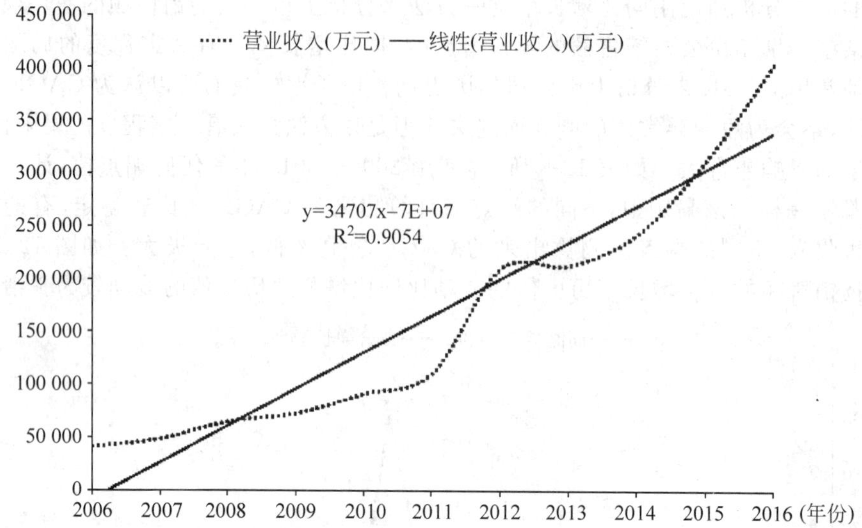

图 12-3 销售增长率历史值回归分析

预测营业收入的未来增长，是一件不容易的事。如果人们能 100％的估计准确的话，那才叫见了鬼。证券分析师们是在合理假设的基础上，做出较为合理的预测。考虑到夸大营业收入是一些上市公司存在的较为明显的倾向。因此，保持客观、理性的增长率判断，对于公司估值结果的说服力意义重大。我们认为估值时始终坚持职业谨慎性是必要的。一般而言，公司营业收入的可持续增长率应该大致上与总体经济的实际增长率加上通货膨胀率之和保持一个较为趋同的步伐。

2. 营业成本

接下来的工作是预测营业成本。读者首先要清楚营业成本的构成。对于制造业公司来说，营业成本是在生产经营过程中形成的对象化费用的总称。主要包括：直接材料、直接人工、制造费用等。直接材料包括公司生产经营过程中实际消耗的直接用于产品的原材料、辅助材料、备品备件、外购半成品、燃料、动力、包装物以及其他直接材料等。直接人工包括公司直接从事产品生产人员的工资、奖金、津贴、补贴、职工福利费等。制造费用包括生产车间管理人员的工资等职工薪酬、生产车间支付的办公费、修理费、水电费、折旧费、其他支出等。

营业成本预测的难度，不亚于营业收入预测。通常情况下，营业成本被认为是变动成本，也就是说，营业成本是根据业务的增长成比例地增长的。当然也有例外，如果营业收入的增长是由于涨价造成的，那么成本并不一定会增长。需要指出的是，在进行公司估值时，证券分析师需要将营业成本中的折旧和摊销单独拿出来，目的是为了后续便利地计算 EBITDA（利息、税、折旧和摊销前利润，这一概念稍后会详细讲解）。根据会计制度，上市公司的折旧和摊销并不仅仅存在于营业成本之中，也可能包含在销售费用和管理费用之中。对于大多数制造业公司而言，绝大部分的折旧和摊销均包含在营业成本之中。但是，对于商业公司而言，例如苏宁云商这样的家电连锁公司来说，其折旧和摊销主要包含在销售费用和管理费用中，投资者在估值建模时需要特别注意。在本教材的估值案例里，光迅科技股份有限公司的年报里并没有披露营业成本里的折旧费用的具体金额，只披露了管理费用中的折旧与摊销，销售费用中无折旧和摊销。这种情况下，我们需要在计算上略费一点儿小功夫。我们先在公司年报的现金流量表中找到折旧和摊销的总额，然后再找到销售费用和管理费用里的折旧和摊销金额。它们两者之差即可倒挤出来营业成本里的折旧和摊销。净营业成本及费用占比如表 12-10 所示。

表 12-10　净营业成本及费用占比　　单位：万元

	2014 年	2015 年	2016 年
折旧	7 742.45	8 472.31	9 989.64
摊销	1 037.46	1 572.72	893.77
管理费用	30 973.64	39 646.00	44 805.81
其中：折旧与摊销	899.77	1 195.70	1 755.12
销售费用	7 261.16	13 514.15	13 201.20
营业成本	188 339.38	231 564.72	317 032.34
其中：折旧与摊销	7 880.14	8 849.33	9 128.29
净营业成本	180 459.24	222 715.39	307 904.05
营业收入	243 305.26	312 751.70	405 921.47
净营业成本占比(%)	74.17	71.21	75.85
净管理费用占比(%)	12.36	12.29	10.61
净销售费用占比(%)	2.98	4.32	3.25

此处的净营业成本指的是扣除折旧、摊销后的营业成本。这是因为折旧摊销属于非现金成本，实际上并不影响现金流，在我们根据净利润调整为经营活动现金流时，这两项就需要进行调整。另外一种原因是折旧、摊销的预测方式与其他的现金成本费用不同。在本章中，我们通过比例法对营业成本进行预测。

对于一个持续稳定发展的公司来说，营业成本占营业收入的比例应当保持在一定程度稳定的范围之内，这一点容易理解，因为营业成本占营业收入的比例等于 1 减去毛利率，而当行业发展趋于稳定时，行业中的公司毛利率水平一般情况下也比较稳定。基于这种考虑，可以通过公司营业成本占营业收入的比例，来预测公司营业成本金额。根据 2014—2016 年的营业成本占营业收入比例的平均值，作为以后各期的营业成本占营业收入的平均比例。此方法适用于营业税金及附加、销售费用、管理费用的预测。在该估值案例中，我们计算了光迅科技 2014—2016 年三年的营业成本占比分别为 74.17%、71.21%、75.85%，进而估算未来预测期之中，该公司营业成本占比的平均水平为 73%。此方法适用于税金及附加、销售费用、管理费用等科目的预测。

3．税金及附加、销售费用、管理费用

税金及附加①是公司在销售的基础上按比例缴纳的税金及附加，具体反映企业经营主要业务应负担的房产税、消费税、城市维护建设税、印花税、土地使用税、车船使用税、资源税和教育费附加等。该科目与营业收入直接相关，一般可以研究其占营业收入的比例

① 财政部于 2016 年 12 月 3 日发布了《增值税会计处理规定》，要求全面试行营业税改征增值税后，"营业税金及附加"科目名称调整为"税金及附加"科目，该科目核算企业经营活动发生的消费税、城市维护建设税、资源税、教育费附加及房产税、土地使用税、车船使用税、印花税等相关税费；利润表中的"营业税金及附加"项目调整为"税金及附加"项目。从 2016 年 5 月 1 日起，原来在"管理费用—税金"科目中列报的相关税费，整体搬迁到"税金及附加"科目列报。

的历史值，通过测算历史比例的平均值，乘以未来各期的营业收入，进而得到未来各期的科目金额。在该估值案例中，我们计算了光迅科技2014—2016年三年的税金及附加占比分别为0.52%、0.37%、0.53%，进而估算未来预测期之中，该公司税金及附加占比的平均水平为0.50%。

经过对利润表的“打扫”，管理费用中已不包括折旧、摊销，而主要是管理人员薪酬、业务招待费、一些计入管理费用的税收支出以及其他的管理费用。管理费用、销售费用与销售规模相关，通常可以假设为营业收入的一定比例进行预测。光迅科技的销售网络比较稳定，销售费用占营业收入的比例比较稳定，因此根据前三年销售费用占营业收入比例的平均值作为当年的增长率。前面已经测算了管理费用(扣除折旧和摊销)在营业收入中的占比，2014—2016年分别为12.36%、12.29%、10.61%；销售费用(扣除折旧和摊销)在营业收入中的占比，2014—2016年分别为2.98%、4.32%、3.25%，如表12-11所示。进而测算了净管理费用和净销售费用在未来预测期间的平均占比分别为11.75%、3.52%。有时候，由于销售费用和管理费用在整个成本费用中的比重并不大，一些证券分析师在估值时将二者合并起来进行预测，合并后的项目称作销售及一般管理费用。

表12-11 税金及附加、管理及销售费用占比

	2014年	2015年	2016年
税金及附加(万元)	1 267.56	1 143.51	2 153.47
税金及附加的占比(%)	0.52	0.37	0.53
净管理费用占比(%)	12.36	12.29	10.61
净销售费用占比(%)	2.98	4.32	3.25

4. EBITDA、折旧、摊销、EBIT

EBITDA是公司未计利息、税、折旧、摊销之前的利润，它的专业名字叫“息税折旧及摊销前利润”，它是Earnings Before Interest, Taxes, Depreciation and Amortization的缩写。用EBITDA扣除掉折旧和摊销之后，就得到EBIT，即“息税前利润”，也被人们称为经营利润。EBITDA等于营业收入－净营业成本－营业税金及附加－净管理费用－净销售费用；EBIT等于EBITDA－折旧－摊销。目前国内的会计准则和上市公司年度财务报告披露指引虽然没有强制规定上市公司必须披露EBITDA和EBIT值，但根据公司财务报表中的数据和信息，投资者和分析员可以很容易计算出公司的EBITDA值。它们在公司估值的世界里之所以非常重要，是因为它们增强了不同资产特征、不同经营风险以及不同资本结构公司之间的可比性。显而易见的是，EBIT代表着不受财务杠杆影响的利润(经营利润)。EBITDA代表着不受公司财务杠杆(财务风险)影响，并且不受资产规模(经营风险)影响的利润。举例而言，假如要比较两个公司主营业务的盈利能力，那么应选择一个是以较高负债为特征的公司，另一个是以较低负债为特征的公司。如果仅仅比较它们的会计利润，很有可能会得出误导性的结论。但是，把两家公司的EBIT比较一下，主营业务的盈利能力就会一目了然，而不会受到财务杠杆的影响。同样道理，如果我们比较两家公司的EBITDA的话，就可能剔除了重资产、轻资产特征对于公司盈利能力的影响。通过去除这些项目，EBITDA使投资者能更为容易地比较各个公司的财务健康状况，拥有不同资本结构、税率和折旧政策的公司可以在EBITDA的统一口径下对比盈利能力。同时，EBITDA 还能告诉投资者某家新公司或者重组过的公司在支付利息、税费之前究竟可以获利多少。另外，EBITDA 受欢迎的最大原因之一是，EBITDA 比营业利润显示更多的利润，它已经成为了资本密集型行业、高财务杠杆公司在计算利润时的一种选择。公司可以通过吹捧 EBITDA 数据，把投资者在高额债务和巨大折旧、摊销费用上面的注意力引开，从而描绘出一张诱人的财务蓝图。在国际上，EBITDA 和 EBIT 被私人资本公司广泛使用，用以计算公司经营业绩以及公司估值。

在预测完上述科目之后，我们就可以计算出企业的折旧、摊销及息税前利润，即 EBITDA。在 EBITDA 扣除折旧和摊销之后即可得到 EBIT。即：EBITDA＝营业收入－营业成本(不含折旧和摊销)－营业税金及附加－销售费用(不含折旧和摊销)－管理费用(不含折旧和摊销)；EBIT＝EBITDA－折旧(D)－摊销(A)。在光迅科技的估值案例中，由于折旧、摊销与资产负债表中的固定资产、无形资产等项目密切相关，在此，先把折旧和摊销这两个项目空缺，待到资产负债表中的固定资产和无形资产预测时，再来测算折旧与摊销金额。

5. 财务费用

公司的财务费用一般包括利息支出减去利息收入、手续费、汇兑损益等。公司的财务费用的大块头内容就是净利息费用，汇兑损益预测起来具有非常大的不确定性，因此，估值时一般用净利息费用来近似地替代财务费用科目的金额。实务中，公司的利息支出取决于付息债务的大小，而利息收入取决于公司存在银行中的货币资金。基于此考虑，针对光迅科技的估值案例，需要等待资产负债表预测负债和货币资金之后再得到财务费用的估计值。

6. 非经常性或非经营性损益

非经常性或非经营性损益是指公司发生的与经营业务无直接关系，以及虽与经营业务相关，但由于其性质、金额或发生频率，影响了真实、公允地反映公司正常盈利能力的各项收入、支出。证监会在《公开发行证券的公司信息披露规范问答第 1 号——非经营性损益》中特别指出，注册会计师应单独对非经常性损益项目予以充分关注，对公司在财务报告附注中所披露的非经营性损益的真实性、准确性与完整性进行核实。财务分析时，一般使用扣除非经常性和非经营性损益后的净利润，这是单纯地反映企业经营业绩的指标，把资本溢价等因素剔除，只看经营利润的高低。这样才能正确判断经营业绩的好坏。

非经常性或非经营性损益包括以下项目：处置长期股权投资、固定资产、在建工程、无形资产、其他长期资产产生的损益；越权审批或无正式批准文件的税收返还、减免；各种形式的政府补贴；计入当期损益的对非金融企业收取的资金占用费；短期投资损益，但经国家有关部门批准设立的有经营资格的金融机构获得的短期投资损益除外；委托投资损益；扣除公司日常根据企业会计制度规定计提的资产减值准备后的其他各项营业外收入、支出；因不可抗力因素，如遭受自然灾害而计提的各项资产减值准备；以前年度已经计提各项减值准备的转回；债务重组损益；资产置换损益；交易价格显失公允的交易产生的超过公允价值部分的损益；比较财务报表中会计政策变更对以前期间的净利润的追溯调整数；中国证监会认定的符合定义规定的其他非经常性损益项目。

本教材反复强调的观点是：公司价值的定义应当是运用拥有的核心资产，进行经营活动所产生的价值。该定义强调核心资产、经营活动，这就与公司的非核心资产、金融活动区分开来了。核心资产对应的是主营业务，主营业务价值即体现为公司价值；非核心资产对应的是非主营业务。例如，公司的交易性资产或者投资性房地产，其价值不包括在企业价值当中。顺应着这个基本逻辑下来，非经常性或者非经营性损益更不能构成公司可持续的核心收入来源。实践中，非经常性和非经营性损益往往也很难预测。例如，公司持有的交易性金融资产价格的波动，会对公司会计利润产生很大影响。在2007年和2015年上半年的牛市中，持有交易性金融资产的公司的利润很漂亮，但在随后的杀跌中，那些公司的会计利润又很可能跌入深渊。对比光迅科技2014—2016年的年报数据可以看出，该公司非经营性或非经常性损益的金额分别为：1 641.29万元、4 916.72万元、4 791.19万元。它们在收入中的占比分别为0.68%、1.57%、1.18%，预测未来各年的利润表进行估值时一般坚持谨慎性原则，因此，我们将该部分的未来预测值归结为零看待。

7. 所得税费用

公司的"利润总额"是个会计概念，它是财务人员根据《企业会计准则》核算出来的利润；而"应纳税所得额"是税收概念，是公司计算缴纳所得税时的计税依据。在形成利润总额的收入和费用中，可能有税法规定的不征税收入，或者不允许扣除的费用等，这就客观上造成"利润总额"与"应纳税所得额"之间的差异。尽管如此，进行财务预测时，仍然可以利用"当期所得税费用"在"利润总额"中的占比，计算出每一个年度的实际税率。实际税率也被称之为有效税率，由于税收优惠等各种因素的存在，使得它与企业所得税法所规定的名义税率25%不同，它是在已知所得税费用和利润总额之后倒推出来的一个事后税率。在此逻辑下，预测所得税费用将变得非常简单，只需要估算出一个实际税率即可。在光迅科技的估值案例中，根据国税函〔2009〕203号《关于实施高新技术企业所得税优惠有关问题的通知》本公司母公司经湖北省科学技术厅、湖北省财政厅、湖北省国家税务局、湖北省地方税务局于2014年10月14日认定为高新技术企业，证书编号为：GR201442000692，有效期三年，在2014年度至2017年度按15%享受企业所得税优惠税率。我们计算了该上市公司2014—2016年的实际税率分别为5.11%、15.55%、13.52%，基于估值的谨慎性原则考虑，假定未来预测期光迅科技的实际税率为15%，与享受税收优惠之后的高新技术企业的名义税率相同，如表12-12所示。

表12-12　实际税率历史值分析

	2014年	2015年	2016年
所得税费用	775.86	4 479.85	4 282.12
利润总额	15 188.71	28 806.01	31 675.79
实际税率	5.11	15.55	13.52
名义税率	15	15	15

8. 少数股东损益和归属于母公司的净利润

公司的"利润总额"扣除所得税费用之后，即得到净利润。对于存在少数股东权益的公司而言，还要扣除少数股东损益(归属于少数股东的净利润)，计算得到归属于母公司股东的净利润。如果预期公司股权结构相对比较稳定，并且子公司净利润占整个集团公司净利润的比例较为稳定时，少数股东损益在净利润中的比重也会比较稳定。此时，可以在估值假设中给出少数股东损益与净利润的比例关系，利用该比例关系进行预测，如表12-13与表12-14所示。

表 12-13 预测利润表参数设定

%

	2014 年实际值	2015 年实际值	2016 年实际值	2017 年期望值	2018 年期望值	2019 年期望值	2020 年期望值	2021 年期望值	2022 年期望值	2023 年期望值	2024 年期望值	2025 年期望值	2026 年期望值
营业收入增长率	14.0	28.5	29.8	20.0	20.0	20.0	20.0	15.0	15.0	15.0	10.0	10.0	10.0
营业成本(不含折旧、摊销)/营业收入	74.2	71.2	75.9	70.0	70.0	70.0	70.0	70.0	70.0	70.0	70.0	70.0	70.0
税金及附加/营业收入	0.5	0.4	0.5	0.5	0.5	0.5	0.5	0.5	0.5	0.5	0.5	0.5	0.5
销售费用(不含折旧、摊销)/营业收入	3.0	4.3	3.4	3.0	3.0	3.0	3.0	3.0	3.0	3.0	3.0	3.0	3.0
管理费用(不含折旧、摊销)/营业收入	12.4	12.3	10.6	10.0	10.0	10.0	10.0	10.0	10.0	10.0	10.0	10.0	10.0
非经常性或非经营性损益/营业收入	16.4	49.2	47.9	0.0	0.0	0.0	0.0	0.0	0.0	0.0	0.0	0.0	0.0
实际税率	4.5	12.9	11.9	10.0	10.0	10.0	10.0	10.0	10.0	10.0	10.0	10.0	10.0
名义税率	15.0	15.0	15.0	25.0	25.0	25.0	25.0	25.0	25.0	25.0	25.0	25.0	25.0
少数股东损益/净利润	0.0	0.0	−3.5	0.0	0.0	0.0	0.0	0.0	0.0	0.0	0.0	0.0	0.0
已发行普通股数(百万股)	203.5	209.9	209.6	628.9	628.9	628.9	628.9	628.9	628.9	628.9	628.9	628.9	628.9

表 12-14 预测利润表

单位：百万元

	2014 年实际值	2015 年实际值	2016 年实际值	2017 年期望值	2018 年期望值	2019 年期望值	2020 年期望值	2021 年期望值	2022 年期望值	2023 年期望值	2024 年期望值	2025 年期望值	2026 年期望值
营业收入	2 433.05	3 127.52	4 059.22	4 424.5	4 822.8	5 256.8	5 729.9	6 245.6	6 807.7	7 420.4	8 088.3	8 816.2	9 609.6
营业成本(不含折旧、摊销)	1 804.6	2 227.2	3 079.0	3 229.9	3 520.6	3 837.5	4 182.8	4 559.3	4 969.6	5 416.9	5 904.4	6 435.8	7 015.0
税金及附加	12.7	11.4	21.5	22.1	24.1	26.3	28.6	31.2	34.0	37.1	40.4	44.1	48.0
销售费用(不含折旧、摊销)	72.6	135.1	136.6	155.7	169.8	185.0	201.7	219.8	239.6	261.2	284.7	310.3	338.3
管理费用(不含折旧、摊销)	300.7	384.5	430.5	519.9	566.7	617.7	673.3	733.9	799.9	871.9	950.4	1 035.9	1 129.1
EBITDA	242.4	369.3	391.5	496.9	541.6	590.3	643.5	701.4	764.5	833.3	908.3	990.1	1 079.2
折旧	77.4	84.7	99.9	58.5	65.5	74.3	85.2	98.6	113.9	131.5	151.7	173.4	196.7
摊销	10.4	15.7	8.9	8.5	9.2	10.2	11.5	13.2	15.1	17.3	19.9	22.6	25.5
EBIT	154.6	268.9	282.6	736.8	889.8	1 072.9	1 292.2	1 485.4	1 707.7	1 963.4	2 151.8	2 359.8	2 589.2
财务费用	−3.7	−28.3	−28.3	1.4	0.7	2.5	4.5	6.3	7.9	9.7	10.8	11.3	11.5
非经常性或非经营性损益	16.4	49.2	47.9	0.0	0.0	0.0	0.0	0.0	0.0	0.0	0.0	0.0	0.0
利润总额	174.7	346.3	358.8	735.4	889.1	1 070.5	1 287.7	1 479.1	1 699.8	1 953.7	2 141.0	2 348.5	2 577.7
所得税	7.8	44.8	42.8	73.5	88.9	107.0	128.8	147.9	170.0	195.4	214.1	234.9	257.8
净利润	166.9	301.5	316.0	661.9	800.2	963.4	1 159.0	1 331.2	1 529.8	1 758.3	1 926.9	2 113.7	2 319.9
少数股东损益	0.0	0.0	−11.1	0.0	0.0	0.0	0.0	0.0	0.0	0.0	0.0	0.0	0.0
归属于母公司股东的净利润	166.9	301.5	327.1	661.9	800.2	963.4	1 159.0	1 331.2	1 529.8	1 758.3	1 926.9	2 113.7	2 319.9
已发行普通股股数(百万股)	203.50	209.89	209.64	628.9	628.9	628.9	628.9	628.9	628.9	628.9	628.9	628.9	628.9
每股收益	0.82	1.44	1.56	1.05	1.27	1.53	1.84	2.12	2.43	2.80	3.06	3.36	3.69
非经常性或非经营性损益	16.4	49.2	47.9	0.0	0.0	0.0	0.0	0.0	0.0	0.0	0.0	0.0	0.0
税后正常化调整	13.9	41.8	40.7	0.0	0.0	0.0	0.0	0.0	0.0	0.0	0.0	0.0	0.0
正常化后归属于母公司净利润	153.0	259.7	286.4	661.9	800.2	963.4	1 159.0	1 331.2	1 529.8	1 758.3	1 926.9	2 113.7	2 319.9
正常化后每股收益	0.75	1.24	1.37	1.05	1.27	1.53	1.84	2.12	2.43	2.80	3.06	3.36	3.69

二、资产负债表预测

1. 对资产负债表进行“打扫”

完成利润表的预测之后，接下来预测资产负债表，我们先导入 2014—2016 年的历史数据。我们对资产负债表进行了重构、“打扫”，来更好地理解资产负债表的整体预测思路。

1）增加了“融资缺口”科目

融资缺口反映了企业现金相对所需现金不足额的部分。融资缺口和货币资金称为配平项，在预测过程中，我们在最后把这两项填上，以平衡资产负债表。融资缺口和货币资金的预测是在现金流量表中完成的。

2）对非核心资产和负债的调整

本章把资产负债表中与企业核心业务无关的资产和负债合并到一个科目中，即“非核心资产”，被合并的科目通常包括交易性金融资产、可供出售金融资产、持有至到期投资、投资性房地产、长期股权投资、交易性金融负债等。

3）对资产负债表的科目进行简化处理

资产负债表的科目很多，如果依次序逐项预测，不利于透彻理解企业的经营、投资和融资活动。因此，将其划分为几个模块，按照模块来预测。省略了商誉、递延所得税、其他非流动资产等科目；合并了性质相似的科目，如把应收账款和应收票据合并为应收款项，将应付账款和应付票据合并为应付款项，将股本和资本公积合并为股本及资本公积，将盈余公积和未分配利润合并为留存收益等；合并了一些不重要的科目，将不重要的流动资产科目合并到其他流动资产中，将非流动负债的科目合并为长期经营性负债等。

在不考虑货币资金和融资缺口的情况下：

（1）资产＝非核心资产＋核心资产＝非核心资产＋(流动资产＋非流动资产)＝非核心资产＋经营性流动资产＋固定资产＋无形资产。在该公式中，流动中的核心资产包括存货、应收账款、预付账款和其他流动资产，这些科目属于经营性流动资产；非流动的核心资产包括固定资产和无形资产。

（2）负债和股东权益＝经营性负债＋融资性负债＋股东权益＝经营性流动负债＋长期经营性负债＋付息负债＋股东权益。在该公式中，将经营性负债分为经营性流动负债和长期经营性负债。经营性流动负债包括应付款项、预收款项和其他应收款。融资性负债是在融资活动中形成的，是指那些以资本形式投入公司的、具有付息意义的债务。

下面，我们从非核心资产、固定资产、无形资产、营运流动资金及长期经营资金、付息债务、股东权益等模块对资产负债表进行预测。

2. 营运流动资金

营运流动资金(operating working capital，OWC)是指经营性流动资产，减去经营性流动负债。公司估值中所说的营运流动资金，与财务分析中所讲的营运资金[①]概念略有不同。公司估值中所讲的营运流动资金，不包括货币资金和交易性金融资产等与公司核心资产、经营活动（这里说的经营活动，是相对于金融活动而言的，公司估值的观点认为货币资金和交易性金融资产等科目属于金融活动的范畴）无关的流动资产。当然也不包括短期借款、应付股利等属于金融活动范畴的流动负债。通常，在财务分析中所讲的营运资金，指的是流动资产减去流动负债。公司估值中一再坚持的观点是将公司的经营活动与金融活动区分开来，认为公司的价值是指公司拥有的核心资产经营所产生的价值。

在预测营运流动资金的各个项目时，一般使用"比例法"。我们先分析它在营业收入或营业成本中的比重，如"应收账款/营业收入"，寻找最近五年的规律之后，得到一个未来期间的预测比例。本章的营运资金各项目的假设中，应收账款、预收账款、其他经营性流动资产与营业收入相关，存货、预付账款、应付账款、其他应付款与营业成本相关。根据前三年各营运资金的占比增长率的平均值作为当年的增长率。

表 12-15 为光迅科技营运流动资金预测。

表 12-15　光迅科技营运流动资金预测　　单位：百万元

	2014 年 实际值	2015 年 实际值	2016 年 实际值	2017 年 期望值	2018 年 期望值	2019 年 期望值
参数假设：						
应收款项/营业收入（%）	36.9	37.7	36.0	30.0	30.0	30.0
预付账款/净营业成本（%）	2.9	3.2	1.6	2.0	2.0	2.0
存货/经营业成本（%）	42.8	50.5	43.1	40.0	40.0	40.0
其他流动资产/营业收入（%）	5.1	18.0	4.2	5.0	5.0	5.0
应付款项/净营业成本（%）	50.7	58.9	48.3	50.0	50.0	50.0
预收款项/营业收入（%）	1.1	1.1	0.7	1.0	1.0	1.0
其他应付款/净营业成本（%）	7.5	2.8	1.3	5.0	5.0	5.0
营运流动资金预测：						
应收款项	896.8	1 179.2	1 459.5	1 461.3	1 753.6	2 104.3
存货	772.5	1 124.5	1 326.8	1 363.9	1 636.7	1 964.0
预付款项	52.5	71.5	49.1	68.2	81.8	98.2
其他流动资产	124.5	563.3	169.7	243.6	292.3	350.7
经营性流动资产合计	1 846.3	2 938.5	3 005.1	3 137	3 764.4	4 517.2
应付款项	915.3	1 312.4	1 485.7	1 704.9	2 045.8	2 455.0
预收款项	25.6	34.2	28.5	48.7	58.5	70.1
其他应付款	134.8	61.3	39.4	170.5	204.6	245.5
经营性流动负债合计	1 075.7	1 407.9	1 553.6	1 924.1	2 308.9	2 770.6
营运流动资总计	770.6	1 530.6	1 451.5	1 212.9	1 455.5	1 746.6

① 营运资金起源于美国小贩，他们将马车装满货物沿途叫卖。这些商品被称作营运资金，因为小贩通过买卖或者周转它们而获取利润。马和马车属于其固定资产。他们通常拥有马和马车。所以马和马车是用权益资本筹集得到的。但为了购买商品，他们必须借入资金，这些资金被称为营运资金贷款，营运资金贷款必须在每次售货之后偿还，以向银行显示良好的信用能力。如果小贩能够如期偿还贷款，银行将继续为之提供贷款。营运流动资金等于经营性流动资产减去经营性流动负债的差额，既可以为正数也可以为负数。正的营运流动资金一般代表公司的现金被上游、下游客户所占用，反之则代表公司可以占用上游、下游客户的现金资源来帮助自身发展，并且该资金占用为无偿占用，一般无需支付利息。我们能够从资产负债表中的营运流动资金的数据，看出该公司在产业链上游、下游中的议价能力。

3. 固定资产及无形资产

前已述及，公司估值看重的是核心资产，核心资产中包括核心流动资产（应收款项、存货、预付款项、其他流动资产）以及核心非流动资产（固定资产和无形资产）两部分。固定资产是公司最重要的核心资产之一。对于制造业类的公司来说，固定资产占总资产的比重通常较大。在估值实务中，当在建工程的规模不大时，可以直接将在建工程合并到固定资产之中进行整体性预测，不再考虑在建工程转入固定资产（转固率）等因素。为了确定未来预测期固定资产涉及的四大重要参数（本教材称为"资产的生灭参数"：固定资产购建/营业收入、折旧/固定资产期初余额、无形资产购建/固定资产购建、无形资产摊销/无形资产期初余额），我们分析了光迅科技股份有限公司近三年以来固定资产及无形资产的原值、折旧、摊销等详细财务数据如表 12-16 所示。

表 12-16　固定资产及无形资产历史值分析　　单位：百万元

	2014 年度	2015 年度	2016 年度
固定资产购置	77.12	84.66	227.09
固定资产原值	1 122.06	1 102.17	1 281.54
累计折旧	506.22	493.45	572.28
固定资产净值	615.84	608.72	709.26
固定资产减值准备	13.19	14.90	14.29
固定资产净额	602.66	593.82	694.98
固定资产年度折旧额	77.43	83.58	99.90
在建工程	7.09	13.03	36.06
无形资产	33.10	35.34	56.39
无形资产摊销	5.70	4.05	7.66

在介绍固定资产与测试，首先介绍一种 BASE 法则。BASE 法则的具体做法是：该科目的期初余额（Beginning），加上当期增加值（Addition），减去该科目减少额（Subtraction），得到该科目的期末数值。对于固定资产而言，其预测 BASE 法则如下：固定资产期初余额（B）＋固定资产购建（A）－折旧（S）＝固定资产期末余额（E）。固定资产的购建即为预测的增加项。在此假设固定资产的购建为营业收入的一定比例，由于营业收入在利润表中进行了预测，所以固定资产购建预测就很简单。在本案例中固定资产的购建占营业收入的比例分别为 7.4%、7.3%、2.6%，采用复合增长率计算 2016—2021 年的比例，如表 12-17 所示。固定资产的减少项即为折旧。在此，假设这就为固定资产期初额的一定比例，由于期初数已知，折旧也可预测，从而求得期末数，以此循环进行。无形资产的预测与固定资产的预测形似，在此本章不做过多赘述。

表 12-17　光迅科技固定资产和无形资产预测　　单位：百万元

	2016 年 实际值	2017 年 期望值	2018 年 期望值	2019 年 期望值	2020 年 期望值	2021 年 期望值
参数假设：						
固定资产购建/营业收入(%)	6	3.0	3.0	3.0	3.0	3.0
折旧/固定资产期初余额(%)		8.0	8.0	8.0	8.0	8.0
无形资产购建/固定资产购建(%)		9.0	9.0	9.0	9.0	9.0

续表

	2016年实际值	2017年期望值	2018年期望值	2019年期望值	2020年期望值	2021年期望值
摊销/无形资产期初余额(%)		15.0	15.0	15.0	15.0	15.0
固定资产和无形资产预测:						
固定资产期初余额		731.0	818.7	928.6	1 064.7	1 232.0
固定资产购建		146.1	175.4	210.4	252.5	290.4
折旧金额		58.5	65.5	74.3	85.2	98.6
固定资产期末余额	731.0	818.7	928.6	1 064.7	1 232.0	1 423.9
无形资产期初余额		56.4	61.1	67.7	76.5	87.7
无形资产购建		13.2	15.8	18.9	22.7	26.1
摊销金额		8.5	9.2	10.2	11.5	13.2
无形资产期末余额	56.4	61.1	67.7	76.5	87.7	100.7

4. 长期经营性负债预测

一般来说,长期经营性负债主要包括一些长期应付款、专项应付款等。这些科目的预测较为困难,一般需要详细的信息支持。在本章中,我们对长期经营性负债进行了简单的预测。其采用同营运资金相同的增长率预测方式。

5. 非核心资产预测

非核心资产是指与核心业务无关的资产和负债。在资产负债表中,主要体现为交易性金融资产、持有至到期投资、可供出售金融资产、长期股权投资、投资性房地产、交易件金融负债等。在本章的预测中,假设非核心资产的规模保持以前的水平,因此可直接引用2015年的非核心资产的数值,并保持到2025年。

6. 付息债务和财务费用预测

下面进行债务和财务费用的预测。这里的债务是指融资性负债。在资产负债表中,表现为短期借款、长期借款和应付债券等。我们将短期借款、长期借款和应付债券进行分类,分别预测每类负债的利息费用。对利息费用的预测可以分为三步:第一步是预测债务金额。第二步是预测利率。对已有的尚未到期的债务,利率是已知的,可以根据年报获取相应信息,对于预期发行的新债务的利率,可以根据债务期限,参照历史利率与人民银行公布的基准利率,给出假设。第三步是结合债务发生时间计算利息费用。当年利息费用=年初和年末债务余额平均值×相应利率。利息收入产生于货币资金。预测利息收入时,完全参照利息费用的思路计算利息收入。

前面所述,产生利息费用的科目包括融资缺口、短期借款和长期借款,产生利息收入的科目为货币资金。当年的财务费用分为四个部分:融资缺口利息支出、短期借款利息支出、长期借款利息支出和货币资金利息收入。由于企业中的货币资金会存放在银行中,小部分放在企业保险柜中,所以放在银行中的货币资金会产生利息收入,冲减财务费用。其中融资缺口和短期借款利率用的是当年的银行6个月贷款利率,长期借款利率利用的是当年银行3～5年贷款利率,货币资金利率用的是当年银行活期存款利率。预计的各年利率均为当年之前三年的利率的平均值。用当年融资缺口、短期借款、长期借款和货币资金的金额乘以相应的利率,可以得出各项费用和收入,相加可得当年的财务费用。

以短期借款为例，运用 BASE 法则，短期借款期初余额＋短期借款的发行－短期借款的偿还＝短期借款的期末额。其中上表中，短期借款的发行（偿还）是 BASE 法中的增加项和减少项的合并。长期借款、融资缺口和货币资金预测思路与短期借款的完全相同。

7．股本和资本公积预测

股本及资本公积会受到股权融资的影响，其中资本公积不仅受到股权融资的影响，还受到其他资本公积调整项目的影响。预测中不考虑这一因素。在估值模型中，通常也不对股权融资安排进行预测。因为新发行股票的价格通常难以确定，且理论上应是估值建模的结果，因此，估值模型中一般不考虑公司增发的新股。本章的关于股本及资本公积的预测仍采用 BASE 法。股本及资本公积期初额＋股本及资本公积增加－股本及资本公积减少＝股本及资本公积期末额。

8．留存收益预测

留存收益是盈余公积和未分配利润的合并项。根据企业的净利润的分配计划，不考虑分配顺序，考虑存在少数股东权益，则留存收益的 BASE 法则为：留存收益期初额＋归属于母公司股东的净利润－归属于母公司股东的红利＝留存收益期末余额

9．少数股东权益预测

对少数股东权益的预测采用简单的 BASE 法：少数股东权益期初额＋少数股东损益＝少数股东权益期末额。以上完成了六个模块的预测，它们与资产负债表、利润表存在明显的勾稽关系，如图 12-4 所示。

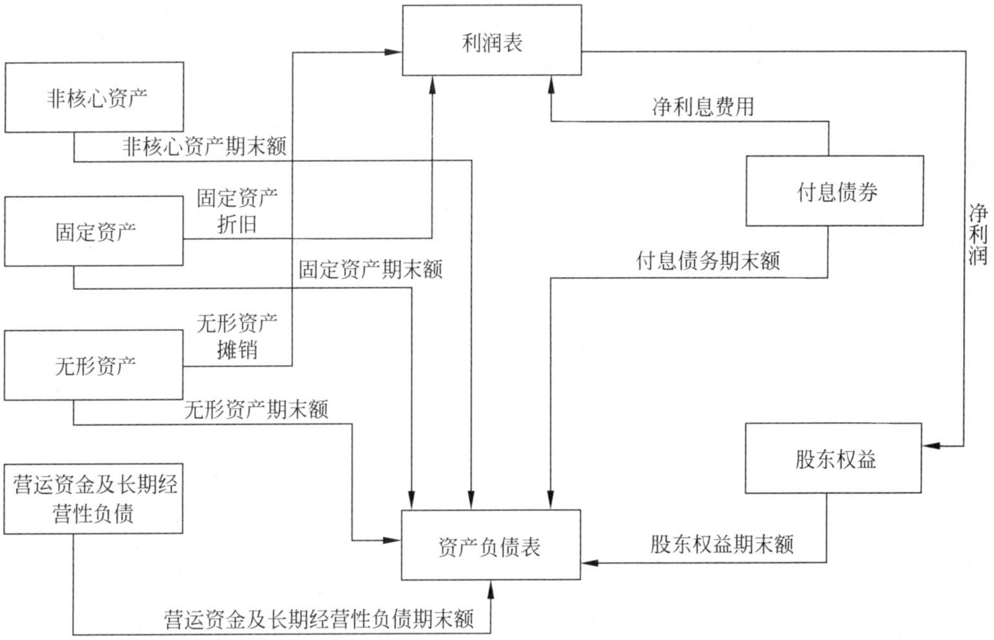

图 12-4 预测模块与报表的勾稽关系

在资产负债表初步完成之后，可以将固定资产、无形资产和债务等预测后，填补预测利润表中的折旧、摊销和财务费用，这样就可以完成预测利润表。而资产负债表中，除了货币资金和融资缺口两个配平项，其他科目的预测也已经完成，如表 12-18 与表 12-19 所示。

表 12-18 预测资产负债表参数设定

%

	2014 年实际值	2015 年实际值	2016 年实际值	2017 年期望值	2018 年期望值	2019 年期望值	2020 年期望值	2021 年期望值	2022 年期望值	2023 年期望值	2024 年期望值	2025 年期望值	2026 年期望值
固定资产购建/营业收入				3.0	3.0	3.0	3.0	3.0	3.0	3.0	3.0	3.0	3.0
折旧/固定资产期初额				8.0	8.0	8.0	8.0	8.0	8.0	8.0	8.0	8.0	8.0
无形资产购建/固定资产购建				9.0	9.0	9.0	9.0	9.0	9.0	9.0	9.0	9.0	9.0
摊销/无形资产期初额				15.0	15.0	15.0	15.0	15.0	15.0	15.0	15.0	15.0	15.0
应收款项/营业收入	36.9	37.7	36.0	30.0	30.0	30.0	30.0	30.0	30.0	30.0	30.0	30.0	30.0
存货/营业成本(不含折旧、摊销)	42.8	50.5	43.1	40.0	40.0	40.0	40.0	40.0	40.0	40.0	40.0	40.0	40.0
预付款项/营业成本(不含折旧、摊销)	2.9	3.2	1.6	2.0	2.0	2.0	2.0	2.0	2.0	2.0	2.0	2.0	2.0
其他流动资产/营业收入	5.1	18.0	4.2	5.0	5.0	5.0	5.0	5.0	5.0	5.0	5.0	5.0	5.0
应付款项/营业成本(不含折旧、摊销)	50.7	58.9	48.3	50.0	50.0	50.0	50.0	50.0	50.0	50.0	50.0	50.0	50.0
预收款项/营业收入	1.1	1.1	0.7	1.0	1.0	1.0	1.0	1.0	1.0	1.0	1.0	1.0	1.0
其他应付款/营业成本(不含折旧、摊销)	7.5	2.8	1.3	5.0	5.0	5.0	5.0	5.0	5.0	5.0	5.0	5.0	5.0
融资缺口与短期借款利率				5.0	5.0	5.0	5.0	5.0	5.0	5.0	5.0	5.0	5.0
短期借款发行(偿还)				0.0	0.0	0.0	0.0	0.0	0.0	0.0	0.0	0.0	0.0
长期借款发行/固定资产购建				30.0	30.0	30.0	30.0	30.0	30.0	30.0	30.0	30.0	30.0
长期借款偿还/期初长期借款				10.0	10.0	10.0	10.0	10.0	10.0	10.0	10.0	10.0	10.0
长期借款利率				6.5	6.5	6.5	6.5	6.5	6.5	6.5	6.5	6.5	6.5
货币资金利率				1.0	1.0	1.0	1.0	1.0	1.0	1.0	1.0	1.0	1.0
股本及资本公积增加(减少)				0.0	0.0	0.0	0.0	0.0	0.0	0.0	0.0	0.0	0.0
归属于母公司股东的红利/归属于母公司股东的净利润				50.0	50.0	50.0	50.0	50.0	50.0	50.0	50.0	50.0	50.0
归属于少数股东的红利/少数股东损益				0.0	0.0	0.0	0.0	0.0	0.0	0.0	0.0	0.0	0.0
非核心资产(净额)(百万元)				60.0	60.0	60.0	60.0	60.0	60.0	60.0	60.0	60.0	60.0
长期经营性负债/营业成本	4.0	5.9	4.0	4.0	4.0	4.0	4.0	4.0	4.0	4.0	4.0	4.0	4.0

表 12-19　预测资产负债表

单位：百万元

	2014 年实际值	2015 年实际值	2016 年实际值	2017 年期望值	2018 年期望值	2019 年期望值	2020 年期望值	2021 年期望值	2022 年期望值	2023 年期望值	2024 年期望值	2025 年期望值	2026 年期望值
资产													
货币资金	518.7	1 059.3	567.6	1 529.9	2 198.7	3 073.2	4 781.3	6 768.6	9 620.3	13 674.3	19 143.8	26 736.1	37 230.3
应收款项	784.4	896.7	1 179.1	1 414.7	1 777.3	2 199.9	2 728.9	3 384.3	4 202.6	5 209.7	6 465.8	8 021.2	9 951.0
存货	608.8	772.5	1 124.5	1 225.3	1 590.7	1 992.4	2 426.2	3 034.4	3 770.3	4 658.9	5 793.5	7 185.6	8 909.9
预付款项	46.9	52.4	71.5	84.4	106.0	132.0	163.1	202.4	251.5	311.6	386.8	479.9	595.2
其他流动资产	5.1	124.5	563.3	296.4	491.4	708.1	735.2	979.1	1 233.7	1 480.1	1 868.5	2 317.2	2 859.2
流动资产合计	**1 963.9**	**2 905.4**	**3 506.0**	**4 550.8**	**6 164.1**	**8 105.6**	**10 834.7**	**14 368.6**	**19 078.4**	**25 334.5**	**33 658.5**	**44 740.0**	**59 545.6**
非核心资产(净额)	35.1	37.6	67.3	67.3	67.3	67.3	67.3	67.3	67.3	67.3	67.3	67.3	67.3
固定资产	607.5	609.7	606.8	602.0	591.6	570.4	547.4	521.1	492.5	463.2	433.5	404.0	375.2
无形资产	37.4	33.1	35.3	33.6	31.9	30.7	28.9	27.1	25.3	23.5	21.8	20.1	18.5
资产总计	**2 643.9**	**3 585.8**	**4 215.4**	**5 253.6**	**6 854.8**	**8 774.1**	**11 478.2**	**14 984.1**	**19 663.5**	**25 888.6**	**34 181.1**	**45 231.5**	**60 006.7**
负债和股东权益													
融资缺口	0.0	0.0	0.0	0.0	0.0	0.0	0.0	0.0	0.0	0.0	0.0	0.0	0.0
短期借款	86.1	60.2	22.8	7.8	0.0	0.0	0.0	0.0	0.0	0.0	0.0	0.0	0.0
应付款项	755.9	915.3	1 312.4	1 530.7	1 973.3	2 383.9	3 005.3	3 701.4	4 602.6	5 707.6	7 082.7	8 784.1	10 901.4
预收款项	7.6	25.6	34.1	31.7	47.4	57.2	68.3	87.6	107.8	133.0	166.1	205.5	254.9
其他应付款	56.0	134.8	61.3	128.3	172.1	175.0	242.9	299.3	359.9	456.8	564.2	696.8	868.4
流动负债合计	**905.6**	**1 135.9**	**1 430.6**	**1 698.5**	**2 192.8**	**2 616.1**	**3 316.5**	**4 088.4**	**5 070.3**	**6 297.4**	**7 813.0**	**9 686.3**	**12 024.7**
长期借款	0.0	0.0	0.0	0.0	0.0	0.0	0.0	0.0	0.0	0.0	0.0	0.0	0.0
长期经营性负债	66.5	73.0	130.8	131.3	169.4	219.6	262.0	328.5	410.3	504.8	628.5	780.1	966.4
负债合计	**972.1**	**1 208.9**	**1 561.4**	**1 829.7**	**2 362.2**	**2 835.7**	**3 578.5**	**4 416.9**	**5 480.7**	**6 802.2**	**8 441.5**	**10 466.4**	**12 991.2**
股本及资本公积	945.7	1 556.7	1 697.5	2 322.6	3 178.0	4 348.3	5 949.6	8 140.7	11 138.6	15 240.6	20 853.1	28 532.6	39 040.2
留存收益	726.1	820.2	956.5	1 101.2	1 314.6	1 590.0	1 950.1	2 426.6	3 044.2	3 845.7	4 886.4	6 232.4	7 975.3
归属于母公司股东权益合计	**1 671.8**	**2 376.9**	**2 654.0**	**3 423.9**	**4 492.6**	**5 938.3**	**7 899.7**	**10 567.3**	**14 182.9**	**19 086.3**	**25 739.6**	**34 765.1**	**47 015.5**
少数股东权益	0.0	0.0	0.0	0.0	0.0	0.0	0.0	0.0	0.0	0.0	0.0	0.0	0.0
股东权益合计	**1 671.8**	**2 376.9**	**2 654.0**	**3 423.9**	**4 492.6**	**5 938.3**	**7 899.7**	**10 567.3**	**14 182.9**	**19 086.3**	**25 739.6**	**34 765.1**	**47 015.5**
负债和股东权益总计	**2 643.9**	**3 585.8**	**4 215.4**	**5 253.6**	**6 854.8**	**8 774.1**	**11 478.2**	**14 984.1**	**19 663.5**	**25 888.6**	**34 181.1**	**45 231.5**	**60 006.7**

三、预测现金流量表

预测资产负债表中，货币资金及融资缺口是通过预测现金流量表计算得出，于是接下来预测现金流量表。配平资产负债表最常用的方法就是间接法编制现金流量表，根据现金流量表的结果来平衡资产负债表。现金流量表是一个时期报表，反映了企业在某一特定会计期间内现金流入和流出的情况。现金及现金等价物的净增加额＝经营活动产生的现金流量净额＋投资活动产生的现金流量净额＋筹资活动产生的现金流量净额＋汇率变动对现金及现金等价物的影响。汇率变动受到外汇市场的随机影响太大，本章不考虑汇率变动的影响。

第一步，根据资产负债表的结构，测算所有科目（除货币资金）的变动，并注意该科目的变化是导致现金的流入还是流出。这里的增加指的是本年数额减去上一年数额的差额，减少是指上一年数额减去本年数额的差额。所有可能导致现金增加的资产负债表科目变化如表 12-20 所示。

表 12-20　资产负债科目变化表

编号	项　　目	编号	项　　目
1	存货减少	10	应付款项增加
2	应收款项减少	11	预收款项增加
3	预付款项减少	12	其他应付款增加
4	其他流动资产减少	13	长期借款增加
5	非核心资产减少	14	长期经营性负债增加
6	固定资产减少	15	股本及资本公积增加
7	无形资产减少	16	留存收益增加
8	融资缺口增加	17	少数股东权益增加
9	短期借款增加		

第二步，对上述变动项目进行拆分，以满足间接法编制现金流量表的需要。相应的调整包括：上述编号为 1-4、10-12 的项目合并为一个项目，即营运资金的减少。由于固定资产 BASE 法则为：期初额＋固定资产购建－折旧＝期末额，那么，期初额－期末额＝折旧－固定资产购建。这样固定资产减少就可以分拆为“折旧”和“固定资产购建”两项。同理，无形资产的减少分拆为“摊销”和“无形资产的购建”两项。融资缺口的增加＝当年融资缺口－上年融资缺口。由于当年的融资缺口和货币资金是最后预测出来的，所以先只考虑“上年融资缺口的部分”。上述的调整过程如表 12-21 所示。

表 12-21　间接法现金流量表调整

编号	项　　目	调　　整	调整后项目
1	存货减少	合并	营运资金减少
2	应收款项减少	合并	营运资金减少
3	预付款项减少	合并	营运资金减少
4	其他流动资产减少	合并	营运资金减少

续表

编号	项　　目	调　　整	调整后项目
5	非核心资产减少	不调整	非核心资产减少
6	固定资产减少	分拆	折旧、固定资产购建
7	无形资产减少	分拆	摊销、无形资产购建
8	融资缺口增加	分拆	偿还上年融资缺口
9	短期借款增加	不调整	短期借款增加
10	应付款项增加	合并	营运资金减少
11	预收款项增加	合并	营运资金减少
12	其他应付款增加	合并	营运资金减少
13	长期借款增加	不调整	长期借款增加
14	长期经营性负债增加	不调整	长期经营性负债增加
15	股本及资本公积增加	不调整	股本及资本公积增加
16	留存收益增加	分拆、合并	净利润、归属于母公司的红利
17	少数股东权益增加	分拆、合并	净利润、归属于母公司的红利

第三步：根据“经营活动现金流”“投资活动现金流”和“融资活动现金流”对上述项目进行分类。净利润进一步分为“净利润＋财务费用－非经常性或非经营性损益”“非经常或非经营性损益”“财务费用”三项，分别归入经营活动、投资活动和融资活动中。归类结果如表 12-22 所示。

表 12-22　经营、投资、筹资现金流量分类

经营活动现金流量	投资活动现金流量	筹资活动现金流量
净利润	固定资产购建	（偿还上年融资缺口）
折旧	无形资产购建	（财务费用）
摊销	非经常或非经营性损益	短期借款增加
财务费用	非核心资产减少	长期借款增加
（非经常或非经营性损益）		股本及资本公积增加
营运资金减少		归属于母公司的红利
长期经营性负债增加		

一般而言，从净利润开始调整经营活动现金流时，主要调整三类科目：不属于经营活动的损益，包括投资收益、营业外收支及财务费用等；非现金成本费用，主要是指折旧和摊销；经营性资产负债的变化对现金的影响，如营运资金减少、经营性长期负债增加、递延所得税资产减少及递延所得税负债增加等。资产负债表的货币资金和融资缺口通过预算出来的现金流量表进行预测。

在实际中，企业账上的现金不仅不可能是负值，而且必须大于或等于某一正值，以应对平时的水电费、员工差旅费、经常性原料等采购支出，以保证企业的正常经营运转。我们称这个至少需要持有的现金额为最低现金需求或所需现金。所需现金的大小取决于企业经营规模和现金管理的水平，一般规模越大则现金需求越大，现金管理水平越高则现金需求越小。在对此项进行估计时，可以采取收入或者营业成本的比例。在本章的预测中，设定此参数为 5%，以保证光迅科技公司日常正常经营运转。

根据现金流量表的计算结果，如果“融资缺口前期末现金”大于所需现金，则多出的部分为多余现金；如果“融资缺口前期末现金”小于所需现金，差额为融资缺口。显然，多余的现金和融资缺口至少有一个为0，因为“融资缺口前期末现金”不可能既大于又小于所需现金。通过现金流量表的预测，就可以得出货币资金及融资缺口额，列入资产负债表。综上所述，完全预测出利润表、资产负债表、现金流量表。预测理金流量表如表12-23所示。

四、未来现金流量预测

表12-24反映了自由现金流的计算过程。在计算自由现金流时，对传统的计算方法进行了改进，使用的是无杠杆自由现金流，之所以成为无杠杆，是指不受企业资本结构的影响而产生的自由现金流。我们在财务预测的基础上，计算出了预测期每一期理论上可以分配给所有出资人(股东和债权人)的自由现金流；接下来计算折现率，将预测期每期的无杠杆自由现金流按照对应的折现率折现并相加，得到预测期现金流的现值和；进而计算永续期的终值，可以使用Gordon永续增长模型或者终值倍数法，将永续期的终值折现得到其现值；将预测期现金流的现值，与永续期终值的现值相加，即得到公司价值(EV)。估值的最后一步是根据价值等式：公司价值＋非核心资产价值＋现金＝债务价值＋少数股东权益价值＋(属于母公司股东的)股权价值，将计算出来的公司价值，加回该公司的现金及交易性金融资产等投资项目(非核心资产)价值，再扣除融资性负债的价值和少数股东权益的价值，就得到了股权价值。

UFCF ＝ 经营利润 EBIT
减：所得税费用
加：折旧、摊销
减：固定资本投资增加
减：营运资本投资增加
加：长期经营性负债增加

五、折现率确定

对预测出来的自由现金流折现，就可以计算出股价。但是，如何来选定折现率呢？在此，我们根据加权平均资本成本对自由现金流进行预测。

$$\mathrm{WACC}=\frac{D}{D+E}k_d(1-t)+\frac{E}{D+E}k_e$$

根据2016年的资产负债表，我们假设企业的目标资本结构大体上处于一个保持不变的状态，公司的债权和股权分别占比为30%和70%。根据公司2016年财务报告，可知，企业的债务资本成本为6.3%，股权资本成本的预测则根据资本资产定价模型(CAPM)进行预测。

$$r_e = r_f + \beta(r_m - r_f)$$

无风险利率我们采用3.50%，市场风险利率为11.5%，β系数值为1。根据资本资产定价模型可以预测出权益资本成本为11.7%。

表 12-23 预测现金流量表

单位：百万元

	2017 年 期望值	2018 年 期望值	2019 年 期望值	2020 年 期望值	2021 年 期望值	2022 年 期望值	2023 年 期望值	2024 年 期望值	2025 年 期望值	2026 年 期望值
净利润	661.9	800.2	963.4	1 159.0	1 331.2	1 529.8	1 758.3	1 926.9	2 113.7	2 319.9
折旧	58.5	65.5	74.3	85.2	98.6	113.9	131.5	151.7	173.4	196.7
摊销	8.5	9.2	10.2	11.5	13.2	15.1	17.3	19.9	22.6	25.5
财务费用	1.4	0.7	2.5	4.5	6.3	7.9	9.7	10.8	11.3	11.5
（非经常性或非经营性损益）	0.0	0.0	0.0	0.0	0.0	0.0	0.0	0.0	0.0	0.0
营运流动资金减少（增加）	238.7	(242.6)	(291.1)	(349.3)	(314.4)	(361.5)	(415.8)	(318.8)	(350.6)	(385.7)
长期经营性负债增加（减少）	13.9	27.3	32.7	39.3	35.4	40.7	46.8	35.8	39.4	43.4
经营活动现金流合计	982.8	660.3	792.0	950.0	1 170.2	1 345.9	1 547.9	1 826.5	2 009.8	2 211.3
（固定资产购建）	(146.1)	(175.4)	(210.4)	(252.5)	(290.4)	(334.0)	(384.0)	(422.4)	(464.7)	(511.2)
（无形资产购建）	(13.2)	(15.8)	(18.9)	(22.7)	(26.1)	(30.1)	(34.6)	(38.0)	(41.8)	(46.0)
非经常性或非经营性损益	0.0	0.0	0.0	0.0	0.0	0.0	0.0	0.0	0.0	0.0
非核心资产（净额）减少（增加）	3.2	0.0	0.0	0.0	0.0	0.0	0.0	0.0	0.0	0.0
投资活动现金流合计	(156.1)	(191.1)	(229.4)	(275.2)	(316.5)	(364.0)	(418.6)	(460.5)	(506.5)	(557.2)
（偿还期初融资缺口）	0.0	0.0	0.0	0.0	0.0	0.0	0.0	0.0	0.0	0.0
（财务费用）	(1.4)	(0.7)	(2.5)	(4.5)	(6.3)	(7.9)	(9.7)	(10.8)	(11.3)	(11.5)
短期借款增加（减少）	0.0	0.0	0.0	0.0	0.0	0.0	0.0	0.0	0.0	0.0
长期借款增加（减少）	36.4	41.6	47.9	55.8	61.5	68.5	76.6	80.5	85.1	90.6
（归属于母公司股东的红利）	(330.9)	(400.1)	(481.7)	(579.5)	(665.6)	(764.9)	(879.2)	(963.4)	(1 056.8)	(1 160.0)
（归属于少数股东的红利）	0.0	0.0	0.0	0.0	0.0	0.0	0.0	0.0	0.0	0.0
股本及资本公积增加（减少）	0.0	0.0	0.0	0.0	0.0	0.0	0.0	0.0	0.0	0.0
融资活动现金流合计	(295.9)	(359.2)	(436.2)	(528.2)	(610.4)	(704.4)	(812.2)	(893.8)	(983.0)	(1 080.9)
净现金流	530.9	109.9	126.4	146.6	243.3	277.5	317.0	472.2	520.3	573.2
期初现金	961.2	1 492.1	1 602.0	1 728.3	1 875.0	2 118.3	2 395.8	2 712.8	3 185.0	3 705.3
融资缺口前期末现金	1 492.1	1 602.0	1 728.3	1 875.0	2 118.3	2 395.8	2 712.8	3 185.0	3 705.3	4 278.5
所需现金	243.6	292.3	350.7	420.9	484.0	556.6	640.1	704.1	774.5	851.9
多余现金	1 248.6	1 309.7	1 377.6	1 454.1	1 634.3	1 839.2	2 072.7	2 480.9	2 930.8	3 426.6
融资缺口	0.0	0.0	0.0	0.0	0.0	0.0	0.0	0.0	0.0	0.0
年底现金	1 492.1	1 602.0	1 728.3	1 875.0	2 118.3	2 395.8	2 712.8	3 185.0	3 705.3	4 278.5

表 12-24　自由现金流量预测表

单位：百万元

	2016 年实际值	2017 年期望值	2018 年期望值	2019 年期望值	2020 年期望值	2021 年期望值	2022 年期望值	2023 年期望值	2024 年期望值	2025 年期望值
EBIT			889.8	1 072.9	1 292.2	1 485.4	1 707.7	1 963.4	2 151.8	2 359.8
(调整的所得税)			(89.0)	(107.3)	(129.2)	(148.5)	(170.8)	(196.3)	(215.2)	(236.0)
EBIAT			800.8	965.6	1 163.0	1 336.9	1 536.9	1 767.0	1 936.6	2 123.8
折旧			65.5	74.3	85.2	98.6	113.9	131.5	151.7	173.4
摊销			9.2	10.2	11.5	13.2	15.1	17.3	19.9	22.6
营运流动资金减少(增加)			(242.6)	(291.1)	(349.3)	(314.4)	(361.5)	(415.8)	(318.8)	(350.6)
长期经营性负债增加(减少)			27.3	32.7	39.3	35.4	40.7	46.8	35.8	39.4
(固定资产购建)			(175.4)	(210.4)	(252.5)	(290.4)	(334.0)	(384.0)	(422.4)	(464.7)
(无形资产购建)			(15.8)	(18.9)	(22.7)	(26.1)	(30.1)	(34.6)	(38.0)	(41.8)
无杠杆自由现金流(UFCF)			469.0	562.3	674.3	853.1	981.1	1 128.3	1 364.9	1 502.1
折现年份			1	2	3	4	5	6	7	8
折现因子			0.91	0.83	0.76	0.69	0.63	0.57	0.52	0.47
预测期现金流的现值			427.2	466.4	509.4	586.9	614.7	643.9	709.4	711.0

因此 WACC＝30％×6.3％×(1－15％)＋70％×11.7％＝9.8％

我们将 2017—2026 年的自由现金流进行折现。折现因子为以 WACC 为贴现率的年金现值系数，即：第 n 年的折现因子＝$1/(1+\text{WACC})^n$；预测期现金流的现值＝当年的 UFUC×当年的折现因子。折现因子、预测期现金流的现值见表 12-24 所示。接下来，我们需要对永续期的终值进行计算。通常使用的方法为 Gordon 增长法或者终值倍数法。具体阐述如下：

1. Gordon 增长法

Gordon 增长法是指假设企业的永续增长率为 g($g<\text{WACC}$)，在预测期之后的永续年份，公司的自由现金流以 g 的速度永续增长，将永续增长期的自由现金流贴现，从而预测企业的价值的方法。

$$\text{TV}=\frac{\text{UFCF}_n(1+g)}{\text{WACC}-g}$$

其中，UFCC_n为预测期第 n 年的自由现金流；g 为永续期的自由现金流的稳定增长率；WACC 为加权平均资本成本；TV 为终值。先预测永续增长率。前文已经阐述过，分析了光迅科技股份有限公司近十年来的营业收入增长情况，将永续期的收入增长率设定为 5％，从而计算出永续增长期的自由现金流贴现到 2026 年的现值为 36 159.1 百万元。再将该数值折现到 2017 年就可以估计出该上市公司的永续期现金流的现值为 16 334.2 百万元。最终，可以估计出光迅科技的企业价值为：预测期现金流的现值总和与永续期现金流的现值之和 5 381.6＋16 334.2＝21 715.8 百万元。

2. 终值倍数法

终值倍数法，是指假如预测期最后一期期末将公司出售，出售时的价格即为终值。在计算时通常是将预测期最后一年的 EBIT 或者 EBITDA 乘以一个倍数，该倍数要反映公司的折溢价。假设 M 为详细预测期最后一年的该公司的 EV/EITDA 的退出倍数，EBITDA_n为预测其最后一年公司的息税折旧摊销前利润，则有：

$$\text{TV}=\text{EBITDA}_n\cdot M$$

$$\text{EV}=\sum_{t=1}^{n}\frac{\text{UFCF}_t}{(1+\text{WACC})^t}+\frac{\text{EBITDA}_n\cdot M}{(1+\text{WACC})^n}$$

考虑到高科技企业属性以及它在光芯片领域的战略地位，假设光迅科技在 2026 年出售之日的售价为其账面价值的 15 倍，即 EBITDA 的退出倍数 M 为 15 倍。因此，企业的终值为EBITDA_{2026}×15＝2 811.4×15＝42 171 百万元。贴现到 2017 年为 18 180 百万元。这样，可以估计出光迅科技的企业价值为预测期现金流的现值总和与永续期现金流的现值之和，即为 23 561.6 百万元。

六、股权价值与内涵价值

需要强调的是，使用无杠杆自由现金流折现模型计算出来的是公司整体价值(EV)，我们需要通过价值等式："企业价值＋非核心资产价值＋现金＝债务价值＋少数股东权益价值＋股权价值(归属于母公司股东的)"来反推算出公司的内涵股权价值，进而求出内涵股价。对于非核心资产而言，其市场价值与账面价值可能不同，需要估计非核心资产的市场价值。假设非核心资产的市场价值是账面价值的 2 倍,如表 12-25 所示。

表 12-25 2017 年非核心资产与少数股东权益市价计算表 单位:百万元

价值分类/项目	非核心资产	少数股东权益
账面价值	60	79.7
倍数	2	2
市场价值	120	159.4

预计在 Gordon 增长法和倍数终值法两种情况下,光迅科技的企业价值分别为 21 715.8 百万元和 23 561.6 百万元。之前我们已经测算,2017 年的货币资金以及付息债务分别为 1 492.1 百万元、263.7 百万元。根据"股权价值(归属于母公司股东的)=企业价值+非核心资产价值+货币资金-债务价值-少数股东权益价值"求得在 Gordon 增长法和倍数终值法两种情况下,光迅科技的股权价值分别为 22 904.8 百万元和 24 750.6 百万元。我们已知光迅科技已发行普通股的数量为 628.9 百万股,使用股权价值除以普通股的数量,就能够得到上市公司股票的内在价值的估计值。

七、通过模拟运算表进行敏感性分析

到了公司估值的最后一步,我们希望知道的是,加权平均资本成本 WACC 和永续增长率 g 两个参数变化时可能对公司估值结果的影响是什么。模拟运算表具有强大的功能,可以帮助我们做敏感性分析。可以用 EXCEL 建立一个模拟运算表,在这个数据表中可以有一个变量变化,也可以有两个变量变化。如表 12-26 所示,我们运用 EXCEL 做出模拟运算表,进行股价的敏感性分析,最终得到光迅科技每张股票的内在价值在 30.82 元到 44.93 元之间。

表 12-26 公司股价的敏感性分析 单位:元/股

		加权平均资本成本 WACC						
	36.42	8.3%	8.8%	9.3%	9.8%	10.3%	10.8%	11.3%
永续增长率 g	3.5%	39.89	35.95	32.69	29.95	27.63	25.62	23.88
	4.0%	43.39	38.69	34.88	31.74	29.10	26.85	24.92
	4.5%	47.82	42.07	37.53	33.86	30.82	28.27	26.10
	5.0%	53.58	46.34	40.80	36.42	32.87	29.94	27.48
	5.5%	61.40	51.91	44.93	39.58	35.35	31.92	29.09
	6.0%	72.62	59.47	50.31	43.57	38.40	34.31	31.00
	6.5%	90.08	70.31	57.61	48.76	42.25	37.26	33.32

第 5 节 运用相对法估值

绝对估值法需要对公司进行深入、全面的财务分析和预测,估值的结果同时受到折现率、预测期增长率、永续期增长率等多种因素的影响较大。本章前已述及,除了绝对估值法之外,相对估值法也是证券分析人员经常使用的方法。相对估值法也称为市场法,它是通过比较与估值目标公司处于同一行业的上市公司的市场价值，来估计目标公司的市场价值的一种方法。

相对估值法的逻辑是什么呢？为了分析目标公司的价值，可以先考察资本市场上已经形成的对相关可比公司的价值判断，然后估算在这样的市场水平下目标公司应该具有怎样的估计价值。例如，买房时，相同地段的房屋具有一定程度的可比性。生活中有句俗话叫“货比三家”，通过对同类产品的比较进行决策是进行各种选择时最常用的方法。投资分析也不例外。在通常情况下，资本市场上总会有与投资分析对象相近的投资目标，称为可比公司。相对法估值的基本逻辑就是，因为市场上 A 值那么多，而 A 和 B 又十分类似，所以 B 也应该值那么多。凡是遵循上述逻辑的价值评估方法统称为可比法，也称为相对估值法、可比公司法、市场法。可比法很容易理解，在具体运用中又非常简便，因此该方法是业内运用最广泛的估值方法。

无论是绝对估值的现金流贴现法，还是相对估值的可比公司法，都是中外资本市场实践中最为常用的估值方法。两种方法的最终落脚点，都是努力去评估股权投资的合理价值。两种方法的思维逻辑并没有任何新奇独特之处，都是我们日常生活中进行投资决策的基本逻辑。例如在房地产投资时，我们会通过预测未来房租收入、购房资金的机会成本以及房屋未来的出售价值来估计该房产的合理价格。这便是一种现金流贴现的基本原则。更为通常的情况是，我们会通过周边楼盘的平均价格来判断目标楼盘价格的合理性，并在这个基础上综合考虑开发商口碑、物业水平、楼房户型等因素，对此基础进行调整以得到对目标楼盘价格的合理估计。由于价值思维角度的截然不同，也造就了各类方法不同的特点和适用范围。当然，方法本身并没有什么优劣之分，就像生活中的叉子和勺子，都是我们吃饭不可缺少的工具，只是在不同的情况下我们使用不同的工具以达到最佳的分析效果而已。

相对估值法一般包括三个步骤：第一步是“和谁比”，即寻找可比公司。我们需要确定哪些是与要估值的目标公司同类型的投资对象；第二步是“比什么”，即通过计算估值乘数，即确定可比公司与目标公司之间的比较参数，例如是以净利润为核心，还是以净资产为核心，就像我们在生活中进行比较时是以款式为参照，还是以质量为参照一样。然后计算出价格与上述核心要素之间的比例关系，即估值参数(或者称为估值乘数)。例如，市盈率 PE 就是股票价格和净利润的比值，而“市净率”PB 则是股票价格和公司净资产的比值；第三步是“怎么比”，即通过测算得到的可比公司的估值参数(估值乘数)，来确定目标公司的合理参数；最后通过确定的估值参数和目标公司对应的财务指标来估算目标公司合理的价值水平。

一、寻找可比公司

寻找合适的可比公司并非易事。世界上找不到两片完全相同的树叶，同样也找不到两个完全相同的公司，公司之间必然会存在一定的差异。当这种差异足以造成对企业价值的实质性影响时，公司间的可比性质就丧失了，可比法的使用基础也就丧失了。理论上，可比公司应该与标的公司越相近或相似越好，无论多么精益求精基本上都不过分。在实践中，一般应选取在行业、主营业务或主导产品、资本结构、企业规模、市场环境以及风险度等方面相同或相近的公司。

1. 应当具有相似的业务或者行业背景

不同行业由于其产品特性、生产流程、原料供应、市场发展等具体特征的差异，其未来收益和风险变化的影响因素完全不同。同一个行业内部，不同细分行业的经营特点、盈利模式、未来成长预期等也有可能千差万别。从这个意义上来讲，这也是可比公司选择时要考虑的首要条件。有的证券分析师将化工行业内的所有公司都作为可比公司，而实质上这些公司的上述特征差异很大，这显然违背了这条原则的初衷。所以，证券分析师一定要从实质重于形式的角度来进行可比公司选择。在本章的估值案例中，我们使用长城证券软件，从通信设备行业板块找到了 101 家上市公司。接下来，我们从经营规模、盈利能力、主营业务集中度等几个维度，进行了进一步的分析和筛选。

2. 应当具有相似的经营规模

不同规模的企业其抗风险能力、增长潜力，甚至核心价值驱动要素都可能有所不同，因此即便在同一行业内，“华联超市”和“沃尔玛”显然也不能同日而语。一般来说，我们可以使用营业收入、股本、总市值等指标来判断公司在规模上是否具备可比性。在本章的光迅科技股份有限公司估值案例中，研究一下目标公司，其 2016 年的营业收入为 405 921.46 万元，股本为 6.29 亿元，总市值为 138.7 亿元。我们在通信设备行业板块的 101 家上市公司中，对照目标公司的经营规模，从 2016 年度的营业收入、股本、总市值三个指标，做了进一步筛选。

3. 应当具有相似的盈利能力

公司的价值总是企业未来前景的反映，两个当前规模状况完全相似的企业如果盈利能力存在明显差异，其价值显然应该具有本质差别。本教材上一章已经论述过，盈利能力是指公司获取利润的能力，也称为资金或资本增值能力，通常表现为一定时期内公司收益数额的多少及其水平的高低。盈利能力指标主要包括营业利润率、成本费用利润率、盈余现金保障倍数、总资产报酬率、净资产收益率等指标。实务中，上市公司经常采用每股收益、市盈率、每股净资产等指标评价其获利能力。在本章的光迅科技估值案例中，我们用净资产收益率来衡量不同公司的盈利水平。光迅科技截止到 2016 年 12 月 31 日的财务报表显示，其净资产收益率为 11.23%，我们在考虑经营规模的基础上，进一步筛选净资产收益率与目标公司相似的可比公司。

4. 应当具有相似的资本结构

资本结构是指企业各种资本的价值构成及其比例关系，是企业一定时期筹资组合的结果。具有近似的资本结构，意味着可比公司对财务杠杆的使用程度大致相当。资本结构的差异表现为企业风险的差异，因为负债比例高的企业其股东面临的风险会更大。另外资本结构也会对净利润等指标产生影响，从而扭曲了企业间的可比性质。在本章的估值案例中，对于通信设备行业板块的 101 家上市公司的资产负债率进行了逐一比较，在最终确定可比公司时，我们尽量选取与估值的目标公司相类似的资本结构公司。

5. 应当具有相似的主营业务集中度

近年以来，在公司发展的过程中，专业化和多元化这两种经营战略哪个更能提升公司价值，理论界和实务界一直存在着争论。从理论上讲，公司进行单一业务经营，可以培育核心竞争力，失败的风险相对较小；而在多个产业领域进行经营，虽然可以利用市场机会，创造新的增长点，分散公司经营风险，但是当公司横跨多个产业时资源配置匮乏、不利用集中优势兵力等缺点也显而易见。笔者认为，君子务本，本立而道生。那些深耕主业的公司，长时期培育起来的核心竞争力，对于公司可持续发展具有非常重要的意义。运用可比公司法进行估值时需要对于可比公司的主营业务集中度的因素进行充分考虑。例如，一个主营业务集中于一个细分门类的通信设备研发制造公司；另一个是横跨房地产、贸易以及通信设备研发制造的多元化公司，两个公司之间的可比性需要画上问号。在本章的估值案例中，我们观察了目标公司光迅科技的主营业务集中度为 99%，那么在选择可比公司时，需要筛选出主营业务集中度至少应在 85%以上的公司。

以上是可比公司应该具备的一些基本特征，这些特征可能会由于具体的使用环境而有所调整，但无论如何，在实务当中估值时，行业属性、经营规模、盈利水平、主营业务集中度等维度的类似性，是可比公司选择的根本原则。也正因为这样，在可比公司的选择中一定要去寻找最可比的公司，而不要去试图寻找尽可能多的可比对象，因为这样会损害公司之间的类似性，从而使可比失去意义。

实际估值中在选择可比公司时，一般又会分为两步进行：首先是根据一定条件初步挑选可比公司；其次，将初步挑选出的可比公司分为两大类，最可比公司与次可比公司。估值实际使用时，往往主要考虑最可比公司。本案例的具体做法是，综合考虑上述选择标准，我们从上市公司的所属行业、营业收入、净资产收益率、股本、总市值、主营业务集中度、资产负债率等七大维度，作为选择可比公司的依据。我们在此框架下，选择出 15 家可比公司，如表 12-27 所示。具体包括选择华讯方舟、盛路通信、通鼎互联、凯乐科技、银河电子、永鼎股份、共进股份、海格通信、瑞斯康达、特发信息、茂业通信、东信和平、四创电子、春兴精工、国睿科技。在此基础上，我们又重点考虑了经营规模、盈利能力这两个标准，从可比公司中选出了通鼎互联、共进股份、特发信息、四创电子、永鼎股份五家上市公司，作为最可比类公司，其余的可比公司作为“次可比类公司”。

二、计算估值倍数并测算价值区间

可比公司的选择，回答了“和谁比”的问题。接下来确定比较基准，即回答“比什么”的问题。理论上，应该与找出所选取样本可比公司股票价格最密切相关的因素，即对样本公司价值最具有解释力的因素，这些因素通常是样本公司的基本财务指标。估值实践中，常用的有每股收益(市盈率倍数法)、每股净资产(净资产倍数法)、每股销售收入(每股销售收入倍数法，或称为市销率倍数法)等。选择某一个评价基准，来计算合理的估值乘数

表 12-27 可比公司分析选择

序号	可比企业	股票代码	所属行业	营业收入（万元）	净资产收益率（%）	股本（亿元）	总市值（亿元）	主营业务集中度（%）	资产负债率（%）
目标	光迅科技	002281	通信设备制造业	405 921.46	11.23	6.29	138.7	99	40
最可比类公司	通鼎互联	002491	通信设备制造业	414 345.26	19.00	12.6	158.8	98	55
	共进股份	603118	通信设备制造业	654 302.54	10.51	3.56	112	99	38
	特发信息	000070	通信设备制造业	461 241.80	11.90	3.13	65.2	97	60
	四创电子	600990	通信设备制造业	304 613.79	11.96	1.59	94.2	85	68
	永鼎股份	600105	通信设备制造业	257 857.87	10.48	9.45	75.7	83	31
次可比类公司	华讯方舟	000687	通信设备制造业	160 306.69	13.13	7.57	117.4	98	65
	盛路通信	002446	通信设备制造业	115 634.16	6.80	4.48	86.3	97	25
	凯乐科技	600260	通信设备制造业	842 067.99	6.27	6.67	142.7	98	76
	银河电子	002519	通信设备制造业	198 092.94	12.75	11.4	99.5	97	25
	永鼎股份	600105	通信设备制造业	257 857.87	10.48	9.45	75.7	83	31
	海格通信	002465	通信设备制造业	411 873.41	8.08	21.5	227	99	34
	瑞斯康达	603803	通信设备制造业	199 864.01	17.13	4.21	104.5	99	43
	茂业通信	000889	通信设备制造业	181 465.81	9.34	6.22	103.9	95	18
	东信和平	002017	通信设备制造业	149 676.79	9.53	3.46	36.9	99	42
	春兴精工	002547	通信设备制造业	253 585.65	8.42	11.3	122.8	87	59
	国睿科技	600562	通信设备制造业	125 810.67	17.00	4.79	122.8	99	31

（或者称为倍数）。在可比法下，假设公司价值与特定的财务指标之间存在一定的线性关系，估值乘数就是公司之间进行价值比较的通道。以市盈率 PE 为例，其潜在假设是公司价值与净利润之间存在着某种直接关系，可比公司之间的市盈率，也就是价值和净利润的比值应该近似。事实上企业价值总是各方面因素综合作用的结果，不可能有一个指标能完全决定企业的价值，在可比法的具体选择中，应该遵循重要性原则，选择那些对企业价值最具影响的指标，或者说企业价值最重要的驱动因素作为估值倍数以保证可比法的有效性。

可以看出，虽然可比公司法是最易于理解和操作的估值方法，但无论是选择可比公司，还是确定估值倍数，以及最后根据上市公司具体情况对估值倍数进行调整，都要基于分析人员对行业、企业的理解和判断，这些都离不开长期、缜密和深入的研究，合理正确的运用可比法并非是一件轻而易举的事情。在接下来的估值步骤中，我们将分别讲解实务中最常用的市盈率倍数法、市净率倍数法和企业价值倍数法三种方法。

1. 市盈率倍数法

市盈率倍数是通过比较公司之间的市盈率来进行估值。市盈率的计算公式等于股价/每股收益，或者市值/净利润。它表示投资者愿意为公司每一元净利润所支付的价格，或者说它表示投资付出的股票投资（价格），在上市公司每年赚 1 元钱利润的情况下，多少年能够回本。市盈率在公司估值中得到广泛应用的原因很多。第一，它是一个将股票价格与当前公司盈利状况联系在一起的一种直观的财务指标；第二，对大多数股票来说，市盈率易于计算并且很容易得到，这使得股票之间的比较变得十分简单；第三，它能作为公司一些其他特征（包括风险性与成长性）的代表。使用市盈率的其他理由在于，它更能够反映市场中投资者对上市公司的看法。例如，如果投资者对零售业股票持乐观态度，那么该行业公司股票的市盈率将较高，以反映市场的这种乐观情绪。与此同时，这也可以被看成是市盈率的一个弱点，特别是当市场对所有股票的定价出现系统误差的时候。如果投资者高估了零售业股票的价值，那么使用该行业公司股票的平均市盈率将会导致估值中出现偏差。

使用市盈率倍数法进行公司估值，在实务中非常关键的问题是在计算市盈率时，需要对每股收益进行正常化调整。为什么对每股收益进行正常化调整？因为要剔除非经常性或经营性损益的因素，计算出来一个干净的每股收益。本书前已阐述过，非经常性损益是指公司发生的与经营业务无直接关系，以及虽与经营业务相关，但由于其性质、金额或发生频率，影响了真实、公允地反映公司正常盈利能力的各项收入、支出。我们在对公司进行可比性分析时，应该比较它们的可持续经营业务，但是会计上的净利润受到非经常性损益的影响，可能并不能完全真实地反映公司的持续盈利能力。因此，需要对公司净利润中的这些因素以及相应产生的税收影响进行调整。证监会在《公开发行证券的公司信息披露规范问答第 1 号——非经营性损益》中特别指出，注册会计师应单独对非经常性损益项目予以充分关注，对公司在财务报告附注中所披露的非经营性损益的真实性、准确性与完整性进行核实。目前我国上市公司年度财务报告中，均对非经常性或者非经营性损益进行了专门披露，我们在估值时，通过查询年报的方式直接获取这方面的具体数据即可。

上市公司非经常性损益一般包括的内容有：资产减值损失，即资产的重估价值低于账面价值引起，一般情况下，每年的数值波动可能很大，但是通常没有持续性。所以在正常化调整时一般直接相加；对于公允价值变动收益，通常每年的波动较大，做正常化调整时一般直接剔除；对于投资收益，在做正常化处理时一般要看投资的内容：如果是交易性金融资产、持有至到期的金融资产以及成本法核算的长期股权投资相关的投资收益，一般是不可持续的，在做正常化处理时一般需要予以剔除；对于营业外收入和营业外支出，主要包括固定资产处置利得(损失)、政府补贴、非同一控制下的企业合并产生的收益、重组费用、捐赠支出、罚金等，多为偶然支出，正常化处理时一般需要剔除。但是，政府补助中与企业生产经营相关的可以持续的不需剔除，例如增值税返还时可以按照一定标准额持续享受，不需要调整。对于所得税费用，由于正常化调整后的利润总额和调整前有出入，新增的利润总额会增加额外的所得税费用。用边际税率乘以利润总额的变化即得调整的所得税费用。

如表 12-28 至表 12-32 所示，列示了五家可比公司市盈率正常化调整的详细计算过程。每股收益正常化调整的基本思路是：正常化的每股收益＝正常化后归属于母公司的净利润/已发行普通股数。使用正常化的每股收益代替基本每股收益。正常化的每股收益计算公式为：

$$\text{正常化的每股收益} = \frac{\text{归属于母公司股东的净利润} - \text{非经常性或非经营性损益} \times (1 - \text{所得税税率})}{\text{已发行普通股数}}$$

根据市盈率倍数的计算公式，市盈率主要是受到公司每股股价和每股收益的影响。关于公司股价，证券分析报告的编写机构一般采用最新的股价数据。而对于每股收益数据，基于不同的考虑，则可以采用不同时期的盈利数据。一般情况下可以采用的选择包括：最近一个完整会计年度的每股收益；最近 12 个月的每股收益；预测年度的每股收益。其中，这里讲的最近 12 个月的数据(latest twelve months，LTM)表示离现在最近的过去 12 个月的数据。例如，在 2017 年 4 月，我们想得到 LTM 的数据，一般可以通过“2016 年度数据”＋“2017 年第一季度数据”－“2016 年第一季度数据”而得到。2017 年和 2018 年的正常化每股收益是在 2016 年以及 LTM 的基础上估计产生的。在计算完正常化的每股收益后，即可用股价除以正常化的每股收益，得出该公司在该年的市盈率。

为了对光迅科技进行估值，我们计算得到五个可比公司的市盈率的平均数和中位数。接下来，确定折溢价水平以确定股价区间，我们把折溢价水平定位在－10%～10%之间。运用 2017 年的中位数市盈率倍数(37 倍)，乘以目标公司 2017 年的每股收益预计值(1.05 元)，如表 12-36 所示。最终可以计算出光迅科技股份有限公司的股价估计区间为 35.07～42.87 元。

表 12-28　每股收益的正常化调整(通鼎互联)

单位:百万元

项　目	2016 年度	过去 12 个月				2017 年期望值	2018 年期望值
		2016 年第 1 季	2016 年度	2017 年第 1 季	过去 12 个月		
名义税率(%)	15	15	15	15	15	15	15
净利润	564.99	96.01	564.99	93.12	562.10	—	—
少数股东损益	26.02	9.50	26.02	5.37	21.89	—	—
归属于母公司股东的净利润	538.96	86.51	538.96	87.75	540.21	—	—
已发行普通股股数(百万股)	1 191.84	1 191.84	1 191.84	1 191.84	1 191.84	—	—
每股收益(元)	0.45	—	0.45	—	0.45	—	—
非经常性或非经营性损益	80.28	67.27	80.28	2.12	15.13	—	—
税后正常化调整	68.24	57.18	68.24	1.80	12.86	—	—
正常化后归属于母公司净利润	470.72	29.33	470.72	85.95	527.35	—	—
正常化后每股收益(元)	0.40	—	0.40	—	0.44	0.45	0.50

表 12-29　每股收益的正常化调整(共进股份)

单位:百万元

项　目	2016 年度	过去 12 个月				2017 年期望值	2018 年期望值
		2016 年第 1 季	2016 年度	2017 年第 1 季	过去 12 个月		
名义税率(%)	15	15	15	15	15	15	15
净利润	339.63	89.57	339.63	100.22	350.28	—	—
少数股东损益	−3.46	−1.03	−3.46	−0.56	−2.99	—	—
归属于母公司股东的净利润	343.09	90.60	343.09	100.78	353.27	—	—
已发行普通股股数(百万股)	355.89	355.89	355.89	355.89	355.89	—	—
每股收益(元)	0.96	—	0.96	—	0.99	—	—
非经常性或非经营性损益	45.57	9.1	45.57	36.28	72.75	—	—
税后正常化调整	38.74	7.74	38.74	30.84	61.84	—	—
正常化后归属于母公司净利润	304.36	82.86	304.36	69.94	291.43	—	—
正常化后每股收益(元)	0.86	—	0.86	—	0.82	0.90	0.95

表 12-30　每股收益的正常化调整(特发信息)

单位:百万元

项　目	2016 年度	过去 12 个月				2017 年期望值	2018 年期望值
		2016 年第 1 季	2016 年度	2017 年第 1 季	过去 12 个月		
名义税率(%)	15	15	15	15	15	15	15
净利润	229.07	39.58	229.07	51.66	241.15	—	—
少数股东损益	33.28	4.66	33.28	7.81	36.44	—	—
归属于母公司股东的净利润	195.79	34.92	195.79	43.84	204.71	—	—
已发行普通股股数(百万股)	313.50	313.50	313.50	313.50	313.50	—	—
每股收益(元)	0.63	—	0.63	—	0.65	—	—
非经常性或非经营性损益	19.80	0.741	19.80	1.51	20.57	—	—
税后正常化调整	16.83	0.63	16.83	1.28	17.48	—	—
正常化后归属于母公司净利润	178.96	34.29	178.96	42.56	187.23	—	—
正常化后每股收益(元)	0.57	—	0.57	—	0.60	0.65	0.70

表 12-31　每股收益的正常化调整(四创电子)

单位:百万元

项　目	2016 年度	过去 12 个月				2017 年期望值	2018 年期望值
		2016 年第 1 季	2016 年度	2017 年第 1 季	过去 12 个月		
名义税率(%)	15	15	15	15	15	15	15
净利润	133.42	1.30	133.42	1.47	133.59	—	—
少数股东损益	3.96	0.43	3.96	0.67	4.20	—	—
归属于母公司股东的净利润	129.46	0.87	129.46	0.80	129.39	—	—
已发行普通股股数(百万股)	136.70	136.70	136.70	136.70	136.70	—	—
每股收益(元)	0.95	—	0.95	—	0.95	—	—
非经常性或非经营性损益	30.67	7.82	30.67	4.26	27.11	—	—
税后正常化调整	26.07	6.65	26.07	3.62	23.04	—	—
正常化后归属于母公司净利润	103.39	−5.78	103.39	−2.82	106.35	—	—
正常化后每股收益(元)	0.76	—	0.76	—	0.78	0.85	0.90

表 12-32　每股收益的正常化调整(永鼎股份)

单位:百万元

项　　目	2016 年度	过去 12 个月				2017 年期望值	2018 年期望值
		2016 年第 1 季	2016 年度	2017 年第 1 季	过去 12 个月		
名义税率(%)	15	15	15	15	15	15	15
净利润	294.93	47.21	294.93	72.25	319.97	—	—
少数股东损益	44.40	2.27	44.40	16.87	59	—	—
归属于母公司股东的净利润	250.53	44.94	250.53	55.38	260.97	—	—
已发行普通股股数(百万股)	945.00	945.00	945.00	945.00	945.00	—	—
每股收益(元)	0.27	—	0.27	—	0.28	—	—
非经常性或非经营性损益	28.87	6.46	28.87	3.82	26.23	—	—
税后正常化调整	24.54	5.49	24.54	3.25	22.3	—	—
正常化后归属于母公司净利润	225.99	39.45	225.99	52.13	238.67	—	—
正常化后每股收益(元)	0.24	—	0.24	—	0.25	0.30	0.35

表 12-33 市盈率倍数法估值计算表

公司	A股市价	正常化的每股收益(元/股)				P/E			
		2016年实际值	过去12个月	2017年期望值	2018年期望值	2016年实际值	过去12个月	2017年期望值	2018年期望值
通鼎互联	14.76	0.40	0.44	0.45	0.50	36.9x	33.5x	32.8x	29.5x
共进股份	36.68	0.86	0.82	0.90	0.95	42.7x	44.7x	40.8x	38.6x
特发信息	24.07	0.57	0.60	0.65	0.70	42.2x	40.1x	37.0x	34.4x
四创电子	68.95	0.76	0.78	0.85	0.90	90.7x	88.4x	81.1x	76.6x
永鼎股份	10.04	0.24	0.25	0.30	0.35	41.8x	40.42x	33.5x	28.7x
光迅科技	76.69	1.37	1.36	1.05	1.27				
平均值						50.9x	49.4x	45.0x	41.6x
中位数						42.2x	40.2x	37.0x	34.4x

2. 市净率倍数法

股票的股价净值比(price-to-book ratio,简称为 P/B)指每股市价除以每股净资产,通常作为股票孰贱孰贵的指标之一。市净率指的是每股股价与每股净资产之间的比率,它反映了投资者愿意为1元净资产所支付的价格。市净率可用于投资分析,一般来说市净率较低的股票,投资价值较高,相反,则投资价值较低;但在判断投资价值时还要考虑当时的市场环境以及公司经营情况、盈利能力等因素。通过市净率定价法估值的步骤是:首先,计算出目标公司的每股净资产;其次,估算二级市场上可比公司的市净率倍数的平均值状况;最后,依据市净率倍数与目标公司每股净资产的乘积来算出估值。

为了对光迅科技进行估值,我们计算得到五个可比公司的市净率的平均数和中位数。接下来,确定折溢价水平以确定股价区间,我们把折溢价水平定位在-10%~10%之间。运用2017年的中位数市净率倍数(3.8倍),乘以目标公司2017年的每股净资产预计值(5.03元),最终可以计算出光迅科技股份有限公司的股价估计区间为17.41~21.28元,如表12-34所示。

表 12-34 市净率倍数法估值计算表

公司	A股市价	每股净资产(元/股)				P/B			
		2016年实际值	2017第一季度	2017期望值	2018期望值	2016年实际值	2017第一季度	2017期望值	2018期望值
通鼎互联	14.76	2.46	3.45	3.80	4.18	6.0x	4.3x	3.9x	3.5x
共进股份	36.68	12.05	12.33	13.56	14.92	3.0x	3.0x	2.7x	2.5x
特发信息	24.07	5.55	5.69	6.26	6.89	4.3x	4.2x	3.8x	3.5x
四创电子	68.95	8.34	8.35	9.19	10.11	8.3x	8.3x	7.5x	6.8x
永鼎股份	10.04	2.68	2.74	3.01	3.31	3.7x	3.7x	3.3x	3.0x
光迅科技	72.90	13.52	13.99	5.03	5.67				
平均值						5.1x	4.7x	4.3x	3.9x
中位数						4.3x	4.2x	3.8x	3.5x

3. 企业价值倍数法

企业价值倍数法是通过可比公司的 EV/EBITDA 倍数(enterprise value,EV),来估算目标公司的价值。这是一个在估值实践中与 PE 并驾齐驱的估值方法,由于能有效地弥补 PE 的一些不足，它在国外的运用程度甚至比 PE 更为普遍。EV/EBITDA 倍数和 PE 同属于可比法，在使用的方法和原则上大同小异，只是选取的指标口径有所不同。从指标的计算上来看，EV/EBITDA 倍数使用企业价值(EV)，即企业所有投资人资本投入的市场价值，代替了 PE 中的股价。使用息税折旧前盈利(EBITDA)代替了 PE 中的每股净利润。

(1) 从视角上来看，企业价值倍数是从股东＋债权人角度看公司；市盈率倍数法是从股东角度看公司。一般而言，公司所有投资人的资本投入既包括股东权益也包括债权人的投入，而 EBITDA 则反映了上述所有投资人所应该获得的税前收益水平。而 PE 是股票市值和预测净利润的比值。可以看出，PE 和 EV/EBITDA 反映的都是市场价值和收益指标间的比例关系，只不过 PE 是从股东的角度出发，而 EV /EBITDA 则是从全体投资人的角度出发。

(2) 从使用上来看，以市盈率倍数为基础的可比法的一个使用前提是收益必须为正。如果一个企业的预测净利润为负值，则 PE 就失效了。相比而言，由于 EBITDA 指标中扣除的费用项目较少，因此其相对于净利润而言成为负数的可能性也更小，因而具有比 PE 更广泛的使用范围。

(3) 从可比性上来看，由于在 EBITDA 指标中不包含财务费用，因此它不受企业不同融资政策的影响，不同资本结构的企业间在这一指标下更具有可比性。同样，由于 EBITDA 为扣除折旧摊销费用之前的收益指标，企业间不同的折旧政策也不会对上述指标产生影响，这也避免了折旧政策差异以及折旧反常等现象对估值合理性的影响。

(4) 从盈利质量上来看，EBITDA 指标中不包括投资收益、营业外收支非经常性或非经营性损益类项目，仅代表了企业核心资产、经营主业所带来的运营绩效，这也使企业间的比较更加纯粹，真正体现了企业主业运营的经营效果以及由此而应该具有的价值。总体而言，相比于将所有因素都综合在一起考虑的净利润指标，EBITDA 剔除了诸如财务杠杆使用状况、折旧政策变化、长期投资水平等非营运因素的影响，更为纯粹，因而也更为清晰地展现了企业真正的运营绩效。这有利于投资者排除各种干扰，更为准确地把握企业核心业务的经营状况。同时，从指标对企业价值的反映程度上来说，由于剔除了上述因素的影响，企业单一年度的 EBITDA 指标与企业未来收益和风险的相关性更高，换句话说，影响企业单一年度 EBITDA 水平的因素和影响企业未来所有年度 EBITDA 水平的因素更为一致，而影响企业单一年度净利润的因素则相对复杂和多变。也正因为如此，作为一种以可比为基础的估值方法，EV/EBITDA 倍数法的合理性相对于市盈率倍数法也就更强。

当然硬币都有两面，任何事物都难免是优缺点的综合体。EV/EBITDA 也有一些固有的缺陷。首先，从计算过程上来看，和 PE 比较起来，EV/EBITDA 方法要稍微复杂一些，至少还要对债权的价值、少数股东权益以及非核心资产的价值进行单独估计。其次，EBITDA 中没有考虑到税收因素，因此，如果两个公司之间的税收政策差异很大，这个指标的估值结果就会失真。最后，和 PE 一样，EBITDA 也是一个单一的年度指标，并没有考虑到企业未来增长率这个对于企业价值判断至关重要的因素，因而也只有在两个上市公司具有近似的增长前景的条件下才会非常适用。

表 12-35 到表 12-37 列示了我们对光迅科技的详细估值过程。第一步，计算了 2017 年 3 月 31 日的各个可比公司的 A 股市值，计算公式为：A 股市值＝A 股市价×A 股普通股数。第二步，计算了各个可比公司的总价值 EV，计算公式为：EV＝A 股市值＋债务＋

少数股东权益－现金－非核心资产。第三步，计算了 2016 年度以及最近 12 个月的 EBITDA，进而预测了 2017 年度的 EBITDA，从而计算出当年的企业价值倍数。第四步，计算了可比公司的 EV/EBITDA 倍数的平均值和中位数；我们取 2017 年的中位数，作为目标公司光迅科技股价的计算依据。第五步，确定折溢价水平为－10%～10%之间，进而计算光迅科技的企业价值倍数为 28.3x～34.6x，EV 区间为 22 783.4 百万～27 846.4 百万元。第六步，利用倍数关系，倒推出光迅科技 A 股市值，再除以公司发行在外的普通股股数，即可得到光迅科技的股价区间为 38.07～46.12 元。

表 12-35 可比公司 EBITDA 计算表 单位：百万元

项 目	通鼎互联	共进股份	特发信息	四创电子	永鼎股份
营业收入	4 143.45	6 543.03	4 612.42	3 046.14	2 578.58
营业成本	2 912.35	5 532.80	3 814.23	2 672.97	2 164.81
折旧、摊销	94.49	101.37	93.7	28.28	48.96
净营业成本	2 817.86	5 431.43	3 720.53	2 644.69	2 115.85
税金及附加	34.82	35.18	23.37	5.40	11.93
销售费用	170.34	114.21	138.08	88.67	76.28
折旧、摊销	0	0	0	0.22	0
净销售费用	170.34	114.21	138.08	88.45	76.28
管理费用	305.63	563.06	316.64	109.16	154.71
折旧、摊销	32.97	11.85	11.32	16.43	14.77
净管理费用	272.66	551.21	305.32	92.73	139.94
EBITDA	847.77	411.00	448.49	220.27	246.51

表 12-36 可比公司价值倍数分析核心数据摘要

公司	A 股市价（元）	股数（百万股）	A 股市值（百万元）	负债（百万元）	少数股东权益（百万元）	现金（百万元）	非核心资产（百万元）
通鼎互联	14.76	1 261.7	18 622.8	4 462.4	83.5	1 080.0	3 096.5
共进股份	36.68	355.9	13 054.0	2 845.7	1.8	580.1	2 376.2
特发信息	24.07	313.5	7 545.9	3 042.5	320.2	351.5	761.6
四创电子	68.95	136.7	9 425.5	2 332.9	17.8	493.1	599.2
永鼎股份	10.04	945.0	9 487.8	1 318.7	329.8	655.6	1 581.4
光迅科技	72.90	628.9		263.7	159.4	1 492.1	90.0

表 12-37 可比公司价值倍数计算表

公司	EV	EBITDA		EV/EBITDA	
		过去 12 个月	2017 年期望值	过去 12 个月	2017 年期望值
通鼎互联	18 992.2	729.4	847.8	26.0x	22.4x
共进股份	12 945.3	967.8	411.0	13.4x	31.5x
特发信息	9 795.5	712.9	448.5	13.7x	21.8x
四创电子	10 683.9	624.5	220.3	17.1x	48.5x
永鼎股份	8 899.3	141.7	246.5	7.8x	36.1x
光迅科技		582.5	803.7	1.0x	0.9x
平均值				15.6x	32.1x
中位数				13.7x	31.5x

EV/EBITDA 倍数法作为当前专业投资人员越来越普遍采用的一种估值方法，其主要优势就在于 EBITDA 指标对企业收益的更清晰度量，以及该指标和企业价值之间更强的相关性。EV/EBITDA 和市盈率(PE)等相对估值法指标的用法一样，其倍数相对于行业平均水平或历史水平较高通常说明高估，较低说明低估，不同行业或板块有不同的估值(倍数)水平。但 EV/EBITDA 较 PE 有明显优势，首先由于不受所得税率不同的影响，使得不同国家和市场的上市公司估值更具可比性；其次不受资本结构不同的影响，公司对资本结构的改变都不会影响估值，同样有利于比较不同公司估值水平；最后，排除了折旧摊销这些非现金成本的影响(现金比账面利润重要)，可以更准确地反映公司价值。但 EV/EBITDA 更适用于单一业务或子公司较少的公司估值，如果业务或合并子公司数量众多，需要做复杂调整，有可能会降低其准确性。

4. 估值结论

本章分别采用了绝对价值法和相对价值法，以光迅科技为例，对其股票价值进行了估计。其结果如表 12-38、图 12-5 所示。通过计算得出，光迅科技股价区间为 30.33～38.79 元，而光迅科技的 A 股市价为 21.67 元(2017 年 5 月 31 日为例)，离估计的价值区间尚有一定的边际。

表 12-38　四种估值方法下光迅科技的股价区间　　单位：元

估值方法	估值结果(元)
DCF 折现法估值	30.82～44.93
市盈率倍数法估值	35.07～42.87
市净率倍数法估值	17.41～21.28
EV/EBITDA 倍数法估值	38.07～46.12
综合上述方法的估值结果	30.33～38.79

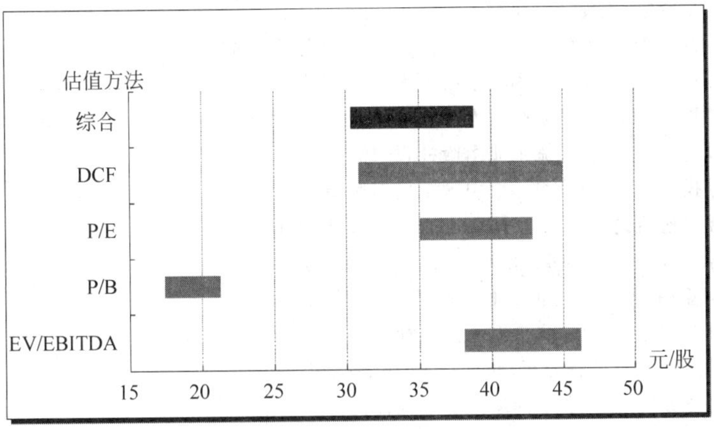

图 12-5　光迅科技估值区间图

参考文献

1. 叶金福.IPO财务透视：方法、重点和案例.北京：机械工业出版社,2014.
2. 高建宁.我国证券发行监管制度及其有效性分析.南京：南京大学出版社,2008.
3. 阎志鹏,等.疯子、骗子和傻子：第三只眼看投资.北京：商务印书馆,2015.
4. 乔纳森·迈尔斯,虞海霞译.股市心理学.北京：中信出版社,2010.
5. 孙清岩.股票价格指数编制：理论、方法与创新.大连：东北财经大学出版社,2010.
6. 证券从业资格考试专家组.金融市场基础知识.北京：中国金融出版社,2016.
7. 孙清岩.股票价格指数编制：理论,方法与创新.大连：东北财经大学出版社,2010.
8. 桂荷发,等.证券投资理论与实务.北京：高等教育出版社,2016.
9. 马海涯,等.证券投资案例分析.北京：中国社会科学出版社,2012.
10. 马瑞.证券投资理论与实务.南京：南京大学出版社,2013.
11. 李国义.证券投资学实训教程.北京：科学出版社,2012.
12. 贺强等.证券市场运营与管理.北京：机械工业出版社,2013.
13. 孙伍琴,等.证券投资学.上海：立信会计出版社,2015.
14. 张中华.投资学.北京：高等教育出版社,2006.
15. 胡金焱.证券投资学.北京：高等教育出版社,2013.
16. 刘德红.证券投资学.北京：清华大学出版社,2013.
17. 陈汉平.证券投资学.北京：北京大学出版社,2011.
18. 李学峰.证券市场分析.北京：清华大学出版社,2015.
19. 皮天雷.证券投资分析.重庆：重庆大学出版社,2013.
20. 邓田生.证券投资学.北京：北京邮电大学出版社,2011.
21. 杨德勇.证券投资学.北京：中国金融出版社,2016.
22. 邢天才.证券投资学.大连：东北财经大学出版社,2012.
23. 蒋海涛.证券投资学简明教程.北京：中国人民大学出版社,2013.
24. 张玉明.证券投资学.上海：上海财经大学出版社,2013.
25. 张炳达.证券投资理论与实务.上海：上海财经大学出版社,2012.
26. 金利娟.证券投资学.合肥：中国科学技术大学出版社,2013.
27. 田文斌.证券投资分析.北京：中国人民大学出版社,2013.
28. 朱晋.证券投资学.北京：机械工业出版社,2015.
29. 申登明.证券投资技术分析.北京：中国工信出版集团,2015.
30. 魏建华.证券市场概论.北京：中国人民大学出版社,2015.
31. 孔东民.证券投资理论与实务.北京：北京大学出版社,2015.
32. 投资家1973.金融交易学.上海：上海财经大学出版社,2010.
33. 路透.技术分析导论.北京：北京大学出版社,2001.
34. 中国证券业协会.证券投资分析.北京：中国金融出版社,2012.
35. 李涛.企业财务分析.北京：中国电力出版社,2016.
36. 罗伯特·雷亚.道氏理论.天津：天津社科院出版社,2010.
37. 史蒂夫·尼森.日本蜡烛图教程.天津：天津社科院出版社,2010.
38. 史蒂夫·尼森.日本蜡烛图技术.北京：地震出版社,2003.
39. 诚迅.估值建模.北京：中国金融出版社,2011.

教学支持说明

扫描二维码在线填写
更快捷获取教学支持

尊敬的老师：

您好！为方便教学，我们为采用本书作为教材的老师提供教学辅助资源。鉴于部分资源仅提供给授课教师使用，请您填写如下信息，发电子邮件给我们，或直接手机扫描上方二维码在线填写提交给我们，我们将会及时提供给您教学资源或使用说明。

（本表电子版下载地址：http://www.tup.com.cn/subpress/3/jsfk.doc）

课程信息

书　　名			
作　　者		书号（ISBN）	
开设课程1		开设课程2	
学生类型	□本科　□研究生　□MBA/EMBA　□在职培训		
本书作为	□主要教材　□参考教材	学生人数	
对本教材建议			
有何出版计划			

您的信息

学　　校			
学　　院		系/专业	
姓　　名		职称/职务	
电　　话		电子邮件	
通信地址			

清华大学出版社客户服务：

E-mail: tupfuwu@163.com

电话：010-62770175-4506/4903

地址：北京市海淀区双清路学研大厦 B 座 506 室

网址：http://www.tup.com.cn/

传真：010-62775511

邮编：100084